기업
보험심사역
한권으로 합격하기

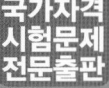

이 책을 펴내며……

보험심사역은 손해 보험을 개인 보험과 기업 보험으로 구분하여 분야별 심사역 자격을 인증·부여하는 자격제도이다. 보험 산업 발전을 선도할 전문가 육성을 목적으로 도입되었으며, 2016년부터 국가공인자격으로 인정받아 시행되고 있다.

보험심사역 제도는 영국의 ACII(Advanced Diploma in Insurance), 미국의 CPCU(Chartered Property Casualty Underwriters) 등과 같이 선진국에서는 이미 일반화되어 있는 손해 보험 전문인 자격제도이다.

자격시험은 손해 보험 업계 전 직원을 상대로 하며, 자격을 취득할 경우 손해 보험 이론과 실무 전반에 대한 전문적 지식을 객관적으로 인정받게 된다. 또한 향후 협회와 손해 보험 업계가 협의해 자격 소지자에 대해 인사상 우대하는 방안을 추진하고 동시에 해외 보험 전문 자격증과의 상호 인증 방안도 추진할 것으로 기대된다.

시험은 부문별로 구분하여 채점하며, 공통부문에 합격한 자는 '공통부문 합격자', 전문부문에 합격한 자는 '전문부문 합격자', 공통부문과 전문부문을 모두 합격한 자는 최종 합격자로 한다. 각 부문(공통/전문) 합격자는 과락(40점 미만) 과목 없이 각 부문별 평균 60점 이상인 자로 하며, 부분 합격(공통부문 혹은 전문부문 중 1개 과목만 합격)의 유효 기간은 부분 합격 후 연속되는 1회의 시험 응시까지로 한다.

이 책은 최신 법령과 관련 이론을 바탕으로 출제 유형을 감안하여 수험생들이 빠른 시일 내에 합격할 수 있도록 반드시 필요한 내용들을 엄선하였으며, 내용 정리에 도움이 되도록 과목마다 빈출 지문이나 핵심 내용을 100선씩 선정하여 수록하였다.

이 책을 통해 보험전문가로서 능력을 함양하고, 관련 업계의 핵심 인재로 도약하기를 기대한다. 또한 나라 안팎이 어수선하지만 수험생 여러분들의 개인과 가정에 평화와 행복이 깃들기를 바란다.

저자 드림

차례

보험심사역 공통부문

이 책을 펴내며 ········· 5
보험심사역 자격시험 안내 ········· 8

제1과목 손해 보험 이론 및 약관 해설

핵심 이론 ········· 18
제1장 위험과 위험 관리 ········· 34
제2장 손해 보험 ········· 44
제3장 보험 증권과 보험 약관 ········· 55
제4장 기타 관련 법률과 제도 ········· 62

제2과목 보험법

핵심 이론 ········· 72
제1장 보험 계약법 ········· 86
제2장 보험업법 ········· 136

제3과목 손해 보험 언더라이팅

핵심 이론 ········· 176
제1장 언더라이팅의 일반 이론 ········· 190
제2장 장기 보험 언더라이팅 ········· 203
제3장 자동차 보험 언더라이팅 ········· 217
제4장 손해 보험의 보유와 재보험 ········· 227

제4과목 손해 보험 손해 사정

핵심 이론 ········· 234
제1장 손해 사정의 일반 이론 ········· 246
제2장 보험 사고와 보험자의 책임 ········· 266
제3장 손해 사정 용어 ········· 275

제5과목 보험 회계 및 자산 운용

핵심 이론 ········· 288
제1장 보험 회계 ········· 304
제2장 자산 운용 ········· 347
제3장 재무 건전성 ········· 354

보험심사역 기업전문부문

제1과목　재산 보험

핵심 이론································· 362
제1장 화재 보험 ···················· 372
제2장 동산 종합 보험 ············ 381
제3장 재산 종합 보험 ············ 384
제4장 기타 보험 ···················· 395

제2과목　특종 보험

핵심 이론································· 400
제1장 기술 보험 ···················· 410
제2장 범죄 보험 ···················· 420
제3장 종합 보험 ···················· 426
제4장 기타 특종 보험 ············ 429

제3과목　배상 책임 보험

핵심 이론································· 438
제1장 배상 책임 보험의 개요 ············ 448
제2장 시설 소유 관리자 배상 책임 ··········· 456
제3장 보관자 배상 책임 ············ 463
제4장 도급업자 배상 책임 ············ 467
제5장 생산물 배상 책임 ············ 470
제6장 전문직업 배상 책임 ············ 474
제7장 임원 배상 책임 ············ 478
제8장 기타 주요 약관 ············ 481

제4과목　해상 보험

핵심 이론································· 484
제1장 해상 보험의 기초 ············ 494
제2장 해상 보험의 보험 조건과 보상 범위 ··· 499
제3장 해상 보험 계약의 체결과 요율의 산정 513
제4장 해상 보험의 사고 처리와 손해 사정 ··· 517

정답 및 해설
보험심사역 공통부문
보험심사역 기업전문부문

보험심사역 자격시험 안내

1. 보험심사역 자격 소개
'보험심사역 자격'이라 함은 보험 분야를 개인 보험, 기업 보험으로 구분하여 2개 분야별 심사역(Underwriter) 자격을 부여하는 것을 말한다.

2. 자격 취득 대상 : 제한 없음
보험 회사, 유관 기관, 공제 기관, 재보험사, 보험 중개 회사, 손해 사정 법인 등 손해 보험 업무 및 영업 관련 종사자, 기타 응시 희망자

3. 원서 접수
(1) 접수 기간 (2017년 기준)

구분	14회 시험	15회 시험
시험 실시일	2017. 06. 18(일) 09:00~13:30	2017. 11. 19(일) 09:00~13:30
원서 접수일	2017. 05. 15(월) 09:00~ 05. 24(수) 18:00	2017. 10. 16(월) 09:00~ 10. 25(수) 18:00
합격자 발표	2017. 07. 05(수)	2017. 12. 06(수)
실시 지역	서울, 부산, 대구, 대전, 광주	

※ 2018년 시험 실시일은 보험연수원 보험심사역 홈페이지 참조

(2) 접수 방법 : 인터넷(보험연수원 홈페이지 : http://aiu.in.or.kr/aiuso/)

4. 응시 대상자
(1) 공통 부문, 전문 부문 동시 응시 대상자
① 최초 응시자, 기존 시험 결시자와 두 부문 모두 불합격자
② 직전 회차 전문 부문만 합격한 자 중 2개의 자격(개인/기업)을 동시에 취득하려는 자
   ※ 부분 합격의 유효 기간은 부분 합격 후 연속되는 1회 시험까지만 인정

(2) 공통 부문 혹은 전문 부문 중 하나만 응시 대상자

　직전 회차 응시자 중 부분 합격자(공통 or 전문 부문)

(3) 전문 부문만 응시 대상자

　기존 시험 최종 합격자 중 하나의 자격을 추가로 취득하려는 자

　※ 최종 합격자가 타 자격(기업/개인 보험심사역)도 취득하려 할 경우 공통 부문 면제(기한 제한 없음)

5. 제출 서류

(1) 응시 원서 : 개인별로 인터넷을 통해 접수(별도 제출 서류 없음)

(2) 응시 및 등록 수수료

구분	응시 부문	금액
응시 수수료 (원서 접수 시 납부)	공통, 전문 부문 동시 응시	50,000원
	공통, 전문 부문 중 1개만 응시	30,000원
등록 수수료	공통, 전문 부문 모두 합격 후 등록	30,000원

6. 시험 장소 및 방법

(1) 장소 : 서울, 부산, 대구, 대전, 광주(시험 접수 확정 후 수험표 출력 시 고사장 확인 가능)

(2) 방법 : 객관식 사지선다형

7. 시험 과목

(1) 개인 보험심사역(APIU)

구분	시험 과목	문항 수	배점	시험 시간
공통 부문 (5개 과목)	1. 손해 보험 이론 및 약관 해설 2. 보험법 3. 손해 보험 언더라이팅 4. 손해 보험 손해 사정 5. 손해 보험 회계 및 자산 운용	20 20 20 20 20	100 100 100 100 100	1교시 : 120분 (09:00~11:00)
	소계	100	500	-
전문 부문 (4개 과목)	1. 장기·연금 보험 2. 제3보험 3. 자동차 보험 4. 개인 재무 설계	25 25 25 25	100 100 100 100	2교시 : 120분 (11:30~13:30)
	소계	100	400	-
	합계	200	900	-

(2) 기업 보험심사역(ACIU)

구분	시험 과목	문항 수	배점	시험 시간
공통 부문 (5개 과목)	1. 손해 보험 이론 및 약관 해설 2. 보험법 3. 손해 보험 언더라이팅 4. 손해 보험 손해 사정 5. 손해 보험 회계 및 자산 운용	20 20 20 20 20	100 100 100 100 100	1교시 : 120분 (09:00~11:00)
	소계	100	500	-
전문 부문 (4개 과목)	1. 재산 보험 2. 특종 보험 3. 배상 책임 보험 4. 해상 보험	25 25 25 25	100 100 100 100	2교시 : 120분 (11:30~13:30)
	소계	100	400	-
	합계	200	900	-

8. 검정 과목별 출제 기준

(1) 공통 부문

검정 과목	출제 기준
1. 손해 보험 이론 및 약관 해설	• 위험과 위험 관리의 이해 • 손해 보험의 기본 원리, 특성 및 요소의 이해 • 손해 보험 경영의 원칙과 형태의 이해 • 보험 증권의 개요와 교부 의무의 이해 • 보험 약관의 개요, 해석 원칙 및 교부 명시 의무의 이해 • 금융 위원회 설치 등에 관한 법률의 이해 • 보험 협회 및 보험 계리사, 손해 사정사 제도의 이해
2. 보험법	① 보험 계약법 • 보험 계약의 체결, 고지 의무와 통지 의무의 이해 • 고의 또는 중과실 면책과 불이익 변경 금지 원칙의 이해 • 피보험 이익과 보험 가액, 수개의 책임 보험의 이해 • 보험 목적의 양도 및 손해 방지 경감 의무의 이해 • 보험자 대위, 피해자 직접 청구권, 인보험의 이해 ② 보험법 • 보험업법의 개념 및 보험업의 허가의 이해 • 보험 모집 및 자산 운용의 이해 • 계산, 해산, 청산, 보칙 및 벌칙의 이해
3. 손해 보험 언더라이팅	• 손해 보험 언더라이팅 개요 및 주요 내용의 이해 • 일반 보험 언더라이팅의 절차와 방법의 이해 • 일반 보험 보험 계약 조건 및 주요 사건·사례의 이해 • 손해 보험 요율의 종류 및 산정의 이해 • 장기 보험 언더라이팅 관련 제도 및 실무 사례의 이해 • 자동차 보험 언더라이팅의 의의 및 제도의 변천 이해 • 자동차 보험 요율 산출 과정, 요율 및 제도의 이해 • 보유의 의의 및 방법, 손해 보험 재보험의 이해 • 주요 재보험 거래 방법의 이해
4. 손해 보험 손해 사정	• 손해 사정의 기본 원칙과 일반 이론의 이해 • 보험 사고와 보험자의 책임의 이해 • 보험금 청구원 상실 조항 및 면책 사항과 준비금 제도의 이해 • 손해 사정 용어 해설의 이해

검정 과목	출제 기준
5. 보험 회계 및 자산 운용	• 보험 회계 총론 및 재무 상태표 회계의 이해 • 손익 계산서 회계 및 재보험 회계의 이해 • 특별 계정 회계 및 국제 회계 기준의 이해 • 자산 운용의 의의 및 규제의 이해 • 재무 건전성 규제 및 평가의 이해

(2) 개인 전문

검정 과목	출제 기준
1. 장기·연금 보험	• 장기·연금 보험의 개요 및 특징의 이해 • 장기 화재 보험, 장기 종합 보험, 장기 운전자 보험의 이해 • 연금 보험 상품 개요의 이해 • 연금 저축 보험 및 퇴직 연금 보험의 이해 • 장기 보험 약관 해설 및 보통 약관의 이해
2. 제3보험	• 제3보험의 개요 및 법률적 근거의 이해 • 질병·상해 보험 표준 약관의 이해 • 상해 보험의 이해 • 질병 보험의 이해 • 간병 보험의 이해
3. 자동차 보험	• 자동차 보험 관련 법률의 이해 • 자동차 사고의 법적 책임, 민법의 이해 • 자동차 손해 배상 보장법, 교통사고 처리 특례법의 이해 • 자동차 보험 약관의 이해 • 자동차 보험의 종목 및 담보 종목별 보상 책임과 면책 사유의 이해 • 지급 보험금 계산 방법, 대위와 보험금 분담의 이해 • 자동차 보험 계약의 일반 사항의 이해 • 대인, 대물 배상 보험금 지급 기준의 이해 • 과실 상계, 상해 등급과 후유 장해 등급의 이해 • 자동차 보험 특약의 이해
4. 개인 재무 설계	• 파이낸셜 플래닝의 개념과 과정의 이해 • 경제 환경 분석의 이해 • 화폐의 시간 가치에 대한 이해 • 고객 상담의 기초 및 종합 재무 설계 기초 지식의 이해

(3) 기업 전문

검정 과목	출제 기준
1. 재산 보험	• 화재 보험의 개요 및 주요 조건 이해 • 동산 종합 보험의 개요 및 주요 조건 이해 • 재산 종합 보험 개요의 이해 • PAR Cover 주요 조건의 이해 • MB Cover 주요 조건의 이해 • BI Cover 주요 조건의 이해 • CGL Cover 주요 조건의 이해 • 기업 휴지 보험의 개요 및 주요 조건의 이해 • 재산 보험의 보유 및 재보험의 이해
2. 특종 보험	• 특종 보험 개요의 이해 • 기술 보험(건설 공사 보험, 조립 보험, 기계 보험, 전자 기기 보험)의 이해 • 범죄 보험의 개념 및 종류의 이해 • 도난 보험, 금융 기관 종합 보험, 납치 및 인질 보험, 테러 보험의 이해 • 패키지 보험 및 기타 종합 보험의 이해 • 기타 특종 보험(법률 비용 보험, 지적 재산권 보험, 임상 실험 보상 보험, 동물 보험, 행사 취소 보험, 상금 보상 보험, 날씨 보험, 정치적 위험 보험, 컨틴전시 보험)의 이해
3. 배상 책임 보험	• 배상 책임 보험 개요의 이해 • 시설 소유 관리자 배상 책임의 이해 • 보관자 배상 책임의 이해 • 도급업자 배상 책임의 이해 • 생산물 배상 책임의 이해 • 전문직업 배상 책임의 이해 • 임원 배상 책임의 이해 • 기타 주요 약관(리콜, 환경 오염 배상 책임, 전자 상거래 배상 책임)의 이해
4. 해상 보험	• 해상 보험의 기초(특성 및 법률적 배경)의 이해 • 해상 보험 종류의 이해 • 적하 보험의 보험 조건과 보상 범위의 이해 • 선박 보험의 보험 조건과 보상 범위의 이해 • 해상 보험 계약의 체결과 보험료 결정의 이해 • 해상 보험의 사고 처리와 손해 사정의 이해

9. 합격자 결정

(1) 시험은 부문별로 구분하여 채점하며, 공통 부문에 합격한 자는 '공통 부문 합격자', 전문 부문에 합격한 자는 '전문 부문 합격자', 공통 부문과 전문 부문을 모두 합격한 자는 최종 합격자로 한다.

(2) 각 부문(공통/전문) 합격자는 시험 과목별 40점 이상, 과락(40점 미만) 과목 없이 각 부문별 평균 60점 이상이어야 한다.

(3) 부분 합격(공통 부문 혹은 전문 부문 중 1개 과목만 합격)의 유효 기간은 부분 합격 후 연속되는 1회의 시험 응시까지로 한다.

(4) 각 자격(개인/기업 보험심사역)별 최종 합격자가 타 자격시험에 응시할 경우 공통 과목은 면제한다.

10. 각 사별 보험심사역 자격 우대 현황

(1) 승격 시 인사 가점
(2) 성과 평가 시 반영
(3) 학점 인정
(4) 부서 평가 시 반영
(5) 자격 취득 시 축하금 지원
(6) 인사 고과 반영 등
※ 사별 우대 현황은 재직자에게만 적용되는 것으로서 신입 사원 채용 시 가점 부여와는 상관이 없음

11. 응시자 유의 사항

(1) 응시자는 시험 당일 수험표, 신분증[주민등록증(분실 시 동사무소 발급 임시 신분증 인정), 유효 기간 내의 운전 면허증, 여권] 및 검은색 사인펜 또는 볼펜(컴퓨터용 사인펜 권장, 연필류 사용 불가)을 지참하고, 시험 시작 20분 전까지 고사실에 입실하여 시험 안내에 따라야 한다.

(2) 신분증을 지참하지 않은 경우에는 시험 응시를 불허하며, 지각한 응시자는 입실을 불허한다.

(3) '개인 재무 설계' 과목의 경우에만 자료를 저장할 수 없는 단순 계산기를 개별 지참하여 사용 가능하다.

(4) 접수된 서류의 기재 사항은 변경할 수 없으며, 허위 또는 착오 기재 등으로 발생하는 불이익은 일체 응시자 책임으로 한다.

(5) 응시료 환불은 접수 기간 중에는 전액 환불되며, 원서 접수 기간 이후부터 시험일 전일까지는 반액 환불된다. 응시료 환불 금액의 지급 시기는 응시 취소 요청 접수일부터 14일 이내로 한다.

(6) 응시자 본인의 부주의로 인한 답안지 기재 오류(지정 필기구 미사용으로 전산 기기에 의한 채점이 불가한 경우)를 범하여 불이익이 발생한 경우, 이는 일체 응시자의 책임으로 한다.

(7) 시험 시간 중에 휴대폰, MP3, PMP 등 일체의 무선 통신 기기를 사용할 수 없다.

(8) 시험 시작 후 각 교시 전체 시험 시간의 절반이 경과한 후 퇴실할 수 있으며 부정행위자, 대리 응시자, 시험 진행을 고의로 방해하는 자, 본인 시험 문제의 답을 적어 가거나 시험지의 일부 또는 전체를 절취하는 자, 감독관의 지시에 순응하지 아니하는 자는 당해 시험을 정지하거나 무효로 할 수 있으며, 부정행위자는 그 행위가 있은 날로부터 2년간 동 시험에 응시할 수 없다.

(9) 시험 합격 이후 응시 서류 허위 기재나 부정한 방법으로 합격한 사실이 확인되는 경우 당해 시험은 합격 취소되고, 합격 취소일부터 2년간 동 시험에 응시할 수 없다.

보험심사역
공통부문

제1과목

손해 보험 이론 및 약관 해설

|핵심 이론|

1. **위험(Risk)** : 우연한 사고로 인한 경제적 손해의 발생 가능성 또는 사고 발생 가능성의 정도를 의미한다.

2. **위태(Hazard)** : 사고 발생 가능성을 증가시키거나 감소시키는 요소 또는 상황을 의미한다.

3. **도덕적 위태** : 법이나 제도의 허점을 악용하여 비도덕적인 만족을 얻으려는 의도적 행위를 말한다.

4. **정신적 위태** : 보험 제도를 이용하여 적극적으로 이익을 보려는 심리나 행동은 없지만 사고가 발생하더라도 보험자가 그 손해를 보상한다는 마음에 사고 예방이나 사고 발생 후 손해의 감소 활동 등에 대하여 무관심하거나 부주의한 정신적 상태를 말한다.

5. 정신적 위태와 도덕적 위태의 차이는 고의성의 개입 유무로서 정신적 위태는 의식적 행동을 수반하지 않는다.

6. **실체적 위태** : 인간의 행위와는 직접적인 관계없이 손해의 발생 가능성을 새로이 만들어 내거나 증가시키는 자연적인 조건을 의미한다. 예를 들어 간밤에 온 눈이 도로에 쌓여 빙판길을 만들었다면 이는 실체적 위태에 해당한다.

7. **위태를 판단하는 사항**
   ① 보험 관계자의 사업 부진, 세금 체납 등 경제적 여건
   ② 과거의 동일 손해 경험
   ③ 신규 계약 이후 가까운 시일 내의 사고 발생
   ④ 초과·중복 보험 계약의 여부

8. **손인** : 손해의 직접적인 원인이 되는 것을 말한다. 예를 들어 화재로 인해 건물이 손상 또는 멸실되었다면, 건물의 손상·멸실은 손해이고 이러한 손해의 원인(손인)은 화재라고 할 수 있다.

9. **담보 손인(Perils covered)** : 보험자가 그 위험에 의해 발생한 손해를 보상할 것을 약속한 위험이다.

10. **면책 손인(Perils excluded)** : 보험자의 보상 책임이 면제된다고 특별히 명시한 위험을 말하며, 보험자의 보상 책임을 적극적으로 제한하는 효과를 가지고 있다.

11. **비담보 손인(Perils uncovered)** : 보험자에게 인수되지 않았던 위험, 즉 보험자가 그것에 의해 발생한 손해를 보상·면책한다는 명시가 없는 위험을 말한다.

12. **순수 위험** : 이익의 발생 가능성 없이 손해만을 발생시키는 위험을 말한다. 개인이나 기업이 순수 위험에 의해 손해를 입은 경우 사회 전반적으로 동일한 손해를 입는다.

13. 개개의 순수 위험은 우발적으로 발생되어 범위를 한정하거나 제어하기가 어렵다. 그러나 다수의 순수 위험은 통계적으로 어떤 규칙성을 가지고 발생하므로 손해의 발생을 예측할 수 있으며, 그 측정과 관리가 가능하다. 순수 위험은 대수의 법칙을 적용할 수 있으므로 보험화 가능성이 높다.

14. **투기 위험** : 손해와 이익의 가능성을 동시에 내포하고 있는 위험을 말한다. 주식이나 옵션 투자, 신규 사업이나 상품 개발 등을 투기 위험의 예로 들 수 있다.

15. 이익의 발생 가능성 때문에 대부분 의도적으로 투기적 위험을 창출하고 있다. 또한 투기 위험의 경우 개별 주체가 손해를 입어도 사회는 이익을 얻을 수 있다.

16. 개개의 투기 위험은 범위를 한정할 수 있고 전조를 수반하므로 제어가 가능하다. 그러나 통계적 측면에서 보면 투기적 위험은 의도적이며 인위적으로 초래되는 것이므로 예측과 관리가 어렵다. 투기 위험은 대수의 법칙을 적용하기 어려우므로 일반적으로 보험의 대상이 될 수 없다.

17. **근원적 위험** : 대다수의 국민이나 기업 또는 사회 경제 전반에 영향을 미치는 위험을 말한다. 대부분 정치·사회·경제적 현상으로 인하여 발생하는 단체적 위험이며, 자연계의 사건 결과로 발생하는 경우도 있다.

18. 특정 위험 : 특정 집단이나 개인에게 국한되어 존재하는 위험을 말하며, 그 결과가 사회 구성원 전체가 아닌 각각의 개인이나 특정 기업에 영향을 미치는 위험이다.

19. • **주관적 위험** : 개인의 정신적, 심리적 상태에 따른 위험을 말한다.
  • **객관적 위험** : 보통의 사람들이 보편적으로 느끼는 위험이다.

20. • **정적 위험(Static risk)** : 시간이 지나더라도 위험의 성격이나 발생 여부가 변하지 않는 위험을 말한다.
  • **동적 위험(Dynamic risk)** : 시간이 지나면서 위험의 성격이나 발생 여부가 변하는 위험이다.

21. 역선택 : 보험자에게 불리한 보험 사고의 발생 가능성이 높은 위험을 보험 계약자가 자진하여 보험에 가입하는 것을 말한다.

22. 역선택은 보험 계약 전에 계산된 위험보다 높은 위험 집단이 가입하여 보험 단체의 사고 발생 가능성을 증가시키는 데 비하여, 도덕적 위험은 보험 계약 후에 사고 발생의 가능성을 높이거나 손해를 확대시킨다는 점에서 양자의 차이가 있다.

23. 역선택은 사고 발생의 확률이 평균치보다 증가하여 보험자가 수지 상등의 원칙을 적용할 수 없게 되어 보험 단체의 불이익을 증가시키는 등 보험 제도에 악영향을 미친다.

24. 피보험자에 의한 의도적인 사고 유발이나 도덕적 위험을 방지하기 위한 방지책으로는 불완전 담보(Incomplete coverage), 공제액 제도(Deductibles), 공동 보험 제도(Co-insurance), 보험자의 감시, 우대 보험료 적용, 승낙 전 사고 시 보험자의 거절 사유 규정, 보험 사고 객관적 확정 시 무효 규정, 고의·중과실 면책 규정, 고지 의무와 통지 의무 등 제반 의무 위반 시 해지 규정, 사기에 의한 초과·중복 보험 무효 규정 등이 있다.

25. 보험 범죄의 유형
① 사기적인 보험 계약 체결
② 고의적인 보험 사고 유발
③ 보험 사고의 위장 및 변조
④ 보험 사고 발생 후 보험금 편취를 위한 범죄 행위 자행

26. 보험 범죄가 사취하려는 이익의 본질은 사기적인 계약 체결이 아니고 보험자에 의해 지급되는 보험금에 있다.

27. 보험 사기 적발을 위한 손해 사정 시 고려해야 할 사항
① 보험 계약자의 과거 범죄 및 보험 사고 경력 조사
② 보험 계약자의 경제 수준 조사
③ 보험 계약 내용 및 계약 체결일 조사
④ 보험 인수 경위 조사
⑤ 사고 자료 검토 및 관련 병원 방문 조사
⑥ 수사 기관과의 공조 조사

28. 보험 사기 청구 건에 대한 사후적인 장치
① 지급 책임 면책
② 특별 해지권의 부여 여부
③ 손해 배상 청구권
④ 청구권 상실

29. 보험 가입 가능 위험의 특성
① 다수성 및 동질성
② 우연성
③ 명확성 및 측정 가능성
④ 손실 크기의 적정성
⑤ 예측 가능성
⑥ 가격의 적정성

30. 위험 보편의 원칙 : 담보 위험의 원인인 선행 위험이 면책 위험이 아닌 한 담보 위험의 후행 위험이 무엇이든지 상관없이 담보 위험으로 인한 손해 및 담보 위험의 후행 위험으로 인한 손해를 보험자가 보상한다는 원칙이다.

31. 위험 보편의 원칙에 의하면 원인 형태의 위험을 면책 위험으로 하면 후행 위험이 무엇이든지 관계없이 면책이다.

32. 위험 보편의 원칙에 의하면 원인 형태의 위험이 담보 위험이면 후행 위험이 무엇이든 간에 보험자가 담보한다.

33. 위험 보편의 원칙에 의하면 원인 형태의 위험이 비담보 위험이면 비담보 위험으로 인한 손해는 보상하지 않지만, 비담보 위험의 후행 위험으로 담보 위험이 오면 담보 위험으로 인한 손해는 보상한다.

34. 위험 개별의 원칙 : 보험 사고의 원인을 한정하는 것이다. 위험 개별의 원칙이 적용되면 위험을 일일이 열거하는 열거 책임주의에 의하게 된다.

35. 위험 관리 : 경제 주체가 경제생활 속에서 발생한 다양한 위험들을 체계적으로 발견·분석·평가하여 그에 대응하는 최적의 방안을 강구하는 일련의 과정을 말한다.

36. 위험 관리의 목적

손실 발생 전	경제적 목적, 의무 규정 충족 목적, 불안 감소 목적
손실 발생 후	생존 목적, 활동 계속 목적, 안정 수입 목적, 성장 계속 목적, 사회적 책임

37. 위험 처리의 방법

빈도	심도	권장 기법
높음.	높음.	위험 회피
낮음.	높음.	위험 전가
높음.	낮음.	손해의 통제
낮음.	낮음.	위험의 보유

38. 자가보험 : 개인이나 기업이 가진 위험에 대하여 일정한 기금을 적립하였다가 사고가 발생하면 그 기금으로 위험을 처리하는 것을 말한다.

39. 자가보험의 장단점

장점	① 부가 보험료를 절약할 수 있다. ② 자금이 사외로 유출되지 않아 유동성과 투자 이익을 얻을 수 있다. ③ 위험 관리에 관심이 높아져 사고 예방 효과를 기대할 수 있다. ④ 보험이 불가능한 위험이나 거절된 위험도 관리가 가능하다.
단점	① 예기치 못한 대규모 손해가 발생하면 재정적 위험에 직면할 수 있다. ② 보험에 가입할 경우 얻을 수 있는 위험 관리 서비스 등의 혜택을 상실한다. ③ 자가보험을 위한 조직을 운용하여야 하는 부담이 있다.

40. 종속 보험 회사(Captive) : 자가보험의 한 형태로서, 기업이나 단체가 자신의 위험 관리를 목적으로 자회사 형태로 설립한 보험 회사를 말한다.

41. 도미노 이론 : 사고의 원인이 어떻게 연쇄적 반응을 일으키는가를 도미노를 통해 설명하는 것이다.
    ① 인간의 실수는 작업 환경이나 선천적인 기질에 의해 일어난다.
    ② 불안전한 행동 또는 상태는 인간의 개인적 잘못에 의해 일어난다.
    ③ 재해는 인간의 불안전한 행동 또는 불안전한 기계의 상태에 노출되므로 일어난다.
    ④ 산업 재해는 사고나 우연성으로부터 발생한다.
    ⑤ 사고나 우연성은 상해나 손상으로 이어진다.

42. 손해 보험의 원리
    ① 위험의 분담
    ② 위험 대량의 원칙
    ③ 급부·반대급부 균등의 원칙
    ④ 수지 상등의 원칙
    ⑤ 이득 금지의 원칙

43. 수지 상등의 원칙 : 보험 계약자가 납입하는 보험료 총액과 보험 회사가 지급하는 보험금 및 경비의 총액이 같도록 보험료를 책정하는 원칙이다.

44. • **지급 여력 기준 금액** : 보험업을 경영함에 따라 발생하게 되는 위험을 금융 위원회가 정하여 고시하는 방법에 의하여 금액으로 환산한 것을 말한다.
• **지급 여력 비율** : 지급 여력 금액을 지급 여력 기준 금액으로 나눈 비율을 말한다.

45. 손해 보험의 기능
① 경제적 불안정을 제거·경감
② 피해자의 보호
③ 개인의 신용을 보완하여 금융 거래를 촉진
④ 보험 가입 기업 종업원의 복지 향상
⑤ 상품 등의 구입 시 보험을 사은품으로 제공함으로써 판매 촉진
⑥ 방재에 기여

46. 보험 계약의 특성
① 불요식 낙성 계약   ② 유상 쌍무 계약
③ 상행위   ④ 사행 계약
⑤ 부합 계약   ⑥ 계속 계약성
⑦ 독립 계약성   ⑧ 선의 계약성

47. 보험 계약은 의사 표시의 합치만으로 성립하고 의사 표시에는 특별한 방식이 필요 없다(불요식 낙성 계약).

48. 보험 계약이 성립하면 보험 계약자는 보험료 지급 의무를 지고 보험자는 위험 부담 의무를 진다. 이 두 채무는 상호 대가 관계가 있으므로 보험 계약은 쌍무 계약이면서 또한 유상 계약이다(유상 쌍무 계약).

49. 상법은 보험을 영업적 상행위로 규정하고 있다(상행위성).

50. 보험자의 급여 책임은 우연한 사고에 의존한다(사행 계약).

51. 부합 계약 : 계약 당사자 일방이 계약의 내용을 일방적으로 작성하고 상대방은 그 정형화된 계약의 내용에 승인 또는 거절하는 계약을 말한다(부합 계약성).

52. 보험 계약 : 급부의 교환으로 즉시 계약이 종료되는 보통 거래와는 달리 계약 관계가 일정 기간 동안 지속되는 계약이다(계속 계약성).

53. 보험 계약은 그 계약 자체가 독립하여 존재하는 독립 계약성을 가진다. 따라서 매매 계약이나 운송 계약에 부대하여 위험을 보장하는 것은 보험 계약이 될 수 없으며 위험 보장 자체가 별도의 계약으로 성립되어야 한다(독립 계약성).

54. 보험 계약은 어느 계약보다도 보험 계약자, 피보험자나 보험자가 최대의 선의에 의하여 권리와 의무를 행사할 것이 요구되고 있다(선의 계약성).

55. 보험 계약의 부합 계약성 때문에 보험자에게는 약관 교부 명시 의무를, 보험 계약자에게는 고지 의무나 통지 의무 등을 부여하고 있다.

56. 사행 계약성은 보험에 필수적인 성질이지만, 그 부작용으로 보험 제도를 악용하여 경제적 이득을 보려는 도덕적 위험이 존재하게 된다.

57. 예정 보험 : 보험 계약의 내용의 일부 또는 전부가 보험 계약을 체결할 때 확정되어 있지 않은 보험 계약을 말한다.

58. 피보험 이익 : 피보험자가 보험의 목적에 대하여 갖고 있는 경제상의 이익이다. 즉 보험의 목적에 대하여 보험 사고가 발생하지 않음으로써 갖게 되는 경제상의 이익이므로, 손해 보험 계약에 있어 피보험 이익은 보험자의 보험 책임의 최고 한도를 정하는 기준이 된다.

59. • **보험 가액** : 보험 목적물의 가치에 대한 금전적 평가액을 뜻한다.
   • **보험 금액** : 보험 계약에서 당사자 간에 보험 사고 발생 시 지급하기로 약정한 최고 보상 한도액을 말한다.

60. 보험 가액 : 보험 기간 중 언제나 일정한 것이 아니고 시간의 경과, 장소의 이동에 따라 수시로 변동하는 것으로, 이것은 보험 가액 가변주의(保險價額 可變主義)라 한다.

61. 책임 보험의 경우 보상의 대상이 되는 손해는 피보험자 자신의 손해가 아니라 제3자에게 입힌 손해가 되는데 제3자에게 어느 정도의 손해를 입히게 될지 예측할 수 없기 때문에 원칙적으로 책임 보험의 경우에는 보험 가액이 존재할 수 없다.

62. 보험 금액과 보험 가액은 통상 일치하는 것이 일반적이지만 반드시 일치하는 것은 아니다. 양자가 일치하는 경우를 전부 보험이라 하고, 상호 일치하지 않는 경우에는 초과·일부·중복 보험의 문제가 생긴다.

63. 초과 보험(Over insurance) : 보험 금액이 보험 가액을 초과하는 경우를 말한다. 우리 나라 상법은 보험 금액이 보험 계약의 목적의 가액(보험 가액)을 현저하게 초과한 때 또는 그 계약이 보험 계약자의 사기로 인하여 체결된 때에는 그 계약을 무효로 한다고 규정하고 있다(상법 제669조).

64. 일부 보험(Under insurance) : 보험 금액이 보험 가액에 미달한 경우를 말한다. 따라서 일부 보험의 경우에는 당연 무보험 부문이 발생하며, 이 부문은 다른 보험자에게 부보되거나 혹은 피보험자의 자기 부담이 된다.

65. 중복 보험(Double insurance) : 동일한 보험 목적물에 피보험 이익의 위험 및 시기에 관하여 복수의 보험 계약이 존재하며, 그 보험 가입 금액의 합계가 보험 가액을 초과하는 경우의 보험을 말한다.

66. 전부 보험(Full-insurance) : 보험 금액과 보험 가액이 일치하는 경우를 말하며, 보험자는 전손(全損)과 분손(分損)을 불문하고 발생한 손해의 전부를 보상하여야 한다.

67. 손해 보험 경영의 3대 원칙
① 위험 대량의 원칙 : 대수의 법칙을 적용할 수 있을 정도로 대량의 위험을 인수하여야 경영이 안정된다.
② 위험 동질성의 원칙 : 대량의 위험을 인수하더라도 그 종류와 정도가 평균의 법칙에 의해 동질적이고 평균화되어야 하며, 역선택을 방지하여야 한다.
③ 위험 분산의 원칙 : 대량의 동질 위험을 인수하더라도 위험의 종류나 지역적 분포가 편중되면 경영에 치명타를 입을 수 있으므로 적절히 분산하여야 한다.

68. 대재해 채권(Catastrophe bond)
자연재해에 대한 위험을 헤지(hedge)할 수 있는 보험상품을 판매한 보험사가 채권을 발행하여 자본 시장에 유통시킴으로써 자본 시장의 투자자들에게 그 위험을 전가하는 새로운 형태의 위험 관리 기법이다.

69. 손해 보험 회사의 주요 업무
① 언더라이팅 업무
② 재보험 업무
③ 보험금 지급 업무
④ 자산 운용 업무

70. 보험 증권의 법적 성질
① 요식 증권성
② 증거 증권성
③ 면책 증권성
④ 유가 증권성

71.
보험 증권은 기재된 내용만 계약의 내용이 아니기 때문에 문언 증권성이 없고, 보험 증권을 발행할 때 보험 계약상의 권리와 의무가 발생되는 것은 아니기 때문에 설권 증권(設權證券)에 해당하지 않는다.

72. 보통 보험 약관
보험 계약의 일반적·정형적 조항이라고 할 수 있고, 보통 보험 약관에 대하여 보충적으로 세부적인 약관을 필요로 할 때에 이용되는 것을 특별 보통 보험 약관 또는 부가 약관이라 한다.

73. 특별 보통 보험 약관 : 보충적이고 상세한 내용을 담고 있다는 내용상의 차이가 있을 뿐, 미리 정형화되어 보험 계약자 일반에게 계약 체결을 위해 제시된다는 점에서 그 법적 성질이 보통 보험 약관이기는 마찬가지이다.

74. 해상 보험이나 기업 보험에 있어 특정의 보험 계약자와의 사이에서만 개별적으로 보통 보험 약관의 내용을 변경·추가 또는 배제하는 약정을 하는 경우를 특별 보험 약관이라 한다.

75. 의사설에 따르면 보통 보험 약관은 보험자가 일방적으로 작성한 계약의 모형에 불과하다. 따라서 보통 보험 약관의 내용을 계약의 내용으로 편입한다는 당사자 간의 합의, 즉 편입 의사가 있는 경우에만 보통 보험 약관이 계약의 내용이 된다는 설이다. 이는 현재의 판례의 입장이다.

76. 규범설에 따르면 보험 약관은 법 규범이기 때문에 당사자 간에 약관과 다른 내용을 계약의 내용으로 하자는 합의가 없는 한 약관의 내용에 따라 계약을 체결한다는 보험 계약자의 의사가 없는 경우라도 계약의 내용이 된다는 설이다.

77. 약관 해석의 원칙
① POP 원칙
② 합리적 목적론의 원칙
③ 계약 당사자 의사 우선의 원칙
④ 보험 약관 전체로서의 해석 원칙
⑤ 문맥에 의한 특별 의미의 해석 원칙
⑥ 합리적 해석의 원칙
⑦ 동종 제한의 원칙
⑧ 수기 문언 우선의 원칙
⑨ 계약 유효성의 원칙
⑩ 합리적 기대의 원칙

78. 개별 약정 우선 해석의 원칙은 개별 약정의 내용이 보통 보험 약관이나 특별 보통 보험 약관의 내용과 상이한 경우 개별 약정의 내용을 우선적으로 계약의 내용으로 한다는 해석 원칙이다. 보통 보험 약관은 개별적으로 합의가 이루어지지 않은 부분에 대하여 개별 약정의 보충적 기능을 하게 된다.

79. 작성자 불이익의 원칙에 따르면 보험 약관은 부합 계약의 특성상 보험자가 일방적으로 만들기 때문에 애매모호하게 잘못 만든 책임을 보험자가 지도록 한 것이다.

80. 합리적 기대의 원칙에 따르면 보험 약관상 문언의 의미가 모호한 경우에 합리적인 해석이 우선되어야 한다. 피보험자가 지급한 보험료와 관련하여 계약 당사자의 어느 일방에게 예외적이고 불공평한 부담을 지게 하도록 보험 약관의 해석이 불합리한 결과를 초래해서는 안 된다.

81. 수기 문언 우선 효력의 원칙은 보험 약관의 해석에 있어 손으로 쓴 문언이 인쇄 문언 및 그 밖의 형식으로 된 문언보다 가장 우선하여 적용된다는 원칙을 말한다. 인쇄된 보험 증권에 다른 문언들이 첨가된 경우 첨가된 문언이 우선한 것으로 간주되고 당사자의 의사에 대한 최종 표현으로 간주되어야 한다.

82. 동종 제한의 원칙은 보험 약관을 포함한 제정법, 증언 등에 특정적이고 구체적으로 열거한 사항 다음에 일반적이고 포괄적인 문언이 부가되어 있는 경우 일반적이고 포괄적인 부가 문언을 해석함에 있어 앞에서 구체적으로 열거한 사항과 동질적인 것만을 한정하여 해석해야 한다는 원칙이다.

83. POP 원칙은 보험 약관을 평범하게(plain), 통상적으로(ordinary), 통속적으로(popular) 해석하여야 한다는 원칙이다. 즉 법원의 판결, 관습 또는 특별한 상황이나 보험 계약 조건에 의해 해당 문언에 어떤 특별한 의미가 첨가되는 것이 입증될 수 없는 한, 보험 약관의 문언들은 평이하고(plain), 통상적이며(ordinary), 통속적인(popular) 의미로 해석되어야 한다는 것이다.

84. **보험 증권 해석의 기본 원칙**은 계약 당사자의 의사가 우선적으로 고려되어야 한다는 것이다. 계약서는 엄격하게 해석되어서는 안 되고, 계약서의 엄격한 문자가 계약서의 목적과 의도로 간주되어서는 안 된다.

85. 보험 약관은 하나의 전체로서 해석되어야 한다. 즉 보험 약관의 전체가 고려되어야 한다. 사업자 간의 문서를 고려함에 있어 전문적인 해석 원칙을 고려하기보다는 먼저 문서 전체를 고려하고 당사자가 처리하고 있는 목적을 고려해야 하며, 그 다음에 문언들을 자연적이고 통상적인 의미로 해석하는 방식으로 문서를 해석하여야 한다.

86. **동종 제한의 원칙**은 보험 약관을 포함한 제정법, 증언 등에 특정적이고 구체적으로 열거한 사항 다음에 일반적이고 개괄적인 문언이 부가되어 열거 사항을 확장하고 있는 경우 일반적·총괄적 부가 문언을 해석함에 있어 앞에서 구체적으로 열거한 사항과 다른 모든 사항을 의미하는 것이 아니고 같은 종류의 것으로 한정하여 해석해야 한다는 원칙이다.

87. 특별한 문언의 의미는 문맥에 의해 한정될 수 있다. 문언은 그 문언이 사용되는 상황의 성격, 즉 문언의 전후 관계 때문에 특별한 의미를 갖기도 한다. 그와 같은 경우에 해당 문언은 상황에 맞게 특별한 의미로 해석되어야 한다.

88. 보험 약관의 내용 중 설명하지 않아도 되는 사항
① 가입자가 잘 알고 있는 사항
② 거래상 널리 알려진 사항
③ 설명을 하였더라도 보험 계약이 체결되었으리라 인정되는 경우
④ 법령이 정한 사항

89. 상법 제638조의 제3항에서는 보험자가 보험 계약을 체결할 때에는 보험 계약자에게 보험 약관을 교부하고 그 약관의 중요한 내용을 알려주어야 한다고 규정하고 있는데, 이를 보험자의 약관 교부·명시 의무라고 한다.

90. 상법에서는 보험자에게 약관 교부·명시 의무를 부과하는 이유는 보험 가입자가 보험 계약의 내용을 정확히 알지 못하고 보험자가 일방적으로 작성한 약관에 의하여 보험 계약을 체결함으로써 보험 가입자가 예상하지 못하였던 불이익을 받는 경우를 방지하기 위함이라고 밝힌다.

91. 보험자가 보험 약관의 교부·명시 의무를 지는 시점은 보험 계약을 청약하는 때이다. 또 보험 약관의 교부·명시 의무를 지는 자는 보험자나 보험 대리점이 되나 보험 모집인이나 보험 중개인도 이를 대신할 수 있다고 본다. 그리고 보험 약관의 교부·명시 의무의 이행에 대한 입증 책임은 보험자가 진다.

92. 보험 약관의 교부·명시 의무는 보험자가 단순히 이를 보험 계약자에게 알려 주어야 할 뿐만 아니라 보험 계약자가 이해할 수 있도록 설명해 주어야 할 의무이다. 보험 가입자에게 설명하여야 할 중요한 내용은 보험 계약의 종류에 따라 다르기는 하나 일반적으로 보험 사고, 보험료, 보험 금액 및 보험 기간에 관한 사항과 보험 계약의 면·부책 사항 및 보험 계약의 무효·해지 사유 등 보험 가입자의 이해관계와 중대한 관련이 있는 사항이다.

93. 보험자가 보험 계약을 체결할 때 보험 약관의 교부·명시 의무를 위반한 때에는 보험 계약자는 보험 계약이 성립한 날로부터 1월 이내에 그 계약을 취소할 수 있다. 보험 계약자가 그 계약을 취소한 때에는 그 계약은 무효가 되고 보험자는 이미 지급받은 보험료를 모두 반환하여야 한다(상법상 효과).

94. 보험자가 보험 약관의 교부·명시 의무를 위반한 경우에도 보험 계약자가 그 계약을 일정 기간 내에 취소하지 않는 한 그 약관의 효력은 인정된다는 게 다수설이나, 판례는 이 경우 약관 규제법이 다시 적용되어 보험자가 당해 약관을 보험 계약의 내용으로 주장할 수 없다는 입장을 취하고 있다(약관 규제법상의 효과).

95. 보험 계약에 관한 제 법원의 적용 순위
① 당사자의 약정
② 특별 약관
③ 보통 약관
④ 보험에 관한 특별법(보험업법 등)
⑤ 보험 계약법
⑥ 민법의 특별법(자동차 손해 배상 보장법, 국가 배상법, 산업 재해 보상법)
⑦ 민법

96. 보험 회사가 지켜야 하는 재무 건전성 기준
① 지급 여력 비율은 100분의 100 이상을 유지할 것
② 대출 채권 등 보유 자산의 건전성을 정기적으로 분류하고 대손 충당금을 적립할 것
③ 보험 회사의 위험, 유동성 및 재보험의 관리에 관하여 금융 위원회가 정하여 고시하는 기준을 충족할 것

97. 보험 회사가 보험 계약자를 보호하기 위해 즉시 공시하여야 하는 사항
① 재무 및 손익에 관한 사항
② 자금의 조달 및 운용에 관한 사항
③ 법 제123조 제2항, 제131조 제1항, 제134조 및 「금융 산업의 구조 개선에 관한 법률」 제10조, 제14조에 따른 조치를 받은 경우 그 내용
④ 보험 약관 및 사업 방법서, 보험료 및 해약 환급금, 공시 이율 등 보험료 비교에 필요한 자료
⑤ 그 밖에 보험 계약자의 보호를 위하여 공시가 필요하다고 인정되는 사항으로서 금융 위원회가 정하여 고시하는 사항

98. 보험 회사의 보고 사항
① 상호나 명칭을 변경한 경우
② 임원을 선임하거나 해임한 경우
③ 본점의 영업을 중지하거나 재개(再開)한 경우
④ 최대 주주가 변경된 경우
⑤ 대주주가 소유하고 있는 주식 총수가 의결권 있는 발행 주식 총수의 100분의 1 이상만큼 변동된 경우
⑥ 그 밖에 해당 보험 회사의 업무 수행에 중대한 영향을 미치는 경우로서 대통령령으로 정하는 경우

99. 보험 계리사, 선임 계리사 또는 보험 계리업자의 업무
① 기초 서류의 작성에 관한 사항
② 책임 준비금, 비상 위험 준비금 등 준비금의 적립과 준비금에 해당하는 자산의 적정성에 관한 사항
③ 잉여금의 배분·처리 및 보험 계약자 배당금의 배분에 관한 사항
④ 지급 여력 비율 계산 중 보험료 및 책임 준비금과 관련된 사항
⑤ 상품 공시 자료 중 기초 서류와 관련된 사항

100. 손해 사정사의 종류 및 업무 범위
① 재물 손해 사정사 : 화재 보험, 해상 보험, 책임 보험, 기술 보험, 권리 보험, 비용 보험, 원자력 보험, 날씨 보험, 도난 보험 등의 손해액 사정
② 차량 손해 사정사 : 자동차 사고로 인한 차량 및 그 밖의 재산상의 손해액 사정
③ 신체 손해 사정사 : 책임 보험, 상해 보험, 질병 보험, 간병 보험의 손해액(사람의 신체와 관련된 손해액만 해당), 자동차 사고 및 그 밖의 보험 사고로 인한 사람의 신체와 관련된 손해액 사정
④ 종합 손해 사정사 : 재물 손해 사정사, 차량 손해 사정사, 신체 손해 사정사의 업무

제1장
위험과 위험 관리

1 위험

001 위험, 위태, 손인에 대한 설명으로 적절하지 않은 것은?

① 위험(Risk)은 우연한 사고로 인한 경제적 손해의 발생 가능성 또는 사고 발생 가능성의 정도를 의미한다.
② 손인(Peril)은 손해를 야기한 원인을 말한다.
③ 위태(Hazard)는 사고 발생 가능성을 증가시키는 요소 또는 상황만을 의미한다.
④ 위험(Risk)은 확률적인 개념이다.

002 다음 중 손인(Peril)에 해당하는 것은?

① 선박 침몰
② 지진
③ 어두운 계단
④ 흡연

003 건물 내 화기를 제대로 확인하지 못해 화재로 인해 건물이 멸실되었을 때 각 개념이 바르게 연결된 것은 무엇인가?

구분	화기 미확인	화재	건물 멸실
①	위태	손해	손인
②	위험	손인	손해
③	위태	손인	손해
④	위험	손해	손인

004 정신적 위태에 관한 설명으로 틀린 것은?

① 정신적 위태는 광의의 도덕적 위태에 포함된다.
② 무관심 또는 부주의, 사기 저하, 풍기 문란 등 손해 발생을 방관하는 태도를 말한다.
③ 정신적 위태는 보험 제도를 이용하여 적극적으로 이익을 보려는 심리나 행동은 없다.
④ 정신적 위태는 고의적 위태와 달리 의식적 행동을 수반한다.

005 손해 발생 가능성을 고의적으로 증가시키는 개인의 특성을 의미하는 것은?

① 도덕적 위태　　　　　　　② 정신적 위태
③ 물리적 위태　　　　　　　④ 기강적 위태

006 정신적 위태(Morale hazard)의 예시에 해당하는 것은?

① 음주운전
② 촛불이 다 타면 저절로 꺼질 것으로 기대하고 외출
③ 도로 위의 빙판
④ 공장 내에 기름걸레가 흩어져 있는 상태

007 도덕적 위태(Moral hazard)의 경감 또는 예방과 가장 관련이 깊은 것은?

① 전부 보험　　　　　　　　② 대체 비용 보험
③ 일부 보험　　　　　　　　④ 중복 보험

008 위험에 대한 설명으로 틀린 것은?

① 위험이 동질적이고 동질적 위험이 많을수록 보험료 산출을 정확하게 할 수 있다.
② 보험 가입 대상이 되는 위험은 발생 규모나 발생 빈도 면에서 불규칙하여야 한다.
③ 보험 가입 대상이 되는 위험은 우연성에 기초한 것이어야 한다.
④ 보험 가입 대상이 되는 위험은 손실 발생의 원인, 시간, 장소, 손실 금액 등이 어느 정도 명확한 위험이어야 한다.

009 위험에 대한 설명으로 적절하지 않은 것은?

① 객관적 위험은 기대 손실과 실제 손실 사이의 상대적 편차를 말한다.
② 주관적 위험은 인간의 개인적 성격이나 태도가 반영되어 나타난 위험을 말한다.
③ 순수 위험은 그 결과로서 반드시 손실만이 초래되며, 이익이 발생할 가능성은 없는 위험이다.
④ 투기 위험의 결과로서 나타난 특정 경제 주체의 손실이 바로 국민 경제의 손실로 직결된다.

010 다음 중 근본 위험(Fundamental risk)에 해당하지 않는 것은?

① 전쟁
② 대형 건물 화재
③ 경기 변동
④ 홍수

011 보험 계약에서 보험자가 인수하지 않은 위험을 무엇이라고 하는가?

① 담보 위험
② 부담 위험
③ 면책 위험
④ 비담보 위험

012 보험의 대상으로 적합한 위험들만 열거한 것으로 옳은 것은?

① 순수 위험, 정적 위험, 특정 위험
② 순수 위험, 동적 위험, 근본 위험
③ 순수 위험, 객관적 위험, 근본 위험
④ 순수 위험, 주관적 위험, 특정 위험

013 다음과 같은 기준으로 위험을 분류한 것으로 옳은 것은?

ⓐ 불확실성을 야기하는 원천과 불확실성의 영향이 미치는 범위에 따라 구별한다.
ⓑ 따라서 손해의 결과도 특정의 개인이나 집단에 영향을 미치는가 아니면 사회 전반에 걸쳐 미치는가에 따라 분류된다.

① 순수 위험(Pure risk)과 투기적 위험(Speculative risk)
② 동태적 위험(Dynamic risk)과 정태적 위험(Static risk)
③ 실체 위험(Physical risk)과 사회 위험(Social risk)
④ 근본 위험(Fundamental risk)과 특정 위험(Particular risk)

014 다음 사례에 해당하는 손해의 유형은 무엇인가?

> 2016년 10월 30일 A 지역에서 송전선의 합선으로 인해 정전이 발생하였다. A 지역에 위치한 B 냉동 창고에서는 정전이 발생한 지 3분 만에 발전기를 작동시켰다. 그런데 B 냉동 창고에 냉동식품을 보관 중이던 유통업자 C는 냉동식품의 상품성이 떨어졌다고 주장하면서 보상을 요구하였다. 하지만 냉동식품의 상품성이 얼마나 떨어졌는지는 입증하지 못하고 있다.

① 감정적 손해   ② 감염적 손해
③ 결과적 손해   ④ 불가동 손해

015 피보험자에 의한 의도적인 사고 유발이나 도덕적 위험을 방지하기 위한 방지책과 가장 거리가 먼 것은?

① 면책 조항   ② 공제액 제도
③ 공동 보험 제도   ④ 입증 책임의 전환

016 보험 사기에 대한 설명으로 가장 적절하지 않은 것은?

① 사회 전반적인 관용적 태도가 원인이다.
② 우연한 사고와는 관계가 없다.
③ 적발 시 처벌을 강화하면 줄일 수 있다.
④ 조사 활동을 강화하면 줄일 수 있다.

017 보험 사기에 대한 설명으로 틀린 것은?

① 보험 사기란 보험 계약자 또는 보험금 청구권자가 보험자를 기만하여 부당한 보험 계약을 체결하거나 허위로 보험금 지급을 청구하는 경우 및 그 보험금을 수령한 것을 말한다.
② 광의의 보험 사기에는 사실을 은폐하여 보험자를 기만하거나 착오에 빠뜨리는 위법행위로서 미필적 고의도 포함된다.
③ 고의성은 없지만 손실에 관하여 무관심하거나 부주의하여 손실의 규모나 가능성을 증가시키는 위험 상태인 방관적 위험으로 인한 손해 발생도 광의의 보험 사기에 해당된다.
④ 현행 약관에서는 보험 계약자가 사기적인 행위로 보험금을 청구하는 경우 보험자는 당해 사기적 청구에 대한 책임에 한하여 효력을 부인하고 있다.

018 보험 범죄에 대한 설명으로 틀린 것은?

① 일반적으로 보험 사기의 개념은 보험 범죄보다 넓은 의미로 사용되고 있다.
② 보험 범죄는 보험자를 기만하여 부당하게 높은 보험금의 지급을 요구할 목적으로 고의적·악의적으로 행동하는 행위를 의미한다.
③ 보험 계약자가 보험금을 수령할 목적으로 인위적으로 보험 사고를 야기하는 것은 보험 범죄에 해당한다.
④ 보험 계약을 체결함에 있어 보험자가 진실을 알았다면 할증 보험료를 부가하여 인수하였으리라 여겨지는 경우에, 고지 의무를 위반하는 것은 보험 범죄에 해당한다.

019 보험 사기 적발을 위해 손해 사정 시 고려해야 할 사항에 대한 설명으로 적절하지 않은 것은?

① 보험 계약자나 피보험자의 과거에 고의로 인한 보험 사고가 잦은 경우 재범죄의 가능성이 높기 때문에 이러한 경력이 있는지를 우선 파악해야 한다.
② 보험 계약자가 뚜렷한 직장이 없고 경제적으로 궁핍한 상태일수록 보험 사기의 유혹에 빠지기 쉬우므로 보험 계약자의 재산이나 직장 근속 경력 등을 파악해야 한다.
③ 공동 보험의 경우 한 사고로 많은 보험 금액을 받을 수 있으므로 다수의 공동 보험 여부를 파악하여야 한다.
④ 보험 계약 체결이 보험 설계사나 대리점의 권유에 의한 것인지, 계약자가 자발적으로 직접 찾아와서 이루어진 것인지를 파악한다.

020 다음 중 보험 사기에 대한 사후적 제재 방법에 해당하는 것은?

① 손해 배상 청구권
② 중복 보험의 무효
③ 공동 보험 제도
④ 실손 보상의 원칙

021 보험 사기에 대한 설명으로 적절하지 않은 것은?

① 보험 계약자가 고의로 보험 사고를 일으킨 경우 보험자는 원칙상 급부 의무를 지지 않는다.
② 상법은 초과 보험과 중복 보험이 발생한 경우 보험 가액을 초과하는 부분에 대해서는 무효처리하고 있다.
③ 보험 사기는 보험 회사에 피해를 주는 것일 뿐, 피보험자는 별다른 피해가 없으므로 보험 사기에 대해 관대해진다.
④ 보험 사기의 피해는 많은 사람에게 적은 액수로 전가되기 때문에 인식하지 못하거나 크게 문제 삼지 않는 경향이 있다.

022 역선택에 대한 설명으로 적절하지 않은 것은?

① 역선택은 보험자에게 불리한 보험 사고의 발생 가능성이 높은 위험을 보험 계약자가 자진하여 보험의 목적으로 선택하는 것이다.
② 역선택은 정보의 불균형에서 발생하는 잘못된 선택으로 보험 계약자 또는 피보험자의 위험 구조를 잘 모르는 보험자가 위험률이 높은 위험만을 선택하여 손해를 본다는 개념이다.
③ 역선택은 보험 계약 후에 사고 발생의 가능성을 높이거나 손해를 확대시킨다.
④ 역선택은 사고 발생의 확률이 평균치보다 증가하여 보험자가 수지 상등의 원칙을 적용할 수 없게 되어 보험 단체의 불이익을 증가시키는 등 보험 제도에 악영향을 미친다.

023 역선택을 감소시키는 효과가 가장 큰 것은?

① 고지 의무　　　　　　　　② 경험요율
③ 공동 보험　　　　　　　　④ 보험자 대위

024 순수 위험에 대한 설명으로 옳지 않은 것은?

① 손실의 가능성과 함께 이익의 가능성도 내포된 위험으로 정의된다.
② 일반적으로 대수의 법칙을 쉽게 적용할 수 있어 손실의 정도를 미리 예측할 수 있다.
③ 순수 위험은 없던 위험을 인위적으로 새로이 만들어 냄으로써 존재하게 된 것이 아니라 위험 자체가 이미 존재해 있는 위험을 말한다.
④ 순수 위험은 일반적으로 인적 위험, 재산 위험, 배상 책임 위험으로 분류된다.

025 순수 위험과 투기적 위험에 대한 설명으로 적절하지 않은 것은?

① 순수 위험은 이익의 발생 가능성 없이 손해만을 발생시키는 위험을 말한다.
② 투기적 위험은 그 결과로서 손실 또는 이익이 모두 발생할 수 있는 위험이다.
③ 순수 위험은 대수의 법칙을 적용하기 어려우므로 일반적으로 보험의 대상이 될 수 없다.
④ 개개의 투기 위험은 범위를 한정할 수 있고 제어가 가능하다.

026 보험 가능 위험의 일반적인 분류로 적절하지 않은 것은?

① 인적 위험　　　　　　　　② 재산 위험
③ 누적 위험　　　　　　　　④ 배상 책임 위험

027 보험 가능한 위험(Insurable risk)의 요건과 가장 거리가 먼 것은?

① 손실의 발생 시기나 발생 그 자체가 우연적인 것
② 합리적으로 예견할 수 있을 정도로 다수이고 동질적인 것
③ 금전적인 가치로 측정할 수 있는 손실
④ 우연적이며 발생 확률이 낮고 손실의 심도가 높지 않은 위험

028 보험 대상 위험의 요건에 '손실 발생이 시간적·장소적으로 명확하고, 손실 측정이 가능해야 한다.'는 것이 포함되어 있는 이유로 가장 거리가 먼 것은?

① 사후적 손실 측정의 용이성
② 사전적 보험료 산출의 용이성
③ 합리적인 손실 보상의 용이성
④ 대수의 법칙 적용 가능성

029 위험 보편의 원칙에서 선행 위험과 후행 위험에 따른 담보 여부를 바르게 설명한 것은?

① 선행 위험이 면책 위험이고, 후행 위험이 비담보 위험이면 면책한다.
② 선행 위험이 담보 위험이고, 후행 위험이 면책 위험이면 면책한다.
③ 선행 위험이 담보 위험이고, 후행 위험이 비담보 위험이면 면책한다.
④ 선행 위험이 비담보 위험이고, 후행 위험이 담보 위험이면 면책한다.

2 위험 관리

030 위험 관리에 대한 설명으로 적절하지 않은 것은?

① 위험 관리의 목적은 최소 비용으로 최대 효과를 도모하는 것이다.
② 순수 위험만이 위험 관리의 대상이 될 수 있다.
③ 위험 관리가 적절히 시행되면 위험 분포도상 위험 분포의 범위가 좁아진다.
④ 최대 추정 손해액의 감소도 위험 관리의 주요 효과이다.

031 위험 관리와 위험 비용에 관한 설명으로 가장 적절하지 못한 것은?

① 위험 관리의 목표는 위험 비용의 최소화에 두어야 한다.
② 일반적으로 손실 통제 비용과 기대 손실 비용은 서로 상반 관계에 있다.
③ 위험을 감소시키게 되면 위험 비용도 감소된다.
④ 간접 손실이 직접 손실보다 큰 경우가 종종 있다.

032 위험 관리의 목적은 손해 발생 전의 목적(Pre-loss objectives)과 손해 발생 후의 목적(Post-loss objectives)으로 나누어 볼 수 있다. 다음 중 손해 발생 전의 목적에 해당하는 것을 옳게 고른 것은?

> ⓐ 영업의 지속(Continuity of operations)
> ⓑ 불안의 경감(Reduction in anxiety)
> ⓒ 손실 방지를 위한 각종 규정의 준수(Meeting externally imposed obligation)
> ⓓ 수익의 안정(Earning stability)
> ⓔ 지속적인 성장(Continued growth)
> ⓕ 위험 관리 기능을 수행함에 있어 최소의 비용으로 최대의 효과 달성(Economy)

① ⓐ, ⓓ, ⓔ ② ⓐ, ⓒ, ⓔ
③ ⓑ, ⓒ, ⓕ ④ ⓑ, ⓔ, ⓕ

033 다음 중 피보험자의 손실 통제를 제고하는 효과가 가장 큰 것은?

① 중복 보험 ② 초과 보험 ③ 단체 보험 ④ 일부 보험

034 위험 관리 기법 중 건물 내의 금연 활동과 가장 관련이 있는 것은?

① 위험 회피 ② 위험 통제 ③ 위험 보유 ④ 위험 분리

035 다음 중 홍수 다발 지역이며 피해 규모도 큰 경우에 일반적으로 가장 적합한 위험 관리 방법은?

① 위험 회피 ② 손실 예방 ③ 손실 감소 ④ 위험 전가

036 다음 중 기대 손실(Expected loss)을 감소시키는 위험 관리 방법은?
① 보험 ② 위험 보유 ③ 손실 통제 ④ 위험 분산

037 손실 감소의 효과를 주 목적으로 하는 위험 관리 방법은?
① 운전면허 제도 ② 작업 안전 수칙
③ CCTV ④ 자동차 에어백

038 보험 계약자가 보험 계약을 해지하는 것은 위험 관리 방법 중 어디에 해당하는가?
① 위험 보유 ② 손실 통제 ③ 위험 회피 ④ 위험 이전

039 위험 관리자는 위험 관리 기법을 선택함에 있어서 손해의 빈도(Frequency)나 심도(Severity)를 동시에 고려해야 한다. 위험의 종류를 손해의 빈도와 심도의 크기에 따라 아래 그림의 네 가지 형태로 분류할 때 각각의 위험의 종류에 따른 최적의 위험 처리 방법으로 가장 적절하게 짝지어 진 것은?

위험의 종류	손실의 빈도수(빈도)	손실의 규모(심도)
A	낮다.	작다.
B	높다.	작다.
C	낮다.	크다.
D	높다.	크다.

구분	위험 처리 방법
ⓐ	위험의 회피
ⓑ	위험의 보유
ⓒ	보험에의 전가와 손해 제어적인 수단을 병행하여 적용
ⓓ	손해 제어적인 수단에 보유 기법을 병행하여 적용

```
       A   B   C   D
①     ⓐ   ⓒ   ⓓ   ⓑ
②     ⓐ   ⓓ   ⓒ   ⓑ
③     ⓑ   ⓒ   ⓓ   ⓐ
④     ⓑ   ⓓ   ⓒ   ⓐ
```

040 손실의 규모와 빈도수에 따른 위험 관리 기법이 적절하게 연결된 것은?

① 손실의 규모가 작고 빈도수도 낮은 경우 – 보험
② 손실의 규모가 크고 빈도수가 낮은 경우 – 위험 보유
③ 손실의 규모가 작고 빈도수가 높은 경우 – 손실 통제
④ 손실의 규모가 크고 빈도수가 높은 경우 – 보험

041 자가보험(Self-insurance)에 대한 설명 중 틀린 것은?

① 경제 주체가 위험에 대비하는 위험 관리 기법 중 '위험 보유'의 한 형태로, 자신의 비용으로 위험을 처리하는 것을 말한다.
② 다수의 경제 주체 사이에 위험을 분산시키는 것이 아니므로 대수의 법칙이 적용되지 않는다.
③ 발생이 빈번하고 위험의 심도가 높지 않은 경우에 적당하다.
④ 수학적인 기초에 의하여 산출된 일정 금액을 적립하여 위험에 대비하는 것이다.

042 자가보험을 활용하는 이유로 옳지 않은 것은?

① 거래 비용 절감
② 손실 통제 비용 절감
③ 현금 흐름 개선
④ 보험 인수 거절 위험 관리

043 자가보험의 장점이라고 보기 어려운 것은?

① 사고 예방 효과를 기대할 수 있다.
② 보험이 불가능한 위험의 관리가 가능하다.
③ 대규모 손해에 효율적으로 대처할 수 있다.
④ 부가 보험료를 절약할 수 있다.

044 하인리히(H. W. Heinrich)의 도미노 이론에 대한 설명으로 가장 적절하지 않은 것은?

① 손해는 사회적 환경, 인간의 과실, 위태, 사고, 손해의 발생이라는 연쇄적 관계에 의해 발생한다.
② 사고는 특정의 구조에 견딜 수 없는 정도의 스트레스를 줌으로써 발생한다.
③ 위험 관리의 대상으로 인간의 행위에 중점을 둔 이론이다.
④ 사건의 연쇄 관계를 차단하면 사고를 예방할 수 있다.

제2장 손해 보험

1 손해 보험의 개요

001 보험의 정의에 대한 설명으로 틀린 것은?

① 서로 다른 위험에 대한 다수 경제 주체의 결합
② 재해를 입은 사람에게 일정한 급부 제공
③ 우연한 사고에 대한 대비
④ 경제생활의 불안을 제거·경감

002 보험의 개념에 대한 설명으로 틀린 것은?

① 보험은 측정이 불가능한 우발적 욕구를 보호 대상으로 한다.
② 보험은 우발적 위험을 보호 대상으로 한다.
③ 보험은 보험 사고 발생으로 인한 금전적 욕구의 충족을 목적으로 한다.
④ 보험은 다수의 경제체가 존재하여야 한다.

003 다음 중 보험의 성격이라고 할 수 없는 것은?

① 우연적 손실의 보상
② 위험 단체의 존재
③ 위험의 보유
④ 위험 결합을 통한 손실 분산

004 보험 사고의 요건 중 '한정성'에 대한 설명으로 올바른 것은?

① 보험 사고는 우연한 것이어야 한다.
② 보험 사고는 불확실한 것이어야 한다.
③ 보험 사고는 고의나 과실에 의한 사고가 아니어야 한다.
④ 보험 사고는 일정한 목적에 대하여 일정한 기간 내에 일어나는 사고여야 한다.

005 보험 제도의 장점이라고 볼 수 없는 것은?

① 불확실성 감소 ② 산업 자본의 형성
③ 위험의 분산 ④ 도덕적 위험의 해소

006 손해 보험의 성립 요소 중 우연한 사고의 존재에 관한 설명으로 틀린 것은?

① 사고 피해 규모의 불확실성
② 사고 발생 여부의 우연성
③ 사고 발생 가능성의 불확실성
④ 사고 발생 시기의 우연성

007 다음 중 보험의 순기능이라고 보기 어려운 것은?

① 불확실성 감소 ② 손실 통제
③ 신용의 증대 ④ 사고의 감소

008 보험과 공제에 대한 설명으로 틀린 것은?

① 공제는 '동일한 직업 또는 사업에 종사하는 다수'를 대상으로 한다.
② 보험과 공제는 둘 다 금융 감독원에서 감독을 받는다.
③ 공제의 가입 대상 범위는 보험의 가입 대상 범위보다 좁다.
④ 보험과 공제는 경제 주체 간의 상호 부조를 목적으로 하는 경제 제도라는 공통점이 있다.

009 보험과 보험 유사 제도를 비교한 것 중 틀린 것은?

① 저축은 우발적 위험의 발생으로 인한 금전적 욕구를 충족할 목적으로 정기적으로 소득의 일부를 저축한다는 점에서 보험과 유사하다.
② 투기는 우발적 욕구와 금전적 욕구의 충족을 위하여 행한다는 점에서 보험과 유사하다.
③ 자가보험은 다수의 경제체가 존재하며, 금전적 욕구의 충족을 목적으로 한다는 점에서 보험과 유사하다.
④ 보증은 보험의 요소 중에서 '우발적 욕구'와 '금전적 욕구'의 두 가지의 요소만을 가지고 있다는 점에서 보험과 유사하다.

2 손해 보험 계약

010 다음의 보험 관련 원칙 중 도덕적 위태를 완화할 수 있는 원칙과 거리가 먼 것은?

① 수지 상등의 원칙　　② 피보험 이익의 원칙
③ 실손 보상의 원칙　　④ 대위 변제의 원칙

011 금반언의 원칙(Estoppel)이 적용되기 위한 요건으로 적절하지 않은 것은?

① 보험자가 보험 계약자 측에 대하여 사실과 다른 언행을 나타내야 한다.
② 보험 계약자 측에서는 보험자의 모순되는 언행에 대하여 이를 신뢰하여야 한다.
③ 보험 계약자에게 보험 금액 이상의 손실이 발생하여야 한다.
④ 보험 계약자 측에게 계약상의 불이익이 발생하여야 한다.

012 다음의 사례에서 피보험자 B가 보험자 A에게 항변할 수 있는 근거는 무엇인가?

> 보험자 A는 피보험자 B에게 손해를 보상함에 있어 현물 보상을 하기로 하였다. 그러나 보험자 A는 보험 사고 발생 이후 보험 계약자 측에 대하여 현물 보상하는 것이 비용 등의 면에서 지출이 많아진다는 이유로 현물 보상을 취소하고 금전으로 보상하였다.

① 금반언의 원칙　　② 위험 보편의 원칙
③ 실손 보상의 원칙　　④ 수지 상등의 원칙

013 금반언의 원칙에 대한 설명으로 가장 적절하지 못한 것은?

① 보험자의 언행에 있어서의 신의 성실의 원칙을 의미한다.
② 명시적인 의사 표현뿐만 아니라 묵시적인 의사 표현도 포함된다.
③ 강행 법규에 해당하는 내용을 당사자 간의 개별적인 약정을 통하여 변경할 경우 금반언의 원칙이 적용된다.
④ 고지 의무 위반을 보험자가 알면서 1개월 이상 해지하지 않다가 나중에 해지권을 행사하는 것은 금반언의 원칙에 반한다.

014 보험 계약의 특성 중 다음의 지문과 가장 밀접한 관련이 있는 성질은 무엇인가?

> 보험 계약은 수많은 단체를 상대로 계약을 체결하는 것이고 따라서 수많은 단체를 상대로 매 계약 건별로 계약 조건을 구체적으로 협상한다는 것은 시간적·기술적으로 불가능하다. 또한 서로 다른 계약조건으로 계약을 체결하는 것은 계약자 간 형평의 원칙에 위배되고 위험의 대량성과 동질의 위험 단체성으로 정형성이 요구된다.

① 쌍무 계약성 ② 사행 계약성
③ 부합 계약성 ④ 독립 계약성

015 다음 중 보험 사고의 우연성에 기인하여 도덕적 위험이 내포될 수밖에 없는 보험 계약의 법적 성질은?

① 불요식 계약성 ② 사행 계약성
③ 독립 계약성   ④ 부합 계약성

016 다음 중 일반적으로 보험 계약이 법적인 효력을 발휘하기 위하여 반드시 갖추어야 할 기본 요건으로 적절하지 않은 것은?

① 청약과 승낙(Offer and acceptance)
② 급부(Consideration)
③ 합법적인 계약 목적(Legal purpose)
④ 적법한 양식(Legal form)

017 보험 계약이 성립하는 시점은 언제인가?

① 가입자가 보험 청약서를 모집인에게 전달한 때
② 가입자가 최초 보험료를 내고 영수증을 받은 때
③ 보험자가 승낙의 의사 표시를 한 때
④ 보험자가 보험 증권을 교부한 때

018 다음 중 보험 계약의 법적 성질에 대한 설명으로 틀린 것은?

① 보험 계약은 보험자의 보험금 지급 의무와 보험 계약자의 보험료 지급 의무가 상호 대립하는 관계에 있는 쌍무 계약이다.
② 보험 계약은 우연한 사실에 의해 보험금의 지급이 좌우되는 사행 계약이다.
③ 보험 계약은 보험 회사 일방이 작성한 보통 보험 약관을 조건으로 이루어지는 부합 계약이다.
④ 보험 계약이 성립하기 위해서는 일정한 법률상의 요식이 필요하다.

019 다음 중 보험범죄와 가장 관계있는 보험 계약의 성질은?

① 사행 계약
② 계속 계약
③ 단체 계약
④ 독립 계약

020 다음 중 예정 보험에 관한 설명으로 적절하지 않은 것은?

① 예정 보험은 보험 계약을 체결할 당시에 보험 증권에 기재할 보험 계약의 내용의 일부가 확정되지 않은 보험 계약으로서 아직 보험 계약이 성립되지 않은 '보험 계약의 예약'이며, 독립된 계약이라고 할 수 없다.
② 예정 보험에는 개별 예정 보험과 포괄 예정 보험이 있다.
③ 선박 미확정의 적하 예정 보험은 예정 보험 중 개별 예정 보험에 속한다.
④ 포괄 예정 적하 보험을 체결해 두면 만약 보험 계약자가 화물 선적의 통지를 누락한 경우에도 보험 계약자나 피보험자의 고의 또는 중과실이 없는 한 보험자는 책임을 부담하므로 무보험 상태에 빠질 위험은 없다.

021 보험 계약의 선의성에 대한 설명으로 틀린 것은?

① 보험 계약의 선의성은 보험 계약자, 피보험자나 보험자 모두에게 요구되고 있다.
② 보험 계약의 선의성은 고지 의무, 통지 의무, 위험 유지 의무 등에서 찾아볼 수 있다.
③ 보험 계약의 선의성은 보험 계약의 사행 계약성과 밀접한 관련이 있다.
④ 보험 계약상 요구되는 선의성은 여타 계약 관계에서 요구되는 신의 성실의 원칙과 비슷한 수준이다.

022 다음 중 최대 선의의 원칙(The principle of utmost good faith)의 실현을 위한 제도에 해당하지 않는 것은?

① 고지(Representation)
② 대위(Subrogation)
③ 은폐(Concealment)
④ 보증(Warranty)

023 일반적으로 책임 보험에는 존재하지 않는 보험 계약의 요소는?

① 보험 금액
② 보험 가액
③ 보험의 목적
④ 피보험 이익

024 피보험 이익의 요건에 해당하지 않는 것은?

① 우연성
② 적법성
③ 확정성
④ 경제성

025 피보험 이익에 대한 설명으로 옳은 것은?

① 생명 보험에서 피보험 이익은 손실 발생 시에 존재하여야 한다.
② 손해 보험의 경우 피보험 이익의 문제는 발생하지 않는다.
③ 피보험 이익은 보험 사고에 대하여 피보험자가 갖는 경제적 이해관계를 말한다.
④ 피보험 이익은 보험의 목적을 의미한다.

026 손해 보험에서 피보험 이익의 주체로서 보험 사고의 발생 시 손해의 보상을 받을 자는?

① 피보험자
② 보험자
③ 보험 수익자
④ 보험 계약자

027 피보험 이익에 대한 설명으로 틀린 것은?

① 보험 사고가 발생하면 손해를 입게 될 염려가 있는 이익을 말한다.
② 탈세, 도박 등으로 인한 이익은 피보험 이익이 될 수 없다.
③ 피보험 이익이 다르면 동일한 목적에 대한 보험 계약이라도 별개의 보험 계약으로 본다.
④ 피보험 이익은 손해 보험과 인보험에만 존재하는 개념이다.

028 법률상 보상의 최고 한도액을 무엇이라 하는가?

① 보험 가액　　　　　　② 보험 금액
③ 보험료　　　　　　　　④ 보험 가입 금액

029 보험 가액에 대한 설명으로 틀린 것은?

① 보험 가액은 보험 계약의 목적, 즉 피보험 이익의 경제적 가치를 말한다.
② 보험 가액은 보험자의 손해 보상 책임의 최고 한도를 의미한다.
③ 보험 가액은 보험 기간 중 언제나 일정하다.
④ 보험 가액이 협정된 보험 계약을 기평가보험, 그렇지 않은 보험 계약을 미평가보험이라 한다.

030 화재 보험에서 보험 가입 금액을 초과하더라도 보상하는 것은?

① 화재에 의한 직접 손해
② 잔존물 제거 비용
③ 손해 방지 비용
④ 대위권 보전 비용

031 해상 보험이나 운송 보험의 경우에 평가가 용이한 시점의 가액을 표준으로 하여 이를 전 보험 기간을 통하여 보험 가액으로 하는 것을 무엇이라 하는가?

① 보험 가액 불변경주의
② 보험 금액 불변경주의
③ 기평가보험 불변경주의
④ 피보험 이익 불변경주의

032 다수설에 의할 때, 피보험 이익의 관념은 인정되어도 보험 가액의 관념은 인정되지 않는 보험은?

① 재산 보험　　　　　　② 생명 보험
③ 상해 보험　　　　　　④ 책임 보험

033 보험 가액의 평가 방법에 대한 설명으로 적절하지 않은 것은?

① 기평가보험에서는 손해액을 초과하는 이익이 발생할 수 없다.
② 기평가보험에서도 협정 보험 가액이 사고 발생 시의 가액을 현저하게 초과할 때에는 사고 발생 시의 가액을 보험 가액으로 한다.
③ 미평가보험의 경우에 보험 가액은 사고 발생 시의 가액을 보험 가액으로 한다.
④ 미평가보험의 경우 보험 증권에 보험 가액을 기재하지 않는다.

034 보험 가액의 평가 방법에 대한 설명으로 적절하지 않은 것은?

① 기평가보험은 보험 가액에 대한 분쟁을 방지하여 신속한 보상을 가능하게 한다.
② 미평가보험은 가치 변동이 심하거나 객관적인 가치에 대한 논란이 있을 수 있는 경우에 유용하다.
③ 보험 기간이 짧기 때문에 보험 가액의 변동의 정도가 크지 않은 경우 보험 가액 불변경주의가 적용된다.
④ 보험 가액 불변경주의의 경우에도 법정 보험 가액이 사고 발생 시의 가액을 현저히 초과하는 경우 사고 발생 시의 가액을 기준으로 한다.

035 다음 중 보험 가액과 보험 가입 금액의 관계가 바른 것은?

① 전부 보험 : 보험 가액 = 보험 가입 금액
② 초과 보험 : 보험 가액 〉 보험 가입 금액
③ 일부 보험 : 보험 가액 〈 보험 가입 금액
④ 중복 보험 : 보험 가액 ≥ 보험 가입 금액

036 보험 가입 금액의 합계가 보험 가액을 초과하는 경우를 무엇이라 하는가?

① 전부 보험   ② 초과 보험   ③ 일부 보험   ④ 중복 보험

037 보험 가액을 보상 한도로 하는 보험으로 바르게 짝지어진 것은?

① 초과 보험 – 중복 보험
② 초과 보험 – 일부 보험
③ 전부 보험 – 공동 보험
④ 전부 보험 – 일부 보험

038 보험 금액이 보험 가액에 미달하는 경우를 무엇이라 하는가?

① 전부 보험
② 초과 보험
③ 일부 보험
④ 중복 보험

039 초과 보험에 대한 설명으로 적절하지 않은 것은?

① 초과 보험이 반드시 의도적으로 발생하는 것은 아니며, 의도치 않게 발생할 수도 있다.
② 사기적 초과 보험의 경우 사고 발생 시점을 기준으로 판단한다.
③ 초과 보험에 해당하려면 보험 금액이 보험 가액을 현저하게 초과하여야 한다.
④ 초과 보험 계약이 보험 계약자의 사기로 인하여 체결된 때에는 그 계약은 무효로 한다.

040 초과 보험에 대한 설명으로 적절하지 않은 것은?

① 초과 보험의 요건 중 '현저한'이란 개념은 사회의 거래 통념에 따라 결정하여야 한다.
② 물가 하락으로 초과 보험이 된 경우 보험자 또는 보험 계약자는 보험료와 보험 금액의 감액을 청구할 수 있다.
③ 선의의 초과 보험에 따라 보험료가 감액되는 경우 소급하여 적용된다.
④ 악의로 초과 보험이 된 경우 보험자는 그 사실을 안 때까지의 보험료를 청구할 수 있다.

041 전부 보험에 대한 설명으로 올바른 것은?

① 보험 가입 금액과 보험 가액이 같은 보험
② 임의로 설정한 보험 가입 금액이 보험 가액을 초과하는 보험
③ 보험 가입 금액이 보험 가액에 미달한 경우의 보험
④ 보험 계약자가 동일한 피보험 이익에 대하여 다수의 보험 회사와 체결하는 보험 계약

042 보험금 정산에 대한 설명으로 적절하지 않은 것은?

① 보험금은 보험 가입 금액을 절대로 초과할 수 없다.
② 가지급 보험금은 최종 지급 보험금에서 공제된다.
③ 보상 책임이 있는 다른 보험 계약이 존재하면, 그 보험 계약과의 분담이 이루어진다.
④ 보험금 지급 시한을 넘긴 경우, 약정 이자가 가산된다.

3 손해 보험 경영

043 다음 중 손해 보험 경영의 3대 원칙에 해당하지 않는 것은?

① 위험 대량의 원칙
② 위험 동질성의 원칙
③ 위험 분산의 원칙
④ 위험 노출의 원칙

044 다음 중 위험 분산을 위한 보험이나 제도가 아닌 것은?

① 재보험
② 일부 보험
③ 공동 보험
④ 지역적 인수 제한

045 대재해로 인한 보험 회사의 지급 불능 위험을 관리하기 위한 수단이라고 보기 어려운 것은?

① Cat bond
② 재보험
③ 면책 조항
④ 공제 조항(Deductible clause)

046 다음 중 손해 보험 경영의 원칙이라고 하기 어려운 것은?

① 보험료 적정의 원칙
② 보험 급여 적정의 원칙
③ 투자 단일화의 원칙
④ 대수의 법칙

047 현재 우리나라의 보험 회사 형태는 무엇인가?

① 주식회사
② 유한 회사
③ 합명 회사
④ 합자 회사

048 손해 보험 회사의 주요 업무라고 보기 어려운 것은?

① 언더라이팅 업무
② 보험료 지급 업무
③ 자산 운용 업무
④ 재보험 업무

049 다음 중 보험료율 산정 원칙에 해당하지 않는 것은?

① 적정성
② 비과도성
③ 투명성
④ 공평한 차별성

050 공보험과 사보험에 관한 다음 설명 중 옳은 것은?

① 공보험의 보험료는 본인만 부담한다.
② 공보험의 계약급부는 계약 조건에 의해 결정된다.
③ 공보험의 보험료는 소득에 비례하는 경우가 많다.
④ 사보험은 대체로 가입이 강제적이지만, 공보험은 임의적이다.

051 다음 중 재산 보험에 해당하지 않는 것은?

① 화재 보험
② 적하 보험
③ 항공기 기체 보험
④ 선박 불가동 손실 보험

052 보험의 종류별 설명으로 틀린 것은?

① 사보험은 보험 계약자 자유의사에 따라 가입하는 보험을 말한다.
② 정액 보험은 가입자의 재산에 대한 손해의 유무에 관계없이 미리 약정한 금액을 지급할 것을 목적으로 하는 보험이다.
③ 개별 보험에는 특정인을 위한 생명 보험이나 특정한 재물을 목적으로 하는 각종의 재물 보험 등이 속한다.
④ 집합 보험은 가족이나 공장의 노동자 전원을 피보험자로 하는 상해 보험이나 특정한 건물 내의 모든 동산을 보험의 목적으로 하는 동산 종합 보험 등을 말한다.

제3장
보험 증권과 보험 약관

1 보험 증권

001 보험 증권의 법적 성질이라고 보기 어려운 것은?

① 불요식 증권성 ② 증거 증권성
③ 유가 증권성 ④ 면책 증권성

002 보험 증권의 법적 성질에 대한 설명으로 적절하지 않은 것은?

① 보험 증권은 보험 계약의 성립이나 내용을 증명하는 증거 증권으로서 사실상의 추정력을 갖는다.
② 보험 증권에 기재된 내용만 계약의 내용이기 때문에 문언 증권성을 가진다.
③ 보험 증권은 보험 계약이 무효 또는 실효되면 보험 증권도 무효, 실효가 되므로 유인 증권이다.
④ 보험자가 과실 없이 보험 증권 제시자에게 보험금을 지급한 경우 준점유자에 대한 선의 변제의 법리가 적용되어 보험자는 보험금 지급 책임을 이행한 것으로 본다.

003 보험 증권의 법적 성질에 대한 설명으로 적절하지 않은 것은?

① 다른 방법에 의해서도 계약 성립 여부나, 보험 증권과 다른 내용이 계약의 내용임을 주장할 수 있다.
② 보험 증권은 보험료 납입이나 보험자 책임 개시의 사실까지 증명하는 것은 아니다.
③ 보험 관계 자체에서 생기는 항변은 배서에 의하여 단절되지 않으므로 보험 증권 소지인에게 항변할 수 있다.
④ 보험금 청구권자가 보험금을 청구하기 위해서는 반드시 보험 증권을 제시하여야 한다.

004 보험 증권의 교부 의무에 대한 설명으로 적절하지 않은 것은?

① 보험 증권 교부 의무는 법정 의무이다.
② 보험 계약자가 보험료의 일부를 지불한 때에는 보험 증권을 교부하여야 한다.
③ 기존의 보험 계약을 연장하거나 변경하는 경우는 보험 증권의 발행을 갈음하여 보험자는 기존의 보험 증권에 그 사실을 기재함으로써 보험 증권의 교부에 갈음할 수 있다.
④ 보험 증권 교부 의무를 위반하더라도 계약의 성립이나 효력에는 영향을 미치지 않는다.

005 보험 계약의 당사자가 증권의 내용에 관한 이의를 신청할 수 있는 기간은 얼마인가?

① 보험 증권은 보험 계약의 성립과 내용을 증명하기 위하여 보험 계약자가 소정의 사항을 기재하고 서명 날인하여 보험자에게 교부하는 증권이다.
② 보험 증권은 보험 약관의 내용 중 중요한 사항을 기재한 것과 보험 계약자가 청약서상의 기재한 사항 중 중요한 사항을 보험자가 이기(移記)한 사항으로 구성되어 있다.
③ 보험 증권이 현저하게 훼손되었거나 또는 멸실된 경우 보험 계약자의 비용으로 재교부를 청구할 수 있다.
④ 보험 계약의 당사자는 보험 증권의 교부가 있는 날로부터 1개월을 내리지 않는 기간에 한하여 그 증권의 내용에 관한 이의를 신청할 수 있다.

006 다음 중 상법상 손해 보험 증권의 기재 사항이 아닌 것은?

① 보험의 목적
② 보험료와 그 지급 방법
③ 무효와 실권의 사유
④ 보험 증권의 작성자와 그 작성 연월일

007 보험 증권 해석의 원칙으로 적절하지 않은 것은?

① 동종 제한 해석의 원칙
② 수기 우선 해석의 원칙
③ 객관적 해석의 원칙
④ 작성자 이익 해석의 원칙

008 보험 증권 해석에 대한 설명으로 적절하지 않은 것은?

① 보험 증권의 내용이 계약의 내용이 아니라는 주장은 주장을 하는 자가 입증하여야 한다.
② 타자된 문안이나 스탬프 문안은 기타 일체의 문안에 우선한다.
③ 보험 증권의 내용은 위험 단체를 구성하는 보험 계약자 전체의 평균적인 이해도를 고려하여 해석하여야 한다.
④ 한정적인 사항의 기재가 있고 계속하여 '이와 유사한'과 같이 부가 문언이 있는 경우 부가 문언의 적용은 선행하는 특정적인 사항과 동질의 것만을 의미한다.

2 보험 약관

009 보험 약관에 대한 설명으로 적절하지 않은 것은?

① 보통 보험 약관은 보험자가 불특정 다수인을 상대로 보험 계약을 체결하기 위하여 미리 작성한 보험 계약의 내용을 이루는 정형적인 계약 조항으로서 보통 거래 약관의 일종이다.
② 보험 계약은 부합 계약이라고 할 수 있고, 미리 정하여진 표준적인 조항들이 보통 보험 약관이라고 할 수 있다.
③ 보통 보험 약관에 대하여 보충적으로 세부적인 약관을 필요로 할 때에 이용되는 것을 특별 보통 보험 약관 또는 부가 약관이라 한다.
④ 특별 보통 보험 약관은 보충적이고 상세한 내용을 담고 있기 때문에 그 법적 성질이 보통 보험 약관과 다르다.

010 해상 보험이나 기업 보험에 있어서 특정의 보험 계약자와의 사이에서만 개별적으로 보통 보험 약관의 내용을 변경·추가 또는 배제하는 약정을 하는 경우를 무엇이라고 하는가?

① 특별 보통 보험 약관　　② 특별 보험 약관
③ 기업 표준 약관　　　　④ 특별 표준 약관

011 약관의 존재 이유와 가장 관련이 깊은 보험 계약의 성질은?

① 부합 계약성　　　　② 쌍무 계약성
③ 낙성 계약성　　　　④ 사행 계약성

012 보험 약관의 성질과 효력에 대한 설명으로 적절하지 않은 것은?

① 보통 보험 약관은 보험자가 작성한 것으로서 계약을 체결함에 있어서 당사자 간에 약관의 조항을 계약 내용으로 한다는 합의가 있으면 약관은 계약 내용으로서 당사자를 구속한다.
② 의사설은 계약의 당사자가 약관의 개개 조항을 알고 계약을 체결하였기 때문에 약관이 당사자 사이에 구속력이 있다고 보는 것이다.
③ 규범설은 보통 보험 약관은 감독관청의 인가를 얻게 되어 있고 사회적으로도 합리성이 인정되고 있으므로 당사자의 구체적인 의사와 관계없이 일정 거래권 내에서는 법규와 같은 규범력을 갖게 된다는 입장이다.
④ 대법원은 규범설의 입장을 취하고 있으며, 약관과 다른 내용의 특별한 약정을 하였다면 그 다른 내용도 구속력을 인정하고 있다.

013 약관의 변경과 소급 적용에 대한 설명으로 적절하지 않은 것은?

① 보험 계약 체결 이후에 보험자가 약관을 변경하였더라도 변경된 약관의 적용에 관한 당사자 사이의 새로운 합의가 없는 한, 그 변경된 약관은 구약관에 의하여 체결된 보험 계약에 영향을 미치지 않는다.
② 보험 계약 체결 이후에 보험자가 약관을 변경하고, 변경된 약관의 적용에 관한 감독관청의 특별한 조치가 있어도, 그 변경된 약관은 구약관에 의하여 체결된 보험 계약에 영향을 미치지 않는다.
③ 보통 보험 약관은 그 자체가 하나의 계약 조항으로서 당사자를 구속하는 것이므로 계약과 관련된 당사자의 권리·의무 등 최소 한도의 사항을 규정하여야 한다.
④ 보험 약관 규정 내용은 상법의 규정을 원용하는 원용 조항, 상법의 규정을 변경한 변경 조항, 상법의 규정을 보충한 보충 조항으로 나누어 볼 수 있다.

014 약관 규제 중 행정적 규제에 해당하는 것은?

① 보험 계약자 등의 불이익 변경 금지
② 약관의 교부 명시 의무
③ 보험 사업 허가 신청서에 보험 약관을 첨부하여 금융 위원회에 제출할 의무
④ 법원의 약관 해석을 통한 간접 규제

015 약관의 심사에 대한 설명으로 적절하지 않은 것은?

① 공정 거래 위원회는 추상적으로 심사한다.
② 법원은 구체적으로 심사한다.
③ 당사자의 권리 존부 및 범위는 공정 거래 위원회가 심사한다.
④ 법원과 공정 거래 위원회의 의견이 불일치할 경우 법원 판결이 우선한다.

016 보험 약관의 해석 원칙에 대한 설명으로 적절하지 않은 것은?

① 약관에서 정하고 있는 사항에 관하여 사업자와 고객이 다르게 합의한 때에는 약관이 우선한다.
② 약관은 신의 성실의 원칙에 따라 공정하게 해석되어야 한다.
③ 약관은 고객에 따라 다르게 해석되어서는 안 된다.
④ 약관의 뜻이 명백하지 않은 경우에는 고객에게 유리하게 해석되어야 한다.

017 보험 약관의 해석 원칙으로 적절하지 않은 것은?

① 문맥에 의한 특별 의미의 해석 원칙
② 계약 당사자 의사 우선의 원칙
③ 보험 약관 일부로서 해석 원칙
④ 수기 문언 우선의 원칙

018 약관 조항에 정확하게 합치되는 것은 아니지만 보통 사람이라면 보상을 받을 것이라고 생각하는 보험 사고와 관련하여 보험금 분쟁이 발생하였을 때 적용할 수 있는 원칙으로 가장 적합한 것은?

① 수기 문언 우선 효력의 원칙
② 합리적 기대의 원칙
③ 동종 제한의 원칙
④ 작성자 불이익의 원칙

019 POP 원칙과 가장 거리가 먼 것은?

① 평범성
② 통상성
③ 통속성
④ 개별성

020 보험 약관의 해석 원칙에 대한 설명으로 적절하지 않은 것은?

① 개개의 보험 계약자는 위험 집단의 구성원으로 취급되어야 한다.
② 보험 약관은 하나의 전체로서 해석되어야 한다.
③ 계약서는 엄격하게 해석되어야 한다.
④ 특별한 문언의 의미는 상황에 맞게 특별한 의미로 해석되어야 한다.

021 보험 약관의 교부·명시 의무에 대한 설명으로 적절하지 않은 것은?

① 보험자가 보험 계약을 체결할 때에는 보험 계약자에게 보험 약관을 교부하고 그 약관의 중요한 내용을 알려 주어야 한다.
② 보험 약관의 교부·명시 의무는 보험 계약자가 이해할 수 있도록 설명해 주어야 할 의무이다.
③ 보험 약관의 교부·명시 의무 위반에 따라 보험 계약자가 그 계약을 취소한 때에는 그 계약은 무효가 되고 보험자는 이미 지급받은 보험료를 모두 반환하여야 한다.
④ 보험자가 보험 약관의 교부·명시 의무를 위반한 경우에도 보험 계약자가 그 계약을 일정 기간 내에 취소하지 않는 한 그 약관의 효력은 인정된다는 게 판례의 입장이다.

022 보험 약관의 교부·명시 의무에 대한 설명으로 적절하지 않은 것은?

① 보험자가 보험 약관의 교부·명시 의무를 지는 시점은 보험 계약이 체결된 때이다.
② 보험 약관의 교부·명시 의무를 지는 자는 보험자나 보험 대리점이다.
③ 보험 모집인이나 보험 중개인도 보험 약관의 교부·명시 의무를 대신할 수 있다.
④ 보험 약관의 교부·명시 의무의 이행에 대한 입증 책임은 보험자가 진다.

023 보험 약관의 내용 중 설명하지 않아도 되는 내용에 해당하지 않는 것은?

① 가입자가 잘 알고 있는 사항
② 거래상 널리 알려진 사항
③ 법령이 정한 사항
④ 설명을 하였더라면 보험 계약이 체결되지 않았으리라 인정되는 경우

024 보험자가 보험 약관의 교부·명시 의무를 위반한 때에 보험 계약을 취소할 수 있는 기간은 얼마인가?

① 보험 계약을 청약한 날로부터 1월 이내
② 보험 계약을 청약한 날로부터 3월 이내
③ 보험 계약이 성립한 날로부터 1월 이내
④ 보험 계약이 성립한 날로부터 3월 이내

025 보통 보험 약관을 배경으로 한 현행 보험 실무상 언제부터 보험 회사의 책임이 개시되는가?

① 보험 계약자가 보험 가입을 청약한 때
② 최초의 보험료를 낸 때
③ 보험 계약자가 승낙한 때
④ 보험자가 보험 증권을 교부한 때

제4장
기타 관련 법률과 제도

1 금융 위원회 설치 등에 관한 법률

001 금융 위원회에 대한 설명으로 적절하지 않은 것은?

① 금융 정책, 외국환 업무 취급 기관의 건전성 감독 및 금융 감독에 관한 업무를 수행하게 하기 위하여 국무총리 소속으로 금융 위원회를 둔다.
② 금융 위원회는 7명의 위원으로 구성하며, 위원장과 부위원장 각 1명을 둔다.
③ 금융 위원회는 「정부조직법」 제2조에 따라 설치된 중앙 행정 기관으로서 그 권한에 속하는 사무를 독립적으로 수행한다.
④ 위원장·부위원장과 임명직 위원의 임기는 3년으로 하며, 한 차례만 연임할 수 있다.

002 금융 위원회의 운영에 대한 설명으로 적절하지 않은 것은?

① 금융 위원회의 회의는 3명 이상의 위원이 요구할 때에 위원장이 소집한다.
② 위원장은 단독으로 회의를 소집할 수 있다.
③ 금융 위원회 위원은 단독으로 의안을 제의할 수 있다.
④ 금융 위원회의 회의는 그 의결 방법에 관하여 이 법 또는 다른 법률에 특별한 규정이 있는 경우를 제외하고는 재적 위원 과반수의 출석과 출석 위원 과반수의 찬성으로 의결한다.

003 다음 중 금융 위원회의의 소관 사무라고 보기 어려운 것은?

① 금융 기관 감독 및 검사·제재(制裁)에 관한 사항
② 자본 시장의 관리·감독 및 감시 등에 관한 사항
③ 금융 기관의 보호와 배상 등 피해 구제에 관한 사항
④ 금융 중심지의 조성 및 발전에 관한 사항

004 금융 감독원에 대한 설명으로 적절하지 않은 것은?

① 금융 감독원의 지도·감독을 받아 금융 기관에 대한 검사·감독 업무 등을 수행하기 위하여 금융 위원회를 설립한다.
② 이해관계인 사이에 발생하는 금융 관련 분쟁의 조정에 관한 사항을 심의·의결하기 위하여 금융 감독원에 금융 분쟁 조정 위원회를 둔다.
③ 금융 분쟁 조정 위원회는 위원장 1명을 포함한 30명 이내의 위원으로 구성한다.
④ 원장이 소속 부원장보에서 지명하는 자를 제외하고 위원의 임기는 2년으로 하되, 연임할 수 있다.

005 다음 중 금융 분쟁 조정 위원회의 조정에 대한 설명으로 적절하지 않은 것은?

① 금융 기관, 예금자 등 금융 수요자와 그 밖의 이해관계인은 금융과 관련하여 분쟁이 있을 때에는 원장에게 분쟁의 조정(調停)을 신청할 수 있다.
② 원장은 분쟁 조정의 신청을 받으면 관계 당사자에게 그 내용을 알리고 합의를 권고할 수 있다.
③ 법원에 소송을 제기하는 것이 적합하다고 인정되는 경우 조정 위원회에의 회부를 하지 않을 수 있다.
④ 조정 위원회의 회의는 조정 위원회 위원장 1명을 포함하여 조정 위원회 위원장이 회의마다 지명하는 7명 이상 11명 이하의 조정 위원회 위원으로 구성하며, 조정 위원회 위원장이 소집한다.

006 금융 분쟁 조정 위원회의 조정에 대한 설명으로 적절하지 않은 것은?

① 원장은 분쟁 조정의 신청을 받은 날부터 30일 이내에 제2항에 따른 합의가 이루어지지 않으면 지체 없이 이를 조정 위원회에 회부하여야 한다.
② 조정 위원회는 조정의 회부를 받으면 60일 이내에 이를 심의하여 조정안을 작성하여야 한다.
③ 조정 위원회는 구성원 과반수의 출석과 출석 위원 과반수의 찬성으로 의결한다.
④ 재의 요구가 있으면 구성원 과반의 출석과 출석 위원 3분의 2 이상의 찬성으로 재의결한다.

007 다음 글에서 설명하고 있는 것은 무엇인가?

> 자본금, 계약자 배당을 위한 준비금, 대손충당금, 후순위차입금, 그 밖에 이에 준하는 것으로서 금융 위원회가 정하여 고시하는 금액을 합산한 금액에서 미상각신계약비, 영업권, 그 밖에 이에 준하는 것으로서 금융 위원회가 정하여 고시하는 금액을 뺀 금액을 말한다.

① 지급 여력 금액
② 지급 여력 기준 금액
③ 지급 여력 비율
④ 지급 여력 준비금

008 보험 회사가 지켜야 하는 재무 건전성 기준으로 지급 여력 비율은 얼마 이상 유지하여야 하는가?

① 100분의 50 이상
② 100분의 80 이상
③ 100분의 100 이상
④ 100분의 200 이상

009 보험 회사가 보험 계약자를 보호하기 위하여 필요한 사항으로서 즉시 공시하여야 하는 사항이 아닌 것은?

① 보험 회사의 감독과 규제에 관한 사항
② 자금의 조달 및 운용에 관한 사항
③ 재무 및 손익에 관한 사항
④ 보험료 비교에 필요한 자료

010 보험료 비교에 필요한 자료로서 공시되어야 할 사항이 아닌 것은?

① 보험료
② 보험금
③ 보험 계약자의 면책 사유
④ 보험 계약에 따라 보장되는 위험

011 보험 상품 공시 위원회의 구성으로 적절하지 않은 것은?

① 보험 회사 상품 담당 임원 또는 선임 계리사 2명
② 판사, 검사 또는 변호사의 자격이 있는 사람 1명
③ 소비자 단체에서 추천하는 사람 2명
④ 보험에 관한 학식과 경험이 풍부한 사람 2명

012 보험 회사가 그 업무에 관한 공동 행위를 하기 위하여 다른 보험 회사와 상호 협정을 체결하려는 경우 인가를 받아야 하는 기관은 어디인가?

① 금융 위원회
② 금융 감독원
③ 금융 분쟁 조정 위원회
④ 공정 거래 위원회

013 다음 중 상호 협정의 인가 관련 규정을 위반하는 행위를 한 경우의 벌칙은 무엇인가?

① 1년 이하의 징역 또는 1천만 원 이하의 벌금
② 3년 이하의 징역 또는 2천만 원 이하의 벌금
③ 2천만 원 이하의 과태료
④ 5천만 원 이하의 과태료

014 다음 중 기초 서류 등에 대한 설명으로 적절하지 않은 것은?

① 보험 회사는 취급하려는 보험 상품에 관한 기초 서류를 작성하여야 한다.
② 기초 서류 변경 내용이 보험 회사가 금융 기관 보험 대리점 등을 통하여 모집하는 경우에 해당하면 시행 예정일의 15일 전까지 금융 위원회에 신고하여야 한다.
③ 금융 위원회는 보험 계약자 보호 등을 위하여 필요하다고 인정되면 보험 회사에 대하여 기초 서류에 관한 자료 제출을 요구할 수 있다.
④ 보험 회사는 기초 서류를 작성·변경할 때 정당한 사유 없는 보험 계약자의 권리 축소 또는 의무 확대 등 보험 계약자에게 불리한 내용을 포함하지 않아야 한다.

015 보험 회사는 정관을 변경한 경우 얼마 이내에 금융 위원회에 알려야 하는가?

① 정관을 변경하기 전 7일 이내
② 정관을 변경하기 전 10일 이내
③ 정관을 변경한 날부터 7일 이내
④ 정관을 변경한 날부터 10일 이내

016 보험료율의 산출 원칙에 대한 설명으로 적절하지 않은 것은?

① 객관적이고 합리적인 통계 자료를 기초로 대수의 법칙 및 통계 신뢰도를 바탕으로 할 것
② 보험료율이 보험금과 그 밖의 급부(給付)에 비하여 지나치게 낮지 않을 것
③ 보험료율이 보험 회사의 재무 건전성을 크게 해칠 정도로 낮지 않을 것
④ 보험료율이 보험 계약자 간에 부당하게 차별적이지 않을 것

017 보험 회사가 상호나 명칭을 변경하는 경우 얼마 이내에 금융 위원회에 보고하여야 하는가?

① 사유가 발생하기 전 5일 이내
② 사유가 발생하기 전 7일 이내
③ 사유가 발생한 날부터 5일 이내
④ 사유가 발생한 날부터 10일 이내

018 보험 회사가 보험업법 또는 보험업법에 따른 규정·명령 또는 지시를 위반하여 보험 회사의 건전한 경영을 해칠 우려가 있다고 인정되는 경우 내릴 수 있는 조치로 적당하지 않은 것은?

① 보험 회사 임직원에 대한 주의·경고
② 해당 위반 행위에 대한 시정 명령
③ 임원의 해임 권고·직무 정지의 요구
④ 6개월 이내의 영업의 일부 정지

019 보험 회사가 영업의 정지 기간 중에 영업을 한 경우 내릴 수 있는 조치는?

① 1년 이하의 징역 또는 1천만 원 이하의 벌금
② 3년 이하의 징역 또는 2천만 원 이하의 벌금
③ 5천만 원 이하의 과태료
④ 6개월 이내의 기간을 정하여 영업 전부의 정지

020 다음 중 금융 감독원장이 내릴 수 있는 제재는?

① 보험 회사에 대한 주의·경고 또는 그 임직원에 대한 주의·경고·문책의 요구
② 해당 위반 행위에 대한 시정 명령
③ 6월 이내 영업의 일부 정지
④ 6월 이내 영업의 전부 정지·허가 취소

021 보험 조사 협의회에 대한 설명으로 적절하지 않은 것은?

① 보험 조사 협의회는 금융 위원회가 임명하거나 위촉하는 15명 이내의 위원으로 구성할 수 있다.
② 협의회의 의장은 금융 위원회가 임명한다.
③ 협의회 위원의 임기는 3년으로 한다.
④ 협의회 회의는 협의회장이 필요하다고 인정하거나 재적 위원 3분의 1 이상이 요구할 때에 협의회장이 소집한다.

022 다음 중 손해 보험 회사의 출연에 대한 설명으로 적절하지 않은 것은?

① 손해 보험 회사는 손해 보험 회사의 수입 보험료와 책임 준비금의 산술 평균액을 전체 손해 보험 회사의 수입 보험료와 책임 준비금의 산술 평균액으로 나눈 비율을 곱한 금액을 손해 보험 협회에 출연(出捐)하여야 한다.
② 손해 보험 회사가 출연하여야 하는 출연금은 연도별로 분할하여 출연하되, 연간 출연금은 금융 위원회가 정하여 고시한다.
③ 손해 보험 회사는 손해 보험 협회로부터 출연금 납부 통보를 받은 날부터 3개월 이내에 출연금을 손해 보험협회에 내야 한다.
④ 납부기한까지 출연금을 내지 않은 경우에는 내야 할 출연금에 대하여 손해 보험 회사의 일반 자금 대출 시의 연체 이자율을 기준으로 손해 보험 협회의 장이 정하는 이자율을 곱한 금액을 지체 기간에 따라 가산하여 출연하여야 한다.

2 보험 관련 단체

023 보험 협회에 대한 설명으로 적절하지 않은 것은?

① 보험 협회는 상호 간의 업무 질서를 유지하고 보험업의 발전에 기여하기 위하여 설립한다.
② 보험 협회는 법인으로 한다.
③ 보험 협회는 금융 감독원의 허가를 받아 설립한다.
④ 보험 협회의 설립은 의무 사항이 아니다.

024 보험 회사는 보험금의 지급에 충당되는 보험료(순보험료)를 결정하기 위한 요율을 공정하고 합리적으로 산출하고 보험과 관련된 정보를 효율적으로 관리·이용하기 위해 보험료율 산출 기관을 설립할 수 있다. 이에 해당하는 기관은 어디인가?

① 보험 협회
② 보험 개발원
③ 보험 감독원
④ 보험 조사 협의회

025 보험료율 산출 기관에 대한 설명으로 적절하지 않은 것은?

① 보험료율 산출 기관을 설립하기 위해서는 금융 위원회의 인가를 받아야 한다.
② 보험료율 산출 기관은 보험 회사가 적용할 수 있는 순보험료율을 산출하여 금융 위원회의 인가를 받아야 한다.
③ 보험료율 산출 기관은 순보험료율 산출 등 이 법에서 정하는 업무 수행을 위하여 보험 관련 통계를 체계적으로 통합·집적(集積)하여야 하며 필요한 경우 보험 회사에 자료의 제출을 요청할 수 있다.
④ 보험료율 산출 기관은 법인으로 한다.

026 보험료율 산출 기관의 업무에 해당하지 않는 것은?

① 순보험료율의 산출·검증 및 제공
② 보험 관련 정보의 수집·제공 및 통계의 작성
③ 보험에 대한 조사·연구
④ 검사 대상 기관의 업무 및 재산 상황에 대한 검사

027 다음 중 보험료율 산출 기관이 보유하는 개인 정보를 타인에게 제공할 수 있는 경우에 해당하지 않는 것은?

① 보험 회사의 순보험료 산출에 필요한 경우
② 정보를 제공받은 목적대로 보험 회사가 이용하게 하기 위하여 필요한 경우
③ 보험 회사로부터 위탁받은 업무를 하기 위하여 필요한 경우
④ 개인이 직접 제공한 개인 신용 정보를 제공받은 목적으로 이용하는 경우

028 보험료율 산출 기관에 대한 설명으로 적절하지 않은 것은?

① 보험 회사가 보험료율 산출 기관이 신고한 순보험료율을 적용하는 경우에는 순보험료에 대하여 변경 신고를 하여야 한다.
② 보험 회사는 금융 위원회에 제출하는 기초 서류를 보험료율 산출 기관으로 하여금 확인하게 할 수 있다.
③ 보험료율 산출 기관은 그 업무와 관련하여 정관으로 정하는 바에 따라 보험 회사로부터 수수료를 받을 수 있다.
④ 보험료율 산출 기관은 순보험료율을 산출하기 위하여 필요하면 질병에 관한 통계를 보유하고 있는 기관의 장으로부터 그 질병에 관한 통계를 제공받아 보험 회사로 하여금 보험 계약자에게 적용할 순보험료의 산출에 이용하게 할 수 있다.

029 보험 관계 단체의 업무에 해당하지 않는 것은?

① 회원 간의 건전한 업무 질서 유지
② 회원에 대한 감독·규제 업무
③ 회원에 대한 연수·교육 업무
④ 보험 협회로부터 위탁받은 업무

030 보험 계리사, 선임 계리사 또는 보험 계리업자의 업무에 해당하지 않는 것은?

① 기초 서류의 작성에 관한 사항
② 준비금의 적립과 준비금에 해당하는 자산의 적정성에 관한 사항
③ 보험 계약자 배당금의 배분에 관한 사항
④ 상품 공시 자료 전부에 관련된 사항

031 보험 계리사 및 보험 계리업에 대한 설명으로 틀린 것은?

① 보험 계리를 업으로 하려는 법인은 2명 이상의 상근 보험 계리사를 두어야 한다.
② 보험 계리를 업으로 하려는 법인은 인원에 결원이 생겼을 때에는 3개월 이내에 충원하여야 한다.
③ 보험 계리업자는 등록한 사항이 변경되었을 때에는 1주일 이내에 그 변경 사항을 금융 위원회에 신고하여야 한다.
④ 보험 계리업자는 등록일부터 1개월 내에 업무를 시작하여야 한다.

032 손해 사정사의 업무 범위가 나머지 셋과 다른 하나는?

① 화재 보험
② 날씨 보험
③ 상해 보험
④ 도난 보험

제 2 과목

보험법

|핵심 이론|

1. **보험 계약**은 당사자 일방이 약정한 보험료를 지급하고 재산 또는 생명이나 신체에 불확정한 사고가 발생할 경우에 상대방이 일정한 보험금이나 그 밖의 급여를 지급할 것을 약정함으로써 효력이 생긴다.

2. 보험자가 보험 계약자로부터 보험 계약의 청약과 함께 보험료 상당액의 전부 또는 일부를 받은 때에는 다른 약정이 없으면 30일 내에 그 상대방에 대하여 낙부의 통지를 발송하여야 한다. 그러나 인보험 계약의 피보험자가 신체검사를 받아야 하는 경우에는 그 기간은 신체검사를 받은 날부터 기산한다. 보험자가 위의 기간 내에 낙부의 통지를 해태한 때에는 승낙한 것으로 본다.

3. 보험자는 보험 계약을 체결할 때에 보험 계약자에게 보험 약관을 교부하고 그 약관의 중요한 내용을 설명하여야 한다. 보험자가 이를 위반한 경우 보험 계약자는 보험 계약이 성립한 날부터 3개월 이내에 그 계약을 취소할 수 있다.

4. 보험 계약자는 위임을 받거나 위임을 받지 않고 특정 또는 불특정의 타인을 위하여 보험 계약을 체결할 수 있다. 그러나 손해 보험 계약의 경우에 그 타인의 위임이 없는 때에는 보험 계약자는 이를 보험자에게 고지하여야 하고, 그 고지가 없는 때에는 타인이 그 보험 계약이 체결된 사실을 알지 못하였다는 사유로 보험자에게 대항하지 못한다.

5. 타인을 위한 보험의 경우에는 보험 계약자는 보험자에 대하여 보험료를 지급할 의무가 있다. 그러나 보험 계약자가 파산 선고를 받거나 보험료의 지급을 지체한 때에는 그 타인이 그 권리를 포기하지 않는 한 그 타인도 보험료를 지급할 의무가 있다.

6. 보험자는 보험 계약이 성립한 때에는 지체 없이 보험 증권을 작성하여 보험 계약자에게 교부하여야 한다. 그러나 보험 계약자가 보험료의 전부 또는 최초의 보험료를 지급하지 않은 때에는 그러하지 아니하다.

7. 보험 계약은 그 계약 전의 어느 시기를 보험 기간의 시기로 할 수 있다.

8. 보험 계약 당시에 보험 사고가 이미 발생하였거나 또는 발생할 수 없는 것인 때에는 그 계약은 무효로 한다. 그러나 당사자 쌍방과 피보험자가 이를 알지 못한 때에는 그러하지 아니하다.

9. 대리인에 의하여 보험 계약을 체결한 경우에 대리인이 안 사유는 그 본인이 안 것과 동일한 것으로 한다.

10. 보험 계약의 전부 또는 일부가 무효인 경우에 보험 계약자와 피보험자가 선의이며 중대한 과실이 없는 때에는 보험자에 대하여 보험료의 전부 또는 일부의 반환을 청구할 수 있다. 보험 계약자와 보험 수익자가 선의이며 중대한 과실이 없는 때에도 같다.

11. 보험 사고가 발생하기 전에는 보험 계약자는 언제든지 계약의 전부 또는 일부를 해지할 수 있다. 그러나 타인을 위한 보험 계약의 경우에는 보험 계약자는 그 타인의 동의를 얻지 아니하거나 보험 증권을 소지하지 아니하면 그 계약을 해지하지 못한다.

12. 보험 사고의 발생으로 보험자가 보험 금액을 지급한 때에도 보험 금액이 감액되지 않는 보험의 경우에는 보험 계약자는 그 사고 발생 후에도 보험 계약을 해지할 수 있다.

13. 보험 계약자는 계약 체결 후 지체 없이 보험료의 전부 또는 제1회 보험료를 지급하여야 하며, 보험 계약자가 이를 지급하지 않는 경우에는 다른 약정이 없는 한 계약 성립 후 2월이 경과하면 그 계약은 해제된 것으로 본다.

14. 계속 보험료가 약정한 시기에 지급되지 않은 때에는 보험자는 상당한 기간을 정하여 보험 계약자에게 최고하고 그 기간 내에 지급되지 않은 때에는 그 계약을 해지할 수 있다.

15. 특정한 타인을 위한 보험의 경우에 보험 계약자가 보험료의 지급을 지체한 때에는 보험자는 그 타인에게도 상당한 기간을 정하여 보험료의 지급을 최고한 후가 아니면 그 계약을 해제 또는 해지하지 못한다.

16. 계속 보험료가 약정한 시기에 지급되지 않아 보험 계약이 해지되고 해지 환급금이 지급되지 아니한 경우에 보험 계약자는 일정한 기간 내에 연체 보험료에 약정 이자를 붙여 보험자에게 지급하고 그 계약의 부활을 청구할 수 있다.

17. 보험 계약 당시에 보험 계약자 또는 피보험자가 고의 또는 중대한 과실로 인하여 중요한 사항을 고지하지 않거나 부실의 고지를 한 때에는 보험자는 그 사실을 안 날로부터 1월 내에, 계약을 체결한 날로부터 3년 내에 한하여 계약을 해지할 수 있다. 그러나 보험자가 계약 당시에 그 사실을 알았거나 중대한 과실로 인하여 알지 못한 때에는 그러하지 아니하다.

18. 보험 기간 중에 보험 계약자 또는 피보험자가 사고 발생의 위험이 현저하게 변경 또는 증가된 사실을 안 때에는 지체 없이 보험자에게 통지하여야 한다. 이를 해태한 때에는 보험자는 그 사실을 안 날로부터 1월 내에 한하여 계약을 해지할 수 있다.

19. 보험자가 위험 변경 증가의 통지를 받은 때에는 1월 내에 보험료의 증액을 청구하거나 계약을 해지할 수 있다.

20. 보험 기간 중에 보험 계약자, 피보험자 또는 보험 수익자의 고의 또는 중대한 과실로 인하여 사고 발생의 위험이 현저하게 변경 또는 증가된 때에는 보험자는 그 사실을 안 날부터 1월 내에 보험료의 증액을 청구하거나 계약을 해지할 수 있다.

21. 보험자가 파산의 선고를 받은 때에는 보험 계약자는 계약을 해지할 수 있고, 해지하지 않은 보험 계약은 파산 선고 후 3월을 경과한 때에는 그 효력을 잃는다.

22. 보험 계약자 또는 피보험자나 보험 수익자는 보험 사고의 발생을 안 때에는 지체 없이 보험자에게 그 통지를 발송하여야 한다.

23. 보험자는 보험 금액의 지급에 관하여 약정 기간이 있는 경우에는 그 기간 내에, 약정 기간이 없는 경우에는 보험 사고의 통지를 받은 후 지체 없이 지급할 보험 금액을 정하고 그 정하여진 날부터 10일 내에 피보험자 또는 보험 수익자에게 보험 금액을 지급하여야 한다.

24. 보험 사고가 보험 계약자 또는 피보험자나 보험 수익자의 고의 또는 중대한 과실로 인하여 생긴 때에는 보험자는 보험 금액을 지급할 책임이 없다.

25. 보험자는 보험 사고로 인하여 부담할 책임에 대하여 다른 보험자와 재보험 계약을 체결할 수 있다. 이 재보험 계약은 원보험 계약의 효력에 영향을 미치지 아니한다.

26. 보험금 청구권은 3년간, 보험료 또는 적립금의 반환 청구권은 3년간, 보험료 청구권은 2년간 행사하지 않으면 시효의 완성으로 소멸한다.

27. 보험 금액이 보험 계약의 목적의 가액을 현저하게 초과한 때에는 보험자 또는 보험 계약자는 보험료와 보험 금액의 감액을 청구할 수 있다. 그러나 보험료의 감액은 장래에 대하여서만 그 효력이 있다.

28. 초과 보험 계약이 보험 계약자의 사기로 인하여 체결된 때에는 그 계약은 무효로 한다. 그러나 보험자는 그 사실을 안 때까지의 보험료를 청구할 수 있다.

29. 당사자 간에 보험 가액을 정한 때에는 그 가액은 사고 발생 시의 가액으로 정한 것으로 추정한다. 그러나 그 가액이 사고 발생 시의 가액을 현저하게 초과할 때에는 사고 발생 시의 가액을 보험 가액으로 한다.

30. 당사자 간에 보험 가액을 정하지 않은 때에는 사고 발생 시의 가액을 보험 가액으로 한다.

31. 동일한 보험 계약의 목적과 동일한 사고에 관하여 수 개의 보험 계약이 동시에 또는 순차로 체결된 경우에 그 보험 금액의 총액이 보험 가액을 초과한 때에는 보험자는 각자의 보험 금액의 한도에서 연대 책임을 진다. 이 경우에는 각 보험자의 보상 책임은 각자의 보험 금액의 비율에 따른다.

32. 동일한 보험 계약의 목적과 동일한 사고에 관하여 수 개의 보험 계약을 체결하는 경우에 보험 계약자는 각 보험자에 대하여 각 보험 계약의 내용을 통지하여야 한다.

33. 중복 보험 계약으로 수 개의 보험 계약을 체결한 경우에 보험자 1인에 대한 권리의 포기는 다른 보험자의 권리 의무에 영향을 미치지 아니한다.

34. 보험 가액의 일부를 보험에 붙인 경우에는 보험자는 보험 금액의 보험 가액에 대한 비율에 따라 보상할 책임을 진다. 그러나 당사자 간에 다른 약정이 있는 때에는 보험자는 보험 금액의 한도 내에서 그 손해를 보상할 책임을 진다.

35. 보험의 목적의 성질, 하자 또는 자연 소모로 인한 손해는 보험자가 이를 보상할 책임이 없다.

36. 피보험자가 보험의 목적을 양도한 때에는 양수인은 보험 계약상의 권리와 의무를 승계한 것으로 추정한다. 보험의 목적을 양도한 경우 보험의 목적의 양도인 또는 양수인은 보험자에 대하여 지체 없이 그 사실을 통지하여야 한다.

37. 보험 계약자와 피보험자는 손해의 방지와 경감을 위하여 노력하여야 한다. 그러나 이를 위하여 필요 또는 유익하였던 비용과 보상액이 보험 금액을 초과한 경우라도 보험자가 이를 부담한다.

38. 보험의 목적의 전부가 멸실한 경우에 보험 금액의 전부를 지급한 보험자는 그 목적에 대한 피보험자의 권리를 취득한다. 그러나 보험 가액의 일부를 보험에 붙인 경우에는 보험자가 취득할 권리는 보험 금액의 보험 가액에 대한 비율에 따라 이를 정한다.

39. 손해가 제3자의 행위로 인하여 발생한 경우에 보험금을 지급한 보험자는 그 지급한 금액의 한도에서 그 제3자에 대한 보험 계약자 또는 피보험자의 권리를 취득한다. 다만, 보험자가 보상할 보험금의 일부를 지급한 경우에는 피보험자의 권리를 침해하지 않는 범위에서 그 권리를 행사할 수 있다.

40. 보험 계약자나 피보험자의 제3자에 대한 보험 대위에 관한 권리가 그와 생계를 같이 하는 가족에 대한 것인 경우 보험자는 그 권리를 취득하지 못한다. 다만, 손해가 그 가족의 고의로 인하여 발생한 경우에는 그러하지 아니하다.

41. 책임 보험 계약의 보험자는 피보험자가 보험 기간 중의 사고로 인하여 제3자에게 배상할 책임을 진 경우에 이를 보상할 책임이 있다.

42. 인보험 계약의 보험자는 피보험자의 생명이나 신체에 관하여 보험 사고가 발생할 경우에 보험 계약으로 정하는 바에 따라 보험금이나 그 밖의 급여를 지급할 책임이 있다.

43. 타인의 사망을 보험 사고로 하는 보험 계약에는 보험 계약 체결 시에 그 타인의 서면에 의한 동의를 얻어야 한다.

44. 15세 미만인 자, 심신 상실자 또는 심신 박약자의 사망을 보험 사고로 한 보험 계약은 무효로 한다. 다만, 심신 박약자가 보험 계약을 체결하거나 단체 보험의 피보험자가 될 때에 의사능력이 있는 경우에는 그러하지 아니하다.

45. 보험 계약자는 보험 수익자를 지정 또는 변경할 권리가 있다.

46. 보험 계약자가 계약 체결 후에 보험 수익자를 지정 또는 변경할 때에는 보험자에 대하여 그 통지를 하지 않으면 이로써 보험자에게 대항하지 못한다.

47. 보험업법은 보험업을 경영하는 자의 건전한 경영을 도모하고 보험 계약자, 피보험자, 그 밖의 이해관계인의 권익을 보호함으로써 보험업의 건전한 육성과 국민 경제의 균형 있는 발전에 기여함을 목적으로 한다.

48. 보험 상품 : 위험 보장을 목적으로 우연한 사건 발생에 관하여 금전 및 그 밖의 급여를 지급할 것을 약정하고 대가를 수수(授受)하는 계약을 말한다.

49. 보험업 : 보험 상품의 취급과 관련하여 발생하는 보험의 인수(引受), 보험료 수수 및 보험금 지급 등을 영업으로 하는 것으로서 생명 보험업·손해 보험업 및 제3보험업을 말한다.

50. 상호 회사 : 보험업을 경영할 목적으로 이 법에 따라 설립된 회사로서 보험 계약자를 사원(社員)으로 하는 회사를 말한다.

51. **자회사** : 보험 회사가 다른 회사(「민법」 또는 특별법에 따른 조합을 포함)의 의결권 있는 발행 주식(출자 지분을 포함) 총수의 100분의 15를 초과하여 소유하는 경우의 그 다른 회사를 말한다.

52. **전문 보험 계약자** : 보험 계약에 관한 전문성, 자산 규모 등에 비추어 보험 계약의 내용을 이해하고 이행할 능력이 있는 자로서 다음 각 목의 어느 하나에 해당하는 자를 말한다.

53. 보험업의 허가를 받을 수 있는 자는 주식회사, 상호 회사 및 외국 보험 회사로 제한하며, 제1항에 따라 허가를 받은 외국 보험 회사의 국내 지점(이하 '외국 보험 회사 국내 지점'이라 함)은 이 법에 따른 보험 회사로 본다.

54. 보험 회사는 보험업에 부수(附隨)하는 업무를 하려면 그 업무를 하려는 날의 7일 전까지 금융 위원회에 신고하여야 한다.

55. 보험 회사가 보험 종목 중 둘 이상의 보험 종목을 취급하려는 경우에는 그 합계액을 자본금 또는 기금으로 한다. 다만, 그 합계액이 300억 원 이상인 경우에는 300억 원으로 한다.

56. 보험 회사의 주식을 취득하여 대주주(대통령령으로 정하는 자는 제외함)가 되려는 자는 건전한 경영을 위하여 대통령령으로 정하는 요건을 갖추어야 하며, 미리 금융 위원회의 승인을 받아야 한다.

57. **금융 기관 보험 대리점 또는 금융 기관 보험 중개사가 모집을 할 때 지켜야 할 사항(보험업법 제100조 제2항)**
    ① 해당 금융 기관이 대출 등을 받는 자에게 보험 계약의 청약을 권유하는 경우 대출 등을 받는 자가 그 금융 기관이 대리하거나 중개하는 보험 계약을 체결하지 아니하더라도 대출 등을 받는 데 영향이 없음을 알릴 것
    ② 해당 금융 기관이 보험 회사가 아니라 보험 대리점 또는 보험 중개사라는 사실과 보험 계약의 이행에 따른 지급 책임은 보험 회사에 있음을 보험 계약을 청약하는 자에게 알릴 것
    ③ 보험을 모집하는 장소와 대출 등을 취급하는 장소를 보험 계약을 청약하는 자가 쉽게

알 수 있을 정도로 분리할 것
　　④ 제1호부터 제3호까지의 사항과 비슷한 사항으로서 대통령령으로 정하는 사항

58. 보험 회사가 금융업 또는 부수 업무를 하는 경우에는 대통령령으로 정하는 바에 따라 그 업무를 보험업과 구분하여 회계 처리하여야 한다.

59. 외국 보험 회사, 외국에서 보험 대리 및 보험 중개를 업(業)으로 하는 자 또는 그 밖에 외국에서 보험과 관련된 업을 하는 자(이하 '외국 보험 회사 등'이라 함)는 보험 시장에 관한 조사 및 정보의 수집이나 그 밖에 이와 비슷한 업무를 하기 위하여 국내에 사무소(이하 '국내 사무소'라 함)를 설치할 수 있다. 외국 보험 회사 등이 이에 따라 국내 사무소를 설치하는 경우에는 그 설치한 날부터 30일 이내에 금융 위원회에 신고하여야 한다.

60. 사외 이사는 사외 이사 후보 추천 위원회의 추천을 받은 자 중 주주 총회 또는 사원 총회에서 선임한다.

61. 보험 회사는 법령을 준수하고 자산 운용을 건전하게 하며 보험 계약자를 보호하기 위하여 그 임직원이 직무를 수행할 때 따라야 할 기본적인 절차와 기준을 정하여야 한다.

62. 보험 회사는 내부 통제 기준의 준수 여부를 점검하고, 그 위반 사항을 조사하여 감사 또는 감사 위원회에 보고하는 자를 1명 이상 두어야 한다.

63. 보험 회사는 준법 감시인을 임면하려면 이사회의 의결을 거쳐야 한다. 다만, 외국 보험 회사 국내 지점의 경우에는 그러하지 아니하다.

64. 보험 회사인 주식회사가 자본 감소를 결의한 경우에는 그 결의를 한 날부터 2주 이내에 결의의 요지와 대차 대조표를 공고하여야 한다.

65. 자본 감소를 결의할 때 주식 금액 또는 주식 수의 감소에 따른 자본금의 실질적 감소를 하려면 미리 금융 위원회의 승인을 받아야 한다.

66. 보험 회사의 소수 주주권 행사 비율
① 대표 소송 제기권 : 발행 주식 총수의 10만분의 5 이상
② 이사·감사 해임 청구권 : 발행 주식 총수의 10만분의 250 이상
③ 주주 제안권 : 발행 주식 총수의 1만분의 50 이상
④ 주주 총회 소집 청구권 : 발행 주식 총수의 10만분의 150 이상

67. 주식회사는 그 조직을 변경하여 상호 회사로 할 수 있다.

68. 주식회사의 조직 변경은 주주 총회의 결의를 거쳐야 한다. 주식회사가 조직 변경을 결의한 경우 그 결의를 한 날부터 2주 이내에 결의의 요지와 대차 대조표를 공고하고 주주 명부에 적힌 질권자(質權者)에게는 개별적으로 알려야 한다.

69. 상호 회사의 사원은 회사의 채권자에 대하여 직접적인 의무를 지지 아니한다.

70. 보험 회사·보험 대리점 및 보험 중개사는 소속 보험 설계사가 되려는 자를 금융 위원회에 등록하여야 한다.

71. 보험 중개사는 보험 계약의 체결을 중개할 때 그 중개와 관련된 내용을 대통령령으로 정하는 바에 따라 장부에 적고 보험 계약자에게 알려야 하며, 그 수수료에 관한 사항을 비치하여 보험 계약자가 열람할 수 있도록 하여야 한다.

72. 보험 중개사는 보험 회사의 임직원이 될 수 없으며, 보험 계약의 체결을 중개하면서 보험 회사·보험 설계사·보험 대리점·보험 계리사 및 손해 사정사의 업무를 겸할 수 없다.

73. 보험 회사 또는 보험의 모집에 종사하는 자는 일반 보험 계약자에게 보험 계약 체결을 권유하는 경우에는 보험료, 보장 범위, 보험금 지급 제한 사유 등 대통령령으로 정하는 보험 계약의 중요 사항을 일반 보험 계약자가 이해할 수 있도록 설명하여야 한다.

74. 보험 회사는 보험 계약의 체결 시부터 보험금 지급 시까지의 주요 과정을 대통령령으로 정하는 바에 따라 일반 보험 계약자에게 설명하여야 한다. 다만, 일반 보험 계약자가 설명을 거부하는 경우에는 그러하지 아니하다.

75. 보험 회사 또는 보험의 모집에 종사하는 자는 일반 보험 계약자가 보험 계약을 체결하기 전에 면담 또는 질문을 통하여 보험 계약자의 연령, 재산 상황, 보험 가입의 목적 등 대통령령으로 정하는 사항을 파악하고 일반 보험 계약자의 서명(「전자서명법」제2조 제2호에 따른 전자 서명을 포함), 기명 날인, 녹취, 그 밖에 대통령령으로 정하는 방법으로 확인을 받아 유지·관리하여야 하며, 확인받은 내용은 일반 보험 계약자에게 지체 없이 제공하여야 한다.

76. 보험 회사 또는 보험의 모집에 종사하는 자는 일반 보험 계약자의 연령, 재산 상황, 보험 가입의 목적 등에 비추어 그 일반 보험 계약자에게 적합하지 않다고 인정되는 보험 계약의 체결을 권유하여서는 아니 된다.

77. 보험 회사 또는 보험의 모집에 종사하는 자가 보험 상품에 관하여 광고를 하는 경우에는 보험 계약자가 보험 상품의 내용을 오해하지 아니하도록 명확하고 공정하게 전달하여야 한다.

78. 전화·우편·컴퓨터 통신 등 통신 수단을 이용하여 모집을 하는 자는 제83조에 따라 모집을 할 수 있는 자이어야 하며, 다른 사람의 평온한 생활을 침해하는 방법으로 모집을 하여서는 아니 된다.

79. 보험 대리점 또는 보험 중개사는 자기 또는 자기를 고용하고 있는 자를 보험 계약자 또는 피보험자로 하는 보험을 모집하는 것을 주된 목적으로 하지 못한다.

80. 보험 대리점 또는 보험 중개사가 모집한 자기 또는 자기를 고용하고 있는 자를 보험 계약자나 피보험자로 하는 보험의 보험료 누계액(累計額)이 그 보험 대리점 또는 보험 중개사가 모집한 보험의 보험료의 100분의 50을 초과하게 된 경우에는 그 보험 대리점 또는 보험 중개사는 제1항을 적용할 때 자기 또는 자기를 고용하고 있는 자를 보험 계약자 또는 피보험자로 하는 보험을 모집하는 것을 그 주된 목적으로 한 것으로 본다.

81. 보험 회사는 그 임직원·보험 설계사 또는 보험 대리점(보험 대리점 소속 보험 설계사를 포함함. 이하 이 조에서 같음)이 모집을 하면서 보험 계약자에게 손해를 입힌 경우 배상할 책임을 진다. 다만, 보험 회사가 보험 설계사 또는 보험 대리점에 모집을 위탁하면서 상당한 주의를 하였고 이들이 모집을 하면서 보험 계약자에게 손해를 입히는 것을 막기 위하여 노력한 경우에는 그러하지 아니하다.

82. 보험 계약자, 피보험자, 보험금을 취득할 자, 그 밖에 보험 계약에 관하여 이해관계가 있는 자는 보험 사기 행위를 하여서는 아니 된다.

83. 보험 회사는 일반 보험 계약자로서 보험 회사에 대하여 대통령령으로 정하는 보험 계약을 청약한 자가 보험 증권을 받은 날로부터 15일(거래 당사자 사이에 15일보다 긴 기간으로 약정한 경우에는 그 기간) 이내에 대통령령으로 정하는 바에 따라 청약 철회의 의사를 표시하는 경우에는 특별한 사정이 없는 한 이를 거부할 수 없다. 다만, 청약을 한 날로부터 30일을 초과한 경우에는 그러하지 아니하다.

84. 보험 회사는 매년 대통령령으로 정하는 날에 그 장부를 폐쇄하여야 하고 장부를 폐쇄한 날부터 3개월 이내에 금융 위원회가 정하는 바에 따라 재무제표(부속 명세서를 포함) 및 사업 보고서를 금융 위원회에 제출하여야 한다.

85. 보험 회사는 매월의 업무 내용을 적은 보고서를 다음 달 말일까지 금융 위원회가 정하는 바에 따라 금융 위원회에 제출하여야 한다.

86. 보험 회사는 재무제표 및 매월의 업무 내용을 적은 보고서를 대통령령으로 정하는 바에 따라 전자 문서로 제출할 수 있다.

87. 보험 회사는 재무제표 및 사업 보고서를 일반인이 열람할 수 있도록 금융 위원회에 제출하는 날부터 본점과 지점, 그 밖의 영업소에 비치하거나 전자 문서로 제공하여야 한다.

88. 보험 회사는 결산기마다 보험 계약의 종류에 따라 대통령령으로 정하는 책임 준비금과 비상 위험 준비금을 계상(計上)하고 따로 작성한 장부에 각각 기재하여야 한다. 이때 책임 준비금과 비상 위험 준비금의 계상에 관하여 필요한 사항은 총리령으로 정한다.

89. 금융 위원회는 책임 준비금과 비상 위험 준비금의 적정한 계상과 관련하여 필요한 경우에는 보험 회사의 자산 및 비용, 그 밖에 대통령령으로 정하는 사항에 관한 회계 처리 기준을 정할 수 있다.

90. 보험 회사는 보험금 지급 능력과 경영 건전성을 확보하기 위하여 ① 자본의 적정성에 관한 사항, ② 자산의 건전성에 관한 사항, ③ 그 밖에 경영 건전성 확보에 필요한 사항에 관하여 대통령령으로 정하는 재무 건전성 기준을 지켜야 한다.

91. 금융 위원회는 보험 회사의 업무 및 자산 상황, 그 밖의 사정의 변경으로 공익 또는 보험 계약자의 보호와 보험 회사의 건전한 경영을 크게 해칠 우려가 있거나 보험 회사의 기초 서류에 법령을 위반하거나 보험 계약자에게 불리한 내용이 있다고 인정되는 경우에는 청문을 거쳐 기초 서류의 변경 또는 그 사용의 정지를 명할 수 있다. 다만, 대통령령으로 정하는 경미한 사항에 관하여 기초 서류의 변경을 명하는 경우에는 청문을 하지 아니할 수 있다.

92. 금융 위원회는 보험 회사의 파산 또는 보험금 지급 불능 우려 등 보험 계약자의 이익을 크게 해칠 우려가 있다고 인정되는 경우에는 보험 계약 체결 제한, 보험금 전부 또는 일부의 지급 정지 또는 그 밖에 필요한 조치를 명할 수 있다.

93. 보험 회사는 계약의 방법으로 책임 준비금 산출의 기초가 같은 보험 계약의 전부를 포괄하여 다른 보험 회사에 이전할 수 있다.

94. 보험 회사가 그 보험업의 전부 또는 일부를 폐업하려는 경우에는 그 60일 전에 사업 폐업에 따른 정리 계획서를 금융 위원회에 제출하여야 한다.

95. 금융 위원회는 청산인을 감독하기 위하여 보험 회사의 청산 업무와 자산 상황을 검사하고, 자산의 공탁을 명하며, 그 밖에 청산의 감독상 필요한 명령을 할 수 있다.

96. 금융 위원회는 해산한 보험 회사의 업무 및 자산 상황으로 보아 필요하다고 인정하는 경우에는 업무와 자산의 관리를 명할 수 있다.

97. 조사 업무를 효율적으로 수행하기 위하여 금융 위원회에 보건 복지부, 금융 감독원, 보험 관련 기관 및 단체 등으로 구성되는 보험 조사 협의회를 둘 수 있다.

98. 보험 회사로부터 손해 사정 업무를 위탁받은 손해 사정사 또는 손해 사정업자는 손해 사정 업무를 수행한 후 지체 없이 손해 사정서를 보험 회사에 내어 주고, 그 중요한 내용을 알려 주어야 한다.

99. 금융 위원회는 보험 계리사·선임 계리사·보험 계리업자·손해 사정사 또는 손해 사정업자가 그 직무를 게을리하거나 직무를 수행하면서 부적절한 행위를 하였다고 인정되는 경우에는 6개월 이내의 기간을 정하여 업무의 정지를 명하거나 해임하게 할 수 있다.

100. 금융 위원회는 법률에 따라 운영되는 공제업과 이 법에 따른 보험업 간의 균형 있는 발전을 위하여 필요하다고 인정하는 경우에는 그 공제업을 운영하는 자에게 기초 서류에 해당하는 사항에 관한 협의를 요구할 수 있다.

memo

제1장 보험 계약법

1 보험 계약의 성립

001 보험의 특성에 관한 설명 중 틀린 것은?

① 보험은 동질의 우발적인 위험하에 다수의 경제 주체가 단체적 조직을 이룬 것이다.
② 보험 사고는 그 발생 여부가 확정적이지만 그 발생 시기가 불확정적인 경우도 있다.
③ 보험 사고의 위험이 보험 관계자들 사이에서 주관적으로만 불확정적인 경우에는 보험 계약이 성립되지 않는다.
④ 보험은 위험에 대비하기 위한 것으로 반드시 위험을 전제로 한다.

002 보험에 관한 설명 중 틀린 것은?

① 원보험의 성질이 무엇이든 재보험은 책임 보험의 성격을 가지는 손해 보험으로서 기업 보험에 속한다.
② 영리 보험은 보험 가입자들이 직접적으로 위험 단체를 구성한다.
③ 여러 개의 물건이나 사람을 집단으로 하여 1개의 보험 계약을 체결하는 것을 집단 보험이라 한다.
④ 집합된 보험의 목적이 보험 기간 중 수시로 교체되는 것을 예상하고 체결하는 것을 총괄 보험이라 한다.

003 보험 계약의 목적에 관한 다음 설명 중 옳은 것은?

① 보험의 목적과 동일한 개념이다.
② 보험 계약의 목적은 인보험의 요소로 파악한다.
③ 보험 계약의 목적은 보험 계약의 체결 시까지 확정할 수 있는 것이어야 한다.
④ 보험 계약의 목적은 금전으로 산정할 수 있는 이익에 한한다.

004 보험 계약의 부합 계약성과 가장 거리가 먼 것은?

① 보험 약관의 교부 및 명시 의무
② 보험 계약자 불이익 변경 금지의 원칙
③ 보험 계약자의 손해 방지 의무
④ 보험 약관 축소 해석의 원칙

005 다음의 설명 중 옳지 않은 것은?

① 보험의 목적이 보험 기간 중 수시로 바뀌는 경우의 보험도 있다.
② 인보험의 목적은 자연인에 한한다.
③ 단체 보험에서 보험의 목적은 구성원이 수시로 바뀔 수 있다.
④ 사망 보험의 경우 17세 미만자, 심신 상실자 또는 심신 박약자는 보험의 목적인 피보험자가 될 수 없다.

006 보험 계약의 선의성을 유지하기 위한 제도로 옳지 않은 것은?

① 보험자의 보험 약관 설명 의무
② 보험 계약자의 손해 방지 의무
③ 보험 계약자의 중요 사항 고지 의무
④ 인위적 보험 사고에 대한 보험자 면책

007 다음 설명 중 상법과 대법원 판례의 태도가 아닌 것은?

① 보험 증권의 작성지(作成地)는 상법 제666조에 의한 손해 보험 증권의 기재 사항이다.
② 10년 무사고 자동차 보험의 피보험자의 경우, 납부한 보험료에 대한 대가가 전혀 없으므로 쌍무 계약이 아니라 편무 계약으로 보아야 한다.
③ 화재 보험에서 화재가 발생한 경우에는 일단 우연성의 요건을 갖춘 것으로 추정되고, 다만 화재가 보험 계약자나 피보험자의 고의 또는 중과실에 의하여 발생하였다는 사실을 보험자가 증명하는 경우에는 위와 같은 추정이 번복되는 것으로 보아야 한다.
④ 양도 담보 설정자에게 그 목적물에 관하여 체결한 화재 보험 계약의 피보험 이익이 없다고 할 수 없다.

008 보통 보험 약관에 관한 다음 설명 중 틀린 것은?

① 보험자가 다수의 동질의 보험 계약을 체결하기 위하여 미리 작성한 일반적·정형적·표준적인 계약 조항이다.
② 판례는 보통 보험 약관이 보험 계약 당사자에 대하여 구속력을 가지는 것은 그 자체가 법 규범이기 때문이라고 한다.
③ 보험자는 보험 계약을 체결할 때에 보험 계약자에게 보험 약관을 교부하고 그 약관의 중요한 내용을 알려 주어야 한다.
④ 보험자가 보험 약관의 교부·명시 의무를 위반한 때에는 보험 계약자는 보험 계약이 성립한 날부터 1월 내에 보험 계약을 취소할 수 있다.

009 보험 약관의 해석과 적용에 관한 설명 중 틀린 것은?

① 약관을 해석하여 적용하는 과정에서 그 의미를 정확하게 알 수 없을 때에는 우선적으로 작성자 불이익의 원칙을 적용한다.
② 약관은 평균적 고객의 이해 가능성을 기준으로 하되, 보험 단체 전체의 이해관계를 고려하여 객관적, 획일적으로 해석해야 한다.
③ 보험 대리점이나 보험 설계사가 보험 회사가 제시한 약관의 내용과 다르게 설명한 경우에는 보험 회사가 약관의 설명 의무를 위반한 것이 된다.
④ 보험 회사가 제시한 약관의 내용과 보험 체약 대리점이 보험 계약자와 약정한 내용이 상이한 경우에는 후자가 우선한다.

010 상법상의 '보험 약관 설명 의무', 보험업법상의 '설명 의무'와 '적합성의 원칙' 등에 관한 설명 중 옳은 것은?

① 상법상의 보험 약관 설명 의무가 이행되지 않더라도, 보험 회사에게 보험업법상의 설명 의무 위반으로 인한 책임은 물을 수 없다.
② 상법상의 보험 약관 설명 의무가 이행되면, 보험업법상으로도 보험 회사에게 설명 의무 위반으로 인한 책임을 물을 수 없다.
③ 최근의 대법원 판례에 따르면, 변액 보험에 관해서는 보장되지 않는 고율의 수익률을 전제로 하여 계약의 내용을 설명했다고 하더라도 보험업법상의 설명 의무의 위반이 되지 않는다.
④ 최근의 대법원 판례에 따르면, 보험업법상의 적합성 원칙의 위반에 따른 손해 배상 책임의 존재에 관한 증명 책임은 보험 계약자에게 있다.

011 보험 계약 체결에 관한 설명 중 옳은 것은?

① 승낙 이후 보험 증권 교부가 없으면 보험 계약은 성립되지 않는다.
② 구술에 의한 보험 계약 체결은 불가능하다.
③ 청약과 승낙의 의사의 합치가 없어도 보험 계약이 성립한다.
④ 보험료 납부 전에도 보험 사고 발생 시 보험금을 지급하기로 하는 당사자의 특약은 유효하다.

012 피보험자의 자살에 관한 설명 중 틀린 것은?

① 피보험자가 자살 면책 기간이 경과하여 자살한 경우에는 고의로 인한 보험 사고이더라도 보험자는 보험금을 지급해야 한다.
② 피보험자가 정신 질환 등으로 자유로운 의사 결정을 할 수 없는 상태에서 자살한 경우에는, 이를 체질적 요인으로 인하여 사망한 것으로 보는 입장에서는 일반 사망 보험금의 지급 사유가 되지 않는다고 한다.
③ 피보험자가 정신 질환 등으로 자유로운 의사 결정을 할 수 없는 상태에서 자살한 경우에는, 고의가 인정되지 않으므로 보험자의 면책 사유인 자살에 해당한다고 할 수 없다.
④ 대법원 판례에 따르면, 피보험자가 자살 전날 우울증 진단을 받았지만 평소 정신과 치료를 받은 적이 없고 유서 등을 미리 준비한 경우라면, 자유로운 의사 결정을 할 수 없는 상태에서 자살한 것으로 볼 수 없다.

013 보험 증권에 관한 설명 중 틀린 것은?

① 보험 증권은 어음 수표와 같은 엄격한 요식 증권성을 갖는다.
② 보험 계약의 성립 여부는 보험 증권만이 아니라 계약 체결의 전후 경위 등을 종합하여 인정할 수 있다.
③ 보험 증권이 멸실 또는 훼손된 때에는 보험 계약자는 보험자에 대하여 증권의 재교부를 청구할 수 있다. 그러나 그 비용은 보험 계약자의 부담으로 한다.
④ 기존의 보험 계약을 연장하거나 변경한 경우에는 보험자는 그 보험 증권에 그 사실을 기재함으로써 보험 증권의 교부에 갈음할 수 있다.

014 보험자의 약관 설명 의무에 관한 설명 중 틀린 것은?(다툼이 있는 경우 대법원 판례에 의함)

① 보험자가 보험 계약자의 대리인과 보험 계약을 체결할 경우에는, 그 대리인에게 보험 약관을 설명하는 것으로 충분하고 보험 계약자에게까지 설명해야 하는 것은 아니다.
② 보험자는 약관의 내용 전부를 설명해야 하는 것은 아니고, 중요한 내용만을 설명하면 된다.
③ 보험 계약자나 그 대리인이 보험 약관의 내용을 잘 알고 있는 경우에는 보험자는 설명 의무를 지지 않는다.
④ 약관의 내용이 보험 계약자에게 불리한 것인 경우에는, 그 내용이 법령에 이미 규정되어 있는 것이더라도 보험자는 설명해야 한다.

015 다음 중 판례상 약관 설명 의무의 대상이 아닌 것은?

① 주운전자 고지 의무 제도
② 가족 한정 특약
③ 이혼 시 종피보험자 자격 상실에 관한 조항
④ 유상 운전 면책 조항

016 보험 약관의 조항 중 그 효력이 인정되지 않는 것은?

① 보험 계약 체결일 기준 1월 전부터 보험 기간이 시작되기로 하는 조항
② 보험 증권 교부일로부터 2월 이내에 증권 내용에 이의를 할 수 있도록 하는 조항
③ 약관 설명 의무 위반 시 보험 계약자가 1월 이내에 계약을 취소할 수 있도록 하는 조항
④ 보험 계약자의 보험료 반환 청구권의 소멸 시효 기간을 3년으로 하는 조항

017 대법원이 한정 무효 또는 무효로 판결한 약관이 아닌 것은?

① 실효 약관
② 해지 예고부 최고 약관
③ 상해 보험의 음주운전 면책 약관
④ 자동차 보험의 산업 재해 보상 면책 약관

018 피보험자 등이 보험금을 허위로 과다 청구하는 경우에는 보험금 청구권을 상실한다는 취지의 약관 조항에 관한 설명 중 옳은 것은?(대법원 판례에 의함)

① 피보험자가 증빙 서류 구비의 어려움 때문에 일부 사실과 다른 서류를 제출하거나, 보험 목적물의 가치에 대한 견해 차이로 보험 목적물의 가치를 다소 높게 신고한 경우에는 이 조항을 적용할 수 없다.
② 이 조항은 보험 계약자 등에게 상법의 규정보다 불리하여 무효이다.
③ 보험자는 이 조항이 약관에 존재하지 않는 경우에도 피보험자의 허위 과다 청구를 이유로 보험금 전액의 지급을 거절할 수 있다.
④ 독립한 여러 개의 물건에 대해 체결된 화재 보험 계약에서 피보험자가 일부의 물건에 관하여 과다하게 허위의 청구를 한 경우에는, 이 조항에 따라 허위의 청구를 하지 않은 다른 물건에 관한 보험금 청구권까지 상실하게 된다.

019 피보험자 등이 보험금을 허위 과다 청구하는 경우에는 보험금 청구권을 상실한다는 취지의 보험 약관 조항에 대한 판례의 입장 중 옳은 설명은?

① 보험 계약자 등에게 상법의 규정보다 불리하여 무효이다.
② 독립한 여러 물건을 보험 목적물로 하여 체결된 화재 보험 계약에서 피보험자가 그중 일부의 보험 목적물에 관하여 실제 손해보다 과다하게 허위의 청구를 한 경우에 허위의 청구를 한 당해 보험 목적물에 관하여 위 약관 조항에 따라 보험금 청구권을 상실하게 될 뿐 아니라, 피보험자가 허위의 청구를 하지 않은 다른 보험 목적물에 관한 보험금 청구권까지 한꺼번에 상실하게 된다.
③ 보험자는 위와 같은 조항이 약관상 존재하지 않는 경우에도 이를 주장하여 그 허위 과다 청구를 이유로 보험금 지급을 거절할 수 있다.
④ 피보험자가 보험금을 청구하면서 실손해액에 관한 증빙 서류 구비의 어려움 때문에 구체적인 내용이 일부 사실과 다른 서류를 제출하거나 보험 목적물의 가치에 대한 견해 차이 등으로 보험 목적물의 가치를 다소 높게 신고한 경우 등까지 이 사건 약관 조항에 의하여 보험금 청구권이 상실되는 것은 아니다.

020 대법원 판례에 의할 때, 약관의 내용 중 보험자가 설명하여야 할 사항은?

① 어떤 면허를 가지고 운전하여야 무면허 운전이 되지 않는지에 관한 사항
② 다른 자동차 운전 담보 특별 약관에서 피보험자가 자동차 취급 업무상 수탁받은 자동차를 운전하던 중의 사고에 대한 보험자의 면책에 관한 사항
③ 무보험 자동차에 의한 상해 담보 특약에서 보험 금액 산정 기준이나 방법에 관한 사항
④ 자동차의 구조 변경으로 인한 위험 변경·증가 통지에 관한 사항

021 보험 계약의 관계자에 대한 설명으로 옳지 않은 것은?

① 공동 보험에서 수인의 보험자는 특약이 없는 한 각자 연대하여 그 채무를 부담한다.
② 손해 보험에서 피보험 이익의 주체로서 손해의 보상을 받을 권리를 갖는 자를 피보험자라 한다.
③ 보험 계약자에는 아무런 제한이 없고 대리인을 통해서도 계약을 체결할 수 있다.
④ 인보험 계약에서 보험 계약자가 동시에 보험 수익자이면 자기의 보험 계약이라고 한다.

022 보험 모집 종사자에 관한 설명 중 틀린 것은?(다툼이 있는 경우 대법원 판례에 의함)

① 보험 회사의 영업소장은 상법상의 표현 지배인이 될 수 있다.
② 보험 설계사는 상법상의 상업 사용인에 해당한다고 할 수 없다.
③ 보험 중개사는 특별한 사정이 없는 한 보험 회사를 위한 어떠한 권한도 없다.
④ 보험 회사는 그 임직원이 모집을 하면서 보험 계약자에게 손해를 입힌 경우에는, 보험 회사가 그 임직원에게 모집을 위탁하면서 상당한 주의를 하였고, 그 임직원이 모집과 관련하여 보험 계약자에게 손해를 입히는 것을 막기 위하여 노력한 경우라도, 보험 계약자에 대해 보험업법상의 손해 배상 책임을 져야 한다.

023 보험자의 보조자에 관한 설명 중 틀린 것은?(다툼이 있는 경우 대법원 판례에 의함)

① 보험 회사의 대리인이 피보험 건물의 증개축 공사 현장을 방문하면서 증개축 공사로 인한 보험 사고 발생의 위험이 현저하게 증가된 사실을 알았거나 중대한 과실로 알지 못하였다면, 보험자는 보험 계약자나 피보험자가 위험 변경·증가의 통지를 하지 않았음을 이유로 보험 계약을 해지할 수 없다.
② 보험 회사의 대리인이 보험 계약자와의 사이에 보험 계약을 체결하고 보험 계약자로부터 2, 3회분 보험료에 해당하는 약속 어음을 교부받은 후 이를 횡령한 경우에는, 그 어음이 결제되더라도 보험료 납입의 효과가 생기지 않는다.

③ 보험 대리점이 체약 대리상인지 중개 대리상인지 여부는 보험자와 보험 대리상 간에 체결하는 대리상 계약의 내용에 따라 결정된다.
④ 보험 설계사가 보험 사고 발생의 위험이 현저하게 변경 또는 증가된 사실을 알았다고 하더라도 이로써 보험자도 그 사실을 안 것으로 볼 수 없다.

024 보험 대리상이 갖는 권한으로 옳지 않은 것은?

① 보험자 명의의 보험 계약 체결권
② 보험 계약자에 대한 위험 변경 증가권
③ 보험 계약자에 대한 보험 증권 교부권
④ 보험 계약자로부터의 보험료 수령권

025 상법에서 규정하고 있는 보험 대리상의 권한을 모두 고른 것은?

> ㉠ 보험 계약자로부터 보험료를 수령할 수 있는 권한
> ㉡ 보험자가 작성한 보험 증권을 보험 계약자에게 교부할 수 있는 권한
> ㉢ 보험 계약자로부터 청약·고지·통지·해지·취소 등 보험 계약에 관한 의사 표시를 수령할 수 있는 권한
> ㉣ 보험 계약자에게 보험 계약의 체결·변경·해지 등 보험 계약에 관한 의사 표시를 할 수 있는 권한

① ㉡　　② ㉠, ㉡　　③ ㉠, ㉡, ㉢　　④ ㉠, ㉡, ㉢, ㉣

026 단체 보험에 관한 설명 중 틀린 것은?(다툼이 있는 경우 대법원 판례에 의함)

① 단체가 구성원의 전부 또는 일부를 피보험자로 하는 생명 보험 계약을 체결하는 경우에는 단체의 규약이 있어야 하고, 이 규약이 없는 경우에는 구성원들의 서면 동의를 얻어야 보험 계약이 유효하게 된다.
② 구성원의 일부가 고지 의무를 위반한 경우에는, 단체 보험은 1개의 계약으로 체결된 것이므로, 보험자는 원칙적으로 구성원 전부에 대한 계약 관계를 해지할 수 있다.
③ 단체는 보험 계약자로서 구성원의 동의 없이 자신을 보험 수익자로 지정할 수 있다.
④ 단체의 규약은 단체 협약, 취업 규칙, 정관 등 그 형식을 불문하며, 대표자가 구성원에 대해서 일괄하여 어떠한 종류의 보험 계약을 체결할 수 있다는 취지를 담고 있는 것으로 충분하다. 그러나 근로자의 채용 및 해고, 재해 부조 등에 관한 일반적인 규정을 두고 있는 것만으로는 단체의 규약에 해당한다고 할 수 없다.

027 다음 사례를 읽고 틀린 설명을 고르시오(대법원 판례에 의함).

> 갑과 을이 통모하여 은행으로부터 대출을 받기 위하여 허위로 갑을 임대인, 을을 임차인으로 하는 임대차 계약서를 작성한 후, 갑이 보증 보험 회사와 이 임대차 계약을 주 계약으로 삼아, 임대인이 임대차 보증금 반환 의무를 불이행하는 보험 사고가 발생할 경우 보증 보험 회사가 보험금 수령권자로 지정된 은행에 직접 보험금을 지급하기로 하는 내용의 보증 보험 계약을 체결하였다. 그 후 은행은 을로부터 이 보증 보험 계약에 따른 이행 보증 보험 증권을 담보로 제공받고 을에게 대출을 하였다.

① 보증 보험 계약은 보험 계약으로서의 본질을 갖고 있으므로, 계약이 유효하게 성립하기 위해서는 원칙적으로 계약 당시에 보험 사고의 발생 여부가 확정되어 있지 않아야 한다.
② 보험 계약은 그 계약 당시에 보험 사고가 발생할 수 없는 것으로 확정된 경우라도, 보험 계약 관련자 모두가 선의인 경우에는 유효한 것으로 볼 수 있다.
③ 민법의 보증 계약에 관한 규정은 보증 보험 계약에도 적용될 수 있으므로, 갑과 보증 보험 회사 간의 보증 보험 계약이 보험 계약으로서 무효가 되더라도 보증 계약으로서의 효력은 지닐 수 있다.
④ 갑과 보증 보험 회사 간의 보증 보험 계약은, 그 계약이 성립할 당시 주 계약인 임대차 계약이 통정 허위 표시에 의한 것으로서 보험 사고가 발생할 수 없는 것으로 확정된 경우라고 할 수 있다.

028 보험 계약의 체결에 관한 설명으로 옳은 것은?

① 보험자가 보험 계약자로부터 보험 계약의 청약과 함께 보험료 상당액을 지급받은 때에는 다른 약정이 없으면 30일 내에 승낙 여부의 통지를 발송하여야 하고 이를 해태한 때에는 보험 계약이 성립한 것으로 추정한다.
② 보험자가 보험 계약자로부터 보험 계약의 청약과 함께 보험료 상당액의 전부 또는 일부를 받은 경우에 그 청약을 승낙하기 전에 보험 계약에서 정한 보험 사고가 생긴 때에는 그 청약을 거절할 사유가 없는 한 보험자는 보험 계약상의 책임을 진다.
③ 판례는 보험료 납입 방법으로 선일자 수표를 교부한 경우 교부된 날에 보험료의 납입이 있다고 하였다.
④ 보험 계약은 그 계약 전의 어느 시기를 보험 기간의 시기(始期)로 할 수 없다.

029 다음 설명 중 옳은 것은?

① 보험 계약 체결 당시에 보험 사고가 이미 발생한 경우에 당사자 쌍방과 피보험자가 이를 알지 못하였더라도 보험 계약은 무효이다.
② 보험자는 보험 계약을 체결할 때에 보험 약관의 내용이 중요한가 여부를 묻지 않고 설명하여야 한다.
③ 보험자가 보험 계약자로부터 보험 계약의 청약과 함께 보험료 상당액의 전부 또는 일부의 지급을 받은 때에는 다른 약정이 없으면 30일 내에 그 상대방에 대하여 낙부의 통지를 발송하여야 하는데, 이 기간 내에 낙부의 통지를 해태한 때에는 거절한 것으로 본다.
④ 판례는 수산업 협동조합이 영세 어민을 위하여 소형 어선의 해상 위험을 담보하는 어선 공제 계약의 실효 약관은 무효라고 한다.

030 다음 설명 중 옳지 않은 것은 무엇인가?

① 보험 수익자의 지정은 특정인으로 하지 않을 수 있다.
② 지정·변경권은 일종의 형성권이지만 보험자의 동의를 얻어야 한다.
③ 법인이나 단체를 보험 수익자로 지정하는 것도 가능하다.
④ 보험 수익자가 보험 존속 중에 사망한 때에는 보험 계약자는 다시 보험 수익자를 지정할 수 있다.

031 다음 괄호 안에 들어갈 말로 바른 것은?

> 보험자는 보험 계약을 체결할 때에 보험 계약자에게 보험 약관을 교부하고 그 약관의 중요한 내용을 설명하여야 하며, 보험자가 이러한 의무를 위반한 경우 보험 계약자는 보험 계약이 성립한 날부터 (가)개월 이내에 그 계약을 (나)할 수 있다.

① (가) 1, (나) 해지
② (가) 1, (나) 취소
③ (가) 3, (나) 해지
④ (가) 3, (나) 취소

032 다음 설명 중 옳지 않은 것은?(다툼이 있는 경우 판례에 의함)

① 보험 계약자가 보험 수익자의 지정권을 행사하지 않고 사망한 때에는 피보험자를 보험 수익자로 하고 보험 계약자가 보험 수익자의 변경권을 행사하지 않고 사망한 때에는 보험 수익자의 권리가 확정된다. 그러나 보험 계약자가 사망한 경우에는 그 승계인이 그 권리를 행사할 수 있다는 약정이 있는 때에는 그러하지 아니하다.
② 생명 보험의 보험 계약자가 스스로를 피보험자로 하면서, 수익자는 만기까지 자신이 생존할 경우에는 '자기 자신'을, 자신이 사망한 경우에는 '상속인'이라고만 지정하고 그 피보험자가 사망하여 보험 사고가 발생한 경우, 보험금 청구권은 상속인들의 고유 재산으로 보아야 할 것이고, 이를 상속 재산이라 할 수 없다.
③ 보험 수익자가 보험 존속 중에 사망한 때에는 보험 계약자는 다시 보험 수익자를 지정할 수 있다. 이 경우에 보험 계약자가 지정권을 행사하지 않고 사망한 때에는 보험 수익자의 상속인을 보험 수익자로 한다.
④ 보험 계약자가 보험 수익자의 지정권을 행사하기 전에 보험 사고가 생긴 경우에는 보험 계약자의 상속인을 보험 수익자로 한다.

033 보험 계약자가 피보험자의 서면 동의를 얻어 타인의 사망을 보험 사고로 하는 보험 계약을 체결함으로써 보험 계약의 효력이 생긴 경우, 피보험자의 동의 철회에 관한 설명 중 옳은 것은?(판례에 의함)

① 동의 철회는 불가능하다.
② 보험 약관에 동의 철회에 관한 규정이 있고 계약 당사자 사이에 별도의 합의가 있다면 보험 계약자 또는 보험 수익자의 동의가 있는 경우에 한하여 피보험자는 그 동의를 철회할 수 있다.
③ 보험 약관에 동의 철회에 관한 규정이 있고 계약 당사자 사이에 별도의 합의가 있다면 보험 계약자 또는 보험 수익자의 동의나 승낙 여부에 관계없이 피보험자는 그 동의를 철회할 수 있다.
④ 보험 약관에 아무런 규정이 없고 계약 당사자 사이에 별도의 합의가 없었다고 하더라도, 피보험자가 서면 동의를 할 때 기초로 한 사정에 중대한 변경이 있는 경우에는 보험 계약자 또는 보험 수익자의 동의나 승낙 여부에 관계없이 피보험자는 그 동의를 철회할 수 있다.

034 다음의 각 경우 증명 책임(입증 책임)을 부담하는 자와 그 내용에 대한 설명이 옳지 않은 것은?(견해의 대립이 있는 경우 판례에 의함)

① 고지 의무 위반 사실과 보험 사고 발생과의 인과 관계가 부존재하다는 점에 관한 증명 책임은 보험 계약자 측에 있다.
② 보험 계약자나 그 대리인이 그 약관의 내용을 충분히 잘 알고 있어, 보험자의 약관 설명 의무의 대상이 되지 않는다는 점은 이를 주장하는 보험자 측에서 증명하여야 한다.
③ 승낙 전 보험 보호 제도의 경우 청약을 거절할 사유의 부존재에 대한 증명 책임을 보험 계약자가 부담한다.
④ 피보험자가 자살을 보험자의 면책 사유로 규정한 경우 보험자는 일반인의 상식에서 피보험자의 사망이 자살이 아닐 가능성에 대한 합리적 의심이 들지 않을 만큼 명백한 주위 정황을 입증하여야 한다.

035 상법상 보험 약관의 교부·설명 의무에 대한 기술로 옳은 것은?(다툼이 있는 경우에는 판례에 의함)

① 보험자는 보험 계약을 체결할 때에 피보험자에게 보험 약관을 교부하고 그 약관의 중요한 내용을 설명하여야 한다.
② 보험 계약자의 고지 의무나 통지 의무도 보험자가 설명하여야 한다.
③ 보험자가 보험 계약자의 대리인과 보험 계약을 체결하는 경우에는 그 대리인에게 보험 약관을 설명하는 것으로 충분하다.
④ 약관의 내용이 보험 계약자에게 불리한 경우에는 그 내용이 이미 법령에 규정된 사항을 구체적으로 부연하는 정도에 불과한 경우라 할지라도 보험자의 설명 의무는 면제되지 않는다.

036 갑은 보험 회사와 자신을 피보험자로 하는 사망 보험 계약을 체결하였다. 보험 계약 당시 갑은 보험 수익자란에 단순히 '법정상속인'으로만 기재하였다. 갑에게는 배우자 을과, 미성년의 자녀 병이 있다. 상법에 따른 보험 수익자의 결정 방법으로 틀린 것은?(다툼이 있는 경우 판례에 따름)

① 갑은 자신의 사망 전에는 언제라도 보험 수익자를 특정인으로 지정하거나 변경할 수 있다.
② 갑이 을과 이혼하였으나 보험 수익자를 변경하지 않고 있던 중 사망하였다면, 보험 계약 체결 시 보험 수익자의 지위가 확정되므로 보험자는 을과 병을 보험 수익자로 보고 보험금 지급 사무를 처리하여야 한다.
③ 그 후 갑은 보험자에게 통지하고 을을 보험 수익자로 특정하였으나, 보험 기간 중에 갑과 을이 비행기 사고로 동시에 사망한 경우라면 보험 수익자의 상속인인 병이 보험 수익자가 된다.
④ 그 후 갑이 보험 수익자를 제3자로 지정하였으나, 이를 보험자에게 통지하지 않았다면, 갑의 법정 상속인을 보험 수익자로 보고 보험금을 지급한 보험자에게 대항하지 못한다.

037 타인을 위한 보험 계약에 관한 다음 설명 중 옳지 않은 것은?

① 보험 계약자는 위임을 받지 아니하고도 타인을 위한 보험 계약을 체결할 수 있다.
② 보험 계약자는 불특정의 타인을 위하여 보험 계약을 체결할 수 있다.
③ 손해 보험 계약의 경우에 그 타인의 위임을 받은 때에는 보험 계약자는 이를 보험자에게 고지하여야 하고, 그 고지가 없는 때에는 타인이 그 보험 계약이 체결된 사실을 알지 못하였다는 사유로 보험자에게 대항하지 못한다.
④ 손해 보험 계약의 경우에 보험 계약자가 그 타인에게 보험 사고의 발생으로 생긴 손해의 배상을 한 때에는 보험 계약자는 그 타인의 권리를 해하지 아니하는 범위 안에서 보험자에게 보험 금액의 지급을 청구할 수 있다.

038 타인을 위한 보험 계약에 관한 기술로 옳지 않은 것은?

① 보험 계약자는 위임받지 않고 불특정 타인을 위한 보험 계약을 체결할 수 있다.
② 손해 보험 계약의 경우 타인 위임 없이 타인을 위한 보험 계약을 체결할 수 있다.
③ 타인을 위한 보험 계약의 경우 그 타인은 당연히 그 계약의 이익을 받는다.
④ 보험 계약자가 보험료 지급을 지체한 경우에도 그 타인은 보험료를 지급할 수 없다.

039 타인을 위한 보험 계약의 보험 계약자가 피보험자의 동의를 얻어야 할 수 있는 것은?

① 보험 증권 교부 청구권
② 보험 사고 발생 전 보험 계약 해지권
③ 특별 위험 소멸에 따른 보험료 감액 청구권
④ 보험 계약 무효에 따른 보험료 반환 청구권

040 타인을 위한 손해 보험 계약에 관한 설명 중 옳지 않은 것은?

① 보험 계약자는 보험 증권을 소지하고 그 타인의 동의를 얻은 경우에 한하여 보험 계약을 해지할 수 있다.
② 보험 계약자가 예외적으로 보험금 청구권을 취득할 수도 있다.
③ 보험 계약자가 원칙적으로 보험료 지급 의무를 부담한다.
④ 보험 계약자와 피보험자가 서로 다른 손해 보험 계약이다.

041 타인을 위한 보험 계약에 대한 설명으로 옳지 않은 것은?

① 보험 계약자가 불특정 타인의 이익을 위하여 자기 명의로 체결한 계약도 타인을 위한 보험 계약이다.
② 기업주가 피용자를 위하여 상해 보험 계약을 체결하는 경우가 타인을 위한 보험 계약에 해당한다.
③ 타인을 위한 보험 계약은 민법상 제3자를 위한 계약으로 보는 것이 판례의 태도이다.
④ 타인을 위한 보험 계약은 타인의 위임을 필요로 한다.

042 타인의 생명 보험에 관한 설명 중 옳은 것은?

① 피보험자가 계약의 체결 시에 서면 동의를 한 경우에는, 그 후에 보험 계약자가 피보험자가 아닌 자를 보험 수익자로 지정하거나 변경할 때에는 다시 피보험자의 서면 동의를 얻을 필요가 없다.
② 심신 상실자는 정신 능력의 결여로 스스로 서면 동의를 할 수 없으므로, 그의 법정 대리인이 그를 대리하여 서면 동의를 한 경우에만 그를 피보험자로 하는 계약이 유효하게 체결될 수 있다.
③ 최근의 대법원 판례에 따르면, 회사가 임직원이 재직 중의 사고로 사망할 경우에 그 유가족에게 지급할 위로금을 마련하기 위하여 임직원의 서면 동의를 얻어 회사를 보험 수익자로 하여 계약을 체결한 경우에는, 회사는 보험 수익자로서 계약상의 권리를 가지게 되므로, 그 임직원은 퇴사를 하게 된 경우라도 회사의 동의를 얻은 경우에만 자신의 서면 동의를 철회할 수 있다.
④ 최근의 대법원 판례에 따르면, 갑이 피보험자를 자신의 만 7세 아들인 병으로 하고 보험 수익자를 자신으로 하여, 병이 재해로 사망하였을 때는 사망 보험금을 지급하기로 하고, 재해로 장애가 생겼을 때는 소득 상실 보조금 등을 지급하기로 하는 내용의 보험 계약을 보험 회사와 체결한 경우에는, 이 계약은 재해 사망에 대한 부분을 제외하고 나머지 부분만을 유효한 것으로 볼 수 있다.

043 타인을 위한 손해 보험 계약에 관한 설명 중 틀린 것은?

① 보험 계약자는 보험 증권을 소지하고 그 타인의 동의를 얻은 경우에 한하여 보험 계약을 해지할 수 있다.
② 보험 계약자가 예외적으로 보험금 청구권을 취득할 수도 있다.
③ 보험 계약자가 원칙적으로 보험료 지급 의무를 부담한다.
④ 보험 계약자와 피보험자가 서로 다른 손해 보험 계약이다.

044 이미 발생한 사고를 대상으로 소급 보험 계약을 체결하였을 때 이 계약의 효력은?

① 무효이다.
② 유효이다.
③ 보험 계약자와 피보험자와 보험자 모두가 그 사고의 발생을 알지 못한 경우는 효력이 있다.
④ 보험 계약자 등의 보호를 위하여 보험 계약자와 피보험자가 그 사고의 발생을 알았다고 하더라도, 보험자가 그 사고의 발생을 알지 못하는 한은 효력이 있다.

2 보험료의 지급과 지체의 효과

045 보험료에 관한 설명으로 옳지 않은 것은?

① 보험 계약자는 계약 체결 후 지체 없이 보험료의 전부 또는 최초 보험료를 지급하여야 한다.
② 보험 계약자의 최초 보험료 미지급 시 다른 약정이 없는 한 계약 성립 후 2월의 경과로 그 계약은 해제된 것으로 본다.
③ 계속 보험료 미지급으로 보험자가 계약을 해지하기 위해서는 보험 계약자에게 상당 기간을 정하여 그 기간 내에 지급할 것을 최고하여야 한다.
④ 타인을 위한 보험의 경우 보험 계약자의 보험료 지급 지체 시 보험자는 그 타인에게 보험료 지급을 최고하지 않아도 계약을 해지할 수 있다.

046 다음 각 경우에 상법이 인정하는 효과가 바르게 연결되지 않은 것은?

① 보험 기간 중 당사자가 예기한 특별한 위험이 소멸한 경우 – 보험 계약자의 그 후의 보험료 감액 청구권
② 피보험자가 보험 기간 중 사고 발생의 위험이 현저하게 증가 또는 변경된 사실을 알고도 이를 통지하지 않은 경우 – 그 사실을 안 날로부터 1월 내 보험자의 보험 계약 해지권
③ 운송의 필요에 의하여 일시 운송을 중지하거나 운송의 노순 또는 방법을 변경한 경우 – 운송 보험 계약의 종료
④ 선박이 보험 사고로 인하여 심하게 훼손되어 이를 수선하기 위한 비용이 수선하였을 때의 가액을 초과하리라고 예상되나 선장이 지체 없이 다른 선박으로 적하의 운송을 계속한 때 – 그 적하에 대한 피보험자의 위부권 행사 불가

047 다음의 괄호 안에 들어갈 기간이 같은 것끼리 묶인 것은?

> ㉠ 보험금 지급에 대한 약정 기간이 없는 경우 보험자는 보험 사고의 통지를 받은 후 지체 없이 지급할 보험 금액을 정하고 그 정하여진 날부터 (   ) 내에 피보험자 또는 보험 수익자에게 보험 금액을 지급하여야 한다.
> ㉡ 보험자가 보험 계약자로부터 보험 계약의 청약과 함께 보험료 상당액의 전부 또는 일부의 지급을 받은 때에는 다른 약정이 없으면, (   ) 내에 그 상대방에 대하여 낙부의 통지를 발송하여야 한다.
> ㉢ 보험자가 보험 계약을 체결할 때에 보험 계약자에게 보험 약관의 교부·설명 의무를 이행하지 아니한 때에는 보험 계약자는 보험 계약이 성립한 날부터 (   ) 내에 그 계약을 취소할 수 있다.
> ㉣ 보험자가 파산의 선고를 받은 때에 보험 계약자가 해지하지 않은 보험 계약은 파산 선고 후 (   )을 경과한 때에는 그 효력을 잃는다.

① ㉠ - ㉡ ② ㉡ - ㉢
③ ㉢ - ㉣ ④ ㉠ - ㉣

048 보험자 파산 시의 효과에 관한 다음 설명 중 옳은 것은?

① 보험 계약자는 계약을 해지할 수 있다.
② 해지하지 아니한 보험 계약은 2월을 경과한 때에는 효력을 잃는다.
③ 보험 계약은 당연 무효이다.
④ 보험 계약은 해제된 것으로 본다.

049 다음 중 상법상 보험 계약을 해지할 수 있는 경우는 몇 개인가?

> ㉠ 보험 사고의 발생으로 보험 금액을 지급한 때에도 보험금이 감액되지 아니하는 보험의 경우
> ㉡ 보험자가 파산 선고를 받고 1년이 경과한 경우
> ㉢ 보험 계약자의 고지 의무 위반이 보험 사고의 발생에 영향을 주지 않은 경우
> ㉣ 타인의 사망을 보험 사고로 하는 보험 계약의 체결 시에 그 타인의 서면 동의를 받지 않은 경우
> ㉤ 쓰나미로 선박과 화물이 멸실된 것을 알면서 선박 보험 계약을 체결한 경우

① 2개 ② 3개
③ 4개 ④ 5개

050 다음 괄호 안에 들어갈 것으로 옳은 것만을 묶어 놓은 것은?

> 보험 계약 당시에 보험 계약자 또는 (가)가 고의 또는 중대한 과실로 인하여 중요한 사항을 고지하지 아니하거나 부실의 고지를 한 때에는 보험자는 그 사실을 안 날로부터 (나) 내에, 계약을 체결한 날로부터 (다) 내에 한하여 계약을 (라)할 수 있다. 그러나 보험자가 계약 당시에 그 사실을 알았거나 중대한 과실로 인하여 알지 못한 때에는 그러하지 아니하다.

	(가)	(나)	(다)	(라)
①	피보험자	1월	3년	해지
②	보험 수익자	2월	1년	해지
③	피보험자	1월	3년	해제
④	보험 수익자	2월	1년	해제

051 보험 계약의 해지에 관한 다음 설명 중 옳지 않은 것은?

① 보험 사고가 발생하기 전에는 보험 계약자는 언제든지 계약의 전부를 해지할 수는 있으나 일부만을 해지할 수는 없다.
② 타인을 위한 보험 계약의 경우에는 보험 계약자는 반드시 그 타인의 동의를 얻거나 보험 증권을 소지해야만 그 계약을 해지할 수 있다.
③ 보험 기간 중에 보험 수익자의 중과실로 사고 위험이 현저하게 증가한 때 보험자는 계약을 해지할 수 있다.
④ 강행 법규에 어긋나지 않는 한 약관상 계약 해지 사유가 있을 때 보험자는 이를 근거로 해지할 수 있다.

052 보험료의 지급에 관한 설명 중 틀린 것은?

① 보험 계약에는 반드시 보험 계약자가 지급해야 할 보험료가 있어야 하며, 이것이 보험 계약자가 이행해야 할 적극적 의무이다.
② 통상적으로 보험료가 지급되어야 보험자의 책임이 시작되므로, 보험 계약은 사실상 요물 계약성(要物契約性)을 지니게 된다.
③ 보험료 불가분의 원칙은 오늘날 일할(日割) 계산이나 단기 요율표에 의한 계산으로 인해 그 의의가 크게 퇴색되었다.
④ 대법원 판례에 따르면, 전화에 의한 보험료 대납의 약정은 무효이다.

053 보험료의 지급과 보험자의 책임 개시에 관한 설명으로 옳지 않은 것은?

① 보험 설계사는 보험자가 작성한 영수증을 보험 계약자에게 교부하는 경우에만 보험료 수령권이 있다.
② 보험자의 책임은 당사자 간에 다른 약정이 없으면 최초 보험료를 지급받은 때로부터 개시한다.
③ 보험료 불가분의 원칙에 의해 보험 계약자는 다른 약정이 있더라도 일시에 보험료를 지급하여야 한다.
④ 보험자의 보험료 청구권은 2년간 행사하지 아니하면 시효의 완성으로 소멸한다.

054 보험료 지급의 지체에 대한 설명으로 옳지 않은 것은?

① 보험료가 계약 성립 후 2월 내에 지급되지 아니한 때에는 다른 약정이 없으면 보험 계약은 자동 해제된다.
② 계속 보험료가 약정 시기 내에 지급되지 아니한 때에는 보험자는 상당 기간을 정하여 최고하여야 한다.
③ 계속 보험료가 지급되지 않는 상황에서 보험자가 계약을 해지하지 않는 한 보험자는 보험 사고가 있는 때에 그에 대한 책임을 부담하여야 한다.
④ 특정한 타인을 위한 보험 계약의 경우라 할지라도 보험료 지급 의무의 당사자는 보험 계약자이므로 보험자는 보험 계약자에게 보험료 지급을 최고한 후 계약을 해지할 수 있다.

055 보험 계약의 부활에 관한 다음 설명 중 틀린 것은?

① 계속 보험료가 약정한 시기에 지급되지 않음으로 인하여 보험 계약이 해지되었어야 한다.
② 해지 환급금이 지급되지 않아야 한다.
③ 보험 계약자는 일정한 기간 내에 연체 보험료에 약정 이자를 붙여서 보험자에게 지급하여야 한다.
④ 보험 계약자의 부활 청구에 대해 보험자는 다른 약정이 없는 한 20일 내에 낙부 통지를 발송하여야 한다.

056 보험 계약의 부활에 관한 설명 중 옳지 않은 것은?

① 계속 보험료가 약정 기간 내에 지급되지 아니하여 보험자가 상당 기간을 정하여 보험 계약자에게 최고하고 해지의 의사 표시를 함으로써 보험 계약이 해지되었을 것을 요건으로 한다.
② 최초 보험료가 미지급되어 계약 해제된 경우에도 보험 계약의 부활이 가능하다.
③ 보험자는 보험 계약자의 부활 청약에 대해 거절할 수도 있다.
④ 부활의 청약은 해지 환급금의 수령 후에는 할 수 없다.

057 보험 계약 부활에 관한 설명으로 옳은 것은?

① 보험 계약자의 고지 의무 위반으로 보험자가 보험 계약을 해지하여야 한다.
② 보험 계약자의 최초 보험료 미지급으로 보험자가 보험 계약을 해지하여야 한다.
③ 보험 계약자가 연체 보험료에 법정 이자를 더하여 보험자에게 지급하여야 한다.
④ 보험자가 보험 계약을 해지하고 해지 환급금을 지급하지 않았어야 한다.

3 고지 의무와 통지 의무

058 고지 의무에 대한 설명으로 옳지 않은 것은?

① 고지 의무는 보험 계약 성립 전의 의무이다.
② 고지 의무는 보험 계약자 등이 자기의 불이익을 방지하기 위한 자기 의무이다.
③ 고지 의무는 보험 계약의 효과로서 부담하는 의무이다.
④ 고지 의무는 법률에 의하여 인정되는 법정 의무이다.

059 고지 의무에 관한 설명으로 옳지 않은 것은?

① 보험 설계사는 고지 수령권을 가진다.
② 보험자가 서면으로 질문한 사항은 중요한 사항으로 추정한다.
③ 고지 의무를 부담하는 자는 보험 계약자와 피보험자이다.
④ 고지 의무자의 고의 또는 중대한 과실로 부실의 고지를 한 경우 고지 의무 위반이 된다.

060 고지 의무에 관한 다음 설명 중 옳은 것은?(다툼이 있는 경우 판례에 의함)

① 질문 표에 성실하게 응답하기만 하면 현행 상법상 충분한 고지 의무 이행이 된다.
② 보험 설계사는 고지를 수령할 권한이 있다.
③ 최근 개정된 상법은 고지 의무를 수동화하면서 '서면으로 질문한 사항은 중요한 사항으로 추정한다.'는 규정을 삭제하였다.
④ 계약 청약 후 승낙 이전에 발생한 중요 사항도 고지 대상이 된다.

061 보험 계약자의 고지 의무 위반으로 인한 보험자의 계약 해지권에 관한 설명으로 옳은 것은?

① 고지 의무 위반 사실이 보험 사고의 발생에 영향을 미치지 않은 경우 보험자는 계약을 해지하더라도 보험금을 지급할 책임이 있다.
② 보험자는 보험 사고 발생 전에 한하여 해지권을 행사할 수 있다.
③ 보험자가 계약을 해지할 경우 보험금을 지급할 책임이 없으며 이미 지급한 보험금에 대해서는 반환을 청구할 수 없다.
④ 보험자는 고지 의무 위반 사실을 안 날로부터 3월 내에 해지권을 행사할 수 있다.

062 고지 의무에 관한 설명 중 옳은 것은?

① 보험 계약자나 피보험자의 탐지 의무를 배제하는 견해에 의하면, 이들이 계약 체결 당시에 고지 사항의 존재를 모르고 그 사항이 없다고 답변한 경우라도 원칙적으로 중대한 과실로 고지 의무를 위반한 것으로 볼 수 있다.
② 고지 의무가 수동화(受動化)되면, 질문 표에서 물어보지 않은 사항에 관해서는 보험 계약자의 사기로 인한 계약 체결이 인정될 수 없다.
③ 보험 계약자나 피보험자가 고지 의무를 위반한 경우에도 그 위반 사실과 보험 사고 간의 인과 관계가 없음을 이유로 보험금을 지급하는 것이 고지 의무의 기능을 약화시키게 된다는 점을 고려하면, 가능한 한 고지 의무 위반 사실과 보험 사고 간에 인과 관계가 존재했던 것으로 인정해야 할 것이다.
④ 최근의 대법원 판례에 따르면, 피보험자와 지역적으로 떨어져 살고 있는 보험 계약자와 그 대리인이 피보험자가 진단받은 사실을 모르고서 질문 표에서 그 진단 사실의 유무에 대한 답변으로 '아니오'라는 칸에 표기를 한 경우에는, 피보험자에게 전화 등을 통하여 쉽게 그 진단 사실을 확인할 수 있었음에도 이를 확인하지 아니하였으므로, 그 표기만으로도 중대한 과실로 고지 의무를 위반한 것으로 볼 수 있다.

063 고지 의무에 관한 다음 설명 중 옳지 않은 것은?

① 고지 의무자는 보험 계약자와 인보험 계약에서의 피보험자만이고, 손해 보험에서의 피보험자는 고지 의무자가 아니다.
② 고지를 수령할 수 있는 자는 보험자와 보험자를 위하여 고지를 받을 대리권을 가지고 있는 자이다.
③ 보험자가 계약 체결에 있어서 서면으로 질문한 사항은 보험 계약에 있어서 중요한 사항에 해당하는 것으로 추정되고 여기의 서면에는 보험 청약서도 포함된다.
④ 고지의 방법은 원칙적으로는 법률상 제한이 없으므로 구두로 하든 서면으로 하든 상관이 없다.

064 상법상 보험 계약자 등의 고지 의무와 통지 의무를 비교한 것으로서 옳은 것은?

구분	고지 의무	통지 의무
① 의무자	보험 계약자, 피보험자, 보험 수익자	보험 계약자, 피보험자, 보험 수익자
② 의무 이행 시기	보험 기간 동안	보험 계약 성립 후
③ 의무 이행 방법	질문표를 작성한다.	반드시 서면으로 통지하여야 한다.
④ 의무 위반의 효과	보험자는 위반 사실을 안 날로부터 1월 내, 계약 체결일로부터 3년 내에 계약을 해지할 수 있다.	위험 변경·증가 통지 의무의 위반의 경우에는, 보험자는 그 사실을 안 후 1월 내에 한하여 계약을 해지할 수 있다.

065 위험의 변경 증가에 관한 설명으로 옳은 것을 모두 고른 것은?

ㄱ. 위험 변경 증가 통지 의무는 보험 계약자 또는 피보험자가 부담한다.
ㄴ. 보험 계약자의 위험 변경 증가 통지 의무는 피보험자의 행위로 인한 위험 변경의 경우에 한한다.
ㄷ. 보험자는 위험 변경 증가 통지를 받은 때로부터 1월 이내에 보험료의 증액을 청구할 수 있다.
ㄹ. 보험자는 위험 변경 증가의 사실을 안 날로부터 6월 이내에 한하여 계약을 해지할 수 있다.

① ㄱ, ㄴ
② ㄱ, ㄷ
③ ㄴ, ㄹ
④ ㄷ, ㄹ

066 보험 계약자 등이 보험 사고 발생의 통지 의무를 게을리한 경우의 효과는?

① 보험자는 그 계약을 해지할 수 있다.
② 보험자는 그 계약을 취소할 수 있다.
③ 그로 인한 손해가 증가된 때에는 그 계약은 해제된 것으로 본다.
④ 그로 인한 손해가 증가된 때에는 보험자는 그 증가된 손해를 보상할 책임이 없다.

067 보험 기간 중의 위험 증가에 대한 설명으로 옳지 않은 것은?

① 보험 기간 중에 피보험자가 사고 발생의 위험이 현저하게 변경된 사실을 안 때에는 지체 없이 보험자에게 통지하여야 한다.
② 통지 의무 해태 시 보험자는 일정한 기한 내에 계약을 해지할 수 있다.
③ 보험자가 위험 변경의 통지를 받은 때에는 계약을 해지할 수 없다.
④ 보험 기간 중에 보험 수익자의 중대한 과실로 인하여 사고 발생의 위험이 현저하게 증가된 경우 보험자는 보험료의 증액을 청구할 수 있다.

068 보험 계약자 또는 피보험자나 보험 수익자는 보험 사고의 발생을 안 때에는 지체 없이 보험자에게 그 통지를 발송하여야 한다. 이 의무 위반의 효과는?

① 상법에 규정이 없다.
② 이 의무는 고지 의무와 같은 일종의 간접 의무로서 보험자는 계약을 해지할 수 있다.
③ 보험자는 보험료의 증액 또는 계약을 해지할 수 있다.
④ 통지 의무를 해태함으로 인하여 손해가 증가된 때에는 보험자는 그 증가된 손해를 보상할 책임이 없다.

069 위험 변경 증가의 통지 의무에 관한 다음 설명 중 옳지 않은 것은?(다툼이 있는 경우 판례에 의함)

① 위험의 변경 또는 증가는 보험 기간 중에 생긴 것이어야 한다.
② 위험의 변경 또는 증가는 현저한 것이어야 한다.
③ 보험 계약 성립 시부터 예견된 위험 상태가 계속된 경우의 위험을 포함한다.
④ 그 통지는 서면에 의하든 구두에 의하든 상관이 없다.

070 위험 변경 증가의 통지 의무에 관한 다음 설명 중 옳은 것은?

① 보험 계약자가 위험의 현저한 변경 증가에 대하여 통지 의무를 이행한 경우에는 보험자가 계약을 해지할 수 없다.
② 보험 계약자가 중대한 과실로 위험을 현저히 증가시킨 경우 보험자는 위험이 현저히 증가한 날로부터 1월 이내에 계약을 해지할 수 있다.
③ 상법은 보험 계약자, 피보험자 그리고 보험 수익자가 이 의무를 부담한다고 규정한다.
④ 보험 계약자가 위험의 현저한 변경 증가에 대하여 통지 의무를 이행한 경우 보험자가 1월 내에 보험료의 증액을 청구할 수 있다.

4 보험 계약자 등의 고의 또는 중과실 면책

071 보험자의 보상 의무에 관한 설명 중 옳지 않은 것은 무엇인가?

① 보상 방식은 금전 지급을 원칙으로 한다.
② 보험자는 다른 약정이 없으면 보험 사고 발생 통지를 받은 후 10일 이내에 보상 의무를 이행해야 한다.
③ 보험금 청구권은 3년간 행사하지 않으면 소멸 시효가 완성된다.
④ 보험금 청구와 관련하여 법률적 장해가 있어 권리 행사를 할 수 없는 동안에는 소멸 시효가 진행되지 않는다.

072 약관상 면책 사유의 하나로 '계약자 또는 피보험자가 손해의 통지 또는 보험금 청구에 관한 서류에 고의로 사실과 다른 것을 기재하였거나, 그 서류 또는 증거를 위조 또는 변조한 경우 피보험자는 손해에 대한 보험금 청구권을 상실한다.'는 규정을 두는 경우 이 조항의 효력은?(다툼이 있는 경우 판례에 의함)

① 이 조항은 거래상 일반인들이 보험자의 설명 없이도 당연히 예상할 수 있었던 사항에 해당하여 설명 의무의 대상이 아니다.
② 상법보다 보험 계약자에게 불리하므로 상법 제663조에 의하여 무효이다.
③ 보험금 청구 시 구체적인 내용이 일부 사실과 다른 서류를 제출하거나 보험 목적물의 가치에 대한 견해 차이 등으로 보험 목적물의 가치를 다소 높게 신고한 경우 등까지 이 조항에 의하여 보험금 청구권이 상실되는 것이다.
④ 판례는 이 조항이 있는 경우라 하더라도 실제 발생한 손해에 대하여는 보상을 하도록 하고, 다만 신뢰 관계의 붕괴를 원인으로 향후의 보험 계약을 해지할 수 있을 뿐이라고 한다.

073 보험자의 보험금 지급 의무에 관한 설명으로 옳은 것은?

① 보험 목적의 성질로 인한 손해에 대하여 보험자는 보상 책임을 진다.
② 보험자가 파산 선고를 받은 경우 1월 후에는 보험 계약자가 해지하지 않아도 보험 계약은 효력을 잃는다.
③ 보험 계약자가 사고 발생의 통지 의무를 이행하지 아니하여 손해가 증가된 때에는 보험자는 모든 손해를 보상할 책임이 없다.
④ 보험 사고로 인하여 상실된 피보험자가 얻을 이익이나 보수는 당사자 간에 다른 약정이 없으면 보험자가 보상할 손해액에 산입하지 아니한다.

074 보험자의 보험금 지급 의무에 관한 설명 중 틀린 것은?

① 보험 계약자 등의 고의로 인한 사고에 대해 보험자가 면책되는 경우, 그 고의는 보험금의 취득에 대한 고의까지를 요하는 것은 아니다.
② 보험 계약자 등의 고의로 인한 사고에 대해서도 보험금을 지급한다는 약관 규정은, 보험 계약자 등의 불이익 변경 금지의 원칙에 반하지 않는다.
③ 보험자의 책임은 당사자 간에 다른 약정이 없으면 최초의 보험료의 지급을 받은 때로부터 개시한다.
④ 보험 계약자 또는 피보험자나 보험 수익자는 보험 사고의 발생을 안 때에는 지체 없이 보험자에게 그 통지를 발송하여야 한다.

075 보험자의 보험금 지급 의무에 관한 다음 설명 중 틀린 것은?

① 보험자는 보험 금액의 지급에 관하여 약정 기간이 없는 경우에는 보험 사고 발생의 통지를 받은 후 지체 없이 지급할 보험 금액을 정하고, 그 정하여진 날부터 10일 내에 보험 금액을 지급하여야 한다.
② 보험자의 책임은 당사자 간에 다른 약정이 없으면 최초의 보험료의 지급을 받은 때로부터 개시(開始)한다.
③ 보험 사고가 보험 계약자 또는 피보험자나 보험 수익자의 고의 또는 과실로 인하여 생긴 때에는 보험자는 보험 금액을 지급할 책임이 없다.
④ 보험자의 보험금 지급 의무는 2년이 경과하면 소멸 시효가 완성하여 소멸한다.

076 책임 보험에 있어 피보험자의 변제 등의 통지와 보험 금액의 지급에 관한 기술로 옳지 않은 것은?

① 피보험자가 제3자에 대해 재판으로 채무가 확정된 경우 법원이 보험자에게 통지한다.
② 보험자는 특별한 기간의 약정이 없으면 채무 확정 통지 수령일로부터 10일 내에 보험 금액을 지급하여야 한다.
③ 피보험자가 제3자에 대하여 소송상 화해를 하여 채무가 확정된 때에는 지체 없이 보험자에게 그 통지를 발송하여야 한다.
④ 피보험자가 보험자의 동의 없이 제3자에 대하여 변제, 승인 또는 화해를 한 경우에는 보험자가 그 책임을 면하게 되는 합의가 있는 때에도 그 행위가 현저하게 부당한 것이 아니면 보험자는 보상할 책임을 면하지 못한다.

077 보험자의 손해 보상 의무에 관한 설명으로 옳지 않은 것은?

① 손해 보험 계약의 보험자는 보험 사고로 인하여 생길 피보험자의 재산상의 손해를 보상할 책임이 있다.
② 보험자의 보험금 지급 의무는 2년의 단기 시효로 소멸한다.
③ 화재 보험 계약의 목적을 건물의 소유권으로 한 경우 보험 사고로 인하여 피보험자가 얻을 임대료 수입은 특약이 없는 한 보험자가 보상할 손액에 산입하지 않는다.
④ 신가보험은 손해 보험의 이득 금지 원칙에도 불구하고 인정된다.

078 면책 사유에 관한 다음 설명 중 옳지 않은 것은?

① 보험 사고가 보험 계약자 또는 피보험자나 보험 수익자의 고의 또는 중과실로 인하여 생긴 때에는 보험자는 면책된다.
② 인보험에서는 보험 계약자 등의 중과실로 보험 사고가 생긴 때에는 보험자가 면책되지 않는다.
③ 보험 계약자 또는 피보험자나 보험 수익자의 고의 또는 중과실로 보험 사고가 생겼다는 것을 보험자가 입증하여야 한다.
④ 보험 계약자 등이 민사상의 배상 책임을 지는 자, 가령 동거하는 가족이나 피용인의 고의 또는 중과실로 보험 사고가 발생한 때에도 보험자는 면책된다.

079 다음 중 손해 보험자의 면책 사유에 해당하지 않는 것은?

① 보험의 목적의 성질로 인한 손해
② 보험의 목적의 하자로 인한 손해
③ 보험의 목적의 상실로 인한 손해
④ 보험의 목적의 자연 소모로 인한 손해

080 고의 사고에 대한 판례에 대한 설명으로 옳지 않은 것은?

① 피보험자가 피해자의 상해에 대하여는 이를 인식·용인하였으나, 피해자의 사망 등 중대한 결과에 대하여는 이를 인식·용인하였다고 볼 수 없는 경우, 그 사망 등으로 인한 손해가 자동차 보험의 면책 약관에서 정한 '보험 계약자 또는 피보험자의 고의에 의한 손해'에 해당하지 않는다.
② 출발하려는 승용차 보닛 위에 사람이 매달려 있는 상태에서 승용차를 지그재그로 운행하여 도로에 떨어뜨려 상해를 입게 한 경우, 운전자에게 상해 발생에 대한 미필적 고의가 있다.
③ 고의 또는 중대한 과실로 수렵 또는 수렵 용품에 관한 법령을 위반하여 생긴 사고라 함은 피보험자가 수렵 또는 수렵 용품에 관한 법령을 위반한 상태에서 사고가 발생하였더라도 피보험자의 고의 또는 중대한 과실로 인하여 생긴 것으로 인정되지 아니하는 사고는 여기에 해당되지 않는다.
④ 보험 계약자의 수혈 거부 행위가 사망의 결정적 원인이었더라도 보험자는 보험금 지급 책임을 면하지 못한다.

081 재보험 계약에 관한 설명으로 옳지 않은 것은?

① 재보험 계약은 원보험 계약의 효력에 영향을 미치지 않는다.
② 화재 보험에 관한 규정을 준용한다.
③ 재보험자의 제3자에 대한 대위권 행사가 인정된다.
④ 보험 계약자의 불이익 변경 금지 원칙은 적용되지 않는다.

082 보험금 청구권은 (   )년간, 보험료 또는 적립금의 반환 청구권은 (   )년간, 보험료 청구권은 (   )년간 행사하지 아니하면 시효의 완성으로 소멸한다. 괄호 안에 들어갈 숫자를 차례대로 옳게 기술한 것은?

① 3, 3, 2   ② 2, 2, 1   ③ 3, 2, 2   ④ 2, 2, 3

083 약관에서 책임 보험의 보험금 청구권의 발생 시기나 발생 요건에 관하여 달리 정한 경우 등 특별한 다른 사정이 없는 한, 원칙적으로 책임 보험의 보험금 청구권의 소멸 시효는 대법원 판례에 따르면 언제인가?

① 제3자가 손해를 입은 사고가 발생한 때
② 피보험자가 제3자로부터 그 책임에 관하여 재판상 또는 재판 외의 배상 청구를 받은 때
③ 피보험자의 제3자에 대한 법률상의 손해 배상 책임이 변제, 승인, 화해 또는 재판의 방법 등에 의하여 확정된 때
④ 피보험자가 피해자에게 배상 의무를 현실적으로 이행한 때

084 대법원 판례에 의할 때, 약관 작성자 불이익의 원칙이 적용될 수 있는 경우가 아닌 것은?

① 대리운전 보험의 대물 배상 항목상 '남의 재물'이 대리운전 대상 차량인 '타인의 자동차' 이외의 물건을 의미하는지가 문제된 경우
② 폐색전술이 암 수술 급여금의 지급 대상인 '수술'에 해당하는지가 문제된 경우
③ 고주파 절제술이 보험 약관상 '수술'에 해당하는지가 문제된 경우
④ 상피내암이 점막 내 암종을 제외한 상피 내 암종만을 의미하는 것으로 제한 해석해야 하는지가 문제된 경우

085 '보험 계약자 등의 불이익 변경 금지의 원칙'에 관한 설명 중 틀린 것은?

① 대법원 판례에 따르면, 수산업 협동조합 중앙회에서 실시하는 어선 공제 사업은 피공제자의 어선에 생긴 손해를 담보하는 점에서 해상 보험과 유사하여 이 원칙이 적용되지 아니한다.
② 건설 회사와 보증 보험 회사가 체결하는 이행 보증 보험 계약은 기업 보험 계약으로서 이 원칙이 적용되지 아니한다.
③ 보험 계약에 관한 사항이기는 하지만, 상법 제4편에 규정되어 있지 않고 또한 상법 제4편의 규정을 유추 적용도 할 수 없는 사항에 대해서는, 이 원칙을 적용할 수 없다.
④ 이 원칙은 계약 당사자의 사적 자치를 제한하는 법적 수단에 해당한다.

086 다음의 기술 중 옳지 않은 것은?

① 해상 보험의 경우에는 당사자 간의 특약으로 보험 계약자 또는 피보험자나 보험 수익자의 불이익으로 변경하지 못한다.
② 재보험의 경우에는 당사자 간의 특약으로 보험 계약자 또는 피보험자나 보험 수익자의 불이익으로 변경할 수 있다.
③ 보험 계약법은 상호 보험에도 준용될 수 있다.
④ 보험 계약법은 공제에도 준용될 수 있다.

5 피보험 이익과 보험 가액

087 보험의 목적에 대한 설명 중 옳지 않은 것은?

① 보험 사고 발생의 객체가 되는 피보험자의 재화를 보험의 목적이라 한다.
② 보험 사고 발생의 객체가 되는 피보험자의 생명 또는 신체를 보험의 목적이라 한다.
③ 보험 사고가 발생하지 아니함으로써 피보험자가 가지는 경제적 이해관계를 보험의 목적이라 한다.
④ 물건 보험의 경우 보험의 목적은 단일 물건일 수도 있고 집합된 물건일 수도 있다.

088 손해 보험에 관한 설명으로 옳지 않은 것은?

① 보험의 목적의 성질 및 하자로 인한 손해는 보험자가 보상할 책임이 있다.
② 피보험 이익은 적어도 사고 발생 시까지 확정할 수 있는 것이어야 한다.
③ 보험자가 손해를 보상할 경우에 보험료의 지급을 받지 않은 잔액이 있으면 이를 공제할 수 있다.
④ 경제적 가치를 평가할 수 있는 이익은 피보험 이익이 된다.

089 손해 보험 계약에서의 피보험 이익에 관한 설명으로 옳지 않은 것은?

① 피보험 이익은 보험의 도박화를 방지하는 기능이 있다.
② 피보험 이익은 적법한 것이어야 한다.
③ 피보험 이익은 보험자의 책임 범위를 정하는 표준이 된다.
④ 동일한 건물에 대하여 소유권자와 저당권자는 각자 독립한 보험 계약을 체결할 수 없다.

090 보험 계약 당사자 간에 다음과 같은 약정이 있는 경우 현행 상법상 그 효력을 인정할 수 없는 것은?

① 보험 가액의 일부를 보험에 붙였으나 보험자가 보험 가액의 한도 내에서 그 손해를 보상하기로 약정한 경우
② 인보험 계약의 보험금을 분할하여 지급하기로 약정한 경우
③ 보험자의 책임 개시 시기를 최초 보험료의 지급을 받은 때보다 5일 전으로 약정하는 경우
④ 보험 계약자의 고지 의무 위반이 있는 경우 보험자가 이를 안 날로부터 20일 내에 한하여 보험 계약을 해지할 수 있는 것으로 약정하는 경우

091 보험 가액에 관한 설명으로 옳은 것은?

① 보험자의 계약상의 최고 보상 한도로서의 의미를 가진다.
② 일부 보험은 어느 경우에도 보험자가 보험 가액을 한도로 실제 손해를 보상할 책임을 진다.
③ 피보험 이익을 금전으로 평가한 가액을 의미한다.
④ 보험 가액은 보험 금액과 항상 일치한다.

092 기평가보험과 미평가보험에 관한 설명으로 옳지 않은 것은?

① 기평가보험이란 보험 계약 체결 시 당사자 간에 피보험 이익의 평가에 관하여 미리 합의한 보험을 말한다.
② 기평가보험의 경우 당사자 간에 보험 가액을 정한 때에는 그 가액은 사고 발생 시의 가액으로 정한 것으로 추정한다.
③ 기평가보험의 경우 협정 보험 가액이 사고 발생 시의 가액을 현저하게 초과할 때에는 협정 보험 가액을 보험 가액으로 한다.
④ 보험 계약 체결 시 당사자 간에 보험 가액을 정하지 아니한 경우에는 사고 발생 시의 가액을 보험 가액으로 한다.

093 운송 보험에 관한 설명 중 옳지 않은 것은 무엇인가?

① 보험 사고가 송하인 또는 수하인의 고의 또는 중대한 과실로 인하여 발생한 때에는 보험자는 이로 인하여 생긴 손해를 보상할 책임이 없다.
② 다른 약정이 없는 경우에 운송의 필요에 의하여 운송의 노순을 변경하여도 보험 계약의 효력에는 변함이 없다.
③ 운송물의 도착으로 인하여 얻을 이익은 약정이 있는 때에 한하여 보험 가액 중에 산입한다.
④ 운송 보험의 보험 가액은 손해가 발생한 때와 곳의 가액에 의한다.

094 해상 보험에 관한 다음의 설명 중 옳지 않은 것은 무엇인가?

① 대법원 판례에 의하면 해상 고유의 위험이란 해상에서 보험의 목적에 발생하는 모든 사고 또는 재난을 의미하는 것이 아니라 해상에서만 발생하는 우연한 사고 또는 재난만을 의미한다.
② 보험 기간의 개시와 관련하여 적하 보험의 경우에는 하물의 선적에 착수한 때에 개시하며, 출하지를 정한 경우에는 그곳에서 운송이 완료되었을 때에 개시한다.
③ 선박의 보험에 있어서는 보험자의 책임이 개시될 때의 선박 가액을 보험 가액으로 한다.
④ 선박의 일부가 훼손되어 그 훼손된 부분의 전부를 수선한 경우에는 보험자는 수선에 따른 비용을 1회의 사고에 대하여 보험 금액을 한도로 보상할 책임이 있다.

6 초과 보험, 중복 보험, 일부 보험

095 손해 보험의 초과 보험에 관한 기술로 옳지 않은 것은?

① 보험 금액이 보험 가액을 현저하게 초과한 것을 초과 보험이라 한다.
② 초과 보험 시 보험료의 감액은 장래에 대하여서만 그 효력이 있다.
③ 보험 가액은 계약 당시의 가액에 의하여 정한다.
④ 보험 가액이 보험 기간 중에 현저하게 감소된 때에 보험료 감액은 소급하여 효력이 있다.

096 해상 보험과 관련된 설명으로 옳지 않은 것은?(다툼이 있는 경우 판례에 의함)

① 보험자는 피보험자가 지급할 공동 해손의 분담액을 보상할 책임이 있다.
② 보험자는 보험의 목적물의 구조료 분담 가액이 보험 가액을 초과할 때 그 초과액에 대한 분담액을 보상할 책임이 있다.

③ 보험자는 항해에 필요한 서류를 비치하지 않아 생긴 손해에 대하여는 면책된다.
④ 영국 해상 보험법상 화물이 선박과 함께 행방불명된 경우에는 현실 전손으로 추정한다.

097 협정 보험 가액이 사고 발생 시의 가액을 현저하게 초과하는 경우에 관한 설명 중 틀린 것은?(다툼이 있는 경우 대법원 판례에 의함)

① 현저한 초과 여부에 대한 증명 책임은 보험자에게 있다.
② 보험자의 고의나 과실로 인하여 협정 보험 가액이 사고 발생 시의 가액을 현저하게 초과하게 된 경우라도 사고 발생 시의 가액을 보험 가액으로 해야 한다.
③ 협정 보험 가액이 계약을 체결할 당시의 가액을 현저하게 초과함으로 인해 보험자 또는 보험 계약자가 초과 보험의 경우처럼 보험료와 보험 금액의 감액을 청구할 수 있는 경우에는, 사고 발생 시의 가액을 보험 가액으로 해야 한다.
④ 협정 보험 가액이 사고 발생 시의 가액을 현저하게 초과하는 경우에는, 그 초과 원인이 무엇이냐에 따라 사고 발생 시의 가액을 보험 가액으로 할 것인지의 여부가 달라지게 된다.

098 중복 보험에 관한 다음 설명 중 옳지 않은 것은?

① 보험자는 각자의 보험 금액의 한도에서 연대 책임을 진다.
② 각 보험자의 보상 책임은 각자의 보험 금액의 비율에 따른다.
③ 보험 계약자의 사기(詐欺)로 인하여 체결된 때에는 그 계약은 취소할 수 있으나, 보험자는 그 사실을 안 때까지의 보험료를 청구할 수 있다.
④ 보험자 1인에 대한 권리의 포기는 다른 보험자의 권리 의무에 영향을 미치지 아니한다.

099 중복 보험에 관한 설명으로 옳은 것을 모두 고른 것은?

> ㄱ. 중복 보험 계약이 동시에 체결된 경우든 다른 때에 체결된 경우든 각 보험자는 각자의 보험 금액의 한도에서 연대 책임을 진다.
> ㄴ. 중복 보험의 경우 보험자 1인에 대한 권리의 포기는 다른 보험자의 권리 의무에 영향을 미치지 않는다.
> ㄷ. 중복 보험 계약이 보험 계약자의 사기로 인하여 체결된 때에는 그 계약은 무효가 되므로 보험자는 그 사실을 안 때까지의 보험료를 청구할 수 없다.

① ㄱ, ㄴ
② ㄱ, ㄷ
③ ㄴ, ㄷ
④ ㄱ, ㄴ, ㄷ

100 중복 보험에 관한 다음 설명 중 옳은 것은?

① 대법원은 중복 보험에 있어 피보험자에 대한 보험자들 사이의 책임 분담 방식에 관한 상법의 규정과 다른 내용의 약관을 둘 수 없다고 본다.
② 동일한 보험 계약의 목적과 동일한 사고에 관하여 수 개의 보험 계약을 체결하는 경우 보험 계약자는 각 보험자에 대하여 각 보험 계약의 내용을 통지할 필요는 없다.
③ 중복 보험 계약이 체결된 경우 보험자 1인에 대한 권리의 포기는 다른 보험자의 권리 의무에 영향을 미친다.
④ 중복 보험 계약이 보험 계약자의 사기로 인하여 체결된 때에는 그 계약은 무효로 한다.

101 중복 보험과 일부 보험에 대한 설명으로 틀린 것은?

① 일부 보험의 경우 원칙적으로 보험 금액의 보험 가액에 대한 비율에 따라 보상할 책임을 진다.
② 판례는 "이 보험 계약은 다른 보험 계약이 담보하는 손해 또는 이 보험 계약이 없었을 경우에 다른 보험 계약이 담보하였을 손해에 관하여는 이를 담보하지 아니하고, 다만 이 보험 계약이 없었을 경우에 다른 보험 계약이 보상하였을 보험 금액을 초과하는 손해에 대하여 이 보험 계약의 보상 한도액을 상한으로 이를 담보한다."는 취지의 약관은 상법상 규정하고 있지 않은 사항으로 무효라고 한다.
③ 물가가 상승하여 자연적으로 일부 보험이 되는 경우 일부 보험으로 판정하는 때를 기준으로 보험 가액을 산정한다.
④ 중복 보험의 경우 보험자 1인에 대한 권리의 포기는 다른 보험자의 권리 의무에 영향을 미치지 아니한다.

102 일부 보험에 관한 설명으로 옳지 않은 것은?

① 보험 금액이 보험 가액보다 적어야 한다.
② 다른 약정이 없으면 보험자는 보험 금액의 보험 가액에 대한 비율에 따라 보상 책임을 진다.
③ 특약이 없는 경우 보험 기간 중에 물가 상승으로 보험 가액이 증가한 때에는 일부 보험으로 판단하지 않는다.
④ 다른 약정이 없으면 손해 방지 비용에 대해서도 비례 보상주의를 따른다.

103 수인의 보험자에 관한 설명 중 틀린 것은?

① 수인의 보험자가 외부적으로 표시된 공동 보험에서 보험자 간 인수 비율이 표시되지 않은 경우에는, 각 보험자는 연대하여 보험금의 지급 책임을 부담한다.
② 병존 보험이란 보험 가액 범위 안에서 보험 계약자가 수인의 보험자와 개별적으로 보험 계약을 체결하는 것을 말한다.
③ 병존 보험에서 각 보험자는 자기가 인수한 부분에 대해서만 책임을 진다.
④ 수인의 보험자가 외부적으로 표시되지 아니한 경우에는, 내부적으로 각 인수 비율을 정했다면 외부적으로는 표시된 보험자가 단일한 보험자라도 내부적인 인수 비율대로 책임을 지게 된다.

104 보험의 목적에 보험자의 담보 위험으로 인한 손해가 발생한 후 그 목적이 보험자의 비담보 위험으로 멸실된 경우 보험자의 보상 책임은?

① 보험자는 모든 책임에서 면책된다.
② 보험자의 담보 위험으로 인한 손해만 보상한다.
③ 보험자의 비담보 위험으로 인한 손해만 보상한다.
④ 보험자는 멸실된 손해 전체를 보상한다.

105 손해 보험에서 손해액을 산정하는 기준으로 옳지 않은 것은?

① 보험자가 보상할 손해액은 그 손해가 발생한 때와 곳의 가액에 의하여 산정한다.
② 다른 약정이 있으면 신품 가액에 의하여 손해액을 산정할 수 있다.
③ 손해액 산정 비용은 보험 계약자의 부담으로 한다.
④ 다른 약정이 없으면 보험자가 보상할 손해액에는 피보험자가 얻을 이익을 산입하지 않는다.

106 보험자의 보험금 지급과 면책 사유에 관한 설명으로 옳은 것은?

① 보험금은 당사자 간에 특약이 있는 경우라도 금전 이외의 현물로 지급할 수 없다.
② 보험자의 보험금 지급은 보험 사고 발생의 통지를 받은 후 10일 이내에 지급할 보험 금액을 정하고 10일 이후에 이를 지급하여야 한다.
③ 보험의 목적인 과일의 자연 부패로 인하여 발생한 손해에 대해서 보험자는 보험금을 지급하여야 한다.
④ 건물을 특약 없는 화재 보험에 가입한 보험 계약에서 홍수로 건물이 멸실된 경우 보험자는 보험금을 지급하지 않아도 된다.

107 손해 보험에 관한 다음의 기술 중 옳지 않은 것은?

① 손해 보험의 목적인 과일이나 생선이 부패하여 생긴 손해에 대해 보험자는 면책된다.
② 운송 보험은 다른 약정이 없으면 육상 운송의 운송물과 운송 용구를 보험의 목적으로 한다.
③ 보험 계약자는 물론이고 피보험자도 손해의 방지와 경감을 위하여 노력하여야 한다.
④ 손해 방지를 위해 필요 또는 유익했던 비용과 보상액이 보험 금액을 초과해도 보험자가 부담한다.

108 다음 사례에 대해 최근의 대법원 판례를 따를 때 옳은 설명은?

> A 보험 회사와 갑은 피보험자를 갑, 을, 병으로 하여 손해 배상 책임 보험 계약을 체결하였다. 갑과 을은 부부이고 병은 이들의 자녀이다. 이 보험 계약이 체결된 후에 병이 고의로 불을 내어 타인에게 손해를 입혔고, 갑과 을은 자녀 병에 대한 감독 의무를 소홀히 하였음을 이유로 민법상 손해 배상 책임을 지게 되었다. 이 보험의 면책 약관에는 보험 계약자 또는 피보험자의 고의를 원인으로 하여 생긴 손해는 보상하지 아니한다고 규정되어 있었다.

① 병이 고의로 보험 사고를 일으켰으므로, A 보험 회사는 면책 약관에 따라 보험금의 지급책임을 지지 않게 된다.
② 갑과 을은 병과 함께 고의로 인한 공동 불법 행위 책임을 지게 되므로, A 보험 회사는 면책 약관에 따라 보험금의 지급 책임을 지지 않게 된다.
③ 갑과 을은 과실로 인한 손해 배상 책임을 지게 되므로, A 보험 회사는 면책 약관의 적용을 주장할 수 없고 보험금의 지급 책임을 지게 된다.
④ 갑과 을은 과실로 인한 손해 배상 책임을 지고 병은 고의로 인한 손해 배상 책임을 지게 되므로, A 보험 회사는 병에 대해서만 면책 약관을 적용할 수 있고, 따라서 보험 가입 금액의 2/3를 한도로 보험금의 지급 책임을 지게 된다.

109 공인 중개사 협회는 중개업자의 거래 당사자에 대한 손해 배상 책임을 보장하기 위한 공제사업을 하고 있다. 이 공제에 관한 설명 중 옳은 것은?(최근의 대법원 판례에 의함)

① 이 공제는 보험업법에 의한 보험 사업이 아니므로, 보험업법상의 상호 회사가 경영하는 상호 보험과 유사한 성질을 갖고 있는 것으로 볼 수 없다.
② "공인 중개사 협회가 보상하는 금액은 공제 가입 금액을 한도로 한다."라는 공제 약관상의 규정은, 작성자 불이익의 원칙에 의할 때, '공제 기간 내에 발생한 공제 사고 1건당의 보상 한도를 공제 가입 금액으로 한다.'는 뜻으로 풀이할 수 없고, '공제 기간 내에 발생한 모든 공

제 사고에 대한 총 보상 한도를 공제 가입 금액으로 한다.'는 뜻으로 풀이해야 한다.
③ 중개업자가 공제 계약을 갱신할 당시 장래 공제사고를 일으킬 의도를 가지고 있었다고 하더라도, 그 당시에 공제사고의 발생 여부가 객관적으로 확정되었음을 이유로, 갱신된 공제 계약이 무효가 된다고 볼 수 없다.
④ 공인중개사협회가 공제약관에 따라 중개업자의 사기를 이유로 공제 계약의 무효를 주장하는 경우에는, 공제 계약의 취소를 주장하는 경우와는 달리, 그 무효로써 선의 무과실의 거래당사자에게 대항할 수 있다.

7 보험 목적의 양도와 손해 방지 경감 의무

110 보험의 목적이 양도된 경우의 효과에 대한 설명 중 옳지 않은 것은?

① 피보험자가 보험 기간 중에 자동차를 양도한 때에는 양수인은 보험자의 승낙을 얻은 경우에 한하여 보험 계약으로 인하여 생긴 권리와 의무를 승계한다. 보험자가 양수인으로부터 양수 사실을 통지받은 때에는 지체 없이 낙부를 통지하여야 하고 통지 받은 날부터 10일 내에 낙부의 통지가 없을 때에는 승낙한 것으로 본다.
② 보험 목적의 양도로 인해 보험 사고의 발생 위험이 현저하게 증가한 경우 보험자는 보험료의 증액을 청구하거나 계약을 해지할 수 있다.
③ 선박을 보험에 붙인 경우에 선박이 양도되었을 때에는 보험 계약은 종료한다. 그러나 보험자의 동의가 있는 때에는 그러하지 아니하다.
④ 피보험자가 보험의 목적을 양도한 때에는 양수인은 보험 계약상의 권리와 의무를 승계한 것으로 본다. 이 경우에 보험의 목적의 양도인 또는 양수인은 보험자에 대하여 지체없이 그 사실을 통지하여야 한다.

111 상법상 보험 목적의 양도 조항에 대한 설명으로 가장 옳지 않은 것은?

① 책임 보험 계약에도 원칙적으로 보험 목적의 양도 조항이 적용된다.
② 영업 양도에 의한 영업 재산의 양도는 특정 승계이므로 상법 제679조의 양도 조항이 적용된다.
③ 선박의 경우 보험자의 동의가 없으면, 선박의 양도로 보험 계약은 종료된다.
④ 인보험의 경우 보험의 목적이 피보험자의 신체나 생명이므로 보험 목적의 양도 조항은 그 적용이 없다.

112 보험 목적의 양도 시 보험 계약 관계의 승계 추정을 위한 요건이 아닌 것은?

① 보험 목적을 양도할 당시 보험 계약 관계가 있을 것
② 보험 목적이 특정된 물건일 것
③ 보험 목적이 물권적으로 양도되었을 것
④ 양도인과 양수인이 보험자에게 통지할 것

113 해상 보험에 있어 보험 계약 종료 사유에 해당하지 않는 것은?

① 선박을 양도할 때
② 선박의 국적을 변경한 때
③ 선박의 선급을 변경한 때
④ 선박을 새로운 관리로 옮긴 때

114 보증 보험에 관한 다음 설명 중 옳지 않은 것은?(다툼이 있는 경우 판례에 의함)

① 이행 보증 보험의 보험자는 민법 제434조를 준용하여 보험 계약자의 채권에 의한 상계로 피보험자에게 대항할 수 있고, 그 상계로 피보험자의 보험 계약자에 대한 채권이 소멸되는 만큼 보험자의 피보험자에 대한 보험금 지급 채무도 소멸된다.
② 보증 보험 계약에 관하여는 그 성질에 반하지 아니하는 범위에서 보증 채무에 관한 「민법」의 규정을 준용한다.
③ 면책에 관한 상법 제659조 제1항은 리스 보증 보험 계약이 보험 계약자의 사기 행위에 피보험자인 리스 회사가 공모하였다든지 적극적으로 가담하지는 않았더라도 그러한 사실을 알면서도 묵인한 상태에서 체결되었다고 인정되는 경우를 제외하고는 원칙적으로 그 적용이 없다.
④ 보증 보험은 독립된 계약이므로, 보증 보험이 담보하는 채권이 양도되는 경우라도 당사자 사이에 다른 약정이 없는 한 보험금 청구권도 그에 수반하여 채권 양수인에게 함께 이전된다고 볼 수는 없다.

115 자동차의 양도에 따른 보험 관계의 승계에 관한 설명 중 옳은 것은?

① 상법에 의하면, 보험자가 자동차의 양수 사실을 통지받고 그 양수에 대한 낙부(諾否)의 통지를 게을리하면 그의 승낙이 의제되므로, 양수의 사실이 보험자에게 통지된 자동차의 경우에는 무보험(無保險) 상태가 생겨나지 않는다.
② 자동차 손해 배상 보장법에 의하면, 자동차의 양도일부터 자동차 소유권 이전 등록 신청 기간이 끝나는 날 또는 그 전에 양수인이 새로운 책임 보험 등의 계약을 체결한 날까지의 기간

에 대해서는, 자동차의 양수인이 그 기간에 해당하는 의무 보험의 보험료를 양도인에게 지급하기 전이라도 의무 보험에 관한 양도인의 권리·의무를 승계한다.

③ 최근의 대법원 판례에 따르면, 갑이 자동차를 을에게 양도하고, 을이 자동차 소유권 이전 등록 신청 기간 내에 이전 등록을 하지 않고 자동차를 다시 병에게 양도한 경우에는, 병은 을에게 부여된 자동차 소유권 이전 등록 신청 기간 중에서 을이 이전 등록을 하지 않고 경과한 기간을 뺀 나머지 기간 동안만 자동차 손해 배상 보장법에 따라 갑이 가입한 의무 보험에 관한 권리·의무를 승계할 수 있다.

④ 최근의 대법원 판례에 따르면, 자동차의 양도인이 가입한 A 보험 회사가, 양수인이 새로 B 보험 회사의 자동차 보험에 가입한 사실을 모르고 그 자동차가 무보험차로 된 것으로 오인하여, 그 자동차 양도 후의 사고로 인한 피해자에게 자동차 손해 배상 보장 사업에 따른 금액을 지급한 경우라도, 피해자의 B 보험 회사에 대한 책임 보험금 청구권이 시효로 소멸된 경우에는 A 보험 회사는 B 보험 회사에 대하여 구상권을 행사할 수 없다.

116 손해 방지 의무에 대한 설명으로 옳지 않은 것은?

① 보험 계약자와 피보험자는 손해의 방지와 경감을 위하여 노력하여야 한다.
② 손해 방지에 대해 보험사는 지시 등 행위를 일절 할 수 없다.
③ 상법상 손해 방지 의무 위반의 효과는 명시적으로 규정하고 있지 않다.
④ 판례상 사고 발생 시 피보험자의 법률상 책임 여부가 판명되지 않은 상태에서 피보험자가 손해 확대 방지를 위한 긴급한 행위를 하였다면 이로 인하여 발생한 필요하고 유익한 비용도 손해 확대 방지를 위한 비용으로서 보험자가 부담하는 것으로 해석해야 한다.

117 손해 방지 의무에 관한 설명 중 틀린 것은?

① 이 의무는 보험 사고가 생긴 때부터 지는 의무이다.
② 손해 방지를 위하여 필요하였던 비용이라도 손해의 방지 또는 경감의 효과가 생긴 경우에만 보험자에게 청구할 수 있다.
③ 보험 계약자 또는 피보험자는 이 의무의 이행을 위해서는, 보험에 들지 않았을 경우에 자신의 이익을 위해 요구되는 정도의 주의를 기울여야 한다.
④ 보험 계약자 또는 피보험자가 고의 또는 중대한 과실로 이 의무를 이행하지 않은 경우에는, 보험자는 방지 또는 경감할 수 있었던 금액을 보험금에서 공제할 수 있다.

118 보험 계약자 및 피보험자의 손해 방지 의무에 관한 설명으로 옳지 않은 것은?

① 손해의 방지와 경감을 위하여 노력하여야 한다.
② 손해 방지와 경감을 위하여 필요 또는 유익하였던 비용과 보상액이 보험 금액을 초과한 경우 보험자가 이를 부담한다.
③ 보험 사고 발생을 전제로 하므로 보험 사고가 발생하면 생기는 것이다.
④ 보험자가 책임을 지지 않는 손해에 대해서도 손해 방지 의무를 부담한다.

119 손해 방지 의무와 제3자에 대한 보험자 대위에 관한 설명 중 옳지 않은 것은?

① 보험 사고 발생의 위험이 있는 경우 사고를 미연에 방지하기 위한 행위도 손해 방지 행위에 포함된다.
② 대법원은 피보험자의 법률상의 책임 여부가 판명되지 않은 상태에서 피보험자가 손해의 확대를 방지하기 위해 긴급한 행위를 함으로써 발생한 필요하고 유익한 비용을 보험자가 부담한다고 본다.
③ 상해 보험의 경우 보험 약관이 정하는 바에 따라 대위권 행사가 가능하다.
④ 피보험자는 보험금을 지급받은 후에는 제3자에 대한 권리를 임의로 처분할 수 없다.

120 손해 방지 비용에 관한 설명 중 바르지 않은 것은 무엇인가?

① 손해 방지 비용에는 필요비 또는 유익비가 포함된다.
② 보험자는 보험 계약자가 효과적으로 손해 방지 감소 행위를 한 경우에 그 효과에 따라 손해 방지 비용을 부담하게 된다.
③ 손해 방지 행위를 함에 있어서 보험자를 위한다는 것을 반드시 의식할 필요는 없다.
④ 보험자가 지급해야 하는 보상액과 손해 방지 비용의 합계가 보험 금액을 초과하더라도 보험자는 이를 부담한다.

8 보험자 대위

121 '보험 위부'와 '보험 목적에 관한 보험 대위'에 대한 설명으로 잘못된 것은?

① 보험자가 위부를 승인하지 않으면 보험 계약자가 위부 원인을 증명하여야 한다.
② 보험자의 보험 목적에 대한 보험 대위는 손해 보험 일반에 적용되는 것이지만 보험위부는 특

약이 없는 한 해상보험에서만 인정된다.
③ 보험 목적에 대한 보험 대위를 하기 위해서는 보험의 목적의 전부가 멸실하여 보험자가 보험금액의 전부를 지급하는 것만으로 족하지만, 보험위부를 하기 위해서는 상법규정상의 위부의 원인이 존재하여야 하며 위부의 통지를 하여야 한다.
④ 보험위부는 무조건이어야 하며, 형성권이다.

122 보험자 대위에 관한 다음 설명 중 옳지 않은 것은?(다툼이 있는 경우 판례에 의함)

① 보험자가 보험 약관에 정하여져 있는 중요한 내용에 해당하는 면책 약관에 대한 설명 의무를 위반하여 약관의 규제에 관한 법률에 따라 해당 면책 약관을 계약의 내용으로 주장하지 못하고 보험금을 지급하게 되었더라도, 이는 보험자가 피보험자에게 보험금을 지급할 책임이 있는 경우에 해당하므로 보험자는 보험자 대위를 할 수 있다.
② 보험자가 보험 약관에 따라 면책되거나 피보험자에게 보험 사고에 대한 과실이 없어 보험자가 피보험자에게 보험금을 지급할 책임이 없는 경우에는 보험자 대위를 할 수 없다.
③ 보험 계약자나 피보험자와 생계를 같이하는 가족은 보험자 대위권의 객체인 제3자가 되지 않는다. 다만, 손해가 그 가족의 고의 또는 중과실로 인하여 발생한 경우에는 그러하지 아니하다.
④ 손해 보험 계약에 있어 제3자의 행위로 인하여 생긴 손해에 대하여 제3자의 손해 배상에 앞서 보험자가 먼저 보험금을 지급한 때에는 그 보험금의 지급에도 불구하고 피보험자의 제3자에 대한 손해 배상 청구권은 소멸되지 아니하고 지급된 보험 금액의 한도에서 보험자에게 이전될 뿐이며, 이러한 법리는 손해를 야기한 제3자가 타인을 위한 손해 보험 계약의 보험계약자인 경우에도 마찬가지이다.

123 잔존물 대위에 관한 설명으로 옳은 것은?

① 보험의 목적 일부가 멸실한 경우 발생한다.
② 보험 금액의 전부를 지급하여야 보험자가 잔존물 대위권을 취득할 수 있다.
③ 일부 보험의 경우에는 잔존물 대위가 인정되지 않는다.
④ 보험자는 잔존물에 대한 물권 변동의 절차를 밟아야 대위권을 취득할 수 있다.

124 보험자의 대위권에 대한 설명으로 옳지 않은 것은?

① 보험의 목적이 전부 멸실한 경우 보험자가 보험 금액의 전부를 지급한 경우에는 그 목적에 대한 피보험자의 권리를 취득한다.
② 보험 가액의 일부를 보험에 붙인 경우에는 보험자가 취득할 권리는 보험 가액의 보험 금액에 대한 비율에 따라 이를 정한다.
③ 손해가 제3자의 행위로 인하여 생긴 경우에 보험 금액을 지급한 보험자는 그 지급한 금액의 한도에서 그 제3자에 대한 보험 계약자 또는 피보험자의 권리를 취득한다.
④ 보험자가 보상할 보험 금액의 일부를 지급한 때에는 피보험자의 권리를 해하지 않는 범위 내에서 그 권리를 행사할 수 있다.

125 제3자에 대한 보험자 대위(청구권 대위)에 관한 다음 설명 중 옳지 않은 것은?

① 제3자는 피보험자에 대한 항변으로 보험자에 대하여 대항할 수 있다.
② 보험자가 제3자에 대한 청구권을 취득하기 위해서는 민법상 지명 채권 양도 절차에 의한 대항 요건을 갖추어야 한다.
③ 보험자는 지급한 보험 금액의 한도 내에서 제3자에 대한 청구권을 대위한다.
④ 청구권 대위가 일어난 후 제3자의 피보험자에 대한 변제는 원칙적으로 변제로서의 효력이 없다.

126 제3자에 대한 보험자의 대위권에 관한 설명 중 옳은 것은?

① 최근의 대법원 판례에 따르면, 갑이 자동차 종합 보험 약관상의 '승낙 피보험자'로부터 구체적·개별적인 승낙을 받고 그 승낙 피보험자를 위하여 운전을 한 경우에는, 갑은 '기명 피보험자'의 의사와는 상관없이 자동차 종합 보험 약관상의 '운전 피보험자'에 해당하므로, 보험자는 갑에게 대위권을 행사할 수 없다.
② 최근의 대법원 판례에 따르면, 보험자가 손해액의 산정을 위하여 지출한 비용은 보험 계약자 또는 피보험자를 대위하여 가해자를 상대로 그 비용 상당의 손해 배상을 청구할 수 없다.
③ 보험자가 보험금의 전액을 지급한 경우에는 피보험자의 제3자에 대한 권리에 우선하여 제3자에게 대위권을 행사할 수 있다.
④ 제3자가 피보험자에게 변제·승인 또는 화해를 할 때에 보험자에게 권리가 이전되어 있음을 안 경우라도, 일단 변제·승인 또는 화해가 이루어진 이상, 보험자는 피보험자에게 부당 이득의 반환을 청구할 수 있을 뿐 제3자에게 대위권을 행사할 수 없다.

127 다음 사례에 대해 대법원 판례를 따를 때 갑과 을 보험 회사는 각각 얼마씩을 병에게 청구할 수 있는가?

> 갑은 자신이 운영하는 점포에 대해 자신을 피보험자로 하는 화재 보험 계약을 을 보험 회사와 체결하였다. 그 후 그 점포에 LPG를 공급하는 병의 과실이 경합하여 화재가 발생하고 갑은 총 1,000만 원의 손해를 입었다. 을 보험 회사는 갑에게 800만 원의 보험금을 지급하였다. 이 화재에 대한 갑의 과실은 40%였고, 병의 과실은 60%였다.

① 갑과 을 보험 회사는 균분하여 300만 원씩을 청구할 수 있다.
② 갑은 120만 원, 을 보험 회사는 480만 원을 청구할 수 있다.
③ 갑은 200만 원, 을 보험 회사는 400만 원을 청구할 수 있다.
④ 갑은 청구할 수 없고, 을 보험 회사만 600만 원을 청구할 수 있다.

128 제3자에 대한 보험자 대위권에 관한 설명 중 틀린 것은?

① 보험자가 취득하는 권리의 범위는 보험자가 지급한 금액의 한도로 제한된다.
② 보험자가 취득하는 권리는 제3자에 대한 피보험자 또는 보험 수익자의 권리이다.
③ 보험자의 대위권은 피보험자나 제3자의 그 대위권의 존재에 대한 선의·악의를 불문하고 보험금을 지급한 때에 생긴다.
④ 보험자에게 이전되는 권리의 소멸 시효 기간은 그 이전과 상관없이 계속해서 진행되고, 그 이전과 함께 새로이 시작되지 않는다.

129 보험 위부에 관한 다음의 설명 중 옳지 않은 것은 무엇인가?

① 위부를 승인하지 아니한 때에는 피보험자는 위부의 원인을 증명하지 아니하면 보험 금액의 지급을 청구하지 못한다.
② 일부 보험의 경우 위부는 보험 금액의 보험 가액에 대한 비율에 따라야 한다.
③ 보험 위부는 보험자의 승낙을 요하는 법률 행위의 성질을 가지고 있다.
④ 피보험자가 위부를 함에는 보험자에 대해 보험 목적에 관한 다른 보험 계약에 관한 사항을 통지해야 한다.

130 A와 B는 부부로서, A가 A와 B를 피보험자로 하여 C 보험 회사의 자동차 책임 보험에 가입하였다. 그 후 B가 미혼의 아들인 K를 조수석에 태우고 운전하던 중 운전을 잘못하여 K가 사망하였다. 이 사례에 관한 설명 중 틀린 것은?(대법원 판례에 의함)

① A는 K의 손해 배상 청구권에 대한 지분을 상속하면 그 지분에 관하여 C 보험 회사에 대해 보험금을 청구할 수 있다.
② B는 K의 손해 배상 청구권에 대한 지분을 상속하더라도 그 지분에 관하여 C 보험 회사에 대해 보험금을 청구할 수 없다.
③ B가 상속을 포기하더라도 A가 C 보험 회사에 대해 보험금의 전액을 청구할 수 없다.
④ B가 상속을 포기하는 것은 C 보험 회사에 대하여 신의칙에 반하는 행위로서 무효가 된다고 할 수 없다.

131 책임 보험에 관한 다음 설명 중 옳지 않은 것은?

① 피보험자가 제3자의 청구를 방어하기 위하여 지출한 재판상 또는 재판 외의 필요 비용은 보험의 목적에 포함된 것으로 한다.
② 피보험자가 경영하는 사업에 관한 책임을 보험의 목적으로 한 때에는 피보험자의 대리인의 제3자에 대한 책임도 보험의 목적에 포함된 것으로 한다.
③ 피보험자가 제3자에 대하여 변제·승인·화해 또는 재판으로 인하여 채무가 확정된 때에는 지체 없이 보험자에게 그 통지를 발송하여야 한다.
④ 제3자는 피보험자가 책임을 질 사고로 입은 손해에 대하여 보험 금액의 한도 내에서 보험자에게 직접 보상을 청구할 수 있으며, 이 경우 보험자는 피보험자가 그 사고에 관하여 가지는 항변으로써 제3자에게 대항할 수 없다.

132 책임 보험에 있어서 보험자의 보상 책임이 인정되는 손해의 범위에 관한 설명 중 옳지 않은 것은 무엇인가?

① 보험자는 피해자와 피보험자 사이에 확정된 손해액은 그것이 피보험자에게 법률상 책임이 없는 부당한 손해라는 등의 특별한 사정이 없는 한 원본이든 지연 손해금이든 모두 피보험자에게 지급할 의무가 있다.
② 손해 방지 의무는 손해 발생의 방지와 함께 손해 확대를 방지하는 행위도 포함한다.
③ 방어 비용은 제3자 측의 청구가 없는 경우에도 책임 보험의 성격상 당연히 보험자의 보상책임 범위에 포함된다.

④ 피보험자가 담보의 제공으로써 재판의 집행을 면할 수 있는 경우에는 보험자에 대하여 보험금액의 한도 내에서 그 담보의 제공을 청구할 수 있다.

9 인보험

133 다음 중 피보험자의 자격 제한에 대한 설명으로 옳지 않은 것은?

① 손해 보험의 피보험자는 보험의 목적에 대하여 피보험 이익을 가지는 자라면 자연인이든 법인이든 관계없다.
② 사망 보험에서는 자기의 사망 보험인 경우에도 피보험자가 15세 미만자, 심신 상실자인 경우 효력이 없다.
③ 사망 보험 계약 체결 당시 피보험자가 15세 미만이었다면, 비록 보험 사고 발생 시에 15세 이상이었다 할지라도 보험 계약은 무효이다.
④ 상법상의 준용 규정에 따라 사망 보험에 있어서의 피보험자에 대한 자격 제한은 상해 보험의 경우에도 해당된다.

134 단체 보험에 관한 다음 설명 중 옳지 않은 것은?(다툼이 있는 경우 판례에 의함)

① 단체 보험 계약이 체결된 때 보험자는 보험 계약자에 대하여서만 보험 증권을 교부한다.
② 단체 보험 계약에서 보험 계약자가 피보험자 또는 그 상속인이 아닌 자를 보험 수익자로 지정할 때에는 단체의 규약에서 명시적으로 정하는 경우 외에는 그 피보험자의 서면 동의를 받아야 한다.
③ 상법 제735조의3에서 단체 보험의 유효 요건으로 요구하는 '규약'은 취업 규칙이나 단체 협약에 근로자의 채용 및 해고, 재해 부조 등에 관한 일반적 규정으로 이해된다.
④ 규약을 구비하지 못한 단체 보험의 유효 요건으로서의 피보험자의 동의의 방식은 강행 법규인 상법 제731조가 정하는 대로 서면에 의한 동의만이 허용될 뿐이다.

135 상법은 질병 보험에 관하여는 그 성질에 반하지 아니하는 범위에서 ( )에 관한 규정을 준용한다고 규정한다. 괄호에 들어갈 용어로 옳은 것은?

① 생명 보험
② 상해 보험
③ 생명 보험 및 상해 보험
④ 손해 보험 및 상해 보험

136 생명 보험에 관한 기술로 옳지 않은 것은?

① 생명 보험 계약의 보험자는 약정한 피보험자의 사망과 생존에 관한 보험 사고 발생 시 보험금 지급 책임을 진다.
② 타인의 사망을 보험 사고로 하는 보험 계약에는 보험 계약 체결 시에 그 타인의 서면에 의한 동의를 얻어야 한다.
③ 보험 계약으로 발생한 권리를 피보험자가 아닌 자에게 양도하는 경우 명시적 또는 묵시적 동의가 필요하다.
④ 심신 박약자가 보험 계약을 체결하는 경우 의사 능력이 있다면 그의 사망을 보험 사고로 하는 보험 계약은 유효하다.

137 "외과적 수술, 그 밖의 의료 처치로 인한 손해를 보상하지 아니한다. 그러나 보험 회사가 부담하는 상해로 인한 경우에는 보상한다."라는 상해 보험 약관상의 면책 조항에 관한 설명 중 옳은 것은?(최근의 대법원 판례에 의함)

① 생명 보험 약관에서의 재해와 상해 보험 약관에서의 상해는 다른 것으로 보아야 하는 것은 아니다.
② 질병을 치료하기 위한 외과적 수술에서 의료 과실로 상해가 발생하면 보험자는 면책될 수 없다.
③ 보험자가 책임져야 할 상해 사고로 인한 외과적 수술에서는 의료 과실 없이 상해가 발생한 경우에만 보험자는 면책될 수 있다.
④ 이 면책 조항은, 보험 거래상 일반적이고 공통된 것이어서 보험 계약자가 별도의 설명 없이 충분히 예상할 수 있으므로, 보험자의 설명 의무가 면제된다.

138 상해 보험과 질병 보험에 관한 설명 중 틀린 것은?

① 장애 등급표에 따라 장애 보험금을 지급하는 경우에는, 상해 보험은 준정액 보험(準定額保險)에 해당한다.
② 원칙적으로 상해로 인한 사망은 상해 보험의 보험 사고에 해당하고, 질병으로 인한 사망은 질병 보험의 보험 사고에 해당한다.
③ 민사 분쟁에서의 인과 관계는 의학적·자연과학적 인과 관계가 아니라 사회적·법적 인과 관계이므로, 그 인과 관계가 반드시 의학적·자연과학적으로 명백히 증명되어야 하는 것은 아니다.

④ 대법원 판례에 따르면, 의사의 사체 검안만으로 망인의 사망 원인을 밝힐 수 없었음에도 유족의 반대로 부검이 이루어지지 않은 경우에는, 사망 원인을 밝히려는 증명 책임을 다하지 못한 유족에게, 부검을 통해 사망 원인이 명확히 밝혀진 경우보다 더 유리하게 사망 원인을 추정할 수는 없다.

139 인보험에 관한 설명 중 틀린 것은?(다툼이 있는 경우 대법원 판례에 의함)

① 상해 보험 약관에 피보험자의 기왕증으로 인해 상해가 중하게 된 때에는 보험금을 감액한다는 규정이 있더라도, 상해 보험은 정액 보험성을 지니고 있으므로 보험금을 감액하여 지급할 수 없다.
② 타인의 생명 보험에서 계약 체결 시까지 피보험자의 서면 동의를 얻어야 한다는 것은 강행 법규이므로, 피보험자의 계약 체결 후의 서면 동의로 무효인 계약이 추인되는 것으로 볼 수 없다.
③ 상해 보험에서 사고의 외래성 및 사고와 상해·사망 간의 인과 관계에 관한 증명 책임은 보험금 청구자에게 있다.
④ 보험 기간 개시 전에 발생한 신체장애가 있는 사람도 계약 당사자 간의 약정으로 상해 보험의 피보험자로 할 수 있다.

140 보험 수익자의 지정·변경에 관한 설명 중 틀린 것은?

① 보험 계약자가 보험 수익자의 지정권을 행사하지 아니하고 사망한 때에는, 보험 계약자의 승계인이 그 지정권을 행사할 수 있다는 약정이 없는 한, 피보험자를 보험 수익자로 한다.
② 보험 기간 중에 보험 수익자가 먼저 사망하고, 그 후에 보험 계약자가 보험 수익자의 지정권을 행사하기 전에 피보험자가 사망한 경우에는, 피보험자의 상속인을 보험 수익자로 한다.
③ 보험 기간 중에 보험 수익자가 먼저 사망하고, 그 후에 보험 계약자가 보험 수익자의 지정권을 행사하지 않고 사망한 경우에는, 보험 수익자의 상속인을 보험 수익자로 한다.
④ 보험 계약자가 계약 체결 후에 보험 수익자를 지정 또는 변경하고 이를 보험자에 대하여 통지하지 않은 경우에는, 그 지정 또는 변경된 보험 수익자는 보험자에 대해서는 자신이 보험 수익자임을 주장할 수 없지만, 보험 계약자나 종전의 보험 수익자에 대해서는 자신이 보험 수익자임을 주장할 수 있다.

141 상해 보험에 관한 다음 설명 중 틀린 것은?

① 보험자는 신체의 상해에 관한 보험 사고가 생길 경우 보험 금액 기타의 급여를 할 책임이 있다.
② 타인의 상해 보험에서는 인보험 증권의 기재 사항 중 피보험자의 주소, 성명 및 생년월일에 갈음하여 피보험자의 직무 또는 직위만을 기재할 수 있다.
③ 보험 사고가 보험 계약자 또는 피보험자의 중대한 과실로 인하여 생긴 경우에도 보험자는 보험 금액을 지급할 책임을 면하지 못한다.
④ 심신 상실자를 피보험자로 하는 상해 보험 계약은 무효로 한다.

142 상해 보험에 관한 설명으로 틀린 것은?

① 판례는 상해 보험에서 보험 사고의 우연성의 증명 책임에 대해 보험자 부담설을 취한다.
② 타인의 상해 보험 계약에는 피보험자의 서면 동의가 필요하다.
③ 심신 박약자를 피보험자로 하는 상해 보험은 무효가 되지 않는다.
④ 상해 보험 계약에서 피보험자의 중과실로 인한 보험 사고가 발생한 경우 보험자는 보험 금액을 지급할 책임을 진다.

143 인보험에 대한 설명으로 옳지 않은 것은?

① 손해 보험에서와는 달리 인보험에서는 정액 보험이 문제되고 또 보험 수익자를 보호해야 한다는 이유에서 보험자 대위를 철저히 금지하고 있다.
② 인보험의 경우에는 피보험 이익을 인정할 수 없다는 것이 국내 다수의 견해이다.
③ 인보험 증권에는 피보험자의 주소·성명 및 생년월일을 기재하여야 한다.
④ 생명 보험의 경우 사망이라는 보험 사고는 그 발생 시기만 불확정되어 있을 뿐이라는 점에서 손해 보험의 보험 사고와는 다르다.

144 타인을 위한 생명 보험에 대한 설명으로 옳지 않은 것은?

① 보험 계약자에 의해 제3자가 보험 수익자로 지정되면 타인을 위한 생명 보험 계약이다.
② 지정이 없으면 보험 계약자가 피보험자를 보험 수익자로 한 계약이라고 해야 한다.
③ 제3자가 보험 수익자로 지정된 경우에는 보험 수익자가 보험 계약자의 권리를 승계 취득하는 것이 아니라, 자기의 고유의 권리로서 보험금 청구권을 취득한다.
④ 타인을 위한 생명 보험에서 법인은 보험 수익자가 될 수 없다.

145 질병 보험에 대한 설명으로 옳지 않은 것은?

① 질병 보험 계약이란 피보험자의 질병의 결과 입원·수술 등 사람의 신체에 발생하는 사고를 보험 사고로 하는 보험 계약을 말한다.
② 실손 의료 보험과 질병 보험은 무관하다.
③ 질병 보험 계약의 보험자는 피보험자의 질병에 관한 보험 사고가 발생할 경우 보험금이나 그 밖의 급여를 지급할 책임이 있다.
④ 질병 보험에 관하여는 그 성질에 반하지 아니하는 범위에서 생명 보험 및 상해 보험에 관한 규정을 준용한다.

146 인보험에 관한 설명 중 옳지 않은 것은 무엇인가?

① 인보험 계약의 보험 목적은 사람이다.
② 인보험 계약 중 질병 보험 계약은 약관만에 의해 규율된다.
③ 인보험 계약에서의 보험금은 당사자 간의 약정에 따라 분할하여 지급할 수 있다.
④ 사망을 보험 사고로 한 보험 계약에는 사고가 보험 계약자 또는 피보험자나 보험 수익자의 중대한 과실로 인하여 생긴 경우에도 보험자는 보험 금액을 지급할 책임을 면하지 못한다.

147 생명 보험에 관한 다음의 설명 중 옳지 않은 것은 무엇인가?

① 피보험자의 사망을 보험 사고로 하는 사망 보험의 경우에 15세 미만자를 피보험자로 하는 것은 보험 계약의 취소 사유이다.
② 보험 계약자는 보험 수익자를 변경할 권리가 있다.
③ 단체 보험은 그 성격이 타인의 생명 보험임에도 불구하고 일정한 경우 그 계약의 체결에 타인의 서면 동의를 받지 않아도 된다.
④ 고지 의무 위반으로 인한 계약 해지의 경우 보험자는 보험료 적립금을 보험 계약자에게 지급해야 한다.

148 화재 보험에 관한 다음 설명 중 옳은 것은?

① 집합된 물건을 일괄하여 보험의 목적으로 한 때에도 피보험자의 가족과 사용인의 물건은 보험의 목적에 포함된 것으로 하지 않는다.
② 동산을 보험의 목적으로 한 때에는 존치한 장소의 상태와 용도를 보험 증권에 기재하여야 한다.
③ 집합된 물건을 일괄하여 보험의 목적으로 한 때에는 그 목적에 속한 물건이 보험 기간 중에 수시로 교체된 경우에도 보험 계약의 체결 시에 현존한 물건은 보험의 목적에 포함된 것으로 한다.
④ 보험자는 화재의 소방 또는 손해의 감소에 필요한 조치로 인하여 생긴 손해는 보상할 책임이 없다.

149 자동차 종합 보험과 관련된 판례의 입장이 아닌 것은?

① 보험자는 기명 피보험자의 승낙을 얻은 자가 일으킨 사고에 대하여 보상 책임을 부담하지 않는다.
② 경찰서 경비 과장은 기명 피보험자인 국가의 승낙을 얻어 자동차를 사용 또는 관리 중인 자에 해당하므로, 그가 일으킨 사고에 대하여 보험자는 보상 책임이 있다.
③ 기명 피보험자인 매도인이 승낙을 받은 매수인으로부터 다시 자동차 사용 승낙을 받은 경우는 승낙 피보험자에 해당한다고 볼 수 없다.
④ 21세 이상 한정 운전 특별 약관부 자동차 보험의 기명 피보험자인 렌터카 회사의 영업소장이 자동차 면허가 없는 자를 임차인으로 하여 자동차를 대여하여 준 경우, 위 약관 소정의 도난 운전에 대한 기명 피보험자의 묵시적 승인이 있으므로, 보험자는 보험금 지급 책임이 있다.

150 해상 보험 증권의 기재 사항에 해당하지 않는 것은?

① 보험 사고의 성질
② 무효와 실권의 사유
③ 운송 기간을 정한 때에는 그 기간
④ 적하 보험에 있어서는 선박의 명칭·국적과 종류, 선적항, 양륙항

151 자동차 보험에 관한 기술로 옳지 않은 것은?

① 자동차 보험 계약의 보험자는 피보험자가 자동차를 관리하던 중 발생한 사고도 손해 보상해야 한다.
② 차량 가액은 자동차 보험 증권에 기재할 절대적 기재 사항이다.
③ 피보험자가 보험 기간 중 자동차를 양도한 때에는 양수인은 보험자의 승낙을 얻은 경우에 한하여 보험 계약으로 인하여 생긴 권리와 의무를 승계한다.
④ 보험자가 양수인으로부터 양수 사실을 통지받은 때에는 지체 없이 낙부를 통지하여야 한다.

제2장
보험업법

1 보험업법의 개요

001 보험업법 제1조에 명시된 보험업법의 목적이 아닌 것은?

① 보험업을 경영하는 자의 건전한 경영을 도모
② 보험 계약자, 피보험자, 그 밖의 이해관계인의 권익을 보호
③ 보험 사업의 효율적 지도, 감독
④ 국민 경제의 균형 있는 발전에 기여

002 보험업법 및 동법 시행령에서 손해 보험 상품으로서 대통령령으로 정하는 계약이 아닌 것은?

① 날씨 보험 ② 비용 보험
③ 기술 보험 ④ 수출입 보험

003 보험업법 제2조(정의)가 규정하는 대주주에 해당하지 않는 자는?

① 보험 회사의 의결권 있는 발행 주식 총수를 기준으로 본인 및 특수 관계인이 누구의 명의로 하든지 자기의 계산으로 소유하는 주식을 합하여 그 수가 가장 많은 경우의 그 본인
② 누구의 명의로 하든지 자기의 계산으로 보험 회사의 의결권 있는 발행 주식 총수의 100분의 10 이상의 주식을 소유하는 자
③ 임원의 임면 등의 방법으로 그 보험 회사의 주요 경영 사항에 대하여 사실상의 영향력을 행사하는 주주
④ 단독으로 또는 다른 주주와의 합의나 계약 등에 의하여 이사 1인 이상과 감사(감사 위원회 설치 회사에서는 감사 위원) 1인 이상을 선임한 자

004 전문 보험 계약자에 관한 설명으로 옳지 않은 것은?

① 전문 보험 계약자란 보험 계약에 관한 전문성, 자산 규모 등에 비추어 보험 계약의 내용을 이해하고 이행할 능력이 있는 자로서 보험업법이 정하는 일정한 자를 말한다.
② 보험업법에 따르면 전문 보험 계약자가 아닌 보험 계약자는 일반 보험 계약자이다.
③ 전문 보험 계약자 중 대통령령으로 정하는 자가 일반 보험 계약자와 같은 대우를 받겠다는 의사를 보험 회사에 서면으로 통지하는 경우 보험 회사는 정당한 사유가 없으면 이에 동의하여야 한다.
④ 전문 보험 계약자가 일반 보험 계약자와 같은 대우를 받는 것에 대해 보험 회사가 동의한 경우라 하더라도 해당 보험 계약자에 대하여는 적합성 원칙을 적용하지 않는다.

005 보험업법상 전문 보험 계약자에 해당하는 자가 아닌 것은?

① 국가
② 한국은행
③ 농업 협동조합 중앙회
④ 주권 미상장 법인

006 보험업법상 '전문 보험 계약자'에 해당하지 않는 것은?

① 자본 시장과 금융 투자업에 관한 법률에 따른 한국 예탁 결제원
② 자본 시장과 금융 투자업에 관한 법률에 따른 겸영 금융 투자업자
③ 자본 시장과 금융 투자업에 관한 법률에 따른 종합 금융 회사
④ 자본 시장과 금융 투자업에 관한 법률에 따른 자금 중개 회사

007 다음 중 보험업법 시행령에 따라 보험 회사가 아닌 자와 보험 계약을 체결할 수 있는 경우에 해당하는 것이 아닌 것은?

① 외국 보험 회사와 생명 보험 계약, 수출 적하 보험 계약, 수입 적하 보험 계약, 항공 보험 계약, 여행 보험 계약, 선박 보험 계약, 장기 상해 보험 계약 또는 재보험 계약을 체결하는 경우
② 대한민국에서 취급되는 보험 종목에 관하여 2개의 보험 회사로부터 가입이 거절되어 외국 보험 회사와 보험 계약을 체결하는 경우
③ 대한민국에서 취급되지 아니하는 보험 종목에 관하여 외국 보험 회사와 보험 계약을 체결하는 경우
④ 외국에서 보험 계약을 체결하고, 보험 기간이 지나기 전에 대한민국에서 그 계약을 지속시키는 경우

008 보험 회사의 자회사에 관한 설명으로 옳지 않은 것은?

① 자회사는 민법 또는 특별법에 따른 조합을 포함한다.
② 보험 회사는 자회사와 자회사가 다른 회사에 출자하는 것을 지원하기 위한 신용 공여 행위를 할 수 없다.
③ 보험 회사는 자회사를 소유하게 된 날부터 15일 이내에 자회사가 발행 주식 총수의 100분의 10을 초과하여 소유하고 있는 회사의 현황 등을 금융 위원회에 제출하여야 한다.
④ 자회사란 보험 회사가 다른 회사의 의결권 있는 발행 주식 또는 출자 지분 총수의 100분의 50을 초과하여 소유하는 경우의 그 다른 회사를 말한다.

009 보험업법상 제4조의 허가를 받아 보험업을 경영하는 자를 가리키는 용어는?

① 보험업자
② 보험자
③ 보험 회사
④ 보험 영업자

010 보험업법상의 '보험 상품'에 포함되는 것은?

①「국민 건강 보험법」에 따른 건강 보험
②「노인 장기 요양 보험법」에 따른 장기 요양 보험
③「원자력 손해 배상법」에 따른 원자력 손해 배상 책임 보험
④「산업 재해 보상 보험법」에 따른 산업 재해 보상 보험

011 '최대 주주'를 확정할 때 본인(개인인 경우)과 대통령령으로 정하는 특수한 관계에 있는 자(특수 관계인)에 해당하지 않는 자는?

① 배우자
② 부계 혈족 4촌의 남편
③ 부계 혈족 4촌의 처
④ 부계 혈족 6촌

2 보험업의 허가 등

012 보험업을 경영하려는 자는 보험 종목별로 금융 위원회의 허가를 얻어야 하는데, 그 보험 종목에 대하여는 대통령령으로 정하고 있다. 손해 보험의 종목과 관련이 없는 것은?

① 간병 보험
② 동물 보험
③ 권리 보험
④ 날씨 보험

013 보험업법상 보험업의 허가에 관한 설명으로 타당하지 않은 것은?

① 보험업의 허가를 받을 수 있는 자는 주식회사, 상호 회사 및 외국 보험 회사로 제한된다.
② 허가받은 보험 종목이라도 해당 보험 종목의 재보험에 대해서는 별도의 허가를 받아야 한다.
③ 보험업법상 보험 종목별로 금융 위원회의 허가를 받아야 한다.
④ 금융 위원회는 허가에 조건을 붙일 수 있다.

014 보험업법상 보험업의 허가를 받기 위해 제출해야 하는 사업 계획서로 옳은 것은?

① 업무 시작 후 2년간의 사업 계획서
② 업무 시작 후 3년간의 사업 계획서
③ 업무 시작 후 4년간의 사업 계획서
④ 업무 시작 후 5년간의 사업 계획서

015 보험업의 허가를 받기 위해서는 일정한 서류를 신청서에 첨부하여 금융 위원회에 제출해야 하는데, 현행 법령하에서 그 서류에 포함되지 않은 것은?

① 정관
② 업무 시작 후 3년간의 사업 계획서(추정 재무제표 포함)
③ 경영하려는 보험업의 보험 종목별 사업 방법서
④ 경영하려는 보험업의 보험 종목별 보험 약관

016 다음 중 보험업법 제5조 제3호에서 규정한 '기초 서류'를 모두 고르시오.

> 가. 정관
> 나. 업무 시작 후 3년간의 사업 계획서
> 다. 경영하려는 보험업의 보험 종목별 사업 방법서
> 라. 보험 약관
> 마. 보험료 및 책임 준비금의 산출 방법서

① 가, 나, 다
② 나, 다, 라
③ 나, 다, 마
④ 다, 라, 마

017 보험업에 관한 설명으로 옳은 것은?

① 보험업의 허가를 받을 수 있는 자는 주식회사 및 상호 회사에 한한다.
② 화재 보험업만을 영위하기 위해 허가를 받은 자가 간병 보험업을 영위하기 위하여는 간병 보험업에 대한 별도의 허가를 받아야 한다.
③ 보험 회사의 주식 취득으로 대주주가 되고자 하는 자는 누구든지 미리 금융 위원회의 승인을 받아야 한다.
④ 생명 보험업과 보증 보험업을 겸영하고자 하는 경우에는 그 합계액인 500억 원의 자본금 또는 기금을 납입하여야 한다.

018 예비 허가에 관한 다음의 설명 중 옳지 않은 것은?

① 보험업법 제4조에 따른 허가를 신청하려는 자는 미리 금융 위원회에 예비 허가를 신청하여야 한다.
② 신청을 받은 금융 위원회는 2개월 이내에 심사하여 예비 허가 여부를 통지하여야 한다. 다만 총리령으로 정하는 바에 따라 그 기간을 연장할 수 있다.
③ 금융 위원회는 예비 허가에 조건을 붙일 수 있다.
④ 예비 허가의 기준에 관하여 필요한 사항을 총리령으로 정한다.

019 보험 회사가 아닌 자와 보험 계약을 체결할 수 있는 경우에 해당하는 것은?

① 외국 보험 회사와 생명 보험 계약, 손해 보험 계약, 자동차 보험 계약, 여행 보험 계약, 선박 보험 계약, 장기 상해 보험 계약 또는 재보험 계약을 체결하는 경우
② 대한민국에서 취급되는 보험 종목에 관하여 둘 이상의 보험 회사로부터 가입이 거절되어 외국 보험 회사와 보험 계약을 체결하는 경우
③ 대한민국에서 취급되지 아니하는 보험 종목에 관하여 외국 보험 회사와 보험 계약을 체결하는 경우
④ 외국에서 보험 계약을 체결하고, 보험 기간이 경과한 후에 대한민국에서 그 계약을 지속시키는 경우

020 보험 회사의 자본금 또는 기금에 관한 다음의 설명 중 괄호에 들어갈 것으로 옳은 것은?

> 보험 회사는 (a) 이상의 자본금 또는 기금을 납입함으로써 보험업을 시작할 수 있다. 다만, 보험 회사가 보험업법 제4조 제1항에 따른 보험 종목의 일부만을 취급하려는 경우에는 (b) 이상의 범위에서 대통령령으로 자본금 또는 기금의 액수를 다르게 정할 수 있다.

① a : 200억 원, b : 50억 원
② a : 200억 원, b : 100억 원
③ a : 300억 원, b : 50억 원
④ a : 300억 원, b : 100억 원

021 다음 괄호 안에 들어갈 내용으로 옳은 것은?

> 법 소정의 규정에도 불구하고 전화·우편·컴퓨터 통신 등 통신 수단을 이용하여 대통령령으로 정하는 바에 따라 모집을 하는 보험 회사는 법 소정의 규정에 따른 자본금 또는 기금의 ( )에 상당하는 금액 이상을 자본금 또는 기금으로 납입함으로써 보험업을 시작할 수 있다.

① 3분의 1
② 2분의 1
③ 3분의 2
④ 4분의 3

022 보험업법상 해당 법령에 따라 인가·허가·등록 등이 필요한 금융 업무로서 보험 회사가 겸영할 수 있는 것에 해당하지 않는 것은?

① 은행업
② 집합 투자업
③ 신탁업
④ 투자 매매업

023 보험업법상 외국 보험 회사의 국내 사무소에 관한 사항으로 타당한 것은?

① 국내 사무소는 그 명칭 중에 사무소라는 글자를 포함하여야 한다.
② 국내 사무소를 설치하는 경우 그 설치한 날부터 30일 이내에 금융 위원회의 인가를 받아야 한다.
③ 국내 사무소는 보험 계약의 체결을 중개하거나 대리하는 행위를 할 수 있다.
④ 금융 위원회는 국내 사무소가 보험업법을 위반한 경우 업무의 정지를 명할 수 있지만, 국내 사무소의 폐쇄는 명할 수 없다.

024 보험업법상 금융 기관 보험 대리점 또는 금융 기관 보험 중개사가 모집을 할 때 지켜야 할 사항이 아닌 것은?

① 보험 계약의 이행에 따른 지급 책임은 금융 기관에 있음을 보험 계약을 청약하는 자에게 알릴 것
② 해당 금융 기관이 보험 회사가 아니라 보험 대리점 또는 보험 중개사라는 사실을 보험 계약을 청약하는 자에게 알릴 것
③ 보험을 모집하는 장소와 대출 등 해당 금융 기관이 제공하는 용역을 취급하는 장소를 보험 계약을 청약하는 자가 쉽게 알 수 있을 정도로 분리할 것
④ 대출 등 해당 금융 기관이 제공하는 용역을 받는 자에게 보험 계약의 청약을 권유하는 경우 그 용역을 받는 자가 그 금융 기관이 대리하거나 중개하는 보험 계약을 체결하지 아니하더라도 그 용역을 받는 데 영향이 없음을 알릴 것

025 통신 판매 전문 보험 회사에 관한 설명으로 옳지 않은 것은?

① 통신 판매 전문 보험 회사란 총 보험 계약 건수 및 수입 보험료의 100분의 90 이상을 전화, 우편, 컴퓨터 통신 등 통신 수단을 이용하여 모집하는 보험 회사를 말한다.
② 통신 판매 전문 보험 회사는 통신 판매를 전문으로 하지 않는 보험 회사의 자본금 또는 기금의 3분의 2에 상당하는 금액 이상을 자본금 또는 기금으로 납입함으로써 보험업을 시작할 수 있다.
③ 회사가 통신 수단에 의한 총 보험 계약 건수 및 수입 보험료의 모집 비율이 대통령령으로 정하는 바에 미달하는 경우에는 부득이 통신 수단 이외의 방법으로 모집할 수 있다.
④ 통신 판매 전문 보험 회사가 보험 종목의 일부만을 취급하려는 경우에는 50억 원 이상의 범위에서 대통령령으로 정한 금액의 그 3분의 2에 상당하는 금액 이상을 자본금 또는 기금으로 납입함으로써 보험업을 시작할 수 있다.

026 보험업법상 보험업의 부수 업무를 영위하려면 필요한 것은?

① 금융 위원회의 인가　　② 금융 위원회의 허가
③ 금융 위원회의 승인　　④ 금융 위원회에 신고

3 보험 회사

027 보험업법상 보험 회사의 임원이 될 수 있는 자는?

① 미성년자로서 법정 대리인의 동의를 얻는 자
② 보험업법에 따라 100만 원의 벌금형을 선고받아 그 집행이 면제된 날부터 3년밖에 지나지 않은 자
③ 상법상 이익 공여 금지 조항 위반으로 200만 원의 벌금형의 선고를 받은 자
④ 징역 1년형의 2년간 집행 유예 선고를 받고 아직 그 유예 기간 중에 있는 자

028 보험업법상 보험 회사의 임원에 관한 사항으로서 타당하지 않은 것은?

① 보험 회사의 임원은 보험업의 공익성 및 건전 경영과 거래 질서를 해칠 우려가 없는 자이어야 한다.
② 파산 선고를 받은 자로서 복권되지 아니한 자는 보험 회사의 임원이 될 수 없다.
③ 보험 회사의 임원으로 선임된 자가 선임 당시에 파산 선고를 받은 자로서 복권되지 아니한 자였음이 밝혀지면 해임된다.
④ 자격 상실로 해임된 임원이 해임 전에 한 행위는 그 효력을 상실한다.

029 보험 회사의 임원이 보험업법상 자격 요건을 충족하지 못해 해임된 경우, 그가 해임 전에 한 행위의 효력은?

① 무효이다.
② 취소할 수 있다.
③ 그대로 유지된다.
④ 충족하지 못한 자격이 무엇인지에 따라 효력이 달라진다.

030 다음 중 보험 회사의 상근 임원의 겸직에 관한 설명으로 옳지 않은 것은?

① 해당 보험 회사를 자회사로 하는 '금융 지주 회사법'에 따른 금융 지주 회사의 임원이 될 수 있다.
② '채무자 회생 및 파산에 관한 법률'에 따라 관리인으로 선임될 수 있다.
③ 해당 보험 회사의 자회사인 상호 저축 은행의 상근 임원이 될 수 있다.
④ 보험 계약자와 이해가 상충될 우려가 없는 경우로서 '금융 산업의 구조 개선에 관한 법률'의 규정에 의하여 관리인으로 선임될 수 있다.

031 보험업법상 주식회사인 보험 회사의 '감사 위원이 아닌 사외 이사'를 선임하는 기관은?

① 사외 이사 후보 추천 위원회
② 주주총회
③ 이사회
④ 감사 위원회

032 손해 보험업의 보험 종목 전부를 취급하는 손해 보험 회사가 질병을 원인으로 하는 사망을 제3보험의 특약 형식으로 담보하는 보험을 겸영하고자 할 때에는 보험 만기는 (a) 이하일 것, 보험 금액의 한도는 개인당 (b) 이내일 것 등의 요건을 충족하여야 한다. a, b에 들어갈 것으로 맞는 것은?

① a : 75세, b : 2억 원
② a : 75세, b : 3억 원
③ a : 80세, b : 2억 원
④ a : 80세, b : 3억 원

033 보험 회사의 사외 이사에 관한 사항으로 타당하지 않은 것은?

① 최근 사업 연도 말 현재 자산 총액이 2조 원 이상인 보험 회사는 사외 이사를 3인 이상 두어야 한다.
② 보험 회사의 사외 이사의 수는 전체 이사 수의 3분의 1 이상이어야 한다.
③ 미성년자는 사외 이사가 될 수 없다.
④ 보험 회사는 사외 이사의 사임 또는 사망 등의 사유로 이사회의 구성이 요건에 적합하지 않게 되면 그 사유가 발생한 날 이후 최초로 소집되는 정기 주주 총회 등에서 이사회의 구성이 요건에 적합하게 되도록 하여야 한다.

034 보험 회사의 사외 이사가 되지 못하는 자로 옳지 않은 것은?

① 최대 주주
② 주요 주주의 배우자의 방계 혈족
③ 그 보험 회사의 상근 임원의 배우자
④ 그 보험 회사의 상근 임원의 직계 존속

035 보험업법상 보험 회사의 감사 위원회에 관한 다음의 설명 중 옳지 않은 것은?

① 대통령령으로 정하는 보험 회사는 감사 위원회를 설치하여야 한다.
② 감사 위원회 총 위원의 2분의 1 이상이 사외 이사여야 한다.
③ 감사 위원 중 1명 이상은 대통령령으로 정하는 회계 또는 재무 전문가여야 한다.
④ 금고 이상의 실형을 선고받고 그 집행이 면제된 날부터 5년이 지난 자는 감사 위원회의 사외 이사가 아닌 위원이 될 수 있다.

036 보험업법상 보험 회사의 감사 위원회에 관한 설명으로 옳지 않은 것은?

① 감사 위원회를 설치하여야 하는 회사의 자산 규모는 '최근 사업 연도 말 현재 자산 총액이 2조 원 이상'이다.
② 공인 회계사 자격이 있는 사람으로서 자격 취득 후 그 자격과 관련된 업무에 5년 이상 종사한 경력이 있는 사람은 대통령령으로 정하는 회계 또는 재무 전문가에 해당한다.
③ 주권 상장 법인에서 재무 또는 회계 관련 업무에 임원으로 3년 이상 근무한 경력이 있는 사람은 대통령령으로 정하는 회계 또는 재무 전문가에 해당한다.
④ 당해 보험 회사의 상근 감사로 재임 중인 자는 감사 위원회의 사외 이사가 아닌 위원이 될 수 있다.

037 보험업법 및 동법 시행령상 보험 대리점과 보험 중개사의 등록 시 영업 보증금에 관한 설명으로 옳지 않은 것은?

① 개인인 보험 대리점의 경우 1억 원 범위 내
② 법인인 보험 대리점의 경우 3억 원 범위 내
③ 개인인 보험 중개사의 경우 1억 원 이상
④ 법인인 보험 중개사의 경우 5억 원 이상

038 내부 통제 기준에 관한 설명 중 옳지 않은 것은?

① 보험 회사는 내부 통제 기준을 정하여야 한다.
② 보험 회사는 내부 통제 기준의 준수 여부를 점검하고, 그 위반 사항을 조사하여 감사 또는 감사 위원회에 보고하는 준법 감시인을 1명 이상 두어야 한다.
③ 보험 회사는 준법 감시인을 임면하려면 주주 총회의 의결을 거쳐야 한다.
④ 변호사, 공인 회계사 또는 보험 계리사의 자격을 가진 자로서 그 자격과 관련된 업무에 5년 이상 종사한 경력이 있는 자는 준법 감시인이 될 수 있다.

039 내부 통제 기준에 대한 설명으로 틀린 것은?

① 보험 회사는 법령을 준수하고 자산 운용을 건전하게 하며 보험 계약자를 보호하기 위하여 그 임직원이 직무를 수행할 때 따라야 할 기본적인 절차와 기준으로서 내부 통제 기준을 정하여야 한다.
② 보험 회사는 준법 감시인이 그 직무를 수행할 때 임직원에게 자료나 정보의 제출을 요구하는 경우에는 그 임직원으로 하여금 성실히 따르도록 하여야 한다.
③ 금융 관계 분야의 석사 학위 이상의 학위 소지자로서 연구 기관이나 대학에서 연구원 또는 조교수 이상으로 3년 이상 근무한 경력이 있는 자는 준법 감시인이 될 수 있다.
④ 준법 감시인은 선량한 관리자의 주의로 그 직무를 수행하여야 한다.

040 보험 회사인 주식회사의 자본 감소에 관한 설명으로 옳지 않은 것은?

① 자본 감소를 결의한 경우에는 결의일로부터 2주 이내에 결의의 요지와 대차 대조표를 공고하여야 한다.
② 공고에는 1개월 이상의 기간을 정하여 이의가 있는 보험 계약자는 일정한 기간 동안 이의를 제출할 수 있다는 뜻을 덧붙여야 한다.
③ 이의를 제기한 보험 계약자가 보험 계약자 총수의 100분의 1을 초과하거나 그 보험 금액이 보험금 총액의 100분의 1을 초과하는 경우에는 자본을 감소하지 못한다.
④ 자본 감소를 결의할 때 주식 금액 또는 주식 수의 감소에 따른 자본금의 실질적 감소를 하려면 미리 금융 위원회의 승인을 받아야 한다.

041 보험업법상 최근 사업 연도 말 현재 자산 총액이 2조 원 이상인 보험 회사의 소수 주주권 행사 비율이 올바르게 짝지어진 것은?

① 대표 소송 제기권 : 발행 주식 총수의 10만분의 5 이상
② 이사·감사 해임 청구권 : 발행 주식 총수의 10만분의 150 이상
③ 주주 총회 소집 청구권 : 발행 주식 총수의 10만분의 250 이상
④ 주주 제안권 : 발행 주식 총수의 10만분의 150 이상

042 보험업법상 준법 감시인에 대한 설명으로 옳은 것은?

① 준법 감시인은 보험 회사의 내부 통제 기준을 제정하고 그 준수 여부를 점검하며 그 위반 사항을 조사하여 감사 또는 감사 위원회에 보고하는 자이다.
② 보험 회사는 자본 규모와 상관없이 반드시 준법 감시인을 두어야 하나, 본점에 준법 감시인을 둔 외국 보험 회사의 국내 지점은 준법 감시인을 두지 않아도 된다.
③ 준법 감시인의 임면은 이사회 결의로 하되 그 임기 보장에 대하여는 준법 지원인에 대한 상법 규정을 준용하도록 규정하고 있다.
④ 준법 감시인은 그 직무 수행에 필요할 때 대표 이사 또는 이사회 의장을 포함한 임직원에게 자료나 정보의 제출을 요구할 수 있다.

043 보험업법상 보험 회사에 대한 주주 대표 소송에 관한 설명으로 옳지 않은 것은?

① 보험업법에 의하면 6개월 이상 계속하여 발행 주식 총수의 10만분의 5 이상에 해당하는 주식을 보유한 주주가 행사 가능하다.
② 최근 사업 연도 말 현재 자산 총액이 2조 원 이상인 보험 회사인 경우에만 보험업법에 따른 주식 보유 비율이 적용된다.
③ 보험업법 시행령에 따르면 보험업법이 적용되기 위해서는 납입 자본금이 1천억 원 이상인 보험 회사이어야 한다.
④ 보험 회사에 대한 주주 대표 소송에서 승소한 주주는 보험업법에 따라 보험 회사에 대하여 소송 비용과 그 밖에 소송으로 생긴 모든 비용의 지급을 청구할 수 있다.

044 보험 회사의 조직 변경에 관한 설명으로 옳지 않은 것은?

① 주식회사는 상호 회사로, 상호 회사는 주식회사로 각각 조직을 변경할 수 있다.
② 주식회사가 상호 회사로 조직을 변경할 때에는 주주 총회의 특별 결의를 거쳐야 한다.
③ 조직 변경 절차에 하자가 있는 경우, 주주는 변경 등기가 있는 날로부터 6개월 내에 조직 변경 무효의 소를 제기할 수 있다.
④ 주식회사는 조직 변경 결의 공고 후에도 보험 계약을 체결할 수 있다.

045 보험 회사인 주식회사의 조직 변경에 대한 설명으로 틀린 것은?

① 주식회사가 조직 변경을 결의한 경우 그 결의를 한 날부터 2주 이내에 결의의 요지와 대차 대조표를 공고하고 주주 명부에 적힌 질권자에게는 개별적으로 알려야 한다.
② 주식회사는 조직 변경 시 법 소정의 공고를 한 날 이후에 보험 계약을 체결하려면 보험 계약자가 될 자에게 조직 변경 절차가 진행 중임을 알리고 그 승낙을 받아야 한다.
③ 조직 변경 시 법 소정의 규정에 따른 승낙을 한 보험 계약자는 조직 변경 절차를 진행하는 중에는 보험 계약자로 본다.
④ 주식회사는 조직 변경을 결의할 때 보험 계약자 총회를 갈음하는 기관에 관한 사항을 정할 수 있다.

046 외국 보험 회사 국내 지점에 대한 설명으로 틀린 것은?

① 외국 보험 회사 국내 지점은 대한민국에서 체결한 보험 계약에 관하여 법 소정의 규정에 따라 적립한 책임 준비금 및 비상 위험 준비금에 상당하는 자산을 대한민국에서 보유하여야 한다.
② 국내에 있는 자에 대한 대여금, 그 밖의 채권은 보유하여야 할 자산의 대상에서 제외된다.
③ 외국 보험 회사 국내 지점의 대표자는 퇴임한 후에도 후임 대표자의 이름 및 주소에 관하여 법 소정의 규정에 따른 등기가 있을 때까지는 계속하여 대표자의 권리와 의무를 가진다.
④ 외국 보험 회사 국내 지점의 대표자는 보험업법에 따른 보험 회사의 임원으로 본다.

047 보험업법상 상호 회사의 기금 납입 방법으로 옳은 것은?

① 금전만 가능
② 금전 및 유가 증권 가능
③ 금전 및 자본 증권 가능
④ 금전 및 기타 자산 가능

048 보험업법상 상호 회사의 사원이 부담하는 책임에 관하여 규정한 것으로 옳은 것은?

① 무한 책임
② 연대 책임
③ 보상 책임
④ 간접 책임

049 보험업법상 상호 회사의 사원이 갖는 권리와 의무에 관한 사항으로서 타당하지 않은 것은?

① 상호 회사의 사원은 보험료의 납입에 관하여 상계로써 회사에 대항하지 못한다.
② 생명 보험 및 제3보험을 목적으로 하는 상호 회사의 사원은 회사의 승낙을 받아 타인으로 하여금 그 권리와 의무를 승계하게 할 수 있다.
③ 손해 보험을 목적으로 하는 상호 회사의 사원이 보험의 목적을 양도한 경우 양수인은 회사의 승낙을 받아 양도인의 권리와 의무를 승계할 수 있다.
④ 상호 회사는 정관으로 보험 금액의 삭감에 관한 사항을 정할 수 없다.

050 보험업법상 상호 회사의 청산인이 회사 자산을 처분하는 순위로 옳은 것은?

1. 일반 채무의 변제
2. 사원의 보험 금액
3. 기금의 상각

① 1 – 2 – 3
② 3 – 2 – 1
③ 2 – 3 – 1
④ 1 – 3 – 2

051 외국 보험 회사 국내 지점에 관한 설명으로 옳지 않은 것은?

① 외국 보험 회사 국내 지점의 대표자는 보험업법에 따른 보험 회사의 임원으로 본다.
② 외국 보험 회사 국내 지점은 그 외국 보험 회사의 본점이 합병으로 인하여 소멸한 경우에는 그 사유가 발생한 날부터 7일 이내에 그 사실을 금융 위원회에 알려야 한다.
③ 금융 위원회는 외국 보험 회사의 본점이 휴업하거나 영업을 중지한 경우에는 청문을 거쳐 보험업의 허가를 취소할 수 있다.
④ 외국 보험 회사 국내 지점은 대한민국에서 체결한 보험 계약에 관하여 적립한 책임 준비금 및 비상 위험 준비금에 상당하는 자산을 대한민국 또는 그 본점 소재지 국가에서 보유하여야 한다.

4 모집

052 다음 중 보험 모집을 할 수 있는 자는?

① 보험 회사의 대표 이사
② 보험 회사의 준법 감시인
③ 보험 회사의 직원
④ 보험 회사의 감사 위원

053 다음 중 보험 설계사가 모집을 할 수 없는 경우는?

① 생명 보험 회사에 소속된 보험 설계사가 1개의 손해 보험 회사를 위하여 모집을 하는 경우
② 손해 보험 회사에 소속된 보험 설계사가 1개의 생명 보험 회사를 위하여 모집을 하는 경우
③ 생명 보험 회사에 소속된 보험 설계사가 1개의 제3보험업을 전업으로 하는 보험 회사를 위하여 모집을 하는 경우
④ 손해 보험 회사에 소속된 보험 설계사가 다른 손해 보험 회사를 위하여 모집을 하는 경우

054 보험 설계사가 100명 이상인 법인 보험 대리점으로서 금융 위원회가 정하여 고시하는 법인 보험 대리점이 갖추어야 하는 요건이 아닌 것은?

① 법령을 준수하고 보험 계약자를 보호하기 위한 업무 지침을 정할 것
② 업무 지침의 준수 여부를 점검하고 그 위반 사항을 조사하는 임원 또는 직원을 1명 이상 둘 것
③ 보험 계약자를 보호하고 보험 계약의 모집 업무를 수행하기 위하여 필요한 전산 설비 등 물적 시설을 충분히 갖출 것
④ 보험 계약자를 보호하기 위하여 영업 보증금을 5억 원 이상 예탁할 것

055 보험업법상 보험 설계사가 될 수 없는 자가 아닌 것은?

① 한정 치산자
② 파산 선고를 받은 자로서 복권이 된 자
③ 보험업법에 따라 금고 이상의 형의 집행 유예를 선고받고 그 유예 기간 중에 있는 자
④ 보험업법에 따라 보험 설계사의 등록이 취소된 후 2년이 지나지 아니한 자

056 보험업법 제85조의2 제2항에 따라 법인이 아닌 보험 대리점 및 보험 중개사는 보험업법에 따라 보험 대리점 또는 보험 중개사의 등록을 한 날부터 (A)년이 지날 때마다 (A)년이 된 날부터 (B)개월 이내에 교육을 받아야 한다. A, B에 들어갈 기간으로 옳은 것은?

① A : 2년, B : 3개월
② A : 2년, B : 6개월
③ A : 3년, B : 3개월
④ A : 3년, B : 6개월

057 보험 회사 등이 보험 설계사에게 보험 계약의 모집을 위탁할 때 금지되는 행위가 아닌 것은?

① 보험 모집 위탁 계약서를 교부하지 아니하는 행위
② 위탁 계약서상 계약 사항을 이행하지 아니하는 행위
③ 위탁 계약서에서 정한 해지 요건을 사유로 위탁 계약을 해지하는 행위
④ 보험 설계사에게 보험료 대납을 강요하는 행위

058 보험 설계사에 대한 보험 회사의 불공정한 모집 위탁 행위를 막기 위하여 보험 회사가 지켜야 할 규약을 정할 수 있는 곳은?

① 공정 거래 위원회의 권고를 받은 금융 위원회
② 금융 위원회의 위임을 받은 금융 감독원
③ 보험 회사들이 설립한 보험 협회
④ 보험 관련 정보를 수집·제공하는 보험 개발원

059 보험 설계사의 등록을 반드시 취소하여야 하는 경우에 해당하지 않는 것은?

① 보험업법에 따라 금고 이상의 형의 집행 유예를 선고받고 그 유예 기간 중에 있는 경우
② 보험업법에 따라 과태료 처분을 2회 이상 받은 경우
③ 이전에 모집과 관련하여 받은 보험료를 다른 용도에 유용한 후 등록 당시 1년이 지나지 아니한 경우
④ 보험업법에 따라 업무 정지 처분을 2회 이상 받은 경우

060 보험업법상 보험 중개사가 될 수 없는 자를 모두 포함하고 있는 것은?

> 가. 보험 설계사로 등록된 자
> 나. 보험 대리점으로 등록된 자
> 다. 다른 보험 회사의 임원
> 라. 다른 보험 회사의 직원
> 마. 부채가 자산을 초과하는 법인

① 가, 나, 다
② 가, 나, 마
③ 가, 다, 라, 마
④ 가, 나, 다, 라, 마

061 보험업법상 금융 기관 보험 대리점이 될 수 없는 것은?

① 자본 시장과 금융 투자업에 관한 법률에 따른 신탁업자
② 상호 저축 은행법에 따른 상호 저축 은행
③ 한국 산업 은행법에 따라 설립된 한국 산업 은행
④ 농업 협동조합법에 따라 설립된 조합

062 보험 설계사, 보험 대리점 또는 보험 중개사가 발생된 사실에 대하여 금융 위원회에 신고를 하지 않아도 되는 사항은?

① 모집 업무를 폐지한 경우
② 개인의 경우 대리인이 사망한 경우
③ 법인의 경우 그 법인이 해산한 경우
④ 법인이 아닌 사단 또는 재단의 경우에 그 단체가 소멸한 경우

063 다음 중 보험 모집을 위하여 사용하는 보험 안내 자료에 반드시 기재하여야 하는 사항이 아닌 것은?

① 보험금 지급 제한 조건에 관한 사항
② 보험 회사의 장래의 이익 배당 또는 잉여금 분배에 대한 예상에 관한 사항
③ 해약 환급금에 관한 사항
④ 예금자 보호법에 따른 예금자 보호와 관련된 사항

064 보험업법상 보험 안내 자료에 반드시 포함되어야 하는 것이 아닌 것은?

① 보험 회사의 상호나 명칭
② 다른 보험 회사 상품과 비교한 사항
③ 보험 약관으로 정하는 보장에 관한 사항
④ 보험금 지급 제한 조건에 관한 사항

065 보험 안내 자료에 적을 수 없는 것은?

① 해약 환급금에 관한 사항
② 다른 보험 회사 상품과 비교한 사항
③ 보험 약관으로 정하는 보장에 관한 사항
④ 보험금이 금리에 연동되는 보험 상품의 경우 적용 금리 및 보험금 변동에 관한 사항

066 다음은 무엇을 표현한 것인가?

> 보험 회사 또는 보험의 모집에 종사하는 자는 일반 보험 계약자가 보험 계약을 체결하기 전에 면담 또는 질문을 통하여 보험 계약자의 연령, 재산 상황, 보험 가입의 목적 등 소정의 법령으로 정하는 사항을 파악하고 일반 보험 계약자의 서명, 기명 날인, 녹취, 그 밖에 소정의 법령으로 정하는 방법으로 확인을 받아 유지·관리하여야 하며, 확인받은 내용은 일반 보험 계약자에게 지체 없이 제공하여야 한다.

① 투명성의 원칙
② 작성자 불이익의 원칙
③ 설명 의무의 원칙
④ 적합성의 원칙

067 보험업법상 보험 회사의 일반 보험 계약자에 대한 설명 의무의 대상 중 일반 보험 계약자가 설명을 거부하는 경우 설명 의무가 면제되는 사항은?

① 보장 범위
② 보험 계약의 체결 시부터 보험금 지급 시까지의 주요 과정
③ 보험금의 지급 제한 사유
④ 보험금의 지급 내역

068 보험업법상 보험 회사에게 중복 계약 체결 확인 의무를 부담하게 하는 보험 계약으로 타당한 것은?

① 실손 의료 보험 계약
② 변액 보험 계약
③ 손해 보험 계약
④ 상해 보험 계약

069 보험 회사가 보험 상품에 대해 광고하는 경우에 대한 규정으로서 옳지 않은 것은?

① 보험 계약자가 보험 상품의 내용을 오해하지 아니하도록 명확하고 공정하게 전달하여야 하며, 보험 계약 체결 전에 상품 설명서 및 약관을 읽어 볼 것을 권유하는 내용이 광고에 포함되어야 한다.
② 변액 보험 상품을 광고할 때에는 변액 보험 계약과 관련하여 자산 운용의 성과에 따라 보험금이 변동될 수 있다는 내용이 반드시 포함되어야 한다.
③ 해약 환급금이 이미 납부한 보험료보다 적거나 없을 수 있다는 내용은 거래계에 잘 알려진 사실이므로 이를 알리거나 해약 환급금을 예시할 필요가 없다.
④ 보험 회사는 보험 상품 광고에 대하여 사전에 해당 보험 회사의 준법 감시인의 확인을 받아야 하며 보험 협회는 필요하면 보험 회사로부터 광고물을 미리 제출받아 보험업법이 정한 광고 기준을 지키는지를 확인할 수 있다.

070 보험업법은 일정한 통신 수단을 이용할 수 있도록 하여야 할 의무를 보험 회사에게 부과하고 있는데, 그중 통신 수단의 이용에 동의한 경우에만 의무가 인정되는 것은?

① 보험 계약을 청약한 자가 청약의 내용을 확인·정정 요청하는 경우
② 보험 계약을 청약한 자가 청약을 철회하고자 하는 경우
③ 보험 계약자가 체결한 계약을 해지하고자 하는 경우
④ 보험 계약자가 체결한 계약의 내용을 확인하고자 하는 경우

071 통신 수단을 이용한 모집 등에 대한 설명으로 틀린 것은?

① 다른 사람의 평온한 생활을 침해하는 방법으로 모집을 하여서는 안 된다.
② 통신 수단 중 전화를 이용하여 모집하는 자는 보험 계약의 청약이 있는 경우 보험 계약자의 동의를 받아 청약 내용, 보험료의 납입, 보험 기간, 고지 의무, 약관의 주요 내용 등 보험 계약 체결을 위하여 필요한 사항을 질문 또는 설명하고 그에 대한 보험 계약자의 답변 및 확인 내용을 음성 녹음하는 등 증거 자료를 확보·유지하여야 한다.

③ 전화를 이용하여 모집하는 경우 청약자의 신원을 확인할 수 있는 등 금융 위원회가 정하는 경우에는 자필 서명을 받지 아니할 수 있다.
④ 사이버몰을 이용하여 모집하는 자는 사이버몰에 보험 약관의 주요 내용을 표시하여야 하며 보험 계약자의 청약 내용에 대해서는 공인 전자 서명을 받은 경우에도 보험 계약자로부터 자필 서명을 받아야 한다.

072 보험업법은 아래의 행위를 기존 보험 계약을 부당하게 소멸시키거나 소멸하게 하는 행위로 본다. 괄호 안에 들어갈 것을 순서대로 나열한 것은?

> 기존 보험 계약이 소멸된 날부터 (   ) 이내에 새로운 보험 계약을 청약하게 하거나 새로운 보험 계약을 청약하게 한 날부터 (   ) 이내에 기존 보험 계약을 소멸하게 하는 경우로서 해당 보험 계약자 또는 피보험자에게 기존 보험 계약과 새로운 보험 계약의 보험 기간 및 (   ) 등 대통령령으로 정하는 중요한 사항을 비교하여 알리지 아니하는 행위

① 1개월, 1개월, 보험 금액
② 2개월, 2개월, 보험 목적
③ 3개월, 3개월, 보험 회사의 면책 사유
④ 6개월, 6개월, 예정 이자율

073 보험업법상 보험 계약의 체결 또는 모집에 종사하는 자의 행위 중 정당한 이유가 있는 경우에만 할 수 있는 것은?

① 실제 명의인이 아닌 자의 보험 계약을 모집하는 행위
② 실제 명의인의 동의가 없는 보험 계약을 모집하는 행위
③ 다른 모집 종사자의 명의를 이용하여 보험 계약을 모집하는 행위
④ 장애인 차별 금지 및 권리 구제 등에 관한 법률 제2조에 따른 장애인의 보험 가입을 거부하는 행위

074 보험 모집에 종사하는 자가 보험 계약자로 하여금 기존 보험 계약을 부당하게 소멸시킴으로써 새로운 보험 계약을 체결하게 한 경우 보험업법이 규정한 법적 효과로서 타당한 것은?

① 보험 계약자는 소멸된 보험 계약의 부활을 청구할 수 있고, 새로운 보험 계약은 무효이다.
② 보험 계약자는 소멸된 보험 계약의 부활을 추정할 수 있고, 새로운 보험 계약은 무효이다.
③ 보험 계약자는 소멸된 보험 계약의 부활을 청구할 수 있고, 새로운 보험 계약은 취소할 수 있다.
④ 보험 계약자는 소멸된 보험 계약의 부활을 추정할 수 있고, 새로운 보험 계약은 취소할 수 있다.

075 보험 계약의 체결 또는 모집에 종사하는 자는 그 체결 또는 모집과 관련하여 보험 계약자나 피보험자에게 특별 이익을 제공하거나 제공하기로 약속하여서는 안 된다. 다음 중 제공이 금지되는 특별 이익에 해당하는 것을 모두 묶은 것은?

> 가. 상법 제682조에 따른 제3자에 대한 청구권 대위 행사의 포기
> 나. 보험료로 받은 수표 또는 어음에 대한 이자 상당액의 대납
> 다. 기초 서류에서 정한 보험 금액보다 많은 보험 금액의 지급 약속
> 라. 보험 계약 체결 시부터 최초 1년간 납입되는 보험료의 100분의 3과 3만 원 중 적은 금액을 초과하는 금품의 제공

① 가, 나   ② 나, 다
③ 다, 라   ④ 가, 나, 다

076 금융 기관 보험 대리점 등의 금지 행위로 틀린 것은?

① 대출 등을 받는 자의 동의를 미리 받지 아니하고 보험료를 대출 등의 거래에 포함시키는 행위
② 법 소정의 규정에 따라 모집을 할 수 있는 자를 포함하여 해당 금융 기관의 임직원에게 모집을 하도록 하거나 이를 용인하는 행위
③ 해당 금융 기관의 점포 외의 장소에서 모집을 하는 행위
④ 모집과 관련이 없는 금융 거래를 통하여 취득한 개인 정보를 미리 그 개인의 동의를 받지 아니하고 모집에 이용하는 행위

077 보험업법은 보험 대리점 또는 보험 중개사의 자기 계약을 금지한다. 괄호 안에 들어갈 내용을 순서대로 나열한 것은?

> 보험 대리점 또는 보험 중개사가 모집한 자기 또는 자기를 고용하고 있는 자를 보험 계약자나 피보험자로 하는 보험의 (   ) 누계액이 그 보험 대리점 또는 보험 중개사가 모집한 보험의 (   )의 (   )을 초과하게 된 경우에는 그 보험 대리점 또는 보험 중개사는 자기 또는 자기를 고용하고 있는 자를 보험 계약자 또는 피보험자로 하는 보험을 모집하는 것을 그 주된 목적으로 한 것으로 본다.

① 보험료, 보험료, 100분의 50
② 보험 금액, 보험 금액, 100분의 50
③ 보험료, 보험료, 100분의 70
④ 보험 금액, 보험 금액, 100분의 70

078 보험 회사의 배상 책임과 관련하여 타당한 것은?

① 보험 회사는 그 보험 설계사 또는 보험 대리점이 모집을 하면서 보험 계약자에게 손해를 야기한 경우라 할지라도 배상할 책임을 지는 것은 아니다.
② 손해 배상 청구권은 피해자나 그 법정 대리인이 그 손해 및 가해자를 안 날로부터 5년간 이를 행사하지 아니하면 시효로 인하여 소멸한다.
③ 손해 배상 청구권은 손해를 가한 날로부터 1년을 경과한 때 소멸하기도 한다.
④ 보험금을 취득할 자는 보험 중개사의 보험 계약 체결의 중개 행위와 관련하여, 위탁한 보증금에서 다른 채권자보다 우선하여 변제받을 권리가 인정된다.

079 수수료 지급 금지와 관련된 사항 중 타당하지 않은 것은?

① 원칙적으로 보험 회사는 모집을 할 수 있는 자 이외의 자에게 모집을 위탁하거나 모집에 관하여 수수료·보수 그 밖의 대가를 지급하지 못한다.
② 보험 설계사는 같은 보험 회사 등에 소속된 다른 보험 설계사에게 모집 또는 그 위탁을 하거나, 모집에 관하여 수수료·보수 그 밖의 대가를 지급하는 것이 가능하다.
③ 보험 중개사는 수수료나 그 밖의 대가를 청구하고자 하는 경우에, 당해 서비스를 제공한 후에 제공한 서비스별 내역이 표시된 보수 명세서를 보험 계약자에게 제시하여야 한다.
④ 보험 대리점 또는 보험 중개사는 자기 또는 자기를 고용하고 있는 자를 보험 계약자 또는 피보험자로 하는 보험을 모집하는 것을 주된 목적으로 하지 못한다.

080 보험 중개사의 손해 배상 책임에 관한 설명으로 옳지 않은 것은?

① 보험 중개사의 보험 계약 체결의 중개 행위와 관련하여 손해를 입은 보험 계약자는 그 보험 중개사의 영업 보증금의 한도에서 영업 보증금 예탁 기관에 손해 배상금의 지급을 신청할 수 있다.
② 손해 배상금의 지급 신청을 받은 영업 보증금 예탁 기관의 장은 그 사실을 해당 보험 중개사에게 14일 이내에 통지하고 사실 관계에 대한 조사를 하여야 한다.
③ 보험 중개사는 영업 보증금 예탁기관의 장으로부터 손해 배상금의 전부 또는 일부를 지급받은 보험 계약자에 대하여 그 금액만큼 손해 배상 책임을 면한다.
④ 보험 계약자가 보험 중개사의 보험 계약 체결 중개 행위와 관련하여 손해를 입은 경우에는, 그 손해액을 보험 중개사의 영업 보증금에서 다른 채권자보다 우선하여 변제받을 권리를 가진다.

081 보험 설계사의 교차 모집에 관한 설명으로 옳지 않은 것은?

① 회사에 소속된 보험 설계사가 1개의 제3보험업을 전업으로 하는 보험 회사를 위하여 교차 모집하는 것은 허용된다.
② 보험 설계사는 교차 모집을 하려는 보험 회사의 명칭 등을 적은 서류를 보험 협회에 제출하여야 한다.
③ 교차 모집 보험 설계사는 모집하려는 보험 계약의 종류에 따라 등록 요건을 갖추어 금융 위원회에 보험 설계사 등록을 하여야 한다.
④ 교차 모집 보험 설계사는 모집을 위탁한 보험 회사에 대하여 회사가 정한 수수료·수당 외에 추가로 대가를 지급하도록 요구하는 행위를 하여서는 아니 된다.

082 금융 기관 보험 대리점 등에 관한 설명으로 옳지 않은 것은?

① 은행법에 따라 설립된 은행으로서 금융 기관 보험 대리점인 자가 모집할 수 있는 보험 상품의 범위에 개인 장기 보장성 보험 중 제3보험은 전혀 포함되지 않는다.
② 해당 금융 기관 보험 대리점 등의 점포 내의 지정된 장소에서 보험 계약자와 직접 대면하여 모집하는 방법으로만 모집하여야 하는 것은 아니다.
③ 여신 전문 금융업법에 따라 허가를 받은 신용카드업자(겸영 여신업자 제외)로서 금융 기관 보험 대리점인 자는 전화 등의 통신 수단을 이용하여 보험을 모집할 수 있다.
④ 금융 기관 보험 대리점 등은 해당 금융 기관에 적용되는 모집 수수료율을 모집을 하는 점포의 창구 및 인터넷 홈페이지에 공시하여야 한다.

083 변액 보험 계약의 보험 안내 자료에 기재될 사항으로 특유한 것이 아닌 것은?

① 예금자 보호법에 따른 예금자 보호와 관련된 사항
② 최저 보장 보험금이 설정되어 있는 경우 그 내용
③ 납입한 보험료의 원금 손실 발생 가능성
④ 원금 손실이 발생할 경우 그 손실은 보험 계약자에게 귀속된다는 사실

084 보험업법상 설명 의무에 관한 설명으로 옳은 것은?

① 보험 회사 또는 보험의 모집에 종사하는 자는 보험 계약 체결을 권유하는 경우에는 보험료, 보험금 지급 제한 사유 등의 중요 사항을 모든 보험 계약자가 이해할 수 있도록 설명하여야 한다.
② 보험 회사 또는 보험의 모집에 종사하는 자는 보험 계약의 체결 시부터 보험금 지급 시까지의 주요 과정을 모든 보험 계약자에게 설명하여야 한다.
③ 보험 회사는 보험금 지급을 요청한 모든 보험 계약자에 대하여 보험금의 지급 절차 및 지급 내역 등을 설명하여야 하며, 보험금을 감액하여 지급하거나 지급하지 아니하는 경우에는 그 사유를 설명하여야 한다.
④ 보험 회사 또는 보험의 모집에 종사하는 자는 전문 보험 계약자에 대해서는 설명 내용을 이해하였음을 서명 등의 방법을 통하여 확인을 받지 않아도 된다.

085 보험 계약의 체결 또는 모집에 종사하는 자는 그 체결 또는 모집과 관련하여 보험 계약자나 피보험자에게 특별 이익을 제공하거나 제공하기로 약속하여서는 아니 되는 바, 그 특별 이익에 해당하는 것이 아닌 것은?

① 보험 계약 체결 시부터 최초 1년간 납입되는 보험료의 100분의 10과 3만 원 중 적은 금액
② 기초 서류에서 정한 보험 금액보다 많은 보험 금액의 지급 약속
③ 보험 계약자나 피보험자를 위한 보험료의 대납
④ 상법 제682조에 따른 제3자에 대한 청구권 대위 행사의 포기

086 다음 중 현행 보험업법상 자산 운용의 원칙에 해당하는 것을 모두 고르시오.

가. 안정성	나. 유동성	다. 수익성	라. 보장성

① 가, 나, 다   ② 가, 나, 라   ③ 가, 다, 라   ④ 나, 다, 라

087 보험 모집 업무 종사자에 대한 다음의 설명으로 옳지 않은 것은?

① 보험 계약자, 피보험자, 보험금을 취득할 자, 그 밖에 보험 계약에 관하여 이해가 있는 자로 하여금 고의로 보험 사고를 발생시키거나 발생하지 아니한 보험 사고를 발생한 것처럼 조작하여 보험금을 수령하도록 하는 행위를 하여서는 아니 된다.
② 보험 계약자, 피보험자, 보험금을 취득할 자, 그 밖에 보험 계약에 관하여 이해가 있는 자로 하여금 이미 발생한 보험 사고의 원인, 시기 또는 내용 등을 조작하거나 피해의 정도를 과장하여 보험금을 수령하도록 하는 행위를 하여서는 아니 된다.
③ 금융 위원회는 보험 설계사가 보험업법에 따른 명령이나 처분을 위반한 경우에는 3개월 이내의 기간을 정하여 그 업무의 정지를 명하거나 그 등록을 취소할 수 있다.
④ 보험 대리점 소속 보험 설계사가 모집에 관한 보험업법의 규정을 위반한 경우, 금융 위원회는 그 보험 대리점에 대하여 6개월 이내의 기간을 정하여 그 업무의 정지를 명하거나 그 등록을 취소할 수 있다.

088 보험 계약의 청약 철회에 관한 다음의 설명에서 괄호 안에 들어갈 올바른 것은?

> 보험 회사는 일반 보험 계약자로서 보험 회사에 대하여 대통령령으로 정하는 보험 계약을 청약한 자가 보험 증권을 받은 날로부터 (a)일(거래 당사자 사이에 (a)일보다 긴 기간으로 약정한 경우에는 그 기간) 이내에 대통령령으로 정하는 바에 따라 청약 철회의 의사를 표시하는 경우에는 특별한 사정이 없는 한 이를 거부할 수 없다. 다만, 청약을 한 날로부터 (b)일을 초과한 경우에는 그러하지 아니하다.

① a : 10, b : 20
② a : 14, b : 20
③ a : 15, b : 30
④ a : 30, b : 60

089 보험 회사 또는 보험의 모집에 종사하는 자는 일반 보험 계약자의 연령, 재산 상황, 보험 가입의 목적 등에 비추어 그 일반 보험 계약자에게 적합하지 아니하다고 인정되는 보험 계약의 체결을 권유하여서는 안 되는데, 다음 중 그러한 적합성의 원칙이 적용되는 보험에 해당하는 것은?

① 변액 보험
② 화재 보험
③ 상해 보험
④ 생명 보험

090 보험 회사 또는 보험의 모집에 종사하는 자가 보험 상품에 관한 광고를 할 때에는 지켜야 할 사항을 해당 보험 회사의 (a)에 반영하고, 보험 상품 광고에 대하여 사전에 해당 보험 회사의 (b)의 확인을 받아야 한다. 괄호에 들어갈 것으로 올바른 것은?

① a : 기업 회계 기준, b : 대표 이사
② a : 내부 통제 기준, b : 준법 감시인
③ a : 기업 회계 기준, b : 감사
④ a : 내부 통제 기준, b : 대표 이사

091 보험 설계사, 개인 보험 대리점, 보험 중개사의 교육에 대한 다음 설명 중 괄호 안에 들어갈 올바른 것은?

> 보험업법 소정의 규정에 따라 교육을 실시하는 경우, 보험 회사, 보험 대리점 및 보험 중개사는 소속 보험 설계사에게 법 소정의 규정에 따라 등록한 날부터 (a)년이 지날 때마다 (a)년이 된 날부터 (b)개월 이내에 소정의 법령의 기준에 따라 교육을 하여야 한다.

① a : 1, b : 3
② a : 1, b : 6
③ a : 2, b : 3
④ a : 2, b : 6

092 보험업법상 보험 설계사의 등록에 관한 다음의 설명 중 옳지 않은 것은?

① 보험업법에 따라 벌금 이상의 형을 선고받고 그 집행이 끝나거나(집행이 끝난 것으로 보는 경우를 포함) 집행이 면제된 날부터 3년이 지난 자는 보험 설계사가 되지 못한다.
② 파산 선고를 받은 자로서 복권되지 아니한 자는 보험 설계사가 되지 못한다.
③ 보험업법에 따라 금고 이상의 형의 집행 유예를 선고받고 그 유예 기간 중에 있는 자는 보험 설계사가 되지 못한다.
④ 보험업법에 따라 보험 설계사·보험 대리점 또는 보험 중개사의 등록이 취소된 후 2년이 지나지 아니한 자는 보험 설계사가 되지 못한다.

093 보험업법상 보험 대리점에 모집을 위탁한 보험 회사의 손해 배상 책임에 관한 설명으로 옳지 않은 것은?

① 보험 회사는 보험 대리점이 모집을 하면서 보험 계약자에게 입힌 손해를 배상할 책임이 있으며 이에 따라 발생한 청구권의 소멸 시효에 관하여는 민법 제766조를 준용한다.
② 보험 회사가 모집을 위탁하면서 상당한 주의를 하였고 이들이 모집을 하면서 보험 계약자에게 손해를 입히는 것을 막기 위하여 노력한 경우에는 손해 배상 책임이 없다.
③ 타인을 위한 생명 보험 계약에서 보험료를 낸 보험 수익자는 보험 대리점의 보험료 횡령으로 보험 계약이 해지된 경우 보험금 상당액을 보험 회사에게 손해 배상 청구할 수 있다.
④ 보험 회사가 손해를 배상한 때에는 해당 보험 대리점에 구상권을 행사할 수 있도록 명시되어 있다.

094 보험 대리점으로 등록할 수 없는 금융 기관은?

① 은행법에 따라 설립된 은행
② 상호 저축 은행법에 따른 상호 저축 은행
③ 자본 시장과 금융 투자업에 관한 법률에 따른 투자 매매업자
④ 여신 전문 금융업법에 따라 허가를 받은 신용카드업자 중 겸영 여신업자

095 다음 중 금융 기관 보험 대리점을 운영할 수 없는 기관은?

① 하나은행
② 한국 산업 은행
③ 한국 수출입은행
④ 농협은행

096 보험업법상 보험 중개사에 관한 설명으로 옳지 않은 것은?

① 보험 중개사는 보험 회사의 직원이 될 수 없다.
② 보험 중개사는 보험 계약의 체결을 중개하면서 보험 계리사의 업무를 겸할 수 있다.
③ 보험 중개사는 보험 계약의 체결을 중개할 때 그 수수료에 관한 사항을 비치하여 보험 계약자가 열람할 수 있도록 하여야 한다.
④ 보험 중개사는 보험 계약자가 요청하는 경우에는 보험 계약 체결의 중개와 관련하여 보험 회사로부터 받은 수수료·보수와 그 밖의 대가를 알려 주어야 한다.

097 보험업법상 보험 계약의 중요 사항에 대한 설명 의무와 관련하여 옳지 않은 것은?

① 고지 의무 위반의 효과뿐만 아니라 분쟁 조정 절차에 관한 사항도 보험 계약의 중요 사항이므로 설명하여야 한다.
② 일반 보험 계약자에게 보험 계약 체결을 권유하는 경우에는 설명하도록 규정되어 있다.
③ 약관의 규제에 관한 법률이 규정하는 설명 의무는 보험업법상 설명 의무를 지는 보험 회사 또는 보험의 모집에 종사하는 자에게는 그 적용이 없다.
④ 보험 회사 또는 보험의 모집에 종사하는 자가 설명하도록 규정되어 있다.

098 보험업법상 중복 보험 계약의 확인 의무가 적용되는 것은?

① 생명 보험 계약
② 정액 상해 보험 계약
③ 실손 의료 보험 계약
④ 실손 자동차 보험 계약

099 보험업법상 금지되는 특별 이익에 해당하지 않는 것으로 보험업법 시행령이 명문으로 규정한 것은?

① 보험 계약 체결 시부터 최초 1년간 납입되는 보험료의 100분의 5와 3만 원 중 적은 금액
② 보험 계약 체결 시부터 최초 1년간 납입되는 보험료의 100분의 5와 5만 원 중 적은 금액
③ 보험 계약 체결 시부터 최초 1년간 납입되는 보험료의 100분의 10과 3만 원 중 적은 금액
④ 보험 계약 체결 시부터 최초 1년간 납입되는 보험료의 100분의 10과 5만 원 중 적은 금액

100 보험업법상 금지되는 보험 대리점 또는 보험 중개사의 자기 계약에서 보험료 누계액을 계산할 때 포함하지 않는 것은?

① 자기를 보험 계약자로 한 모집
② 직계 가족을 보험 계약자로 한 모집
③ 자기를 고용하고 있는 자를 피보험자로 한 모집
④ 자기를 피보험자로 한 모집

101 법인 보험 대리점은 경영 현황 등 업무상 주요 사항을 공시하고 금융 위원회에 알려야 한다. 공시할 업무상 주요 사항에 포함되지 않는 것은?

① 경영하고 있는 업무의 종류
② 모집 조직에 관한 사항
③ 모집 실적에 관한 사항
④ 그 밖에 보험 계약자 보호를 위하여 소비자 보호 위원회가 정하여 고시하는 사항

102 금융 기관 보험 대리점 등(최근 사업 연도 말 현재 자산 총액이 2조 원 이상인 기관만 해당)이 모집할 수 있는 1개 생명 보험 회사 또는 1개 손해 보험 회사 상품의 모집액은 매 사업 연도별로 해당 금융 기관 보험 대리점 등이 신규로 모집하는 생명 보험 회사 상품의 모집 총액 또는 손해 보험 회사 상품의 모집 총액 각각의 'A'(보험업법 시행령 제40조 제7항에 따라 보험 회사 상품의 모집액을 합산하여 계산하는 경우에는 'B')를 초과할 수 없다. A, B 에 들어갈 비율로 옳은 것은?

① A : 100분의 20, B : 100분의 25
② A : 100분의 20, B : 100분의 30
③ A : 100분의 25, B : 100분의 30
④ A : 100분의 25, B : 100분의 33

103 보험업법상 적합성의 원칙에 관한 설명 중 옳지 않은 것은?

① 보험 회사 등은 일반 보험 계약자가 보험 계약을 체결하기 전에 면담 또는 질문을 통하여 보험 계약자의 연령, 재산 상황, 보험 가입의 목적 등을 파악하고 일반 보험 계약자의 서명, 기명 날인, 녹취 등의 방법으로 확인을 받아야 한다.
② 보험 회사 등은 일반 보험 계약자의 연령, 재산 상황, 보험 가입의 목적 등에 비추어 그 일반 보험 계약자에게 적합하지 아니하다고 인정되는 보험 계약의 체결을 권유하여서는 아니 된다.
③ 변액 보험 계약에 대해서는 비록 전문 보험 계약자라 할지라도 적합성의 원칙을 적용하여야 한다.
④ 보험 회사 등은 확인받은 내용을 보험 계약 체결 이후 종료일부터 2년간 유지·관리하여야 한다.

5 계산 및 감독

104 다음의 괄호 안에 알맞은 것을 순서대로 나열한 것은?

> 보험 회사는 매년 ( )에 재무제표 등 장부를 폐쇄하여야 하고 장부를 폐쇄한 날부터 ( ) 이내에 금융 위원회가 정하는 바에 따라 재무제표 및 사업 보고서를 ( )에 제출하여야 한다.

① 3월 31일, 3개월, 금융 위원회
② 2월 28일, 2개월, 금융 감독원
③ 12월 31일, 2개월, 금융 감독원
④ 12월 31일, 3개월, 금융 위원회

105 보험업법상 자기 자본을 산출할 때 합산하여야 할 항목이 아닌 것은?

① 납입 자본금
② 자본 잉여금
③ 영업권
④ 이익 잉여금

106 보험업법상 보험 회사가 지켜야 하는 재무 건전성 기준에 해당하는 것을 모두 묶은 것은?

> 가. 지급 여력 비율은 100분의 100 이상을 유지할 것
> 나. 대출 채권 등 보유 자산의 건전성을 정기적으로 분류하고 대손 충당금을 적립할 것
> 다. 보험 회사의 위험, 유동성 및 재보험의 관리에 관하여 금융 위원회가 정하여 고시하는 기준을 충족할 것

① 가, 나
② 가, 다
③ 나, 다
④ 가, 나, 다

107 보험업법상 재무제표의 제출과 서류 비치 등에 대한 설명으로 옳지 않은 것은?

① 보험 회사는 매년 대통령령으로 정하는 날에 그 장부를 폐쇄하여야 하고 장부를 폐쇄한 날부터 3개월 이내에 금융 위원회가 정하는 바에 따라 재무제표(부속 명세서 포함) 및 사업보고서를 금융 위원회에 제출하여야 한다.
② 보험 회사는 매월의 업무 내용을 적은 보고서를 매 분기별로 금융 위원회가 정하는 바에 따라 금융 위원회에 제출하여야 한다.
③ 보험 회사는 대통령령에 따른 재무제표 및 사업 보고서를 일반인이 열람할 수 있도록 금융 위원회에 제출하는 날부터 본점과 지점, 그 밖의 영업소에 비치하거나 전자 문서로 제공하여야 한다.
④ 보험 회사는 결산기마다 보험 계약의 종류에 따라 대통령령으로 정하는 책임 준비금과 비상 위험 준비금을 계상하고 따로 작성한 장부에 각각 기재하여야 한다.

108 보험업법에 규정된 상호 협정의 인가에 관한 다음의 내용 중 옳지 않은 것은?

① 보험 회사가 그 업무에 관한 공동 행위를 하기 위하여 다른 보험 회사와 상호 협정을 체결(변경하거나 폐지하려는 경우를 포함)하려는 경우에는 대통령령으로 정하는 바에 따라 금융 위원회의 인가를 받아야 한다. 다만, 대통령령으로 정하는 경미한 사항을 변경하려는 경우에는 신고로써 갈음할 수 있다.
② 금융 위원회는 공익 또는 보험업의 건전한 발전을 위하여 특히 필요하다고 인정되는 경우에는 보험 회사에 대하여 상호 협정의 체결·변경 또는 폐지를 명하거나 그 협정의 전부 또는 일부에 따를 것을 명할 수 있다.
③ 금융 위원회는 상호 협정의 체결·변경 또는 폐지의 인가를 하거나 협정에 따를 것을 명하려면 미리 금융 감독원과 협의하여야 한다. 다만, 대통령령으로 정하는 경미한 사항을 변경하려는 경우에는 그러하지 아니하다.
④ 금융 위원회로부터 인가를 받은 상호 협정의 자구 수정을 하는 경우에는 금융 위원회에 신고하면 된다.

109 보험업법상 보험 회사의 기초 서류와 관련하여 금융 위원회가 일정한 요건하에 행사할 수 있는 권한을 모두 묶은 것은?

① 기초 서류의 변경 권고권
② 기초 서류의 변경 권고권, 또는 변경 명령권
③ 기초 서류의 변경 권고권, 변경 명령권, 또는 사용 정지 명령권
④ 기초 서류의 변경 인가권, 변경 권고권, 변경 명령권, 또는 사용 정지 명령권

110 금융 위원회가 청문을 거쳐 외국 보험 회사 국내 지점의 허가 취소를 할 수 있는 경우가 아닌 것은?

① 외국 보험 회사의 지점이 허가된 국내 영업소를 이전하는 경우
② 합병, 영업 양도 등으로 외국 보험 회사의 본점이 소멸한 경우
③ 외국 보험 회사의 본점이 위법 행위, 불건전한 영업 행위 등의 사유로 외국 감독 기관으로부터 보험업법 소정의 규정에 따른 처분에 상당하는 조치를 받은 경우
④ 외국 보험 회사의 본점이 휴업하거나 영업을 중지한 경우

111 금융 위원회는 보험 회사의 업무 운영이 적정하지 아니하거나 자산 상황이 불량하여 보험 계약자 및 피보험자 등의 권익을 해칠 우려가 있다고 인정되는 경우에는 일정한 조치를 명할 수 있는 바, 그 조치로서 틀린 것은?

① 사채의 발행
② 자산의 장부 가격 변경
③ 불건전한 자산에 대한 적립금의 보유
④ 가치가 없다고 인정되는 자산의 손실 처리

112 보험 약관 이해도 평가의 공시에 관한 설명으로 옳지 않은 것은?

① 공시 주체 : 금융 위원회
② 공시 주기 : 연 1회 이상
③ 공시 방법 : 평가 대행 기관의 홈페이지에 공시
④ 공시 대상 : 보험 약관의 이해도 평가 기준 및 해당 기준에 따른 평가 결과

113 보험업법상 금융 위원회가 보험 회사에 대해 영업의 전부 정지 또는 보험업의 허가 취소를 명령할 수 있는 사유로 규정되지 않은 것은?

① 허가의 내용 또는 조건을 위반한 경우
② 영업의 정지 기간 중에 영업을 한 경우
③ 내부 통제 기준을 위반하여 영업을 한 경우
④ 거짓이나 그 밖의 부정한 방법으로 보험업의 허가를 받은 경우

6 해산·청산

114 다음 중 보험 회사의 해산 사유가 아닌 것은?

① 이사회 결의
② 보험 계약 전부의 이전
③ 회사의 합병
④ 존립 기간의 만료

115 보험 계약 등의 이전에 대한 설명으로 틀린 것은?

① 보험 회사는 계약의 방법으로 책임 준비금 산출의 기초가 같은 보험 계약의 전부를 포괄하여 다른 보험 회사에 이전할 수 있다.
② 보험 회사는 보험 계약의 이전에 관한 계약에서 회사 자산을 이전할 것을 정할 수 있지만, 금융 위원회가 그 보험 회사의 채권자의 이익을 보호하기 위하여 필요하다고 인정하는 자산은 유보하여야 한다.
③ 보험 계약을 이전하려는 보험 회사는 법 소정의 규정에 따른 해산·합병 등의 결의를 한 날부터 2주 이내에 계약 이전의 요지와 각 보험 회사의 대차 대조표를 공고하여야 한다.
④ 계약 이전의 요지와 대차 대조표의 공고에는 이전될 보험 계약의 보험 계약자로서 이의가 있는 자는 일정한 기간 동안 이의를 제출할 수 있다는 뜻을 덧붙여야 하는데, 그 기간은 3개월 이상으로 하여야 한다.

116 상호 회사의 합병과 관련된 사항 중 타당하지 않은 것은?

① 상호 회사와 주식회사가 합병하는 경우에는 보험업법 또는 상법의 합병에 관한 규정에 따른다.
② 합병 계약서에 적을 사항이나 그 밖에 합병에 관하여 필요한 사항은 대통령령으로 정한다.
③ 상호 회사는 다른 보험 회사와 합병할 수 있다.

④ 상호 회사가 다른 보험 회사와 합병하는 경우, 합병 후 존속하는 보험 회사 또는 합병으로 설립되는 보험 회사는 상호 회사여야 한다.

117 다음 괄호에 알맞은 것을 순서대로 나열한 것은?

> 손해 사정업의 등록을 하려는 자는 성명, 사무소의 소재지, 수행하려는 업무의 종류와 범위 등을 적은 신청서를 (　　)에 제출하여야 한다. 등록 수수료는 (　　)이며, 등록을 한 손해 사정업자는 등록한 사항에 변경이 있을 때에는 (　　) 이내에 그 변경 사항을 (　　)에 신고하여야 한다.

① 공정 거래 위원회, 1만 원, 1주일, 금융 위원회
② 금융 위원회, 1만 원, 1주일, 금융 위원회
③ 공정 거래 위원회, 5만 원, 2주일, 공정 거래 위원회
④ 금융 위원회, 5만 원, 2주일, 금융 위원회

118 보험업법상 보험 계리를 업으로 하려는 법인이 두어야 하는 보험 계리사의 수로 타당한 것은?

① 1명 이상의 상근 보험 계리사
② 2명 이상의 상근 보험 계리사
③ 3명 이상의 상근 보험 계리사
④ 4명 이상의 상근 보험 계리사

119 보험업법에 규정된 보험 계약 등의 이전에 관한 설명으로 옳지 않은 것은?

① 보험 회사는 보험 계약을 이전한 경우에는 5일 이내에 그 취지를 공고하여야 한다. 보험 계약을 이전하지 아니하게 된 경우에도 또한 같다.
② 보험 회사는 계약의 방법으로 책임 준비금 산출의 기초가 같은 보험 계약의 전부를 포괄하여 다른 보험 회사에 이전할 수 있다.
③ 보험 계약을 이전하려는 보험 회사는 주주 총회 등의 결의가 있었던 때부터 보험 계약을 이전하거나 이전하지 아니하게 될 때까지 그 이전하려는 보험 계약과 같은 종류의 보험 계약을 하지 못한다.
④ 보험 계약을 이전한 보험 회사가 그 보험 계약에 관하여 가진 권리와 의무는 보험 계약을 이전받은 보험 회사가 승계한다. 이전 계약으로써 이전할 것을 정한 자산에 관하여도 또한 같다.

120 선임 계리사에 관한 다음의 설명 중 옳지 않은 것은?

① 선임 계리사는 기초 서류의 내용 및 보험 계약에 따른 배당금의 계산 등이 정당한지 여부를 검증하고 확인하여야 한다.
② 선임 계리사는 보험 회사가 기초 서류 관리 기준을 지키는지를 점검하고 이를 위반하는 경우에는 조사하여 그 결과를 이사회에 보고하여야 하며, 기초 서류에 법령을 위반한 내용이 있다고 판단하는 경우에는 금융 위원회에 보고하여야 한다.
③ 선임 계리사는 업무상 알게 된 비밀을 누설하는 행위를 하여서는 아니 된다.
④ 선임 계리사가 되려는 사람은 보험 계리 업무에 5년 이상 종사한 경력이 있어야 한다.

121 손해 사정업에 관한 다음의 설명 중 옳지 않은 것은?

① 금융 위원회는 손해 사정사가 그 직무를 수행하면서 부적절한 행위를 하였다고 인정되는 경우 6개월 이내의 업무의 정지를 명할 수 있다.
② 손해 사정을 업으로 하려는 법인은 3명 이상의 상근 손해 사정사를 두어야 한다.
③ 손해 사정을 업으로 하려는 법인이 지점 또는 사무소를 설치하려는 경우에는 각 지점 또는 사무소별로 총리령으로 정하는 손해 사정사의 구분에 따라 수행할 업무의 종류별로 1명 이상의 손해 사정사를 두어야 한다.
④ 손해 사정사가 되려는 자는 금융 감독원장이 실시하는 시험에 합격하고 일정 기간의 실무 수습을 마친 후 금융 위원회에 등록하여야 한다.

122 보험 회사의 합병·영업 양도에 관한 다음의 설명 중 옳지 않은 것은?

① 보험 회사가 합병을 결의한 경우에는 그 결의를 한 날부터 2주 이내에 합병 계약의 요지와 각 보험 회사의 대차 대조표를 공고하여야 한다.
② 보험 회사가 합병을 하는 경우에는 합병 계약으로써 그 보험 계약에 관한 계산의 기초 또는 계약 조항의 변경을 정할 수 있다.
③ 주식회사 형태의 보험 회사만이 합병을 할 수 있다.
④ 보험 회사는 그 영업을 양도·양수하려면 금융 위원회의 인가를 받아야 한다.

123 주식회사인 보험 회사의 보험 계약의 이전에 관한 설명으로 옳은 것은?

① 보험 회사가 계약의 방법으로 책임 준비금 산출의 기초가 같은 보험 계약의 전부를 포괄하여 다른 금융 회사에 이전함에는 금융 위원회의 허가를 받아야 한다.
② 보험 회사는 보험 계약의 전부를 이전하는 경우에 이전할 보험 계약에 관하여 이전 계약의 내용으로 보험 금액의 증액은 정할 수 있으나 삭감은 정할 수 없다.
③ 보험 계약의 이전에 관한 결의는 주주 총회의 보통 결의에 의하여야 하나 긴급을 요하는 경우에는 이사회 결의만으로 할 수 있다.
④ 1개월 이상의 정해진 기간에 이의를 제기한 보험 계약자가 이전될 보험 계약자 총수의 10분의 1을 초과하는 경우에는 보험 계약을 이전하지 못한다.

124 보험 회사가 정리 계획서를 금융 위원회에 제출하여야 하는 경우는?

① 보험업의 허가 취소로 해산한 보험 회사의 청산인으로 선임된 자가 감사 등의 청구에 따라 해임된 경우
② 청산 절차에서 채무의 변제를 위하여 채권 신고를 받은 결과 채권 신고 기간 내에 변제할 채권이 신고된 경우
③ 보험 계약자가 보험 중개사의 중개 행위와 관련하여 손해를 입은 경우 그 손해액이 보험 중개사가 예탁한 영업 보증금보다 많은 경우
④ 보험 회사가 그 보험업의 전부 또는 일부를 폐업하려는 경우

125 보험 회사가 사무를 수행하기 위해 필요한 범위로 한정하여 개인 정보 보호법 제23조에 따른 민감 정보 중 건강 정보가 포함된 자료를 처리할 수 있는 경우에 해당하지 않는 것은?

① 상법 제639조에 따른 타인을 위한 보험 계약의 체결 사무에서 피보험자에 관한 정보
② 상법 제719조에 따라 제3자에게 배상할 책임을 이행하기 위한 사무에서 제3자에 관한 정보
③ 상법 제733조에 따른 보험 수익자 지정 또는 변경에 관한 사무에서 보험 수익자에 관한 정보
④ 상법 제735조의3에 따른 단체 보험 계약의 보험금 지급 사무에서 피보험자에 관한 정보

7 보칙 및 벌칙

126 손해 보험 계약의 제3자 보호에 관한 설명 중 옳지 않은 것은?

① 보험업법에 따라 손해 보험 계약의 제3자가 보험 사고로 입은 손해에 대한 보험금의 지급을 보장하는 것은 법령에 의하여 가입이 강제되는 손해 보험 계약만을 대상으로 한다.
② 손해 보험 회사는 예금자 보호법 제2조 제7호의 사유로 손해 보험 계약의 제3자에게 보험금을 지급하지 못하게 된 경우에는 즉시 그 사실을 손해 보험 협회의 장에게 보고하여야 한다.
③ 손해 보험 회사는 손해 보험 계약의 제3자에 대한 보험금의 지급을 보장하기 위하여 수입 보험료 및 책임 준비금을 고려하여 대통령령으로 정하는 비율을 곱한 금액을 손해 보험 협회에 출연하여야 한다.
④ 손해 보험 협회는 규정에 의하여 보험금을 지급한 때에는 해당 손해 보험 회사에 대하여 구상권을 가진다.

127 보험 협회의 업무에 해당하지 않는 것은?

① 보험 약관에 대한 통제
② 보험 상품의 비교·공시 업무
③ 정부로부터 위탁받은 업무
④ 보험 회사 간의 건전한 업무 질서의 유지

128 보험료율 산출 기관의 업무에 속하지 않는 것은?

① 보험에 대한 조사·연구
② 보험 상품의 비교·공시
③ 순보험료율의 산출·검증 및 제공
④ 보험 관련 정보의 수집·제공 및 통계의 작성

129 보험 계리사에 관한 설명으로 옳지 않은 것은?

① 보험 회사는 선임 계리사를 선임하여야 한다.
② 보험 계리업을 하려는 법인은 2명 이상의 상근 보험 계리사를 두어야 한다.
③ 선임 계리사는 보험 회사의 기초 서류에 법령을 위반하는 내용이 있다고 판단하는 경우에는 그 조사 결과를 감사 또는 감사 위원회에 보고하여야 한다.
④ 선임 계리사는 그 업무 수행과 관련하여 보험 회사 이사회에 참석할 권한이 있다.

130 손해 사정사에 관한 설명으로 옳은 것은?

① 1년의 실무 수습 기간을 거쳐야 한다.
② 제3보험 상품을 판매하는 보험 회사도 고용(선임) 의무를 진다.
③ 보험 사고가 외국에서 발생한 경우에도 고용(선임) 의무를 진다.
④ 본인과 생계를 같이하는 친족의 보험 사고에 대한 손해 사정 행위도 할 수 있다.

131 보험업법상 손해 사정사의 업무에 해당하지 않은 것은?

① 손해 발생 사실의 확인
② 내부 통제 기준의 확인
③ 손해액 및 보험금의 사정
④ 보험 약관 및 관계 법규 적용의 적정성 판단

memo

제3과목

손해 보험 언더라이팅

|핵심 이론|

1. 언더라이팅 : 보험 청약에 대하여 인수 여부 및 인수 조건을 결정하고 보유량을 결정하는 일련의 인수 심사 과정을 말한다. 이러한 언더라이팅의 결과로 나타나는 손해 사정은 보험사고로 생긴 손해에 대하여 그 손해액을 결정하고 지급하는 업무를 말한다.

2. 신체적 위험의 주요 항목

체증성 위험	·시간의 경과에 따라 증가하는 위험 ·비만, 고혈압, 당뇨, 정신병 등
항상성 위험	·시간의 경과와 상관없이 일정하게 유지되는 위험 ·장애, 류마티스, 관절염 등 만성 질환
체감성 위험	·시간의 경과에 따라 감소하는 위험 ·외상, 위궤양 등의 염증성 질환

3. 과거 손해 이력 : 해당 계약자의 과거 손해 사항 및 과거 3년간의 손해율을 말한다.

4. 언더라이팅의 평가 요소

구분	평가 요소
원보험 사업	원수보험료, 보험금, 사업비
영업 수지	순경과 보험료, 순보험금, 순사업 비율, 장기 환급금, 보험 계약금 준비금 환입 및 적립

5. 보험료율의 예정률과 실적률의 차이가 10% 이상 나면 보험료율을 조정해야 한다.

6. 손해율의 조정은 발생주의(Earned incurred basis)에 의한 과거 5년간 평균치에 안전율을 감안하여 계산한다.

7. 타인을 위한 보험 계약 : 보험 계약자(자기)가 타인의 이익을 위하여 자기 명의로 보험자와 체결한 보험 계약을 말한다. 손해 보험에서는 보험 계약자와 피보험자가 다른 계약을 말한다.

8. 타인을 위한 보험 계약에서 타인이 수익의 의사 표시를 하기 전이라도 당연히 보험금 청구권을 갖는다. 타인이 보험금 청구권을 행사하는 데 보험 계약자의 동의는 불필요하다.

9. 타인을 위한 보험 계약에서 타인은 계약 당시에 정할 수도 있고, 계약 성립 후 보험 사고의 발생 전에 정하여도 상관없으므로 타인을 명시하지 않고 어떤 불특정인을 위하여 보험 계약을 체결할 수도 있다. 불특정인에는 보험 계약자도 포함될 수 있다.

10. **보험 기간** : 보험자가 그 기간 중에 발생한 피보험 위험으로 인한 손해를 책임지는 보험 계약상의 일정한 기간을 말한다. 보험자는 원칙적으로 보험 기간의 개시 전 또는 종료 후에 발생한 위험에 대하여는 책임을 지지 않는다.

11. **기간 보험** : 보험 기간을 연월일시 등 일정 시간으로 정하는 방법으로 화재 보험, 자동차 보험, 해상 선박 보험 등에서 사용된다.

12. **구간 보험** : 어떤 사실의 시작과 종료를 하나의 단위로 보험 기간을 정하는 방법으로 항해 보험, 농업 보험 등에서 사용된다.

13. **혼합 보험** : 기간과 사실 단위를 혼합하여 보험 기간을 정하는 방법이다. 혼합 보험의 경우에는 선박의 출항, 화물의 양화 또는 농작물의 수확 후 며칠 또는 몇 개월로 보험 기간을 정하기도 하고, 보험 기간의 시종을 모두 또는 시기나 종기 중 하나를 일정 시간 또는 특정 사실을 혼합하여 정하기도 한다.

14. 보험 계약이 체결되고 보험 기간이 시작되었다고 하더라도 보험자의 책임은 당사자 간에 다른 약정이 없으면 최초의 보험료의 지급을 받은 때로부터 개시한다.

15. 소급 보험에서는 보험 계약 성립 전의 일정 기간 내에 발생한 손해에 대하여도 보험자가 보상 책임을 진다. 이때에는 보험 기간이 보험 계약 기간보다 더 길게 된다.

16. **보험 계약 기간** : 보험 계약이 성립한 때로부터 종료할 때까지의 기간, 즉 보험 계약이 유효하게 존속하는 기간을 말한다.

17. 보험료 기간 : 보험자가 위험을 산정하여 그 크기, 곧 사고 발생률 내지 평균 손해율에 따라 보험료를 산출하는 데 표준이 되는 기간으로 위험의 단위 기간이다.

18. 보험료 기간은 통상 1년을 기준으로 한다.

19. 보험료 기간은 보험료 산출 기본 단위 기간이므로 이 기간의 보험료는 원칙적으로 나눌 수 없다는 보험료 불가분의 원칙이 적용된다.

20. 기간 보험에서 기간은 보험 증권 발행지의 시간을 기준으로 하는 것이 가장 일반적이다.

21. 보험자의 책임은 보험 계약 성립 후 당사자 간에 다른 약정이 없으면 최초의 보험료의 지급을 받은 날로부터 시작된다(상법 제656조). 당사자 간의 약정이나 보험 약관에서 별도의 책임 개시를 규정한 경우 그 기간이 책임 개시일이다.

22. 혼합 보험의 경우 ① 당사자 특약이나 초회 보험료 납입, ② 보험 증권상 보험 기간의 초일, ③ 위험의 개시일 중 가장 나중에 도래한 것이 보험 기간의 시기이다.

23. 보험자의 책임 기간은 ① 보험 계약 기간의 만료, ② 취소에 의한 계약의 실효, ③ 해지에 의한 계약의 실효, ④ 당연 실효되는 경우도 보험 기간이 종료된다.

24. 당연 실효
  ① 보험 목적의 소멸(전손 사고 포함)
  ② 피보험 이익의 소멸
  ③ 보험 사고 가능성의 소멸
  ④ 보험 회사 파산 후 3개월이 경과한 경우

25. 구간 보험으로 담보할 경우 담보 위험이 소멸되면 보험 기간이 종기가 된다.

26. 혼합 보험인 경우 보험 증권상 기간 보험의 종기와 담보 위험의 소멸 중 먼저 도래한 시점이 보험 기간의 종기가 된다.

27. 담보 기준

구분	내용
손해 사고 기준 증권	· 보험 기간 중 손해가 발생한 것을 조건으로 보상하는 보험 · 화재 보험, 자동차 보험, 상해 보험 등
손해 발견 기준 증권	· 보험 기간 중 손해 발생이 발견된 것을 조건으로 보상하는 보험 · 금융 기관 종합 보험 등 일부 범죄 보험
배상 청구 기준 증권	· 보험 기간 중 손해 배상 청구가 처음 제기된 것을 조건으로 보상하는 보험 · 의사 배상 책임 보험, 회계사 배상 책임 보험 등

28. 보상 한도액
보험 사고 발생 시 보험자가 부담하는 최고 한도액을 의미한다. 배상 책임 보험에서 보상 한도를 나타내는 방법은 크게 분할 보상 한도(Spilt limits), 단일 보상 한도(Single limits) 및 총 보상 한도(Aggregate limits)의 세 가지로 나눌 수 있다.

29. 분할 보상 한도
한 사고당(per occurrence 또는 per claim) 보험자가 부담하는 보상 한도를 대인과 대물로 나누어 나타내는 것을 말한다.

30. 단일 보상 한도
분할 보상 한도에서 보는 바와 같이 대인, 대물로 구분하여 설정하지 않고 대인, 대물을 포함하여 한 사고당 보상 한도를 정하는 방법이다. 단일 보상 한도에서는 한 사고당 보상 한도를 정하므로 한 보험 기간 중 몇 회의 보험 사고가 발생하든 보험자는 한 사고당 보상 한도 내에서는 중복하여 보상 책임을 진다.

31. 총 보상 한도
보험 기간 중에 보험자가 부담하는 총 보상 한도를 의미한다. 분할 보상 한도나 단일 보상 한도는 한 사고당 보험자의 보상 한도를 제한하는 것이므로 몇 회의 사고든지 중복하여 무한정으로 보상 책임을 지는 데 비하여, 총 보상 한도에서는 단일 보험 기간 중 일정 금액 이상의 보상 책임을 지지 않는다.

32. 미평가보험
보험 계약 체결 당시 당사자 사이에 피보험 이익의 가액에 대해 아무런 평가를 하지 아니한 보험으로서, 이때에는 원칙적으로 사고 발생 시의 가액을 보험 가액으로 한다.

33. 배상 책임 보험에 있어서는 불특정인의 재산과 신체에 대한 손해 배상액을 보상하기 때문에 사고가 발생하면 어느 정도의 손해가 일어날지 알 수 없어 일반적으로 대인 배상의 경우에는 1인당, 1사고당 한도액을 정하고 대물 배상에 있어서는 1사고당 한도액을 정하고 있다.

34. 열거 위험 담보 방식(Named perils cover) : 보험 약관에서 담보하기로 명시한 위험에 대해서만 보험자가 담보하는 방식을 말한다. 열거 위험은 사고 발생 형태의 위험, 즉 손인이며 그 손인의 원인, 형태의 위험 등 담보할 수 없는 위험을 면책 위험으로 설정하고 있다.

35. 포괄 위험 담보 계약 : 보험 계약상 보험자가 부담하는 각종의 위험을 일일이 열거하지 않고 포괄적으로 규정하여 특별히 면책되는 위험이나 손해를 제외하고 모든 손해에 대해 보험자가 책임을 지는 계약을 말한다.

36. 열거 위험 담보 계약와 포괄 위험 담보 계약의 장단점

구분	열거 위험 담보 계약	포괄 위험 담보 계약
장점	① 필요한 위험만 선택하여 가입할 수 있다. ② 보험료가 싸다.	① 위험이 누락될 우려가 없다. ② 담보 범위가 넓다.
단점	① 위험이 누락될 가능성이 있다. ② 담보 범위가 좁다.	① 불필요한 위험이 중복 가입될 가능성이 많다. ② 보험료가 비싸다.

37. 담보 위험(보상하는 손해)의 규정 형식
 ① 열거 담보 형식 : 화재 보험, 도난 보험, 지진 보험 등
 ② 포괄 담보 형식 : 동산 종합 보험, 자동차 보험, 영업 배상 책임 보험, 상해 보험 등 대부분의 보험

38. 약관에 보상 규정이 없더라도 원칙적으로 보상하여야 하는 비용
 ① 보험 사고 시의 손해 산정 비용
 ② 보험 사고 시의 사고 처리 비용
 ③ 보험자에 대한 피보험자의 의무 이행에 소요된 비용
 ④ 보험자의 보상 책임 있는 보험 목적의 손해 방지·경감 비용

39. 보험 목적의 소재지 이동과 보험자 관계
  ① 보험 목적을 다른 장소로 옮긴 경우, 이를 계약 후 알릴 의무로 규정한 보험 : 화재 보험, 동산 종합 보험, 가정생활 보험, 장기 보험 등
  ② 보험 목적을 다른 장소로 옮긴 경우, 사전에 보험자의 서면 동의가 필요한 보험 : 화재 보험(영문 약관), 도난 보험 국문 약관 등

40. 보험 목적을 다른 장소로 옮긴 경우, 이를 계약 후 알릴 의무로 규정한 보험에서 이전 사실을 알리지 않은 경우 위험이 현저히 증가한 때에만 해지할 수 있고 발생된 사고에 대하여는 면책으로 한다.

41. 보험 목적을 다른 장소로 옮긴 경우, 이를 계약 후 알릴 의무로 규정한 보험(화재 보험, 동산 종합 보험, 가정생활 보험, 장기 보험 등)에서 계약 후 알릴 의무를 지체 없이 이행한 경우 장소의 이전으로 위험이 감소한 경우에는 차액 보험료를 반환하고 위험이 증가된 때에는 1개월 내에 보험료 증액을 요구하거나 계약을 해지할 수 있다.

42. 공동 기명 피보험자의 경우, 처음에 기재된 자는 제1순위 기명 피보험자, 둘째 이후에 기재된 자들은 모두 후순위 기명 피보험자이다.

43. 보험 목적의 양도 : 보험 기간 중에 보험 목적물을 매매 또는 증여에 의하여 타인에게 양도하는 것을 뜻한다. 인보험에서 보험의 목적은 피보험자의 생명 또는 신체이므로 매매·양도될 성질의 것이 못 되나 손해 보험에서 보험의 목적은 경제적인 재화이므로 매매·교환 등의 양도가 가능하다.

44. 보험 목적의 이전 : 보험 기간의 중도에 보험의 목적을 다른 장소로 이동하는 것, 즉 보험 목적의 소재지가 변동되는 것을 말한다. 다시 말하면 보험 목적의 이전은 장소적 변동으로서, 소유권의 변동을 의미하는 보험 목적의 양도와는 전혀 다른 것이다.

45. 보험의 목적을 양도한 때에는 양도인 또는 양수인은 지체 없이 보험자에게 그 사실을 통지하여야 한다.

46. 상법은 자동차가 양도된 경우에는 일반 보험 목적의 양도와는 달리 양수인은 보험자의 승낙을 얻는 경우에 한하여 보험 계약으로 인하여 생긴 권리와 의무를 승계한다고 규정하고 있다.

47. 일반 재물 보험에서 보험의 목적이 양도된 때에는 보험 계약상의 권리와 함께 승계된 것으로 추정되므로 추정의 반증에 의하여 바뀌지 않는 한 양수자는 보험 사고 시 보험자에 대하여 보험금 청구권을 갖고 보험자는 양수자에게 보험금 지급 의무를 진다.

48. 보험 목적 양도의 통지 의무 위반 시 위험이 현저히 증가한 경우 계약을 해지할 수 있다.

49. 보험 목적의 양도로 위험이 현저히 증가한 사실을 알고 1개월이 지났거나 중대한 과실로 알지 못한 때에는 해지할 수 없다.

50. 자동차 양도 시 양수인이 양수 사실을 통지하였음에도 보험자의 낙부의 통지가 없을 때에는 보험자가 통지를 받은 날부터 10일이 지난 때에는 승낙한 것으로 간주되고, 따라서 이후의 보험 사고에 대하여는 보험자가 보상 책임을 진다.

51. **중복 보험** : 보험 계약자가 수인의 보험자와 동일한 피보험 이익에 대하여 보험 사고와 보험 기간을 공통으로 하는 수 개의 보험 계약을 체결하고, 그 보험 금액의 합계가 보험 가액을 초과하는 보험을 중복 보험이라 한다.

52. 중복 보험 계약이 동시에 체결된 경우와 순차로 체결된 경우를 구분하지 않고 어느 경우에도 보험자는 보험 금액 한도 내에서 연대 책임을 지고, 개별 보험자의 보상 책임은 각 보험자의 보험 금액에 비례하는 비례주의를 채택하고 있다

53. **중복 보험의 요건**
   ① 피보험 이익이 동일할 것
   ② 보험 사고가 동일할 것
   ③ 보험 기간이 동일하거나 중복되는 2개 이상의 보험 계약이 있을 것
   ④ 보험 금액의 합이 보험 가액을 초과할 것

54. 보험 가입 금액 비례 분담 방식

$$보험금 = 손해액 \times \frac{해당\ 보험\ 계약의\ 보험\ 가입\ 금액}{해당\ 보험\ 계약과\ 중복\ 계약의\ 보험\ 가입\ 금액\ 합계액}$$

55. 급보험금의 비례 분담 방식

$$보험금 = 손해액 \times \frac{해당\ 보험\ 계약의\ 보험금}{다른\ 계약이\ 없는\ 것으로\ 하여\ 각각\ 계산한\ 보험금의\ 합계액}$$

56. 보험자는 피보험자에게 손해의 일부를 부담토록 함으로써 위험 관리의 유도와 도덕적 위험을 규제할 수 있다. 또한 일정 금액 이하는 보험 처리하지 않음에 따라 손해 사정 비용도 줄일 수 있다.

57. 직접 공제 방법(Straight deductible) : 사고 발생 시 일정 금액을 공제하는 방법으로 일정 금액은 계약 체결 시 약정하는 방법, 보험 가액의 일정 비율로 하는 방법이 있다.

58. 소멸성 공제(Disappearing deductibles) : 일정액의 공제 한도를 설정하고, 설정된 공제 한도 이하의 손해는 전액 피보험자가 부담하고 공제 한도보다 큰 손해에 대해서는 손해의 규모가 커질수록 공제액의 크기는 점차 줄어들어 일정 손실 이상에서는 공제액이 완전히 소멸되는 것이다.

59. 종합 공제(Aggregate deductibile) : 보험 기간 전체의 공제 금액을 정해 두는 방법이다.

60. 프랜차이즈 공제 : 직접 공제와 달리 사고 발생 시 손실 금액에 따라 공제 여부가 달라진다. 즉, 손실액이 공제 금액 이하일 때에는 지급하지 않고, 손실액이 공제 금액을 초과할 때에는 공제 없이 손실액을 전액 지급한다.

61. 대기 기간 조항 : 공제 조항(Deductible clause)의 한 유형으로 사고 발생 즉시 보험금을 지급하는 것이 아니라 일정 기간을 두어 정해진 기간 동안 발생한 손실에 대해서는 보험금을 지급하지 않는 약관 조항이다.

62. 보험료율 산출의 기본 3원칙(법 제129조)
① 비과도성 : 보험료율이 보험금과 그 밖의 급부(給付)에 비하여 지나치게 높지 아니할 것
② 적정성 : 보험료율이 보험 회사의 재무 건전성을 크게 해칠 정도로 낮지 아니할 것
③ 공정성 : 보험료율이 보험 계약자 간에 부당하게 차별적이지 아니할 것

63. 보험료 산출의 3대 수리적 원리
① 대수의 법칙 : 인간의 수명이나 각 연령별 사망률을 장기간에 걸쳐 많은 모집단에서 구하고 이것을 기초로 보험 금액과 보험료율 등을 산정함.
② 수지 상등의 원칙 : 보험 계약에서 장래 수입될 순보험료 현가의 총액이 장래 지출해야 할 보험금 현가의 총액과 동일하게 되는 것
③ 급부·반대급부 균등의 원칙 : 보험 계약자 개인이 내는 보험료는 보험 계약자의 위험에 비례하여 정해져야 한다는 원칙

64. 보험료율 산정에 대한 경영상의 요건
① 단순성   ② 안정성   ③ 적응성   ④ 손실 확대 방지

65. 경험요율 산정 방식
동질의 위험에 대한 표준요율을 정한 다음 개개의 위험에 대한 과거의 손실 경험을 기초로 다음 보험 기간의 요율을 산정하는 방식이다.

66. 소급요율 산정 방식
보험 계약 초기에는 잠정적인 보험료를 징수하고 계약 기간의 종기에 전체 계약 기간 동안의 실제 손실율을 기초로 최종 보험료를 소급 산정하여 부과하는 방식이다.

67. 점검요율(예정요율) 산정 방식
동질적인 위험에 대하여 기준이 되는 표준요율을 정한 다음 개개 위험의 특이성을 반영하여 보험료율을 상하로 조정하는 방식을 말한다.

68. 점검요율은 화재 보험, 기계 보험 등에 주로 사용된다. 근재 보험, 일부 배상 책임 보험, 선박 보험 등에 주로 사용되는 보험은 경험요율이다.

69. 위험 적용 단위별로 요율 조정 요인이 ±5%를 초과하는 경우 매년 조정하는 것이 원칙이다.

70. 보험 개발원이 제시하는 순보험율은 보험 회사에서 참조용으로만 사용되며, 보험 회사는 자사 실적을 반영하여 참조 순보험율을 수정한 자사 요율 제도로 전환되었다.

71. 실적 위험 손해율에 따라 합리적으로 조정하여 사용할 수 있는 경우는 회사의 통계 집적 기간 3년 이상이고, 연평균 경과 계약 건수 10,000건 이상, 연평균 사고 건수 96건 이상(단, 연령별 위험률의 경우에는 384건)이어야 한다.

72. 무진단 보험 계약 : 연령이 낮고 가입 담보의 위험도가 낮거나 가입 금액이 적은 경우에 적용되는 계약이다.

73. 계약 적부 확인 제도 : 보험 회사가 각 계약의 위험도를 판단하여 양질의 계약 확보와 보험금 지급 분쟁을 예방하기 위하여 청약서 고지 의무 사항이나 건강 진단서, 모집인 보고서 등 계약 선택 자료를 수집·조사하는 것을 말한다.

74. 계약 적부의 가장 큰 효과는 사실대로 고지하면 인수 거절이 될까 두려워 중요 사항을 은폐하거나 사실과 달리 고지하는 것을 방지함으로써 보험 계약자의 역선택을 예방하는 것이다.

75. 장기 손해 보험은 보험 기간 중에 사고가 발생하여 보험금이 지급되었더라도 보험 가입 금액은 감액됨이 없이 그때마다 자동적으로 원래의 보험 가입 금액으로 복원된다.

76. 납입 응당일을 기준으로 3개월 이상 선납 시에는 예정 이율로 할인한 보험료를 지급한다.

77. 3개월 이상 선납한 보험이 보장 보험료와 적립 보험료로 분리되어 있는 경우 보장 보험료에 대해서만 할인한다.

78. 납입 최고(독촉) 기간이 끝나는 날까지 보험료를 납입하지 아니할 경우 납입 최고(독촉) 기간이 끝나는 날의 다음날에 계약이 해지된다.

79. 보험료의 납입 연체 시 납입 최고(독촉)와 계약의 해지 조건에 따라 계약이 해지되었으나 해지 환급금을 받지 아니한 경우 계약자는 해지된 날로부터 2년 이내에 회사가 정한 절차에 따라 계약의 부활을 청약할 수 있다.

80. 납입 최고(독촉) 기간이 경과되기 전까지 서면 등으로 보험료 자동 대출 납입을 신청하면, 해약 환급금 범위 내에서 1년을 한도로 보험료가 자동 대출되어 차기 보험료로 납입된다.

81. **상해 위험 등급 적용 기준**

등급	주요 예시
1급	경영자, 연구원, 사무 관리자, 의사, 교육 전문직 종사자 등
2급	자동차 정비원, 일반 경찰관, 현장 관리자, 일반 사병, 연예인, 조리사 등
3급	현장 근로자, 운송 관련 숙련 기능직 종사자, 영업용 운송 관련 종사자 등

82. 건축 기간 중만을 보험 기간으로 하는 계약에 대하여는 일반 물건 요율을 적용한다.

83. 건축 중의 건물은 공사 완성 후 주택 물건으로 되는 것에 또는 현재 주택 물건으로 계약 중인 것으로서 공사 완공 후에도 주택 물건으로 하는 계약에 대하여는 주택 물건 요율을 적용한다.

84. 동일 건물 내에 요율 수준이 다른 직업 종별이 병존하는 경우에는 그중 높은 요율을 적용한다.

85. 특수 건물의 소유자가 특약부 화재 보험에 가입하지 아니한 경우 500만 원 이하의 벌금에 처한다(화보법 제23조).

86. 특수 건물의 신체 손해 배상 책임 보험

구분	보험 금액
사망	최고 8,000만 원
부상	상해급별(1급~14급)에 따라 최고 1,500만 원
후유 장애	장해등별(1급~14급)에 따라 최고 8,000만 원

87. 화재 배상 책임 보험의 보험 금액

구분	보상 한도
사망	· 피해자 1명당 1억 원의 범위에서 피해자에게 발생한 손해액을 지급할 것 · 다만, 그 손해액이 2천만 원 미만인 경우에는 2천만 원으로 함.
부상	피해자 1명당 2천만 원의 범위에서 피해자에게 발생한 손해액을 지급할 것
후유 장애	피해자 1명당 1억 원의 범위에서 피해자에게 발생한 손해액을 지급할 것
재산상 손해	사고 1건당 1억 원의 범위에서 피해자에게 발생한 손해액을 지급할 것

88. 화재 배상 책임 보험에 가입하지 않은 경우 과태료 부과 기준

가입하지 않은 기간	과태료 금액
30일 이하	30만 원
30일 초과 60일 이하	60만 원
60일 초과 90일 이하	90만 원
90일 초과	200만 원

89. 재물·건물 급수별 판정 기준

구분	지붕(틀)	기둥/보/바닥	외벽
1급	내화 구조	내화 구조	내화 구조
2급	불연재료	내화 구조	내화 구조
3급	불연재료	불연재료	불연재료
4급	상기 이외의 것		

90. 급수별 적용 건물 구조 예시

급수	예시
1급	철근 콘크리트조 슬라브즙, 조적조 슬라브즙
2급	철근 콘크리트조 스레트즙, 조적조 스레트즙
3급	경량 샌드위치 판넬즙
4급	목조 와즙, 벽돌/블럭/천막 천막즙, 야적 물건

91. 10대 주요 질병 : 암, 백혈병, 고혈압, 협심증, 심근경색, 심장 판막증, 간경화증, 뇌졸중증(뇌출혈, 뇌경색), 당뇨병, 에이즈(AIDS) 및 HIV 보균

92. 역선택과 도덕적 해이는 둘 다 정보의 비대칭 때문에 발생한다. 다만 역선택은 감춰진 유형 또는 감추어진 특성 때문에 발생하지만, 도덕적 해이는 감춰진 행동 때문에 발생한다.

93. 순보험료법과 손해율법의 비교

손해율법	순보험료법
보험료 기준	위험 단위(Exposure) 기준
현재 요율 수준이 필요	현재 요율 수준이 불필요
수정 계수로 보험료 수정	보험료 수정 계수를 사용하지 않음.
현재 요율의 조정률을 산출	새로운 요율을 산출

94. 재보험 : 보험자가 보험 계약자 또는 피보험자와 계약을 체결하여 인수한 보험의 일부 또는 전부를 다른 보험자에게 넘기는 것이다. 재보험 계약은 법률상 독립된 별개의 계약이므로 원보험 계약의 효력에 영향을 미치지 않는다.

95. 재보험의 기능
① 위험 분산
② 원보험 회사의 인수 능력(Capacity)의 확대로 마케팅 능력을 강화
③ 경영의 안정화
④ 신규 보험 상품의 개발 촉진

96. 특약 재보험 : 출재 회사와 재보험자가 사전에 출재 대상 계약의 범위, 출재사 및 재보험자의 책임 한도액, 재보험 처리 방법 등에 대해 약정을 맺어 놓은 후, 일정 기간에 걸쳐 약정 내용에 따라 재보험 청약과 인수가 자동적으로 이루어지는 거래 방법이다.

97. 임의 재보험 대상 계약
　① 특약서상 한도액을 초과하는 대형 위험
　② 너무 높은 위험으로 인해 특약 출재 대상에서 제외되는 계약
　③ 특정 계약을 특약에 출재할 경우 특약 실적을 악화시킬 수 있는 계약
　④ 출재사의 신규 인수 위험
　⑤ 비표준 위험 계약

98. 비례적 재보험 : 원수보험자와 재보험자가 인수하기로 약정한 계약 금액의 비율에 따라 재보험료가 배분되고 보험금에 대해서도 동일한 비율로 손실 부담액이 정해지는 재보험이다.

99. 비비례적 재보험 : 보험 가입 금액을 기준으로 하는 것이 아니라 원보험 계약에서 발생하게 될 사고의 손해액을 기준으로 재보험 처리를 하는 것이다.

100. 비례적 재보험과 비비례적 재보험

비례적 재보험	비비례적 재보험
① 비례 재보험 특약 ② 초과액 재보험 특약 ③ 의무적 임의 재보험	① 초과 손해액 재보험 특약 ② 초과 손해율 재보험 특약

제1장
언더라이팅의 일반 이론

1 언더라이팅의 개요

001 언더라이팅(Underwriting)에 대한 설명으로 가장 거리가 먼 것은?

① 보험자가 보험 가입을 신청한 리스크를 선택하고 분류하는 일련의 심사 과정을 말한다.
② 보험을 악용하여 이익을 보려는 보험 범죄를 방지할 수 있다.
③ 미래 손실의 발생 가능성이 유사한 리스크 계층을 구성·분류하여 인수 리스크에 적절한 보험료를 책정할 수 있다.
④ 자산 운용처럼 외부 전문 기관에 위임하는 것이 일반적이다.

002 언더라이팅에 대한 설명으로 적절하지 않은 것은?

① 언더라이팅은 보험 사고로 인한 손해액을 결정하고 지급하는 업무를 말한다.
② 언더라이팅이란 청약된 리스크를 선택하고 분류하는 과정이다.
③ 언더라이팅은 안전하고 수익성이 있는 보험 계약을 인수하기 위한 것이다.
④ 언더라이팅 과정이 적절히 수행되면 보험료율을 인하하는 데 도움이 된다.

003 언더라이팅 업무의 필요성을 가장 잘 설명한 것은?

① 보험 사고 발생 시 신속한 보험금 지급
② 역선택의 방지
③ 보험 회사 측에 불리한 위험의 방지
④ 자산 운용을 통한 수익 증대

004 언더라이팅의 단계 중 가장 나중에 수행되는 것은?

① 계약 적부 조사
② 건강 진단(진단의)에 의한 의학적 언더라이팅
③ 보험사 언더라이터에 의한 언더라이팅
④ 취급자에 의한 1차 언더라이팅

005 언더라이팅의 진행에 대한 설명으로 적절하지 않은 것은?

① 취급자에 의한 1차 언더라이팅은 보험 계약 청약자와 직접 면접하는 과정에서 그 청약자가 피보험체로서의 적격성을 보유하고 있는가를 파악하는 과정이다.
② 진단의에 의한 의학적 언더라이팅은 보험 기간 동안 보장 급부가 발생할 가능성을 예측함과 동시에 질병 진단이나 치료의 목적도 있다.
③ 보험사 언더라이터에 의한 언더라이팅은 피보험자의 신체적 위험, 환경적 위험을 종합적으로 판단하여, 보험 청약의 승낙 여부와 계약상의 조건을 확정하는 것이다.
④ 계약 적부 조사는 언더라이팅 완료 후 계약 체결 전에 계약자와 피보험자가 청약 시에 알린 사항이 실제로 일치하는지 여부를 검증하는 것이다.

006 언더라이팅의 대상 중 나머지 셋과 다른 하나는?

① 직업　　　　　　　　　　② 취미
③ 비만　　　　　　　　　　④ 작업장 내 금연 여부

007 언더라이팅의 대상 중 시간의 경과와 상관없이 일정하게 유지되는 위험은 어느 것인가?

① 고혈압　　　　　　　　　② 정신병
③ 만성 질환　　　　　　　　④ 염증성 질환

008 언더라이팅 계획의 수립 시 파악해야 할 정보로 잘못된 것은?

① 갱신 계약의 경우 전년도 및 전전년도 인수 심사 여부
② 신규 계약의 경우 전년도에는 어느 보험사에 부보했는지 여부
③ 관리 대상인 고객인지 여부
④ 각 목적별 가입 금액 중 부동산의 가입 금액 비율이 비정상적으로 높은지 여부

009 언더라이팅 계획의 수립 시 과거 손해 이력을 파악하여야 한다. 얼마 동안 연간 손해율을 파악하여야 하는가?

① 과거 2년간의 손해율　　　② 과거 3년간의 손해율
③ 과거 5년간의 손해율　　　④ 과거 10년간의 손해율

010 부보하기에 부적절한 위험의 청약을 받은 경우 언더라이팅의 과정 중 계약 청약의 거절이 이루어지는 과정은?

① 언더라이팅 계획의 수립
② 언더라이팅의 집행
③ 언더라이팅의 평가
④ 언더라이팅의 수정

011 언더라이팅의 절차에서 마지막으로 언더라이팅의 결과를 검증 및 평가한다. 다음 중 원보험사업의 평가 요소에 해당하는 것은?

① 보험금
② 순보험금
③ 장기 환급금
④ 보험 계약금 준비금 환입 및 적립

012 다음 중 위험도가 높은 청약을 인수하기 위한 방법으로 적당하지 않은 것은?

① 보험금의 삭감
② 보험료의 할증
③ 특정 부위 및 질병 부담보
④ 보장 범위 및 보장 한도의 축소

013 보험료율의 예정률과 실적률의 차이가 얼마 이상 차이가 나면 보험료율을 조정하여야 하는가?

① 5% 이상
② 10% 이상
③ 15% 이상
④ 20% 이상

014 손해율의 조정 시 감안하여야 할 것은?

① 현금주의에 의한 과거 3년간 평균치에 안전율 감안
② 발생주의에 의한 과거 3년간 평균치에 안전율 감안
③ 현금주의에 의한 과거 5년간 평균치에 안전율 감안
④ 발생주의에 의한 과거 5년간 평균치에 안전율 감안

2 보험 계약 조건의 검토

015 올바른 보험 계약에 해당하는 것은?

① 집합 보험에서 제외 물건이나 명기 물건을 정하지 않은 경우
② 배상 책임 보험에서 담보 기준을 '손해 발견 일자'를 기준으로 하는 경우
③ 질병 보험에서 담보 기준을 '질병 발생 일자 기준'으로 하는 경우
④ 책임 한도액인 보험 가입 금액 또는 보상 한도액에 관하여 1사고당 한도액 이외에 총 보상액을 정하지 않은 경우

016 타인을 위한 보험에 대한 설명으로 적절하지 않은 것은?

① 보험 계약자(자기)가 타인의 이익을 위하여 자기 명의로 보험자와 체결한 보험 계약을 타인을 위한 보험 계약이라 한다.
② 타인은 계약 성립 전에 명시하여야 보험 계약을 체결할 수도 있다.
③ 보험 계약자가 파산하거나 보험료의 지급을 지체한 경우 타인이 권리를 포기하지 않는다는 조건하에서 2차적으로 보험료 지급 의무도 진다.
④ 보험 계약자가 계약을 체결함에 있어 타인으로부터 위임을 받았는가 받지 아니하였는가에 대해서는 불문한다.

017 다음 중 자기를 위한 보험 계약에 해당하는 것은?

① 부모가 자식의 자동차에 대하여 책임 보험에 가입하는 경우
② 자식이 부모에 대하여 상해 보험에 가입하는 경우
③ 임차인인 보험 계약자가 본인을 피보험자로 하여 임차자 배상 보험에 가입하는 경우
④ 창고업자가 수탁받은 보관 물건에 대하여 창고 물건 화재 보험에 가입하면서 대위권 포기 조항을 설정하는 경우

018 보험 기간에 대한 설명으로 적절하지 않은 것은?

① 일정 기간 내에 사고 발생 증권에서 보험 사고가, 배상 청구 증권에서 손해 배상 청구가 발생하여야만 보험자의 보상책임이 발생하는데 그 일정 기간을 보험 기간이라고 한다.
② 담보기간을 정하는 방법에는 기간보험, 구간보험, 혼합보험이 있다.
③ 기간보험에서 기간은 보험 증권 발행지의 시간을 기준으로 하는 것이 일반적이다.
④ 기간보험 계약은 보험 계약의 갱신을 고려하지 않아도 된다.

019 보험 기간의 분류 중 어떤 사실의 시작과 끝을 보험 기간으로 하는 것을 무엇이라고 하는가?

① 기간 보험　　　　　　　　② 구간 보험
③ 소급 보험　　　　　　　　④ 혼합 보험

020 다음 중 보험 기간의 시기와 종기를 연월일 등 시간으로 표시하여 일정 기간으로 정하는 것이 일반적인 보험은?

① 화재 보험　　　　　　　　② 항해 보험
③ 농업 보험　　　　　　　　④ 여행자 보험

021 보험 기간 중 손해 발생이 발견된 것을 조건으로 보상하는 것이 일반적인 보험은 어느 것인가?

① 화재보험　　　　　　　　② 자동차 보험
③ 금융 기관 종합 보험　　　④ 회계사 배상 책임 보험

022 보험 기간의 시기에 대한 설명으로 적절하지 않은 것은?

① 보험자의 책임은 보험 계약 성립 후 당사자 간에 다른 약정이 없으면 최초의 보험료의 지급을 받은 날로부터 시작된다.
② 당사자 간의 약정이나 보험 약관에서 별도의 책임 개시를 규정한 경우 그 기간이 책임 개시일이다.
③ 혼합 보험의 경우 위험의 개시일이 보험 기간의 시기이다.
④ 승낙 전 보호 제도(Tempolicy cover)는 청약 이후 승낙 전 초회 보험료 납입 시에 책임이 개시된다.

023 보상 한도액에 대한 설명으로 적절하지 않은 것은?

① 보상 한도액이란 보험 사고 발생 시 보험자가 부담하는 최고 한도액을 의미한다.
② 분할 보상 한도란 한 사고당(per occurrence 또는 per claim) 보험자가 부담하는 보상 한도를 대인과 대물로 나누어 나타내는 것을 말한다.
③ 단일 보상 한도에서는 단일 보험 기간 중 일정 금액 이상의 보상 책임을 지지 않는다.
④ 총 보상 한도란 보험 기간 중에 보험자가 부담하는 총 보상 한도를 의미한다.

024 보험 가액과 보험 금액의 관계에 대한 설명으로 옳지 않은 것은?

① 보험 가액이 곧 피보험 이익의 가액이다.
② 미평가보험은 보험 계약 체결 당시 당사자 사이에 피보험 이익의 가액에 대해 아무런 평가를 하지 아니한 보험으로서, 이때에는 원칙적으로 사고 발생 시의 가액을 보험 가액으로 한다.
③ 단순한 초과 중복 보험의 경우 각 보험자는 각자의 보험 금액의 한도에서 연대 책임을 진다.
④ 보험 계약자의 사기로 초과 중복 보험이 발생한 경우 그 계약은 취소할 수 있다.

025 보험 가액에 대한 설명으로 적절하지 않은 것은?

① 보험 가액이란 손해 보험에 있어서 피보험 이익을 금전으로 평가한 금액을 말한다.
② 보험 가액을 산정함에 있어서 배상 책임 보험의 경우 특히 객관적이고 보편적인 판단에 의하여야 한다.
③ 기평가보험의 경우 보험 가액은 사고 발생 시의 가액으로 정한 것으로 추정한다.
④ 우리 상법상 보험 가액 불변경주의를 택하고 있는 보험은 운송 보험, 선박 보험, 적하 보험, 희망 이익 보험 등이다.

026 보험자의 보상 한도에 대한 설명으로 옳은 것은?

① 공제액이 소액 손해에 대한 대비 차원의 제도인 반면, 보상 한도는 고액 사고에 대한 대비책이라 할 수 있다.
② 보험자 책임 한도는 반드시 금액으로 그 한도를 표시하여야 한다.
③ 공제 금액은 낮을수록 보험료가 낮아지지만, 보상 한도는 낮을수록 보험료가 높아진다.
④ 보상 한도액이 너무 낮게 되면 역선택 의도를 가지고 있던 자의 보험 가입을 유발하게 하는 효과가 있다.

027 책임 한도액을 보상 한도액으로만 규정한 약관은 어느 것인가?

① 화재 보험 약관
② 기계 보험 약관
③ 동산 종합 보험 국문 약관
④ 영문의 범죄 보험 약관

028 다음 중 열거 담보 형식을 취하는 보험은 어느 것인가?

① 도난 보험
② 상해 보험
③ 자동차 보험
④ 동산 종합 보험

029 다음 중 약관에 보상 규정이 없더라도 원칙적으로 보상하여야 하는 비용이라고 볼 수 없는 것은?

① 피보험자 소득 손실
② 보험 사고 시의 사고 처리 비용
③ 보험 사고 시의 손해 산정 비용
④ 보험자에 대한 피보험자의 의무 이행에 소요된 비용

030 다음 중 보험 목적을 다른 장소로 옮긴 경우, 사전에 보험자의 서면 동의가 필요한 보험은 어느 것인가?

① 영문 약관 화재 보험
② 동산 종합 보험
③ 가정생활 보험
④ 장기 보험

031 보험 목적의 소재지 관련 의무 위반에 대한 설명으로 적절하지 않은 것은?

① 화재 보험 영문 약관에서 사전 동의 의무를 위반하고 소재지를 위반한 경우에는 옮긴 시점에 보험 계약이 전부 실효된다.
② 도난 보험 국문 약관에서 사전 동의 의무를 위반하고 소재지를 위반한 경우에는 보험 계약에 영향이 없지만 해당 보험 사고는 면책된다.
③ 보험 목적을 다른 장소로 옮긴 경우, 이를 계약 후 알릴 의무로 규정한 보험에서 계약 후 알릴 의무를 지체 없이 이행한 경우 위험이 증가된 때에는 1개월 내에 보험료 증액을 요구하거나 계약을 해지할 수 있다.
④ 보험 목적을 다른 장소로 옮긴 경우, 이를 계약 후 알릴 의무로 규정한 보험에서, 이전 사실을 알리지 않은 경우 옮긴 시점에 보험 계약이 전부 실효된다.

032 피보험자에 대한 설명으로 적절하지 않은 것은?

① 기명 피보험자는 형식적 기준으로 보험 증권에 기재되어 있는 자를 의미하며, 실제적으로 피보험 이익을 지닌 자를 말한다.
② 공동 기명 피보험자의 경우 모두 제1순위 기명 피보험자이다.
③ 공동 기명 피보험자와 보험자와는 연대 채무 관계가 성립한다.
④ 공동 기명 피보험자의 경우에는 대표자를 선정하여, 대표자에게 행한 채권의 행사 또는 채무의 이행은 모든 당사자에게 미치도록 약관에 규정되어야 한다.

033 보험 목적의 양도에 대한 설명으로 적절하지 않은 것은?

① 보험 목적의 양도란 보험 기간 중에 보험 목적물을 매매 또는 증여에 의하여 타인에게 양도하는 것을 뜻한다.
② 우리 상법에서는 피보험자가 보험의 목적을 양도한 때에는 양수인은 보험 계약의 권리와 의무를 승계한 것으로 추정한다.
③ 양도의 대상이 되는 보험의 목적은 물건이므로 사람의 지위는 해당하지 않는다.
④ 보험의 목적을 양도한 때에는 양도인 또는 양수인은 지체 없이 보험자에게 그 사실을 통지하여야 한다.

034 보험 목적 양도의 통지 의무 위반 후 위험이 현저히 증가한 경우 계약을 해지할 수 있는 기간은 얼마인가?

① 보험 목적의 양도로 위험이 현저히 증가한 사실을 알고 10일
② 보험 목적의 양도로 위험이 현저히 증가한 사실을 알고 15일
③ 보험 목적의 양도로 위험이 현저히 증가한 사실을 알고 1개월
④ 보험 목적의 양도로 위험이 현저히 증가한 사실을 알고 3개월

035 중복 보험의 요건으로 적절하지 않은 것은?

① 피보험 이익이 동일할 것
② 보험 사고가 동일할 것
③ 보험 기간이 동일하거나 중복되는 2개 이상의 보험 계약이 있을 것
④ 보험 가액이 보험 금액의 합을 초과할 것

036 중복 보험에 대한 설명으로 적절하지 않은 것은?

① 중복 보험에 있어서 보험 계약자는 동일하여야 한다.
② 보험의 목적이 동일하더라도 피보험 이익이 다르면 중복 보험이 아니다.
③ 보험 목적은 그 범위까지 동일하여야 하는 것은 아니다.
④ 동일한 피보험자가 동일한 보험의 목적에 피보험 이익이 동일한 보험 계약이 2개 이상 있어야 한다.

037 중복 보험에 대한 설명 중 옳지 않은 것은 무엇인가?

① 피보험 이익이 같아야 중복 보험이 될 수 있다.
② 수 개의 보험 계약은 동시에 또는 순차로 체결될 수 있다.
③ 상법은 보상 책임의 내용으로 연대 책임을 규정하고 있다.
④ 사기로 인한 중복 보험의 경우 보험 계약이 무효가 되므로 보험자는 그 사실을 안 때까지의 보험료를 반환해야 한다.

038 중복 보험의 보험금 분담 방식 중 지급 보험금의 비례 분담 방식 산식은 어느 것인가?

① 보험금 = 손해액 × $\dfrac{\text{해당 보험 계약의 보험 가입 금액}}{\text{해당 보험 계약과 중복 계약의 보험 가입 금액 합계액}}$

② 보험금 = 손해액 × $\dfrac{\text{해당 보험 계약의 보험 가입 금액}}{\text{다른 계약이 없는 것으로 하여 각각 계산한 보험금의 합계액}}$

③ 보험금 = 손해액 × $\dfrac{\text{해당 보험 계약의 보험금}}{\text{다른 계약이 없는 것으로 하여 각각 계산한 보험금의 합계액}}$

④ 보험금 = 손해액 × $\dfrac{\text{해당 보험 계약의 보험금}}{\text{해당 보험 계약과 중복 계약의 보험 가입 금액 합계액}}$

039 공제 금액에 대한 설명으로 적절하지 않은 것은?

① 보험 종목에 따라 일부 보험 비례식을 적용한 이후에 공제하는 방식을 취하고 있는 경우도 있으나, 대체로 발생 손해액에 대하여 먼저 공제 금액을 적용하고 있다.
② 공제 금액 이내의 손해를 부담하여야 한다는 부담 때문에 손해 발생 억제를 위해 피보험자가 노력하는 등 위험 관리가 유도되는 효과가 있다.
③ 면책금을 설정하면 보험료는 올라가게 된다.
④ 소손해에 대한 이재 조사 비용이 지출되는 것을 절감할 수 있다.

040 예를 들어 화재 손해에 대해서는 1,000만 원의 공제액을 정하고 다른 원인에 의한 손해에 대해서는 500만 원의 공제액을 정하는 것은 소손해 면책의 종류 중 어느 것인가?

① 소멸성 공제(Disappearing deductibles)
② 분리 공제(Split deductibles)
③ 종합 공제(Aggregate deductible)
④ 대기 기간(Waiting period)

041 A 건물은 다음과 같은 확률 분포를 가진 손실 위험에 직면해 있다. 보험 회사는 A 건물의 손실 위험에 대해 공제 금액이 50만 원인 직접 공제 계약을 제안해 왔다. 이때의 영업 보험료는 얼마인가?(단, 부가 보험료는 순보험료의 20%)

확률(%)	0.2	0.5	0.2	0.1
손실액	100만 원	60만 원	40만 원	0원

① 8만 원 ② 15만 원
③ 18만 원 ④ 25만 원

042 B 건물은 다음과 같은 확률 분포를 가진 손실 위험에 직면해 있다. 보험 회사는 B 건물의 손실 위험에 대해 공제 금액이 40만 원인 프랜차이즈 공제 계약을 제안해 왔다. 이때의 영업 보험료는 얼마인가?(단, 부가 보험료는 순보험료의 20%)

확률(%)	0.2	0.5	0.2	0.1
손실액	100만 원	50만 원	30만 원	0원

① 52만 원 ② 54만 원
③ 56만 원 ④ 58만 원

3 손해 보험료율

043 보험업법상 보험료율 산출의 기본 3원칙에 대한 설명으로 타당하지 않은 것은?

① 객관적이고 합리적인 통계 자료를 기초로 대수의 법칙 및 통계 신뢰도를 바탕으로 할 것
② 보험료율이 보험 회사 간에 부당하게 차별적이지 아니할 것
③ 보험료율이 보험 회사의 재무 건전성을 크게 해칠 정도로 낮지 아니할 것
④ 보험료율이 보험금과 그 밖의 급부에 비하여 지나치게 높지 아니할 것

044 다음 중 보험료 산출의 3대 수리적 원리에 해당하지 않는 것은?

① 수지 상등의 원칙
② 급부·반대급부 균등의 원칙
③ 대수의 법칙
④ 손해 확대 방지의 원칙

045 다음 중 보험료율 산정에 대한 경영상의 요건으로 적절하지 않은 것은?

① 복잡성   ② 안정성
③ 적응성   ④ 손실 확대 방지

046 보험료율의 종류 중 목적별 또는 위험별로 하나의 요인으로 고정된 일정 요율은 어느 것인가?

① 인가 요율   ② 고정 요율
③ 비협정 요율   ④ 등급 요율

047 보험료율의 종류 중 범위(최고와 최저)나 표준 요율만 정해 놓고 수정하여 적용할 수 있는 요율은 어느 것인가?

① 비인가 요율   ② 협정 요율
③ 범위 요율   ④ 개별 요율

048 등급 요율에 대한 설명으로 적절하지 않은 것은?

① 시간과 비용이 적게 소요된다.
② 가계성 보험에 주로 사용된다.
③ 요율 체계가 경직적이므로 모든 계약자에게 정확히 평준화되기 어렵다.
④ 숙련된 언더라이터가 필요하다

049 등급 요율을 기초로 경험 기간(통상 3년) 동안의 손해 실적을 반영하여 조정되는 요율 체계는 어느 것인가?

① 점검 요율 산정 방식 ② 경험 요율 산정 방식
③ 소급 요율 산정 방식 ④ 개별 요율 산정 방식

050 점검 요율에 대한 설명으로 적절하지 않은 것은?

① 규격화된 체크 리스트를 따르므로 통일성 및 공평성을 담보할 수 있다.
② 비용이 많이 들고, 기계적 안전도에만 중시한다.
③ 피보험 물건에 대한 사전 점검이 필요하다.
④ 근재 보험, 일부 배상 책임 보험, 선박 보험 등에 주로 사용된다.

051 요율 주기에 대한 설명으로 적절한 것은 어느 것인가?

① 요율 조정 요인이 ±5%를 초과하는 경우 매분기 조정하는 것이 원칙이다.
② 요율 조정 요인이 ±10%를 초과하는 경우 매분기 조정하는 것이 원칙이다.
③ 요율 조정 요인이 ±5%를 초과하는 경우 매년 조정하는 것이 원칙이다.
④ 요율 조정 요인이 ±10%를 초과하는 경우 매년 조정하는 것이 원칙이다.

052 다음 중 보험료율의 분류 중 적용 방법에 따라 구분된 요율은 어느 것인가?

① 인가 요율과 비인가 요율 ② 협정 요율과 비협정 요율
③ 고정 요율과 범위 요율   ④ 등급 요율과 개별 요율

053 현재 원보험사인 손해 보험 회사가 적용하고 있는 위험률 체계는 어느 것인가?

① 자사 위험률
② 협의 요율
③ 표준 위험률
④ 참조 순보험료율

054 자사 위험률의 산정 기준으로 적합한 것을 모두 고르면?

- 회사의 통계집회사의 통계 집적 기간 : (A)년 이상
- 연평균 경과 계약 건수 : (B)건 이상
- 연평균 사고 건수 : (C)건 이상

① A : 3년　　　　B : 1,000건　　　　C : 96건
② A : 3년　　　　B : 10,000건　　　C : 96건
③ A : 5년　　　　B : 1,000건　　　　C : 384건
④ A : 5년　　　　B : 10,000건　　　C : 384건

055 다음 중 보험료 적립금의 계산 등을 위해 금융 감독원장이 지정하는 위험률은 어느 것인가?

① 협의 요율
② 자사 위험률
③ 표준 위험률
④ 참조 순보험료율

제2장
장기 보험 언더라이팅

1 장기 보험 언더라이팅의 개요

001 다음 중 동맥 경화 등 순환기계 질병을 체크하기 위한 검사는 어느 것인가?

① 혈당 검사 ② 간염 검사
③ 중성 지방 검사 ④ 소변 검사

002 다음 중 보험 회사의 건강 검진 체계에 대한 설명으로 적절하지 않은 것은?

① 사의 진단은 회사에 소속된 의사가 진단하는 것이다.
② 지정의 진단은 회사와 계약 관계인 의사에 의한 진단이다.
③ 방문 진단은 회사와 계약 관계인 의료 기관의 의사가 방문하여 진단하는 것이다.
④ 서류 진단은 직장 및 국민 건강 보험 공단을 통한 정기 건강 검진서로 진단을 대신하는 것이다.

003 보험 회사의 건강 검진 체계 중 가장 많이 사용되는 것은?

① 사의 진단 ② 지정의 진단
③ 방문 진단 ④ 서류 진단

004 무진단 보험 계약에 대한 설명으로 적절하지 않은 것은?

① 과거 병력이 있거나, 위험도가 높은 담보를 가입하는 경우 주로 적용된다.
② 무진단 보험은 건강 진단 실시로 인한 비용 절감을 목적으로 도입되었다.
③ 무진단 인수에 따른 사망률이나 발병률의 증가는 건강 진단 비용과 상계 처리한다.
④ 보험 가입일로부터 보험 증권을 받게 되므로 고객 만족도가 높다.

005 다음 중 계약 적부 제도의 법적 근거로 옳지 않은 것은?

① 보험 계약의 성립(상법 제638조의2)
② 계약 전 알릴 의무(장기 손해 보험 표준 약관 제16조)
③ 고지 의무 위반으로 인한 계약 해지(상법 제651조)
④ 손해 방지 의무(상법 제680조)

006 다음 중 계약 적부의 대상이라고 보기 어려운 것은?

① 사고 경력이 많거나 인수 제한의 가능성이 낮은 직업에 종사
② 건강 진단을 의도적으로 회피하도록 담보 설계
③ 지나치게 보장 금액을 높여서 청약한 경우
④ 부실 판매의 경력이 있는 취급자

007 다음 중 계약 적부 제도의 가장 직접적인 목적은 무엇인가?

① 손실 예측의 적정성 확보
② 보험료 산출의 용이성
③ 보험 계약자의 역선택 방지
④ 사업 비용의 절약

008 다음 중 특정 신체 부위·질병 보장 제한부 인수 특별 약관에 대한 설명으로 적절하지 않은 것은?

① 비표준체인 경우에도 피보험자의 위험을 보장하기 위해 주된 보험 계약에 부가하여 체결된다.
② 가입 대상은 현재 또는 과거 병력 보유자이다.
③ 보장 제한부 인수 기간은 1년부터 5년 또는 주계약의 보험 기간이다.
④ 납입 보험료는 표준체에 비해 할증된다.

009 특정 신체 부위·질병 보장 제한부 인수 특별 약관에 의할 경우 담보에서 제외되는 후유 장해는?

① 질병 50% 이상 후유 장해
② 질병 60% 이상 후유 장해
③ 질병 70% 이상 후유 장해
④ 질병 80% 이상 후유 장해

010 이륜자동차 운전 중 상해 부보장 특별 약관의 가입 대상인 이륜차에 해당하지 않는 것은?

① 2륜인 자동차에 1륜의 측차를 붙인 것
② 배기량 125cc 이하로서 3륜 이상인 자동차
③ 배기량이 50cc 미만인 이륜자동차
④ 전기로 동력을 발생하는 구조인 경우 정격 출력이 0.59kW 이상인 이륜자동차

011 보험료 할증 특별 약관에 대한 설명으로 적절하지 않은 것은?

① 항상성 위험이나 체증성 위험 질병이 있는 비표준체 피보험자에게 할증된 보험료를 받고 보험 계약에 가입할 수 있도록 한 것이다.
② 할증 위험률에 의한 보험료와 표준체 보험료와의 차액을 특약 보험료라고 한다.
③ 할증 운용 등급은 1~4등급이며, 등급이 높을수록 보험료가 상승한다.
④ 할증 적용 기간은 1년부터 5년 또는 주계약의 보험 기간이다.

012 보험료 삭감 특별 약관에 대한 설명으로 적절하지 않은 것은?

① 체감성 위험 질병이 있는 피보험자에게 계약 후 삭감 적용 기간 내에 보험 사고가 발생하면 미리 정한 비율에 따라 감액된 보험금을 지급하는 특별 약관이다.
② 삭감 적용 기간은 1~4년이다.
③ 삭감 기간이 지나면 보험금을 100% 지급한다.
④ 납입 보험료는 표준체의 납입 보험료와 동일하다.

013 보험료 삭감 특별 약관의 대상이 되는 질병은 어느 것인가?

① 고혈압
② 당뇨
③ 관절염
④ 위궤양

2 장기 보험 언더라이팅의 실무

014 장기 손해 보험에 대한 설명으로 적절하지 않은 것은?

① 실손 보상의 성격이 있다.
② 보험 기간이 일반적으로 3년 이상이다.
③ 중도 환급금이 없다.
④ 만기 환급금이 있다.

015 다음 중 일반 손해 보험과 장기 손해 보험의 비교로 적절하지 않은 것은?

① 일반 손해 보험은 실손 보상의 성격이 강하다.
② 장기 손해 보험은 실손 보상의 성격과 생명 보험의 성격을 동시에 가진다.
③ 일반 손해 보험은 중도 환급금이나 만기 환급금이 없다.
④ 장기 손해 보험은 보험 기간 중에 사고가 발생하여 보험금이 지급되면 보험 가입 금액은 지급 금액만큼 감액된다.

016 다음 중 장기 손해 보험의 순보험료로 맞는 것은?

① 순보험료 = 위험 보험료
② 순보험료 = 위험 보험료 + 저축 보험료
③ 순보험료 = 위험 보험료 + 저축 보험료 + 예정 유지비
④ 순보험료 = 위험 보험료 + 저축 보험료 + 예정 수금비

017 다음 중 장기 손해 보험의 부가 보험료로 맞는 것은?

① 부가 보험료 = 예정 신계약비 + 예정 유지비
② 부가 보험료 = 예정 신계약비 + 예정 유지비 + 기업 이윤
③ 부가 보험료 = 예정 신계약비 + 예정 유지비 + 사업 경비
④ 부가 보험료 = 예정 신계약비 + 예정 유지비 + 예정 수금비

018 장기 손해 보험 중 장기 종합에서 보장되지 않는 손해는?

① 재물 손해
② 신체 손해
③ 간병 보장
④ 배상 책임 손해 보장

019 장기 손해 보험의 분류 중 상해, 질병, 간병 보장 중 두 가지 이상의 손해를 보장하는 보험은?

① 장기 상해
② 장기 질병
③ 장기 종합
④ 장기 기타

020 장기 손해 보험에서 납입 응당일을 기준으로 몇 개월 이상 선납 시 보험료가 할인되는가?

① 납입 응당일을 기준으로 2개월 이상 선납 시
② 납입 응당일을 기준으로 3개월 이상 선납 시
③ 납입 응당일을 기준으로 5개월 이상 선납 시
④ 납입 응당일을 기준으로 6개월 이상 선납 시

021 다음 중 장기 손해 보험의 보험료 납입에 대한 설명으로 적절하지 않은 것은?

① 장기 보험은 보험료의 납입 방법을 월납, 2개월납, 3개월납, 6개월납, 연납, 일시납 등으로 구분하여 계약자가 선택할 수 있다.
② 납입 응당일을 기준으로 3개월 이상 선납 시 예정 이율로 할인한 보험료를 지급한다.
③ 3개월 이상 선납한 보험이 보장 보험료와 적립 보험료로 분리되어 있는 경우 적립 보험료에 대해서만 할인한다.
④ 장기 보험은 만기 환급금의 재원으로 인하여 일반 손해 보험보다 계약자가 부담하는 보험료가 많다.

022 보험 기간이 1년 이상인 보험 계약자가 보험료를 연체하는 경우 보험료 납입 최고 기간은 얼마인가?

① 7일 이상의 기간
② 10일 이상의 기간
③ 14일 이상의 기간
④ 21일 이상의 기간

023 장기 손해 보험에서 납입 최고(독촉) 기간이 끝나는 날까지 보험료를 납부하지 아니할 경우 계약이 해지된다. 이때 계약이 해지되는 날은 언제인가?

① 납입 최고(독촉) 기간이 끝나는 날
② 납입 최고(독촉) 기간이 끝나는 다음 날
③ 납입 최고(독촉) 기간이 끝나는 다음 다음 날
④ 납입 최고(독촉) 기간이 끝나고 보험 회사가 해지 통고를 한 날

024 다음 중 보험료 납입 최고 서면 내용으로 적절하지 않은 것은?

① 납입 최고(독촉) 기간 내에 연체 보험료를 납입하여야 한다는 내용
② 납입 최고(독촉) 기간이 끝나는 날의 다음 날에 계약이 해지된다는 내용
③ 계약이 해지되는 때에는 즉시 해지 환급금에서 보험 계약 대출 원리금이 차감된다는 내용
④ 해지 전에 발생한 보험금 지급 사유에 대하여 회사는 약정한 보험금을 지급하지 않는다는 내용

025 보험료의 납입 연체로 인해 계약이 해지되었으나 해지 환급금을 받지 아니한 경우 일정 기간 이내에는 계약을 부활할 수 있다. 그 기간은 얼마인가?

① 해지된 날로부터 6개월 이내
② 해지된 날로부터 1년 이내
③ 해지된 날로부터 2년 이내
④ 해지된 날로부터 3년 이내

026 다음 중 계약 부활에 따른 연체 이자로 적절한 것은?

① 표준 이율+1% 범위 내에서 회사가 정하는 이율
② 표준 이율+2% 범위 내에서 회사가 정하는 이율
③ 표준 이율+3% 범위 내에서 회사가 정하는 이율
④ 표준 이율+5% 범위 내에서 회사가 정하는 이율

027 보험료 자동 대출 납입 제도에서 보험료가 자동 대출되어 차기 보험료로 납입되는 기간의 한도는?

① 적립 환급금 범위 내에서 1년 한도
② 적립 환급금 범위 내에서 2년 한도
③ 해약 환급금 범위 내에서 1년 한도
④ 해약 환급금 범위 내에서 2년 한도

028 다음 중 요율 산정 기준에 대한 설명으로 적절하지 않은 것은?

① 일반 상해의 경우 상해 위험 등급을 요율 기준으로 삼는다.
② 일반 상해의 경우 상해 위험 등급 1급의 요율이 가장 높다.
③ 교통 상해의 경우 영업용이 자가용보다 요율이 높다.
④ 질병의 경우 성별은 특약별로 다르다.

029 다음 중 요율 산정 기준이 틀리게 된 것은?

① 연령 : 고연령 > 저연령

② 건물 구조 : 4급 > 3급 > 2급 > 1급

③ 적용 업종 : 공장 > 일반 > 주택

④ 보험의 목적물 : 건물 > 동산

030 다음 중 요율이 가장 높은 직업은 무엇인가?

① 일반 사병　　　　　　　　② 일반 경찰관

③ 조리사　　　　　　　　　④ 현장 근로자

031 재물 물건별 적용 기준 중 주택 물건에 해당하지 않은 것은?

① 다중 주택

② 아파트 단지 내 상가

③ 아파트 구내의 상가를 제외한 복리 시설

④ 주택의 부속 건물로서 가재만을 수용하는 데 쓰이는 것

032 다음 중 재물 물건별 적용 기준 중 주택 물건에 대한 설명으로 적절하지 않은 것은?

① 주택 병용 물건 중 교습소에 대해서는 내직 정도의 것에서만 주택 화재 보험료율을 적용할 수 있다.

② 농가 또는 어업자의 주택인 경우에는 주택 내에서 평소에 하는 정도의 작업을 하는 정도의 것에서만 주택 화재 보험료율을 적용할 수 있다.

③ 건축 기간 중만을 보험 기간으로 하는 계약에 대하여는 주택 화재 보험료율을 적용한다.

④ 가재 외의 재고 자산이 늘 수용되는 건물 및 그 재고 자산에 대하여는 일반 물건 요율을 적용한다.

033 다음 중 재물 물건별 적용 기준 중 주택 물건에 대한 설명으로 적절하지 않은 것은?

① 주택 병용 물건 중 치료에 대해서는 내직 또는 출장 치료 정도의 것에서만 주택 화재 보험료율을 적용할 수 있다.
② 농가 또는 어업자의 주택과는 별동으로서 양장 및 그 밖의 부업을 하고 있는 경우 그 별동에 대하여는 주택 물건 요율을 적용한다.
③ 건축 중의 건물은 공사 완성 후 주택 물건으로 되는 것에 또는 현재 주택 물건으로 계약 중인 것으로서 공사 완공 후에도 주택 물건으로 하는 계약에 대하여는 주택 물건 요율을 적용한다.
④ 주택으로 쓰이는 건물 내에 일시적으로 수용된 재고 자산에 대하여는 주택 물건 기본 요율에 재고 자산 할증을 부가한 요율을 적용한다.

034 주상 복합 건물(아파트)에 관한 특례에 대한 설명으로 적절하지 않은 것은?

① 주상 복합 건물(아파트)은 방화 구획 여부에 관계없이 주거 용도 부분은 주택 물건으로서 주택 화재 보험료율을 적용한다.
② 주상 복합 건물(아파트)은 방화 구획 여부에 관계없이 상업 용도 부분은 일반 물건으로 일반 물건 요율을 적용한다.
③ 주차장이 주거 및 상업 용도 공동으로 사용되는 경우에는 일반 물건으로 보아 일반 물건 주차 전용 건물 요율을 적용한다.
④ 주상 복합 아파트의 경우 아파트의 부대시설(관리 사무소, 주차장, 담장, 어린이 놀이터, 경로당)을 제외한 기타 복리 시설은 주택 화재 보험료율을 적용한다.

035 다음 중 일반 물건 요율이 적용되지 않는 물건은?

① 병용 주택, 점포, 사무실 및 이들의 부속 건물 및 옥외 설비, 장치, 공작을 또는 이들에 수용되는 동산, 설치 기계 및 야적 동산
② 창고업자 건물로서 화물 보관의 목적으로 쓰이는 것
③ 영업용 보세 창고 및 영업용 보세 장치장으로서 세관장의 승인을 얻어 보세 화물 보관의 목적에 쓰이는 것
④ 일시적으로 주택으로 사용하는 건물로서 가재가 항상 비치되어 있는 공가

036 다음 중 일반 물건 요율이 적용되지 않는 물건은?

① 교회, 사원의 본당 및 그 부속 건물, 의사의 진료소, 대서소, 정기적인 경매장 또는 경판장 등에 쓰이는 주택 또는 공가
② 변호사, 공인 회계사, 대리점주 또는 이들의 사용인이 사무소를 일부에 설치하고 있는 주택
③ 주택으로 사용하는 건물 내에 일시적으로 가재 이외의 동산을 수용하는 경우의 건물 및 가재
④ 행상인, 중매인 등의 주택으로서 상품 등이 늘 보관되어 있는 건물

037 다음 중 일반 물건 요율의 적용에 대한 설명으로 적절하지 않은 것은?

① 일반 물건 요율은 주택 화재 보험료율, 공장 물건 요율을 적용하는 물건을 제외한 물건에 적용한다.
② 일반 물건과 주택 물건의 구분은 같은 구내라도 하나의 건물 단위로 구분한다.
③ 일반 물건 요율은 건물 단위로 직업 종별을 판단하여 적용한다.
④ 동일 건물 내에 요율 수준이 다른 직업 종별이 병존하는 경우 낮은 요율을 적용한다.

038 일반 물건 요율의 적용에 대한 설명으로 적절하지 않은 것은?

① 물리, 화학 및 그 밖의 연구소로서 공장 구외에 있고 또한 생산 가공을 하지 아니하는 것은 일반 물건으로 다룬다.
② 신축 중인 공장으로서 공업상의 작업에 사용하는 기계의 설치가 완료되기 전까지는 일반 물건으로 한다.
③ 공업상의 작업에 사용하는 기계의 설치가 완료되기 전이라도 구내의 일부에서 공업상의 작업을 개시하는 때에는 일반 물건으로 한다.
④ 건물이 소정의 방화 구획에 의하여 둘 이상의 부분으로 구획된 경우에는 각각을 하나의 건물로 하여 요율을 적용할 수 있다.

039 특수 건물의 소유자는 화재에 따른 손해 배상 책임을 이행하기 위하여 그 건물에 대하여 손해 보험 회사가 운영하는 신체 손해 배상 특약부 화재 보험에 언제까지 가입하여야 하는가?

① 소유권을 취득한 날부터 7일 이내
② 소유권을 취득한 날부터 10일 이내
③ 소유권을 취득한 날부터 15일 이내
④ 소유권을 취득한 날부터 30일 이내

040 특수 건물의 소유자가 특약부 화재 보험에 가입하지 아니한 경우 벌칙은 무엇인가?

① 1년 이하의 징역 또는 1천만 원 이하의 벌금
② 3년 이하의 징역 또는 2천만 원 이하의 벌금
③ 5백만 원 이하의 벌금
④ 3백만 원 이하의 벌금

041 특수 건물은 시가에 해당하는 금액으로 보험 가입 금액을 산정하여야 한다. 다음 중 시가 결정 방법 및 기준으로 옳지 않은 것은?

① 최근 1년간 감정 평가한 사실이 있는 경우에는 감정서에 의한 가액
② 상장 법인인 경우에는 해당 법인의 장부 가액
③ 상장 법인인 경우에는 해당 법인의 대차 대조표 가액
④ 규정에 의해 산출할 수 없는 경우에는 재조달가액을 보험 가입 금액으로 한다.

042 특수 건물의 신체 손해 배상 책임 보험 중 타인의 사망의 경우 보험 금액은 최고 얼마인가?

① 5,500만 원　　　　　　　　② 8,000만 원
③ 1억 원　　　　　　　　　　④ 3억 원

043 특수 건물의 특약부 화재 보험에 대한 설명으로 적절하지 않은 것은?

① 특수 건물의 소유자는 특약부 화재 보험에 부가하여 풍재(風災), 수재(水災) 또는 건물의 무너짐 등으로 인한 손해를 담보하는 보험에 가입할 수 있다.
② 종업원에 대하여 장기 손해 보험에 가입하고 있는 경우에는 그 종업원에 대한 신체 손해 배상 특약부 화재 보험에 가입하지 아니할 수 있다.
③ 특수 건물의 소유자는 특약부 화재 보험 계약을 매년 갱신하여야 한다.
④ 보험의 가입 의무자가 그 보험에 가입하지 아니한 경우에는 관계 행정 기관에 대하여 가입 의무자에 대한 인가·허가의 취소, 영업의 정지, 건물 사용의 제한 등 필요한 조치를 할 것을 요청할 수 있다.

044 화재 보험법에 따른 특수 건물 중 바닥 면적의 합계가 2,000㎡ 이상인 건물이어야 하는 것이 아닌 것은?

① 「국유 재산법」에 따른 건물 및 이 건물과 같은 용도로 사용하는 부속 건물
② 「학원의 설립·운영 및 과외 교습에 관한 법률」에 의한 학원으로 사용하는 건물
③ 「게임 산업 진흥에 관한 법률」에 따른 게임 제공업 및 인터넷 컴퓨터 게임 시설 제공업
④ 「음악 산업 진흥에 관한 법률」에 따른 노래 연습장업

045 화재 보험법에 따른 특수 건물 중 바닥 면적의 합계가 3,000㎡ 이상인 건물이어야 하는 것은 어느 것인가?

① 「의료법」에 의한 종합 병원 또는 병원으로 사용하는 건물
② 「관광 진흥법」에 의한 관광숙박업으로 사용하는 건물
③ 「공중위생 관리법」에 의한 숙박업으로 사용하는 건물
④ 「방송법」에 의한 방송 사업을 목적으로 사용하는 건물

046 다음 중 면적에 상관없이 특수 건물에 해당하는 것은?

① 「산업 집적 활성화 및 공장 설립에 관한 법률」에 따른 공장
② 「공중위생 관리법」에 따른 목욕장업으로 사용하는 건물
③ 「영화 및 비디오물의 진흥에 관한 법률」에 따른 영화 상영관으로 사용하는 건물
④ 「사격 및 사격장 안전 관리에 관한 법률」에 따른 실내 사격장으로 사용하는 건물

047 다중 이용 업소의 화재 배상 책임 보험에 대한 설명으로 적절하지 않은 것은?

① 피해자 사망 시 1명당 1억 원의 범위에서 피해자에게 발생한 손해액을 지급한다.
② 피해자 사망 시 그 손해액이 2천만 원 미만인 경우에는 2천만 원으로 한다.
③ 후유 장애의 경우 피해자 1명당 보상 한도는 2천만 원이다.
④ 부상의 경우에 1명당 2천만 원의 범위에서 피해자에게 발생한 손해액을 지급한다.

048 다중 이용 업소가 화재 배상 책임 보험에 가입하지 않은 기간이 50일인 경우 과태료는 얼마인가?

① 30만 원
② 60만 원
③ 90만 원
④ 200만 원

049 보험 회사가 다중 이용 업주와의 화재 배상 책임 보험 계약을 임의로 해제 또는 해지한 경우의 과태료 금액은?

① 60만 원　　　　　　　　② 90만 원
③ 100만 원　　　　　　　 ④ 200만 원

050 재물 건물 급수 적용 기준에서 기둥·보·바닥이 불연재료인 경우 몇 급인가?

① 1급　　　　　　　　　　② 2급
③ 3급　　　　　　　　　　④ 4급

051 다음 중 제3급 건물 구조에 해당하는 것은?

① 철근 콘크리트조 슬라브즙　　② 경량 샌드위치 판넬즙
③ 목조 와즙　　　　　　　　　④ 조적조 스레트즙

052 다음 중 건물 구조 급별 적용 시 유의 사항으로 적절하지 않은 것은?

① 건물 외벽이 샌드위치 패널이더라도 내화 구조를 인정받은 경우에는 2급을 적용한다.
② 중도리, 서까래, 지붕널은 지붕에 포함한다.
③ 3급 구조 판단 시에는 지붕틀은 포함하지 않는다.
④ 외벽이 50% 이상 결여된 무벽 건물은 지붕을 제외한 주요 구조부가 불연재료인 경우 3급으로 한다.

053 다음 중 건물 구조 급수를 정함에 있어 제외하고 급수를 판정하는 경우가 아닌 것은?

① 외벽의 일부가 가연재료로 된 건물로서 그 부분이 전체 외벽 면적의 10% 이하인 경우
② 중도리가 지붕을 잇기 위한 보조재로 일부 목재가 사용된 경우
③ 증축을 위하여 계단실 지붕(지붕틀 포함)을 불연재료 등으로 사용한 경우
④ 사이 기둥 또는 작은 보가 나철골인 경우

054 공사 완성 후 건물 급수가 1급인 건축 중 건물의 급수는 몇급인가?

① 1급　　　　　　　　　　② 2급
③ 3급　　　　　　　　　　④ 4급

055 다음 중 상해·질병 보험의 심사에서 공통되는 포인트에 해당하지 않는 것은?

① 인수 심사 절차 확인
② 피보험자 기능 장애 여부
③ 생활 습관
④ 해외 활동 계획

056 다음 중 보험 계약의 '4대 기본 지키기'에 해당하지 않는 것은?

① 청약서 원본 전달
② 상품 설명서 전달
③ 약관 전달
④ 청약서 자필 서명

057 다음 중 상해 보험의 심사에서 주요 포인트에 해당하지 않는 것은?

① 피보험자의 직업 및 직무
② 운전 차량
③ 부업 및 취미 생활
④ 체격

058 다음 중 질병 보험의 심사에서 주요 포인트를 틀리게 설명한 것은?

① 최근 3개월 이내 진찰, 검사 여부
② 최근 1년 이내 추가 검사 여부
③ 최근 3년 이내 입원, 수술, 계속하여 10일 이상 치료, 15일 이상 투약 여부
④ 최근 5년 이내 10대 질병의 진찰 또는 검사 여부

059 다음 중 10대 주요 질병에 해당하지 않는 것은?

① 결핵
② 협심증
③ 당뇨병
④ 고혈압

060 다음 중 재물 보험의 심사에서 주요 포인트에 해당하지 않는 것은?

① 영위 업종
② 사고 경력
③ 운전 차량
④ 건물 내 타업종

061 상해·질병 보험의 위험 유형 중 환경적 위험에 해당하는 것은 어느 것인가?

① 체격
② 성별
③ 혈압
④ 가족력

062 담보별 위험 요인 파악에 대한 설명으로 적절하지 않은 것은?

① 상해 보험의 경우 위험이 높은 직업에 대해서는 일부 특약의 가입을 제한하거나 가입 한도를 낮게 설정한다.
② 상해 보험의 경우 사고 다발자, 자발적 보험 가입 요청자, 손해 확대 위험 보유자 등에 대해서는 인수에 특별히 유의하여야 한다.
③ 상해 위험 담보는 질병 위험 담보보다 직업 위험과의 관계가 적은 편이다.
④ 질병 보험의 경우 개인별 병력과 가족력에 특히 유의해야 한다.

063 재물 보험의 위험 유형 중 도덕적 위험에 해당하는 것은 어느 것인가?

① 초과 보험
② 과거 보험 실적
③ 보험 가입 목적
④ 작업장 내 흡연

064 재물 보험의 위험 요인 파악에 대한 설명으로 적절하지 않은 것은?

① 단독 주택의 경우는 일반 물건이나 공장 물건보다 손해 규모가 작고 손해율도 일정 수준을 유지한다.
② 가연재료로 구성된 건물 급수 4급은 선택적 인수가 필요하다.
③ 시장 건물과 같이 건물이 밀집된 지역은 사고 발생 시 손해액의 분산을 위해 총 누적 가입금액을 선정하기도 한다.
④ 가구 공장은 다른 공장에 비하여 화재의 위험이 낮은 편이다.

제3장 자동차 보험 언더라이팅

1 자동차 보험 언더라이팅의 개요

001 역선택과 도덕적 해이의 발생 요인 중 역선택과 가장 거리가 먼 것은?

① 감춰진 유형
② 감춰진 행동
③ 감춰진 특성
④ 정보의 비대칭

002 다음 중 자동차 보험에서 역선택을 방지하는 방법으로 볼 수 없는 것은?

① 감시
② 반복 거래
③ 걸러내기
④ 강제 가입

003 자동차 보험 인수 관련 스코어링 시스템(Scoring system)에 대한 설명으로 적절하지 않은 것은?

① 고객으로부터 받은 각종 계약 관련 사항 중 보험 회사에서 필요하다고 판단하는 항목을 위험도로 환산하여 추정 손해율을 구하고, 추정 손해율이 적정 손해율 이하인 경우 인수한다.
② 추정 손해율이 적정 손해율을 초과하는 경우 위험 인수를 거부한다.
③ 손해 보험 회사들은 스코어링 시스템에 의하여 여러 요인을 종합적으로 평가하여 보험 인수를 결정하며, 세부 기준은 지역, 사고 경력, 연령, 할인·할증율, 직업·업종·용도, 보험 가입 담보, 차량 종류, 차량 연식, 공동 인수 기준 등이 있다.
④ 대부분의 손해 보험 회사들은 저연령(21세 이하) 또는 일정 연령 이상의 고연령(60세 이상)에 대한 선별적인 인수 기준을 가지고 있다.

004 최근의 언더라이팅 경향에 대한 설명으로 적절하지 않은 것은?

① 할증할인 제도의 개선이 화두가 되어 최저율 도달 기간을 단축하였다.
② 불량 물건의 인수를 거부하기보다는 계약 체결 단계에서 검증을 강화하고 있다.
③ 기존의 요율 요소를 더 세분화하는 경향이 있다.
④ 판매 채널이 다양해졌다.

2 자동차 보험 언더라이팅의 요율

005 보험료율 산출 방법에 대한 설명으로 적절하지 않은 것은?

① 손해 보험에서 사용되는 기본적인 요율 산정 방법에는 순보험료법과 손해율법이 있다.
② 순보험료법은 순보험료의 계산이라는 단일 단계로 이루어진다.
③ 순보험료법은 보험료 산정에 필요한 여러 계산 요소를 수리적 또는 통계적으로 예측하여 보험료를 계산하는 방법이다.
④ 손해율법은 동일 위험 집단에서 균형 수지를 이루기 위해 사업의 운영 결과에 따른 실제 손해율의 변화에 따라서 보험료를 조정하는 방법이다.

006 다음 중 순보험료법과 손해율법의 비교에서 순보험료법에 대한 설명에 해당하는 것은 어느 것인가?

① 보험료 기준
② 현재 요율 수준이 필요
③ 보험료 수정 계수를 사용하지 않음.
④ 현재 요율의 조정률을 산출

007 다음 중 순보험료법의 산식으로 적절한 것은 어느 것인가?(단, 노출 단위 수 : L, 보험 사고 발생 건수 : N, 사고 건당 평균 손해액 : m)

① $P = \dfrac{N+m}{L}$
② $P = \dfrac{N \times m}{L}$
③ $P = \dfrac{N-m}{L}$
④ $P = \dfrac{N}{L-m}$

008 다음 중 손해율법의 산식으로 적절한 것은 어느 것인가?(단, 보험료에 대한 조정율 : R, 예정 손해율 : T, 실제 손해율 : A)

① $R = \dfrac{A}{T} + 1$
② $R = \dfrac{T}{A} + 1$
③ $R = \dfrac{T}{A} - 1$
④ $R = \dfrac{A}{T} - 1$

009 다음 중 보험료 구성 체계의 산식이 적절하지 않은 것은?

① 기본 보험료 = 순보험료 + 부가 보험료
② 손해액 = 원수보험금 − 보험금 환입 + 손해 조사비−지급 준비금 환입 +지급 준비금 적립
③ 사업비 = 사업 제경비 − 지급 수수료 − 수입 수수료 − 기타 수입 경비
④ 사업비 = 고정 사업비 + 변동 사업비

010 기본 보험료에 당해 계약의 제반 적용 요소를 감안하여 산출한 금액으로서 보험 계약자가 지불하여야 할 보험료를 무엇이라고 하는가?

① 기본 보험료　　　　　　② 참조 순보험료
③ 적용 보험료　　　　　　④ 가입자 특성 요율

011 다음 중 적용 보험료를 산정함에 있어서 감안해야 할 제반 적용요소로 적절하지 않은 것은?

① 특약 요율　　　　　　　② 할인 할증률
③ 특별 할증률　　　　　　④ 참조 순보험료

012 다음 중 자동차의 구조나 운행 실태가 동종 차종과 상이한 자동차의 특별 위험에 대하여 적용하는 요율을 무엇이라고 하는가?

① 특약 요율　　　　　　　② 특별 요율
③ 특별 할증 요율　　　　　④ 가입자 특성 요율

013 보험료율에 대한 설명으로 적절하지 않은 것은?

① 교통 법규 위반 경력 요율의 경우 가입자가 개인이면 보험 가입 경력 요율만 적용한다.
② 특별 요율에는 에어백 장착 자동차 요율, 스포츠형 자동차 요율 등이 있다.
③ 특별 할증 요율은 보험 회사가 최고 50% 한도 내에서 적용한다.
④ 보험 가입 경력 요율은 국내뿐 아니라 외국에서의 보험 가입 기간을 포함하여 적용한다.

014 다음 괄호 안에 들어갈 기간은?

> 단기 요율은 보험 기간이 (　　)인 계약에 적용한다.

① 6개월 미만
② 1년 미만
③ 2년 미만
④ 3년 미만

015 개인용 자동차 보험의 가입 대상이 되기 위해서는 법정 정원이 몇 인승 이하이어야 하는가?

① 법정 정원 5인승 이하
② 법정 정원 7인승 이하
③ 법정 정원 9인승 이하
④ 법정 정원 10인승 이하

016 개인용 자동차 보험의 가입 대상이 아닌 모든 비사업용 자동차가 가입해야 하는 보험 종목은?

① 업무용 자동차 보험
② 영업용 자동차 보험
③ 법인용 자동차 보험
④ 이륜자동차 보험

017 다음 중 개인용 자동차 보험 대인 배상 I 의 적용 보험료 산식으로 적절한 것은 어느 것인가?

> A : 기본 보험료
> B : 특약 요율
> C : 가입자 특성 요율(보험 가입 경력 요율±교통 법규 위반 경력 요율)
> D : (우량 할인·불량 할증 요율 + 특별 할증률)
> E : 기명 피보험자 연령 요율
> F : 물적 사고 할증 기준 요율
> G : 특별 요율
> H : (1 + 단체 업체 특성 요율)

① 적용 보험료 = A×B×C×E×F×G×H×I
② 적용 보험료 = A×B×C×D×F×G×H×I
③ 적용 보험료 = A×B×C×D×E×G×H×I
④ 적용 보험료 = A×B×C×D×E×F×G×H×I

018 다음 중 이륜자동차 보험 대인 배상 I 의 적용 보험료 산식으로 적절한 것은 어느 것인가?

> A : 기본 보험료
> B : 특약 요율
> C : 가입자 특성 요율(보험 가입 경력 요율±교통 법규 위반 경력 요율)
> D : 우량 할인 요율
> E : 기명 피보험자 연령 요율
> F : 물적 사고 할증 기준 요율
> G : 특별 요율

① 적용 보험료 = A×B×C×D×E
② 적용 보험료 = A×B×C×D×F
③ 적용 보험료 = A×B×C×D×E×G
④ 적용 보험료 = A×B×C×D×E×F×G

019 다음은 자동차 취급업자 종합 보험의 적용 보험료 산식이다. (A)에 들어갈 적절한 것은 어느 것인가?

> 적용 보험료 = 기본 보험료 × (A)

① 1 × 할인 할증 적용률
② 1 + 단체 업체 특성 요율
③ 1 - 단체 업체 특성 요율
④ 보험 가입 경력 요율 ± 교통 법규 위반 경력 요율

020 단기 계약 1개월의 단기 요율은 몇%인가?

① 10%   ② 15%   ③ 20%   ④ 30%

021 영업용 자동차의 단체 할인·단체 할증 적용 기준으로 적절한 것은?

① 단체 할인·단체 할증 평가 대상 기간의 최종 연도 1년간 평균 유효 대수가 10대 이상인 경우
② 단체 할인·단체 할증 평가 대상 기간의 최종 연도 1년간 평균 유효 대수가 20대 이상인 경우
③ 단체 할인·단체 할증 평가 대상 기간의 최종 연도 1년간 평균 유효 대수가 30대 이상인 경우
④ 단체 할인·단체 할증 평가 대상 기간의 최종 연도 1년간 평균 유효 대수가 50대 이상인 경우

022 우량 할인·불량 할증 제도에서 전 계약이 신계약인 경우 평가 대상 기간은?

① 갱신 계약의 전전 계약 보험 기간 만료일 2개월 전부터 전 계약의 보험 기간 만료일 2개월 전까지의 기간
② 갱신 계약의 전전 계약 보험 기간 만료일 3개월 전부터 전 계약의 보험 기간 만료일 3개월 전까지의 기간
③ 전 계약의 보험 기간 초일부터 보험 기간 만료일 2개월 전까지의 기간
④ 전 계약의 보험 기간 초일부터 보험 기간 만료일 3개월 전까지의 기간

023 우량 할인·불량 할증 제도에 대한 설명으로 적절하지 않은 것은?

① 개인용 자동차 보험의 경우 전 계약과 갱신 계약에서 피보험자와 피보험 자동차가 모두 동일해야 한다.
② 업무용 자동차 보험의 경우 자가용은 전 계약과 갱신 계약에서 피보험자와 피보험 자동차가 모두 동일해야 한다.
③ 플러스 업무용 자동차 보험의 경우 관용은 전 계약과 갱신 계약에서 피보험 자동차가 동일해야 한다.
④ 영업용 자동차 보험의 경우 전 계약과 갱신 계약에서 피보험자와 피보험 자동차가 모두 동일해야 한다.

024 다음 중 우량 할인·불량 할증 제도의 평가 대상 사고에 해당하지 않는 것은?

① 미지급 사고
② 평가 대상 기간 말일 현재 보험 회사가 알고 있는 미접보 사고
③ 자기 과실이 없는 사고
④ 피구상자가 확정되어 지급된 보험금을 전액 환입할 수 있는 사고

025 다음 중 평가 대상 사고에 포함되는 자기 과실이 없는 사고에 해당하지 않는 것은?

① 가해자 불명 자기 차량 손해 사고
② 전복에 의해 발생한 화재에 의한 자기 차량 손해 사고
③ 자연재해로 인한 자기 차량 손해 사고
④ 무보험 자동차에 의한 상해 담보 사고

026 운전자 A는 평가 기간 중 하나의 사고로 상대방 1인의 사망과 자기 신체가 상해를 입은 사고를 일으켰다. 이 경우 우량 할인·불량 할증 제도에 따른 점수는 몇 점인가?

① 3점
② 4점
③ 5점
④ 6점

027 운전자 A는 평가 기간 중 하나의 사고로 상대방 B는 부상 1급, 상대방 C는 부상 2급에 이르는 사고를 일으켰다. 이 경우 우량 할인·불량 할증 제도에 따른 점수는 몇 점인가?

① 3점
② 4점
③ 5점
④ 6점

028 할인·할증 적용 등급 결정에 있어 신규 계약의 적용 등급은 얼마인가?

① 11Z
② 12Z
③ 13P
④ 14Z

029 갱신 계약의 경우 할인·할증 적용 등급 결정에 있어 과거 몇 년 동안의 사고 유무를 고려하는가?

① 과거 2년(보험 가입 기간의 2년 미만이면 그 가입 기간) 동안의 사고 유무
② 과거 3년(보험 가입 기간의 3년 미만이면 그 가입 기간) 동안의 사고 유무
③ 과거 4년(보험 가입 기간의 4년 미만이면 그 가입 기간) 동안의 사고 유무
④ 과거 5년(보험 가입 기간의 5년 미만이면 그 가입 기간) 동안의 사고 유무

030 다음 중 평가 대상 기간 중에 사고가 없는 경우에 해당하지 않는 것은?

① 평가 대상 기간 말일로부터 과거 3년간 사고가 없는 경우
② 가해자 불명 자기 차량 손해 사고를 제외한 자기 과실이 없는 사고
③ 가해자 불명 자기 차량 손해 사고로서 손해액이 30만 원 이하인 사고 1건
④ 가해자 불명 자기 차량 손해 사고로서 손해액이 20만 원 이하인 사고 2건

031 다음 중 갱신 계약의 등급 적용에 대한 설명으로 적절하지 않은 것은?

① 평가 대상 기간 중에 사고가 없는 경우, 갱신 계약의 적용 등급은 전 계약의 보험 기간이 1년 미만인 경우에는 전 계약의 적용등급과 같이 한다.
② 평가 대상 기간 중에 사고가 없는 경우, 전 계약이 보호 등급으로서 1년 미만인 경우 갱신 계약은 보호 등급을 적용한다.
③ 평가 대상 기간 중에 사고가 있는 경우, 갱신 계약의 적용 등급은 전 계약의 적용 등급과 같이 한다.
④ 평가 대상 기간 중에 사고가 있는 경우, 전 계약의 적용 등급이 보호 등급이면 갱신 계약 적용 등급은 일반 등급으로 한다.

032 다음 중 단기 계약 갱신 시 할인 적용 대상 계약의 요건으로 적절한 것은?

① 전 계약의 보험 기간 만료일 1개월 전부터 과거 1년 동안 합산된 단기 계약의 보험 가입 기간이 3개월 이상
② 전 계약의 보험 기간 만료일 1개월 전부터 과거 1년 동안 합산된 단기 계약의 보험 가입 기간이 6개월 이상
③ 전 계약의 보험 기간 만료일 3개월 전부터 과거 1년 동안 합산된 단기 계약의 보험 가입 기간이 3개월 이상
④ 전 계약의 보험 기간 만료일 3개월 전부터 과거 1년 동안 합산된 단기 계약의 보험 가입 기간이 6개월 이상

033 다음 중 할인 적용 대상 계약의 갱신 계약 적용 등급은?

① 전 계약 적용 등급보다 1/2등급 낮은 적용 등급
② 전 계약 적용 등급보다 1/2등급 높은 적용 등급
③ 전 계약 적용 등급보다 1등급 낮은 적용 등급
④ 전 계약 적용 등급보다 1등급 높은 적용 등급

034 다음 중 단체 할인·할증에 대한 설명으로 적절하지 않은 것은?

① 영업용 자동차는 피보험 자동차를 단위로 하여 평가·적용한다.
② 평가 대상 기간은 역년 기준 3년으로 한다.
③ 평가 대상 기간 말일의 익년 4월 1일부터 익익년 3월 31일까지 사이에 책임이 시작되는 계약에 대하여 적용한다.

④ 부보 대상의 계산에 있어서 동일한 자동차로서 가입된 담보 종목의 수가 두 가지 이상인 경우에는 1대로 한다.

035 다음 중 단체 할인·할증 관련 산식으로 적절하지 않은 것은?

① 평균 유효 대수 = $\dfrac{\text{평가 대상 기간의 최종 연도 1년간의 매일의 부보 대수를 합한 대수}}{365(\text{윤년}:366)}$

② 수정 순손해율 = $\dfrac{\text{손해액}}{\text{수정 경과 순보험료}} \times 100$

③ 수정 경과 순보험료 = $\dfrac{\text{참조 순보험료 기준}}{\text{할인·할증 등급별 참조 적용률} - \text{특별 할증률}} \times 100$

④ 참조 순보험료 기준 경과 순보험료 = 적용 참조 순보험료 × $\dfrac{\text{평가 대상 기간 중 경과 일수}}{365(\text{윤년}:366)}$

036 다음 중 단체 할인·할증의 손해액 공식으로 적절한 것은?

① 손해액 = 보험금 + 전기 이월 지급 준비금 + 차기 이월 지급 준비금
② 손해액 = 보험금 + 전기 이월 지급 준비금 − 차기 이월 지급 준비금
③ 손해액 = 보험금 − 전기 이월 지급 준비금 + 차기 이월 지급 준비금
④ 손해액 = 보험금 − 전기 이월 지급 준비금 − 차기 이월 지급 준비금

037 다음 중 보험 가입 경력 요율 산정에 대한 설명으로 적절하지 않은 것은?

① 보험 가입 경과 기간 산정에 있어서 2개 이상 계약의 보험 기간이 중복될 경우에는 중복되는 기간은 하나의 기간으로 본다.
② 관공서 및 법인체 등에서 운전직으로 근무한 기간 및 외국에서의 보험 가입 기간은 보험 가입 경과 기간으로 본다.
③ 행정 지시로 법인의 명칭과 종류가 변경된 경우의 보험 가입 경과 기간 산정 시, 변경 전 법인의 보험 가입 경과 기간을 제외한다.
④ 보험 가입 경과 기간의 산정에 있어서 모터바이크 종합 보험 가입 기간을 포함한다.

038 교통 법규 위반 경력 요율의 평가 대상 기간은 당년 4월 30일부터 과거 2년간이다. 이를 적용하는 계약으로 맞는 것은?

① 당년 6월 1일부터 익년 5월 31일에 책임이 시작되는 계약
② 당년 7월 1일부터 익년 6월 30일에 책임이 시작되는 계약
③ 당년 8월 1일부터 익년 7월 31일에 책임이 시작되는 계약
④ 당년 9월 1일부터 익년 8월 31일에 책임이 시작되는 계약

039 교통 법규 위반 경력 요율 적용에 있어서 할증 대상 법규 위반이 중복될 경우 이를 합산하여 적용한다. 이때 최대 한도는 얼마인가?

① 최대 15% 한도
② 최대 20% 한도
③ 최대 25% 한도
④ 최대 30% 한도

040 개별 할인·할증 적용 대상 계약의 최고 할증률이 가장 높은 것은?

① 위장 사고 야기자
② 3회 이상의 사고를 일으킨 사실이 있는 경우
③ 사망의 대인 사고를 일으킨 사실이 있는 경우
④ 1회 사고자로서 보험 회사가 기본 보험료 및 사고에 따른 할증 보험료로 보험 계약 인수를 거절하는 경우

041 다음 개별 할인·할증 적용 대상 계약 중 대상 계약의 평가 기간이 1년인 것은 어느 것인가?

① 자동차를 이용하여 범죄 행위를 한 경우
② 피보험자를 변경함으로써 할증된 보험료를 적용할 수 없는 경우
③ 3회 이상의 사고를 일으킨 사실이 있는 경우
④ 상해 등급 7급 이상의 대인 사고를 일으킨 사실이 있는 경우

042 소속 업체 변경 자동차 보험 계약에 단체 할인·할증 적용을 적용하는 경우 최고 할증률은 얼마인가?

① 35%
② 40%
③ 45%
④ 50%

제4장
손해 보험의 보유와 재보험

1 손해 보험의 보유

001 손해 보험의 보유에 대한 설명으로 적절하지 않은 것은?

① 보유(Retention)란 보험 계약자가 위험의 범위를 한정하여 보험 회사가 책임지는 것이다.
② 자신의 책임 부담을 보유 한도, 보유액, 보유 제한액 등으로 칭하기도 한다.
③ 위험 관리 측면에서 부보를 결정할 경우 자가보험 성격에 해당되는 부분을 보유로 볼 수 있다.
④ 위험의 분석 및 평가를 통해 기업의 재무 건전성에 큰 영향을 미치지 않는 수준에서 부담할 수 있는 최고 책임액이 보유 한도(Limit)가 된다.

002 손해 보험의 보유에 대한 설명으로 적절하지 않은 것은?

① 보유는 개별 위험에 대하여 결정되는 것이 일반적이다.
② 집적 위험 보유는 다수의 위험이 1사고에 따라 손해를 입을 가능성이 있는 범위의 경우를 상정하여 정하고 있다.
③ 총계 위험 보유는 연간 손해율이 예정 손해율을 넘지 않도록 하는 것이다.
④ 총계 위험 보유는 주로 농작물 보험에 이용된다.

003 손해 보험의 보유에 대한 설명으로 적절하지 않은 것은?

① 보유는 보험자가 자기의 계산에 있어서 부담할 수 있는 위험의 한도를 정하기 때문에 손실액과 밀접한 관련이 있다.
② 보유는 일반적으로 보험 금액을 기준으로 정해진다.
③ 초과 손해액 보험이나 초과 손해액 재보험의 보유는 보험 금액 보유에 해당한다.
④ 언더라이터의 직관에 의해 보유 한도를 정하기도 한다.

004 최고 보유 한도를 결정함에 있어서 통계적으로 검증을 거친 일정 기준을 사용하기도 한다. 다음 중 최고 보유 한도액과 관련하여 가장 적절하지 않은 설명은?

① 수입 보험료를 기준으로 화재 보험이나 특종 보험은 1~3%를 보유한다.
② 해상 보험은 약 5%를 보유한다.
③ 환금성 자산인 유동 자산을 기준으로 약 10%를 최고 보유액으로 한다.
④ 자본금과 잉여금을 합친 금액의 20%를 최고 보유액으로 한다.

2 손해 보험의 재보험

005 재보험에 대한 설명으로 적절하지 않은 것은?

① 보험 계약자와 보험 계약을 체결한 원수보험자가 원보험 계약상의 손해 보상 책임의 일부나 전부를 다른 보험 회사가 다시 인수하도록 하는 보험을 재보험(Reinsurance)이라 한다.
② 재보험을 출재하는 회사는 출재사가 되고 재보험을 수재하는 회사는 재보험자가 된다.
③ 보험 회사는 재보험을 통해 위험 분산을 통한 경영의 안정성 확보, 위험 인수 능력 향상, 대재해 위험의 분산 등과 같은 효과를 얻을 수 있다.
④ 재보험자는 인수한 보험을 다시 타 보험 회사로 하여금 인수하도록 할 수 있는데, 이 또한 재보험이라 한다.

006 재보험에 관한 설명으로 가장 적절하지 못한 것은?

① 재보험을 이용하여 원보험 회사는 최대 가능 손실(Maximum possible loss)을 확정할 수도 있다.
② 재보험을 이용하여 원보험 회사는 인수 능력을 제고할 수 있다.
③ 재보험은 원보험이 손해 보험이든 생명 보험이든 손해 보험의 성질을 가진다.
④ 재보험은 원보험 계약의 효력에 영향을 미친다.

007 재보험의 기능에 대한 설명으로 옳지 않은 것은?

① 보험 수익의 안정성 유지
② 인수 능력의 증대
③ 보험 사고의 경감
④ 재난적 사고의 보장

008 재보험의 일반 원칙 중 고지 의무와 가장 관련이 깊은 것은 어느 것인가?

① 피보험 이익의 존재
② 최대 선의의 원칙
③ 손해 보상의 원칙
④ 대위 및 분담

009 임의 재보험(Facultative reinsurance)과 특약 재보험(Treaty reinsurance)에 대한 설명으로 적절하지 않은 것은?

① 임의 재보험과 특약 재보험은 재보험을 계약 절차상의 차이에 따라 구분한 것이다.
② 임의 재보험이란 원보험자가 각 보험 계약에 대하여 재보험 계약을 원할 때마다 재보험자를 선정하고 재보험 계약을 체결하는 것이다.
③ 특약 재보험은 원보험자가 재보험 계약을 원할 때마다 출재사 및 재보험자의 책임 한도액 등에 대해 특약을 설정하면서 계약을 체결하는 것이다.
④ 특약 재보험은 매 계약에 대한 자유 재량권이 없다는 단점이 있다.

010 임의 재보험에 대한 설명으로 적절하지 않은 것은?

① 원보험자가 계약별로 자기의 보유를 임의로 조정·결정할 수 있어 출재 의무에서 벗어날 수 있다.
② 임의 재보험은 특약 재보험에 비해 원보험 계약 인수에 부담이 적다.
③ 더 많은 재보험자에게 위험을 분산시킬 수 있다.
④ 특약 재보험의 한도액을 초과하는 대형 위험을 출재할 경우나 특약 재보험에서 제외되고 있는 위험을 출재하고자 하는 경우 많이 이용되고 있다.

011 다음 중 임의 재보험 대상 계약으로 적절하지 않은 것은?

① 표준 위험 계약
② 출재사의 신규 인수 위험
③ 특약서상 한도액을 초과하는 대형 위험
④ 너무 높은 위험으로 인해 특약 출재 대상에서 제외되는 계약

012 비례적 재보험(Proportional reinsurance)과 비비례적 재보험(Non-proportional reinsurance)에 대한 설명으로 적절하지 않은 것은?

① 비례적 재보험과 비비례적 재보험은 책임 분담 방법을 기준으로 재보험을 분류한 것이다.
② 비례적 재보험은 원수보험자와 재보험자가 인수하기로 약정한 계약 금액의 비율에 따라 재보험료가 배분되고 보험금에 대해서도 동일한 비율로 손실 부담액이 정해지는 재보험이다.
③ 비례적 재보험은 출재사가 책임을 지는 일정 한도의 보유를 초과하는 모든 손해액에 대해 재보험자가 책임을 지도록 하는 방식이다.
④ 비비례적 재보험은 보험 가입 금액이 아닌 원보험 계약에서 발생하게 될 사고의 손해액을 기준으로 재보험 처리를 하는 것이다.

013 다음 중 비비례적 재보험에 해당하는 것은?

① 비례 재보험 특약
② 초과액 재보험 특약
③ 의무적 임의 재보험
④ 초과 손해액 재보험 특약

014 다음 중 원보험자가 인수한 보험 계약에 대하여 특약으로 미리 정해진 금액의 한도 내에서 매 계약별로 보유 금액을 결정한 후 그 초과액을 출재하는 것은 무엇인가?

① 의무적 임의 재보험
② 초과액 재보험 특약
③ 비례 재보험 특약
④ 초과 손해액 재보험 특약

015 비례 재보험 특약(Quota share reinsurance treaty)에 대한 설명으로 적절하지 않은 것은?

① 원보험자가 인수한 계약 중 미리 정한 조건에 부합되는 모든 계약의 일정 비율이 재보험으로 처리되는 방법이다.
② 보험 금액의 대소나 위험의 성질을 고려한 원보험자의 계약별 보유 결정이 불가능하다.
③ 위험의 역선택의 가능성이 많아서 재보험자에게 불리하다.
④ 사무 절차가 간편하고 비교적 유리한 조건으로 용이하게 재보험자를 찾을 수 있다.

016 초과액 재보험 특약(Surplus reinsurance treary)에 대한 설명으로 적절하지 않은 것은?

① 재보험자는 출재 한도액 내에서 보유 금액의 일정 배수를 수재하게 된다.
② 원보험자는 원보험 계약의 크기에 따라서 전액을 보유할 수도 있다.
③ 재보험자는 원보험 금액에 대한 수재 보험 금액의 비율에 따라 재보험료를 받게 되며 손해 보상 시에도 동일 비율로 분담하게 된다.
④ 재보험자의 입장에서는 소규모 위험에 대한 수재 기회가 많기 때문에 위험의 평준화를 기할 수 있다.

017 초과 손해액 재보험 특약(Excess of loss reinsurance)에 대한 설명으로 적절하지 않은 것은?

① 재보험자가 보상하는 부분은 원보험자가 보유 초과액을 초과하는 금액으로 특약 한도액 범위를 넘지 않는 손해액이 된다.
② 초과 손해액을 1위험당으로 정하는 경우 원보험자는 특약에 포함된 모든 원보험 계약의 각각에서 발생한 사고의 손해액이 일정 금액을 초과할 때마다 재보험금을 청구하게 된다.
③ 초과 손해액을 1사고당으로 할 경우 1건의 사고로 인하여 특약에 포함된 다수의 원보험 물건이 입은 손해의 합계액이 일정한 금액을 초과할 때에 재보험금을 청구하게 된다.
④ 보험 물건별로 보유액과 출재액을 계산하므로 사무비가 많이 든다.

memo

제4과목
손해 보험 손해 사정

|핵심 이론|

1. **손해 사정 절차** : 사고 통지의 접수 → 계약 사항의 확인 → 현장 조사 → 손해액 및 보험금 산정 → 손해 사정서 작성·교부 → 보험금 지급 → 대위 및 구상권 행사

2. 손해 보험사가 보상할 손해액은 보험 가액을 기준으로 한다. 보험 가액이란 물건 보험에서 피보험 이익의 평가액이다.

3. 보험 가액은 그 손해가 발생한 때와 곳의 가액에 의하여 산정한다. 그러나 당사자 간에 다른 약정이 있는 때에는 그 신품 가액에 의하여 손해를 보상할 수 있다.

4. 배상 책임 보험은 보관자 배상 책임 보험을 제외하고는 보험 가액의 개념이 없다.

5. **이득 금지 원칙의 구현을 위한 손해 보험 제도**
   ① 피보험 이익 제도
   ② 보험자 대위
   ③ 손해액의 시가주의
   ④ 신구 교환 공제
   ⑤ 타 보험 약관 조항
   ⑥ 과실 상계 및 손익 상계

6. **피보험 이익** : 피보험자가 보험의 목적에 대하여 갖고 있는 경제상의 이익이다. 즉, 보험의 목적에 대하여 보험 사고가 발생하지 않음으로써 갖게 되는 경제상의 이익이므로, 손해 보험 계약에 있어 피보험 이익은 보험자의 보험 책임의 최고 한도를 정하는 기준이 된다.

7. 보험 사고 시 피보험자는 피보험 이익이 감소된 정도를 기준으로 보상을 받게 되며 피보험 이익이 없는 계약은 무효화되기 때문에 손해 보험 계약의 도박화를 방지하는 기능을 한다.

8. 상법은 보험자가 보험금을 지급한 경우에 일정 요건에 따라 보험 계약자 또는 피보험자의 보험의 목적이나 제3자에 대한 권리를 보험자가 법률상 당연히 취득하도록 하고 있는데, 이를 보험자 대위라 한다.

9. 보험 목적에 대한 대위 : 보험의 목적의 전부가 멸실한 경우 보험 금액의 전부를 지급한 보험자가 그 목적에 관한 피보험자의 권리를 취득하는 것을 말한다.

10. 보험 금액이 보험 계약의 목적의 가액을 현저하게 초과한 때에는 보험자 또는 보험 계약자는 보험료와 보험 금액의 감액을 청구할 수 있다.

11. 동일한 보험 계약의 목적과 동일한 사고에 관하여 수 개의 보험 계약을 체결하는 경우, 보험 계약자는 각 보험자에 대하여 각 보험 계약의 내용을 통지하여야 한다.

12. 보험자는 초과 보험 계약이 사기로 인하여 체결된 사실을 안 때까지의 보험료를 청구할 수 있다.

13. 사고 발생 시의 가액이 협정 가액을 현저히 초과하지 않는 한 보험 증권에 기재된 금액을 보험 사고 시 지급함으로써 약간의 이득이 발생하고 있는데 이는 이득 금지 원칙의 예외로서 인정된다.

14. 신가 보험 : 손해액을 결정하는 데 있어 감가액을 공제하지 않고 대체 비용 전액을 보상하여 이득 금지의 예외적인 적용이 되고 있다.

15. 인보험의 정액 보험에서는 보험 사고 발생 시 피보험자가 입은 실손해액과 관계없이 약정한 금액을 정액으로 지급하기 때문에 이득이 발생할 수 있다.

16. 신구 교환 공제 : 재물 보험에서 보험의 목적이 중고품인 때 수리를 하게 되면 중고 부품을 신품으로 교환하게 되고, 그 결과 보험의 목적에 분야적 개선 효과가 생기게 된다. 따라서 수리비 전액을 보상받을 피보험자는 개선 효과만큼의 이득을 얻게 되는데 그 이득을 신구 교환 차액이라고 한다.

17. 건물의 일부를 신재료로 수리하였을 경우 그 수리로 인하여 건물 전체의 가치가 증가하였다고 인정되었을 경우에 한하여 공제하고 있다.

18. 선박 보험의 경우에는 선박의 내항성 유지를 위해서도 의당 신재료로서 수리하게 되므로 신구 교환 차액이 발생하고 이를 공제하게 되어 있으나 현실적으로 어느 정도의 가치 증가가 발생하였는지의 판정이 곤란하기 때문에 공동 해손 정산의 경우를 제외하고는 수리비에서 신구 교환 차익의 공제를 하지 않는다.

19. 기관·기계 보험은 가동 유지를 목적으로 한 보험이기 때문에 모든 분손의 수리는 신품으로 하고 있으나 신구 교환 차익의 공제는 하지 않는다.

20. 자동차 보험의 차량 손해에 대한 수리 시에는 자동차 가격에 영향을 주는 지정된 주요 부품에 한하여 공제한다.

21. 타 보험 계약 : 동일한 보험의 목적에 피보험자, 피보험 이익, 보험 사고가 동일하고 보험 기간이 중복되는 2개 이상의 보험 계약이 있을 때 일방의 계약에 대한 다른 보험 계약을 말한다.

22. 타 보험 계약은 피보험 이익이 동일하다는 의미는 동일한 피보험자가 동일한 보험의 목적에 피보험 이익이 동일한 보험 계약이 두 개 이상 있어야 한다. 보험 목적은 그 범위까지 동일하여야 하는 것은 아니다.

23. 비례 책임 조항 : 각 보험자의 보험 금액의 총 보험 금액에 대한 비율에 따라 분담하는 방식이다.

24. 책임 한도 분담 조항 : 각 보험자가 다른 보험 회사가 없는 것으로 간주하여 책임져야 할 지급 보험금을 계산하여 각자의 책임액을 각자 책임액의 합계의 비율에 따라 분담하는 방식이다.

25. 균등액 분담 조항 : 각 보험자는 가장 낮은 보험 금액 가입 회사를 기준으로 책임 한도 내에서 균등하게 분담하고, 총 손해액이 지급될 때까지 나머지 보험 회사들이 동일한 방법으로 균등하게 분담한다.

26. 초과액 부담 방식 : 다른 보험 계약에서 보험금을 지급할 때까지 보험금을 지급하지 아니하고, 다른 보험자가 지급한 보험금을 초과한 손해에 대해서만 보상하는 방식이다.

27. 보험 계약자가 보험 계약 성립 후 2월이 경과할 때까지 보험료의 전부 또는 제1회 보험료를 지급하지 아니하는 경우에는 다른 약정이 없는 한 보험 계약이 해제된 것으로 본다.

28. 보험 사고가 발생하여 보험자가 보험금을 지급한 때에도 보험 금액이 감액되지 않는 보험의 경우에는 보험 사고 후라도 보험 계약자는 보험 계약을 해지할 수 있다.

29. 계속 보험료가 약정한 시기에 납입되지 아니하면 보험자는 상당한 기간을 정하여 최고하고 그 기간에 보험료가 납입되지 않은 때에는 그 계약을 해지할 수 있다.

30. 보험 계약자 또는 피보험자의 고의 또는 중대한 과실로 인하여 중요한 사항을 고지하지 아니하거나 부실 고지한 때에는 보험자는 그 사실을 안 날로부터 1월, 계약을 체결한 날로부터 3년 내에 한하여 계약을 해지할 수 있다.

31. 보험 기간 중 보험 계약자 등은 사고 발생의 위험이 현저하게 변경 또는 증가된 사실을 안 때에는 지체 없이 보험자에게 통지해야 하며 이를 해태한 때에는 보험자는 그 사실을 안 날로부터 1월 내에 한하여 해지할 수 있다. 위험 변경·증가의 통지를 받은 경우에도 보험자는 1월 내에 보험료의 증액을 청구하거나 보험 계약을 해지할 수 있다.

32. 보험 기간 중에 보험 계약자 등의 고의 또는 중과실로 인하여 사고 발생의 위험이 현저하게 변경·증가된 때에는 보험자는 그 사실을 안 날로부터 1월 내에 보험료의 증액을 청구하거나 계약을 해지할 수 있다.

33. 보험 계약이 무효가 되는 경우
   ① 보험 계약 시에 보험 사고가 이미 발생하였거나 또는 발생할 수 없는 것인 때
   ② 보험 계약자의 사기로 초과 보험을 체결한 때
   ③ 보험 계약자의 사기로 중복 보험을 체결한 때
   ④ 15세 미만자, 심신 박약자 및 심신 상실자의 사망을 보험 사고로 한 보험 계약
   ⑤ 타인의 서면 동의가 없는 타인의 사망 보험

34. 과실 상계 : 불법 행위 등으로 인하여 손해가 발생한 때, 피해자의 과실이 손해의 발생 또는 손해의 확대에 기여한 경우 손해 배상금을 산정할 때 피해자의 과실을 참작하는 제도이다.

35. 손익 상계 : 손해 배상 청구권자가 손해를 발생시킨 동일한 원인에 의하여 이익도 얻은 때에는 손해로부터 그 이익을 공제한 잔액을 배상할 손해로 하는 것을 의미한다.

36. 불법 행위 또는 채무 불이행에 관하여 채권자의 과실이 있고 채권자가 그로 인하여 이익을 받은 경우에 손해 배상액을 산정함에 있어서는 과실 상계를 한 다음 손익 상계를 하여야 한다.

37. 최종적 명백한 기회 : 과실을 통해 위험을 가정하였거나 사고에 책임이 있는 원고는 만약 피고가 사고를 피할 기회가 있었으나 그렇게 하지 않았다고 명백히 입증한다면 피고의 배상 책임을 인정하여야 한다는 원칙이다.

38. 엄격 책임 : 본질적으로 고도의 위험성이 내재되어 있는 상황을 보유하거나 만들어 내는 자는 이로 인한 사고에 대해 잘못이 없다고 하더라도 무조건적으로 배상 책임을 부담하는 것을 말한다.

39. 엄격 책임은 제품의 결함에 관하여 제조업자에 대한 통지 기간의 제한이 없고 결함과 보증과의 관련성을 요하지 않는다는 점에서 보증 책임과는 다르며, 엄격 책임은 영리의 목적으로 제조·판매한 제조물에만 적용된다는 특징이 있다.

40. 상당 인과 관계설 : 인과 관계에 있는 원인 중 객관적으로, 경험측상 원인에 의한 결과 발생의 예측이 일반적이고 보편적인 경우에 한하여 후행의 결과에 대한 책임 있는 원인으로 파악하려는 설이다.

41. 보험 사고에 대하여 상당 인과 관계에 있는 원인만이 보험 사고의 원인이 되며, 그 원인이 담보 위험이어야만 보험자가 보상 책임을 진다(원인 규명에 있어 상당 인과 관계). 또한 사고와 상당 인과 관계에 있는 손해만이 담보 손해의 대상이 될 수 있다.

42. 열거 책임주의는 ① 담보 위험과 사고 사이의 상당 인과 관계와 ② 사고와 손해 사이의 상당 인과 관계를 피보험자가 입증해야 하지만, 전 위험 담보 방식에는 ③ 사고와 손해 사이의 상당 인과 관계만 피보험자가 입증하면 된다.

43. 근인설(Doctrine of proximate cause) : 보험 계약에서 담보되는 원인과 담보되지 않는 원인이 병합하여 손해를 야기시킨 경우 그 손해가 보험 사고로 보상되기 위하여는 보험 계약에서 담보되는 원인이 그 사고의 가장 가까운 원인이 되어야 한다는 설이다.

44. 최후 조건설 : 시간적으로 손해에 가장 가까운 원인을 근인으로 보는 입장이다.

45. 최유력 조건설 : 어떤 원인이 효과면에서 손해의 발생에 끼치는 영향이 지배적일 경우에만 근인이 될 수 있다는 입장이다.

46. 단일 책임주의(Principle of single liability) : 양 손해액의 합계액에 자기 과실 분을 곱하여 자기 부담분을 구하고 자기 손해액과 비교하여 자기 부담분이 크면 그 차액만큼 상대에게 지급하고, 적으면 그 차액만큼 상대에게 구상하는 방법이다.

47. 교차 책임주의(Priciple of cross liability) : 각자가 서로 상대방 손해액에 자기 과실 비율을 곱하여 산출된 금액을 쌍방이 교차하여 배상하는 방법이다.

48. 사건 발생 기준 배상 책임 보험 : 보험 기간 중에 발생한 사고를 기준으로 보험자의 보상 책임을 정하는 방식이다.

49. 배상 청구 기준 : 보험 기간 중에 최초로 피보험자에게 청구된 사고를 기준으로 보험자의 보상 책임을 정하는 방식이다.

50. 사건 발생 기준은 일반적인 물건 보험의 경우에는 적합한 방식이라 할 수 있으나 의사나 건축가 등 전문 직업인의 보험이나 생산물 배상 책임 보험의 사고에서는 행위와 그 결과가 반드시 시간적으로 근접해 있지 않은 경우가 많아 사고의 발생 시점이 언제인지 확정하기 어려운 단점을 가지고 있다.

51. Forfeiture clause : 보험 사고 발생 시에 보험 계약자 또는 피보험자에게 손해 통지 의무 위반 기타 특정된 행위가 있었을 경우에는 피보험자가 지니는 보험금 청구권을 상실시킨다는 취지를 규정한 약관 조항을 말한다.

52. 보험의 목적이 복수일 때 보험금 청구에 관한 서류의 위조·변조 등으로 인한 보험금 청구권 상실의 범위는 위조·변조 등의 행위가 분명한 해당 보험금에만 적용되는 것을 원칙으로 한다.

53. 구상권의 행사는 피보험자의 손해 배상 청구권과 보험금 청구권의 이중 행사에 의한 부당 이득을 방지한다.

54. 절대적 면책 사유 : 보험 계약자의 고의·중과실로 인한 사고 등 어떠한 경우에도 보험자가 면책되는 사유를 말한다.

55. 상대적 면책 사유 : 전쟁, 지진, 홍수 등 보험 기술상 거대 위험 등에 해당하는 것을 보험자의 면책 사유로 정한 것이다.

56. 보험 계약의 사행성과 보험 사고가 보험 계약자 등의 인위적인 사고 유발이나 전쟁 등의 사고와 같이 비정상적인 상태하에서 발생한 경우에는 법률상으로나 계약상으로나 보험자의 보험금 지급 책임을 면제하여 보험 계약자 등의 행위를 견제하고 보험자를 보호하여 보험 기업의 원활한 유지를 도모할 필요가 있기 때문에 보험자의 면책을 인정하고 있다.

57. 보험 계약 준비금 : 보험자가 보험 계약과 관련하여 보험 계약자에게 미래에 지급해야 할 각종 지급 금액에 대비한 자금을 말한다.

58. 책임 준비금 : 지급 준비금, 보험료 적립금, 미경과 보험료 적립금, 계약자 배당 준비금, 계약자 이익 배당 준비금 및 배당 보험 손실 보전 준비금으로 나눌 수 있다.

59. 비상 위험 준비금 : 책임 준비금만으로는 충당할 수 없는 예상 사고율을 초과하는 비상 위험에 대비하여 적립한 금액을 말한다.

60. 지급 준비금 : 장래에 보험 사고에 대비하는 것이 아니라 이미 발생한 사고에 대한 준비금이다.

61. 손해율(Loss ratio) : 특정 기간 동안 보험 회사의 발생 손해액을 경과 보험료로 나눈 비율이다.

62. 발생 손해액 : 회계 연도의 경과 보험료 기간에 발생한 사고로 인하여 그 회계 연도에 지출한 보험금과 보험금 지급 준비금의 합계이다.

63. 사업 비율(Expense ratio) : 발생된 비용을 수입 보험료로 나눈 비용을 말한다.

64. 합산 비율 : 손해율과 경비율을 합한 비율을 말한다.

65. 기간별 계산(Written basis) : 단순히 일정 기간 내에 수입한 보험료에 대해 그 기간 내에 지급한 보험금의 비율을 산출하는 방식이다.

66. 인수 연도별 계산(Policy year basis) : 일정 기간 내에 인수한 보험 계약의 보험료 합계액에 대하여 그 계약에 발생한 손해의 비율을 산출하는 방식이다.

67. 경과 보험료별 계산(Incurred to earned basis) : 경과 보험료에 대한 발생 손해의 비율을 산출하는 방식이다.

68. 합산 비율은 95~97.5%를 표준 비율로 본다. 합산 비율이 100%를 초과하면 보험자의 언더라이팅 결과가 만족스럽지 못한 것이고, 100% 이하이면 만족스럽다는 것을 의미한다.

69. 공동 보험 : 수인의 보험자가 하나의 보험 목적에 대해 공동으로 보험을 인수하는 것으로서 계약 자체가 하나라는 점에서 여러 보험자와 여러 개의 보험 계약이 체결되는 중복 보험과 구분된다.

70. 공동 보험 조항 : 피보험자로 하여금 일정 금액 이상을 보험에 가입하도록 요구하는 조항을 말한다. 보험 가입 금액이 요구 금액을 넘는 경우에는 손해액 전액을 보상하지만 요구 금액 이하인 경우에는 요구 부보 비율에 해당하는 금액에 대하여 보험 가입 금액의 비율로 손해액을 비례 보상하게 된다.

71. 공동 보험 조항은 보험료 감소 효과, 손해 발생 방지 효과, 요율의 형평성 유지에 주된 목적이 있다.

72. 동일한 보험 계약의 목적과 동일한 사고에 관하여 수 개의 보험 계약이 체결된 경우에 그 보험 금액의 총액이 보험 가액을 초과하지 않은 때 이들 보험 계약을 병존 보험이라 한다.

73. 병존 보험 : 보험자 사이에 서로 연결 없이 보험 가액의 한도 내에서 계약을 인수한 보험을 말하며 유효한 일부 보험이 여럿 존재하는 것을 의미한다.

74. 중복 보험은 각 보험 금액의 총합계액이 보험 가액을 초과해야 하며 각 보험자는 각 보험 금액의 한도 내에서 연대 책임을 지게 되나 병존 보험은 보험 금액의 총합계액이 보험 가액을 넘지 않으며 따라서 각 보험자가 연대 책임을 질 필요가 없고 일부 보험의 비례 보상의 원칙에 따라 보상하면 된다.

75. • **공동 보험** : 복수의 보험자가 보험 계약자의 위험을 분담하여 공동으로 인수하는 보험으로써 계약 자체가 하나이나
  • **병존 보험** : 각 보험자가 서로 모르는 가운데 개별적으로 체결되는 여러 개의 계약이다.

76. 병존 보험의 경우 보험 계약자는 각 보험자에 대하여 각 보험 계약의 내용을 통지하여야 한다.

77. 신가 보험 또는 재조달 가액 보험 : 사고 발생 시 실손해, 즉 실제 현금 가치를 보험 가액으로 하지 않고 신조달 가액 또는 재건축 가액을 보험 가액으로 하여 지급 보험금을 산정하는 보험을 말한다.

78. 대체 가격 보험 : 보험 사고가 발생한 경우 감가상각을 하지 않고 피보험 목적물과 동종, 동형, 동질의 신품을 구입하는 데 소요되는 비용을 지급하는 보험이다.

79. 대체 가격 보험의 담보 대상이 되는 보험 목적물은 건물·기계류·비품 등에 한하는 것이 보통이며, 동산이나 재고품·골동품 등은 담보 대상에서 제외된다.

80. 대체 가격 보험의 보험금은 훼손된 피보험 목적물이 대체될 때까지 보험금 지급 의무가 없다.

81. 대체 가격 보험의 보험료율은 시가 기준의 보험료율보다 특별히 높은 것은 아니다.

82. 전손뿐만 아니라 분손의 경우도 피보험자는 보험자에 대하여 보험 금액의 전부를 청구할 수 있다.

83. 추정 전손 : 손상된 재물의 점유를 회복하는 데 소요되는 비용, 이를 수리하기 위한 비용이 그 재물의 사고 당시 가액보다 크다면 이를 수리하지 아니하는 편이 합리적인 것을 말한다.

84. 재물 보험에서 보험 사고로 보험금이 지급된 경우 체감주의하에서는 보험 금액이 체감한다. 이 경우 보험 계약자의 청구에 의하여 보험 금액을 복원시킨다. 전액주의는 보험금을 지급하여도 보험 금액이 체감되지 아니한다.

85. 체감주의하에서 보험 금액 복원의 요건
　① 보험의 목적이 수리나 복구로 보험 가액이 회복되어야 한다.
　② 복원되는 보험 금액에 대하여 잔존 보험 기간에 해당하는 비례 보험료를 보험 계약자가 보험자에게 납입하여야 한다.
　③ 보험 계약자의 청구에 의하여 보험자의 승인에 의하여 보험 금액을 복원한다.

86. 최대 추정 손해액(PML ; Probable Maximum Loss) : 통상적인 조건에서 목적물에 대하여 담보 위험이 초래할 수 있는 최대 손해의 추정액을 말한다.

87. 최대 가능 손해액(MPL ; Maximum Possible Loss) : 통상적인 조건이 지켜지지 않는 경우 최악의 여건에서 발생할 수 있는 최대의 가능 손해액을 말한다.

88. 최대 추정 손해액과 최대 가능 손해액의 차이는 통상적인 조건에 지켜졌는지의 여부이다.

89. 최대 추정 손해액을 감안하여 적정 수준의 보험 가입 금액을 정할 수 있으므로 피보험자는 보험료의 과다 지출을 방지할 수 있고, 보험자는 인수 여부의 결정, 인수 조건, 보험료율, 보유액 및 재보험액을 합리적으로 결정할 수 있다.

90. 최대 추정 손해액은 그 규모가 항상 일정한 것은 아니고 보험 종목, 보험 목적의 구조, 위험 관리 시설 등에 의하여 결정되며, 또한 언더라이터마다 중요시하는 요소가 다를 수 있다.

91. 전통적인 미평가보험으로 운용하고 있는 재물 보험의 경우 최대 추정 손실을 평가하여 보험에 가입하면 기평가보험이 된다. 다만 평가 비용이 고액이 되므로 평가 비용에 비하여 보험료가 고액인 보험에만 이용된다.

92. • **직접 손해** : 담보 위험(Perils covered)의 직접적인 영향으로 피보험 목적물에 입은 손해를 의미한다.
　• **간접 손해** : 담보 위험의 이차적인 영향에 의하여 피보험자가 입은 경제적 손해를 의미한다.

93. 간접 손해를 보상하기 위해서는 별도의 특약을 가입하여야 하는데, 대표적인 간접 손해 담보 약관으로는 화재 위험이나 기계 위험으로 인한 상실 소득을 보상하는 기업 휴지 보험(Business interuption insurance)을 들 수 있다.

94. 참여 공제 방식(Participated deductible) : 도덕적 위험을 규제하기 위하여 피보험자가 입게 될 전 손해를 보상하는 것이 아니라 그 중 일정 비율에 해당하는 손해만을 보상하고 나머지 비율에 해당하는 손실은 피보험자가 부담하기로 하는 것이다.

95. 독립 책임액 방식 : 중복 보험 계약의 지급 보험금 계산 방법을 달리하는 경우에 적용되는 것이다.

96. 중복 보험 계약의 지급 보험금 계산 방식이 동일한 경우에 적용되는 것은 보험 가입 금액 안분 방식이다.

97. 안분 방식은 중복 보험 계약의 보험 금액 합계액이 보험 가입 금액을 초과하는 경우에 각 보험자의 책임 금액이 각각의 보험 금액의 총보험 금액에 대한 비율에 따라 손해액을 안분한다.

98. 일부 보험이라 하더라도 당사자 사이에 특약으로 보험 사고 발생 시에 비례주의를 적용하지 않고 보험 금액 범위 내에서 실손해액 전액을 보상하도록 정할 수 있다.

99. 일부 보험에서 비례 보상 약관을 적용하는 이유는 전부 보험 가입자와의 보험료 부담에 있어 형평성을 유지하기 위해서이다.

100. 신용 보험은 채무자의 채무 불이행에 대비하여, 채권자가 보험 계약자가 되어 채무 불이행 시 입을 손해를 보상하도록 하는 보험이다.

제1장
손해 사정의 일반 이론

1 손해 사정의 개요

001 다음 중 손해 사정 업무에 해당하지 않는 것은?

① 사고 원인 조사　　　　　　② 보상 책임 유무 판단
③ 보상 한도 설정　　　　　　④ 보험금 산정

002 보험 사고가 발생한 때에 손해액을 평가하고 지급 보험금을 산정하는 손해 사정의 일련의 업무 단계를 일반적 손해 사정 절차에 따라 순서대로 올바르게 열거한 것은?

> ⓐ 사고 통지의 접수　　　　　ⓑ 현장 조사
> ⓒ 손해 사정서 작성·교부　　ⓓ 계약 사항의 확인
> ⓔ 대위 및 구상권 행사　　　　ⓕ 손해액 및 보험금 산정
> ⓖ 보험금 지급

① ⓐ → ⓑ → ⓓ → ⓔ → ⓕ → ⓒ → ⓖ
② ⓐ → ⓑ → ⓔ → ⓓ → ⓕ → ⓒ → ⓖ
③ ⓐ → ⓓ → ⓑ → ⓕ → ⓒ → ⓖ → ⓔ
④ ⓐ → ⓔ → ⓓ → ⓑ → ⓒ → ⓕ → ⓖ

003 손해 사정 업무에 대한 설명으로 적절하지 않은 것은?

① 역선택된 위험이 도덕적 위험으로 직결되지는 않지만 밀접한 관련성을 가진다.
② 역선택이 이루어질 경우 고지 의무 위반을 통하여 면책의 효과를 부여한다.
③ 지나치게 관대한 손해 사정 정책은 보험 가입자의 이탈을 유발한다.
④ 과도하게 제한적인 손해 사정 정책은 보험 경영의 안정성을 위태롭게 한다.

004 보험금 지급 시기에 관한 약정이 없는 경우 언제까지 지급하여야 하는가?

① 보험금 결정 후 5일 이내
② 보험금 결정 후 10일 이내
③ 보험금 결정 후 20일 이내
④ 보험금 결정 후 30일 이내

005 보험금 지급에 관한 설명으로 적절하지 않은 것은?

① 보험금은 현금 지급이 원칙이다.
② 현물 보상의 경우 신구 교환 공제를 하여야 하지만, 분손의 경우 적용의 실익이 적다.
③ 특혜 지급의 경우 보험자 대위를 인정할 필요가 없다.
④ 보험자가 특혜 지급을 약속하였더라도 보험업법에 반한다면 특혜 지급을 거부할 수 있다.

006 다음 중 가지급 보험금의 지급 요건으로 보기 어려운 것은?

① 보상 책임이 성립되기 전이어야 한다.
② 면책 사유 등이 없어야 한다.
③ 약관에서 정한 기한 내에 지급이 불가능해야 한다.
④ 손해액 추정이 가능해야 한다.

007 다음 중 특혜 지급이라고 보기 어려운 것은?

① 면책 사유가 있는데도 불구하고 없는 것으로 처리한 경우
② 보험 기간의 종료 후 사고를 보상하는 경우
③ 보험 약관상 지급 기준액 이하로 보상하는 경우
④ 비보험 사고를 보험 사고로 보상하는 경우

008 피보험자나 보험 수익자가 보험자에 대해 가지는 보험금 청구권의 소멸 시효 기간은?

① 6개월　　　　　　② 1년
③ 2년　　　　　　　④ 3년

2 이득 금지의 원칙(실손 보상의 원칙)

009 이득 금지의 원칙에 대한 설명으로 적절하지 않은 것은?

① 이득 금지의 원칙은 재산상의 손해를 보상하기 때문에 항상 그 재산 이상의 손해를 보상해서는 안 되며 실제 손해만을 보상해야 한다는 원칙이다.
② 이득 금지의 원칙은 피보험자의 경제력 유지와 보험 계약의 도박화를 방지하기 위함이다.
③ 보험자가 보상할 손해액은 피보험 이익의 값, 즉 보험 가액을 기준으로 한다.
④ 보험 가액은 신품 가액에 의한다.

010 다음 중 이득 금지의 원칙에서 이득의 기준이 되는 것은?

① 보험 금액
② 보험 가입 금액
③ 보험 가액
④ 보상 한도 금액

011 다음 중 이득 금지 원칙의 구현을 위한 손해 보험 제도와 거리가 먼 것은?

① 신구 교환 공제
② 신가 보험
③ 타 보험 약관
④ 손익 상계

012 다음 중 이득 금지의 원칙과 가장 거리가 먼 것은?

① 보험자 대위
② 최대 선의의 원칙
③ 피보험 이익
④ 신구 교환 공제

013 이득 금지 원칙의 적용에 대한 설명으로 적절하지 않은 것은?

① 보험 금액이 보험 계약의 목적의 가액을 현저하게 초과한 때에는 보험자 또는 보험 계약자는 보험료와 보험 금액의 감액을 청구할 수 있다.
② 보험료의 감액은 소급하여 그 효력이 있다.
③ 보험 금액은 소급하여 감액할 수 있다.
④ 실제 손해인 보험 가액까지 감액을 함으로써 실제 손해 이상이 지급되지 않도록 하고 있다.

014 이득 금지 원칙의 적용에 대한 설명으로 적절하지 않은 것은?

① 초과 보험 계약이 보험 계약자의 사기로 인하여 체결된 때에는 그 계약은 무효로 한다.
② 사기로 인한 초과 보험 계약이 체결된 사실을 보험자가 알게 되어 무효가 된 때에는 보험료를 환물하여야 한다.
③ 동일한 보험 계약의 목적과 동일한 사고에 관하여 수 개의 보험 계약을 체결하는 경우에는 보험 계약자는 각 보험자에 대하여 각 보험 계약의 내용을 통지하여야 한다.
④ 중복 보험 계약이 보험 계약자의 사기로 인하여 체결된 때에는 초과 보험에 관한 규정이 준용된다.

015 보험자 대위에 대한 설명으로 적절하지 않은 것은?

① 보험자 대위는 목적에 대한 대위(잔존물 대위)와 제3자에 대한 대위(청구권 대위)로 구분된다.
② 보험 목적에 대한 대위는 보험의 목적의 전부가 멸실한 경우에 보험 금액의 전부를 지급한 보험자가 그 목적에 관한 피보험자의 권리를 취득하는 것을 말한다.
③ 제3자에 대한 대위란 손해가 제3자의 행위에 의해 발생된 때 보험 금액을 지급한 보험자가 지급한 금액의 한도 내에서 제3자에 대한 보험 계약자 또는 피보험자의 권리를 취득하는 것을 말한다.
④ 보험자 대위 중 청구권 대위는 이득 금지 원칙의 예외로 인정되는 제도이다.

016 다음 중 이득 금지 원칙의 예외로 보기 어려운 것은?

① 미평가보험
② 기평가보험
③ 신가보험
④ 손해 보험 상품 중 정액 보험

017 다음 중 이득 금지의 원칙(The principle of indemnity)의 예외에 해당되는 것과 거리가 먼 것은?

① 대체 가격 보험
② 일부 보험
③ 사망 보험
④ 기평가보험

3 신구 교환 공제

018 신구 교환 공제에 대한 설명으로 적절하지 않은 것은?

① 손해 보험에는 이득 금지의 원칙이 지배하고 있으므로 신재료 가액에서 목적물의 노후 정도에 따라 일정 비율을 공제하는 것을 신구 교환 공제라 한다.
② 기관·기계 보험은 가동 유지를 목적으로 한 보험이기 때문에 모든 분손의 수리는 신품으로 하고 있으나 신구 교환 차익의 공제는 하지 않는다.
③ 화재 보험의 경우 건물의 일부를 신재료로 수리하였을 경우 그 수리로 인하여 건물 전체의 가치가 증가하였다고 인정되었을 경우에 한하여 공제하고 있다.
④ 해상 보험의 경우 공동 해손 정산 시 수리비에서 신구 교환 차익의 공제를 하지 않는다.

019 다음 실제에 있어 신구 교환 차익을 적극적으로 공제하지 않는 이유로 적절하지 않은 것은?

① 부분품의 교환으로 보험의 목적이나 피해물이 전체적인 교환 가치가 증가되었다고 볼 수 없는 경우가 대부분이다.
② 증가가 되더라도 그 이익을 금액으로 산정하기 어려우므로 당사자 간의 분쟁이 야기되기 쉽다.
③ 신부품으로 교환하였다면 피해물이 전체적으로 교환 가치가 증가하였다고 볼 수 있기 때문이다.
④ 신구 교환 공제를 하지 않아 설령 이득이 생긴다고 하더라도 이 이득을 예측하고 사고를 발생케 하는 경우가 거의 없어 도덕적 위험이 개입될 우려가 없다.

4 타 보험

020 타 보험에 대한 설명으로 적절하지 않은 것은?

① 타 보험 계약은 동일한 보험의 목적에 피보험자, 피보험 이익, 보험 사고가 동일하고 보험 기간이 중복되는 2개 이상의 보험 계약이 있을 때 일방의 계약에 대한 다른 보험 계약을 말한다.
② 피보험 이익이 동일하다는 의미는 보험 목적의 범위가 동일하여야 한다는 의미이다.
③ 보험 사고가 동일하여야 하지만, 보험자가 담보하는 보험 사고의 범위까지 동일해야 하는 것은 아니다.
④ 보험 기간이 동일하거나 중복되는 2개 이상의 보험 계약이 있어야 한다.

021 다음 중 타 보험 조항(Other insurance clause)의 효과로 가장 거리가 먼 것은?

① 도덕적 위태 감소
② 실손 보상의 원칙 유지
③ 피보험 이익의 원칙 유지
④ 보험자 간 손해 분담

022 타 보험에 대한 설명을 틀린 것은?

① 타 보험 조항은 보험이 도박화되는 것을 방지하는 것이 주목적이다.
② 타 보험 조항이 적용되기 위해서는 각 보험 계약은 실손 보상 계약이어야 한다.
③ 책임 보험에서는 보상 한도액이라는 개념이 존재하지 않는다.
④ 보험금과 손해 방지 경감 비용의 합이 보상 한도를 초과하더라도 보험자는 부담하여야 한다.

023 타 보험에 대한 설명으로 적절하지 않은 것은?

① 타 보험 계약이 존재할 경우 보험 계약자는 각 보험자에게 이를 통지하여야 한다.
② 사기에 의한 초과·중복 보험이 된 경우에는 보험 계약이 무효가 된다.
③ 고지 의무 위반이나 위험 증가의 통지 의무 위반이 성립되면 보험자는 해지할 수 있고 해지 전 사고에 대해서도 보험자가 보상 책임을 지지 아니한다.
④ 타 보험 계약의 존재와 사고 사이에 인과 관계가 없더라도 보험자는 해지 전 사고에 대하여 보상 책임을 지지 않는다.

024 타 보험 약관 조항의 유형 중 각 보험자가 다른 보험 회사가 없는 것으로 간주하여 책임져야 할 지급 보험금을 계산하여 각자의 책임액을 각자 책임액의 합계의 비율에 따라 분담하는 방식은 어느 것인가?

① 비례 책임 조항
② 책임 한도 분담 조항
③ 균등액 분담 조항
④ 초과액 부담 방식

025 피보험자 갑이 동일한 피보험 이익에 대하여 A, B 두 보험 회사에 각각 보험 금액 200만 원, 800만 원의 보험 계약을 체결하고, 보험 기간 중 600만 원의 손해가 발생하였다. 다음 중 A 보험 회사의 보상 금액이 가장 낮게 산정되는 경우는?(단, A 보험 회사가 1차 보험자)

① 책임 한도 분담 조항(Contribution by limit of liabililty clause)
② 균등액 분담 조항(Contribution by equal shares clause)
③ 비례 책임 조항Pro rata liability clause)
④ 초과 분담 조항(Excess other insurance clause)

026 피보험자 갑은 자신이 소유하고 있는 건물(가액 : 5억 5천만 원)을 A, B, C 3개 보험 회사에 각각 보험 가입 금액 1억 원, 3억 원, 2억 원의 화재 보험 계약에 가입하였고, 3건의 보험 계약 모두에서 담보하는 화재 사고로 인하여 전손이 발생하였다. 동 사고에 대하여 균일 부담(Contributions by equal shares) 방식에 의하면 A, B, C 보험자의 보상 금액은 각각 얼마인가?

	A	B	C
①	1억 원	3억 원	1.5억 원
②	1억 원	2.5억 원	2억 원
③	0.5억 원	3억 원	2억 원
④	1.5억 원	2억 원	2억 원

027 A 건물에 대하여 다음과 같은 3건의 보험 계약이 체결되어 있다. 화재 사고로 6억 원의 손해가 발생한 경우 보험자 A, B, C가 부담할 보험금의 산출액으로 적정한 것은?(단 계산은 비례 분담 방식에 의함)

보험자	A	B	C
보험 가입 금액	2억 원	3억 원	5억 원

	A	B	C
①	1.2억 원	1.8억 원	3억 원
②	0원	1억 원	5억 원
③	2억 원	2억 원	2억 원
④	2억 원	3억 원	1억 원

5 소손해 면책

028 소손해 면책 제도에 대한 설명으로 적절하지 않은 것은?

① 보험자가 보험 계약에 규정한 보험 사고가 발생하여 보험금을 지급해야 할 경우 일정 한도 이하의 손해에 대해서는 보험자가 부담하지 않고 피보험자로 하여금 이를 부담하게 하는 제도이다.
② 보험자가 보험 계약의 조건에 의해 보험금을 지급하기 전에 손해의 일부를 피보험자가 선택적으로 부담하도록 약정하는 계약 규정이다.
③ 주로 화재 보험이나 해상 보험, 기타 특종 보험 등 재산 보험과 자동차 종합 보험 중 차량 보험 등에 적용된다.
④ 소손해 공제 조항은 일부 계약에서는 의무적으로, 또는 일부 계약에서는 선택적으로 적용되기도 하지만, 피보험자는 흔히 소손해 공제 금액에 대한 선택권을 가지고 있다.

029 소손해 면책 제도의 효과에 해당하지 않는 것은?

① 소액 보상 청구 방지
② 보험료 절감
③ 보험자 파산 방지
④ 손실 통제 동기 강화

030 다음 중 손실 발생 시 피보험자의 부담이 없을 수 있는 것은?

① 프랜차이즈 공제(Franchise deductible)
② 건강 보험의 공동 보험 조항
③ 직접 공제(Straight deductible)
④ 종합 공제(Aggregate deductible)

031 다음은 피보험자 A가 보험자인 B 사에 보험을 가입하는 동안 발생한 사고 일시 및 손해액이다. 보험금 지급을 직접 공제 10만 원으로 적용하는 경우 B 사가 부담할 총 보험금은 얼마인가?

- 2016.01.10. 사고 : 50만 원
- 2016.04.15. 사고 : 100만 원
- 2016.08.23. 사고 : 200만 원

① 300만 원
② 310만 원
③ 320만 원
④ 350만 원

032 다음의 경우 보험자가 피보험자 A에게 지급해야 할 보험금은 얼마인가?

> 피보험자 A가 자신이 소유하는 건물을 대상으로 화재 보험에 가입하였는데, 보험 계약 내용 및 발생 손해액은 다음과 같다.
> * 보험 가입 금액 6억 원
> * 가입 당시 건물의 보험 가액 8억 원
> * 공동 보험 요구 부보 비율 80%
> * 직접 공제 1억 원(우선 적용)
> * 발생 손해액 5억 원(사고 당시 건물의 시가 10억 원)

① 2.75억 원　　　　　　　　② 3억 원
③ 3.75억 원　　　　　　　　④ 4억 원

033 다음은 피보험자 A가 보험자인 B 사에 보험을 가입하는 동안 발생한 사고 일시 및 손해액이다. 보험금 지급에 있어 프랜차이즈 공제 50만 원을 적용하는 경우 B 사가 부담하여야 할 총 보험금은 얼마인가?

> - 2016.01.10. 사고 : 40만 원
> - 2016.04.15. 사고 : 80만 원
> - 2016.08.23. 사고 : 200만 원

① 200만 원　　　　　　　　② 230만 원
③ 250만 원　　　　　　　　④ 280만 원

034 사고 발생 확률과 예상 손해액이 다음과 같은 보험 목적물에 대하여 프랜차이즈 공제(Franchise deductible) 5,000만 원이 설정되어 있을 때 순보험료(net premium)는 얼마인가?

손해액	0	4,000만 원	6,000만 원	1억 원
확률(%)	0.1	0.2	0.5	0.2

① 1,500만 원　　　　　　　　② 5,000만 원
③ 5,800만 원　　　　　　　　④ 6,000만 원

035 다음은 피보험자 A가 보험자인 B 사에 보험을 가입하는 동안 발생한 사고 일시 및 손해액이다. 보험금 지급에 있어 종합 공제 50만 원을 적용하는 경우에 B 사가 부담하여야 할 총 보험금은 얼마인가?

- 2016.01.10. 사고 : 30만 원
- 2016.04.15. 사고 : 50만 원
- 2016.08.23. 사고 : 200만 원

① 200만 원   ② 230만 원
③ 250만 원   ④ 280만 원

036 다음은 피보험자 A가 보험자인 B 사에 보험을 가입하는 동안 발생한 사고 일시 및 손해액이다. 보험금 지급에 있어 소멸성 공제 10만 원을 적용하는 경우 B 사가 부담하여야 할 총 보험금은 얼마인가?(단, 조정 계수는 105%)

- 2016.01.10. 사고 : 10만 원
- 2016.04.15. 사고 : 60만 원
- 2016.08.23. 사고 : 110만 원

① 1,575,000원   ② 1,590,000원
③ 1,625,000원   ④ 1,675,000원

037 손실 조정 계수 1.05인 소멸성 공제 조항을 포함하고 있는 보험 계약에서 손해액 2,100만 원 이상부터 공제(Deductible)가 소멸되도록 하기 위해서는 공제 금액을 얼마로 설정해야 하는가?

① 50만 원   ② 100만 원
③ 150만 원   ④ 200만 원

038 다음 중 대기 기간(Waiting period)에 대한 설명으로 적절하지 않은 것은?

① 정보의 비대칭과 관련이 있다.
② 보험금 지급에 영향을 미친다.
③ 장애 소득 보험 등에서 주로 적용된다.
④ 대기 기간 경과 후에는 보험금 지급이 중지된다.

6 열거 위험 담보와 포괄 위험 담보

039 위험 담보 방식에 대한 설명으로 적절하지 않은 것은?

① 열거 위험 담보 방식은 포괄 책임주의 방식보다 위험이 누락될 가능성이 크다.
② 포괄 위험 담보 방식은 불필요한 위험이 중복 가입될 가능성이 있다.
③ 열거 책임 방식이 포괄 위험 담보 방식에 비하여 보험료가 고율이 된다.
④ 열거 위험 담보 방식에서는 약관에 기재되지 않은 위험에 대해서는 보험자가 책임을 부담하지 않는다.

040 열거 위험 담보 방식에 대한 설명으로 적절하지 않은 것은?

① 열거 위험 담보 방식은 포괄 책임 방식보다 보험료의 부담이 적다.
② 열거 위험 담보 방식은 담보 위험과 비담보 위험이 경합하여 발생한 경우 분쟁이 발생하기 쉽다.
③ 열거 위험 담보 방식의 보상 범위가 포괄 위험 담보 방식의 보상 범위보다 좁다.
④ 보험에 대한 지식이 부족한 일반 가정에서는 열거 책임주의 방식을 선호한다.

041 담보 범위와 관련된 설명으로 가장 적절하지 못한 것은?

① 화재 보험에서 폭발, 지진 등을 보장하는 것은 담보 범위를 확대한 사례이다.
② 화재 보험에서 기업 휴지 손해 담보 특별 약관은 담보 범위를 확대한 사례이다.
③ 포괄 책임주의에서는 면책 위험을 추가함으로써 담보 범위를 확대할 수 있다.
④ 열거 책임주의에서는 담보 위험을 축소함으로써 담보 범위를 축소할 수 있다.

042 위험 담보 방식에 대한 설명으로 틀린 것은?

① 열거 위험 담보 방식은 필요한 위험만 선택하여 가입할 수 있다.
② 포괄 위험 담보 방식의 경우 위험이 누락될 가능성이 적다.
③ 열거 위험 담보 방식의 입증 책임자는 보험자이다.
④ 포괄 위험 담보 방식이 열거 위험 담보 방식보다 보험료가 더 비싸다.

043 다음 중 보험자가 입증하여야 하는 것이 아닌 것은?

① 사기에 의한 보험 계약
② 위험 증가 통지 의무 위반
③ 고지 의무 위반
④ 열거 담보 방식에서의 상당 인과 관계

7 보험 기간, 보험 계약 기간 등

044 보험 기간에 대한 설명으로 바르지 않은 것은?

① 보험 기간은 다른 약정이 없는 한 최초의 보험료를 납입하여야 개시된다.
② 보험 기간은 보험 회사의 책임이 개시되고, 종료되는 기간이다.
③ 보험 기간은 보통 1년을 원칙으로 한다.
④ 보험 기간은 책임 기간 또는 위험 기간이라고도 한다.

045 보험 계약 기간을 바르게 설명한 것은?

① 보험 회사의 책임이 시작되어 종료될 때까지의 기간을 말한다.
② 보험 회사의 승낙으로 보험 계약이 성립해서 소멸할 때까지의 기간을 말한다.
③ 보험 기간이 보험 계약 기간보다 긴 보험을 장기 보험이라 한다.
④ 보험 계약 기간은 보험 기간과 반드시 일치한다.

046 다음 중 보험 기간과 같은 의미의 용어는?

① 위험 기간
② 보험금 기간
③ 보험료 기간
④ 보험 계약 기간

047 보험료 기간에 대한 설명으로 틀린 것은?

① 보험 회사는 일정 기간을 단위로 발생하는 보험 사고의 발생률을 측정하여 그 위험률에 따라 보험료를 산정하게 되는데 그 기간을 보험료 기간이라 한다.
② 보험료 기간은 통상 1년을 원칙으로 한다.
③ 보험료 기간은 하나의 단일한 것으로서 더 이상 나눌 수 없는 것이 원칙이다.
④ 실무상 보험 회사가 일부 기간에 대해서만 위험 부담을 하였더라도, 미경과된 기간에 대한 보험료는 돌려주지 않는다.

048 보험 기간에 대한 설명으로 적절하지 않은 것은?

① 보험 기간은 보험 계약 기간이라고도 하며 보상 책임을 시간적으로 제한하기 위한 것이다.
② 혼합 보험 방식이 적용되면 일단 보험 기간으로 정하되 계약일로부터 일정 기간이 경과하면 사실의 종료와는 상관없이 책임이 종료된다.
③ 전손 보험 사고가 발생하면 보험 기간은 종료된다.
④ 보험 기간과 관련한 보상 책임을 가장 넓게 인정하는 견해는 원인설이다.

049 다음 중 일반적으로 구간 보험에 해당하는 것은?

① 화재 보험   ② 공사 보험   ③ 항해 보험   ④ 여행자 보험

050 보험 계약 기간과 보험료 기간에 대한 설명으로 적절하지 않은 것은?

① 보험 계약 기간은 보험 계약이 유효하게 존속하는 기간을 말한다.
② 계약 성립 후 최초 보험료를 지급하는 경우 보험 계약 기간이 보험 기간보다 더 짧다.
③ 보험료 기간은 위험의 단위 기간이라고 할 수 있다.
④ 보험료 기간은 통상 1년을 기준으로 한다.

051 일반적으로 보험 기간은 최초 보험료 납입 시점에 개시되지만, 예외적으로 최초 보험료 납입 이전에 보험 기간이 개시되는 경우가 있다. 이에 해당하는 사례라고 보기 어려운 것은?

① 소급 보험
② 대기 기간이 설정되지 않은 담보
③ 승낙 전 보험 제도가 적용된 사고
④ 별도 약정으로 책임 개시일을 정한 경우

052 보험 기간에 대한 설명으로 가장 적절하지 못한 것은?

① 보험 사고 발생에 대한 시간적 제한을 의미한다.
② 보험 계약 기간과 일치한다.
③ 연월일시 등 일정한 시간으로 정해지지 않는 경우도 있다.
④ 보험자의 책임이 개시되어 종료될 때까지의 기간이다.

053 보험 기간이 보험 계약 기간보다 더 긴 경우는?

① 대기 기간(Waiting period)을 두고 있는 암보험
② 당사자 간의 약정에 의한 소급 보험(Retroactive insurance)
③ 보험 계약 성립 이후의 특정 시점을 책임 개시일로 약정한 경우
④ 보험 계약 성립 이후 최초 보험료를 납입한 경우

054 손해 발생이 반드시 보험 기간 중에 생겨야 하는 것인가에 관하여 견해의 대립이 있다. 다음 중 맞는 설명은?

① 원인설은 보험 기간 이전에 손해 발생의 원인 사실이 발생하더라도, 실제 손해가 발생한 시점이 보험 기간이면 보상 책임이 있다는 입장이다.
② 이재설은 보상하는 손해의 최초 발생 시점이 보험 기간 중이면 최종적으로 손해가 끝나는 시점이 보험 기간을 경과하더라도 전체 손해를 모두 보상해 주어야 한다는 견해이다.
③ 손해설은 보험 기간 중에 발생한 손해만으로 보상 책임을 제한하여야 한다는 견해이며, 현재 통설로 받아들여지고 있다.
④ 보험 기간과 관련한 보상 책임을 가장 넓게 인정하는 견해는 이재설이다.

055 다음 중 계약 기간 말일 이후 어느 시점에 담보 책임이 종료되는 경우는?

① 전손 사고의 발생
② 기간 보험인 선박 보험에서 항해 중 보험 기간 만료
③ 공사의 조기 완공
④ 보험을 중도 해지하는 경우

056 보험 계약이 언제나 당연히 소멸된다고 볼 수 없는 경우는?

① 보험 사고가 발생한 경우
② 보험 기간이 만료한 경우
③ 피보험 이익이 전부 소멸한 경우
④ 보험자가 파산 선고 후 3월이 경과된 경우

8 보험 계약의 해제와 해지

057 다음 중 보험 계약의 해제에 대한 설명으로 적절하지 않은 것은?

① 해제란 일단 유효하게 성립한 계약을 소급적으로 소멸시키는 일방적인 의사 표시이다.
② 해제는 계약을 소급적으로 무효로 하는 법률 행위이다.
③ 채무자가 채무를 이행하지 않았을 때와 법정 해제, 합의 해제 등에 해제권이 행사된다.
④ 보험 계약자가 보험 계약 성립 후 3월이 경과할 때까지 제1회 보험료를 지급하지 아니하는 경우에는 보험 계약이 해제된 것으로 본다.

058 보험 계약의 해지에 대한 설명으로 적절하지 않은 것은?

① 보험 계약의 해지는 소급효가 없다.
② 보험 계약자는 사고 발생 전에는 임의로 보험 계약을 해지할 수 있다.
③ 보험 계약을 해지한 경우에는 보험 계약자는 미경과 보험료를 청구할 수 없다.
④ 타인을 위한 보험 계약의 경우에는 타인의 동의를 얻거나, 보험 증권을 제시하지 않으면 해지할 수 없다.

059 보험 계약의 해지에 대한 설명으로 적절하지 않은 것은?

① 보험자가 파산의 선고를 받은 때에는 보험 계약자는 계약을 해지할 수 있다.
② 보험자가 파산의 선고를 받았는데 계약자가 3개월 이내에 해지하지 않으면 그 계약은 실효된다.
③ 보험 사고가 발생하여 보험자가 보험금을 지급한 때에는 보험 계약자는 보험 계약을 해지할 수 없다.
④ 해지는 소급효가 없으나, 해제는 소급적 효력을 가진다.

060 보험 계약의 해지에 대한 설명으로 틀린 것은?

① 위험 변경·증가의 통지를 받은 경우에도 보험자는 1월 내에 보험료의 증액을 청구하거나, 보험 계약을 해지할 수 있다.
② 중요한 사항의 고지 의무를 위반하였을 때에는 보험자는 그 사실을 안 날로부터 3월 내에, 계약을 체결한 날로부터 1년 내에 한하여 계약을 해지할 수 있다.
③ 위험 변경·증가의 통지 의무를 해태한 때에는 보험자는 그 사실을 안 날로부터 1개월 내에 한하여 계약을 해지할 수 있다.
④ 보험 계약자 등의 고의나 중과실로 인한 위험이 증가된 때에는 보험자는 그 사실을 안 날로부터 1월 내에 한하여 보험료의 증액을 청구하거나 계약을 해지할 수 있다.

061 보험자에 의한 보험 계약의 해지 사유에 해당하지 않는 것은?

① 계속 보험료 미납
② 손해 방지 의무 위반
③ 고지 의무 위반
④ 위험 변경·증가 통지 의무 위반

062 특별 해지권의 근거라고 보기 어려운 것은?

① 상법 규정
② 사회 상규에 반하는 행위
③ 신뢰 상실
④ 현저한 사정 변경

9 보험 계약의 무효와 취소

063 보험 계약의 무효와 취소에 대한 설명으로 적절하지 않은 것은?

① 무효란 당사자가 행한 법률 행위에서 당사자가 기도한 법률상의 효과가 생기지 않는 것을 말한다.
② 무효의 원인으로는 의사 능력이 없는 경우, 허위 표시 및 반사회적 행위를 들 수 있다.
③ 취소란 원칙적으로 법률 행위가 무능력 또는 사기, 강박, 착오로 행하여진 것을 이유로 일단 유효하게 성립된 법률 행위의 효력을 후에 행위 시에 소급하여 소멸하게 하는 것이다.
④ 취소할 수 있는 행위는 취소권자가 취소권을 포기하더라도 그 행위는 효력을 잃는다.

064 다음 중 보험 계약이 무효가 되는 경우에 해당하지 않은 것은?

① 보험 계약자의 사기로 초과 보험을 체결한 때
② 보험 계약자의 사기로 일부 보험을 체결한 때
③ 15세 미만의 사망을 보험 사고로 한 보험 계약
④ 타인의 서면 동의가 없는 타인의 사망 보험

065 보험 계약의 무효와 취소에 대한 설명으로 적절하지 않은 것은?

① 보험 계약의 전부 또는 일부가 무효인 경우에 보험 계약자는 보험 계약자와 피보험자가 선의이고 중대한 과실이 없는 경우에는 보험료의 전부 또는 일부의 반환을 청구할 수 있다.
② 초과, 중복 보험이 사기로 인해 체결된 경우에는 계약이 무효가 되더라도 보험자는 그때까지의 보험료를 반환할 책임을 지지 않는다.
③ 보험자가 보험 약관의 교부·명시 의무를 위반한 때에는 보험 계약자는 보험 계약이 성립한 때로부터 1개월 이내에 그 계약을 취소할 수 있다.
④ 보험 계약은 낙성 계약이므로 보험 계약자의 청약에 대해 보험자의 승낙이 없으면 계약은 성립하지 않는다.

10 손익 상계와 과실 상계

066 채무 불이행이나 불법 행위로 인하여 손해를 입은 자가 동일한 원인에 의하여 이익을 얻은 경우 손해 배상 의무자가 배상하여야 할 손해액에서 이를 공제하는 것을 무엇이라고 하는가?

① 손익 상계　　　　　　　　　② 과실 상계
③ 동승자 감액　　　　　　　　④ 무과실 책임주의

067 손익 상계에 대한 설명으로 옳지 않은 것은?

① 손익 상계란 손해 배상 청구권자가 손해를 발생시킨 동일한 원인에 의하여 이익도 얻은 때에는 손해로부터 그 이익을 공제한 잔액을 배상할 손해로 하는 것을 의미한다.
② 불법 행위로 인하여 손해와 더불어 이익이 생겼는데 피해자에게도 과실이 있는 경우 먼저 산정된 손해액에서 손익 상계를 한 다음에 과실 상계를 하여야 한다는 것이 확립된 판례의 입장이다.

③ 생명 보험금이나 상해 보험금은 손익 상계의 대상이 되지 않는다.
④ 개별 보험 약관에서 동일한 보험 사고로 타 법령이나 타 보험 약관에서 보상받을 수 있는 경우, 이를 보상액에서 제외하거나 비례 보상하는 경우도 넓은 의미의 손익 상계 개념에 포함시킬 수 있는 것으로 본다.

068 고의와 과실에 대한 설명으로 틀린 것은?

① 고의란 일정한 결과가 발생하리라는 것을 알면서도 감히 이를 행하는 심리 상태를 말한다.
② 과실은 통상적인 사람을 기준으로 마땅히 하여야 할 주의 의무를 다하지 않았기 때문에 일정한 결과의 발생을 인식하지 못한 것을 말한다.
③ 고의에는 반드시 결과를 발생하려고 하는 의도까지 필요하다.
④ 고의는 결과 발생을 인식하는 정도면 족하므로 미필적 고의도 포함하는 개념이다.

069 A 차와 B 차가 충돌한 후 B 차가 주차된 C의 오토바이와 충돌하여 C에게 2,000,000원의 손해를 입혔다. 이때 A 차의 과실은 60%, B 차의 과실은 40%인 경우 A 차의 대물 배상으로 지급되는 금액은 얼마인가?

① 600,000원
② 1,200,000원
③ 1,500,000원
④ 2,000,000원

070 다음 사례에 적용된 배상 책임의 법리는?

> 신호를 무시하고 길을 건너는 사람을 피할 수 있었음에도 불구하고 운전자가 그렇게 하지 않았다. 이런 상황에서 운전자는 원고인 피해자(신호를 무시하고 길을 건너다 상해를 입은 사람)의 손실을 배상할 책임이 있다.

① 무과실 책임
② 최종적 명백한 기회
③ 엄격 책임
④ 의도적 행위

071 다음 중 손해 사정 관련 판례와 내용이 다른 것은?

① 횡단보도를 건너던 중 신호가 바뀌어 사망 사고를 당한 보행자에게 25%의 과실이 있다.
② 택시 뒷좌석에 탑승하면서 안전띠를 안 맨 상태에서 교통사고로 사망한 경우 배상액에서 5%를 삭감한다.
③ 피보험자가 자살한 것은 자신의 행위에 대한 정확한 인식이 다소 부족하더라도 사고에 해당하지 않는다.
④ 음주나 졸음운전 사고 차량의 동승자에게 30%의 책임이 있다.

072 보증 책임, 과실 책임, 엄격 책임에 대한 설명으로 틀린 것은?

① 보증 책임이나 엄격 책임은 모두 결함 있는 제품으로 피해자가 입은 손해에 대한 배상 책임을 부담한다.
② 엄격 책임은 비영리·영리 목적에 상관없이 판매된 모든 제조물에 적용된다.
③ 과실 책임이나 엄격 책임은 모두 결함 있는 제품으로 피해자가 입은 손해에 대한 배상 책임을 부담한다.
④ 과실 책임은 제품의 결함에 관하여 제조업자의 과실이 있어야만 책임을 부담하는 데 비하여 엄격 책임은 제조업자의 과실과 상관없이 제조물의 결함만으로 엄격하게 책임이 발생한다.

073 다음 예문과 가장 관련이 깊은 개념은 무엇인가?

> 권투 경기에 참가하는 선수 간에 서로 다치더라도 그들 상호 간에 배상 책임이 발생하지 않는 것은 권투 경기와 같이 격한 상황에 스스로를 노출시키는 위험에의 자발적 접근이라는 심리 상태가 있었기 때문이다.

① 기여 과실의 법리
② 위험의 감수
③ 명백한 최후 회피 기회
④ 추정 과실 책임

074 다음 중 과실 배상 책임에서 과실 책임의 요건에 포함되어 있지 않은 것은?

① 의무의 위반

② 피해자의 법적 의무

③ 피해자에 손실 발생

④ 근인(Proximate cause)의 성립

075 다음 중 과실 배상 책임에서 과실에 대한 항변과 관련되어 있지 않은 것은?

① 비교 과실(Comparative negligence)

② 리스크의 인식(Assumption of risk)

③ 기여 과실(Contributory negligence)

④ 징벌적 손해(Punitive damages)

제2장
보험 사고와 보험자의 책임

1 보험 사고와 인과 관계

001 다음 중 상당 인과 관계설에 대한 설명으로 적절하지 않은 것은?

① 보험 사고에 대하여 상당 인과 관계에 있는 원인만이 보험 사고 원인이 된다.
② 사고와 손해 간의 인과 관계 정도가 경미한 경우에는 상당 조건으로 인정될 수 없다.
③ 손해에 대하여 상당 인과 관계에 있는 위험이 복수로 존재할 경우 위험 간에 견인 관계가 없으면 상당 인과 관계에 따라 분담한다.
④ 사실과 결과 사이에 인과 관계가 있는 원인 중 경험칙상 원인에 의한 결과 발생이 일반적이고 보편적인 경우에 한하여 결과에 대한 책임 있는 원인으로 파악한다.

002 상당 인과 관계설에 대한 설명으로 적절하지 않은 것은?

① 사고와 상당 인과 관계에 있는 손해만이 담보 손해의 대상이 될 수 있다.
② 상당 인과 관계설은 민법상 손해 배상 책임과 관련하여 지배적인 견해이다.
③ 열거 책임주의에서는 사고와 손해 사이의 상당 인과 관계만 입증하면 된다.
④ 복수의 상당 조건이 나타날 경우 거래의 관념에 적합하지 않다는 한계가 있다.

003 다음 중 위험과 손해 사이의 인과 관계 이론 중에서 단일 위험 사고일 때 일반적으로 적용되는 것은?

① 위험 보편 이론
② 근인설
③ 최종 조건설
④ 상당 인과 관계 이론

004 복수 위험 사고 중 육상 보험에 일반적으로 적용되는 인과 관계 이론은 무엇인가?

① 위험 보편 이론
② 근인설
③ 최종 조건설
④ 상당 인과 관계 이론

2 단일 책임주의와 교차 책임주의

005 다음 중 양 손해액의 합계액에 자기 과실분을 곱하여 자기 부담분을 구하고 자기 손해액과 비교하여 자기 부담분이 크면 그 차액만큼 상대에게 지급하고, 적으면 그 차액만큼 상대에게 구상하는 것을 무엇이라고 하는가?

① 단일 책임주의 ② 교차 책임주의
③ 교호 책임주의 ④ 종합 책임주의

006 다음 중 단일 책임주의와 교차 책임주의에 대한 설명으로 적절하지 않은 것은?

① 단일 책임주의의 경우 +금액의 경우에는 A가 B에게 그 금액만큼 대물 배상하고, −금액인 경우에는 B가 A에게 그 금액만큼 대물 배상한다.
② 교차 책임주의의 경우 차량 손해는 각 차의 손해액에 자기 과실 비율을 곱하여 산출한다.
③ 배상 책임만 담보되어 있고 자기 재물이 무담보인 경우에는 단일 책임주의에 의하여 보험자의 지급 보험금을 산정할 수 없다.
④ 단일 책임주의는 자기 재물 손해와 대물 손해가 분명히 구분되므로 합리적이다.

3 배상 책임 보험

007 다음 중 배상 책임 보험에 대한 설명으로 틀린 것은?

① 배상 책임 보험은 당사자 외에 제3자의 존재를 전제로 하고, 피보험자와 제3자는 서로 배상 책임 관계에 있다.
② 보상 책임은 피보험자의 과실을 담보로 한다는 측면에서 일반 손해 보험과는 다르다.
③ 손해 보험성과 재산 보험성, 소극 보험성의 특성을 가지고 있다.
④ 배상 책임 보험은 법률상 배상 책임 보험을 말하는 것이다.

008 배상 책임 보험에 대한 설명으로 틀린 것은?

① 중과실 사고까지도 보상 책임을 진다.
② 피보험자가 피해자에게 배상하기 전에는 보험금을 청구할 수 없다.
③ 가입이 강제된 책임 보험에서는 직접 청구권의 양도가 금지된다.
④ 입증 책임을 피해자에게 전환하는 경향이 있다.

009 배상 책임 보험에서 담보하는 손해가 아닌 것은?

① 피보험자가 제3자에 대하여 법률상 손해 배상 책임을 짐으로써 입은 손해
② 피보험자가 사고 발생 통지를 지연하여 증가된 손해
③ 피보험자가 제3자의 소송에 대하여 방어 활동을 함으로써 소요된 비용
④ 피보험자의 협조 의무 이행에 따른 비용

010 다음 중 배상 책임 보험의 특성이라고 보기 어려운 것은?

① 중과실 사고의 보상
② 선이행주의
③ 가입의 자유
④ 보험 가액의 부존재

011 배상 책임 보험 지급 보험금 결정과 관련된 설명으로 적절하지 않은 것은?

① 법률상 배상 책임은 통상 손해를 기준으로 산정한다.
② 통상 손해란 사고로 인해 피해자에게 당연히 발생하였을 것으로 추정되는 손해이다.
③ 특별 손해란 가해자가 사고 당시 알고 있었거나 할 수 있었던 피해자의 손해이다.
④ 재물 손해 배상 책임의 경우 적극 손해와 소극 손해, 정신적 손해로 구분된다.

012 사건 발생 기준과 배상 청구 기준에 대한 설명으로 적절하지 않은 것은?

① 사건 발생 기준은 사건 발생 기준 배상 책임 보험은 보험 기간 중에 발생한 사고를 기준으로 보험자의 보상 책임을 정하는 방식이다.
② 배상 청구 기준은 보험 기간 중에 최초로 피보험자에게 청구된 사고를 기준으로 보험자의 보상 책임을 정하는 방식이다.
③ 사건 발생 기준은 사고에서의 행위와 그 결과가 시간적으로 근접해 있지 않은 경우에 적용하기 용이하다.
④ 배상 청구 기준 방식은 피보험자나 보험자에게 가장 중요한 적정한 보험료를 최근의 손해 성적을 표준으로 산출할 수 있다.

013 다음 중 일반적으로 배상 청구 기준(Claims-made basis)을 사용하는 배상 책임 보험이 아닌 것은?

① 자동차 손해 배상 책임 보험　　② 임원 배상 책임 보험
③ 환경 배상 책임 보험　　　　　④ 전문직 배상 책임 보험

4 Forfeiture clause

014 Forfeiture clause에 대한 설명으로 적절하지 않은 것은?

① 보험 사고 발생 시에 보험 계약자 또는 피보험자에게 손해 통지 의무 위반 기타 특정된 행위가 있었을 경우에는 피보험자가 지니는 보험금 청구권을 상실시킨다는 취지를 규정한 약관 조항을 말한다.
② 보험 사고 발생 후 피보험자나 보험 계약자 등이 주어진 의무를 위반하였을 때 또는 보험 제도를 악용하려고 하였을 때 이러한 최대 선의 위반에 대한 징계의 한 수단이다.
③ 보험 사고가 발생하였음에도 불구하고 보험자로부터 보험금을 지급받을 수 없다는 점에서 면책 사유나 고지 의무 위반 등으로 인한 해지의 경우와 유사하다.
④ 보험 계약 자체의 효력을 상실시킨다는 점에서 고지 의무 위반 등으로 인한 계약의 해지와 유사하다.

015 다음 중 Forfeiture clause에 대한 설명으로 적절하지 않은 것은?

① 보험금 청구 시 보험금 청구권을 상실시킨다는 조항을 두고 있지 아니한 약관에서는 과잉 청구, 위조 변조 등으로 늘어난 손해에 대해서만 책임을 면한다는 것이 일반적인 해석이다.
② 보험의 목적이 복수일 때 보험금 청구에 관한 서류의 위조·변조 등으로 인한 보험금 청구권 상실의 범위는 전체 보험금인 것을 원칙으로 한다.
③ 고의의 부실 기재의 경우 실권의 효과가 인정되어 피보험자는 손해에 대한 보험금 청구권을 잃게 된다.
④ 상당한 이유 없이 손해 조사를 방해하거나 회피하여 보험 회사가 그 부분에 대한 손해 사정이 불가능하게 된 때 및 손해가 가중된 때에는 그 불능 부분 및 가중 부분에 대해서는 피보험자 등이 책임져야 한다.

5 손해 사정에 있어서 구상권

016 연대 배상 책임에 대한 설명으로 적절하지 않은 것은?

① 연대 책임은 동일한 손해에 대하여 2인 이상의 책임 관여자가 있을 경우에 구성하는 책임 원리이다.
② 연대 배상 책임자들 중 1인의 책임이 10%라면, 피해자는 그 1인에 대하여 10%에 대한 배상을 요구할 수 있다.
③ 청구를 받은 연대 배상 책임자는 자신의 책임 비율에 관계없이 전액 배상한 후 다른 공동 불법 행위자들에게 자신의 책임을 초과하는 배상액에 대해 구상 청구하여야 한다.
④ 진정 연대 채무는 연대 채무자에게 처음부터 연대하여 채무를 부담할 의사인 연대의 의사가 있었던 반면, 부진정 연대 채무는 그러한 의사 없이 연대 채무를 부담하게 된 것이다.

017 손해 사정에 있어서 구상권에 대한 설명으로 적절하지 않은 것은?

① 보험자가 피보험자에게 보험금을 지급한 때에는 보험자는 그 지급한 금액의 범위 내에서 그가 제3자에 대하여 가지는 배상 청구권을 대위하여 손해 배상을 청구할 수 있다.
② 일반적으로 구상은 보험자, 가해자 사이에 양자 간 성립되는 것이다.
③ 구상권의 행사는 피보험자의 손해 배상 청구권과 보험금 청구권의 이중 행사에 의한 부당 이득을 방지한다.
④ 구상권 행사로 제3자가 책임질 부분을 적의 회수함으로써 손해율을 낮추어 보험료율의 적정성을 유지할 수 있다.

018 다음 중 손해 사정에 있어서 구상권에 대한 설명으로 적절하지 않은 것은?

① 구상권 행사에 있어서 가장 우선적으로 해야 할 일은 구상권의 성립 여부를 확인하는 것이다.
② 구상할 가치가 있다고 판단되면 구상 가액이 확정되기 이전이라도 구상 채권을 확보하기 위한 절차를 수행한다.
③ 구상권의 성립이 확인되면 부당 이득을 방지하기 위하여 반드시 구상권을 행사하여야 한다.
④ 구상권 확보 절차를 거친 후에는 구상 가액을 정하고 소송에 들어가기 전 피구상자에게 임의 변제를 요청하기도 한다.

019 다음 중 구상권 행사의 포기와 가장 관련이 있는 것은?

① 상해 보험 ② 화재 보험
③ 도난 보험 ④ 원자력 보험

020 피해자 직접 청구권에 대한 설명으로 적절하지 않은 것은?

① 배상 책임 보험의 피해자 보호 기능을 강화한 조치이다.
② 피해자 직접 청구권과 피보험자의 보험금 청구권이 경합하는 경우에는 피보험자의 보험금 청구권이 우선한다.
③ 피해자의 직접 청구권과 손해 배상 청구권은 독립된 관계이다.
④ 보험자는 제3자가 피보험자로부터 그 배상을 받기 전에는 보험 금액의 전부 또는 일부를 피보험자에게 지급하지 못하게 하고 있다.

021 다음 중 피해자 직접 청구권의 특성이라고 보기 어려운 것은?

① 독립성 ② 배타성
③ 임의성 ④ 우선권성

022 피해자의 직접 청구권에 대한 설명으로 적절하지 않은 것은?

① 피해자는 피보험자의 권리와 독립된 권리를 법률에 의하여 원시적으로 취득한다.
② 보험금 청구권에 대한 피보험자의 처분은 금지된다.
③ 직접 청구권을 배제하는 약관은 유효하게 설정할 수 있다.
④ 피해자가 직접 청구권을 행사하면 그 범위 내에서 피보험자의 보험금 청구권은 제한받는다.

023 대위의 원칙(The principle of subrogation)을 적용하는 이유로 옳지 않은 것은?

① 피보험자의 손실 통제 활동을 유도한다.
② 피보험자 책임이 없는 손해로 인한 보험료 인상을 방지한다.
③ 이중 보상을 방지한다.
④ 과실 책임이 있는 자에게 배상 책임을 지운다.

6 보험 약관상 면책 사항의 필요성

024 절대적 면책 사유와 상대적 면책 사유에 대한 설명으로 적절하지 않은 것은?

① 절대적 면책 사유는 보험 계약자의 고의·중과실로 인한 사고 등 어떠한 경우에도 보험자가 면책되는 사유를 말한다.
② 절대적 면책 사유는 공서 양속에 반하고 반사회적인 위험이기 때문에 면책으로 규정하고 있다.
③ 상대적 면책 사유는 전쟁, 지진, 홍수 등 보험 기술상 거대 위험 등에 해당하는 것을 보험자의 면책 사유로 정한 것이다.
④ 상대적 면책 사유는 보험 본질상의 면책 사유로 당사자의 특약이나 추가 보험료로도 확장 담보가 불가능하다.

025 다음 중 면책 사항을 인정하는 이유와 가장 거리가 먼 것은?

① 소액의 클레임 배제　　② 보험 계약의 사행성
③ 도덕적 위험 감소　　　④ 보험 기업의 원활한 유지

026 보험자가 위험을 면책하는 일반적인 이유라고 보기 어려운 것은?

① 우연성이 결여되어 있는 경우
② 위험의 규모가 지나치게 큰 경우
③ 보험자의 고의 또는 중대한 과실
④ 위험을 부담하는 것이 공공질서에 위배되는 경우

027 보험자의 법정 면책 사유가 아닌 것은?

① 전쟁 기타 변란으로 인한 보험 사고
② 피보험자의 단순 과실로 인한 손해
③ 보험 목적의 성질로 인한 손해
④ 적하 보험에 있어 용선자의 중과실로 인한 손해

028 보험 계약법상에 규정된 손해 보험에 공통적으로 적용되는 보험자의 법정 면책 사유에 해당하지 않는 것은?

① 보험 계약자 등의 고의·중과실로 인하여 발생한 사고로 인한 손해
② 전쟁 기타 변란으로 인하여 발생한 사고로 인한 손해
③ 천재지변으로 인한 손해
④ 보험 목적의 성질, 하자 또는 자연 소모로 인한 손해

029 고의로 인한 보험 사고의 면책 요건에 해당하지 않는 것은?

① 상당 인과 관계의 존재
② 보험 계약자의 행위
③ 피보험자의 행위
④ 피보험자 가족의 행위

030 보험자의 보상 책임이 면제되는 경우에 해당되지 않는 것은?

① 보험 목적물의 고유 하자
② 상해 보험에서 피보험자의 중과실
③ 화재 보험에서 피보험자의 고의
④ 보험 목적물의 자연 소모

031 보험 회사의 보험금 지급 의무의 면책 사유에 해당하는 것은?

① 피보험자의 사소한 과실
② 보험 목적의 성질, 하자 또는 자연 소모로 인한 손해
③ 보험금 지급일로부터 1년이 지난 경우
④ 보험 목적의 인위적 소모로 인한 손해

7 보험 계약 준비금 등

032 보험자가 보험 계약과 관련하여 보험 계약자에게 미래에 지급해야 할 각종 지급 금액에 대비한 자금을 무엇이라고 하는가?

① 보험 계약 준비금 ② 보험금 지급 준비금
③ 비상 위험 준비금 ④ 미경과 보험료 적립금

033 다음 중 준비금에 대한 설명으로 적절하지 않은 것은?

① 보험 계약 준비금은 책임 준비금과 비상 위험 준비금으로 나눌 수 있다.
② 지급 준비금(Loss reserve)은 매 결산기에 기발생의 보험 사고에 관하여 미지급된 보험금의 액을 추산하여 부채로서 적립하는 것으로서 책임 준비금의 일종이다.
③ 지급 준비금은 대화재, 태풍, 지진 등 거대 위험에 대한 보험금을 지급하기 위하여 적립하는 금액이다.
④ 비상 위험 준비금(Contingency reserve)은 보험 사고가 매년 일률적으로 일어나지 않기 때문에 적립할 필요가 있다.

034 다음 중 책임 준비금에 포함되지 않는 것은?

① 비상 위험 준비금 ② 미경과 보험료 적립금
③ 계약자 배당 준비금 ④ 계약자 이익 배당 준비금

035 손해 보험의 지급 준비금에 대한 설명으로 틀린 것은?

① 지급 준비금은 장래에 보험 사고에 대비하는 것이 아니라 이미 발생한 사고에 대한 준비금이라는 데 그 특색이 있다.
② 지급 준비금에 보험 사고가 회계 기간 중에 발생하였다고 추정되나 아직 보험자에게 사고 통보가 이루어지지 않아서 미지급된 손해는 포함되지 않는다.
③ 장기 손해 보험의 지급 준비금에는 보험료 미납으로 인하여 실효된 계약 중 부활권 유보 기간이 경과되지 아니한 계약의 준비금(해지 환급금 상당액) 및 보험금, 환급금, 배당금 등의 지급이 확정된 금액으로 지급되지 아니한 금액도 포함하도록 하고 있다.
④ 발생된 시점과 보험금이 지급되는 시점까지의 시간적인 차이가 있으므로 보험사의 책임을 보험 사고 발생 시점에 인식하기 위하여 지급 준비금이 필요하다.

제3장
손해 사정 용어

1 손해율, 사업 비율, 합산 비율

001 보험 회사의 경영 효율성에 대한 설명으로 적절하지 않은 것은?

① 보험 회사의 경영 효율성을 나타내는 지표로는 손해율, 사업 비율, 합산 비율 등이 있다.
② 보험 회사 경영의 효율성을 측정하는 데 가장 중요한 것은 손해율이다.
③ 보험 계약자가 부담하는 보험료를 기준으로 할 때 보험료 중에서 사업비가 차지하는 비율을 사업 비율이라고 한다.
④ 실제 사업 비율이 예정 사업 비율보다 많아질 경우에는 회사에 손실이 발생할 수 있다.

002 손해율 등에 대한 설명으로 적절하지 않은 것은?

① 손해율(Loss ratio)은 특정 기간 동안 보험 회사의 발생 손해액을 경과 보험료로 나눈 비율이다.
② 발생 손해액이란 회계 연도의 경과 보험료 기간에 발생한 사고로 인하여 그 회계 연도에 지출한 보험금을 보험금 지급 준비금으로 나눈 것을 말한다.
③ 사업 비율(Expense ratio)은 발생된 비용을 수입 보험료로 나눈 비용을 말한다.
④ 합산 비율이란 손해율과 경비율을 합한 비율을 말한다.

003 손해율의 산출 방식에 대한 설명으로 적절하지 않은 것은?

① 기간별 계산은 현금주의 방식에 의하여 손해율을 표시하는 것이다.
② 인수 연도별 계산은 장기간 계속함으로 인해서 보다 정확한 검증이 가능하다.
③ 경과 보험료별 계산은 경과 보험료, 지급 준비금 등을 고려한 발생주의적 방식에 의한 손해율 산출 방식이다.
④ 우리나라에서는 경과 보험료별 계산에 의존하는 것이 통례이다.

004 다음 중 합산비율의 표준비율은 얼마인가?

① 75~77.5% ② 85~87.5%
③ 95~97.5% ④ 100% 초과

2 공동 보험과 병존 보험

005 공동 보험에 대한 설명으로 적절하지 않은 것은?

① 보험자 간에 위험의 횡적 분산을 도모하는 것으로 하나의 보험자가 단독으로 인수하기 어려운 거대 위험이나 사고율이 높은 위험을 보험자 간에 미리 정한 인수 비율에 따라 분할 인수하는 것을 말한다.
② 공동 보험자는 자기가 인수한 부분에 대해서만 책임을 지며, 개개의 보험자의 보험 계약에 대한 지위는 이론상 원칙적으로 평등하다.
③ 공동 보험은 여러 보험자와 여러 개의 보험 계약이 체결되는 것이다.
④ 중복 보험은 보험 금액의 합계액이 보험 가액을 초과해야 하고 보험자끼리 연결 없이 체결되나 공동 보험은 그렇지 않다는 점에서도 차이가 있다.

006 다음 중 공동 보험 조항에 대한 설명으로 적절하지 않은 것은?

① 보험 계약자로 하여금 보험 가액의 일정 비율을 보험 금액으로 가입을 요구한다.
② 보험 계약자를 공동 보험자적인 입장에서 손해를 일부 부담시키는 것이다.
③ 요구 보험 금액은 보험 가입 금액에 일정 비율(부보 비율)을 곱하여 산출한다.
④ 대체 가격 보험에서의 요구 보험 금액은 신품 가액에 부보 비율을 곱하여 산출한다.

007 공동 보험 조항에 대한 설명으로 적절하지 않은 것은?

① 공동 보험 조항을 두는 기본적인 이유는 요율의 공평성을 달성하기 위해서이다.
② 공동 보험 조항을 두면 요구 보험 금액을 만족시키지 못한 보험 계약자에게는 요율의 인하가 주어진다.
③ 공동 보험 조항을 두게 되면 부보 비율을 높일 수 있다.
④ 보험 계약을 전부 보험으로 유도하여 보험료율의 충분성을 확보하고자 하는 것이다.

008 공동 보험 조항의 요구 부보 비율 80%를 우선적으로 적용한 다음, 직접 공제 5백만 원을 적용하는 보험이 있다. 피보험자 갑은 보험 가액 1억 원의 주택을 보험 가입 금액 9천만 원으로 이 보험에 가입했다. 이 주택에 대해 보험 사고로 8천만 원의 손실이 발생한 경우 지급 보험금은 얼마인가?

① 75,000,000원　　　　　　　　② 80,000,000원
③ 85,000,000원　　　　　　　　④ 90,000,000원

009 A 건물에 대하여 다음과 같은 3건의 보험 계약이 체결되어 있다. 화재 사고로 6억 원의 손해가 발생한 경우 보험자 A, B, C 중 가장 적게 보험금을 지급하는 자는?(단 계산은 초과액 보상 방식에 의함)

보험자	A	B	C
보험 가입 금액	2억 원	3억 원	5억 원

① A　　　　　　　　② B
③ C　　　　　　　　④ 균등 분담

010 공동 보험 조항의 요구 부보 비율 80%를 우선적으로 적용한 다음, 직접 공제 5백만 원을 적용하는 보험이 있다. 피보험자 A는 보험 가액 10억 원의 주택을 보험 가입 금액 6억 원으로 이 보험에 가입했다. 이 주택에 대해 보험 사고로 8천만 원의 손실이 발생한 경우 지급 보험금은 얼마인가?

① 50,000,000원　　　　　　　　② 55,000,000원
③ 60,000,000원　　　　　　　　④ 65,000,000원

011 다음의 경우 보험자가 지급해야 할 보험금은 얼마인가?

> 피보험자 A는 B 보험 회사에 1억 원의 건물 화재 보험을 가입했는데, 보험 계약의 내용은 다음과 같았다.
> * 건물의 보험 가액 2억 원
> * 공동 보험 조항(Co-insurance clause) 요구 부보 비율 80% 조항 포함
> * 보험 기간 중 1억 2천만 원의 화재 손해가 발생(건물 가액은 불변)

① 1억 2천만 원　　　　　　　　② 1억 원
③ 8천만 원　　　　　　　　　　④ 7천 5백만 원

012 병존 보험에 대한 설명으로 적절하지 않은 것은?

① 동일한 보험 계약의 목적과 동일한 사고에 관하여 수 개의 보험 계약이 체결된 경우에 그 보험 금액의 총액이 보험 가액을 초과하지 않은 때 이들 보험 계약을 병존 보험이라 한다.
② 병존 보험은 각 보험 금액의 총 합계액이 보험 가액을 초과해야 하며 각 보험자는 각 보험 금액의 한도 내에서 연대 책임을 지게 된다.
③ 공동 보험은 복수의 보험자가 보험 계약자의 위험을 분담하여 공동으로 인수하는 보험으로서 계약 자체가 하나이나 병존 보험은 각 보험자가 서로 모르는 가운데 개별적으로 체결되는 여러 개의 계약이다.
④ 병존 보험의 경우 보험 계약자는 각 보험자에 대하여 각 보험 계약의 내용을 통지하여야 한다.

3 대체 가격 보험(신가보험)

013 대체 가격 보험(Replacement cost insurance)에 대한 설명으로 적절하지 않은 것은?

① 대체 가격(Replacement cost)이란 보험 사고 시 피보험 목적물을 새로이 대체하는 데 드는 비용으로 이를 재조달 가액이라고도 한다.
② 대체 가격 보험은 보험 사고가 발생한 경우 감가상각을 하지 않고 피보험 목적물과 동종, 동형, 동질의 신품을 구입하는 데 소요되는 비용을 지급하는 보험이다.
③ 대체 가격 보험에서도 실손 보상의 원칙이 적용되어야 한다.
④ 대체 가격 보험은 기계 보험 등에서와 같이 오로지 가동 유지를 목적으로 하는 보험 등 인위적인 사고 유발이 그다지 우려되지 않는 보험에 한해서 예외적으로 인정되고 있다.

014 대체 가격 보험과 가장 거리가 먼 개념은?

① 신가
② 재조달 가액
③ 대체 가격
④ 실제 현금 가치

015 다음 중 대체 가격 보험에 대한 설명으로 적절하지 않은 것은?

① 대체 가격 보험의 담보 대상이 되는 보험 목적물은 동산이나 재고품·골동품 등에 한하는 것이 보통이다.
② 대체 가격 보험의 보험료율은 시가 기준의 보험료율보다 특별히 높은 편은 아니다.
③ 대체 가격 보험의 보험금은 훼손된 피보험 목적물이 대체될 때까지 보험금 지급 의무가 없다.
④ 사고 직전의 경제 상태로 유지시킨다는 보험 본래의 기능 때문에 도입되었다.

4 전손과 분손

016 다음 중 전손과 분손에 대한 설명으로 적절하지 않은 것은?

① 보험 목적에 대한 지배력의 항구적인 전부 상실은 현실의 전손에 해당한다.
② 추정 전손은 법률적인 전손이다.
③ 추정 전손은 위부의 통지를 할 필요가 없다.
④ 분손이 발생한 경우에도 보험 금액의 전부가 보험금으로 지급되는 경우가 있다.

017 전손과 분손에 대한 설명으로 적절하지 않은 것은?

① 전손의 경우 보험 가입 금액 한도 내에서 보험 가입 금액이 전액 지급된다.
② 분손의 경우 피보험자는 보험 금액의 일부만 청구할 수 있다.
③ 현실 전손은 보험자 대위의 사유가 되고, 추정 전손의 경우는 보험 위부의 사유가 된다.
④ 분손의 경우 전액주의를 취하면 보험 계약자는 보험 사고가 발생한 후에도 보험 계약을 해지할 수 있다.

018 전손에는 현실 전손(Actual total loss)과 추정 전손(Constructive total loss)이 있다. 다음 중 추정 전손에 해당하는 경우는 어느 것인가?

① 포도주가 발효하여 식초가 된 경우
② 선박의 나포
③ 도난 사고와 선박의 행방불명이 2개월 이상 계속된 경우
④ 손상된 재물의 점유를 회복하는 데 필요한 비용이 사고 당시의 재물 가액보다 큰 경우

019 보험자 대위와 보험 위부에 대한 설명으로 적절하지 않은 것은?

① 보험 위부는 보험 목적의 전손 여부가 불명확한 경우에 이를 전손으로 취급하고 그 대신에 보험자가 보험의 목적물에 관한 권리를 취득하는 점에 관해서는 잔존물 대위와 유사하다.
② 보험 위부의 경우에 있어서 보험자의 권리 취득은 피보험자가 위부의 의사 표시를 한 경우에만 행사할 수 있다.
③ 잔존물 대위는 보험 목적물 가액이 지급 보험금의 한도를 초과하여도 보험자가 그 목적물을 소유할 수 있다.
④ 보험 위부는 추정 전손 시 인정되고 잔존물 대위는 현실 전손 시 인정된다.

020 비례 보상주의에 대한 설명으로 적절하지 않은 것은?

① 비례 보상주의는 일부 보험의 경우 분손에 대한 보험자의 보상 책임에 관하여, 그 손해는 보험 금액의 보험 가액에 대한 비율에 따라 보상하도록 하는 원칙이다.
② 비례 보상주의는 비례적 책임 분담주의 또는 안분의 원칙이라고도 한다.
③ 비례 보상주의는 주로 전부 보험과 초과 보험의 경우에 적용된다.
④ 일부 보험의 경우 전손에 대하여는 보험자가 보험 금액을 보험금으로 보상하는 것이므로 비례 보상주의 원칙은 적용될 여지가 없다.

5 보험 금액의 변동

021 보험 금액의 변동에 대한 설명으로 옳지 않은 것은?

① 재물 보험에서 보험 사고로 보험금이 지급된 경우 전액주의하에서는 보험 금액이 체감한다.
② 체감주의에서의 보험자의 보상액은 통산하여 보험 가입 금액을 한도로 한다.
③ 보험 금액이 체감된 경우 보험 계약자의 청구에 의하여 보험 금액을 복원시킨다.
④ 보험 금액의 소멸은 1회의 보험 사고로 보험 금액을 전액 지불하고 계약이 종료되는 것이다.

022 체감주의하에서 보험 금액 복원의 요건에 대한 설명으로 옳지 않은 것은?

① 보험의 목적이 수리나 복구로 보험 가액이 회복되어야 한다.
② 추가 보험료 부담 없이 보험 금액이 자동 복원된다.
③ 보험 계약자의 청구에 의하여 보험 금액을 복원시킨다.
④ 보험자의 승인에 의하여 보험 금액을 복원한다.

023 전액주의하에서의 보험 금액 자동 복원에 대한 설명으로 옳지 않은 것은?

① 전액주의에서는 보험 계약자의 청구가 없더라도 추가 보험료 부담 없이 보험 금액이 자동 복원된다.
② 보험 목적의 가치가 회복되지 아니한 상황에서는 초과 보험이 된다.
③ 보험료 산정이 쉽다는 장점이 있다.
④ 전액주의하에서의 보험 금액 자동 복원은 해상 보험, 운송 보험, 자동차 보험, 항공 보험 등에서 이용되고 있다.

6 최대 추정 손해액

024 다음 중 최대 추정 손해액에 대한 설명으로 적절하지 않은 것은?

① 최대 추정 손실은 주어진 조건하에서 통상적인 소방 활동을 전제로 발생할 것으로 추정되는 손실의 최대치(Probable maximum loss)를 말한다.
② 최대 추정 손실을 평가하여 보험에 가입하면 일부 보험이 될 가능성이 적어진다.
③ 재물 보험의 경우 최대 추정 손실을 평가하여 보험에 가입하면 미평가보험이 된다.
④ 배상 책임 보험에서 보상 한도를 정함에 있어 발생할 수 있는 추정 손해 중 최대치를 산정하여 이를 보상 한도로 함으로써 적정한 보험 금액 산정과 보험료 절약을 동시에 추구할 수 있다.

025 최대 추정 손해액과 최대 가능 손해액에 대한 설명으로 적절하지 않은 것은?

① 최대 추정 손해액과 최대 가능 손해액의 차이는 통상적인 조건에 지켜졌는지의 여부이다.
② 통상적인 조건이란 사고 발생 시 손해 범위를 한정시켜 줄 것으로 기대되는 제반 사항을 말한다.
③ 재물 보험에서 최대 추정 손실로 보험에 가입하면 미평가보험이 된다.
④ 최대 가능 손해액은 발생 가능성이 적으며, 너무 신중한 위험의 평가라고 할 수 있다.

026 아래에서 설명한 심도(Severity)의 예측 기법에 해당하는 것은?

> 손해 방지, 경감 시설이나 장치 및 기구가 제대로 작동하고 이를 사용하는 요원들이 예정대로 활동한다고 할 경우에 예상되는 한 위험의 발생으로부터 입을 수 있는 최고 손실액

① PML(Probable Maximum Loss)
② MPL(Maximum Possible Loss)
③ EML(Estimated Maximum Loss)
④ TSI(Total Sum Insured)

027 추정 최대 손실(Probable maximum loss)에 대한 설명으로 가장 적절하지 못한 것은?

① 보험료 산정 및 재보험 출재 여부의 판단 기준이 되기도 한다.
② 추정 최대 손실은 항상 일정하다.
③ 추정 최대 손실은 보험 계약 체결 시 보험 가입 금액의 결정에 활용될 수 있다.
④ 추정 최대 손실은 적극적 위험 관리를 유도하는 기능이 있다.

7 간접 손해

028 간접 손해에 대한 설명으로 가장 적절하지 못한 것은?

① 담보 위험의 직접적인 원인에 의하여 발생한 손해로 볼 수 없는 손해이다.
② 보험의 목적이나 피해물에 발생한 손해의 결과로서 2차적으로 발생한 손해이다.
③ 상실 수익은 간접 손해에 포함되지 않는다.
④ 결과적 손해로도 지칭된다.

029 손해에 대한 설명으로 틀린 것은?

① 직접 손해는 위험으로 인하여 재물 자체에 발생한 1차적 손해를 말한다.
② 간접 손해는 2차적 손해로서 위험에 근인하지 않는 손해이다.
③ 결과적 손해는 특정 위험이 부보 대상이 아닌 피보험 이익에 발생시킨 간접적인 결과로 생긴 손해를 말한다.
④ 직접 손해가 발생하더라도 결과적 손해가 반드시 발생하는 것은 아니다.

030 간접 손해에 해당하지 않는 것은?

① 재물의 일차적 손해에 의하여 전기 시설, 온도 조절 장치 등이 손상되고 그 결과 보관 중인 육류나 의약품 또는 컴퓨터 등이 손상될 경우
② 건물이 손상되는 동안 다른 사무실을 임차하거나 그 건물을 사용하지 못함으로써 입은 경제적 손해
③ 귀걸이 등과 같이 쌍으로 필요한 물건 중 그 하나만 손상되어 다른 하나의 경제 가치가 감소되는 경우
④ 피보험 건물이 전소되어 재건축하기 위해 입은 경제적 손해

031 불가동 손해에 대한 설명으로 적절하지 않은 것은?

① 손상된 목적물을 사용하지 못함으로써 발생한 경제적 손실을 불가동 손해라고 한다.
② 불가동 손해는 발생하는 손실의 크기가 장소적 요소와 관련이 많다.
③ 불가동 손해가 담보되기 위해서는 기업이 사고 전에 정상 가동 상태였어야 한다.
④ 불가동 손해의 가장 일반적인 경우는 사업 중단 보험이다.

8 비례 보상 약관

032 다음 중 중복 보험에 대한 설명으로 적절하지 않은 것은?

① 중복 보험에 해당하기 위해서는 보험 기간이 동일하든지, 부분적으로나마 보험 기간이 중첩되어야 한다.
② 동일한 보험 목적이라도 피보험 이익이 다르면 중복 보험 문제는 발생하지 않는다.
③ 중복 보험에 해당하면 선의와 악의를 막론하고 그 계약을 전부 무효로 한다.
④ 사기에 의한 중복 보험의 경우 보험자는 중복 보험을 안 때까지의 보험료를 청구할 수 있다.

033 중복 보험에 대한 설명으로 적절하지 않은 것은?

① 중복 보험에 해당하기 위해서는 보험 금액의 총액이 보험 가액을 초과하여야 한다.
② 물가의 변동으로 병종 보험이었던 것이 중복 보험이 되는 경우도 있다.
③ 목적물 가액이 변동하여 중복 보험이 된 경우에는 보험 계약 시를 판단의 기준으로 한다.
④ 우리나라 상법은 비례주의에 연대 책임주의를 가미한 절충주의를 채택하고 있다.

034 중복 보험에서의 비례 보상 약관에 대한 설명으로 적절하지 않은 것은?

① 우리나라에서는 중복 보험 계약이 동시에 체결된 경우와 순차로 체결된 경우를 구분하지 않고 보험자는 보험 금액 한도 내에서 연대 책임을 지고, 개별 보험자의 보상 책임은 각 보험자의 보험 금액에 비례하는 비례주의를 채택하고 있다.
② 중복 보험에서 비례 보상 약관을 인정하는 주된 이유는 중복된 보상을 받지 못하게 함으로써 이득 금지의 원칙을 실현하기 위한 것이다.
③ 독립 책임액 방식은 중복 보험 계약의 지급 보험금 계산 방식이 동일한 경우에 적용되는 것이다.
④ 독립 책임액 방식은 먼저 각각의 계약에 대하여 다른 계약이 없는 것으로 가정하여 각 보험자의 보상액을 계산한 후 독립적으로 계산된 보상액의 합이 보험 가액을 초과할 때는 각 보험자는 각 독립 책임액의 비율로 손해액을 분담하는 방식이다.

035 일부 보험에 대한 설명으로 적절하지 않은 것은?

① 일부 보험은 보험 가액이 보험 금액보다 작은 경우를 말한다.
② 일부 보험은 도덕적 위험이 비교적 적은 편이다.
③ 일부 보험의 판단 시기는 보험 사고 발생 시점이다.
④ 일부 보험에서의 비례 보상 약관은 전부 보험 가입자와의 형평성을 유지하기 위해서이다.

036 일부 보험에서 보험자의 보상액의 산식을 맞게 표시한 것은?

① 보상액 = 손해액 × (보험 가액 ÷ 보험 가입 금액)
② 보상액 = 손해액 × (보험 금액 ÷ 보험 가액)
③ 보상액 = 보험 금액 × (보험 금액 ÷ 보험 가액)
④ 보상액 = 손해액 × (보험 가액 ÷ 보험 금액)

037 일부 보험에서의 비례 보상 약관에 대한 설명으로 적절하지 않은 것은?

① 일부 보험의 보험자는 보험 금액의 보험 가액에 대한 비율에 따라 보상할 책임을 지는데, 이를 정한 약관을 비례 보상 약관이라 한다.
② 일부 보험에서 비례 보상 약관을 적용하는 이유는 전부 보험 가입자와의 보험료 부담에 있어서 형평성을 유지하기 위해서이다.
③ 일부 보험의 경우 보상액의 산정, 손해 방지 비용의 산정, 잔존물 대위의 경우 등에 있어 비례주의가 적용된다.

④ 일부 보험의 경우의 경우 전부 보험 가입자와의 보험료 부담 형평성을 위해 반드시 비례주의를 적용하여야 한다.

9 신용 보험

038 신용 보험에 대한 설명으로 적절하지 않은 것은?
① 신용 보험은 채무자의 채무 불이행에 대비하여, 채권자가 보험 계약자가 되어 채무 불이행 시 입을 손해를 보상하도록 하는 보험이다.
② 신용 보험에서는 채무자의 파산 등 근본적인 지급 불능 상태가 없더라도 일단 채무 불이행이 있기만 하면 보험 사고가 성립한다.
③ 신용 보험과 보증 보험은 계약 체결 시에 채권자가 특정되어 있다.
④ 책임 보험은 계약 체결 시에 채권자가 특정되어 있지 않다.

039 신용 보험과 보증 보험의 비교가 바르게 된 것은?
① 신용 보험 – 타인을 위한 보험, 보증 보험 – 자기를 위한 보험
② 신용 보험 – 타인을 위한 보험, 보증 보험 – 타인을 위한 보험
③ 신용 보험 – 자기를 위한 보험, 보증 보험 – 타인을 위한 보험
④ 신용 보험 – 자기를 위한 보험, 보증 보험 – 자기를 위한 보험

memo

제 5 과목

보험 회계 및 자산 운용

|핵심 이론|

1. 보험 회계에서는 영업 실적을 나타내는 손익 계산서보다 재무 상태를 표시하는 대차 대조표를 더 중요시하는 경향이 있다.

2. 보험 회계의 사후 원가 계산 특성을 보완하고 보험 회계의 적정 손익을 계산하기 위하여 보험료 적립금, 미경과 보험료 적립금, 지급 준비금 등의 책임 준비금 제도를 두고 있다.

3. 손해 보험 재무 상태표

자산	부채 및 자본

【 자산 】
(운용 자산)
Ⅰ. 현금 및 예치금
Ⅱ. 유가 증권
   Ⅱ-1. 당기 손익 인식 증권
   Ⅱ-2. 매도 가능 증권
   Ⅱ-3. 만기 보유 증권
   Ⅱ-4. 관계·종속 기업 투자 주식
Ⅲ. 대출 채권
Ⅳ. 부동산
(비운용 자산)
Ⅰ. 고정 자산
Ⅱ. 기타 자산
(특별 계정 자산)
	【 부채 】
	Ⅰ. 책임 준비금
	Ⅱ. 기타 부채
	   (특별 계정 부채)
	부채 총계
	
	【 자본 】
	Ⅰ. 자본금
	Ⅱ. 자본 잉여금
	Ⅲ. 이익 잉여금(결손금)
	Ⅳ. 자본 조정
	Ⅴ. 기타 포괄 손익 누계액
	자본 총계

자산 총계	부채 및 자본 총계

4. 자산은 미래 경제적 효익이 기업에 유입될 가능성이 높고 해당 항목의 원가 또는 가치를 신뢰성 있게 측정할 수 있을 때 재무 상태표에 인식한다.

5. 지출이 발생하였으나 당해 회계 기간 후에는 관련된 경제적 효익이 기업에 유입될 가능성이 높지 않다고 판단되는 경우에는 재무 상태표에 자산으로 인식하지 아니하고, 손익 계산서에 비용으로 인식한다.

6. 한국 채택 국제 회계 기준은 재무 상태표 본문에 표시되어야 할 항목의 순서나 형식을 별도로 제시하지 않고 재무 상태표 본문에 포함되어야 할 최소한의 항목만을 규정하고 있다.

7. 금융 자산의 분류

당기 손익 인식 금융 자산	단기 매매 증권, 파생 상품(일부 제외), 당기 손익 인식 지정 증권
매도 가능 금융 자산	매도 가능 증권
만기 보유 금융 자산	만기까지 보유할 목적의 국공채나 회사채 등
대여금 및 수취 채권	정기 예금, 정기 적금, 금전 신탁, 대출 채권, 예치금, 미수금, 보험 미수금, 구상 채권, 임차 보증금 등

8. 공정 가치 레벨(Fair value level)

공정 가치 레벨	정의
공정 가치 레벨 1	동일한 자산이나 부채에 대한 활성 시장의 조정되지 않은 공시 가격
공정 가치 레벨 2	직접적으로(예 : 가격) 또는 간접적으로(예 : 가격에서 도출되어) 관측 가능한 자산이나 부채에 대한 투입 변수. 단 공정 가치 레벨 1에 포함된 공시 가격은 제외함.
공정 가치 레벨 3	관측 가능한 시장 자료에 기초하지 않은, 자산이나 부채에 대한 투입 변수(관측 가능하지 않은 투입 변수)

9. 리스크 공시

질적 공시	양적 공시
① 위험에 대한 노출 정도와 노출 정도의 발생 형태 ② 위험 관리의 목적, 정책 및 절차와 위험 측정 방법 ③ 위 내용의 변동 사항	① 위험의 집중에 관한 정보 ② 신용 위험 ③ 유동성 위험 ④ 시장 위험

10. 손상이 발생한 채권으로 중요한 채권은 개별적으로 평가한다. 채권별 미래 현금 흐름을 추정하고 이를 현재 가치로 평가하여 회수 가능액을 측정한다. 개별적으로 중요하나 손상이 발생하지 않은 채권 중 PF 대출과 같이 개별적인 평가가 중요한 채권은 개별적으로 평가한다. 또한, 중요하지 않은 채권으로 손상이 발생한 채권 중 금융 감독원 대손 신고 등으로 제각된 채권은 개별적으로 평가한다.

11. 집합 평가 채권은 발생 손상을 집합적으로 측정할 수 있는 합리적인 평가 모형에 의해 회수 가능 가액을 측정한다. 중요한 채권으로 손상이 발생하지 않은 채권(PF 채권 등과 같은 특수 금융 여신 제외) 및 중요하지 않은 채권(손상이 발생한 제각 채권 제외)은 집합적으로 평가한다.

12. 발생 손실 인식 기간(Loss Identification Period, LIP)은 손상 사건의 발생 시점으로부터 손상이 인식(또는 확정)되기까지(보통 부도로 인식하는 시점) 소요되는 기간을 의미한다.

13. **어음 관리 구좌(CMA)** : 종합 금융 회사에 예탁하는 것으로 거래 단위당 200만 원 이상, 거래기간 최장 180일 이내로서 원금과 이자의 수시 인출이 가능한 금융상품이다.

14. **국·공채** : 예산 회계법 및 지방 재정법에 의거 국가 또는 공공 단체가 발행한 채권으로 양곡 증권, 국민 주택 채권, 외국환 평형 기금 채권, 국고채, 도로 채권, 도시 철도 채권, 상수도 채권, 지역 개발 채권 등이 있다.

15. 유형 자산과 관련된 모든 원가는 그 발생 시점에 인식 원칙을 적용하여 평가한다.

16. 내용 연수가 비한정인 무형 자산에 대해서는 자산 손상을 시사하는 징후가 있는지에 관계없이 매년 손상 검사를 한다.

17. 장기 보험 계약(보험 기간 1년 초과)에서 발생한 신계약비를 대상으로 당해 계약의 보험료 납입 기간 또는 신계약비 부가 기간에 걸쳐 균등하게 상각하여 비용으로 처리한다. 단기 보험 계약(보험 기간 1년 이하)에서 발생한 신계약비는 발생 시 당기 비용으로 처리한다.

18. 가산할 일시적 차이가 소멸되면 미래 과세 소득이 증가하며, 이에 따라 기업은 법인세를 납부하게 될 것이므로 경제적 효익이 유출될 가능성이 높아진다. 따라서 모든 가산할 일시적 차이에 대해서는 이연 법인세 부채를 인식하여야 한다.

19. 손익 계산서에는 책임 준비금이라는 계정 과목이 없어 책임 준비금 각각의 계정으로 전기 적립액과 당기 적립액을 모두 표시토록 하고 있다.

20. 대차 대조표에는 책임 준비금 구성 계정 각각의 계정 당기 말 적립액과 동일한 금액 부채로 표시되며 그 합계 금액도 책임 준비금 계정으로 표시된다.

21. 보증 준비금은 손해 보험의 책임 준비금에만 해당한다.

22. 사다리 방법(Chain-ladder method) : 손해가 발생한 시점부터 정산되는 시점까지의 경과 기간 동안 손실액이 어떻게 진전되어 가는지를 총체적으로 분석하고, 이를 근거로 미래에 지급될 것으로 예상되는 지급 준비금을 추정하는 방법이다.

23. 손해율 방법 : 수입 보험료에 예정 손해율(또는 표준 손해율)을 곱해서 구한 예정 보험금에서 그 시점까지 실질적으로 지급된 지급 보험금을 차감한 금액을 지급 준비금으로 적립하는 방법이다.

24. 평균 지급 보험금 방식(Average payment method) : 손해가 발생한 이후부터 정산이 완료될 때까지의 기간 동안, 즉 대차 대조표일 이전 5년간의 통계를 적용한 사고의 발생 건수별로 평균 지급 보험금이 매우 일정한 비율로 진전되었다고 가정하고 장래에도 동일하게 일정한 비율로 진전될 것을 예상하여 준비금을 추산하는 방법이다.

25. 개별 추산 방법 : 대수의 법칙을 적용시킬 수 없을 정도로 건수가 적고 건당 손해액이 큰 해상 보험, 항공 보험, 화재 보험의 공장 물건 등에서 주로 적용될 수 있는 방법으로 보험 사고별로 손해 사정자가 지급 준비금 산정 기준의 세목별 항목, 즉 손해의 정도, 보험금 지급이 완전 종결되기까지 소요되는 시간, 소송 관련 판례 동향 등을 고려하여 개별적으로 추산하여 적립한다.

26. 순보험료 : 위험 보험료와 저축 보험료로 나누어지는데 위험 보험료는 보험금을 지급하는 데 필요한 재원이며, 저축 보험료는 보험 기간 중 보험 사고가 발생하지 않고 만기가 도래된 계약에 대하여 약관이 정한 바에 따라 만기 환급금과 동일하게 되도록 예정 이율을 기초로 하여 수지 상등의 원칙에 따라 계산한 재원이다.

27. 사업 연도법과 인수 연도법

사업 연도법	일할 계산법	보험 계약 건마다 경과되지 아니한 날짜를 계산한 다음 미경과 일수에 따라 일할 계산을 하여 미경과 보험료를 산출하는 방법
	월할 계산법	매월의 모든 계약이 일정일에 위험이 개시된 것으로 가정하여 분수를 적용하여 산출하는 방법
	기간 보험료법	구간 보험료 산출법이라고도 하며 사업 연도 말로부터 수개월 이전분 보험료를 미경과 보험료로 하는 방법
인수 연도법	초년도 수지 잔액법	당 연도에 실현된 보험료 수익에서 해당 연도 보험금, 지급 준비금, 사업비, 해약·기타 환급금(환급하여야 할 금액 포함) 등의 비용을 공제한 잔액을 적립하는 방법
	연도 분할법	영업 수지 잔액을 수차 연도 이월하면서 인수 연도의 보험 책임이 종료할 때까지 손익의 확정을 유보하는 방법

28. 계약자 배당
금융 감독원장이 정하는 바에 의하여 계약자 배당에 충당하기 위하여 적립하는 금액(이차율차 배당준비금 등)과 장래에 계약자 배당에 충당하기 위해 계약자 배당 준비금 외에 추가적으로 적립하는 것으로서 법령 등에 의해 총액으로 적립하는 금액을 말한다.

29. 위험율차 손익
예정 사망율과 실제 사망율과의 차이에서 생기는 손익을 말한다.

30.
일반 손해 보험의 지급 준비금은 총액적 관점에서 통계적으로 과거의 보험금 지급 구조를 기초로 하여 미래 보험금 지급을 추산하고 있어 평가 시점에서 장래 현금 흐름을 반영하고 있다.

31. 선수금
보험 영업 이외의 거래에서 발생한 착수금, 계약금 등의 선수 금액을 말한다. 선수금은 계약이 완성되기 전 입금된 계약금, 중도금 등을 처리하는 데 사용하는 부채 계정이다.

32. 차입금
당좌 차월 이외의 지급 또는 상환해야 할 차입금을 말하며, 콜머니, RP 매도 등이 있다. 차입금은 상환 기한이 재무 상태표 일로 1년 이내인지 초과하는지에 따라 단기 차입금, 장기 차입금으로 구분하여야 하나 보험 회계에서는 장·단기 구분 없이 차입금으로 처리한다.

33. **예수금** : 장차 되돌려 줄 것을 전제로 하고 있는 영업상 또는 영업 외의 일시적인 채무로서 기업이 타인으로부터 일단 금전을 받고 그 후 그 타인 또는 그 타인을 대신하는 제3자에게 금전으로 반환하여야 할 채무를 말한다.

34. **할인율** : 부채의 고유한 위험과 화폐의 시간 가치에 대한 현행 시장의 평가를 반영한 세전 이율이다. 이 할인율에 반영되는 위험에는 미래 현금 흐름을 추정할 때 고려된 위험은 반영하지 아니한다.

35. **불입 자본** : 주주가 기업에 불입한 금액으로 자본금에 주식 발행 초과금을 가산하고 주식 할인 발행 차금을 차감한 금액이다.

36. **자본 잉여금** : 배당 등을 통해 사외 유출될 수 없다. 왜냐하면 자본 잉여금을 배당 등에 사용하면 일정수준 이상으로 회사의 자본을 유지할 수 없기 때문이다. 따라서 자본 잉여금은 자본 전입 및 결손 보전에만 사용할 수 있다.

37. **이익 잉여금** : 크게 기처분 이익 잉여금(이익 준비금, 기업 합리화 적립금, 비상 위험 준비금, 대손 준비금 등)과 처분 전 이익 잉여금(처리 전 결손금)으로 분류할 수 있다.

38. **이익 준비금** : 상법의 규정에 의하여 주식회사가 강제적으로 기업 내부에 유보하여야 하는 법정 준비금을 말한다.

39. **임의 적립금** : 상법의 규정에 따른 이익 준비금이나 조세 특례 제한법에 의한 기업 합리화 적립금과 같이 법적 강제에 의해 적립해야 하는 적립금이 아니고 회사의 정관이나 주주 총회의 의결에 따라 임의적으로 설정되어 사내에 유보되는 이익 잉여금이다.

40. 보험 회사는 결산 시 보유 자산에 대한 대손 충당금 적립액이 보험업 감독 규정 제7-4조 제1항에서 정한 금액에 미달하는 경우 그 차액을 대손 준비금으로 적립하되, 이익 잉여금에서 보험업법 및 다른 법률에 따라 적립한 적립금을 차감한 금액을 한도로 한다.

41. 자기 주식 : 회사가 기 발행한 주식 중에서 일부를 매입 또는 증여에 의하여 재취득한 자기 회사 주식을 말한다.

42. 손익 계산서의 용도
① 투자자 및 채권자에게 현재 또는 미래 이익의 판단·예측을 위한 자료
② 경영진에게는 의사 결정의 평가 자료
③ 과세 당국에게는 과세의 기초 자료
④ 주주에게는 배당의 기초 자료
⑤ 기타 정보 이용자에게는 가격 결정 기준, 노사 단체 협약 등의 기초 자료

43. 발생주의 : 거래나 사건의 경제적 효과를 현금의 수취나 지급 시점이 아닌 그 발생 시점에서 인식하는 것이다.

44. 보험 회계에서는 보험 영업과 자산 운용 수입에 보험 영업과 자산 운영 관련 비용의 개별적 대응 대신 포괄적 대응을 하고 있다.

45. 연결 재무제표를 작성하는 회사의 경우, 주주 및 계약자에 대한 손익 배분 시 별도 재무제표상의 손익뿐만 아니라 연결 대상 종속 회사의 손익을 함께 고려하여야 한다.

46. 보험료 수익은 보험료의 회수 기일이 도래한 때 수익으로 인식하는 것을 원칙으로 한다.

47. 전기납 : 보험료 총액을 보험 기간 이내의 기간에 걸쳐 분할하여 회수하는 방식을 말한다.

48. 보험료에 대한 수익 인식은 보험료가 실제 입금된 것을 기준으로 하는 현금주의에 따라 계상하고 있다.

49. 분할 납입 보험료가 해당 월에 납입하여야 하는 보험료보다 큰 경우에는 납입월에 해당하는 보험료를 보험료 수익으로 인식하고 나머지 부분에 대하여는 부채로 인식하여 기간 경과에 따라 보험료 수익으로 인식한다.

50. 보험 수익의 인식 기준을 부보 기간의 경과에 따른 기간 수익으로 볼 때 손보사가 보험 인수 시에 계약자로부터 입금하는 원수 보험료는 선수 수익의 성격을 가진다.

51. 기간 수익으로서의 보험 수익은 보험의 인수와 더불어 계상되는 원수보험료의 인식 과정과 인식된 원수보험료를 계약된 위험의 배분 기관별로 배분하는 과정 및 약정 기간의 경과에 따른 기간별 배분 과정을 통하여 확정된다.

52. 경과 보험료 = 수입 보험료 − 지급 보험료 + 전기 이월 미경과 보험료 − 차기 이월 미경과 보험료 + 재보험 자산 감액 손실 환입 − 재보험 자산 감액 손실

53. 보험료는 현금 수납을 원칙으로 하되, 손해 보험의 비가계성 보험 계약의 경우에는 보험 계약자가 발행한 선일자 수표 또는 은행도 어음으로 수납할 수 있다.

54. 공동 인수 보험 계약의 청산은 발생 월의 1개월 후에 이루어지는 것이 원칙이다.

55. 장래 손해 조사비 = (개별 추산 금액 × 손해 조사 비율 × 50%) + (미보고 발생 손해액 × 손해 조사 비율 100%)

56. 발생 손해액 = 지급 보험금 − 수입보험금 − 구상 이익 + 손해 조사 비용 − 지급 준비금 환입 + 지급 준비금 적립 + 재보험 자산 감액 손실 − 재보험 자산 감액 손실 환입

57. 지급 보험금 : 원수보험금 + 수재 보험금 − 보험금 환입 − 수재 보험금 환입

58. 유지비 : 보험 상품의 판매를 위한 조정·통제·지원 기능을 행하는 데 필요한 경비 및 보험료 수금에 직접적으로 관련되어 발생하는 비용으로 부동산 감가상각비와 무형 자산 상각을 제외한 유형 자산의 감가상각비를 포함한다.

59. Fronting 계약 : 국내의 손보사가 해외의 현지 보험 물건을 인수할 경우 현지 보험사를 중개인으로 하여 보험을 인수하고 현지 보험사의 증권을 발급하며, 국내 원수사는 현지 보험사로부터 전액 또는 일부를 수재하는 형태의 보험 계약을 의미한다.

60. 손해 조사비 : 보험 사고 손해액을 사정하여 지급하고 구상권 행사 등을 통해 보험금을 환수하는 일련의 업무 처리에 소요되는 비용으로 과거 사업비에 포함되어 있었으나 발생 손해액으로 전환되었다.

61. 복리 후생비
① 경조금 지급 규정에 의하여 임직원에게 지급하는 경조금
② 월동비, 연월차 수당, 특근 식대 및 중식대
③ 임직원에게 지급하는 피복비, 선물대 및 기념품대
④ 당직비, 숙직비, 건강 진단비 및 직원 의료비
⑤ 통근 버스 임차료, 임직원 의료 보험료, 고용 보험료, 산재 보험료, 상해 보험료
⑥ 상기 이외의 기타 복리 후생적인 성질의 급여성 비용

62. 보험 영업 이익 = 경과 보험료 − 발생 손해액 − 보험 환급금 − 순사업비 − 보험료 적립금 증가액 − 계약자 배당 준비금 증가액

63. 손익 분석 : 현금 흐름 방식의 보험료 산출 체계하에 손익 계산서상 손익을 보험 손익, 투자 손익, 기타 손익으로 구분하여 손익 금액과 원인 규모를 분석하는 것이다.

64. 보험 손익 = 보험료 수익 − 지급 보험금 − 실제 사업비 + 이연 신계약비 − 신계약비상각비 + 재보험 거래에 따른 손익 − 할인료

65. 자본 계정 운용 손익 = 투자 손익 × $\dfrac{(\text{자본 계정 금액} - \text{재평가 적립금 처리 후 잔여액})}{(\text{자산총계} - \text{미상각 신계약비})}$

66. 재보험 계약은 법률상 독립된 별개의 계약이므로 원보험 계약의 효력에 영향을 미치지 않는다.

67. 재보험 자산 : 보험 계약을 출재한 경우 해당 계약에 대하여 수재한 보험사가 적립한 책임 준비금 상당액을 말한다.

68. 임의 재보험 계약의 절차
① Placing slip의 준비
② 출재 조건의 협의(필요한 경우)
③ 재보험 청약(Order)
④ 참여 재보험자의 지분 확정(Over placing인 경우 Sign down)
⑤ Closing instruction의 송부
⑥ Cover/Debit note(재보험 인수증 및 재보험 청구서)의 접수
⑦ 보험료의 청산

69. 사업 연도 기준 방식 : 각 사업 연도를 기준으로 하여 출재되는 위험의 인수 연도 또는 손해 발생 연도에 관계없이 당 사업 연도에 계수 처리된 보험료 및 손해액 등을 계산하는 방식이다.

70. 인수 연도 기준 방식 : 보험료 및 손해액 등이 계수 처리된 사업 연도에 관계없이 위험이 출재되었던 인수 연도에 합산하여 마감하는 방식을 말한다.

71. 비례 재보험 특약에 있어 출재 보험자는 재보험자의 파산 및 기타 채무 불이행 사태에 대비하여 재정 보증을 요구하게 되는데 이는 통상 출재 보험료 및 미지급 보험금의 일정 비율로서 정하게 된다.

72. 보험료 유보금 : 아직 만료되지 않은 위험에 대한 담보 또는 안전 장치로서 일정 금액을 유보하는 것으로 재보험자의 지불 불능 사태 발생에 대비하기 위한 것이다.

73. Risk attaching 기준 : 특약 기간 중에 신규 발행되거나 갱신된 모든 증권에서 발생하는 보험 사고는 사고 발생의 시점에 관계없이 특약의 적용 대상이 된다.

74. Loss occurring 기준 : 특약 기간 중에 발생한 보험 사고에 한하여 담보하는 방식이다.

75. 비비례 특약의 대상이 되는 총보험료(GNPI)는 당해 계약에 해당하는 총보험료에서 환급 보험료, 해지 보험료, 면책 위험에 관련된 보험료 및 재보험자의 위험을 경감시키고자 지출한 재보험료를 차감하여 산정한다.

76. 특별 계정 : 보험 사업자가 특정 보험 계약의 손익을 구별하기 위하여 준비금에 상당하는 재산의 전부 또는 일부를 기타 재산과 분리하여 별도의 계정을 설정하여 운용하는 것을 말한다.

77. 특별 계정의 운용 대상 상품은 보험 계약별로 설정·운용하며 계약자 배당 유무에 따라 구분하여야 한다. 따라서 대상 보험 계약은 보험업법 및 보험업 감독 규정에서 정하고 있는 개인연금 손해 보험 계약, 퇴직 연금 원리금 보장 계약, 퇴직 보험 계약, 연금 저축 보험 계약, 자산 연계형 보험 계약, 장기 손해 보험 계약, 변액 보험 계약, 퇴직 연금 실적 배당 보험 계약으로 구분한다. 다만, 변액 보험 계약과 퇴직 연금 실적 배당 보험 계약은 둘 이상의 간접 투자 기구를 설정·운용할 수 있다.

78. 손보사 특별 계정 현황

일반 계정			
자산 연계형			
장기 계정			
장기 유배당	장기 무배당		연금 저축
특별 계정	퇴직 보험	원리금 보장형	유배당
			무배당
	퇴직 연금	실적 배당형	–
		원리금 보장형	유배당
			무배당

79. 특별 계정의 특징

구분	특별 계정	구분 계리
자산 운용 조직	운용 조직 분리	통합 운용
상품 구분	계정별로 귀속	통합 운용
결산 방법	계정별 결산	재무 회계상 통합 결산
공시 방법	주석 공시	회사 전체 계정 단일 공시

80. 보험 회사의 재무 상태표 작성은 일반 계정 재무 상태표와 동일 양식을 사용하는 특별 계정(손해 보험의 개인연금 보험, 연금 저축 보험, 장기 손해 보험, 자산 연계형 보험, 생명 보험의 연금 저축 보험, 자산 연계형 보험)의 계정 과목을 단순 합산하여 작성한다.

81. 퇴직 보험 계약, 퇴직 연금 계약 및 변액 보험 계약의 재무 상태표는 계정 과목별로 단순 합산하지 않고 '특별 계정 자산'과 '특별 계정 부채'로 총액을 일반 계정의 재무 상태표에 계상한다.

82. 보험 회사의 총괄 손익 계산서 작성은 손해 보험의 개인연금 보험, 연금 저축 보험, 장기 손해 보험, 자산 연계형 보험 및 생명 보험의 연금 저축 보험, 자산 연계형 보험 계정별로 손익 계산서를 작성하여 일반 계정 손익 계산서와 계정 과목별로 단순 합산한다.

83. 퇴직 보험 계약 및 퇴직 연금 원리금 보장 계약은 별도 작성된 손익 계산서를 '특별 계정 수익'과 '특별 계정 비용' 총액으로 일반 계정 손익 계산서에 계상한다. 단, 실적 배당 보험 계약인 변액 보험은 회사 전체 손익 계산서에는 전혀 계산하지 않는다.

84. 국제 회계 기준 특징
① 원칙주의(Principles based approach)
  – 전문가의 판단 중시(구체적 실무 적용 지침 지양)
  – 산업별 회계 처리 기준 배제
  – 해석서 발표하지 않음.
  – 질의 회신 축소
② 연결 재무제표 중심 회계 기준
③ 공시 강화 : 국제 회계 기준 적용 유연성 허용, 정보 이용자 보호를 위한 공시 강화
④ 공정 가치 회계의 확대 적용

85. 국제 회계 기준 도입 영향

구분	K-GAAP	K-IFRS	영향
주 재무제표	개별 재무제표	연결 재무제표	연결 실체 중심
공시 기한	사업 연도 종료 후 120일 (자산 2조 원 이상 90일)	주주 총회 1주 전 (90일 이내)	공시 기한 단축
연결 범위	·30% 초과 최대 주주 또는 실질 지배력이 있는 경우 ·자산 100억 미만 기업, 특수 목적 기업 등은 제외	·50% 초과 소유 주주 또는 실질 지배력이 있는 경우 ·자산 100억 미만 기업, 특수목적 기업 등을 포함	연결 총자산 감소, 종속 기업 수 증가

86. 보험 회사는 그 자산을 운용할 때 안정성·유동성·수익성 및 공익성이 확보되도록 하여야 하고, 선량한 관리자의 주의로써 그 자산을 운용하여야 한다.

87. 보험 회사는 일반 계정에 속하는 자산을 운용함에 있어 다음의 비율을 초과할 수 없다.
  ① 동일한 개인 또는 법인에 대한 신용 공여 : 총자산의 100분의 3
  ② 동일한 법인이 발행한 채권 및 주식 소유의 합계액 : 총자산의 100분의 7
  ③ 동일 차주에 대한 신용 공여 또는 그 동일 차주가 발행한 채권 및 주식 소유의 합계액 : 총자산의 100분의 12
  ④ 동일한 개인·법인, 동일 차주 또는 대주주(그의 특수 관계인을 포함함. 이하 이 절에서 같다)에 대한 총자산의 100분의 1을 초과하는 거액 신용 공여의 합계액 : 총자산의 100분의 20
  ⑤ 동일한 자회사에 대한 신용 공여 : 자기 자본의 100분의 10
  ⑥ 부동산의 소유 : 총자산의 100분의 25

88. 보험 회사는 다른 회사의 의결권 있는 발행 주식(출자 지분을 포함) 총수의 100분의 15를 초과하는 주식을 소유할 수 없다. 다만, 금융 위원회의 승인(신고로써 갈음하는 경우를 포함)을 받은 자회사의 주식은 그러하지 아니하다.

89. 보험 회사는 특별 계정에 속하는 자산은 다른 특별 계정에 속하는 자산 및 그 밖의 자산과 구분하여 회계 처리하여야 한다.

90. 보험 회사는 특별 계정에 속하는 이익을 그 계정상의 보험 계약자에게 분배할 수 있다.

91. 보험 회사는 직접 또는 간접으로 그 보험 회사의 대주주와 ① 대주주가 다른 회사에 출자하는 것을 지원하기 위한 신용 공여, ② 자산을 대통령령으로 정하는 바에 따라 무상으로 양도하거나 일반적인 거래 조건에 비추어 해당 보험 회사에 뚜렷하게 불리한 조건으로 자산에 대하여 매매·교환·신용 공여 또는 재보험 계약을 하는 행위를 하여서는 아니 된다.

92. 보험 회사는 그 보험 회사의 대주주에 대하여 대통령령으로 정하는 금액 이상의 신용 공여를 하거나 그 보험 회사의 대주주가 발행한 채권 또는 주식을 대통령령으로 정하는 금액 이상으로 취득하려는 경우에는 미리 이사회의 의결을 거쳐야 한다. 이 경우 이사회는 재적 이사 전원의 찬성으로 의결하여야 한다.

93. 보험 회사는 그 보험 회사의 대주주와 ① 대통령령으로 정하는 금액 이상의 신용 공여, ② 해당 보험 회사의 대주주가 발행한 채권 또는 주식을 대통령령으로 정하는 금액 이상으로 취득하는 행위, ③ 해당 보험 회사의 대주주가 발행한 주식에 대한 의결권을 행사하는 행위를 하였을 때에는 7일 이내에 그 사실을 금융 위원회에 보고하고 인터넷 홈페이지 등을 이용하여 공시하여야 한다.

94. 보험 회사는 해당 보험 회사의 대주주에 대한 신용 공여나 그 보험 회사의 대주주가 발행한 채권 또는 주식의 취득에 관한 사항을 대통령령으로 정하는 바에 따라 분기별로 금융 위원회에 보고하고, 인터넷 홈페이지 등을 이용하여 공시하여야 한다.

95. 보험 회사는 타인을 위하여 그 소유 자산을 담보로 제공하거나 채무 보증을 할 수 없다. 다만, 이 법 및 대통령령으로 정하는 바에 따라 채무 보증을 할 수 있는 경우에는 그러하지 아니하다.

96. 채무 상환 능력 기준 건전성 분류

정상	경영 내용, 재무 상태 및 미래 현금 흐름 등을 감안할 때 채무 상환 능력이 양호하여 채권 회수에 문제가 없는 것으로 판단되는 거래처에 대한 자산
요주의	경영 내용, 재무 상태 및 미래 현금 흐름 등을 감안할 때 채권 회수에 즉각적인 위험이 발생하지는 않았으나 향후 채무 상환 능력의 저하를 초래할 수 있는 잠재적인 요인이 존재하는 것으로 판단되는 거래처에 대한 자산
고정	경영 내용, 재무 상태 및 미래 현금 흐름 등을 감안할 때 채무 상환 능력의 저하를 초래할 수 있는 요인이 현재화되어 채권 회수에 상당한 위험이 발생한 것으로 판단되는 거래처에 대한 자산
회수의문	경영 내용, 재무 상태 및 미래 현금 흐름 등을 감안할 때 채무 상환 능력이 현저히 악화되어 채권 회수에 심각한 위험이 발생한 것으로 판단되는 거래처에 대한 자산 중 회수 예상 가액 초과 부분
추정 손실	경영 내용, 재무 상태 및 미래 현금 흐름 등을 감안할 때 채무 상환 능력의 심각한 악화로 회수 불능이 확실하여 손실 처리가 불가피한 것으로 판단되는 거래처에 대한 자산 중 회수 예상 가액 초과 부분

97. 연체 기간에 따른 건전성 분류

정상	1개월 미만
요주의	1월 이상 3월 미만
고정	3월 이상(회수 예상 가액 해당 부분)
회수의문	3월 이상 12월 미만(회수 예상 가액 초과 부분)
추정 손실	12월(회수 예상 가액 초과 부분)

98. 대손 충당금 최저 적립 비율

구분	기업	가계	부동산 PF
정상	0.5% 이상	1% 이상	0.9% 이상
요주의	2% 이상	10% 이상	7% 이상
고정	20% 이상	20% 이상	20% 이상
회수의문	50% 이상	55% 이상	50% 이상
추정 손실	100%	100%	100%

99. 경영 실태 평가 제도 비교

구분	종전의 경영 실태 평가	위험 기준 경영 실태 평가
접근 방식	과거 회귀적(Backward looking) 규정 위주(Rule based) 포괄적 접근	미래 지향적(Forward looking) 리스크 중심(Risk based) 리스크별 접근
감독 방식	사후 평가 및 사후 교정	사전 예방
중점 지표	경영 성과	미래 손실 가능성
활용 방식	현장 검사	상시 감시
평가 주기	종합 검사 주기	연 또는 종합 검사 주기
조치 방식	위규 사항 제재	취약 부문에 대한 사전 조치

100. 보험 회사 적기 시정 조치 제도의 주요 내용

구분	경영 개선 권고	경영 개선 요구	경영 개선 명령
조치 기준	① 지급 여력 비율 100% 미만 ② 경영 실태 평가 종합 평가 등급 3등급 이상으로서 자본 적정성 부문 평가 등급 4등급 이하 ③ 경영 실태 평가 결과 종합 평가 등급이 3등급(보통) 이상으로서 보험 리스크, 금리 리스크 및 투자 리스크 부문의 평가 등급 중 2개 이상의 등급이 4등급(취약) 이하 ④ 거액 금융 사고 또는 부실 채권 발생으로 ①·②·③의 기준 미달 명백	① 지급 여력 비율 50% 미만 ② 경영 실태 평가 종합 평가 등급 4등급 이하 ③ 거액 금융 사고 또는 부실 채권 발생으로 ①·②의 기준 미달 명백 ④ 경영개선권고에 따른 경영 개선 계획 불승인	① 지급 여력 비율 0% 미만 ② 부실 금융 기관 ③ 경영 개선 요구에 따른 경영 개선 계획 불승인
조치 내용	조직·인력 운영의 개선, 자본금의 증액 또는 감액, 신규 업무 진출 제한 등	점포 폐쇄 및 신설 제한, 임원진 교체 요구, 영업의 일부 정지 등	주식 소각, 영업 양도, 외부 관리인 선임, 합병 및 계약 이전 등

제1장 보험 회계

1 보험 회계 총론

001 다음 중 보험 회계의 특징에 대한 설명으로 적절하지 않은 것은?

① 보험 회계의 목적 중 하나는 감독 목적의 재무제표 작성에 있고 감독 목적의 회계 정보 제공에 대한 기본적인 목표는 지급 여력과 관련한 재무 정보 제공에 있다.
② 보험 회계에서는 대차 대조표보다 손익 계산서를 더 중요시하는 경향이 있다.
③ 보험료 수입은 수입이라기보다는 공공에 대한 부채라는 특성이 있다.
④ 보험 회사는 공공성과 사회성이 강조되어야 하므로 회계 또한 매우 보수적인 성향을 보이고 있다.

002 보험 회계의 특징에 대한 설명으로 적절하지 않은 것은?

① 보험 회계의 사후 원가 계산 특성을 보완하고 보험 회계의 적정 손익을 계산하기 위하여 보험료 적립금, 미경과 보험료 적립금, 지급 준비금 등의 책임 준비금 제도를 두고 있다.
② 보험 상품의 급부는 이자율, 위험률 및 사업 비율을 동시에 고려해야 하는 등 다차원적 구조로 계산된다.
③ 보험 상품의 판매는 수입 금액 전액이 예치금이라는 부채로 바로 계상된다.
④ 보험 회사는 구조적으로 보험 영업 부문에서 수익을 기대하기가 어려운 특성이 있다.

003 보험 회계 관련 규제에 대한 설명으로 적절하지 않은 것은?

① 보험 회사는 매년 대통령령으로 정하는 날에 그 장부를 폐쇄하여야 한다.
② 장부 폐쇄일은 보험법 시행령 개정으로 2013년부터 12월 31일로 변경되었다.
③ 보험 회사는 장부 폐쇄일로부터 3개월 이내에 금융 위원회가 정하는 재무제표 및 사업 보고서를 금융 위원회에 제출하여야 한다.
④ 보험 회사는 보험 업무 이외의 금융 업무 등을 겸영할 수 없다.

004 보험 회사는 일부 보험 계약에 대하여 보험 계약별로 그 준비금에 상당하는 자산의 전부 또는 일부를 그 밖의 자산과 구별하기 위하여 별도의 특별 계정을 설정·운용하기도 한다. 다음 중 특별 계정의 설정·운용 대상이 아닌 것은?

① 퇴직 연금 실적 배당 보험 계약
② 개인연금 손해 보험 계약
③ 장기 손해 보험 계약
④ 자산 연계형 보험 계약

005 다음 중 손해 보험의 재무 상태표 상 부채와 관련이 적은 것은?

① 책임 준비금　　　　　　　② 기타 부채
③ 특별 계정 부채　　　　　　④ 계약자 지분 조정

006 다음 손익 계산서 항목 중 손해 보험과 생명 보험에 공통되는 것이 아닌 것은?

① 투자 영업 수익　　　　　　② 영업 외 비용
③ 법인세 비용　　　　　　　④ 책임 준비금 전입액

2 재무 상태표

007 보험 회사의 재무제표에 대한 설명으로 적절하지 않은 것은?

① 현금 흐름표는 재무제표 이용자에게 현금 및 현금성 자산의 창출 능력과 현금 흐름의 사용 용도를 평가하는 데 유용한 기초 정보를 제공하는 것으로, 회계 기간 동안 발생한 현금 흐름을 영업 활동, 투자 활동 및 재무 활동으로 분류하여 보고한다.
② 자본 변동표는 자본의 크기와 그 변동에 관한 정보를 제공하는 재무 보고서로서, 자본 각 구성 요소별로 당기 순손익, 기타 포괄 손익의 각 항목, 소유주와의 거래 변동액을 구분 표시한 기초 시점과 기말 시점의 장부 금액 조정 내역의 포괄적인 정보를 제공한다.
③ 연결 재무제표는 주 재무제표로서 단일 경제적 실체의 재무제표로 표시되는 지배 기업과 그 지배 기업의 모든 종속 기업의 재무제표이다. 개별 재무제표는 연결 대상 종속 회사가 없는 보험 회사가 작성하는 주 재무제표이다.
④ 별도 재무제표는 지배 회사, 관계 기업의 투자자 또는 공동 지배 기업의 참여자가 투자 자산을 피투자자의 보고된 성과와 순자산에 근거한 회계 처리로 표시한 재무제표이다.

008 재무 상태표상 자산과 부채에 대한 설명으로 적절하지 않은 것은?

① 자산은 미래 경제적 효익이 기업에 유입될 가능성이 높고 해당 항목의 원가 또는 가치를 신뢰성 있게 측정할 수 있을 때 재무 상태표에 인식한다.
② 지출이 발생하였으나 당해 회계 기간 후에는 관련된 경제적 효익이 기업에 유입될 가능성이 높지 않다고 판단되는 경우에는 재무 상태표에 자산으로 인식하지 아니하고, 손익 계산서에 비용으로 인식한다.
③ 부채는 현재 사건에 의하여 발생하였으며 경제적 효익을 갖는 자원이 기업으로부터 유출됨으로써 이행될 것으로 기대되는 미래의 의무이다.
④ 부채는 현재 의무의 이행에 따라 경제적 효익을 갖는 자원의 유출 가능성이 높고 결제될 금액에 대해 신뢰성 있게 측정할 수 있을 때 재무 상태표에 인식한다.

009 재무 상태표상 표시 원칙에 대한 설명으로 적절하지 않은 것은?

① 한국 채택 국제 회계 기준은 재무 상태표 본문에 표시되어야 할 항목의 순서나 형식을 별도로 제시하지 않고 재무 상태표 본문에 포함되어야 할 최소한의 항목만을 규정하고 있다.
② 한국 채택 국제 회계 기준은 사용 중단 여부에 관계없이 매각 예정 분류 기준을 만족하는 관련 자산, 부채를 별도로 구분 표시하도록 요구하고 있다.
③ 매각 예정 분류 건이 빈번히 발생하지 않는 경우에는 해당 계정을 반드시 신설하여야 한다.
④ 유동성 배열법을 적용하는 경우 모든 자산과 부채는 유동성의 순서에 따라 표시하여야 한다.

010 대여금 및 수취 채권은 지급 금액이 확정되었거나 결정 가능하며, 활성 시장에서 가격이 공시되지 않는 비파생 금융 자산을 의미한다. 다음 중 대여금 및 수취 채권에 해당하는 것은?

① 임차 보증금
② 당기 손익 인식금융 자산
③ 뮤추얼 펀드
④ 최초 인식 시점에 매도 가능 금융 상품으로 지정한 금융 자산

011 금융 상품은 금융 자산의 네 가지 범주(당기 손익 인식 금융 자산, 매도 가능 금융 자산, 만기 보유 금융 자산, 대여금 및 수취 채권)와 금융 부채 두 가지 범주(당기 손익 인식 금융 부채, 기타 부채)로 구분할 수 있다. 다음 중 나머지 셋과 범주가 다른 금융 자산은 어느 것인가?

① 정기 예금
② 대출 채권
③ 보험 미수금
④ 만기 보유 목적의 국채

012 금융 상품의 인식에 대한 설명으로 적절하지 않은 것은?

① 금융 자산이나 금융 부채는 금융 상품의 계약 당사자가 되는 때에만 재무 상태표에 인식한다.
② 증분 원가는 금융 상품의 취득·발행 또는 처분이 없었다면 발생하지 않았을 원가를 의미한다.
③ 확정 계약의 경우 매매일 또는 결제일에 금융 상품의 계약 당사자가 된다.
④ 매매일은 유가 증권의 매수 또는 매도 계약을 체결한 날을 말하며, 결제일은 유가 증권에 대한 소유권이 이전된 날을 말한다.

013 한국 채택 국제 회계 기준 제 1107호에서는 매 보고 기간 말에 금융 자산과 금융 부채의 종류별 공정 가치와 장부 금액을 비교 공시하도록 요구하고 있다. 다음 중 공정 가치 서열 체계(Fair value hierarchy)에 대한 설명으로 적절하지 않은 것은?

① 공정 가치 레벨(Fair value level)은 공정 가치 서열 체계에 따라 구분된 투입 변수의 세 단계(레벨)를 말한다.
② 시장에서 관측 가능하지 않은 투입 변수 등을 사용하는 평가 기법을 통해 공정 가치를 측정하는 경우 해당 금융 상품의 공정 가치는 레벨 1로 분류한다.
③ 관측 가능한 투입 변수 등을 사용하는 평가 기법을 통해 공정 가치를 측정하는 경우 해당 금융 상품의 공정 가치는 레벨 2로 분류한다.
④ 투입 변수란 시장 참여자들의 위험에 대한 가정 및 자산 또는 부채의 가격을 결정하는 데 사용되는 가정 일반을 말한다.

014 한국 채택 국제 회계 기준에서는 재무제표 이용자가 보고 기간 말 현재 금융 상품에 의해 노출되는 위험의 성격과 정도를 평가할 수 있는 정보를 공시하도록 요구하고 있으며, 이러한 정보는 금융 상품에서 발생하는 위험(양적 공시)과 이러한 위험의 관리 방법(질적 공시)으로 나누어진다. 다음 중 질적 공시에 해당하는 것은?

① 유동성 위험
② 신용 위험
③ 위험의 집중에 관한 정보
④ 위험에 대한 노출 정도

015 다음은 대손 충당금 설정 방법의 개요이다. (A), (B)에 각각 들어갈 것으로 바르게 나열된 것은?

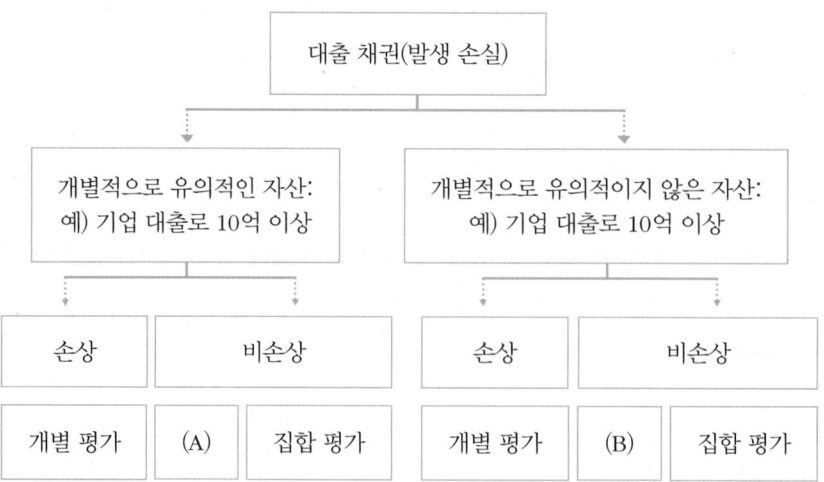

① A : 개별 평가, B : 개별 평가
② A : 개별 평가, B : 집합 평가
③ A : 집합 평가, B : 개별 평가
④ A : 집합 평가, B : 집합 평가

016 개별 평가 채권에 대한 설명으로 적절하지 않은 것은?

① 중요도에 따라 차주 개별 건으로 회수 가능 가액을 측정할 채권을 '개별 평가 채권'으로 분류한다.
② 손상의 객관적인 증거가 식별된 경우, 개별적으로 [장부 금액 − 최초 유효 이자율로 할인한 추정 미래 현금 흐름의 현재 가치]를 대손 충당금으로 인식한다.
③ 장부 금액은 [대출 채권 + 미수 이자 ± 이연 대출 부대 손익 미상각 잔액]이다.
④ 추정된 미래 현금 흐름은 계약에 의해 결정된 현행 유효 이자율로 할인한다.

017 집합 대손 충당금 추정 방법 중 Basel II의 리스크 추정 방법론에 대한 설명으로 적절하지 않은 것은?

① EAD는 부도 발생 시 신용 노출액으로 대출 채권 및 미수 이자의 경우 장부 가액이 해당된다.
② 손상의 객관적인 증거가 식별되지 않은 금융 자산 집합에 대한 발생 손실만을 측정하기 위해 Basel II PD를 손상 발현 기간 동안의 PD율로 조정한다.
③ 발생 손실 인식 기간은 부도로 인식된 금융 자산 집합 내에서 미보고된 손상 차손을 평가하기 위한 개념적 요소이다.
④ 손상 차손 평가 시 적용되는 LGD는 해당 금융 자산의 유효 이자율을 할인율로 적용하며, 해당 금융 자산의 회수에 소요되는 회수비용이 고려되어야 한다.

018 집합 대손 충당금 추정 방법 중 PD(부도율)에 대한 설명으로 적절하지 않은 것은?

① Basel II 모형의 경우 일반적으로 차주의 신용 등급별 PD율을 적용한다.
② Migration은 일정 시점의 각 전이 구간별 잔액에 대하여 손상 발생 기간 동안의 추이를 추적하여, 부도로 전이되는 확률을 구한다.
③ Migration은 신용 등급이 존재하지 않는 여신에 적용할 수 없다.
④ Roll rate는 분석 대상 기간 동안의 월별 잔액에 대하여 분석하므로 신규 여신도 포함하여 고려된다.

019 금융 자산(또는 금융 자산의 집합)이 손상되었다는 객관적인 증거에는 손상 사건에 대한 관측 가능한 자료가 포함된다. 다음 중 관측 가능한 자료에 포함되지 않는 것은?

① 금융 자산의 발행자나 지급 의무자의 중요한 재무적 어려움
② 이자 지급이나 원금 상환의 불이행이나 지연과 같은 계약 위반
③ 차입자의 재무적 어려움에 관련된 경제적 또는 법률적 이유로 인한 당초 차입 조건의 불가피한 완화
④ 차입자의 파산이나 기타 재무 구조조정의 가능성이 낮은 상태가 됨.

020 다음 중 현금에 포함되지 않는 것은?

① 송금 환어음　　　　　　　　② 자기앞 수표
③ 타인 발행 당좌 수표　　　　　④ 자기 발행 당좌 수표

021 다음 중 시중 은행이 발행하는 무기명 선이자 지급의 양도 가능한 증서로서 최저 금액이 천만 원 또는 오천만 원 이상이며 거래 기간이 1개월 이상인 금융 상품에 해당하는 것은?

① 당좌 예금　　　　　　　　　② 양도성 예금 증서(CD)
③ 해외제 예금　　　　　　　　④ 어음 관리 구좌(CMA)

022 다음 유가 증권 중 공정 가치법에 의해 평가할 수 있는 것이 아닌 것은?

① 당기 손익 인식 증권　　　　②채무 증권
③ 지분 증권　　　　　　　　　④ 만기 보유 증권

023 다음 중 국공채에 해당하지 않는 것은?

① 지역 개발 채권　　　　　　　② 국민 주택 채권
③ 도로 채권　　　　　　　　　④ 통화 안정 증권

024 유형 자산에 대한 설명으로 옳지 않은 것은?

① 유형 자산은 물리적 형체가 있는 자산으로서 1년을 초과하여 사용할 것이 예상되는 자산이다.
② 유형 자산에는 토지, 건물, 구축물, 기계 장치, 건설 중인 자산 등이 포함된다.
③ 유형 자산으로 인식되기 위해서는 자산으로부터 발생하는 미래 경제적 효익이 기업에 유입될 가능성이 높아야 한다.
④ 후속적으로 수선·유지와 관련하여 발생하는 원가는 그 수선·유지 시점에 인식 원칙을 적용하여 평가한다.

025 무형 자산에 대한 설명으로 적절하지 않은 것은?

① 무형 자산에는 영업권, 개발비, 소프트웨어 및 기타의 무형 자산 등이 있다.
② 특정 시설물의 사용권에 의해 자산성이 인정되는 회원권은 무형 자산으로 분류한다.
③ 시장성이 없는 회원권의 경우 상각한다.
④ 연구 단계에서 발생하는 비용은 무형 자산으로 인식하지 않는다.

026 무형 자산에 대한 설명으로 적절하지 않은 것은?

① 내용 연수가 유한한 무형 자산의 상각 대상 금액은 내용 연수 동안 체계적인 방법으로 배분하여야 한다.
② 관련된 모든 요소의 분석에 근거하여, 그 자산이 순현금 유입을 창출할 것으로 기대되는 기간에 대하여 예측 가능한 제한이 없을 경우, 무형 자산의 내용 연수가 비한정인 것으로 본다.
③ 내용 연수가 비한정인 무형 자산은 상각하지 아니한다.
④ 내용 연수가 비한정인 무형 자산에 대해서는 손상 검사하지 아니한다.

027 원보험 계약이 성립되었으나 미입금된 보험료로 주로 일반 보험에서 발생하는 것은?

① 미수 보험료
② 대리점 미수금
③ 대리 업무 미수금
④ 특약 수재 예탁금

028 미상각 신계약비에 대한 설명으로 적절하지 않은 것은?

① 보험 계약의 인수 실적에 비례하여 지출되는 비용으로서 실제 지출된 금액 중 차기 이후에 회수될 신계약비를 말한다.
② 장기 보험 계약에서 발생한 신계약비는 발생 시 당기 비용으로 처리한다.
③ 미상각 신계약비의 상각 기간은 보험료 납입 기간 또는 신계약비 부가 기간(최장 7년)으로 한다.
④ 미상각 신계약비가 당해 회계 연도 말 순보험료식 보험료 적립금과 해약 환급금식 보험료 적립금과의 차액보다 큰 경우에는 그 초과 금액을 당해 회계 연도에 상각한다.

029 이연 법인세에 대한 설명으로 적절하지 않은 것은?

① 이연 법인세 부채는 가산할 일시적 차이와 관련하여 미래 회계 기간에 납부할 법인세 금액을 말한다.
② 일시적 차이는 대차 대조표상 자산 또는 부채의 장부 금액과 세무 기준액의 차이를 말한다.
③ 영업권을 최초로 인식한 때는 이연 법인세 부채를 인식하여야 한다.
④ 차감할 일시적 차이가 사용될 수 있는 과세 소득의 발생 가능성이 높은 경우에는 이연 법인세 자산을 인식한다.

030 계정에 대한 설명으로 틀린 것은?

① 가지급금은 물품 대금 등 자산성 경비를 매입 또는 취득할 경우 그 금액의 일부를 미리 지급한 금액을 포함한다.
② 가지급 보험금은 손해액 또는 지급 보험금이 미확정된 상태에서 가지급한 보험금으로 결산 시에는 원수보험금 등으로 대체하여야 한다.
③ 파생 상품은 해당 계약에 따라 발생된 권리를 공정 가액으로 평가함에 따라 평가 이익으로 발생된 자산을 의미한다.
④ 특별 계정 상품의 경우, 보험금 지급 시에는 일반 계정에서 선지급하고 특별 계정에서 후정산하는 형태를 취하여 결산 시점에서 정산이 종결되지 않는 건이 발생하며, 이 중 일반 계정에서 특별 계정으로부터 받아야 할 금액을 특별 계정 미수금이라 한다.

031 생명 보험의 책임 준비금 등에 대한 설명으로 틀린 것은?

① 책임 준비금은 계약자로부터 매년 납입받는 보험료 중에서 보험료 산출 시 적용한 기초율대로 비용을 지출하고 계약자에게 장래에 지급할 보험금, 환급금, 계약자 배당금 등의 부채에 충당하기 위하여 적립하는 법정 준비금이다.
② 책임 준비금은 대차 대조표일 현재 시점에서 본 장래의 지급 보험금의 현가와 장래의 수입 보험료의 현가와의 차이라고 할 수 있다.
③ 생명 보험 계약에 대한 책임 준비금은 보험료 적립금, 미경과 보험료 적립금, 지급 준비금, 계약자 배당 준비금, 계약자 이익 배당 준비금, 배당 보험 손실 준비금 및 재보험료 적립금, 보증 준비금으로 구분하여 각각 적립토록 하고 있다.
④ 책임 준비금의 대부분을 지급 준비금이 점유하고 있어 통상 책임 준비금이라 하면 지급 준비금을 말한다.

032 생명 보험의 보험료 적립금과 미경과 보험료 적립금에 대한 설명으로 틀린 것은?

① 보험료 적립금은 매 회계 연도 말 현재 유지되고 있는 계약에 대하여 장래의 보험금 등의 지급을 위하여 적립하는 금액을 말한다.
② 보험료 적립금은 과거에 납입된 보험료의 현가에서 미래에 납입될 순보험료의 현가를 차감한 금액으로 볼 수 있다.
③ 미경과 보험료 적립금은 납입 기일이 당해 사업 연도에 속하는 수입 보험료 중에서 사업 연도 말 현재 기간이 경과하지 않은 보험료를 말한다.
④ 미경과 보험료 적립금은 보험 계약 해지 시에 보험 계약자에게 반환되어야 하는 반환금의 성격을 가지고 있다.

033 생명 보험의 지급 준비금과 계약자 배당 준비금에 대한 설명으로 틀린 것은?

① 지급 준비금은 대차 대조표일 이전에 보험 사고가 발생하였으나 보험금·환급금·계약자 배당금에 관한 분쟁 또는 소송이 계류 중인 금액이나 보험금 지급 금액이 확정되지 않은 경우 추정 금액을 말한다.
② 충당 부채 성격의 자금이라 할 수 있는 지급 준비금은 보통 현금주의에 따라 계상한다.
③ 계약자 배당 준비금은 법령이나 약관 등에 의하여 계약자 배당에 충당할 목적으로 적립하는 금액이다.
④ 계약자 배당 준비금은 기발생 계약자 배당 준비금에 차기 사업 연도 계약자 배당 준비금을 합산하여 적립한다.

034 생명 보험의 표준 책임 준비금 제도에 대한 설명으로 틀린 것은?

① 표준 책임 준비금 제도는 가격 자유화 이후 초래될 수 있는 보험료율의 과도한 인하를 간접적으로 방지하고 있다.
② 표준 책임 준비금 제도는 특별 계정으로 운용하는 상품을 제외한 모든 생명 보험 계약에 적용한다.
③ 보험료 산출에 사용하는 기초율과 준비금 적립에 적용하는 기초율을 감독 당국이 제시하고 있다.
④ 손해 보험은 질병 사망율을 적용한 준비금과 보험료 산출 시 적용한 위험율을 적용한 준비금 중 큰 금액을 적립한다.

035 책임 준비금 적립 시 평가 방식이 맞게 설명된 것은?

① 금리 확정형 보험 : 발행 연도 방식, 금리 연동형 보험 : 발행 연도 방식
② 금리 확정형 보험 : 발행 연도 방식, 금리 연동형 보험 : 평가 연도 방식
③ 금리 확정형 보험 : 평가 연도 방식, 금리 연동형 보험 : 발행 연도 방식
④ 금리 확정형 보험 : 평가 연도 방식, 금리 연동형 보험 : 평가 연도 방식

036 생명 보험의 표준 해약 환급금 제도에 대한 설명으로 틀린 것은?

① 보험료 덤핑에 따른 시장 질서의 혼란과 재무 건전성 악화를 방지하기 위해 해약 환급금의 최저 한도를 정함으로써 적정 보험료율의 산정 및 공정한 가격 경쟁 정착을 유도한다.
② 해약 환급금은 순보험료식 보험료 적립금에서 해약 공제액을 공제한 금액 이상으로 한다.
③ 순보험료식 보험료 적립금에서 해약 공제액을 공제한 금액이 음의 값인 경우에는 이를 영으로 처리한다.
④ 해약 공제 기간은 보험료 납입 기간 또는 신계약비 부가 기간이 5년 이상일 때에는 5년으로 한다.

037 손해 보험의 책임 준비금에 대한 설명으로 틀린 것은?

① 책임 준비금은 지급 준비금, 보험료 적립금, 미경과 보험료 적립금, 계약자 배당 준비금, 계약자 이익 배당 준비금, 배당 보험 손실 보전 준비금 및 보증 준비금으로 구성되어 있다.
② 손익 계산서에는 책임 준비금이라는 계정 과목이 없어 책임 준비금 각각의 계정으로 전기 적립액과 당기 적립액을 모두 표시토록 하고 있다.
③ 대차 대조표에는 책임 준비금 구성 계정 각각의 계정 당기 말 적립액과 동일한 금액 부채로 표시되며 그 합계 금액도 책임 준비금 계정으로 표시된다.
④ 출재분에 대하여는 재보험 자산 계정으로 표시된다.

038 다음에서 설명한 지급 준비금의 산출 방법에 해당하는 것은?

> 손해가 발생한 시점부터 정산되는 시점까지의 경과 기간 동안 손실액이 어떻게 진전되어 가는지를 총체적으로 분석하고, 이를 근거로 미래에 지급될 것으로 예상되는 지급 준비금을 추정하는 방법

① 사다리 방법(Chain-ladder method)
② 손해율 방법(Loss ratio method)
③ 평균 지급 보험금 방식(Average payment method)
④ 개별 추산법(Individual case estimate method)

039 다음 지급 준비금의 추정 방법 중 미보고 발생 손해액에 적용되는 것은?

① 개별 추산법
② 평균 지급 보험금 방식
③ 지급 보험금 진전 추이 방식
④ 정률법

040 지급 준비금 추정 방법 중 건수가 적고 건당 손해액이 큰 해상 보험, 항공 보험, 화재 보험의 공장 물건 등에서 주로 적용될 수 있는 방법은 어느 것인가?

① 개별 추산법
② 평균 지급 보험금 방식
③ 손해율 평가법
④ 지급 보험금 진전 추이 방식

041 지급 준비금 추정 방법 중 사고 발생 이후 사고 발생 연도별(Accident year) 진전 기간 동안 지급된 건당 평균 지급 보험금이 매우 안정되게 진전된다는 점에 착안하여 추산하는 방법은 어느 것인가?

① 개별 추산법
② 평균 지급 보험금 방식
③ 손해율 평가법
④ 지급 보험금 진전 추이 방식

042 다음은 장기 손해 보험의 보험료 적립금 적립 대상을 도표로 정리한 것이다. (A), (B)에 각각 들어갈 것으로 바르게 나열된 것은?

영업 보험료					
순보험료				부가 보험료	
저축성 보험료			위험 보험료	신계약비, 유지비	
경과 저축 보험료		미경과 저축 보험료	경과 위험 보험료	미경과 위험 보험료	경과 부가 보험료	미경과 부가 보험료
유효 계약	실효 계약					
(A)	(B)	미경과 보험료	–	미경과 보험료	–	미경과 보험료

① A : 보험료 적립금,   B : 보험료 적립금
② A : 지급 준비금,   B : 보험료 적립금
③ A : 보험료 적립금,   B : 지급 준비금
④ A : 지급 준비금,   B : 지급 준비금

043 미경과 보험료 산출 방법 중 인수 연도법에 해당하는 것은?

① 일할 계산법
② 월할 계산법
③ 연도 분할법
④ 기간 보험료법

044 미경과 보험료 산출 방법 중 당 연도에 실현된 보험료 수익에서 당 연도 보험금, 지급 준비금, 사업비, 해약·기타 환급금(환급하여야 할 금액 포함) 등의 비용을 공제한 잔액을 적립하는 것은 어느 것인가?

① 일할 계산법
② 초년도 수지 잔액법
③ 연도 분할법
④ 기간 보험료법

045 다음 보험 종목 중 미경과 보험료 적립금의 산출 방법이 나머지 셋과 다른 것은?

① 자동차 보험
② 해외 수재 보험
③ 적하 보험
④ 선박, 항공

046 다음 보험 종목 중 할부 판매 보증 보험의 미경과 보험료 적립금 산출 산식은 어느 것인가?

① 보유 보험료 × $\dfrac{\text{미경과 기간(일수)} \times \{\text{미경과 기간(일수)}+1\}}{\text{보험 기간(일수)} \times \{\text{보험 기간(일수)}+1\}}$

② 보유 보험료 × $\{1 - \dfrac{\text{경과 기간(일수)}}{\text{보험 기간(일수)}}\}$

③ 미경과 월별 보험료 × $\{1 - \dfrac{\text{경과 월수}}{\text{보험료 납입 방법}}\}$

④ 미경과 월별 보험료 × $\{1 - \dfrac{\text{경과 월수} \times 2 - 1}{\text{보험료 납입 방법} \times 2}\}$

047 계약자 배당을 위한 준비금 중 계약자 배당 준비금에 해당하지 않는 것은?

① 이자율차 배당 준비금
② 사업비차 배당 준비금
③ 위험율차 배당 준비금
④ 계약자 이익 배당 준비금

048 보험 회사의 잉여금 발생에 대한 설명으로 틀린 것은?

① 보험료는 그 산출 기초의 예정과 실제가 일치하면 보험 기간을 통해 수입과 지출이 균형을 이루어 보험료에 과부족이 생기지 않는다.
② 사망 보험 등에서는 실제 사망율이 예정 사망율보다 높으면 사차익이 발생되고, 그 반대의 경우에는 사차손이 생긴다.
③ 실제의 운용 수익율이 예정 이율보다 높으면 이차익이 발생되고, 그 반대의 경우에는 이차손이 생긴다.

④ 실제의 사업비가 예정 사업비(부가 보험료 수입)보다 낮으면 비차익이 발생되고 그 반대의 경우에는 비차손이 발생된다.

049 장기 손해 보험 책임 준비금 적정성 평가에 대한 설명으로 틀린 것은?

① 장기 손해 보험 책임 준비금 적정성 평가 대상 금액은 보험료 적립금과 미경과 보험료로 하되, 보험료 적립금은 순보험료식 준비금에서 미상각 신계약비를 차감한 금액으로 한다.
② 보유 계약의 모든 현금 유입액과 유출액을 고려한다.
③ 적용 기초율의 경우 회사가 평가 시점에서(Lock-out) 과거 경험 통계와 함께 미래 추세를 고려하여 결정한 현행 추정치(Current estimate)를 책임 준비금 적정성 평가에 사용한다.
④ 보장 내용이 다른 계약 간에는 잉여와 부족의 상계를 할 수 없다.

050 일반 손해 보험(자동차 보험 포함)의 책임 준비금 적정성 평가에 대한 설명으로 틀린 것은?

① 해외 수재, 보증 보험, 부동산 권리 보험을 제외한 일반 손해 보험은 O/S와 IBNR이 함께 포함된 개념으로 통계적으로 지급 보험금을 총량 추산한 후 서로 비교하여 큰 값을 지급 준비금으로 최종 적립한다.
② 자동차 보험(대인 담보)의 경우 별도로 법규가 정한 총량 추산 방법을 실시하여 지급 준비금을 그 이상으로 적립하도록 요구하고 있다.
③ 미경과 보험료 적립금은 회계 연도 말 이전에 납입 기일이 도래한 보험료 중 차기 이후의 기간에 해당하는 보험료를 적립한 금액으로 미경과 일수를 고려하여 산출한다.
④ 일반 손해 보험의 지급 준비금은 총액적 관점에서 통계적으로 과거의 보험금 지급 구조를 기초로 하여 현재 보험금 지급을 추산하고 있다.

051 계약자 지분 조정에 대한 설명으로 틀린 것은?

① 계약자 지분 조정 계정은 특정 계약자에 대한 특정 채무를 나타내는 계정으로서 궁극적으로 주주 이외의 자에게 돌려주어야 할 확정 부채를 말한다.
② 미실현 계약자 지분을 실현분에 해당하는 책임 준비금과 구분·표시하도록 함으로써 재무 정보의 유용성을 제고한다.
③ 계약자 지분 조정은 연결 재무제표 및 별도 재무제표(연결 대상 종속 회사가 없는 경우 개별 재무제표)별로 각각 달리 계산한다.
④ 계약자 지분 조정에 배분하는 회계 처리 방법은 주식회사 형태에서 유배당 상품을 판매하고 있는 우리나라 생보사의 현실을 감안한 것이라고 볼 수 있다.

052 확정 기여형 퇴직 급여 제도(DC)에 대한 설명으로 틀린 것은?

① 확정 기여형 퇴직 급여 제도에서는 기업이 퇴직 시 지급할 금액을 담보하기 위해 별도의 자산을 보유하여야 한다.
② 종업원이 수령할 퇴직 급여액은 회사의 기여금과 기여금으로 인한 수익으로 결정된다.
③ 확정 기여형 퇴직 급여 제도의 회계 처리는 기여금을 납입 또는 납입할 의무가 발생할 때 비용으로 인식하는 것이다.
④ 기여금의 납부 기일이 근무 용역 제공 기간으로부터 12개월 이후에 도래하는 경우 확정 급여형 퇴직 급여 제도의 계산에 사용되는 할인율을 이용하여 할인한다.

053 확정 급여형 퇴직 급여 제도(DB)에 대한 설명으로 틀린 것은?

① 기업이 별개의 실체(기금, 퇴직 연금 운용사 등)에 사전에 정해진 기여금을 납부하는 것으로 회사의 의무가 종료된다.
② 종업원의 퇴직 시점과 퇴직 시 수령할 퇴직 급여가 결정되지 않았으므로 퇴직 급여의 변동액에 대한 위험 부담을 기업이 지게 된다.
③ 퇴직 급여 충당 부채와 사외 적립 자산을 차감한 순부채 금액을 최종 결정하기 위해서는 보험 수리적 손익 금액과 당기 인식액을 결정해야 한다.
④ 확정 급여형 퇴직 급여 제도의 계산 과정을 두 가지로 구분하면 예측 단위 적립 방식과 보험 수리적 가정의 적용으로 나눌 수 있는데, 예측 단위 적립 방식은 결산일 현재 회사가 인식해야 할 부채를 측정하기 위해 추정한 퇴직 급여액을 당기 및 과거 기간에 배분하는 것을 말한다.

054 퇴직 급여 충당 부채를 계산하기 위해선 보험 수리적 가정을 하는데 보험 수리적 가정은 인구 통계적 가정과 재무적 가정으로 나누어진다. 다음 중 인구 통계적 가정에 해당하는 것은?

① 할인율
② 퇴직률
③ 미래의 임금 추정
④ 사외 적립 자산의 기대 수익율

055 다음 중 생명 보험 미지급금에 해당하지 않는 것은?

① 대리점 미지급금
② 재보험 미지급금
③ 공동보험 미지급금
④ 외국 재보험 미지급금

056 보험금의 지급이 확정된 금액 중 지급되지 아니한 금액을 무엇이라고 하는가?

① 미지급 보험금　　　　　　② 미환급 보험료
③ 대리점 미지급금　　　　　④ 대리 업무 미지급금

057 다음 중 보험 미지급금 중 재보험 영업과 관련된 계정은 어느 것인가?

① 미지급 보험금　　　　　　② 대리점 미지급금
③ 공동 보험 미지급금　　　　④ 특약 출재 예수금

058 보험 미지급금의 청산에 대한 설명으로 틀린 것은?

① 보험 미지급금의 발생은 보험 미수금에서와 같이 보험 영업 거래에 대하여 현금주의로 회계 처리 하여야 한다.
② 기업 회계 기준에 의거하여 총액주의로 기재해야 한다.
③ 보험 미지급금은 계산서 또는 bordereaux 등의 형식을 통해 인식하여 계산하고 청산 협약에 따라 정산한다.
④ 통상 공동 보험 미지급금과 대리 업무 미지급금은 1개월 이내, 재보험 미지급금은 3개월 이내, 외국 재보험 미지급금은 6개월 이내, 특약 출재 예수금은 1년 이내 청산한다.

059 보험 회사의 채무 중 미지급 비용과 미지급금에 대한 설명으로 틀린 것은?

① 당기말 이전에 발생된 비용으로서 지급이 완료되지 아니한 금액을 미지급 비용이라 한다.
② 급여, 설계사수당, 지급임차료 등에 대하여 아직 지급이 끝나지 않은 것은 미지급비용의 대표적인 예이다.
③ 보험영업관련 거래에서 발생한 미지급채무를 미지급금이라 한다.
④ 고정자산 구입대금, 주식매수대금 등에 대하여 아직 지급이 끝나지 않은 것은 미지급금의 대표적인 예이다.

060 보험 영업 이외의 거래에서 발생한 착수금, 계약금 등을 무엇이라고 하는가?

① 차입금　　　　　　　　　　② 선수금
③ 가수금　　　　　　　　　　④ 선수수익

061 다음 중 지급하여야 할 시점이 수입 시점보다 늦은 일시적 입금으로 원천 징수한 세금 등을 무엇이라고 하는가?

① 예수금
② 당좌 차월
③ 가수 보험료
④ 선수 보험료

062 다음 중 본지점계정대에 대한 설명으로 틀린 것은?

① 본점과 지점 간의 거래 금액의 미청산 잔액을 본지점계정대라 한다.
② 국내 보험사의 경우에는 결산 월에 본지점계정을 정리하여 그 잔액을 '0'으로 하여야 한다.
③ 본점과 지점 간의 개별 거래 회계 처리 시 차변과 대변을 일치시키기 위해 본지점계정을 사용하나 회사 전체를 합산할 경우 본지점계정의 잔액이 '0'이어야 한다.
④ 본지점 거래 시 회계 처리 누락 등으로 인해 본지점계정의 회사 전체 합산 잔액이 '0'이 되는 경우 본지점계정대 계정을 사용한다.

063 다음 중 복구 충당 부채에 대한 설명으로 틀린 것은?

① 임차 점포의 과거 평균 사용 기간을 산출하여 예상 복구 기간을 추정하고 예상 복구 시점을 예측한다.
② 충당 부채로 인식하는 금액은 현재 의무의 이행에 소요되는 지출에 대한 대차 대조표일 현재 최선의 추정치이다.
③ 할인율에 반영되는 위험에는 미래 현금 흐름을 추정할 때 고려된 위험을 반영한다.
④ 예상 처분 이익은 충당 부채를 측정하는 데 고려하지 아니한다.

064 다음 중 자본금에 대한 설명으로 틀린 것은?

① 자본금이란 주주가 불입한 자본 중 상법의 규정에 따라 자본금으로 계상한 부분이다.
② 자본금은 1주당 액면 금액에 발행 주식 총수를 곱하여 산출되는데, 채권자를 위하여 회사가 보유하여야 할 최소한의 담보액을 의미하므로 법정 자본이라 한다.
③ 불입 자본은 주주가 기업에 불입한 금액으로 자본금에 주식 발행 초과금을 차감하고 주식 할인발행 차금을 가산한 금액이다.
④ 유보 이익은 기업 활동에 의해 창출된 이익 중에서 사외로 유출되지 않고 사내에 유보된 부분이다.

065 다음 중 자본 잉여금에 대한 설명으로 틀린 것은?

① 잉여금이란 회사 자산에 대한 주주 청구권이 회사의 법정 자본금을 초과하는 경우에 그 차액으로 표시되는 부분을 말한다.
② 발생 원천에 따라 분류하면 잉여금은 자본 잉여금과 이익 잉여금으로 분류할 수 있으며 자본금으로의 전입이나 결손금의 보전 이외에는 처분할 수 없다.
③ 유상 증자의 경우 주식 발행 가액이 액면 가액을 초과하는 경우 그 초과하는 금액을 주식 발행 초과금이라고 한다.
④ 주식 발행 초과금은 주금의 납입 절차 없이 주식을 발행하는 주식 배당이나 무상 증자의 경우에 주로 발생한다.

066 다음 중 자본 잉여금에 대한 설명으로 틀린 것은?

① 감자 차익은 유상 감자때만 발생할 수 있다.
② 감자 차익은 유상 감자 시 감소하는 자본금보다 지급하는 대가가 적을 때 발생한다.
③ 자기 주식 처분 이익은 자기 주식 취득 후 매각 처분한 때에 취득 원가보다 처분 가액이 큰 경우 발생한다.
④ 자기 주식 처분 이익은 자기 주식 처분 손실이 있는 경우 이를 먼저 차감하고 그 잔액을 기타 자본 잉여금으로 계상한다.

067 다음 중 자본 잉여금에 대한 설명으로 틀린 것은?

① 현재는 자산 재평가법의 폐지에 따라 종전에 자본 잉여금 항목으로 규정하던 재평가 적립금을 삭제하였다.
② 전환 사채 또는 신주 인수권부 사채를 발행한 경우에는 발행 가액을 부채 부분과 자본 부분으로 분리할 수 있으며, 이 중 자본 부분의 가치를 전환권 대가와 신주 인수권 대가로 인식한다.
③ 주식 선택권이 행사되지 않고 소멸되는 경우 자본 조정에 계상되어 있는 주식 선택권을 자본 잉여금으로 대체하는 회계 처리를 한다.
④ 자본 잉여금은 배당 등을 통해 사외 유출될 수 있다.

068 이익 잉여금은 크게 기처분 이익 잉여금과 처분 전 이익 잉여금으로 분류할 수 있다. 다음 중 나머지 셋과 분류가 다른 것은?

① 이익 준비금
② 기업 합리화 적립금
③ 대손 준비금
④ 처리 전 결손금

069 기처분 이익 잉여금은 법정 적립금과 임의 적립금으로 구분된다. 다음 중 법정 적립금에 해당하는 것은?

① 이익 준비금
② 배당 준비금
③ 별도 준비금
④ 재무 구조 개선 적립금

070 다음 중 (A), (B)에 들어갈 내용으로 적절한 것은?

> 주식회사는 그 자본의 (A)에 달할 때까지 매 결산기의 금전에 의한 이익 배당액의 (B) 이상의 금액을 이익 준비금으로 적립하여야 하며, 이때 '자본'이란 상법상의 자본으로서 법정 자본금을 의미한다.

① A : 2분의 1, B : 5분의 1
② A : 3분의 1, B : 5분의 1
③ A : 2분의 1, B : 10분의 1
④ A : 3분의 1, B : 10분의 1

071 다음 중 조세 특례 제한법의 규정에 의하여 세액 공제를 받았거나 소득 공제 등을 받은 기업이 그 공제받은 세액이나 감면받은 세액에 상당하는 금액을 각 과세 연도의 이익 처분에 있어서 배당하지 못하도록 하고 기업 내부에 유보시키도록 의무화된 법정 적립금은 무엇인가?

① 이익 준비금
② 기업 합리화 적립금
③ 비상 위험 준비금
④ 임의 적립금

072 다음 중 비상 위험 준비금에 대한 설명으로 틀린 것은?

① 예측 불가능한 위험으로 인한 보험 영업 손실을 보전하기 위해 적립하는 금액이다.
② 손해 보험 회사 자체적으로 비상 위험에 대비하여 잉여금 내에 비상 위험 준비금을 적립하고 있으며, 이익 처분 전(주주 총회)이라도 비상 위험 준비금으로 구분하여 적립하여야 한다.
③ 미처리 결손금이 있는 경우에는 미처리 결손금이 처리된 때부터 비상 위험 준비금을 적립한다.
④ 한국 채택 국제 회계 기준에서는 보험 종목별 일정 비율을 부채로 적립하도록 규정하고 있다.

073 비상 위험 준비금 적립 및 환입은 보험 종목별(화재, 해상, 자동차, 특종, 보증, 수재 및 해외원보험의 6개 종목)로 구분하여 적립 및 환입한다. 다음 중 적립 기준율이 가장 높은 것은?

① 화재
② 보증
③ 해상
④ 자동차

074 다음 중 대손 준비금에 대한 설명으로 틀린 것은?

① 한국 채택 국제 회계 기준은 회사의 경험율에 기초한 금액(GAAP)과 감독 규정에 따른 금액(SAP) 중 큰 금액으로 적립하고 있다.
② 보험 회사는 결산 시 보유 자산에 대한 대손 충당금 적립액이 보험업 감독 규정 제7-4조 제1항에서 정한 금액에 미달하는 경우 그 차액을 대손 준비금으로 적립하되, 이익 잉여금에서 보험업법 및 다른 법률에 따라 적립한 적립금을 차감한 금액을 한도로 한다.
③ 미처리 결손금이 있는 경우에는 미처리 결손금이 처리된 때부터 대손 준비금을 적립하며, 기존에 적립한 대손 준비금이 결산일 현재 적립하여야 하는 대손 준비금을 초과하는 경우에는 그 초과하는 금액을 환입할 수 있다.
④ 대손 준비금은 가계 대출 채권, 부동산 프로젝트 파이낸싱 대출 채권, 기업 등으로 구분하여 계산하며 각 분류 대상 채권의 한국 채택 국제 회계 기준상 대손 충당금과 감독 규정상 대손 충당금의 차이로 계상한다.

075 다음 자본 조정 항목 중 보유자에게 특정 기간 고정 가격 또는 결정 가능한 가격으로 회사의 주식을 매수할 수 있는 권리를 부여하는 계약을 의미하는 것은?

① 주식 할인 발행 차금
② 자기 주식
③ 자기 주식 처분 손실
④ 주식 선택권

076 다음 중 자본 조정의 회계 처리에 대한 설명으로 틀린 것은?

① 신주 발행비를 주식 발행 가액에서 차감함에 따라 주식을 액면 이하로 발행하는 경우에만 주식 할인 발행 차금이 계상될 수 있다.
② 회사가 자기 주식을 재취득하는 경우 자본에서 차감하고, 자기 지분 상품을 매입 또는 매도하거나 발행 또는 소각하는 경우 손익은 당기 손익으로 인식하지 아니한다.
③ 자기 주식 처분 이익이 있는 경우 자기 주식 처분 이익으로 계상된 기타 자본 잉여금 계정에서 우선적으로 차감하고 나머지를 본 계정으로 처리하며 결산 시 결손금의 처리 순서에 준하여 처리한다.
④ 주식 선택권은 주식 기준 보상 거래와 관련하여 회사가 재화나 용역을 제공받는 대가로 종업원이나 기타 거래 상대방에게 주식 선택권을 부여하는 경우 사용하는 계정이다.

077 다음 중 기타 포괄 손익 누계액에 대한 설명으로 틀린 것은?

① 매도 가능 금융 자산 평가 손익은 차기 이후에 발생하는 매도 가능 금융 자산 평가 손익과 상계 표시하여야 하고 매도 가능 금융 자산의 처분 시 당해 매도 가능 금융 자산 평가 손익을 손익으로 인식한다.
② 관계·종속 기업 투자 주식 평가 손익은 지분법을 적용하는 관계·종속 기업의 자본 잉여금, 자본 조정 및 기타 포괄 손익 누계액 합계의 누적 변동액(취득 시와 평가사의 차액) 중 지분 비율 해당금액이다.
③ 해외 지점 등의 외화 자산·부채를 현행 환율법으로 환산한 경우에 발생하는 환산 손익은 서로 상계하여 그 차액을 해외 사업 환산 이익(손실)의 과목으로 기타 포괄 손익에 계상한다.
④ 현금 흐름 위험 회피 파생 상품 평가 손익의 경우 위험 회피에 효과적인 부분은 당기 손익으로 처리한다.

3 손익 계산서

078 다음 중 손익 계산서의 용도라고 보기 어려운 것은?

① 채권자에게 현재 또는 미래 이익의 판단·예측을 위한 자료
② 주주에게는 배당의 기초 자료
③ 과세 당국에게는 과세의 기초 자료
④ 채무자에게는 의사 결정의 평가 자료

079 다음 중 수익 및 비용의 인식에 대한 설명으로 틀린 것은?

① 수익은 실현 시기를 기준으로 계상하고 비용은 발생된 시기에 계상하는 것을 원칙으로 한다.
② '발생주의'란 거래나 사건의 경제적 효과를 현금의 수취나 지급 시점에 인식하는 것이다.
③ 발생주의 원칙에 따라 작성된 재무제표는 수익과 비용을 같은 회계 기간에 인식하도록 하여 과거의 현금 유출·입 거래뿐만 아니라 미래의 현금 지출 의무나 미래의 현금 유입을 창출할 자원에 관한 정보를 제공한다.
④ 수익과 비용은 총액에 의하여 기재함을 원칙으로 하고 수익 항목과 비용 항목을 직접 상계함으로써 그 전부 또는 일부를 손익 계산서에서 제외하여서는 아니 된다.

080 다음 중 수익과 비용 대응의 원칙에 대한 설명으로 틀린 것은?

① 손익 계산서는 경영 성과를 명확히 보고하기 위하여 회계 기간에 속하는 모든 수익과 이에 대응하는 모든 비용을 적정하게 표시하여야 한다.
② 보험 회계에서는 매출액에 대한 매출 원가를 대응시키고 매출 총이익과 판매비와 관리비를 대응시키고 영업 외 수익과 영업 외 비용을 대응시키는 대상적 대응을 하여야 한다.
③ 보험 회계에서는 보험 영업과 자산 운용 수입에 보험 영업과 자산 운영 관련 비용의 개별적 대응 대신 포괄적 대응을 하고 있다.
④ 보험자의 보험금 지급 의무는 보험 사고가 발생하면 보험금을 지급하는 조건부의 불확정한 의무이기 때문에 당해 수입 보험료에 대한 당해 지급 보험금을 직접 대응시켜 당해 연도의 매출 이익을 산출할 수가 없다.

081 다음 중 유/무 배당 보험에 대한 손익 구분에 대한 설명으로 틀린 것은?

① 현재 생명 보험 회사의 경우 유배당 보험 상품과 무배당 보험 상품의 자산 운용이 분리되지 않고 단지 이원 분석을 통한 구분 계리 수준에서 이익을 배분하고 있다.
② 연결 재무제표를 작성하는 회사의 경우, 주주 및 계약자에 대한 손익 배분 시 별도 재무제표 상의 손익뿐만 아니라 연결 대상 종속 회사의 손익을 함께 고려하여야 한다.
③ 종속 자회사에서 발생하는 손익은 투자 수지 배분 방법에 의해 상품별(자본 계정, 이익 배당 준비금, 유배당, 무배당)로 구분한다.
④ 보험 회사의 경우 유배당 보험 계약에서 발생하는 이손익은 전액 주주 지분으로 처리하고 있다.

082 다음 중 생명 보험사의 보험수익에 대한 설명으로 틀린 것은?

① 보험료 수익은 보험료의 회수 기일이 도래한 때 수익으로 인식하는 것을 원칙으로 한다.
② 보험료 납입의 유예로 인하여 보험 기간 개시일 현재 제1회 보험료(전기납에 한함) 또는 보험료 전액(일시납인 경우)이 회수되지 않은 보험 계약의 경우에는 제1회 보험료 또는 보험료 전액은 보험 기간 개시일이 속하는 회계 연도의 수익으로 인식할 수 있다.
③ 보험료 연체 등의 사유로 보험료의 납입이 유예된 경우 회수 기일이 도래하면 수익으로 인식한다.
④ 전기납이라 함은 보험료 총액을 보험 기간 이내의 기간에 걸쳐 분할하여 회수하는 방식을 말한다.

083 생명 보험사의 보험 수익에 대한 설명으로 틀린 것은?

① 보험료에 대한 수익 인식은 보험료가 실제 입금된 것을 기준으로 하는 현금주의에 따라 계상하고 있다.
② 보험료에 대하여 현금주의에 의한 수익 인식 기준을 채택한 이유는 보험 계약이 유상 쌍무 계약이기 때문이다.
③ 보험 계약의 특성상 보험 계약이 체결되면 보험료의 현금 입금 없이도 보험금의 지급 의무가 발생한다.
④ 당월 보험료뿐만 아니라 연체 보험료, 부활 보험료 등에 대해서도 보험료가 실제로 입금된 시점에서 수익을 인식하는 현금주의(Cash basis)를 따르고 있다.

084 다음 중 보험료 수익의 회계 처리에 대한 설명으로 틀린 것은?

① 일시납 계약은 보험사의 보험료 수익 인식 기준에 따라 납입 시에 보험료 수익으로 인식된다.
② 분할 납입 계약에 따른 장기간 보험료의 납입은 발생주의의 방법으로 보험료 수익을 인식하는 것이 일반적이다.
③ 분할 납입 보험료가 해당 월에 납입하여야 하는 보험료보다 큰 경우에는 납입 월에 해당하는 보험료를 보험료 수익으로 인식하고 나머지 부분에 대하여는 부채로 인식하여 기간 경과에 따라 보험료 수익으로 인식한다.
④ 국내 재보험 계약자와는 달리 외국 수재 보험 계약은 현실적으로 외국의 출재 보험자가 제공하는 계산서에 의해서 보험료를 인식할 수밖에 없으므로 계산서가 접수된 시점에 수입으로 인식해야 한다.

085 다음 중 미경과 보험료의 계산에 대한 설명으로 틀린 것은?

① 미경과 보험료가 수입에 실현되지 아니한 상태에서 단순히 미리 수입한 것이므로 보험 계약과 관련된 부채로 계상하도록 하고 있다.
② 미경과 보험료의 계산 방법은 크게 나누어 사업 연도별(Accounting year basis)과 인수 연도별(Underwriting year basis)이 있다.
③ 사업 연도법에는 일할 계산법(Prorate), 월할 계산법(Monthly), 정률법 (Fixed rate basis), 구간 보험 산출법이 있다.
④ 현재의 규정은 월할 계산법에 의하여 미경과 보험료를 계상하도록 되어 있다.

086 다음 중 생명 보험사 보험 비용의 특징에 대한 설명으로 틀린 것은?

① 생명 보험사 비용 인식의 특징은 보험금 지급을 위한 책임 준비금의 적립과 신계약비 집행 시의 비용 인식과 인식된 비용의 이연 제도에 있다.
② 생명 보험 회사의 신계약비의 집행과 이연 신계약비 계상은 초기에 집행되는 비율이 상대적으로 낮기 때문이다.
③ 향후 지급될 비용에 대하여 부채의(책임 준비금) 적립을 통하여 미리 계상하고 있다.
④ 생명 보험사의 보험 계약자와의 계약 이행과 관련된 비용으로는 보험금, 환급금, 배당금을 들 수 있다.

087 다음 중 보험 비용의 회계 처리에 대한 설명으로 틀린 것은?

① 사고 보험금, 해약 환급금 및 배당금은 보험금 지급 사유가 발생하여 지급이 확정된 시점에 비용으로 인식한다.
② 모집인 수수료는 보험 회사와 모집인 간에 상호 계약에서 정한 일정 의무 기간 동안 균등 지급된다.
③ 결산일 현재 잔여 보험 계약 의무 유지 기간이 존재하는 경우, 부채 요건의 충족 여부를 판단하여 모집 수수료를 계상한다.
④ 보험사의 모집 수수료는 개별 보험 계약 건별로 대응되지 않으며 일정 기간 동안의 실적을 종합한 성적에 따라 사전에 정해진 수수료 지급 체계에 의해 복잡한 방법으로 결정된다.

088 다음 중 보험 모집 관련 제수수료에 대한 설명으로 틀린 것은?

① 보험 모집 관련 제수수료는 대상적 대응이 불분명하므로 발생주의에 의하여 비용 계상하는 것이 합리적이라고 할 수 있다.
② 보험 모집인에게 지급되는 보험 모집 관련 제수수료는 보험료의 입금만으로 지급 대상 금액을 산출할 수 없어 발생주의에 따른 회계 처리에 한계가 있다.
③ 보험 모집 관련 제수수료의 현금주의에 의한 회계 처리는 계속성의 원칙과 기업 회계 기준상 '회계 관습의 존중'이라는 측면으로 볼 때 합당한 회계 처리로 볼 수 있다.
④ 보험 모집과 관련한 제수수료는 현금 지급 시 비용으로 처리하고 이를 이연 신계약비로 대체하여 이연 상각할 수 있다.

089 다음 중 손해 보험사의 보험 수익의 특징에 대한 설명으로 틀린 것은?

① 보험 계약의 경우 원수보험료의 금액은 보험 계약 시 확정되나 보험 원가는 보험 기간 만료 시까지 불확실한 상태이다.
② 회계 이론상 보험 수익은 부보 기간에 따라 균등하게 실현되는 기간 수익으로 보는 것이 타당하다.
③ 보험 수익의 인식 기준을 부보 기간의 경과에 따른 기간 수익으로 볼 때 손보사가 보험 인수 시에 계약자로부터 입금하는 원수보험료는 선수 수익의 성격을 가진다.
④ 기간 수익으로서의 보험 수익은 보험의 인수와 더불어 계상되는 원수보험료의 인식 과정과 인식된 원수보험료를 계약된 위험의 배분 기관별로 배분하는 과정 및 약정 기간의 경과에 따른 기간별 배분 과정을 통하여 확정된다.

090 다음 중 원수보험료의 인식에 대한 설명으로 틀린 것은?

① 일시납 계약인 단기 보험 계약이 계약자와의 신용으로 체결될 경우에는 현금 기준에 의해 원수보험료가 인식된다.
② 분할 납입 계약의 경우 최초 보험료 납입 시 장기 계약은 성립하나 보험료 청구권은 보험료 납입 기일에 발생하므로 계약상의 납부 기일에 원수보험료를 인식하여야 한다.
③ 공동 인수 계약의 경우 인식은 간사 회사나 협회에서 계약을 체결하여 각 공동 인수 회사에 통보하는 때에 이루어져야 한다.
④ 외국 수재 보험 계약은 현실적으로 외국의 출재 보험자가 제공하는 계산서에 의해서 보험료를 인식할 수밖에 없으므로 계산서가 접수된 시점에 수입으로 인식해야 한다.

091 다음 중 경과 보험료의 계산으로 맞는 것은?

① 경과 보험료 = 수입 보험료 − 지급 보험료 + 전기 이월 미경과 보험료 − 차기 이월 미경과 보험료 − 재보험 자산 감액 손실 환입 + 재보험 자산 감액 손실

② 경과 보험료 = 수입 보험료 − 지급 보험료 + 전기 이월 미경과 보험료 + 차기 이월 미경과 보험료 + 재보험 자산 감액 손실 환입 − 재보험 자산 감액 손실

③ 경과 보험료 = 수입 보험료 − 지급 보험료 + 전기 이월 미경과 보험료 − 차기 이월 미경과 보험료 + 재보험 자산 감액 손실 환입 − 재보험 자산 감액 손실

④ 경과 보험료 = 수입 보험료 + 지급 보험료 + 전기 이월 미경과 보험료 − 차기 이월 미경과 보험료 + 재보험 자산 감액 손실 환입 − 재보험 자산 감액 손실

092 다음 중 경과 보험료의 계산에 대한 설명으로 틀린 것은?

① 수입 보험료 : 원수 보험료 − 수재 보험료 − 해지 환급금
② 지급 보험료 : 출재 보험료 − 해지 환급금 환입
③ 전기 이월 미경과 보험료 : 전기 계상한 차기 이월 미경과 보험료의 환입액
④ 차기 이월 미경과 보험료 : 대차 대조표일 현재 차기 이후에 속하는 미경과 보험료

093 다음 중 원수보험료의 수납에 대한 설명으로 틀린 것은?

① 보험 회사는 보험 기간이 시작되기 전에 보험료를 수납하여야 하는 것이 원칙이다.
② 보험료는 현금 수납을 원칙으로 하되, 손해 보험의 비가계성 보험 계약의 경우에는 보험 계약자가 발행한 선일자 수표 또는 은행도 어음으로 수납할 수 있다.
③ 보험료로 받은 선일자 수표 또는 어음은 취득일부터 3월 내에 결제되는 것이어야 한다.
④ 선일자 수표 또는 어음의 이자 계산은 어음 취득 익일부터 계산한다. 다만, 기간 보험 계약의 선불 계약은 책임 개시일부터 계산한다.

094 다음 중 공동 인수 보험 계약의 수납에 대한 설명으로 틀린 것은?

① 둘 이상의 보험 회사가 공동으로 원수보험을 인수하는 경우 이를 공동 보험 또는 공동 인수 보험이라 한다.
② 청산은 발생 월의 1개월 후에 이루어지는 것이 원칙이다.
③ 보험료 ₩50,000,000 초과 시 입금일로부터 10영업일 이내에 청산을 한다.
④ 공동 인수 보험 계약에 대한 보험료 수납은 간사 회사인 경우에 한하여 발생하며 수납 절차는 비공동 인수 계약과 동일하다.

095 다음 중 손해 보험에서 발생 손해액의 인식에 대한 설명으로 틀린 것은?

① 발생 손해액의 계상은 지급 보험금의 확정 시까지는 지급 보험금으로 계상하고 보험금 지급이 확정되면 지급 준비금으로 계상한다.
② 원수 보험금의 계상 시기와 금액에 대해서는 발생한 보험 사고에 대한 손해 조사가 종료하고 보험금 지급액이 확정되었을 때 확정된 금액을 지급 보험금의 일부로 계상한다.
③ 손해 조사비는 손해 사정, 보험 대위 및 구상권 행사에 필요한 비용으로 손해 조사와 관련된 직접 비용 및 간접 비용을 모두 포함한다.
④ 지급 준비금은 보험금 지급 사유가 발생하였으나, 보험금 지급 금액이 확정되지 않은 것이다.

096 다음 중 장래 손해 조사비의 계산으로 맞는 것은?

① 장래 손해 조사비 = (개별 추산 금액×손해 조사 비율×100%) + (미보고 발생 손해액×손해 조사 비율×50%)
② 장래 손해 조사비 = (개별 추산 금액×손해 조사 비율×50%) + (미보고 발생 손해액×손해 조사 비율×100%)
③ 장래 손해 조사비 = (개별 추산 금액×손해 조사 비율×50%) − (미보고 발생 손해액×손해 조사비율×100%)
④ 장래 손해 조사비 = (개별 추산 금액×손해 조사 비율×100%) − (미보고 발생 손해액×손해 조사 비율×50%)

097 다음 중 발생 손해액의 계산으로 맞는 것은?

① 발생 손해액 = 지급 보험금+수입 보험금 − 구상 이익+손해 조사 비용 − 지급 준비금 환입 + 지급 준비금 적립+재보험 자산 감액 손실−재보험 자산 감액 손실 환입
② 발생 손해액 = 지급 보험금+수입 보험금 − 구상 이익+손해 조사 비용 − 지급 준비금 환입 − 지급 준비금 적립+재보험 자산 감액 손실−재보험 자산 감액 손실 환입
③ 발생 손해액 = 지급 보험금 − 수입 보험금 − 구상 이익+손해 조사 비용 − 지급 준비금 환입 + 지급 준비금 적립+재보험 자산 감액 손실−재보험 자산 감액 손실 환입
④ 발생 손해액 = 지급 보험금 − 수입 보험금 − 구상 이익+손해 조사 비용 − 지급 준비금 환입 − 지급 준비금 적립+재보험 자산 감액 손실−재보험 자산 감액 손실 환입

098 다음은 지급 보험금을 계산하기 위한 항목들이다. 지급 보험금 계산식에 알맞게 나열된 것은 어느 것인가?

> A. 원보험 계약의 보험 사고로 보험 계약자에게 지급한 보험금
> B. 재보험 계약자의 보험 사고로 출재사에게 지급한 보험금
> C. 보험금 지급 후 잔존물 매각, 구상권 행사 등으로 회수한 금액
> D. 지급된 수재 보험금 중에서 회수한 금액

① A+B+C−D
② A+B−C−D
③ A+B+C+D
④ A−B+C−D

099 다음 중 보험 사고 발생으로 지급된 금액 중 보험 사고의 해결 과정에서 취득하는 담보 자산의 매각 또는 구상권 등 기타 권리의 행사로 인해 발생하는 이익으로 합리적으로 추산한 금액은 어느 것인가?

① 출재 보험금
② 순보험금
③ 재보험 자산 감액 손실
④ 구상 이익

100 보험금의 청구가 들어오면 보상 부서는 즉시 사고 조사에 착수하여 제반 사항을 기재한 보고서를 작성해야 하는데 이를 一報라 한다. 다음 중 그 제반 사항에 해당하지 않는 것은?

① 작성 일자
② 사고 일시 및 장소
③ 가해자 인적 사항
④ 추산 보험금

101 발생한 보험 사고에 대해 정확한 손해액을 사정한 후 보험금 지급액을 결정하고 보험금을 지급하기 전까지에는 많은 시간이 걸리므로 보험금의 지급을 결정하기 전에 확정 보험금의 일부를 지급한다. 이때 일부 지급되는 보험금은 얼마인가?

① 확정 보험금의 10% 상당액
② 확정 보험금의 20% 상당액
③ 확정 보험금의 30% 상당액
④ 확정 보험금의 50% 상당액

102 다음 중 보험금의 환입에 대한 설명으로 틀린 것은?

① 구상권을 행사, 잔존물을 매각 또는 국가 배상금이 환입되는 등으로 인하여 원수보험금이 환입되는 경우가 있다.
② 보험금의 회수 시점에서 보험금의 환입을 인식할 수 있으므로 현금 입금 거래가 먼저 발생한 후 보험금 환입 결정이 이루어진다.
③ 보험금의 환입은 원수보험금을 과다하게 지급하거나 보험금 지급이 잘못된 경우가 발생한다.
④ 보험금의 환입은 보험 사고와 관련된 제3자에 대한 손해 배상 청구권과 밀접한 관련이 있다.

103 다음 중 재보험 또는 재재보험 계약에 의하여 보험 회사에 지급하는 보험금을 무엇이라고 하는가?

① 재보험료 비용
② 재보험금 비용
③ 재보험 자산 감액 손실
④ 재보험 수수료 비용

104 다음 중 배당금 비용에 해당하지 않는 것은?

① 금리차보장금
② 위험율차 배당금
③ 이자율차 배당금
④ 해약 환급금

105 보험 사업을 수행하는 데 소요되는 비용 중 보험 계약과 모집 점포 운영에 직접적으로 관련되어 발생하는 비용을 무엇이라고 하는가?

① 이연 신계약비
② 신계약비
③ 유지비
④ 신계약비 상각비

106 다음 중 경과 보험료에 대한 설명으로 틀린 것은?

① 수입 보험료에서 지급 보험료를 가산하고 전기 이월 미경과 보험료를 차감하며, 차기 이월 미경과 보험료를 차감하며, 미경과 보험료 적립금 관련 재보험 자산 감액 손실 환입을 가산하고 재보험 자산 감액 손실을 차감한 금액
② 수입 보험료에서 지급 보험료를 가산하고 전기 이월 미경과 보험료를 가산하고 차기 이월 미경과 보험료를 차감하며, 미경과 보험료 적립금 관련 재보험 자산 감액 손실 환입을 가산하고 재보험 자산 감액 손실을 차감한 금액
③ 수입 보험료에서 지급 보험료를 차감하여 전기 이월 미경과 보험료를 가산하고 차기 이월 미

경과 보험료를 차감하며, 미경과 보험료 적립금 관련 재보험 자산 감액 손실 환입을 가산하고 재보험 자산 감액 손실을 차감한 금액
④ 수입 보험료에서 지급 보험료를 차감하여 전기 이월 미경과 보험료를 차감하며, 차기 이월 미경과 보험료를 차감하며, 미경과 보험료 적립금 관련 재보험 자산 감액 손실 환입을 가산하고 재보험 자산 감액 손실을 차감한 금액

107 다음 중 지급 보험료에 해당하는 것은?

① 원수보험료 ② 수재 보험료
③ 출재 보험료 ④ 해지 환급금

108 미경과 보험료 적립금 관련 재보험 자산의 감액 후 재보험 자산 평가액이 회복된 경우 당해 재보험 자산 감액 이전의 장부 가액을 한도로 회복된 금액을 무엇이라고 하는가?

① 보유 보험료 ② 차기 이월 미경과 보험료
③ 재보험 자산 감액 손실 ④ 재보험 자산 감액 손실 환입

109 다음 중 Fronting 계약에 대한 설명이 제대로 된 것은?

① 국내의 손보사가 해외의 현지 보험 물건을 인수할 경우 현지 보험사를 중개인으로 하여 보험을 인수한다.
② 국내의 손보사의 증권을 발급한다.
③ 국내 원수사가 현지 보험사로부터 일부를 수재하는 형태의 보험 계약은 제외된다.
④ 해외에 진출한 지점 및 현지 법인이 직접 인수한 형태의 보험도 포함된다.

110 다음 중 수입 보험금에 해당하는 것은?

① 수재 보험금 ② 보험금 환입
③ 수재 보험금 환입 ④ 출재 보험금 환급

111 다음 중 발생 손해액에 대한 설명으로 틀린 것은?

① 순보험금 – 지급 보험금에서 수입 보험금 및 구상 이익을 차감한 금액
② 지급 손해 조사비 – 재보험 계약에 의하여 수재사로부터 회수한 지급 손해 조사비
③ 지급 준비금 환입 – 전기에 적립한 지급 준비금의 환입액
④ 지급 준비금 적립 – 당기에 적립한 지급 준비금

112 다음 중 장기 저축성 보험 계약(개인연금 보험 계약 포함)의 약관에 따라 계약자에게 배당금(원금과 이자를 포함)으로 지급한 금액은 무엇인가?

① 만기 환급금   ② 개인연금 지급금
③ 계약자 배당금   ④ 장기 해지 환급금

113 순사업비 중에서 일반 관리비에 해당하는 것은?

① 교통비   ② 피복비   ③ 월동비   ④ 숙직비

114 대리점 이외의 판매 채널이 모집한 계약에 대하여 보험 계약과 모집 점포 운영에 직접적으로 관련되어 발생한 비용 보험 모집 실적에 따라 지출되는 판매비를 무엇이라고 하는가?

① 신계약비   ② 공동 보험 수수료
③ 지급 대리 업무 수수료   ④ 수재 보험 수수료

115 수입 경비 중 자동차 보험 공동 인수 물건과 관련하여 수입한 수수료는 무엇인가?

① 출재 보험 수수료   ② 출재 이익 수수료
③ 수입 대리 업무 수수료   ④ 영업 잡이익

116 다음 중 보험 영업 이익의 계산 방식으로 옳은 것은?

① 경과 보험료 – 발생 손해액 – 보험 환급금 – 순사업비 – 보험료 적립금 증가액 + 계약자 배당 준비금 증가액
② 경과 보험료 – 발생 손해액 – 보험 환급금 + 순사업비 – 보험료 적립금 증가액 + 계약자 배당 준비금 증가액

③ 경과 보험료 - 발생 손해액 - 보험 환급금 + 순사업비 - 보험료 적립금 증가액 - 계약자 배당 준비금 증가액

④ 경과 보험료 - 발생 손해액 - 보험 환급금 - 순사업비 - 보험료 적립금 증가액 - 계약자 배당 준비금 증가액

117 다음 중 투자 영업 수익에 대한 설명으로 틀린 것은?

① 단기 매매 증권 평가 이익 : 단기 매매 증권의 공정 가액이 장부 가액을 초과한 금액
② 대손 충당금 환입 : 직전 사업 연도까지 설정한 대손 충당금 잔액이 당기 말에 설정할 대손 충당금을 초과하는 금액
③ 요구 불상환 지분 : 요구 불상환 지분의 공정 가액이 장부 가액에 초과하는 금액
④ 차입 부채 : 당좌 차월 이외의 지급 또는 상환하여야 할 차입금의 공정 가액이 장부 가액에 미달하는 금액

118 투자 영업 비용에 대한 설명으로 틀린 것은?

① 외환 차손 : 운용 자산 중 외화 자산의 회수 시에 환율 변동으로 발생한 환차손
② 손상 차손 : 자산의 장부 금액이 공정 가치 또는 회수 가능액을 초과하는 경우 당해 자산의 장부 가액과 공정 가치 또는 회수 가능액의 차액
③ 재산 관리비 : 유가 증권, 대출 채권 및 부동산 등을 관리·유지하는 데 직접적으로 소요되는 인건비와 제경비
④ 부동산 감가 상각비 : 동산 처분 가액이 장부 가액(상각 잔액)에 미달하는 금액

119 다음 중 영업 외 수익에 대한 설명으로 틀린 것은?

① 외환 차익 : 화폐성 외화 자산(운용 자산 제외) 및 화폐성 외화 부채의 환산에 따라 발생한 환산 차액
② 자산 수증 이익 : 회사의 누적된 영업 실적 악화를 개선하기 위하여 주주·임원 등으로부터 재산을 기증받은 금액
③ 채무 면제 이익 : 회사의 채권자로부터 영업상의 보조 또는 지원 등의 목적으로 채무의 전부 또는 일부를 면제받은 금액
④ 보험 차익 : 자산의 보험 가입으로 보상받은 보험금이 장부 가액을 초과하는 경우 그 초과하는 금액

120 영업 외 비용에 대한 설명으로 틀린 것은?

① 법인세 추납액 : 당기 이전에 발생한 법인세액 중 당기에 추납한 금액
② 기부금 : 사업과 관계없이 무상으로 지출·지급한 금전 또는 물품
③ 전기 오류 수정 손실 : 전기 또는 그 이전 기간의 재무제표 작성 시 발생한 중대한 오류에 해당하는 손실 금액을 처리
④ 특별 계정 지급 수수료 : 특별 계정에서 발생하는 손실 보전 금액 등 특별 계정으로 이입되는 금액을 계상함.

121 손익 분석에 대한 설명으로 틀린 것은?

① 손익 분석은 현금 흐름 방식의 보험료 산출 체계하에 손익 계산서상 손익을 보험 손익, 투자 손익, 기타 손익으로 구분하여 손익 금액과 원인 규모를 분석하는 것이다.
② 일반 계정, 특별 계정별(펀드별)로 손익을 구분하여야 한다.
③ 각 계정별로 종속 기업에서 발생하는 손익 및 관계 회사 주식에서 발생하는 지분법 손익을 구분하고, 이는 투자 손익으로 분류한다.
④ 종속 회사에서 발생하는 손익에서 발생하는 계약자 배당 재원은 연결 재무제표상 '계약자 배당 준비금'으로 반영한다.

122 보험 손익의 계산 방식으로 옳은 것은?

① 보험 손익 = 보험료 수익 − 지급 보험금 − 실제 사업비 + 이연 신계약비 + 신계약비 상각비 + 재보험 거래에 따른 손익 − 할인료
② 보험손익 = 보험료 수익 − 지급 보험금 − 실제 사업비 + 이연신 계약비 − 신계약비 상각비 + 재보험 거래에 따른 손익 − 할인료
③ 보험손익 = 보험료 수익 + 지급 보험금 − 실제 사업비 + 이연신 계약비 + 신계약비 상각비 + 재보험 거래에 따른 손익 − 할인료
④ 보험손익 = 보험료 수익 + 지급 보험금 − 실제 사업비 + 이연신 계약비 − 신계약비 상각비 + 재보험 거래에 따른 손익 − 할인료

123 다음 중 자본 계정 운용 손익의 계산 방식으로 옳은 것은?

① 자본 계정 운용 손익 = 투자 손익 × $\dfrac{(\text{자본 계정 금액} + \text{재평가 적립금 처리 후 잔여액})}{(\text{자산 총계} + \text{미상각 신계약비})}$

② 자본 계정 운용 손익 = 투자 손익 × $\dfrac{(\text{자본 계정 금액} + \text{재평가 적립금 처리 후 잔여액})}{(\text{자산 총계} - \text{미상각신 계약비})}$

③ 자본 계정 운용 손익 = 투자 손익 × $\dfrac{(\text{자본 계정 금액} - \text{재평가 적립금 처리 후 잔여액})}{(\text{자산 총계} + \text{미상각신 계약비})}$

④ 자본 계정 운용 손익 = 투자 손익 × $\dfrac{(\text{자본 계정 금액} - \text{재평가 적립금 처리 후 잔여액})}{(\text{자산 총계} - \text{미상각신 계약비})}$

4 재보험 회계

124 재보험의 기능에 대한 설명으로 틀린 것은?

① 영업 실적의 안정화, 손실의 분산화
② 보험 영업의 탄력성 제고
③ 재무 구조의 강화
④ 재보험자에 대한 기술적 지원

125 원보험자의 보유액과 재보험자가 인수한 재보험금과의 비율에 따라 보험료를 배분하고, 보험금에 대해서도 그 금액의 대소를 불문하고 위의 분담 비율로 양자의 부담액을 산출하는 재보험은 어느 것인가?

① 임의 재보험　　　　　　　② 특약 재보험
③ 비례적 재보험　　　　　　④ 비비례적 재보험

126 재보험 자산에 대한 설명으로 적절하지 않은 것은?

① 재보험 자산은 보험 계약을 출재한 경우 해당 계약에 대하여 수재한 보험사가 적립한 책임 준비금 상당액을 말한다.
② 재보험 자산은 관련된 보험 부채와 상계한다.
③ 재보험 자산은 손상 여부를 고려하여 평가에 따른 감액 손실 및 감액 손실 환입액을 가감하여 계상한다.
④ 손상 평가는 재보험자 단위로 평가하며, 재보험자의 신용 등급이 투자 적격이 아닌 경우 당해 재보험자 관련 재보험 자산이 손상된 것으로 인식한다.

127 다음 중 재보험 회계의 재무적 특성에 대한 설명으로 틀린 것은?

① 재무적인 관점에서 재보험은 원보험 회사의 재무 구조와 큰 차이가 있으나, 자금의 운용과 준비금의 적립 측면에서는 유사한 특성을 보인다.
② 계산서의 작성 주기, 청산 시점, 유보금 조항의 삽입 여부 등이 재보험 자금 흐름에 큰 영향을 미치므로 특약 조건 협의에 있어 주의를 기울일 필요가 있다.
③ 재보험자의 보험금 계수 인식은 전적으로 출재 보험자의 통지에 의존하게 되는데, 클레임에 관한 통보가 출재 보험자로부터 즉각적으로 이루어지지 않거나 또는 정보의 양이 제한적일 경우 지급 준비금의 적정 적립에 어려움을 겪게 된다.
④ 원보험자가 통보하여 주는 정보에만 의존하기 보다는 자체적인 지급 준비금 추정 기법을 개발하여 준비금의 적정 적립에 만전을 기할 필요가 있다.

128 다음은 임의 재보험 계약 절차의 일부이다. 가장 순서가 빠른 것은 어느 것인가?

① Placing slip의 준비
② 출재 조건의 협의
③ 재보험 청약
④ 참여 재보험자의 지분 확정

129 임의 재보험과 특약 재보험에 대한 설명으로 틀린 것은?

① 임의 재보험은 건별로 재보험 계약이 체결되므로 원보험에서의 건별 회계 처리 방식과 유사하다.
② 재보험 회계는 주로 임의 재보험을 대상으로 하게 된다.
③ 특약의 조건은 Underwriting 차원에서 정하여지고, 특약이 체결된 후에 회계 담당자들이 특약에서 정하여진 특약 조건에 따라 회계 처리하게 되므로 상호 이해의 일치가 필수적이다.
④ 특약 재보험은 모든 계산에 대하여 일정한 절차와 방법을 특약서에 규정하게 되므로 회계 처리 담당자는 먼저 당해 특약에 대한 내용과 당해 특약에서 규정 하고 있는 계산 방법들에 대하여 명확한 이해가 필요하다.

130 다음 중 비례 재보험 특약에 대한 설명으로 틀린 것은?

① 비례 재보험 특약을 운영하는 회계 기준에는 사업 연도 기준 방식과 인수 연도 기준 방식이 있다.
② 사업 연도 기준 방식은 책임 보험과 같은 Long-tail 종목에 적용하는 경우가 많다.
③ 사업 연도 기준 방식은 각 사업 연도를 기준으로 하여 출재되는 위험의 인수 연도 또는 손해 발생 연도에 관계없이 당 사업 연도에 계수 처리된 보험료 및 손해액 등을 계산하는 방식이다.
④ 인수 연도 기준 방식은 보험료 및 손해액 등이 계수 처리된 사업 연도에 관계없이 위험이 출재되었던 인수 연도에 합산하여 마감하는 방식을 말한다.

131 비례 재보험 특약에 대한 설명으로 틀린 것은?

① 비례 재보험 특약에 있어서 출재 보험자는 재보험자의 파산 및 기타 채무 불이행 사태에 대비하여 재정 보증을 요구하게 되는데 이는 통상 출재 보험료 및 미지급 보험금의 일정 비율로서 정하게 된다.
② 재정 보증의 방법으로는 현금 유보(계산서에 반영), 신용장 개설 또는 채권 예탁의 방식이 이용된다.
③ 보험료 유보금은 아직 만료되지 않은 위험에 대한 담보 또는 안전 장치로서 일정 금액을 유보하는 것으로 재보험자의 지불 불능 사태 발생에 대비하기 위한 것이다.
④ 보험료 및 보험금 유보금의 경우 출재 보험자는 현금 유보에 따르는 추가 투자 수익 재보험자에게 지급하지 않는다.

132 다음 중 비비례 재보험 특약에 대한 설명으로 틀린 것은?

① 비비례 특약은 보험금의 특약 적용 방법에 따라 Risk attaching 기준과 Loss occurring 기준의 두 가지가 있다.
② Risk attaching 기준은 특약 기간 중에 신규 발행되거나 갱신된 모든 증권에서 발생하는 보험 사고는 사고 발생의 시점에 관계없이 특약의 적용 대상이 된다.
③ Loss occurring 기준은 특약 기간 중에 발생한 보험 사고에 한하여 담보하는 방식이다.
④ 비비례 특약은 통상 1개월 단위로 체결된다.

133 다음 중 비비례 재보험 특약에 대한 설명으로 틀린 것은?

① 비비례 특약의 대상이 되는 총보험료(GNPI)는 당해 계약에 해당하는 총보험료에서 환급 보험료, 해지 보험료, 면책 위험에 관련된 보험료 및 재보험자의 위험을 경감시키고자 지출한 재보험료를 차감하여 산정한다.
② 비비례 재보험에서도 비례 재보험과는 같이 보다루(BX.)와 같은 재보험 출재 명세서를 작성하며 수수료 지급 조항이 있다.
③ 예치 보험료는 통상 4분기 또는 반기로 분할하여 지급하며 특약 종료 시점에서 당해 특약 연도의 보험료를 확정하고 잠정 지급한 예치 보험료와 조정하여 연도 말에 조정 계산서로서 정산하게 된다.
④ 비비례 특약에서 보험금 발생 시 재보험자의 책임 한도는 감소하거나 완전 소진될 수가 있다.

5 특별 계정 회계

134 다음 중 특별 계정에 대한 설명으로 틀린 것은?

① 특별 계정이란 보험 사업자가 준비금에 상당하는 재산의 전부를 기타 재산과 분리하여 별도의 계정을 설정하여 운용하는 것을 말한다.
② 특별 계정은 계정 간에 업무 장벽(Fire-wall)을 설치하여 자산을 엄격히 구분하고 발생하는 손익을 명확하게 구분한다.
③ 특별 계정은 적정한 보험 가격 형성을 통한 보험 계약자 간 형평성 및 보험 경영 투명성을 제고시킬 수 있는 장점을 지니고 있다.
④ 특별 계정의 운용 대상 상품은 보험 계약별로 설정·운용하며 계약자 배당 유무에 따라 구분하여야 한다.

135 다음 특별 계정의 운용 대상 상품 중 둘 이상의 간접 투자 기구를 설정·운용할 수 있는 것은 어느 것인가?

① 퇴직 보험 계약 ② 변액 보험 계약
③ 연금 저축 보험 계약 ④ 장기 손해 보험 계약

136 다음 특별 계정의 운용 대상 상품 중 손익 구조는 일반 계정과 동일하나 수급권 보장을 위하여 자산을 일반 계정과 별도로 구분하여 운용하는 특별 계정이 아닌 것은?

① 개인연금 손해 보험 계약
② 연금 저축 보험 계약
③ 자산 연계형 보험 계약
④ 퇴직 연금 실적 배당 보험 계약

137 다음 중 특별 계정에 대한 설명으로 틀린 것은?

① 실적 배당형의 운용 목적은 수익성이다.
② 원리금 보장형의 투자 Risk는 보험사가 부담한다.
③ 원리금 보장형의 보장 이율은 예정 이율이다.
④ 실적 배당형의 손익 조정은 연 단위로 한다.

138 다음 특별 계정 중 생명 보험에만 해당하는 것은?

① 자산 연계형 ② 퇴직 보험
③ 퇴직 연금 ④ 변액 보험(실적 배당형)

139 보험업 회계 처리 준칙에 규정되어 있는 내용으로 보험사가 별도로 운용하고 있는 퇴직 연금 보험에 대한 경영 정보를 회사 총계 재무제표에 한 줄로 구분하여 공시하는 것을 무엇이라고 하는가?

① 구분 계리 ② 구분 계정
③ 특별 계정 ④ 일반 계정

140 다음 중 구분 계리와 비교되는 특별 계정의 특징에 대한 설명으로 틀린 것은?

① 자산 운용 조직 – 운용 조직 분리
② 상품 구분 – 계정별로 귀속
③ 결산 방법 – 계정별 결산
④ 공시 방법 – 회사 전체 계정 단일 공시

141 다음 중 계정 과목별로 단순 합산하지 않고 '특별 계정 자산'과 '특별 계정 부채'로 총액을 일반계정의 재무 상태표에 계상하는 것은?

① 장기 손해 보험
② 연금 저축 보험
③ 퇴직 보험 계약
④ 자산 연계형 보험

142 다음 중 회사 전체 손익 계산서에는 전혀 계산하지 않는 것은?

① 연금 저축보험
② 퇴직 보험 계약
③ 퇴직 연금 원리금 보장 계약
④ 변액 보험(실적 배당)

143 운용 수익을 산정함에 있어서 사용되는 공시 기준 이율을 해당 상품의 기초 서류에 기재된 방법에 의거하여 운용 자산 이익률 또는 객관적인 외부 지표 금리를 감안하여 합리적으로 결정하는 것은?

① 퇴직 보험 계약
② 연금 저축 손해 보험 계약
③ 연금 저축 생명 보험 계약
④ 장기 손해 보험 계약

144 다음 중 특별 계정 운용과 관련하여 자금 이체에 대한 설명으로 틀린 것은?

① 일반 계정에서 수납한 보험료 중에 특별 계정의 운용 대상인 적립 보험료만을 보험료 분해하여 이체 기일 내에 특별 계정으로 이체한다.
② 연금 저축 보험 계약 및 자산 연계형 보험 계약은 순보식 저축 보험료를 일반 계정에서 특별 계정으로 이체하고 미상각 신계약비를 특별 계정에서 일반 계정으로 이체한다.
③ 퇴직 보험 계약 및 변액 보험 계약은 부가 보험료를 포함한 보험료를 일반 계정에서 특별 계정으로 이체한다.
④ 선납 및 비월납 보험료는 해당 계약의 계약 응당일에 특별 계정으로 이체한다.

145 특별 계정 운용과 관련하여 자금 이체에 대한 설명으로 틀린 것은?

① 실효 계약 중에 부활로 인하여 준비금 증가액(실효 시 해지 차액)과 미상각 신계약비는 일반 계정에서 특별 계정 수입 수수료(−) 및 신계약비 상각비(−)로 계상하여 차액을 특별 계정에 자금 이체한다.
② 제지급금이 발생하여 지급할 때에는 먼저 특별 계정에서 일반 계정으로 자금을 이체한 후 일반 계정에서 계약자에게 지급한다.
③ 특별 계정에 속하는 대출 관련 운용 자산은 우선 일반 계정에서 대출금 지급 및 원리금을 수납하고 해당 금액을 정하여진 이체 기일 내에 계정 간에 자금 정산을 위한 자금 이체를 하여야 한다.
④ 연금 저축 및 자산 연계형 보험은 해약 건에 대한 미상각 신계약비 전액을 상각 회계 처리하고, 변액 보험은 해약 차액(보험료 적립금−해약 환급금)을 일반 계정으로 이체하고 미상각 신계약비 전액을 상각 회계 처리한다.

146 계정 간의 자금 이체는 며칠 이내에 하는 것이 원칙인가?

① 3영업일 이내 ② 5영업일 이내
③ 10영업일 이내 ④ 15영업일 이내

147 다음 중 이체 사유가 발생한 날부터 5영업일 이내에 자금을 이체하지 않아도 되는 것은?

① 특별 계정에 속하는 보험료의 수납과 보험금, 배당금 및 환급금의 지급을 위한 경우
② 보험 계약 체결·유지·관리에 필요한 금액을 일반 계정으로 이체하는 경우
③ 운용 수수료의 이체, 대출금의 지급 및 원리금을 회수하기 위한 경우
④ 손해 보험 회사가 판매하는 장기 손해 보험 계약

148 다음 중 계정 간 자금 이체에 따른 기간 경과 이자 계산 기산일이 잘못 연결된 것은?

① 보험료 수납분 중 저축 보험료 − 영수일
② 해약 환급금 지급 − 해당 월 말일
③ 재산 관리비 배분액 − 해당 월 말일
④ 미상각 신계약비 − 해당 월 말일

149 다음 중 특별 계정 자산의 평가에 대한 설명으로 틀린 것은?

① 보험 사업자는 일반 계정과 특별 계정 간에 거래를 엄격히 구분하고 계정 간의 손익을 명확히 확보할 수 있도록 특별 계정별로 운용 자산을 평가한다.
② 특별 계정 운용 자산의 평가 손익은 반드시 특별 계정별로 시가를 반영하여 평가하여야 한다.
③ 이체 사유 발생일과 정산 기일이 다른 경우 계정별로 거래에서 발생한 미청산 금액을 일반 계정에서 계상할 자산 계정 과목 '특별 계정 미수금', 부채 계정 과목으로 '특별 계정 미지급금'을 사용한다.
④ 세법상으로는 유가 증권의 종류별로 하나의 취득 원가만을 인정하므로 계정별로 다른 취득 원가에 대한 조정이 필요할 수 있다.

6 국제 회계 기준

150 다음 중 국제 회계 기준 특징에 대한 설명으로 틀린 것은?

① 전문가의 판단 중시
② 산업별 회계 처리 기준 배제
③ 개별 재무제표 중심 회계 기준
④ 공시 강화

151 다음 중 국제적 회계 기준 통일의 장점이라고 보기 어려운 것은?

① 각국의 회계 기준 제정 비용 절감
② 회계 문제에 대한 정부 및 압력 집단의 간섭 감소
③ 외국 투기 자본의 접근 감소
④ 회계 전문가의 자격 상호 인증 용이

152 다음 중 국제 회계 기준 도입에 따른 영향에 대한 설명으로 틀린 것은?

① 연결 실체 중심
② 공시 기한 증가
③ 연결 총자산 감소
④ 종속 기업 수 증가

153 다음 중 국제 회계 기준 도입에 따른 영향에 대한 설명으로 틀린 것은?

① K-IFRS에서는 기업에 적합한 재무제표 표시 방법을 선택할 수 있도록 최소한의 계정 과목만을 제시할 뿐 재무제표의 형식을 구체적으로 정하고 있지 않다.
② 재무 상태표에서 계정 과목을 유동성에 따라 배열하는 방법과 유동성·비유동성 항목을 구분하여 표시하는 방법 중에서 한 가지를 선택하여 적용할 수 있다.
③ 포괄 손익 계산서에서 비용 계정은 성격별 또는 기능별 분류 방법 중에서 하나를 선택할 수 있다.
④ K-IFRS 도입으로 재무제표 본문은 간략해지면서, 이를 보충 설명하는 주석 페이지 수도 크게 감소하였다.

154 국제 회계 기준 도입에 따른 영향에 대한 설명으로 적절하지 않은 것은?

① 연결 범위의 경우, 실질 지배력이 없는 지분율 50% 이하 소유 종속 회사는 연결 대상에서 제외되었다.
② 자산 100억 원 미만 회사와 특수 목적 기업(SPE) 등은 연결 대상에 포함되어 전체적으로 연결 대상 종속 기업 수가 증가하였다.
③ 연결 총자산의 경우, 자산 100억 원 미만 회사 등이 연결 대상에 포함되었다.
④ 전체적으로는 연결 총자산이 증가하였다.

155 국제 회계 기준 도입에 따른 영향에 대한 설명으로 틀린 것은?

① K-IFRS에서는 퇴직 급여를 크게 확정 기여 제도(DC형 : Defined Contribution plan)와 확정 급여 제도(DB형 : Defined Benefit plan)로 구분하여 설명하고 있다.
② K-IFRS에서 확정 급여 제도의 경우 결산 시점에 전임 직원이 일시 퇴직할 경우 지급할 금액으로 채무를 측정한다.
③ 확정 기여 제도는 회사가 지급하기로 한 금액이 확정되어 있어 회계 처리가 간단하고 K-GAAP와 차이도 없다.
④ 일반적으로 평균 근속 기간 및 임금 상승률이 할인율보다 높으므로 퇴직 급여 부채가 증가하고 당기 순익은 감소한다.

156 국제 회계 기준 도입에 따른 영향에 대한 설명으로 틀린 것은?

① K-IFRS는 원칙 중심의 회계 기준으로 상세하고 구체적인 회계 처리 방법을 제시하고 있지 않으며 회계 처리의 기본 원칙을 제시하는 데 주력하고 있다.
② 기업은 K-IFRS를 적용함에 있어 특정 거래에 대한 세부 규정을 찾을 수 없는 경우가 발생할 수 있다.
③ 구체적으로 적용할 수 있는 K-IFRS가 없는 경우에는 K-GAAP를 적용하도록 한다.
④ K-IFRS에서는 중요한 오류(Material error)에 대하여 소급법을 적용하도록 하였는데, 이 경우 중요성은 재무제표 이용자의 의사 결정에 영향을 미칠 수 있는지에 따라 판단한다.

157 다음 중 국제 회계 기준 도입에 따른 영향에 대한 설명으로 틀린 것은?

① 영업권을 정액 상각하지 않고 손상 평가함으로써 당기 순익이 증가하고 자기 자본이 증가한다.
② 대손 충당금의 경우 손상 사유가 발생하면 발생 손실 추정액으로 설정하므로 손익이 증가하고 자본이 증가한다.
③ 상황 우선주는 자본으로 분류함으로써 자기 자본이 증가한다.
④ 자산 유동화법에 의한 부실 자산 처리 등이 매각 거래로 인정되지 않으므로 부채 비율이 상승한다.

제2장
자산 운용

1 자산 운용의 개요

001 다음 중 보험 회사 자산 운용의 원칙에 해당하지 않는 것은?

① 안정성　　　　　　　　　② 유동성
③ 적정성　　　　　　　　　④ 공익성

002 보험 회사는 보험금 등의 지급이 일시에 집중되는 때에 대비하여야 한다. 이와 가장 관련이 깊은 지문은 다음 중 어느 것인가?

① 보험료는 예정 이율로 미리 할인되어 있는 것이기 때문에 보험 자산은 기본적으로 예정이율 이상으로 운용해야 한다.
② 보험 자산은 장래에 대부분 보험금 등으로 지급되어야 하기 때문에 장래 보험금 등의 지급에 지장이 없도록 하여야 한다.
③ 보험 자산은 불특정 다수의 보험 계약자가 납입한 보험료를 형성된 것이기 때문에 공공성을 바탕으로 운용하는 것을 원칙으로 하고 있다.
④ 필요한 때 현금화할 수 있도록 적정 수준의 보험 자산을 예금이나 단기 채권 등과 같이 환금성이 높은 자산으로 보유한다.

2 자산 운용의 규제

003 보험업법이 금지하는 자산 운용 방법이 아닌 것은?

① 유가 증권에 대한 투기를 목적으로 하는 자금의 대출
② 해당 보험 회사의 주식을 사도록 하기 위한 대출
③ 정치자금의 대출
④ 해당 보험 회사의 임직원에 대한 보험 약관대출

004 다음 중 보험 회사의 자산 운용 방법으로 가능하지 않은 것은?

① 영업장 비치를 목적으로 한 서화(書畵)의 소유
② 부동산 임대 사업을 위한 부동산의 소유
③ 해당 보험 회사의 주식을 매입시키기 위한 대출
④ 다른 보험 회사 임·직원에 대한 대출

005 보험 회사의 자산 운용에 관한 설명으로 옳은 것은?

① 보험 회사는 선량한 관리자의 주의로써 그 자산을 운용하여야 하며 안정성·유동성 및 수익성이 확보되도록 하여야 하나 공익성을 갖출 필요는 없다.
② 특별 계정에 속하는 이익은 그 계정상의 보험 계약자에게 분배할 수 없으며 잘못 분배된 이익은 즉시 상환 청구하여야 한다.
③ 해당 보험 회사의 주식을 사도록 하기 위한 대출은 형식적으로 보험 회사와 최종 자금 수요자가 아닌 제3자 간에 이루어진 대출의 경우에 한하여 자산 운용 방법이 될 수 있다.
④ 동일한 개인 또는 법인에 대한 신용 공여는 일반 계정의 경우 총자산의 100분의 3, 특별 계정의 경우 각 특별 계정 자산의 100분의 5를 초과할 수 없다.

006 보험업법상 보험 회사의 일반 계정에 속하는 자산의 운용 방법 및 비율에 관한 다음의 설명 중 옳지 않은 것은?

① 동일한 개인 또는 법인에 대한 신용 공여 : 총자산의 100분의 5
② 동일한 법인이 발행한 채권 및 주식 소유의 합계액 : 총자산의 100분의 7
③ 동일 차주에 대한 신용 공여 또는 그 동일 차주가 발행한 채권 및 주식 소유의 합계액 : 총자산의 100분의 12
④ 동일한 개인·법인, 동일 차주 또는 대주주(그의 특수 관계인을 포함)에 대한 총자산의 100분의 1을 초과하는 거액 신용 공여의 합계액 : 총자산의 100분의 20

007 보험 회사가 일반 계정에 속하는 자산을 운용함에 있어서는 다음의 비율을 초과할 수 없다. 그중 옳지 않은 것은?

① 동일한 개인 또는 법인에 대한 신용 공여 : 총자산의 100분의 3
② 동일한 법인이 발행한 채권 및 주식 소유의 합계액 : 총자산의 100분의 9
③ 동일 차주에 대한 신용 공여 또는 그 동일 차주가 발행한 채권 및 주식 소유의 합계액 : 총자

산의 100분의 12

④ 동일한 자회사에 대한 신용 공여 : 자기 자본의 100분의 10

008 특별 계정을 설정하여 운영할 수 있는 보험 계약에 해당하지 않는 것은?

① 조세 특례 제한법 제86조의2의 규정에 의한 연금 저축 보험 계약
② 변액 보험(보험금이 자산 운용의 성과에 따라 변동하는 보험 계약)
③ 근로자 퇴직 급여 보장법 부칙 제2조 제1항의 규정에 의한 퇴직 보험 계약
④ 생명 보험 회사가 판매하는 종신 보험 계약

009 특별 계정에 대한 설명으로 틀린 것은?

① 보험 회사는 특별 계정에 속하는 자산은 다른 특별 계정에 속하는 자산 및 그 밖의 자산과 구분하여 회계 처리하여야 한다.
② 보험 회사는 특별 계정에 속하는 이익을 다른 계정상의 보험 계약자에게도 분배할 수 있다.
③ 변액 보험은 특별 계정과 밀접한 관계에 있다.
④ 보험 회사는 변액 보험 특별 계정의 운용 수익에서 해당 특별 계정의 운용에 대한 보수 및 그 밖의 수수료를 뺀 수익을 해당 특별 계정 보험 계약자의 몫으로 처리하여야 한다.

010 자산 운용에 관한 설명으로 옳지 않은 것은?

① 보험 회사가 담보권 실행으로 인하여 골동품을 취득하는 경우에는 예외적으로 소유할 수 있다.
② 보험 회사는 그 자산을 운용함에 있어 일반 계정에서 동일한 개인 또는 법인에 대한 신용 공여가 총자산의 100분의 3을 초과할 수 없다.
③ 보험 회사는 특별 계정에 속하는 이익을 그 계정상의 보험 계약자에게 분배할 수 없다.
④ 변액 보험 계약에 대하여는 특별 계정을 설정하여 운용할 수 있다.

011 보험업법상 특별 계정에 관한 설명으로 옳지 않은 것은?

① 변액 보험 계약에 대해서는 특별 계정을 설정하여 운용할 수 있다.
② 조세 특례 제한법 제86조의2에 따른 연금 저축 계약에 대해서는 특별 계정을 설정하여 운용할 수 있다.
③ 보험 회사는 특별 계정에 속하는 이익을 그 계정상의 보험 계약자에게 분배할 수 있다.
④ 보험 회사는 특별 계정에 속하는 자산은 다른 특별 계정에 속하는 자산 및 그 밖의 자산과 구분하여 회계 처리할 수 있다.

012 보험업법 제115조에 따라 금융 위원회의 승인(신고로써 갈음하는 경우를 포함)을 받은 자회사의 주식의 취득의 경우가 아닌 경우, 보험 회사는 다른 회사의 의결권 있는 발행 주식(출자 지분을 포함)의 (   )를 초과하는 주식을 소유할 수 없다. 괄호 안에 들어갈 것으로 맞는 것은?

① 100분의 10
② 100분의 15
③ 100분의 30
④ 100분의 40

013 보험업법상 보험 회사가 자산 운용 한도의 제한을 피하기 위하여 다른 금융 기관 또는 회사의 의결권 있는 주식을 서로 교차하여 보유하는 것은 금지된다. 이를 위반하여 보험 회사가 취득한 주식에 대한 법적 효과로 옳은 것은?

① 보험 회사는 취득 주식에 대하여 의결권을 행사할 수 없다.
② 의결권 없는 주식으로 전환을 청구하여야 한다.
③ 취득은 무효이며, 6개월 내에 매각하여야 한다.
④ 금융 위원회에 신고한 후 주식 소각 절차를 밟아야 한다.

014 보험 회사는 그 보험 회사 대주주와의 거래를 하는 경우에 거래가 제한 또는 금지되는데, 이와 관련하여 타당하지 않은 것은?

① 보험 회사는 해당 보험 회사의 대주주에 대한 신용 공여나 그 보험 회사의 대주주가 발행한 채권 또는 주식의 취득에 관한 사항을 대통령령으로 정하는 바에 따라 분기별로 금융 위원회에 보고하고, 인터넷 홈페이지 등을 이용하여 공시하여야 한다.
② 대주주가 다른 회사에 출자하는 것을 지원하기 위해 신용 공여를 하는 행위는 금지되지 않는다.
③ 자산을 대통령령으로 정하는 바에 따라 무상으로 양도하거나 일반적인 거래 조건에 비추어 해당 보험 회사에 뚜렷하게 불리한 조건으로 자산에 대하여 매매·교환·신용 공여 또는 재보험 계약을 하는 행위는 금지된다.
④ 보험 회사는 당해 보험 회사의 대주주에 대하여 대통령령이 정하는 금액 이상의 신용 공여를 하고자 하는 경우에는 미리 이사회의 결의를 거쳐야 한다.

015 보험 회사가 그 보험 회사의 대주주와 다음의 행위를 할 때 7일 이내에 그 사실을 금융 위원회에 보고하고 인터넷 홈페이지 등을 이용하여 공시하여야 하는 사항이 아닌 것은?

① 대통령령으로 정하는 금액 이상의 신용 공여
② 해당 보험 회사의 대주주가 발행한 채권을 대통령령으로 정하는 금액 이상으로 취득하는 행위
③ 해당 보험 회사의 대주주가 발행한 주식을 대통령령으로 정하는 금액 이상으로 취득하는 행위
④ 보유 중인 해당 보험 회사의 대주주가 발행한 채권을 행사하는 행위

016 보험 회사가 대주주에 대하여 10억 원 이상의 신용 공여를 하려고 할 경우, 준수하여야 할 사항에 대한 설명으로서 옳지 않은 것은?

① 신용 공여 전에 미리 이사회 의결을 거쳐야 한다.
② 이사회 의결 시에는 재적 이사 2/3 이상의 찬성으로 의결하여야 한다.
③ 신용 공여를 한 후, 7일 이내에 금융 위원회에 보고하고 인터넷 홈페이지 등을 이용하여 공시하여야 한다.
④ 매 분기말 현재 대주주에 대한 신용 공여 규모 등을 매분기말 경과후 1개월 이내에 인터넷 홈페이지 등을 이용하여 공시하여야 한다.

017 다음 설명 중 가장 옳지 않은 것은?

① 금융 위원회는 보험 회사의 대주주인 자연인(自然人)의 부채가 자산을 초과하는 등 재무 구조의 부실로 인하여 보험 회사의 경영 건전성을 현저히 해칠 우려가 있는 경우로서 대통령령으로 정하는 경우에는 그 보험 회사에 대하여 대주주에 대한 신규 신용 공여를 금지할 수 있다.
② 금융 위원회는 보험 회사가 보험업법 제106조에서 정한 자산 운용의 방법 및 비율을 위반한 혐의가 있다고 인정되는 경우에는 보험 회사 또는 대주주에 대하여 필요한 자료의 제출을 요구할 수 있다.
③ 보험 회사는 원칙적으로 타인을 위하여 채무의 보증을 할 수 없다.
④ 보험 회사는 직접 또는 간접으로 당해 보험 회사의 대주주와 그 대주주의 다른 회사에 대한 출자를 지원하기 위한 신용 공여 행위를 하여서는 아니된다.

018 보험 회사가 보험업 경영과 밀접한 관련이 있는 업무 등으로 금융 위원회에 대한 신고만으로 자회사로 소유할 수 있는 회사가 아닌 것은?

① 선박 투자 회사법에 따른 선박 투자 회사가 하는 업무를 주로 하는 회사
② 보험 계약의 유지·해지·변경 또는 부활 등을 관리하는 업무를 주로 하는 회사
③ 보험에 관한 교육·연수·도서 출판·금융 리서치·경영 컨설팅 업무를 주로 하는 회사
④ 건강·장묘·장기 간병 등의 사회 복지 사업 및 이와 관련된 조사 업무를 주로 하는 회사

019 보험업법에서는 대통령령으로 정하는 금액 이하의 특별 계정에 대하여는 일반 계정에 포함하여 자산 운용 비율을 적용하도록 하고 있는데, 매 분기 말 기준으로 이에 해당하는 금액은?

① 100억 원
② 300억 원
③ 500억 원
④ 50억 원

020 보험업법상 보험 회사는 대통령령으로 정하는 재무 건전성 기준을 지켜야 한다. 이 기준에 의하면 지급 여력 비율은 100분의 (   ) 이상을 유지하여야 한다. 괄호 안에 들어갈 것은?

① 70
② 80
③ 90
④ 100

021 보험 회사와 자회사에 대한 설명으로 틀린 것은?

① 보험 회사는 자회사와 자회사가 소유하는 주식을 담보로 하는 신용 공여 및 자회사가 다른 회사에 출자하는 것을 지원하기 위한 신용 공여를 하여서는 아니 된다.
② 보험 회사는 자회사와 자산을 대통령령으로 정하는 바에 따라 무상으로 양도하거나 일반적인 거래 조건에 비추어 해당 보험 회사에 뚜렷하게 불리한 조건으로 매매·교환·신용 공여 또는 재보험 계약을 하는 행위를 하여서는 안 된다.
③ 보험 회사는 자회사를 소유하게 된 날부터 15일 이내에 그 자회사의 정관과 대통령령으로 정하는 서류를 금융 위원회에 제출하여야 한다.
④ 보험 회사는 자회사의 사업 연도가 끝난 날부터 6개월 이내에 자회사의 대차 대조표와 대통령령으로 정하는 서류를 금융 위원회에 제출하여야 한다.

022 다음 설명 중 옳지 않은 것은?

① 보험 회사는 매년 대통령령이 정하는 날에 그 장부를 폐쇄하여야 하고 장부를 폐쇄한 날부터 3월 이내에 금융 위원회가 정하는 바에 따라 재무제표 및 사업 보고서를 금융 위원회에 제출하여야 한다.
② 보험 회사는 매월의 업무 내용을 적은 보고서를 다음 달 말일까지 금융 위원회가 정하는 바에 따라 금융 위원회에 제출하여야 한다.
③ 보험 회사는 재무제표 및 매월의 업무 내용을 적은 보고서를 대통령령이 정하는 바에 따라 전자 문서의 방법으로 제출할 수 있다.
④ 보험 회사의 재무제표 및 사업 보고서는 회사의 기밀을 담고 있는 내용이 있을 수도 있어 영업소에 이를 비치하거나 일반인의 열람에 제공할 필요는 없는 것으로 보험업법은 규정한다.

023 보험업법상 보험 회사는 일정한 경우 자금 차입을 위해 사채를 발행할 수 있다. 그 발행 한도로 옳은 것은?

① 직전 분기 말 현재 자기 자본의 2분의 1 범위
② 직전 분기 말 현재 자기 자본의 범위
③ 직전 분기 말 현재 자기 자본의 2배 범위
④ 직전 분기 말 현재 자기 자본의 3배 범위

024 보험업법상 보험 회사가 배당 보험 계약에서 발생하는 이익을 배당할 때 주주 지분의 한도로 타당한 것은?

① 이익의 100분의 5 이하
② 이익의 100분의 10 이하
③ 이익의 100분의 15 이하
④ 이익의 100분의 20 이하

제3장 재무 건전성

1 재무 건전성 규제

001 다음 중 자산 건전성 규제에 대한 설명으로 틀린 것은?

① 자산 건전성 규제는 미예상 손실에 대한 손실 흡수력을 확보하는 제도이다.
② 자산 건전성 규제의 1단계는 신용 리스크가 있고 부실화 가능성이 있는 자산에 대한 건전성 분류이다.
③ 자산 건전성 규제의 2단계는 분류된 자산에 대한 대손 충당금 적립이다.
④ 자산 건전성 분류 기준은 '정상', '요주의', '고정', '회수의문', '추정 손실'의 5단계로 분류하고 있다.

002 다음 중 자산 건전성 분류 대상 자산에 해당하지 않는 것은?

① 대출 채무
② 유가 증권
③ 보험 미수금
④ 가지급금

003 다음 중 자산 건전성이 가장 양호한 자산은?

① 경영 내용, 재무 상태 및 미래 현금 흐름 등을 감안할 때 채무 상환 능력의 저하를 초래할 수 있는 요인이 현재화되어 채권 회수에 상당한 위험이 발생한 것으로 판단되는 거래처에 대한 자산
② 경영 내용, 재무 상태 및 미래 현금 흐름 등을 감안할 때 채무 상환 능력이 현저히 악화되어 채권 회수에 심각한 위험이 발생한 것으로 판단되는 거래처에 대한 자산 중 회수 예상 가액 초과 부분
③ 경영 내용, 재무 상태 및 미래 현금 흐름 등을 감안할 때 채무 상환 능력의 심각한 악화로 회수 불능이 확실하여 손실 처리가 불가피한 것으로 판단되는 거래처에 대한 자산 중 회수예상 가액 초과 부분
④ 경영 내용, 재무 상태 및 미래 현금 흐름 등을 감안할 때 채권 회수에 즉각적인 위험이 발생

하지는 않았으나 향후 채무 상환 능력의 저하를 초래할 수 있는 잠재적인 요인이 존재하는 것으로 판단되는 거래처에 대한 자산

004 현재 자산 건전성 분류 기준은 5단계로 분류하고 있다. 2개월 동안 연체된 자산의 분류 기준은 무엇인가?

① 요주의 ② 고정
③ 회수의문 ④ 추정 손실

005 보험 회사의 경우 '고정'으로 분류된 자산에 대한 대손 충당금 최저 적립 비율은 얼마인가?

① 1% 이상 ② 2% 이상
③ 20% 이상 ④ 50% 이상

006 다음 중 지급 여력(RBC)에 대한 설명으로 틀린 것은?

① 보험 회사에 있어 지급 여력이란 보험 계약자에 대한 보험금 지급 의무의 이행을 위해 필요한 자산(책임 준비금) 외에 추가로 보유하도록 한 순자산을 의미한다.
② 지급 여력 금액이란 보험 회사가 예측 가능한 리스크에 대비한 일종의 잉여금(Surplus)이라고 할 수 있다.
③ 지급 여력 비율은 지급 여력 금액을 지급 여력 기준 금액으로 나눈 비율로서 보험 회사의 재무 건전성을 측정하는 핵심 지표이다.
④ 관련 법규는 지급 여력 비율이 100% 이상 유지하도록 규정하고 있다.

007 다음 중 RBC 제도의 특징에 대한 설명으로 틀린 것은?

① 국제적 정합성에 최대한 부합
② 체계적인 리스크의 반영
③ 업계별 자율성 강조
④ 위험 요인별로 계수를 설정하여 규제 자본을 산출

008 RBC 제도의 리스크 분류 중 예상하지 못한 손해율 증가 등으로 손실이 발생할 리스크에 해당하는 것은?

① 보험 리스크
② 신용 리스크
③ 시장 리스크
④ 운영 리스크

009 RBC 제도의 리스크 분류 중 결정 요인이 잘못 연결된 것은?

① 보험 리스크 – 손해율
② 금리 리스크 – 자산/부채의 금리 민감도
③ 신용 리스크 – 부도율
④ 운영 리스크 – 분산 투자의 적정성

010 지급 여력 비율이 60%일 경우 금융 감독 당국이 내리는 시정 조치는 무엇인가?

① 경영 개선 고려
② 경영 개선 권고
③ 경영 개선 요구
④ 경영 개선 명령

2 재무 건전성 평가

011 다음 보험 회사의 경영 실태 평가 부분 중 계량 항목이 없는 것은?

① 자본 적정성
② 자산 건전성
③ 경영 관리
④ 수익성

012 다음 산식 중 평가 부문이 나머지 셋과 다른 하나는 어느 것인가?

① $\dfrac{\text{가중 부실 자산}}{\text{자산 건전성 분류 대상 자산}} \times 100$

② $\dfrac{\text{위험 가중 자산}}{\text{총자산}} \times 100$

③ $\dfrac{\text{대손 충당금 등 잔액}}{\text{고정 이하 대출 채권}} \times 100$

④ $\dfrac{\text{투자 영업 수익}}{\text{경과 운용 자산}} \times 100$

013 다음 중 리스크 평가 제도(RAAS)에 대한 설명으로 틀린 것은?

① 보험 회사 재무 건전성 및 금융 시스템 안정성 제고
② 현행 경영 실적 및 법규 중심 감독 체제의 한계 극복
③ 리스크 중심 직접 규제로 전환함으로써 보험 산업 국제 경쟁력 제고
④ 감독·검사 업무의 효율화 및 보험 회사의 수검 부담 경감

014 다음 중 종전의 경영 실태 평가와 비교했을 때 위험 기준 경영 실태 평가의 특징으로 적절하지 않은 것은?

① 미래 지향적(Forward looking)
② 사전 예방
③ 현장 검사
④ 리스크별 접근

015 다음 중 리스크 평가 제도(RAAS)에서 보기의 내용에 해당하는 평가만 하는 것은?

> 보험 회사가 직면하는 각종 리스크를 효율적으로 관리할 수 있는지 여부를 평가하기 위하여 리스크 관리 및 내부 통제의 적정성 등에 대해 평가 항목별 점검 사항(Check list)을 중심으로 평가

① 보험 리스크
② 경영 관리 리스크
③ 투자 리스크
④ 금리 리스크

016 다음 중 리스크 평가 제도(RAAS)에 대한 설명으로 적절하지 않은 것은?

① 경영 실태 평가 대상은 모든 보험 회사(외국 보험 회사 국내 지점 포함)를 대상으로 하는 것을 원칙으로 한다.
② 영업 개시 후 만 2년 미경과 사 및 소규모 또는 정리 절차 진행 등으로 평가의 실익이 적다고 감독 원장이 인정하는 경우는 평가 대상에서 제외할 수 있다.
③ 계량 항목 평가는 매년 실시하는 것을 원칙으로 한다.
④ 비계량 항목 평가는 매년 임점 평가를 원칙으로 하되, 변동 사항이 미미하다고 판단되는 경우 서면 평가로 대체 가능하다.

017 리스크 평가 제도(RAAS)의 평가 부문 중 가중치가 가장 높은 것은?

① 경영 관리 리스크
② 자본 적정성
③ 유동성 리스크
④ 보험 리스크

018 위험 평가 부문의 보험 리스크 평가 항목 중 비계량 평가 항목에 해당하는 것은?

① 보험 가격 리스크 비율
② 준비금 리스크 비율
③ 손해율
④ 보험 리스크 관리의 적정성

019 리스크 평가제도(RAAS)하에서 지급여력비율 0% 미만인 경우 내려지는 적기시정조치는?

① 조직·인력 운영의 개선
② 점포 폐쇄 및 신설 제한
③ 임원진 교체 요구
④ 외부 관리인 선임

020 리스크 평가 제도(RAAS)하에서 경영 개선 요구가 내려지는 기준은 무엇인가?

① 종합 등급 3등급 이상으로서 자본 적정성 평가 등급이 4등급 이하
② 종합 등급 3등급 이상으로서 보험·금리·투자 리스크 부문의 평가 등급 중 2개 이상의 등급이 4등급 이하인 경우
③ 경영 실태 평가 종합 등급이 4등급 이하인 경우
④ 경영 실태 평가 종합 등급이 5등급 이하인 경우

보험심사역
기업전문부문

제1과목
재산 보험

|핵심 이론|

1. 보험의 목적에 관한 우연한 사고 중 화재 및 낙뢰로 인한 물적 손해는 보통 약관으로 보상한다.

2. 화재 보험 보통 약관은 Positive 방식의 약관이다.

3. **화재 보험 보통 약관** : 보험 가입 금액을 한도로 손해액의 10% 한도 내에서 잔존물 처리 비용을 보상한다.

4. 구내 폭발 위험 담보 특별 약관에서 말하는 폭발 또는 파열이란 급격한 산화 반응을 포함하는 파괴 또는 그 현상을 말한다.

5. **도난 위험 담보 특약** : 강도, 절도에 의한 도난, 훼손 또는 망가짐 손해 외에도 도난품을 회수하는 데 소요되는 필요하고도 정당한 비용을 보상한다.

6. **실손 보상 특별 약관** : 사고 시에 보험 가입 금액이 '보험 가액의 부보 비율에 해당하는 금액' 이상이면, 보험 가입 금액을 한도로 실제 손해액 전액을 보상한다.

7. 재조달 가액은 보험 계약의 대상물과 동등한 것을 재취득 또는 재구입하기 위하여 소요되는 비용을 말한다.

8. **재조달 가액** : 취득 금액에 물가 상승률을 곱하는 방법으로 산정한다.

9. 재고 가액 통지 특별 약관에서 보험 가입 금액은 보험 기간 중의 예상 최대 재고 가액으로 정한다.

10. 기업 휴지 손해 담보 특약에서 약정 보상 기간이란 손해를 입은 때로부터 그 손해의 영업에 대한 영향이 소멸되어 매출액이 복구되는 때까지 필요한 기간이다.

11. 화재 보험의 물건 중 주택 물건의 지급 보험금 계산 방식은 '손해액 × $\frac{\text{보험 가입 금액}}{\text{보험 가액} \times 80\%}$'이다.

12. 특수 건물 화재 보험의 경우, 신체 손해 배상 책임 담보 특약을 첨부하여 보험 계약을 체결해야 한다.

13. 손해 보험사의 계약 인수 규정에서 인수 제한 물건의 경우에는 해당 계약의 책임 개시 5일 전까지 인수 지침에서 정한 인수 심사 절차에 따라 인수 승인을 받은 후 인수하여야 한다.

14. 화재 보험 계약 인수 시 갱신 계약의 경우, 전년도 계약과의 가입 금액을 비교해 보아야 한다.

15. 보험의 목적 중 건물 및 가재도구는 당연 가입 물건에 해당한다.

16. 일반 화재 보험은 화재 사고는 보상하나, 폭발 및 파열 사고는 면책한다.

17. 화재 보험 약관에서 보상하는 피난 손해는 화재의 발생에 따른 손해의 확대 방지를 위하여 보험의 목적을 구조하는 도중 해당 목적물에 생긴 손해를 말한다.

18. 화재 보험 약관에서 청약서상의 수용 장소와 다른 피난지에서의 화재, 소방, 피난 손해도 보상 대상이 된다.

19. 국문 화재 보험 보통 약관에서 화재 사고 현장의 잔존물 제거 비용은 손해액의 10%를 한도로 보상한다.

20. 국문 화재 보험 보통 약관에서 보험의 목적이 발효, 자연 발열 또는 자연 발화로 생긴 손해는 보상하지 아니한다. 그러나 자연 발화로 연소된 다른 보험의 목적에 생긴 손해는 보상한다.

21. 국문 화재 보험 보통 약관에서 대위권 보전 비용 및 잔존물 보전 비용은 보험 가입 금액을 초과한 경우에도 이를 전액 지급해야 한다.

22. 국문 화재 보험 보통 약관에서 손해의 방지 또는 경감을 위하여 지출한 필요 또는 유익한 비용은 보험 가입 금액을 초과한 경우에도 이를 전액 지급하여야 한다.

23. 화재 보험은 원칙적으로 기간을 정할 수 있는 기간 보험이다.

24. 국문 약관의 화재 보험 기간의 개시 시각은 보험 계약자가 보험료를 입금한 시각부터이다.

25. 화재 보험의 보험 가입 금액(TSI) 또는 보상 한도액(LOL)이 보험자의 보상 책임 한도이다.

26. 화재 보험의 보험 가액 결정 기준에서 손해가 발생한 때라고 함은 '보험 사고 직전'을 말한다.

27. 협정 보험 가액 특약에서 글, 그림, 골동품, 원고, 설계서 등의 목적물에 대해 계약 체결 시 가액을 협의하여 평가하고 그 금액을 보험 기간 중의 보험 가액으로 한다.

28. 화재 보험의 재조달 가액 담보 특약에서 회사는 이 증권에서 부담하는 위험으로 보험의 목적에 손해가 생긴 때에는 이 특별 약관에 따라 재조달 가액을 보상한다.

29. 화재 보험의 전부 보험에서 보험 기간 동안 물가 상승 등으로 인한 보험 가액의 변동이 없어야 한다.

30. 화재 보험의 중복 보험 요건으로, 다수 보험 가입 금액의 총액은 보험 가액을 초과해야 한다.

31. 2급 건물은 화재 시 건물의 주요 구조부 중 지붕만 불연 재료(철골, 유리, 슬레이트 등)인 경우이다.

32. 계속 계약 할인이 적용되려면 전계약 만기일과 갱신 계약 개시일이 차이가 10일 이하여야 한다.

33. 화재 보험 장기 계약의 경우에는 소정의 할인을 적용하여 2년 장기 계약(일시납 기준)은 175%, 3년 장기 계약(일시납 기준)은 250%를 납입한다.

34. 법령이나 명령에 의한 철거로 인한 해지의 경우 환급 시 일할 계산을 한다.

35. 동산 종합 보험의 경우, 장소를 불문하고 특별 면책 위험을 제외한 모든 우연한 사고를 담보한다.

36. 할부 금융 회사 할부 물건 특별 약관은 특정 물건의 담보에만 적용되는 특별 약관이다.

37. 동산 종합 보험에서 '동물'은 보험 종목과의 영역 조정 및 분리를 위하여 적용 제외 대상이 되는 물건이다.

38. 동산 종합 보험은 화재, 도난, 파손, 폭발을 필수 담보 위험으로 하고 있다.

39. 동산 종합 보험은 원칙적으로 기간 보험 기간이다.

40. 기간 보험 기간의 보험 기간 개시 및 종료 시각은 보험자 주소지의 표준시로 16:00을 기준으로 한다.

41. 동산 종합 보험의 보험 가액은 보험 사고가 발생한 때와 곳의 시가에 따라 평가하여야 한다.

42. 동산 종합 보험의 보험 가액은 원칙적으로 보험 사고가 발생한 때와 곳의 시가에 따라 평가하여야 한다.

43. 동산 종합 보험은 손해 방지 비용, 대위권 보전 비용, 잔존물 보존 비용, 기타 협력 비용 등으로 보상한다.

44. 동산 종합 보험은 화재 보험과 달리 잔존물 제거 비용은 보상하지 않는다.

45. 동산 종합 보험의 손해액은 사고가 발생한 때와 곳의 보험 목적 가액을 기준으로 산정한다.

46. 동산 종합 보험에 재조달 가액 특약이 첨부된 경우, 사고가 발생한 때와 곳의 재조달 가액에 의하여 산정한다.

47. 동산 종합 보험의 기본 요율에서 필수 담보는 보험 계약자의 선택권이 없으나, 선택 담보는 보험 계약자가 담보 여부를 선택할 수 있다.

48. 재산 종합 보험은 모든 위험을 계약 1건에 포괄적으로 담보할 수 있다.

49. 패키지 보험의 면책 사항은 전부문에 대하여 적용되는 일반 면책 사항과 각 담보 부문에 대하여만 적용되는 특별 면책 사항으로 구분된다.

50. 재산 종합 보험에서 모기업이 동종 위험을 통합 부보할 경우, 자산 규모가 작은 자회사·계열사는 실질적인 보상 한도액의 증액 효과를 얻을 수 있는 동시에 광범위한 담보 조건의 설정이 가능하다.

51. 피보험자가 관리하는 귀중품은 재산 종합 위험 담보 부문(Property All Risks Cover)의 당연 가입 물건에 해당하지 않는다.

52. 재산 종합 보험의 경우 실무적으로 동일 또는 관련한 업종의 자회사와 통합 부보가 가능하다.

53. 운송중인 상품이나 재물은 패키지 보험 약관(Package Insurance Policy) 재산 손해 담보 부문(Property All Risks Cover) 보험의 목적으로 적절하지 않다.

54. 재산 종합 보험은 일반 화재 보험에서와 같은 담보 위험 열거 방식을 취하지 않고 면책 위험 열거 방식을 취하고 있다.

55. 발화를 동반하지 않는 화학 반응은 SECTION Ⅰ(PAR COVER)에서 담보하지 않는다.

56. 재산 종합 위험 담보 부문(Property All Risks Cover)에서 소방 비용, 잔존물 제거 및 청소 비용, 복구를 위한 전문가 용역비는 당연히 담보되는 화재 손해로 해석되지 않고, 통상 확장 담보 조항을 두어 담보하는 위험이다.

57. 패키지 보험(Package Insurance) 제1부문에서 해당 공사를 담보하는 다른 보험이 있는 경우에는 소규모 공사 조항은 후순위로 적용되어 상기 보험에서 담보되지 않는 초과액만을 보상한다.

58. 패키지 보험(Package Insurance) 제1부문에서 해당 공사로 인해 발생할 수 있는 예정이익의 상실 손해는 보상하지 않는다.

59. 패키지 보험(Package Insurance) 제1부문(재산 종합 위험 담보)에서 특약으로 확장 담보 할 수 있는 항공기에 의한 손해란 항공기와의 충돌에 의한 손해를 의미한다.

60. 재산 종합 보험에서 동맹 파업자, 공장에서 축출된 근로자 또는 노동 쟁의에 가담한 자에 의해 직접적으로 야기한 물적 손해는 담보한다.

61. 재산 종합 보험에서 합법적인 정부 기관에 대한 봉기 또는 혁명적 행위를 면책하는 것은 절대적 면책 위험에 해당한다.

62. 재산 종합 보험에서 고의적으로 설계 허용치 및 안전 한도를 초과하여 운전한 경우는 면책 대상이 된다.

63. 재산 종합 보험은 보험 기간 중 발생한 사고를 보상하는 손해 사고 기준 증권이다.

64. 재산 종합 보험에서 보험자의 최고 보상 한도는 보험 가입 금액으로 정해지는 경우와 보상 한도액으로 정해지는 경우 중 당사자의 합의에 의해 결정된다.

65. 기초 공제액 : 보험 사고 발생 시 보험 계약자가 자체 부담키로 한 보험 회사와 약정한 일정 손해액을 말한다.

66. 기업 휴지 보험의 경우에는 사고 직후의 일정 기간으로 표시되어 기초 공제 기간이라 한다.

67. 재산 종합 보험에서 면책 자산은 보상 기준의 적용 여지가 없다.

68. 재산 종합 보험에서 보상 기준은 원칙적으로 부보 금액 산정 기준 및 산정 방법과 동일하다.

69. 재산 종합 보험에서 수리 가능한 분손 사고인 경우 원상회복에 소요되는 일체의 비용이 보상 가능하다.

70. 재산 종합 보험에서 손해액을 산정하기 위한 재고 자산의 평가액에 가공까지의 제 비용과 세금이 포함된다.

71. 재조달 가액의 평가 방법에서 반제품의 경우 투입 재료비에 공정별로 부가된 가공비를 가산한 금액으로 평가한다.

72. 재산 종합 보험은 보험 가입 금액을 신품 재조달 가액으로 한다.

73. 일부 보험인 경우는 손해액에 보험 가입 금액을 신품 재조달 가액으로 나눈 값을 곱하는 방식으로 비례 보상한다.

74. 중복 보험의 경우 손해액을 서로 분담할 수 있다.

75. 재산 종합 보험의 확장 담보 조항에서 잔존물 제거 비용 중 실제로 발생된 비용을 담보한다.

76. 재산 종합 보험의 확장 담보 조항에서 소방 비용은 자재비, 장비 동원에 소요된 비용 등 일체가 보상 가능하다.

77. 재산 종합 보험의 확장 담보 조항에서 손해 방지 비용은 비용이나 희생 손해의 위험에 처한 목적물의 가액과 비교하여 적정해야 한다.

78. 재산 종합 보험의 확장 담보 조항 중 총공사 도급 계약 금액이란 당해 공사 또는 프로젝트와 관련하여 제3자에게 계약으로 지급하는 금액 일체를 의미하는 것이므로 총투자비와는 다른 개념이다.

79. 재산 종합 보험의 확장 담보 조항 중 추가 자산 자동 담보에 대한 추가 보험료는 보험 기간 만료 시 매 추가별로 납입한다.

80. 손해 보험(Risk Survey)은 해당 업종에 대한 전문적 지식이 있는 Risk Surveyor가 현장을 방문하여 위험을 실사한다.

81. Risk Survey는 원활한 요율 구득을 위한 목적으로 진행된다.

82. 해외 Surveyor에 의한 초청 Survey는 해당 업종의 해외 전문가를 수배하기 어렵고 비용이 많이 드는 단점이 있다.

83. 보험 계약자 입장에서 다양한 Surveyors의 전문적 의견을 비교할 수 있는 기회가 되는 것은 Joint Survey의 특징이다.

84. Underwriting Survey Report가 완성되면 보험 계약자는 보험 조건을 확정하고 보험사에 요율 구득을 요청한다.

85. 기계 보험은 특정한 개별 기계, 기계 설비 또는 장치만 선별해서 가입할 수 있다.

86. 기계 보험의 보험 가입 금액은 보험의 목적물과 동종, 동능력의 새로운 기계로 재조달하는 비용과 동일하다.

87. 기계 위험 담보의 경우는 항상 신품 재조달 가액으로 부보하여야 한다.

88. 기계 보험에서 기계적 사고의 결과적 유형은 기계 장치의 붕괴 파열, 깨짐 등의 현상이다.

89. 자재의 소모, 일상적 사용으로 인한 기계 부품의 소모나 마모는 보정될 사항으로 기계 보험 사고로 보지 않는다.

90. 통상적인 보수, 정비를 위한 시운전의 경우에는 기계 보험 사고로 보상한다.

91. 기계 보험에서 사고가 난 부보 자산이 수리가 되지 않은 경우 손해 사정의 기초는 그 자산의 현재 가액이다.

92. 기계 보험에서 보험 가입 금액이 부보되어야 할 금액보다 적을 경우, 보험되는 부보 금액에 대한 보험 가입 금액의 비율로 비례 보상한다.

93. 기업 휴지 보험 : 보험 사고로 인하여 가동 중단에 따른 수익의 감소를 보상하는 보험이다.

94. 기존 재고를 활용하여 매출액 감소 없이 견딘 기간 동안에는 기업 휴지 손실이 없다고 본다.

95. 기업 휴지 보험에서 조업이 중단됨으로서 보상 기간 중 지출이 중단된 비용은 손해액에서 공제되어 보상되지 않는다.

96. 배상 책임 위험 : 일반 배상 책임으로서 기업 시설 및 영업 활동에 관련된 제3자 배상 책임 위험을 포괄 담보한다.

97. 피보험자의 임직원이 업무 수행 도중 회사 측의 과실로 사망한 경우, 회사 고용주로서의 법적 배상 책임을 담보한다.

98. 하자 있는 생산물 자체 손해는 생산물 배상 책임에서 담보되지 않는다.

99. 재산 보험의 보유 : 보험자가 자기의 계산에 따라 위험의 범위를 한정하여 자기의 책임 부담으로 하는 것을 말한다.

100. 원보험자의 피보험 이익 : 재보험에서는 원보험자가 원보험 증권상 피보험 이익에 대하여 갖게 되는 보험 책임을 말한다.

memo

제1장
화재 보험

1 개요

001 다음 중 화재 보험의 개념에 관한 설명으로 옳지 않은 것은?

① 화재 보험은 우연한 화재 사고로 입은 손해를 보상하는 보험이다.
② 보험의 목적에 관한 우연한 사고 중 화재 및 낙뢰로 인한 물적 손해는 보통 약관으로 보상한다.
③ 보통 약관상에서 담보하는 손해는 보험 목적이 입은 교환 가치 손해이다.
④ 화재 보험은 보통 약관상 피보험자의 모든 재산에 관하여 사실상의 모든 우연한 사고와 모든 손해를 담보하는 보험 제도이다.

002 다음 중 화재 보험의 약관에 관한 설명으로 옳지 않은 것은?

① 화재 보험 보통 약관은 positive 방식의 약관이다.
② 화재로 인한 소방 손해는 보통 약관에 의해 보상받을 수 없다.
③ 특별 약관은 보통 약관의 조건을 변경하는 약관이다.
④ 주택 화재 보험 보통 약관, 화재 보험 보통 약관은 국내에서 주로 많이 판매되는 보통 약관이다.

2 화재 보험의 주요 조건

003 화재 보험 보통 약관의 보상 범위에 관한 설명으로 옳지 않은 것은?

① 소방 손해는 수침 손해, 파손 손해 등을 포함한다.
② 연기로 인한 손해는 직접 손해에 해당한다.
③ 보험 가입 금액을 한도로 손해액의 10% 한도 내에서 잔존물 처리 비용을 보상한다.
④ 잔존물 처리 비용에는 잔존물 해체부터 상차, 하차 비용까지 포함된다.

004 구내 폭발 위험 담보 특별 약관의 내용으로 옳지 않은 것은?

① 수재 위험 부담보 추가 특별 약관
② 협정 보험 가액 특별 약관
③ 서기 2000년 부담보 추가 약관
④ 테러 행위 면책 추가 약관

005 다음 중 특별 약관의 내용으로 옳은 것은?

① 구내 폭발 위험 담보 특별 약관에서 말하는 폭발 또는 파열이란 급격한 산화 반응을 포함하는 파괴 또는 그 현상과 유압기, 수압기 등의 물리적 폭발을 포함한다.
② 풍수재 위험 담보 특약의 경우, 특수 건물에 대해서는 별도의 할증 보험료 없이 자동 담보하고 있다.
③ 전기 위험 담보 특약은 소손해 면책을 위해 1사고 당 10만 원의 자기 부담금을 마련하고 있다.
④ 도난 위험 담보 특약은 도난품을 회수하는데 소요되는 필요 비용은 보상하지 않는다.

006 실손 보상 특별 약관에 대한 설명으로 옳지 않은 것은?

① 전손 가능성이 높은 건물을 대상으로 한다.
② 약정 부보 비율은 공장 물건의 경우 50%, 60%, 70%, 80%, 90%, 100%로 운영되고 있다.
③ 사고 시에 보험 가액을 평가한다.
④ 사고 시에 보험 가입 금액이 '보험 가액의 부보 비율에 해당하는 금액' 이상이면, 보험 가입 금액을 한도로 실제 손해액 전액을 보상한다.

007 다음과 같은 보험 계약이 있는 경우 지급 보험금은 얼마인가?

> □ 보험 가액 : 100억 원
> □ 보험 가입 금액 : 80억 원
> □ 손해액 : 50억 원
> □ 80% 부보 비율 조건부 실손 보상 특별 약관을 첨부

① 50억 원 ② 60억 원
③ 80억 원 ④ 100억 원

008 다음 중 재조달 가액 담보 특별 약관에 대한 설명으로 옳지 않은 것은?

① 재조달 가액이란 보험 계약의 대상물과 동등한 것을 재취득 또는 재구입하기 위하여 소요되는 비용을 말한다.
② 피보험자에게 사고 후 일정 기간 내에 복구 의무를 지우고 있다.
③ 감가 상각률이 낮은 물건에 한정한다.
④ 재조달 가액은 취득 금액에 경년 감가액을 곱하는 방법으로 산정한다.

009 다음 중 재고 가액 통지 특별 약관에 관한 설명으로 옳지 않은 것은?

① 보험 가입 금액은 보험 기간 중의 예상 최소 재고 가액으로 정한다.
② 보험료는 100%를 납부한다.
③ 보험사는 계약 만기 후 연간 평균치로 정산하여 보험료를 환급한다.
④ 수영복이나 스키복 제조사 등에 요긴한 특약이다.

010 다음 중 기업 휴지 손해 담보 특약에 관한 설명으로 옳지 않은 것은?

① 보상하는 손해는 영업 이익과 이재 시 계속 지출되는 경상비의 합이다.
② 약정 복구 기간이 12개월을 초과하지 않는 경우, 보험 가입 금액은 해당 약정 복구 기간의 영업 이익 및 보험 가입 경상비의 합계액이다.
③ 약정 보상 기간이란 손해를 입은 때로부터 그 손해의 영업에 대한 영향이 소멸되어 매출액이 복구되는 때까지 필요한 기간이다.
④ 소손해 시 보상의 번거로움을 피하고 보험료 절감 효과를 위하여 통상 일정 기간의 면책 기간을 설정한다.

011 화재 보험의 물건 중 보험자의 임의 가입 물건에 대한 다음 설명 중 옳지 않은 것은?

① 주택 물건은 주택 화재 보험으로 담보한다.
② 일반 물건과 공장 물건은 동일한 지급 보험금 계산 방식을 사용한다.
③ 주택 물건의 지급 보험금 계산 방식은 '손해액 $\times \frac{보험\ 가입\ 금액}{보험\ 가액 \times 80\%}$'이다.
④ 재고 자산의 지급 보험금 계산 방식은 '손해액 $\times \frac{보험\ 가입\ 금액}{보험\ 가액}$'이다.

012 특수 건물 화재 보험에 대한 다음 설명 중 옳지 않은 것은?

① 일정 규모 이상의 학원, 병원, 호텔, 아파트 등의 시설의 경우 법률로 특수 건물 화재 보험 가입을 의무화하고 있다.
② 신체 손해 배상 책임 담보 특약을 첨부하여 보험 계약을 체결하여야 한다.
③ 풍수재 특약은 자동으로 담보된다.
④ 방위 산업 물건과 일부 국유 건물은 보안상의 이유로 한국 화재 보험 협회가 인수한다.

013 다음 중 손해 보험사의 계약 인수 규정상 인수 금지 물건에 해당하지 않는 것은?

① 가구 판매점
② 나이트클럽
③ 단란주점
④ 펠트 및 부직포 제조

014 화재 보험 계약 인수 시의 유의점으로 옳지 않은 것은?

① 해당 계약자의 과거 손해 사항
② 갱신 계약의 경우 전년도 계약과의 보험금 비교
③ 해당 계약자의 당사와의 거래년 수
④ 인수 승인 시 보험자의 보유 부담

015 보험의 목적에 관한 설명으로 옳지 않은 것은?

① 보험의 목적은 주로 건물, 기계, 동산, 시설, 공기구, 비품, 가재도구 등으로 이루어진다.
② 건물 및 가재도구는 당연 가입 물건에 해당한다.
③ 피보험자와 같은 세대에 속하는 사람의 소유물은 가재도구이다.
④ 보석, 글, 그림, 골동품 등은 제외 물건이다.

016 화재 보험 약관별 보상하는 사고의 범위로 잘못 설명된 것은?

① 주택 화재 보험은 폭발 및 파열 사고를 보상한다.
② 일반 화재 보험은 화재 및 폭발 사고는 면책한다.
③ 특수 건물 화재 보험은 폭발 및 파열 사고를 면책한다.
④ FOC 영문 약관 보험은 화재 사고를 보상한다.

017 다음 중 화재 보험 약관에서 보상하는 '화재'가 아닌 것은?

① 불자리를 벗어나서 발생한 불로써 우발적인 것
② 불이 독립하여 자력으로 확대될 수 있는 연소 작용이 있을 것
③ 불자리인 장소에서 발생한 불로써 고의적인 것
④ 연소에 의해 보험의 목적에 경제적 손해를 초래시킬 것

018 다음 중 화재 보험 약관에서 보상하는 피난 손해에 관한 설명으로 옳지 않은 것은?

① 화재의 발생에 따른 손해의 확대 방지를 위하여 보험의 목적을 구조하는 도중 해당 목적물에 생긴 손해를 말한다.
② 청약서상의 수용 장소와 다른 피난지에서의 화재, 소방, 피난 손해도 보상 대상이 된다.
③ 피난지에서 보험 기간 내의 5일 동안에 생긴 화재, 소방, 피난 손해를 보상한다.
④ 5일의 기간은 옮긴 날부터 5일간을 말하며, 전보험 기간을 넘어서는 기간의 연장을 의미한다.

019 다음 중 국문 화재 보험 보통 약관에서 전부 보상하는 비용이 아닌 것은?

① 화재 진압 과정에서 발생하는 필요 비용
② 회사의 요구에 따르기 위해 지출한 필요 비용
③ 화재 사고 현장의 토양 오염 물질 제거에 합리적으로 지출한 비용
④ 잔존물을 보전하기 위하여 지출한 유익한 비용

020 다음 중 국문 화재 보험 보통 약관에서 보상하는 손해에 해당하는 것은?

① 화재가 발생했을 때 생긴 도난 또는 분실로 생긴 손해
② 자연 발화로 연소된 다른 보험의 목적에 생긴 손해
③ 발전기, 변압기, 배전반 및 그 밖의 전기기기 또는 장치의 전기적 사고로 생긴 손해
④ 지진, 분화, 기타 이들과 유사한 사태로 생긴 화재 및 연소 손해

021 다음 중 국문 화재 보험 보통 약관에서 보상하는 손해에 해당하지 않는 것은?

① 화재 진압을 위하여 인위적으로 건물 벽면을 부순 경우 이에 해당하는 손해
② 화재에 따른 피난 손해(피난지에서 5일 동안에 생긴 화재 및 소방 손해)
③ 잔존물을 해체, 청소, 상차 및 폐기하는 데 소요되는 비용
④ 인근 건물의 화재로 보험 목적물에 발생한 연기 손해

022 국문 화재 보험 보통 약관에서 보험금 등의 지급 한도에 대한 설명으로 옳지 않은 것은?

① 잔존물 제거 비용은 보험 증권에 기재된 보험 가입 금액을 한도로 지급하되 손해액의 10%를 초과할 수 없다.
② 손해의 방지 또는 경감을 위하여 지출한 필요 또는 유익한 비용은 보험 가입 금액을 초과한 경우 일부만 지급할 수도 있다.
③ 대위권 보전 비용 및 잔존물 보전 비용은 보험 가입 금액을 초과한 경우에도 이를 전액 지급하여야 한다.
④ 보험 회사가 손해를 보상한 경우에는 보험 가입 금액에서 보상액을 뺀 잔액을 손해가 생긴 후의 나머지 보험 기간에 대한 잔존 보험 가입 금액으로 한다.

023 화재 보험의 보험 기간에 대한 설명으로 옳지 않은 것은?

① 화재 보험의 보험 기간은 원칙적으로 기간 보험이다.
② 보험 기간의 개시 시각은 국문 약관은 보험 계약자가 보험료를 입금한 시각부터이다.
③ 표준시는 보험 계약자의 주소지를 기준으로 한다.
④ 보세 화물 화재 보험 계약은 반입과 반출이라는 사실 행위에 의해 결정된다.

024 화재 보험의 보험 가액과 보험 가입 금액에 대한 설명으로 옳지 않은 것은?

① 보험 가입 금액(TSI) 또는 보상 한도액(LOL)이 보험자의 보상 책임 한도이다.
② 보험 가액은 보험 계약을 체결한 때와 장소의 시가로 결정한다.
③ 추정 최대 손해액(PML)은 화재 사고 발생 시 추정 가능한 최대 손해액을 말한다.
④ 화재 보험은 미평가 보험의 일종이다.

025 화재 보험의 보험 가액 결정 시기 및 결정 기준으로 옳지 않은 것은?

① 손해가 발생한 때라고 함은 '보험 사고 직전'을 말한다.
② 건물, 기계 설비 장치의 보험 가액은 재조달 가액에서 감가상각액을 뺀 금액이다.
③ 교환재의 재고 자산의 보험 가액에는 판매 이익은 포함하지 않는다.
④ 교환재의 경우 제조, 가공 등이 미완료된 경우에도 이 때문에 지출이 면제된 비용은 포함된다.

026 다음의 내용이 설명하는 화재 보험 특약은 무엇인가?

> 원칙적으로 보험 가액의 결정 시기와 장소 및 결정 금액은 사고가 발생한 때와 장소 및 시가로 한다. 그러나 보험 사고 직전의 보험 가액의 판단에 대한 기준이 명확치 않거나 가액의 평가 자체에 논란의 소지가 있는 물건의 경우에는 보험 계약 당시의 가액으로 정하기도 한다.

① 재조달 가액 담보 특약
② 협정 보험 가액 특약
③ 환율 특약
④ 다른 보험 계약 특약

027 화재 보험의 재조달 가액 담보 특약에 대한 다음 설명 중 옳지 않은 것은?

① 건물, 시설 및 기계 장치, 집기비품, 가재 및 공기구와 원부재료를 포함한 원료, 반제품 등을 포함한다.
② 회사는 이 증권에서 부담하는 위험으로 보험의 목적에 손해가 생긴 때에는 이 특별 약관에 따라 재조달 가액을 보상한다.
③ 보험 가입 금액은 보험의 목적의 재조달 가액의 80%를 상회하여야 한다.
④ 계약자 또는 피보험자가 손해 발생 후 180일 이내에 수리 또는 복구 의사를 서면 통지하지 않을 경우, 재조달 가액에 의한 피보험자의 추가 보험금 청구권은 상실된다.

028 화재 보험의 전부 보험에 대한 설명으로 옳지 않은 것은?

① 일부 보험 가입으로 인한 비례 보상의 불이익이 없다.
② 보험 기간 동안 물가 상승 등으로 인한 보험 가액의 변동이 없어야 한다.
③ 재고 물건의 경우 보험 가액 10억의 물건을 보험 가입 금액 8억의 일부 보험으로 가입 후 5억의 손해 발생 시 손해액 5억 전액을 지급한다.
④ 공장 물건의 경우 보험 가액 10억의 물건을 보험 가입 금액 10억의 전부 보험으로 가입 후 5억의 손해 발생 시 손해액 5억 전액을 지급한다.

029 화재 보험의 중복 보험의 요건이 아닌 것은?

① 동일한 피보험 이익에 대하여 보험 사고가 동일할 것
② 보험 기간이 동일 또는 중복할 것
③ 수 개의 보험 계약을 수 인의 보험자와 체결할 것
④ 다수 보험 가입 금액의 총액 ≥ 보험 가액

030 다음 중 국문 화재 보험에서 아래와 같은 조건에 따라 산출한 보험금으로 옳은 것은?

보험 목적	보험 가입 금액	보험 가액	손해액
건물(편의점)	100백만 원	250백만 원	50백만 원
동산(편의점)	100백만 원	250백만 원	50백만 원

① 건물 : 20백만 원, 동산 : 20백만 원
② 건물 : 25백만 원, 동산 : 20백만 원
③ 건물 : 20백만 원, 동산 : 25백만 원
④ 건물 : 25백만 원, 동산 : 25백만 원

031 국문 화재 보험에서 아래의 조건에 따라 지급 보험금을 산출할 경우 옳은 것은?

▫ 영위 업종 : 일반 판매 시설
▫ 보험 가입 금액 : 건물 800만 원, 재고 자산 800만 원
▫ 보험 가액 : 건물 1,000만 원, 재고 자산 1,000만 원
▫ 손해액 : 건물 200만 원, 재고 자산 300만 원

① 건물 200만 원, 재고 자산 240만 원
② 건물 200만 원, 재고 자산 300만 원
③ 건물 160만 원, 재고 자산 300만 원
④ 건물 160만 원, 재고 자산 240만 원

032 국문 화재 보험의 할인 할증 요율로 주택, 일반 및 공장 모두에 적용 가능한 것으로 옳지 않은 것은?

① 고층 건물 할증
② 소화 설비 할인
③ 불연 내장재 할인
④ 특수 건물 할인

033 건물 화재 보험의 할인, 할증에 대한 설명으로 잘못된 것은?

① 우량 할인 – 화재 보험 협회 점검 결과에 따라 적용
② 계속 계약 할인 – 갱신 계약에 대하여 5% 할인 적용
③ 동산 할증 – 재고 동산에 할증 적용
④ 고층 건물 할증 – 10층 이상의 건물에 적용

034 다음 중 '2급 건물'로 판정할 수 있는 경우는?

① 화재 시 건물의 주요 구조부 모두 철근 콘크리트로 되어 있는 경우
② 화재 시 건물의 주요 구조부 중 기둥이 철골로 되어 있는 경우
③ 화재 시 건물의 주요 구조부 중 지붕만 유리로 되어 있는 경우
④ 화재 시 건물의 주요 구조부가 모두 목조로 되어 있는 경우

035 계속 계약 할인의 적용 기준으로 옳지 않은 것은?

① 동일한 보험사와 갱신 계약이어야 한다.
② 전 보험 계약 기간이 3년 이상이어야 한다.
③ 갱신 계약 보험 기간이 1년이어야 한다.
④ 전계약 만기일과 갱신 계약 개시일이 차이가 10일 이하여야 한다.

036 화재 보험의 장기 계약 시 할인을 적용한 요율이 맞는 것은?

① 2년 165%, 3년 240%
② 2년 170%, 3년 245%
③ 2년 175%, 3년 250%
④ 2년 180%, 3년 255%

037 다음 중 환급 시 일할 계산을 적용하지 않는 경우는?

① 보험 특약 삭제에 따른 보험료의 환급
② 갱개 해지
③ 수용 장소의 이전
④ 법령이나 명령에 의한 철거로 인한 해지

제2장
동산 종합 보험

1 개요

001 다음 중 동산 종합 보험에 대한 설명으로 옳지 않은 것은?

① 피보험자의 재산 중 동산이 우연한 사고로 입은 손해를 보상하는 보험이다.
② 열거 위험 담보 방식으로 규정되어 있다.
③ 장소를 불문하고 특별히 면책 위험을 제외한 모든 우연한 사고를 담보한다.
④ 보험 계약자의 선택에 따라 '보관 중'의 사고도 담보한다.

002 다음 중 위험의 제한 또는 확장 담보에 관한 특별 약관은?

① 리스 회사 임대 물건 특별 약관
② 할부 금융 회사 할부 물건 특별 약관
③ 수리 위험 담보 특별 약관
④ 협정 보험 가액 특별 약관

2 동산 종합 보험의 주요 조건

003 다음 중 동산 종합 보험의 목적에서 제외되는 물건은?

① 임차인 관리 하에 있는 임대 회사의 리스 기계
② 불도저
③ 동물
④ 골동품

004 다음 중 동산 종합 보험의 필수 담보 위험이 아닌 것은?

① 화재   ② 파손   ③ 도난   ④ 잡위험

005 다음 중 동산 종합 보험의 보험 기간에 대한 설명으로 옳지 않은 것은?

① 원칙적으로 기간 보험 기간이다.
② 보험 기간의 개시 및 종료 시간은 보험자 주소지의 표준시로 09:00를 기준으로 한다.
③ 구간 보험 기간은 보험 목적의 반입과 반출에 의하여 보험 기간과 보험기 간의 개시 및 종료 시점이 결정된다.
④ 중복 보험 기간은 기간 보험 기간과 구간 보험 기간의 두 가지 보험 기간이 모두 적용된다.

006 다음 중 동산 종합 보험의 보험 가액과 보험 가입 금액에 대한 설명으로 옳지 않은 것은?

① 보험 가액은 보험 사고가 발생한 때와 곳의 시가에 따라 평가하여야 한다.
② 보험자의 최고 보상 한도액을 보험 가액의 기준으로 하여 보험 가입 금액을 결정한다.
③ 보험 가액은 어떠한 경우에도 보험 계약 당시의 시가로 정할 수 없다.
④ 일부 특약의 경우 보험 가입 금액 대신에 보상 한도액(LOL)으로 정하기도 한다.

007 다음 중 동산 종합 보험에서 보상하지 않는 손해는?

① 손해 방지 비용
② 잔존물 보존 비용
③ 기타 협력 비용
④ 잔존물 제거 비용

008 다음 중 보험금의 지급에 관한 설명으로 옳지 않은 것은?

① 손해액은 사고가 발생한 때와 곳의 보험 목적의 가액을 기준으로 산정한다.
② 협정 보험 가액 특약이 첨부된 경우, 보험 계약 당시의 협정 가액을 기초로 산정한다.
③ 리스 회사 임대 물건 특약이 첨부된 경우, 규정 손실금을 기초로 산정한다.
④ 재조달 가액 특약이 첨부된 경우, 보험 계약 당시의 재조달 가액을 기초로 산정한다.

009 다음 중 전손에 해당하지 않는 경우는?

① 보험 사고로 보험 목적의 가액이 전손되는 경우
② 보험 목적의 수리비가 잔존물 가치를 초과하는 경우
③ 보험 목적을 적재한 수송 용구가 60일 이상 행방불명인 때
④ 1set로 이루어진 보험 목적의 일부분에 손해가 발생한 때

010 다음에서 설명하고 있는 보험 요율은 무엇인가?

> 보통 약관상의 상대적 면책 위험을 추가로 확장 담보할 때에 적용되는 요율

① 기본 요율
② 할증 요율
③ 특약 요율
④ 최종 적용 요율

제3장 재산 종합 보험

1 개요

001 다음 중 재산 종합 보험으로 옳지 않은 것은?

① 재산 종합 보험은 피보험자의 전 재산이 고의적인 사고로 입은 손해를 보상하는 보험이다.
② 재산 종합 보험은 산업 경제의 고도화, 선진화에 따라 생겨났다.
③ 모든 위험을 계약 1건에 포괄적으로 담보할 수 있다.
④ 실무적으로 동일 또는 관련 업종 자회사와의 통합 부보는 가능하다.

002 다음 중 재산 종합 보험에 대한 설명으로 옳지 않은 것은?

① 패키지 보험은 증권의 전 부문에 적용되는 일반 조항과 재산 종합 위험, 기계 위험, 기업 휴지 위험 및 배상 책임 위험 등 4개의 담보 부문으로 구성되어 있다.
② 패키지 보험은 재산 종합 위험 담보 부문을 기본으로 하며, 보험 계약자의 선택에 따라 개별 위험 담보에 적합한 형식으로 선택하여 가입할 수 있다.
③ 패키지 보험의 면책 사항은 전 부문에 대하여 적용되는 일반 면책 사항과 각 담보 부문에 대하여만 적용되는 특별 면책 사항으로 구분된다.
④ 패키지 보험은 화재, 폭발, 파손 및 풍수재 등의 다양한 위험을 구체적으로 열거하여 담보하는 담보 형태의 증권이다.

003 재산 종합 보험에서 모기업이 동종 위험을 통합 부보할 경우의 장점으로 옳지 않은 것은?

① 거대 규모로 일시에 보험 시장에 접근함으로써 구매력의 집중을 통해 보험료의 인하가 가능해진다.
② 자산 규모가 작은 자회사의 경우에는 광범위한 담보 조건의 설정이 불가능하다.
③ 해외 재보험 시장이 악화되는 경우에는 영향을 최소화하여 안정적인 보험 관리가 가능해진다.
④ 보험 관리를 체계화하여 업무 수행을 위한 인적 부담을 경감할 수 있다.

004 다음 중 신체장해 및 재물 손해에 대한 법률상 배상책이 및 비용을 내용으로 하는 Package Pollicy Section은?

① SECTION Ⅰ : PAR COVER
② SECTION Ⅱ : MB COVER
③ SECTION Ⅲ : BI COVER
④ SECTION Ⅳ : CGL COVER

2 SECTION Ⅰ : PAR Cover의 주요 조건

005 다음 중 재산 종합 위험 담보 부문(Property All Risks Cover)의 당연 가입 물건에 해당하지 않는 것은?

① 피보험자가 소유하는 부동산
② 피보험자가 소유하는 동산
③ 피보험자가 관리하는 부동산
④ 피보험자가 관리하는 귀중품

006 다음 중 패키지 보험 약관(Package Insurance Policy) 재산 손해 담보 부문(Property All Risks Cover)의 보험의 목적으로 적절한 것은?

① 원형 또는 모형
② 해상 또는 항공용 운반구
③ 운송중인 상품이나 재물
④ 통상적인 유지 정비를 위한 시운전이 진행 중인 기계 장치

007 다음 중 재산 종합 위험 담보 부문(Property All Risks Cover)이 보상하는 손해에 관한 내용으로 옳지 않은 것은?

① 담보 위험 열거 방식을 취하고 있다.
② 사고 원인 또는 형태가 면책 위험에 해당하지 않는 한 담보되는 보험 사고로 해석할 수 있다.
③ 화재 보험보다 담보 범위가 넓고 포괄적이다.
④ 일반 면책 사항에 해당되지 않는 한 모두 담보된다.

008 다음 중 재산 종합 위험 담보 부문(Property All Risks Cover)에서 담보하는 화재는?

① 통상적으로 불을 수용하는 용기 밖의 불
② 피보험자에 의한 방화
③ 발화를 동반하지 않는 화학 반응
④ 전호

009 다음 중 재산 종합 위험 담보 부문(Property All Risks Cover)에서 당연히 담보되는 손해에 해당하는 것은?

① 청소 비용
② 소방 비용
③ 잔존물 제거 비용
④ 벼락에 의한 재산의 직접 손해

010 다음 중 패키지 보험(Package Insurance) 재산 종합 위험 담보 부문(Property All Risks Cover)의 확장 담보 조항이 아닌 것은?

① 일시적 철거 담보(Temporary Removal)
② 소방 비용 담보(Fire Fighting Expenses)
③ 건축가, 조사자, 자문 기술자 용역 비용 담보(Architects, Surveyors and Consulting Engineers)
④ 잔존 가치 담보(Residual Value)

011 화재 보험 표준 약관에 특약으로 확장 담보할 수 있는 위험에 해당하지 않는 것은?

① 화재 사고에 부수된 연기에 의한 손해
② 폭발에 부수된 폭음에 의한 직접 손해
③ 항공기 또는 차량에 의한 손해
④ 비나 눈에 의한 기상 현상에 의한 간접 손해

012 다음 중 패키지 보험(Package Insurance) 제1부문(재산 종합 위험 담보)에 적용되는 소규모 공사 조항(Minor Works Clause)에 관한 설명으로 옳지 않은 것은?

① 공사 금액이 명세서에 기재된 금액을 초과하지 않는 소규모 증축, 신축 또는 재건축 공사로 인해 발생한 손해를 보상한다.
② 통상적인 유지 관리를 위한 소규모의 공사에는 이 조항이 적용되지 않는다.
③ 해당 공사를 담보하는 다른 보험이 있는 경우에는 이 보험에서 선부담하며, 초과되는 손해는 다른 보험에서 부담한다.
④ 해당 공사로 인해 발생할 수 있는 예정 이익의 상실 손해는 보상하지 않는다.

013 다음 중 패키지 보험(Package Insurance) 제1부문(재산 종합 위험 담보)에서 특약으로 확장 담보할 수 있는 항공기 또는 차량에 의한 손해에 관한 설명으로 옳지 않은 것은?

① 항공기에 의한 손해란 항공기와의 충돌에 의한 손해를 의미한다.
② 차량이란 항공기를 제외하고 육상이나 궤도상을 달리는 우난구를 말한다.
③ 차량의 경우 피보험자의 소유이어야 한다.
④ 사고 형태나 원인을 불문하고 갑작스럽고 우연한 직접 손해에 해당되는 것을 담보한다.

014 다음 중 재산 종합 보험에서 보상하는 손해에 해당하는 것은?

> ㉠ 동맹 파업자가 직접적으로 야기한 물적 손해
> ㉡ 전쟁 위험
> ㉢ 원인을 불문하고 누출 및 오염과 관련된 손해 및 비용
> ㉣ 고의적으로 설계 허용치 및 안전 한도를 초과하여 운전

① ㉠ ② ㉡ ③ ㉢ ④ ㉣

015 다음 중 재산 종합 보험에만 적용되는 고유한 면책 위험에 해당하지 않는 것은?

① 원인을 불문하고 누출 및 오염과 관련된 손해 및 비용
② 기계, 전자 또는 전기 장치의 고장
③ 작업 철회
④ 합법적인 정부 기관에 대한 봉기

016 다음은 재산 종합 보험의 면책 위험 중 고의적인 위험의 입증에 관한 설명이다. 괄호 안에 들어갈 말로 적절한 것은?

> 고의적으로 설계 허용치 및 안전 한도를 초과하여 운전한 경우는 면책 대상이 된다. 이때 면책 조항이 적용되기 위해서는 특정적이고 의도적인 한도 초과 운전 지시 및 이에 따른 고의적이고도 지속적인 운전이 있었다는 (   )측의 입증이 있어야 한다.

① 보험 계약자　　② 보험자　　③ 정부　　④ 보험사

017 다음 중 재산 종합 보험의 보험 기간에 관한 설명으로 옳지 않은 것은?

① 보험 기간 중 발생한 사고를 보상하는 손해 사고 기준 증권이다.
② 보험 기간의 산정은 보험 계약자 주소지의 표준시를 기준으로 한다.
③ 보험 기간의 개시 시각 및 종료 시각은 00 : 00 기준이다.
④ 1년의 보험 기간을 표시할 때 보험 기간의 말일은 개시일보다 하루 전의 날짜로 표시하여야 한다.

018 재산 종합 보험의 보험 가액과 보험 가입 금액 및 기초 공제액에 대한 다음 설명으로 옳지 않은 것은?

① 보험자의 최고 보상 한도는 보험 가입 금액으로 정해지는 경우와 보상 한도액으로 정해지는 경우 중 당사자의 합의에 의해 결정된다.
② 보험 가액은 신품 재조달 가액 보험을 기준으로 한다.
③ 특약으로 기평가보험으로 할 수도 있다.
④ 국내에서는 기평가보험으로 하는 경우가 많다.

019 다음 중 괄호 안에 들어가기 적절한 용어는 무엇인가?

> 전손의 발생 가능성이 매우 낮고 분손의 발생이 확실 시 될 경우 (   )을 설정하여 보험 계약자는 보험료를 절감하고 보험자 및 재보험자는 만일의 사고 발생 시의 보상 책임을 보험 가입 금액보다 훨씬 적은 일정 금액으로 제한하고자 한다.

① 보험 가입 금액(Total Sum Insured)
② 보상 한도액(Limit Of Liability)

③ 최대 추정 손해액(Probably Maximum Loss)

④ 사고 처리 비용(Expense)

020 다음 중 기초 공제액에 관한 설명으로 옳지 않은 것은?

① 기초 공제액이란 보험 사고 발생 시 보험 계약자가 자체 부담키로 보험 회사와 약정한 일정 손해액을 말한다.

② 재물 보험에서는 기초 공제액으로 표시한다.

③ 기업 휴지 보험의 경우는 사고 직후의 일정 기간으로 표시되어 기초 공제 기간이라 한다.

④ 소형 계약의 경우 기초 공제액 설정이 매우 중요한 요소이다.

021 다음 중 재산 종합 보험에서 보상 기준으로 옳지 않은 것은?

① 면책 자산은 보상 기준의 적용 여지가 없다.

② 보상 기준은 원칙적으로 부보 금액 산정 기준 및 산정 방법과 동일하다.

③ 담보 위험의 발생으로 인한 직접적인 물적 피해에 대해서는 보상 기준이 적용된다.

④ 담보 받기를 원하는 금액이나 비용은 보험사고 발생 시에 명확히 한다.

022 재산 종합 보험의 보상 기준에 관한 설명으로 옳지 않은 것은?

① 수리 가능한 분손 사고인 경우, 원상회복에 소요되는 일체의 비용이 보상 가능하다.

② 수리 가능한 분손 사고의 경우, 수리비가 목적물 전체를 재조달하는 금액보다 클 수도 있다.

③ 피보험자가 복구를 하지 않은 경우, 사고 발생 시 부보 자산의 현재 가액만이 보상된다.

④ 재조달은 손해를 입은 날로부터 12개월 이내에 개시되어야 한다.

023 다음 중 재고 자산의 보상 기준에 관한 설명으로 옳은 것은?

① 손해액 산정을 위한 재고 자산의 평가액에 가공까지의 제비용과 세금은 포함되지 않는다.

② 재조달 시점의 동종, 동품질의 시가가 재고 자산의 평가액이다.

③ 보험 가액은 보험 계약 시점의 취득 가액이 기준이 된다.

④ 미실현 이익이 포함된다.

024 다음 중 재조달 가액의 평가 방법으로 옳지 않은 것은?

① 상품의 경우 재매입 가액으로 평가한다.
② 반제품의 경우 투입된 재료비로 평가한다.
③ 원재료를 외부로부터 매입한 경우 재매입 가격으로 평가한다.
④ 원재료로 자가 제조한 경우는 제조 원가로 평가한다.

025 다음 중 지급 보험에 관한 설명으로 옳지 않은 것은?

① 재산 종합 보험은 보험 가입 금액을 신품 재조달 가액으로 한다.
② 전부 보험인 경우는 손해액 전액을 보상한다.
③ 초과 보험인 경우는 신품 재조달 가액을 한도로 보상한다.
④ 일부 보험인 경우는 실손 보상한다.

026 다음 중 중복 보험에 관한 설명으로 옳지 않은 것은?

① 재산 종합 보험 이외의 다른 보험 계약이 있는 경우에 중복 보험 관계가 된다.
② 중복 보험의 경우 손해액을 서로 분담할 수 있다.
③ 다른 보험이 시가 보험인 경우, 다른 보험을 재조달 보험인 것으로 계산한다.
④ 다른 보험과는 비례 분담 방식으로 분담 보험금을 산정한다.

027 재산 종합 보험의 확장 담보 조항 중 잔존물 제거 및 청소 비용에 관한 설명으로 옳지 않은 것은?

① 잔존물 제거 비용 중 실제로 발생된 비용을 담보한다.
② 피보험자의 법규 위반 등으로 인하여 증가한 비용도 보상한다.
③ 구내의 지표 또는 지하 흙 등의 오염을 원상회복시키는 비용은 보상되지 않는다.
④ 잔존물이 제3자에게 매감됨에 따라 발생한 수익은 보험자에게 귀속시킨다.

028 재산 종합 보험의 확장 담보 조항 중 소방 비용에 관한 설명으로 옳지 않은 것은?

① 자재비, 장비 동원에 소요된 비용 등 일체의 소방 비용이 보상 가능하다.
② 공공기관 기타 제3자로부터 회수가 불가능한 금액 한도 내에서만 보상한다.
③ 피보험자의 종업원에 대하여도 대가 지불금을 보상한다.
④ 제3자가 소방 지원을 하는 경우 이들에게 지급한 자재비 등도 보상한다.

029 재산 종합 보험의 확장 담보 조항 중 손해 방지 비용에 관한 설명으로 옳지 않은 것은?

① 피보험자의 손해 방지 노력에 따른 비용을 보상한다는 취지이다.
② 비용이나 희생 손해는 위험에 처한 목적물의 가액과 비교했을 때 적정하여야 한다.
③ 보상 가능한 비용이나 손해 항목은 열거되어 있는 내용에 한한다.
④ 주변 자산의 피난·안전 확보 조치 등에 발생한 적극적 비용도 포함된다.

030 재산 종합 보험의 확장 담보 조항 중 소규모 건설 자동 담보에 관한 설명으로 옳지 않은 것은?

① 총공사 도급 계약 금액이란 총투자비와 같은 개념이다.
② 소규모 건설 자동 담보는 물적 피해에만 국한된다.
③ 통상적인 운전 과정에서 발생하는 변경, 유지, 수정은 당연히 담보된다.
④ 동 시설물의 사고로 인한 예정 이익 손실을 보상하는 것은 아니다.

031 재산 종합 보험의 확장 담보 조항 중 추가 자산 자동 담보에 관한 설명으로 옳지 않은 것은?

① 보험 기간 중 자산의 증가가 있는 경우에 해당한다.
② 추가 자산에 대한 명세를 추가일로부터 1개월 이내에 보험 회사에 제출하여야 한다.
③ 추가 보험료는 보험 기간 만료 시, 매 추가별로 납입한다.
④ 추가 보험료는 일할 계산한다.

032 국내 각 보험사에 의해 독립적으로 산출 및 적용되는 화재 보험 요율과는 달리 재산 종합 보험의 요율은 국내 및 해외의 재보험자와의 협의 과정을 통해 생산된다. 그 이유로 적절하지 않은 것은?

① 국내 보험사의 담보력 부족
② 언더라이팅 수익(profit)의 과도한 창출
③ 국내 시장의 영업 우선 경향
④ 보험 계약자들의 최저 입찰 제도

033 다음 중 Risk Survey에 관한 설명으로 옳지 않은 것은?

① 해당 업종에 대한 전문적 지식이 있는 Risk Surveyor들이 관련 서류를 통해 위험을 실사한다.
② 원활한 요율 구득을 위한 목적으로 진행된다.
③ 해외에 있는 재보험자들에게 해당 Risk의 전반적인 상태를 알려준다.
④ Risk Surveyor들은 실사 후 종합적인 Underwriting Survey Report를 작성한다.

034 해외 Surveyor에 의한 초청 Survey에 관한 설명으로 옳지 않은 것은?

① 새로운 형태의 위험 관리 시각을 제공하기 위하여 사용하는 방법이다.
② 해당 업종의 해외 전문가를 수배하기 어렵고 비용이 많이 드는 단점이 있다.
③ 보험 계약자 입장에서 다양한 Surveyors의 전문적 의견을 비교할 수 있는 기회가 된다.
④ 최근에는 보험 조건으로 계약 관련 당사자들에게 비용을 공동으로 부담하게 하는 경우가 늘고 있다.

035 다음 중 보험 계약자의 보험자에 대한 요율 구득 요청에 관한 설명으로 옳지 않은 것은?

① Underwriting Survey Report가 완성되면 보험 계약자는 보험 조건을 확정하고 보험사에 요율 구득을 요청한다.
② 요율 구득 요청은 대게 입찰 공고 형식으로 추진된다.
③ Surveyor들은 입찰에 참여한 보험사의 요율 구득 작업에 관여하게 된다.
④ 재보험자의 신용 등급을 사전에 지정하는 경우도 있다.

036 다음 중 재산 종합 보험 요율 구득 시 필요한 자료에 해당하지 않는 것은?

① 구내 건물 개황
② 사고 방지 및 소화 시설 현황
③ 위험품 취급 현황
④ 앞으로 3년간의 추정 손해 예정

037 재산 종합 보험 요율 구득 시 필요한 자료 중 일반적 고지 사항에 해당하지 않는 것은?

① 계약자 및 피보험자의 영문 명칭
② 진입 도로의 상태 및 넓이
③ 주요 영위 직종 및 생산 품목
④ 남, 여 근무 형태별 종업원 수

3 SECTION Ⅰ : MB Cover의 주요 조건

038 다음 중 기계 보험에 관한 설명으로 옳지 않은 것은?

① 기계 보험은 특정의 개별 기계, 기계 설비 또는 장치에 대해서만 선별하여 가입할 수 있다.
② 보험 가입 금액은 보험의 목적물과 동종, 동능력의 새로운 기계로 재조달하는 비용과 동일하다.
③ 재조달 비용은 운송비, 관세 및 제세공과금, 조립 비용 등이 포함된다.
④ 기계 위험 담보의 경우는 시가로 부보할 수 있다.

039 다음 중 기계 보험의 담보 위험에 관한 설명으로 옳지 않은 것은?

① 부보된 기계 장치가 검사를 목적으로 이동되는 동안 발생한 손해는 보상한다.
② 부상하는 손해는 기계적 사고로 인한 물적 피해액이다.
③ 기계적 사고의 결과적 유형은 기계 장치의 붕괴 파열, 깨짐과 그로 인한 가연성 물질의 유출로 인한 폭발, 화재 사고까지를 포함한다.
④ 기계적 사고의 발생 원인으로 재질, 설계상의 결함을 들 수 있다.

040 다음 중 기계 보험의 면책 위험에 관한 설명으로 옳은 것은?

① 재산 종합 보험의 담보 위험은 기계 보험에서 면책된다.
② 자재의 소모, 일상적 사용으로 인한 기계 부품의 소모나 마모도 기계 보험 사고로 볼 수 있다.
③ 안전한 계치를 초과한 고의적인 실험 행위 중의 사고에 직접 또는 간접적으로 관련된 손해도 기계 보험 사고로 볼 수 있다.
④ 통상적인 보수, 정비를 위한 시운전은 면책된다.

041 다음 중 기계 보험 보상 기준에 관한 설명으로 옳지 않은 것은?

① 손해가 발생할 경우 손해 사정의 기초는 재조달 가액이다.
② 재조달 가액이란 유사한 종류 및 품질의 신품으로 대체하거나 수리하는 데 소요되는 일체의 비용을 말한다.
③ 수리를 효과적으로 하기 위해 소요된 해체 및 재조립 비용은 포함되지 않는다.
④ 사고가 난 부보 자산이 수리가 되지 않은 경우 손해 사정의 기초는 그 자산의 현재 가액이다.

042 다음 중 기계 보험의 보상금 산정에 관한 내용으로 옳지 않은 것은?

① 보험 가입 금액이 부보되어야 할 금액보다 적을 경우 보험되는 부보되어야 할 금액에 대한 보험 가입 금액의 비율로 비례 보상한다.
② 하나 이상의 기계 장치가 있을 경우, 각 기계 장치를 모두 합하여 일괄 보상을 적용한다.
③ 보험 가입 금액 책정 시 보험자와 충분히 협의하여 정할 필요가 있다.
④ 기계 보험 사고의 경우 수리 가능 여부의 판단, 수리 범위, 소요 기간 등의 문제가 1차적 논의의 대상이 된다.

제4장
기타 보험

1 기업 휴지 보험

001 다음 중 기업 휴지 보험에 관한 설명으로 옳지 않은 것은?

① 기업 휴지 보험은 보험 사고로 인하여 가동 중단에 따른 수익의 감소를 보상한다.
② 통상적으로는 재물 보험과 동시에 인수한다.
③ 재물 보험의 종류에 따라 화재 기업 휴지 보험, 재산 종합 기업 휴지 보험, 기계 기업 휴지 보험 등으로 구분하고 있다.
④ 소규모의 IT 기반 장치 산업이 발달함에 따라 보험 가입 수요는 점차 줄고 있다.

002 다음 중 기업 휴지 보험의 보상 요건으로 옳지 않은 것은?

① 재산 종합 보험 또는 기계 보험 사고가 발생하고 이로 인한 물적 피해가 있어야 한다.
② 물적 피해액이 반드시 기초 공제액을 초과할 필요는 없다.
③ 물적 피해로 인한 기업 휴지가 있어야 한다.
④ 기존 재고를 활용하여 매출액 감소 없이 견딘 기간 동안도 기업 휴지 손실이 있다고 본다.

003 다음 중 기업 휴지 보험의 담보 위험에 해당하지 않는 것은?

① 기업 휴지 기간 동안 시행키로 예정되었던 생산 계획
② 사고 직전 1년간의 실제 매출액
③ 조업이 중단됨으로써 보상 기간 중 지출이 중단된 비용
④ 기업 휴지 기간 동안의 제품 수급 상황

004 다음 중 CGL Cover에 관한 설명으로 옳지 않은 것은?

① 피보험자가 목적 활동을 수행하는 과정에 있어서 예기치 않게 제3자의 재산이나 인명에 피해를 주는 경우에 보상하는 보험이다.
② 회사가 지게 되는 법적 손해 배상 책임액을 보상한다.
③ 배상 책임 위험은 일반 배상 책임으로서 기업 시설 및 영업 활동에 관련된 제3자 배상 책임 위험을 포괄 담보한다.
④ 북미 지역 수출 제품에 관한 생산물 위험도 포괄 담보한다.

005 다음 중 배상 책임 보험의 담보 위험이 아닌 것은?

① 고용주 배상 책임 담보
② 피보험자 상호 간의 배상 책임
③ 원자재 배상 책임
④ 유류 기타 오염 물질의 유출로 인한 배상 책임

006 배상 책임의 담보 위험에 관한 설명으로 옳지 않은 것은?

① 하자 있는 생산물 자체 손해는 생산물 배상 책임에서 담보된다.
② 피보험자의 임직원이 업무 수행 도중 회사 측의 과실로 사망한 경우 회사 고용주로서 법적 배상 책임을 담보한다.
③ 점진적·누진적으로 진행된 오염 사고는 보상하지 않는다.
④ 고용주 배상 책임 담보에서 산재 보험으로 1차적 보상이 이루어진 경우에는 산재 보험의 보상 한도액을 초과하는 부분만 고용주 배상 책임 보험에서 보상된다.

007 기업 휴지 손해 담보의 전제 조건에 관한 설명으로 옳지 않은 것은?

① 담보하는 위험에 의하여 보험의 목적에 인적 손해가 발생하여야 한다.
② 손해에 직접 기인하여 기업 활동이 전면적 또는 부분적으로 중단되어야 한다.
③ 기업 활동이 중단된 결과로 영업 수익이 감소하여야 한다.
④ 영업 수익 감소에 기인하여 부보된 이익에 대한 금전적 손실이 발생해야 한다.

008 기업 휴지 손해 담보에 관한 Business Interruption Insurance(미국식 이익 보험) 방식과 Loss of Profits Insurance(영국식 이익 보험) 방식의 특징으로 옳지 않은 것은?

① BI Insurance는 계정 과목에 대한 피보험자의 선택 부보를 인정하지 않는다.
② LOP Insurance는 약정 보상 기간을 설정할 수 없다.
③ BI Insurance는 특별 비용의 손실 보상액 계산에 있어서 비례 보상을 적용하지 않는다.
④ LOP Insurance의 Indemnity Period는 사고 발생일부터 영업 수익 회복되기의 기간이다.

2 재산 보험의 재보험

009 재산 보험의 보유에 관한 설명으로 옳지 않은 것은?

① 보유라 함은 보험자가 자기의 계산에 따라 위험의 범위를 한정하여 자기의 책임 부담으로 하는 것을 말한다.
② 자기의 보유 한도란 보험자가 개개의 위험에 대하여 자기의 계산으로 부담할 수 있는 최저 책임액이다.
③ 자기 보유 한도액은 예상 손실액의 크기를 기초로 의사 결정을 한다.
④ 개개의 위험이란 보험 종목의 전 위험 집단을 구성하는 위험 단위이다.

010 보유의 종류에 관한 설명으로 옳지 않은 것은?

① 초과 손해액 재보험에 있어 순보유는 최종 순손실의 정해진 금액이다.
② 집적 위험 보유는 다수의 위험이 1사고에 따라 손해를 입을 가능성이 있는 범위의 경우를 상정하여 정하고 있다.
③ 개별 위험 보유는 연간 손해율이 예정 손해율을 어느 한도 이상 초과하지 않도록 하는 방법이다.
④ 총계 위험 보유는 주로 농작물 보험에 이용된다.

011 재보험의 일반 원칙에 관한 설명으로 옳지 않은 것은?

① 재보험에서 원보험자의 피보험 이익이란 일반적으로 피보험자가 소유자, 관리자 등으로서 갖게 되는 피보험 이익을 말한다.
② 특약 재보험 방식은 고도의 신뢰 원칙을 지니고 있다.
③ 재보험자의 책임은 출재 회사가 입은 실재 손해에 한정된다.
④ 원보험자가 대위권을 행사하여 그 손실이 감소된 경우 재보험자도 그만큼 혜택을 받게 된다.

012 다음 중 재보험의 기능에 관한 설명으로 옳지 않은 것은?

① 재보험으로 경영의 안정, 거대 위험의 소화 분산이 가능하다.
② 재보험은 원보험 회사의 재무 구조 강화를 목적으로 이용될 수 있다.
③ 자연재해, 거액의 위험으로 생기는 대규모 손해에 대한 예방으로도 이용되고 있다.
④ 재보험으로 보험 회사의 경비나 손해율을 통제하는 것은 어렵다.

제2과목
특종 보험

|핵심 이론|

1. 특종 보험은 거대 위험 또는 미지의 위험이 많고, 대수의 법칙을 적용하기 곤란한 경우가 많다.

2. **건설 공사 보험** : 각종 토목 및 건축 공사 중에 공사장 내에서 예기치 못한 돌발적인 사고로 인하여 본공사, 가공사, 공사용 재료 등에서 발생하는 재물 손해를 보상하는 보험이다.

3. 건설 공사 보험은 계약자의 선택에 따라 공사 중에 제3자의 신체나 재산에 손해를 입힘으로써 피보험자가 부담해야 하는 법률상의 배상 책임이나 건설 기계, 장비 및 주위 재산 등을 추가하여 가입할 수 있다.

4. 국문 약관은 진동, 지지대의 약화 또는 철거로 인한 제3자 배상 책임을 특별 약관으로 담보한다.

5. **영국식 약관** : 지지대의 약화로 인한 제3자 배상 책임을 보통 약관으로 담보한다.

6. 발주자가 보험에 가입하는 경우 보험료는 도급업자의 도급 금액에서 제외된다.

7. 보험 계약의 기본 담보(보통 약관)의 내용으로는 공사 목적물 자체에 대한 손해, 공사를 위한 임시 시설물이 있다.

8. 공사용 기계 기구, 공사용 중장비(불도저, 크레인 등)와 잔존물 제거 비용(보상하는 사고가 발생한 경우 잔존물을 공사장으로부터 제거하는 비용)은 별도로 증권에 기재하여야만 보험의 목적이 된다.

9. 건설 공사와 관련하여 작업 현장이나 그 인근에서 제3자의 재물에 손해를 입힘으로써 부담하는 법률상의 배상 책임도 선택 담보할 수 있다.

10. 보험 기간이 시작되었더라도 공사 목적물이 공사 현장에서 하역이 완료되기 전에 사고가 발생하면 보상하지 않는다.

11. 건설 공사 보험에서 기본 담보는 공사 완공까지 투입되는 총공사 금액으로, 여기에는 공사 재료비, 노무비 및 각종 경비가 포함된다.

12. 건설 공사 보험에서 공사용 중장비의 경우 동종으로 같은 능력을 발휘할 수 있는 장비의 신조달 금액을 기준으로 가입한다.

13. 건설 공사 보험에서 보험 계약자, 피보험자의 악의 또는 중대한 과실로 인한 손해는 보상하지 아니하는 손해이다.

14. 건설 공사 보험의 법률상 손해 배상금은 보험 회사의 동의를 얻은 것이어야 한다.

15. 건설 공사 보험의 보상의 범위에서 부대 비용은 손해 배상 청구자에게 지급한 모든 소송비용과 회사에서 서면으로 승인을 얻어 지출한 모든 비용을 말한다.

16. **조립 보험** : 전위험(All Risk) 담보 방식이다.

17. 현금, 수표, 유가 증권, 인지, 서류, 포장 물질, 설계 도면 등은 조립 보험의 목적에서 제외된다.

18. 조립 보험에서 공사를 위한 가시설물, 공사 목적물 자체에 대한 손해는 기본 담보의 내용이다.

19. 조립 보험의 보험 기간은 공시 기간을 기준으로 정한다.

20. 조립 보험에서 조립의 완료 시점과 보험 기간의 종료일 중 먼저 도달하는 시점이 책임의 종기가 된다.

21. 조립 보험에서 Cold-Test 기간은 조립된 기계 장치의 기계적 기능 시험을 수행하는 기간이고, 정상 가동을 위한 시험 기간은 Hot-Test기간이다.

22. 조립 보험에서 시운전 담보 기간은 별도로 정한 경우를 제외하고는 4주를 넘기지 못한다.

23. 조립 보험에서 제3자 배상 책임은 최대 추정 손해액을 기초로 보상 한도액을 설정한다.

24. 조립 보험에서 잔존물 제거 비용은 예상 비용을 추정하여 별도의 한도액을 설정한다.

25. 조립 보험에서 피보험자가 제출하는 계산서에 따른 복구비에는 급행 운임, 야근 수당 등 기타 특별 비용은 별도 담보 특약이 없으면 보상하지 않는다.

26. **개량비** : 개량을 위해 추가 투입된 비용으로 손해액에서 제외된다.

27. 조립 보험에서 방화 시설에 관한 것은 화재 발생 가능성이 있는 계약 및 공사용 자재나 기계를 일시적으로 보관하는 창고를 필요로 하는 계약에 첨부할 수 있는 추가 약관이다.

28. 조립 보험에서 보험 가입 금액은 완성 가액을 기초로 하여 설정한다.

29. 조립 보험에서 보험 증권에 공사용 가설물, 공사용 공구, 건설 기계 등을 부보할 때에는 그 세부 내용을 명기하여야 한다.

30. 기계 보험의 경우 화재 보험으로 담보할 수 있는 사항은 면책으로 규정하여 화재 보험과 담보의 중복을 피하고 있다.

31. 기계 보험에서 특별 비용 담보 특별 약관은 보통 약관상의 담보 위험을 일부 확장하는 내용의 특별 약관이다.

32. 기계 보험의 대상에는 저장용 탱크와 같이 움직이지 않는 강구조물도 포함한다.

33. 기계 보험 : 사업장 내에서 가동 가능한 상태에 있는 기계에 발생한 사고로 인한 손해를 담보하는 보험이다.

34. 예비 부품은 그것 자체로서는 기계가 아니지만 언제든지 기계의 일부로 사용될 수 있으므로, 기계 보험의 목적으로 할 수 있다.

35. 기계 보험의 신조달 가액에는 기체 자체의 가액 외에 운송비, 설치비, 관세 등 제공과금, 시운전비 및 기타 부대 비용이 포함된다.

36. 기계 보험에서 근로자의 취급 부주의로 인한 손해는 보상한다.

37. 기계 보험에서 임시 수리비가 본 수리비의 일부에 해당하고 총 수리비를 증가시키지 않으면 손해액으로 인정한다.

38. 기계 보험에서 분손의 경우 수리 부품이 신품으로 교체되어도 감가상각을 적용하지 않는다.

39. 기계 보험에서 보험 가입 금액이 신조달 가액에 미달하는 일부 보험이면 보험 가입 금액의 신조달 가액에 대한 비율에 따라 보상한다.

40. 기계 보험에서 중복 보험의 경우 담보 조건이 동일하면 보험 가입 금액 비례 분담 방식에 따라 보험금을 분담한다.

41. 기계 보험은 손해 부분의 수리 또는 대체가 완료되어야 보험금을 지급한다.

42. 기계 보험에서 초과 보험의 경우, 재조달 가액을 한도로 보험금을 지급한다.

43. 기계 보험의 보험금 청구가 있으면 지체 없이 보험금을 결정하고 10일 이내에 피보험자에게 지급한다.

44. 전자 기기 보험의 담보 대상은 컴퓨터 시스템 등으로 시운전이 끝난 전자 기기이다.

45. 기계 보험의 추가 작업 비용은 보험 목적물에 사고가 발생하여 유사한 대용 기기를 사용함으로써 발생하는 비용을 말한다.

46. 도난 보험 동산 담보 특약 : 담보하는 보험 목적은 모든 유체 동산이지만 자동차, 동·식물류 등은 제외된다.

47. 도난 보험의 수탁물 배상 책임 특약은 도난 위험만을 담보한다.

48. 도난 보험은 열거 위험 담보 방식의 보험 약관이다.

49. 도난 보험의 목적은 보관 장소에 보관되어 있는 동안에 발생한 도난 사고로 입은 손해를 담보하는 것이다.

50. 도난 보험에서 보상하는 손해는 직접 손해에 한정하며, 간접 손해는 보상하지 않는다.

51. 도난 보험에서 현금 및 유가 증권 담보 특약의 경우에는 추정 최소 손해액을 기초로 한 보상 한도액으로 결정한다.

52. 도난 보험에서 협정 가액 특약 물건에 관하여는 보험 계약 체결 당시의 시가에 의하여 결정한다.

53. 도난 보험에서 중복 보험에서 다른 계약이 지급 보험금의 계산 방법을 같이 하는 경우에는 보험 가입 금액 비례 분담 방식을 택하여 결정한다.

54. 호위인 : 도난 보험의 현금 및 유가 증권 운송 위험 담보 특약에서는 피보험자의 지시를 받아 운반인을 호위하는 18세 이상 65세 이하의 남자를 말한다. 운전자는 호위인이 될 수 없다.

55. 부재 담보 특약 : 보관 장소를 72시간 이상 비워둔 동안에 생긴 도난 손해를 담보하는 특약이다.

56. 보관 시설 파손 담보 특약은 도난 행위로 발생한 화재로 인한 손해는 보상하지 않는다.

57. 금융 기관 종합 보험 : 직원이나 제3자에 의한 절도나 강도 등 재산 범죄 행위를 포괄적으로 담보함은 물론, 재물의 파손, 훼손 등 범죄 행위 이외의 위험까지 종합적으로 보상하는 금융 기관을 위한 범죄 보험이다.

58. 금융 기관 종합 보험의 보험 기간은 1년을 기준으로 하며, 1년 미만의 단기 계약 또는 1년 이상의 장기 계약을 체결할 수도 있다.

59. 금융 기관 종합 보험은 직원이 업무상의 과실이나 중과실로 피보험자에게 입힌 손해는 담보하지 않는다.

60. 금융 기관 종합 보험에서 재산 범죄 행위는 직원이 단독으로 행하거나 타인과 공모하여 행한 경우 모두를 포함한다.

61. 금융 기관 종합 보험에서 액수와 관계 없이 출납계의 실수로 인한 현금 부족은 면책 조건에 해당한다.

62. 금융 기관 종합 보험은 모든 부문별 담보 위험에 관하여 보상 한도액을 정하고 있다.

63. 금융 기관 종합 보험에서 보상 한도액은 소송 비용을 제외하고는 담보 부문별로 각각 보상 한도액을 설정할 수 있다.

64. 금융 기관 종합 보험에서 중복 보험의 경우에는 다른 보험이 우선 보상 책임을 부담하고, 초과 손해가 있을 경우, 그 초과 손해만을 보상한다.

65. 금융 기관 종합 보험에서 손해를 입은 외자나 외화의 가치는 손해 인지일 직전 영업일의 전장 종가에 의해 결정된다.

66. 납치 및 인질 보험에서 몸값을 협상하거나 전달할 목적만으로 일시적으로 고용된 사람은 확장된 피보험자에 해당한다.

67. 납치 및 인질 보험에서 몸값을 시장성 있는 상품이나 용역으로 제공한 경우에는 제공 시점의 시장 가격으로 지급한다.

68. 납치 및 인질 보험은 납치의 직접적인 결과로 발생한 신체장해를 보상한다.

69. 납치 및 인질 보험에서 30일간 희생자를 대신하기 위한 임시 직원의 총급여 100%가 부수 비용으로 보상된다.

70. 테러 보험의 보험 기간은 통상 1년을 기준으로 한다.

71. 테러 보험에서 재물 손해 및 기업 휴지 손해는 보험 기간 중에 발생한 사고를 기준으로 담보하고, 배상 책임 부문은 보험 기간 중에 최초로 배상 청구가 이루어진 날짜를 기준으로 담보한다.

72. 테러 보험에서 보고 연장 기간은 보험 종료일로부터 90일이다.

73. 패키지 보험에서 보험 계약을 하나의 증권으로 통합함으로써 보험료 할인 혜택을 기대할 수 있다.

74. 패키지 보험에서 보험 계약자가 필요한 위험 담보를 보험자와 협의하여 계약자에게 가장 적합한 조건을 설정할 수 있다.

75. 패키지 보험에서 위험의 현저한 변경이 있는 경우 보험자에게 즉시 서면 통지한다.

76. 패키지 보험에서 미화 25만 불 미만의 손해는 사고 통지 후 피보험자가 수리 또는 대체 가능하다.

77. 패키지 보험에서 미화 25만 불 이상의 손해는 보험자의 사고 조사가 선행되어야 하나, 45일 이내에 정당한 이유 없이 사고 조사를 하지 않으면 피보험자가 수리 또는 대체 가능하다.

78. 패키지 보험에서 담보 조항을 위반한 경우 위반일로부터 보험 계약은 무효가 된다.

79. 패키지 보험에서 3년 장기 계약 시 1차년도부터 5%의 요율 할인 혜택이 주어진다.

80. 기업 휴지 위험 담보는 약정한 복구 기간에 상응하는 기간 동안의 총이익을 보험 가입 금액으로 설정한다.

81. 레저 보험의 보험 종목은 국문 약관 형태의 일반 보험이다.

82. 레저 활동 중이라 함은 보험 약관에서 정한 레저 활동을 직접 행하고 있는 동안만을 의미하는 것이 아니라, 레저 활동을 하기 위한 준비 행위나 휴식 시간도 포함하는 개념이다.

83. 레저 보험에서 담보하는 사고는 구간 보험과 기간 보험의 중복 보험 기간 중에 발생하여야 한다.

84. 피보험자가 실제 부담한 전문가 자문 비용은 법률 비용 보험 약관에서 보상하는 법률 비용 보험금이 아니다.

85. 법률 비용 보험은 고액의 공제 금액을 설정하지 않으며 대기 기간을 정하는 경우가 있다.

86. 전부 패소에 따라 피보험자가 민사 소송 상대측에게 부담하여야 할 소송 비용 일체는 법률 비용 보험에서 면책한다.

87. **Open Panel 방식** : 소송 제기 시 피보험자가 변호사를 지정 선임한 후 보험자에게 통지하는 방식이다.

88. 지적 재산권 보험의 경우 보험자들의 클레임 관리와 관련한 사업비의 부담을 요율에 반영하기 어렵다.

89. 임상 실험 보상 보험에서 임상 실험 기관과의 계약에 의해 임상 실험 기관의 배상 책임은 배제할 수 있다.

90. 임상 실험 보상 보험에서 피보험자가 알고 있었지만 보험자에게 고지하지 않은 이상 현상에 기인한 손해 배상 청구는 면책 위험이다.

91. 동물 보험에서 부보 동물이 지닌 특수한 기능이나 능력 손실로 인한 손해는 보상하지 않는다.

92. 동물 보험에서 보험자의 동의 없이 부보 동물을 타인에게 양도할 수 없다.

93. 동물 보험에서 사고 발생 시 평가된 시가가 보험 가입 금액보다 높을 경우 비례 보상한다.

94. 동물 보험에서 담보하는 동물에게 불임 시술을 하는 경우, 시술일 이전에 해당 동물의 보험 담보는 종료한 것으로 간주한다.

95. 동물 보험에서 보험 개시일 당시에 부보 동물의 건강 상태가 양호함을 입증해야 한다.

96. 행사 취소 보험에서 행사가 정상적으로 개체되었다면 피보험자가 지급받을 수익을 보험사와 합의하여 추가로 포함할 수 있다.

97. 행사 취소 보험에서 행사의 개최 여부를 좌우하는 특정인의 불참으로 행사가 손실을 보는 경우 주인공의 불참 담보로 보상한다.

98. 행사 취소에서 보험 가입 금액은 기획하고 주관하는 행사의 전체 예산을 기초로 한다.

99. 날씨 보험에서 총보험 가입 금액은 피보험자의 최근 3개년 평균 매출액의 30% 또는 최근 3년 평균 지출 비용의 100%를 초과할 수 없다.

100. 날씨 보험에서 보험 계약자의 청약은 보험 기간 개시일로부터 최소 30일 이전에 이루어져야 한다.

memo

제1장 기술 보험

1 기원 및 발전

001 다음 중 전통적인 보험과 다른 특종 보험의 특징으로 옳지 않은 것은?

> ㉠ 대수의 법칙을 적용하기 곤란한 경우가 많다.
> ㉡ 거대 위험 또는 미지의 위험이 많지 않다.
> ㉢ 보험 가입 금액의 개념이 없는 경우가 있다.
> ㉣ 전문화 또는 종합화되는 추세이다.

① ㉠　　② ㉡　　③ ㉢　　④ ㉣

002 기술 보험의 기원 및 발전에 관한 설명으로 옳은 것은?

① 영국에서 민간 철도 회사의 증기 열차에 대한 점검과 보험 판매를 시작한 것이 기계 보험의 시작이다.
② 미국에서 최초로 보일러 보험 회사가 설립되어 재산 손해와 인명 피해에 대한 보험을 판매하였다.
③ 초기의 기계 보험은 보일러 폭발 같은 명시된 위험에 대한 담보만 제공하였다.
④ 1910년 Munich Re사의 Fritz Bohrer는 보험에 가입된 기계의 손실로 인하여 발생한 신체적 손실을 담보하는 상품을 개발하였다.

003 현재 국내에서 사용하고 있는 기술 보험 상품의 종류가 아닌 것은?

① 건설 공사 보험　　② 기관 기계 보험
③ 중장비 보험　　　④ 임대업자 위험 보험

2 건설 공사 보험

004 다음에서 설명하고 있는 보험은 무엇인가?

> 각종 토목 및 건축 공사 중에 공사장 내에서 예기치 못한 돌발적인 사고로 인하여 본공사, 가공사, 공사용 재료 등에서 발생하는 재물 손해를 보상하는 보험이다.

① 구조물 하자 보험 ② 중장비 보험
③ 건설 공사 보험 ④ 전자 기기 보험

005 다음 중 국문 약관과 영국식 약관에 관한 설명으로 옳지 않은 것은?

① 국문 약관은 철거로 인한 제3자 배상 책임을 보통 약관으로 담보한다.
② 영국식 약관은 지지대의 약화로 인한 제3자 배상 책임을 보통 약관으로 담보한다.
③ 국문 약관은 주변 손해를 특별 약관으로 담보한다.
④ 영국식 약관은 주변 손해를 보통 약관으로 담보한다.

006 다음 중 보험 계약자에 관한 설명으로 옳은 것은?

① 발주자, 도급업자 및 하도급업자 중 발주자가 계약자가 된다.
② 발주자가 보험에 가입하는 경우 보험료는 도급업자의 도급 금액에 포함된다.
③ 도급업자가 보험에 가입할 경우에는 도급 금액에 포함될 수 없다.
④ 발주자가 일괄적으로 공사 전체를 보험에 가입하는 경우, 발주자와 시공자의 합의에 따라 가입 형태가 결정된다.

007 다음 중 보험 계약의 기본 담보 내용을 모두 고른 것은?

> ㉠ 건설용 기계, 설비 ㉡ 공사를 위한 임시 시설물
> ㉢ 공사 목적물 자체에 대한 손해 ㉣ 주위 재산
> ㉤ 잔존물 제거 비용 ㉥ 제3자 배상 책임

① ㉠, ㉡ ② ㉠, ㉣
③ ㉡, ㉢ ④ ㉡, ㉤

008 다음 중 증권에 기재하여야만 보험의 목적이 되는 것은?

① 거푸집
② 크레인
③ 토목 공사와 관련되는 건물
④ 설계도

009 다음 중 건설 공사 보험의 담보에 관한 설명으로 옳지 않은 것은?

① 건설 부지에 대한 굴착 작업도 기본 담보에 포함된다.
② 크레인은 도급업자의 소유이어야 선택 담보할 수 있다.
③ 일반 도로용 차량은 선택 담보에서 제외된다.
④ 건설 공사와 관련하여 작업 현장이나 그 인근에서 제3자의 재물에 손해를 입힘으로써 부담하는 법률상의 배상 책임도 선택 담보할 수 있다.

010 다음 중 건설 공사 보험의 보험 기간에 관한 설명으로 옳지 않은 것은?

① 보험 기간의 첫날 00 : 00에 보험 기간이 시작된다.
② 보험 기간이 시작되면 공사 목적물이 공사 현장에 하역이 완료되기 전에 사고가 발생한 경우에도 이를 보상한다.
③ 책임의 종료는 보험 기간의 마지막 날 24 : 00에 끝난다.
④ 목적의 일부 또는 전부가 발주자에게 인도되거나, 사용되기 시작한 때에는 그 부분에 대한 책임은 소멸된다.

011 다음 중 건설 공사 보험의 보험 가입 금액 및 보상 한도액에 대한 설명으로 옳지 않은 것은?

① 기본 담보는 공사 완공까지 투입되는 총공사 금액으로, 여기에는 공사 재료비, 노무비 및 각종 경비가 포함된다.
② 도급 공사의 경우에는 도급 금액이 보험 가입 금액의 기초가 된다.
③ 공사용 중장비의 경우 동종으로 같은 능력을 발휘할 수 있는 장비의 신조달 금액을 기준으로 가입한다.
④ 주위 재산의 경우 기존의 시설물 전체를 가입하여야 하며, 추정 최대 손해액으로 보상 한도액을 설정한다.

012 다음 중 자기 부담금에 관한 설명으로 옳지 않은 것은?

① 사고 발생 시 피보험자가 우선적으로 부담하는 금액이다.
② 보험금 지급 시 자기 부담금만큼 차감하고 지급한다.
③ 시공자의 성실 시공 의무를 유도하기 위한 목적이다.
④ 시공자의 최대 지불 능력을 고려하여 최대 추정 손해액을 기준으로 금액을 설정한다.

013 다음 중 건설 공사 보험에서 보상하는 손해는?

① 방사선 조사 또는 방사능 오염으로 인한 손해
② 공사의 전부 또는 중단으로 인한 손해
③ 재고 조사 시 발견한 손해
④ 계약자의 단순한 과실에 의한 손해

014 다음 중 건설 공사 보험의 법률상 손해 배상금에 관한 설명으로 옳지 않은 것은?

① 피보험자가 피해자에게 지급하는 것은 법률상 손해 배상금이다.
② 법률상 손해 배상금은 보험 회사의 동의를 얻을 필요는 없다.
③ 손해 배상금에는 지연 배상으로 인한 이자가 포함된다.
④ 지연 이자는 불가피하게 발생한 것이어야 한다.

015 다음 중 건설 공사 보험의 보상의 범위로 옳지 않은 것은?

① 부대 비용은 손해 배상 청구자에게 지급한 모든 소송 비용 회사에서 서면으로 승인을 얻어 지출한 모든 비용을 말한다.
② 보상 한도액에는 법률상 손해 배상금은 포함되나 비용은 제외된다.
③ 지급 보험금은 보상 한도액의 범위 내에서 보험금을 지급하며 손해액에서 자기 부담 금액을 차감하여 지급한다.
④ 자기 부담금은 사고당 적용한다.

016 다음 중 건설 공사 보험의 주요 특별 약관으로 옳지 않은 것은?

① 교차 배상 책임 특별 약관
② 설계 결함 담보 특별 약관
③ 지하 매설 전선이나 배관에 관한 특별 약관
④ 기계 및 설비의 시운전 담보 특별 약관

017 언더라이터가 건설 공사 보험 계약을 인수할 때, 재물 손해 부문과 관련하여 요구하는 자료로 옳지 않은 것은?

① 건설 공사 관련 도면
② 기술적 설명 자료
③ 주변 상황 조사 보고서
④ 세부 공사 일정

3 조립 보험

018 다음 중 조립 보험에 관한 설명으로 옳지 않은 것은?

① 조립 보험은 전위험(All Risk) 담보 방식이다.
② 조립 및 설치 공사를 대상으로 한다.
③ 제3자에 대한 법률상 배상 책임 손해를 기본 담보로 한다.
④ 공사 과정에서의 예기치 못한 돌발적인 사고를 담보한다.

019 다음 중 조립 보험의 목적물에서 제외되는 것은?

① 기계 설비
② 설계 도면
③ 거푸집
④ 비계

020 다음 중 조립 보험의 선택 담보의 내용이 아닌 것은?

① 주위 재산
② 제3자 배상 책임
③ 공사를 위한 가시설물
④ 잔존물 제거 비용

021 다음 중 조립 보험의 기간에 관한 설명으로 옳지 않은 것은?

① 조립 보험의 보험 기간은 공시 기간을 기준으로 정한다.
② 보험 기간의 시작 일시와 조립 물건의 현장 하역 완료 시기 중 먼저 도달하는 시점이 책임의 개시가 된다.
③ 보험 기간의 시작 시점은 첫날 00 : 00이다.
④ 조립의 완료 시점과 보험 기간의 종료일 중 먼저 도달하는 시점이 책임의 종기가 된다.

022 다음 중 조립 보험의 시운전 기간에 관한 설명으로 옳지 않은 것은?

① 시운전 기간은 Cold-Test 기간과 Hot-Test 기간으로 구분한다.
② 시운전 담보 기간은 별도로 정한 경우를 제외하고는 4주일을 넘기지 못한다.
③ Hot-Test 기간은 시운전 기간을 보험 증권상에 명기해야 한다.
④ Cold-Test 기간은 정상 가동을 위한 시험 기간이다.

023 다음 중 조립 보험의 선택 담보에 관한 설명으로 옳지 않은 것은?

① 제3자 배상 책임은 최대 추정 손해액을 기초로 보상 한도액을 설정한다.
② 잔존물 제거 비용은 예상되는 비용을 추정하여 별도의 한도액을 설정한다.
③ 공사 현장에 위치한 피보험자 소유의 기존 시설물에 대하여는 최대 추정 손해액을 기초로 보상한다.
④ 주위 재산 담보의 경우 별도의 가입 금액 설정 없이도 보상받을 수 있다.

024 다음 중 조립 보험의 손해액 산정에 관한 내용으로 옳지 않은 것은?

① 피보험자가 제출하는 계산서에 따른 복구비에는 야근 수당 등 기타 특별 비용이 포함된다.
② 개량비는 개량을 위해 추가적으로 투입된 비용으로 손해액에서 제외된다.
③ 잔존물 제거 비용은 별도의 보상 한도액을 설정한 경우에 한하여 보상한다.
④ 주위 재산에 관한 손해는 보험 가입 금액에 추가한 경우에 보상한다.

025 다음 중 조립 보험의 특별 약관으로 옳지 않은 것은?

① 교차 배상 책임 특별 약관
② 유지 담보 특별 약관
③ 방화 시설에 관한 특별 약관
④ 확장 유지 담보 특별 약관

026 조립 보험의 계약 인수에 관한 내용 중 옳지 않은 것은?

① 보험 가입 금액은 완성 가액을 기초로 하여 설정한다.
② 청약서상의 각 기재 항목에 대한 근거 자료를 충분히 확보해야 한다.
③ 보험 증권에는 보험 목적물에 대한 명세를 구분하여 기재해야 한다.
④ 공사용 가설물, 건설 기계 등을 부보할 때에는 그 세부 내용을 명기할 필요는 없다.

4 기계 보험

027 다음 중 기계 보험에 관한 설명으로 옳지 않은 것은?

① 기계 보험의 주 담보 위험은 기계의 전기적, 물리적 사고이다.
② 화재 보험으로 담보할 수 있는 사항도 보장한다.
③ 기계의 가동 능력을 유지하기 위한 가동 상태의 복구를 목적으로 한다.
④ 현재 국내에서 사용하고 있는 기계 보험 약관은 3종류이다.

028 기계 보험에서 보통 약관상 제외되어 있는 물건을 보험 목적에 추가하는 내용의 특별 약관이 아닌 것은?

① 내용물 손실 담보 특별 약관
② 전구류 담보 특별 약관
③ 특별 비용 담보 특별 약관
④ 주변 재산 및 제3자 배상 책임 담보 특별 약관

029 다음 중 보통 약관상의 보험 조건을 변경하는 내용의 특별 약관을 고르면?

① 이익 상실 담보 특별 약관
② 보상 한도액 특별 약관
③ 이동성 기계 담보 특별 약관
④ 항공 운임 담보 특별 약관

030 다음 중 기계 보험의 목적으로 옳지 않은 것은?

① 기계라 함은 일정한 상대 운동에 의해 유용한 일을 하는 동적 장치를 말한다.
② 저장용 탱크와 같이 움직이지 않는 강구조물은 포함하지 않는다.
③ 사업장 구내에서 운전 상태에 있지 아니한 기계는 기계 보험의 대상이 아니다.
④ 시운전이 끝난 기계이어야 한다.

031 다음 중 운전 상태에 있는 기계라고 할 수 없는 것은?

① 가동을 위하여 정지 중인 기계
② 정비를 위하여 임시 가동 중인 기계
③ 수리를 위하여 분해 중인 기계
④ 사업장 밖에서 운전 중인 기계

032 보험의 목적에서 제외되는 물건이 아닌 것은?

① 고무 타이어　　　　　　② 냉매
③ 예비 부품　　　　　　　④ 체인

033 다음 중 기계 보험의 보험 가액에 관한 설명으로 옳지 않은 것은?

① 기계 보험은 미평가 보험이다.
② 기계 보험의 보험 가액은 신조달 가액으로 한다.
③ 전손의 경우에는 보험 목적물의 시장 가격을 한도로 한다.
④ 신조달 가액에는 운송비, 설치비 등 부대 비용은 포함되지 않는다.

034 다음 중 기계 보험에서 보상하는 손해가 아닌 것은?

① 재질 결함으로 인한 손해
② 원심력에 의한 파손으로 생긴 손해
③ 보일러 스케일로 생긴 손해
④ 근로자의 취급 부주의로 인한 손해

035 다음 중 기계 보험의 지급 보험금에 관한 설명으로 옳지 않은 것은?

① 분손의 경우 수리 부품이 신품으로 교체되면 감가상각을 한다.
② 임시 수리비가 본 수리비의 일부에 해당하고 총 수리비를 증가시키지 않으면 손해액으로 인정한다.
③ 부분 손해라도 수리 비용이 시가보다 많은 경우에는 전부 손해로 인정하여 평가한다.
④ 잔존물 제거 비용은 부분 손해의 경우에는 보상하지 않는다.

036 기계 보험 지급 보험금의 산정에 관한 설명으로 옳지 않은 것은?

① 초과 보험은 재조달 가액을 한도로 지급한다.
② 보험 가입 금액이 신조달 가액에 미달하는 일부 보험이면 보험 가입 금액의 신조달 가액에 대한 비율에 따라 보상한다.
③ 중복 보험의 경우 담보 조건이 동일하면 지급 보험금 비례 분담 방식에 따라 보험금을 분담한다.
④ 전부 보험의 경우 손해액에서 자기 부담금을 차감한다.

037 기계 보험의 보험금 지급 시기에 관한 설명으로 옳지 않은 것은?

① 기계 보험은 손해 부분의 수리 또는 대체가 완료되어야 보험금을 지급한다.
② 수리 또는 대체가 완료되었다는 증빙 서류를 포함한 보험금 청구가 있어야 한다.
③ 보험금 청구가 있으면 지체 없이 보험금을 결정하고 7일 이내에 피보험자에게 지급한다.
④ 보험금 결정에 시간이 소요되고 피보험자가 요청하는 경우, 추정 보험금의 50% 해당액을 가지급 보험금으로 지급한다.

038 다음 중 보통 약관상 제외되어 있는 물건을 보험 목적에 추가하는 내용의 특별 약관인 것은?

① 연소 엔진에 대한 감가상각조정 특별 약관
② 내용물 손실 담보 특별 약관
③ 특별 비용 담보 특별 약관
④ 이동성 기계 담보 특별 약관

5 전자 기기 보험

039 다음 중 전자 기기 보험에 관한 설명으로 옳지 않은 것은?

① 전자 기기 보험은 물적 손해, 외적 정보 매체 및 대용 전자 정보 처리 장치 대여비를 부분별로 구분하여 기본 담보 위험으로 하고 있다.
② 전자 기기 보험의 담보 대상은 컴퓨터 시스템 등으로 시운전이 끝난 전자 기기이다.
③ 해당 전자 기기의 부속물 및 기기에 부착된 보조 장치도 보험의 목적으로 한다.
④ 10년 이상 사용한 전자 기기는 예외 없이 인수 대상에서 제외한다.

040 기계 보험의 외적 정보 매체 담보 조항에 관한 설명으로 옳지 않은 것은?

① 외적 정보 매체의 보험 가입 금액은 신품 대체 비용 및 정보 재생 비용의 합계액으로 설정한다.
② 복원 비용은 사고 발생일로부터 12개월 내에 소용되는 비용을 추정하여 결정한다.
③ 외적 매체란 마그네틱 테이프, 디스크 등 전자 기기 내에 정보를 수록하는 매체와 이에 수록된 정보 그 자체를 말한다.
④ 자기장으로 인한 정보의 손실 비용은 보상한다.

041 다음 중 기계 보험의 추가 작업 비용 담보 조항에 관한 설명으로 옳지 않은 것은?

① 추가 작업 비용은 보험 목적물에 사고가 발생하여 유사한 대용 기기를 사용함으로써 발생하는 비용을 말한다.
② 보험 가입 금액은 대용 기기를 1년간 사용하는 데 소용되는 비용으로 한다.
③ 대용 전자 기기를 사용함으로써 발생한 추가 비용은 사용 후 이용 가능한 최장 기간을 한도로 보상한다.
④ 중복 보험인 경우에는 독립 책임액 방식에 따라 분담한다.

제2장
범죄 보험

1 도난 보험

001 다음 중 도난 보험에 관한 설명으로 옳지 않은 것은?

① 동산 담보 특약에서 담보하는 보험 목적은 모든 유체 동산으로 자동차도 포함된다.
② 현금 및 유가 증권 특약에서 말하는 유가 증권에는 우표가 포함된다.
③ 수탁물 배상 책임 담보 특약에서 담보하는 보험 목적에서 증서, 면허장 등은 제외된다.
④ 도난 보험의 수탁물 배상 책임 특약은 도난 위험만을 담보한다.

002 다음 중 도난 보험에서 보상하는 손해에 관한 내용으로 옳지 않은 것은?

① 도난 보험은 열거 위험 담보 방식의 보험 약관이다.
② 물리력을 사용하여 보관 시설을 파괴하고 도난 행위가 발생하였어야 한다.
③ 보험의 목적이 보관 장소 내에 보관되어 있는 동안에 발생한 도난 사고로 입은 손해를 담보한다.
④ 도난 사고로 입은 직·간접 손해를 보상한다.

003 도난 보험의 보험 가입 금액에 관한 설명으로 옳지 않은 것은?

① 보험 계약상 보험자의 최고 보상 한도는 보험 가액을 기초로 한 보험 가입 금액으로 결정한다.
② 현금 및 유가 증권 담보 특약의 경우에는 추정 최소 손해액을 기초로 한 보상 한도액으로 결정한다.
③ 도난 보험의 보험 가액은 보험 사고가 발생한 때와 곳의 가액에 의해 결정한다.
④ 다수의 보험 목적을 하나의 보험 가입 금액으로 포괄 가입하는 경우 하나 또는 한조의 보험 목적에 대한 보험 가입 금액은 전체 보험 가입 금액의 5%를 초과할 수 없다.

004 다음 중 도난 보험의 지급 보험금에 관한 설명으로 옳지 않은 것은?

① 협정 가액 특약 물건에 관하여는 보험 계약 체결 당시의 시가에 의하여 결정한다.
② 초과 보험의 경우에 지급 보험금은 보험 가액을 한도로 손해액 전부이다.
③ 중복 보험에서 다른 계약이 지급 보험금의 계산 방법을 같이 하는 경우에는 지급 보험금 비례 분담 방식을 택하여 결정한다.
④ 일부 보험의 경우에는 순수 비례 보상으로 결정한다.

005 도난 보험의 특별 약관에 관한 설명으로 옳은 것은?

① 현금 및 유가 증권 운송 위험 담보 특약에서 호위인이란 피보험자의 지시를 받아 운반인을 호위하는 18세 이상 65세 이하의 남자로, 운전자도 호위인이 될 수 있다.
② 귀중품 담보 특약이 있는 경우 작업장 내에 있는 귀중품 등은 보험 회사가 승인하는 도난 방지 시설 안에 보관되어 있어야 한다.
③ 부재 담보 특약은 보관 장소를 48시간 이상 비워둔 동안에 생긴 도난 손해를 담보하는 특약이다.
④ 보관 시설 파손 담보 특약은 도난 행위로 발생한 화재로 인한 손해를 보상한다.

006 다음 중 도난 위험에 관한 언더라이팅 시 고려할 사항이 아닌 것은?

① 피보험 물건의 소재지와 인접 경찰서와의 거리
② 시설을 경비하고 있는 경비원의 수
③ 도난 사고의 예측 가능성
④ 수용 건물의 구조 및 용도

2 금융 기관 종합 보험

007 금융 기관 종합 보험에 관한 내용으로 옳지 않은 것은?

① 금융 기관 내부 직원의 부정 행위 등으로 인한 금융 기관의 손해를 담보하는 보험이다.
② 국내에 도입된 금융 기관 종합 보험은 영국에서 만들어진 영문 약관을 도입한 것이다.
③ 직원이나 제3자에 의한 절도나 강도 등 재산 범죄 행위만을 담보한다.
④ 금융 기관 외에 일반 기업의 범죄 위험을 포괄적으로 담보하기 위한 것이 범죄 종합 보험이다.

008 금융 기관 종합 보험의 보험 기간에 관한 설명으로 옳지 않은 것은?

① 금융 기관 종합 보험은 기간 보험이다.
② 보험 기간은 2년을 기준으로 하며, 2년 미만의 단기 계약을 체결할 수도 있다.
③ 보험 기간의 개시 및 종료 시각은 정오로 한다.
④ 보험 기간 산정은 보험 증권 발행지의 표준시를 기준으로 한다.

009 금융 기관 종합 보험 중 직원의 범죄 행위에 관한 설명으로 옳지 않은 것은?

① 직원이 업무상의 과실이나 중과실로 피보험자에게 입힌 손해를 담보한다.
② 재산 범죄 행위는 직원이 단독으로 행하거나 타인과 공모하여 행한 경우를 모두 포함한다.
③ 피보험자에 대한 직접적 손해만을 담보한다.
④ 피해 물건에 대한 직접적인 손해란 피해 물건 자체의 금전적 평가액을 말한다.

010 금융 기관 종합 보험에서 보상하는 손해가 아닌 것은?

① 운송 중 사고
② 위조 화폐 취득 손해
③ 컴퓨터 관련 집기 비품 손해
④ 사업장 내 파손 사고

011 금융 기관 종합 보험의 면책 조건에 관한 설명으로 옳지 않은 것은?

① 임원의 행위 또는 업무 소홀로 발생한 손해
② 액수와 관계 없이 출납계의 실수로 인한 현금 부족
③ 자동화 시설이 제 기능을 발휘하지 못함으로써 발생한 손해
④ 경비 회사나 무장 호송 차량의 관리하에 있는 손해

012 금융 기관 종합 보험의 보험 가액에 관한 설명으로 옳지 않은 것은?

① 금융 기관 종합 보험은 모든 부문별 담보 위험에 관하여 보상 한도액을 정하고 있다.
② 보상 한도액은 1사고당 한도액과 보험 기간 중 모든 사고에 대한 총보상 한도액을 설정한다.
③ 직원에 의한 일련의 범죄 행위로 인한 손해는 포괄하여 하나의 사고로 담보한다.
④ 보상 한도액은 소송 비용을 포함하여 담보 부문별로 각각의 보상 한도액을 설정할 수 있다.

013 금융 기관 종합 보험 특별 약관이 아닌 것은?

① 지점 제한 담보 특약
② 소급 담보 제한 특약
③ 선하 증권 담보 특약
④ 총 보상 한도액 제한 특약

014 금융 기관 종합 보험의 지급 보험금에 관한 설명으로 옳지 않은 것은?

① 보험 목적이 입은 손해에 대한 보험금은 보상 한도액 내에서 피보험자가 입은 손해액 전액이 된다.
② 중복 보험의 경우, 다른 보험과 보험 가입 금액을 비교하여 비례 보상한다.
③ 피보험자는 사고를 발견한 후 30일 이내에 그 사실을 보험자에게 통지한다.
④ 손해 보상을 위한 소송은 사고 발견일로부터 2년 이내에 제기해야 한다.

015 금융 기관 종합 보험의 지급 보험금 평가 기준에 관한 설명으로 옳지 않은 것은?

① 손해가 난 유가 증권의 가치는 손해가 나기 직전 영업일의 종가로 결정된다.
② 손해를 입은 외자나 외화의 가치는 손해 인지일의 전장 종가에 의해 결정된다.
③ 회계 장부나 기록을 재작성하는데 실제로 드는 비용을 보상한다.
④ 기타 재물은 사고 발생 당시의 피해 재물의 시가를 기준으로 보상한다.

016 다음 중 금융 기관 종합 보험의 전제 조건으로 옳지 않은 것은?

① 어떤 직원도 특정 거래 업무를 처음부터 끝까지 관리할 수 있도록 하지 않는다.
② 유가 증권, 채권, 수표 등 비밀번호와 관련하여 공동 책임 관리 체제를 유지해야 한다.
③ 외부 기관의 정기 감사가 있는 경우 내부 감사는 생략할 수 있다.
④ 모든 직원은 일 년에 최소 14일을 연속해서 휴가를 가도록 하고 해당 업무에 관여하지 않도록 한다.

017 다음 중 금융 기관 종합 보험을 인수할 때 기본적으로 검토해야할 사항으로 옳지 않은 것은?

① 피보험자의 서명 여부
② 금융 기관의 계약 당시 경제 상황
③ 과거 사고 경험
④ 직원의 성향과 가족 구성원 수

3 납치 및 인질 보험

018 다음 중 납치 및 인질 보험의 확장된 피보험자에 해당되지 않는 사람은?

① 보험 계약자의 이복 부모
② 피보험자의 집에 있는 손님
③ 피보험자의 직장 동료
④ 몸값을 협상하거나 전달할 목적만으로 일시적으로 고용된 사람

019 납치 및 인질 보험이 보상하는 손해에 관한 설명으로 옳지 않은 것은?

① 몸값을 시장성 있는 상품이나 용역으로 제공한 경우에는 제공 시점의 시장 가격으로 지급한다.
② 몸값을 전달하는 과정에서 몸값이 분실 또는 절취로 인한 운반 중 손해를 보상한다.
③ 제휴한 위험 전문가 그룹에 지급하는 비용은 총 보상 한도액을 한도로 지급한다.
④ 납치의 직접적인 결과로 발생한 신체장해를 보상한다.

020 다음 중 납치 및 인질 보험의 보험 계약자 및 피보험자에게 발생하는 부수 비용으로 적절치 않은 것은?

① 희생자가 석방된 후 6개월 내 제공된 식사 휴식 요양비
② 사고 후 2년 이내 정신의학, 일반 치료 및 법률 상담 비용
③ 석방금을 긴급 조달하기 위해 빌릴 대출금에 대한 이자
④ 90일간 희생자를 대신하기 위한 임시 직원의 총 급여 80%

021 납치 및 인질 보험에서 보상하지 아니하는 손해로 옳지 않은 것은?

① 위협으로 인해 본인이 직접 몸값을 건네준 경우
② 요구받은 몸값을 건네주러 가던 중 발생한 사고
③ 24시간 미만의 감금
④ 정부나 군의 업무 수행에 따른 감금

022 다음 중 납치 및 인질 보험을 인수할 때 기본적으로 검토해야 할 자료로 옳지 않은 것은?

① 피보험자의 거주 지역
② 거주 지역의 정치적 상황
③ 피보험자의 직업
④ 피보험자의 거주지 면적

4 테러 보험

023 다음 중 테러 보험에 관한 설명으로 옳지 않은 것은?

① 국내에서는 영국 로이드 보험 시장에서 사용하고 있는 테러 보험 영문 약관을 도입했다.
② 보험 기간은 통상 1년을 기준으로 한다.
③ 재물 손해 및 배상 책임은 보험 기간 중에 발생한 사고를 기준으로 담보한다.
④ 보고 연장 기간은 보험 종료일로부터 90일이다.

024 테러 보험의 재물 손해 부문에서 규정한 담보 제외 물건이 아닌 것은?

① 토지의 가치
② 사고 당시 피보험 시설에 있었고 고지된 자동차
③ 피보험자의 시설 밖에 있는 동력 전달 장치
④ 30일 이상 비워둔 건축물

제3장 종합 보험

1 패키지 보험

001 보험 계약자가 패키지 보험을 선호하는 이유로 옳지 않은 것은?

① 보험 계약을 하나의 증권으로 통합함으로써 보험료 할인 혜택을 기대할 수 있다.
② 보험 계약자가 필요한 위험 담보를 보험자와 협의하여 계약자에게 가장 적합한 조건을 설정할 수 있다.
③ 보험 상품을 통합하여 구입함으로써 계약 관리가 용이하다.
④ 면책 위험을 포함한 전 위험을 담보하는 조건을 설정함으로써 담보의 공백을 최소화할 수 있다.

002 다음 중 패키지 보험에 관한 설명으로 옳지 않은 것은?

① 일반 조항은 각 담보 부문별 특정 조건에 우선한다.
② 명세서의 내용은 증권의 일부를 구성한다.
③ 보험자는 위험 조사에 대한 권리가 있다.
④ 위험의 현저한 변경이 있는 경우 보험자에게 즉시 서면 통지한다.

003 다음은 패키지 보험의 사고 통지에 관한 설명이다. 옳지 않은 것은?

① 보험 사고 발생 시에는 지체 없이 서면 통지해야 한다.
② 미화 25만 불 미만의 손해는 사고 통지 후 피보험자가 수리 또는 대체 가능하다.
③ 미화 25만 불 이상의 손해는 보험자의 사고 조사가 선행되어야 한다.
④ 30일 이내에 정당한 이유 없이 사고 조사를 하지 않으면 피보험자가 수리 또는 대체할 수 있다.

004 패키지 보험의 일반 조항에 관한 설명으로 옳지 않은 것은?

① 다른 보험 증권이 있을 경우 손해액을 비례 분담한다.
② 보험자는 30일 이전에 통보해야 해지가 가능하다.
③ 해지 시 미경과 기간에 대한 일일 보험료에서 장기 계약 할인 보험료를 공제한 잔액을 환급한다.
④ 담보 조항을 위반한 경우 계약일로 소급하여 보험 계약은 무효가 된다.

005 패키지 보험의 보험 기간에 관한 설명으로 옳지 않은 것은?

① 보험 기간은 1년 또는 3년으로 한다.
② 3년 장기 계약 시 2차년도부터 5%의 요율 할인 혜택이 주어진다.
③ 배상 책임 위험 담보 부문은 3년 장기 계약 시에도 장기 예약 요율 할인을 적용하지 않는다.
④ 보험 기간은 첫 날 00 : 00부터 마지막 날 24 : 00까지이다.

006 패키지 보험 중 보기와 같이 보험 가입 금액을 설정하는 담보는?

> 총 이익 = (매출액 + 기말 재고 자산) − (기초 재고 자산 + 변동비)

① 재산 종합 위험 담보
② 기계 위험 담보
③ 기업 휴지 위험 담보
④ 배상 책임 위험 담보

007 패키지 보험의 재산 종합 위험 담보 부문에 관한 설명으로 옳지 않은 것은?

① 보험 가액은 보험 사고가 발생한 때와 곳에서의 가액으로 한다.
② 패키지 보험의 재산 종합 위험은 기평가보험으로 할 수 있다.
③ 피보험자가 임차하는 타인 소유의 물건도 보험 목적으로 할 수 있다.
④ 보험 가입 금액은 보험 목적이 입은 손해에 대한 최고 보상 한도액이다.

2 기타 종합 보험

008 레저 보험에 관한 설명으로 옳지 않은 것은?

① 국내에서 인가되어 판매되고 있는 레저 보험 종목은 낚시 보험, 테니스 보험, 골프 보험, 스키 보험 및 수렵 보험의 5종목이 있다.
② 보험 종목은 국문 약관 형태의 일반 보험이다.
③ 레저 종합 보험은 개인의 여가 활동에 따르는 위험을 포괄 담보한다.
④ 레저 활동을 하기 위한 준비 행위나 휴식 시간은 레저 활동으로 보지 않는다.

009 레저 보험의 보험 기간에 관한 설명으로 옳지 않은 것은?

① 레저 보험에서 담보하는 사고는 구간 보험과 기간 보험의 중복 보험 기간 중에 발생하여야 한다.
② 기간 보험으로서의 보험 기간은 보험 기술상 1년을 기준으로 한다.
③ 보험 기간은 보험 기간 개시일의 오전 00 : 00에 시작한다.
④ 테니스 보험의 경우 피보험자가 테니스장 구내에 있는 동안의 사고만 담보한다.

제4장 기타 특종 보험

1 법률 비용 보험

001 법률 비용 보험에서 보상하는 보험금이 아닌 것은?

① 피보험자가 실제 부담한 변호사 비용
② 피보험자가 실제 부담한 전문가 자문 비용
③ 피보험자가 실제 부담한 송달료
④ 인지액의 한도 내에서 피보험자가 실제 부담한 인지액

002 법률 비용 보험금의 담보 조건에 관한 설명으로 옳지 않은 것은?

① 보험 가입 금액은 보상 한도액으로 설정한다.
② 소송 관련 비용은 피보험자의 개인적 사회적 활동 내용을 감안하여 발생 가능한 소송의 종류 및 적정한 금액을 설정할 필요가 있다.
③ 법률 비용 보험은 다른 배상 책임 보험과 같이 고액의 공제 금액을 설정한다.
④ 법률 비용 보험의 성격상 대기 기간을 정하는 경우도 있다.

003 다음 중 법률 비용 보험에 면책하는 사유가 아닌 것은?

① 지적 재산권에 관련된 소송
② 구두 계약 등 사실 관계를 객관적으로 입증할 수 있는 경우
③ 공정 거래 및 집단 소송 관련 소송
④ 전부 패소에 따라 피보험자가 민사 소송 상대측에게 부담하여야 할 소송 비용 일체

004 다음 중 법률 비용 보험의 특별 약관이 아닌 것은?

① 자동차 사고 변호사 선임 비용 특별 약관
② 부부 가입 특별 약관
③ 공동 보험 특별 약관
④ 가족 가입 특별 약관

005 법률 비용 보험의 언더라이팅 시 고려 사항으로 옳지 않은 것은?

① 보험 조건에서 변호사 선임권이 누구에게 있는지 여부를 확인할 필요가 있다.
② Open Panel 방식은 소송 제기 시 피보험자가 변호사를 지정 선임한 후 보험자에게 통지하는 방식이다.
③ Closed Panel 방식은 소송 제기 시 보험자가 사전에 승인한 변호사 중에서 피보험자가 선택하여 선임하는 방식이다.
④ 절충식은 소송 제기 시 피보험자와 보험자가 사전에 협의하여 함께 변호사를 지정하는 방식이다.

2 지적 재산권 보험

006 다음 중 지적 재산권 보험이 보장하는 손해가 아닌 것은?

① 방어 클레임
② 보호 클레임
③ 계약 클레임
④ 소송 비용 클레임

007 다음에서 설명하고 있는 지적 재산권의 명칭은?

> 피보험자에게 속하거나 사용되어지는 등록 또는 미등록된 디자인, 혹은 피보험자가 독점적인 사용 허가권자인 등록 또는 미등록된 디자인

① 특허
② 저작권
③ 의장권
④ 상표권

008 다음 중 지적 재산권 보험의 면책 사항으로 옳지 않은 것은?

① 고지하지 않은 지적 재산권과 관련한 모든 클레임
② 배상에 대한 맞보증 지원 관련 선지급금
③ 피고용인에 대한 사업자의 방어 소송
④ 악의적 거짓말에 대한 소송

009 지적 재산권 보험 계약을 인수하기 어려운 이유로 적절하지 않은 것은?

① 지적 재산권 보험의 경우 손해 유형을 예측하기 어렵다.
② 지적 재산권에 대한 전문적 지식과 경험을 피보험자보다 보험자가 더 많이 알고 있다.
③ 보험자들의 클레임 관리와 관련한 사업비의 부담을 요율에 반영하기 어렵다.
④ 보험 수리 측면에서 통계적 관리가 어렵다.

010 지적 재산권 보험 계약 인수 시 고려할 사항으로 적절하지 않은 것은?

① 등록된 지적 재산권 내용
② 법률 비용을 담보하는 다른 보험 사항
③ 향후 1년간 지적 재산권의 변동 가능성
④ 보험자의 사업 내용

3 임상 실험 보상 보험

011 다음 중 임상 실험 보상 보험 담보 약관의 구성으로 옳지 않은 것은?

① 보험 계약 스케줄
② 보상 한도액 및 공제 금액
③ 법률상의 배상 책임 확장 담보
④ 보상 조건

012 임상 실험 보상 보험에서 담보하는 위험에 관한 설명으로 옳지 않은 것은?

① 임상 실험 대상자들은 어떤 질병에 걸린 사람들로 원칙적으로 실험 대상으로 자원한 사람들이다.
② 임상 실험 기관과의 계약에 의해 임상 실험 기관의 배상 책임은 배제할 수 있다.
③ 신체에 장해가 발생하는 경우 일정 금액의 보상 책임만 부담하는 것이 일반적이다.
④ 예상치 못한 부작용이 발생하는 경우에도 손해 배상 책임은 발생하지 않는다.

013 다음 중 임상 실험 보상 보험의 면책 위험에 해당하지 않는 것은?

① 피보험자가 알고 있었지만 보험자에게 고지하지 않은 이상 현상에 기인한 손해 배상 청구
② 공제 금액 해당액
③ 보험 개시일 이후 다른 증권에서 발생한 사고에 기인한 배상 청구
④ 북미 지역 소송 클레임

014 임상 실험을 담보하는 보험 계약을 인수할 때 고려할 사항으로 옳지 않은 것은?

① 임상 실험의 목적
② 신약의 원료 및 성분
③ 대상 피보험자의 가족력
④ 담보 기간

4 동물 보험

015 다음 중 영국의 보험 시장에서 사용하는 Livestock Mortality Insurance의 특징으로 옳지 않은 것은?

① 동물 소유자의 실제 손해액, 즉 사망 시 동물의 현재 가치만을 보상한다.
② 부보 동물이 지닌 특수한 기능이나 능력의 손실로 인한 손해는 보상한다.
③ 부보 동물의 가치 평가는 사고가 발생한 때와 곳에서의 시가를 기준으로 한다.
④ 보험자의 동의 없이 부보 동물을 타인에게 양도할 수 없다.

016 Livestock Mortality Insurance의 보험 가입 금액에 관한 설명으로 옳지 않은 것은?

① 이 보험에서 동물은 재물의 일종으로 본다.
② 보험 가입 금액은 부보 동물의 시가를 기준으로 정한다.
③ 부보 당시 시가를 정하기 곤란한 동물의 경우에는 협정 가액으로 정할 수 있다.
④ 사고 발생 시 평가된 시가가 보험 가입 금액보다 높을 경우는 보험 가입 금액으로 보상한다.

017 Lloyds Livestock Policy의 보통 약관에서 보상하지 않는 손해는?

① 독극물로 인한 사망
② 보험자가 서면으로 동의한 경우의 고의적 도살
③ 자격 있는 수의사가 행한 치료 행위로 인한 동물의 사망
④ 과실에 의한 부상으로 사망

018 동물 보험의 전제 조건으로 옳지 않은 것은?

① 보험 개시일 당시에 부보 동물의 건강 상태가 양호함을 입증해야 한다.
② 담보하는 동물에게 불임 시술을 하는 경우, 시술일 이전에 해당 동물의 보험 담보는 종료한 것으로 간주한다.
③ 보험 기간 중 부보 동물이 공개 시장에서 보험 증권상 기재한 보상 한도액 금액보다 낮은 가격 평가를 받은 경우, 보험자의 보상 책임액은 그 중 높은 가격을 기준으로 한다.
④ 보험자의 동의 없이 담보하고 있는 동물에 대해 피보험자가 별도의 보험에 가입한 경우, 그 계약의 유효성과 상관 없이 보상 책임을 부담하지 않는다.

019 동물 보험 계약 인수 시 고려 사항으로 옳지 않은 것은?

① 담보 동물의 특성 및 용도
② 담보 동물의 관리 장소
③ 사육사의 경험 및 환경
④ 향후 동물의 사고 가능성

5 행사 취소와 날씨 보험

020 행사 취소 보험에 관한 설명으로 옳지 않은 것은?

① 보험 계약자가 주관하는 행사가 예기치 못한 사고로 취소, 변경되어 부담해야 하는 투자 비용 손실을 보상하는 보험이다.
② 행사 개최 시설의 파손 등으로 행사가 개최되지 않은 경우, 불이행 담보로 보상한다.
③ 행사의 개최 여부를 좌우하는 특정인의 불참으로 행사가 손실을 보는 경우, 주인공의 불참 담보로 보상한다.
④ 악천후 담보의 경우, 시간당 최대 강우량을 담보 조건으로 설정한다.

021 행사 관련 위험을 담보하는 약관에 관한 설명으로 옳지 않은 것은?

① 국문 행사 종합 보험 약관은 개최 중인 행사와 관련한 포괄 위험을 담보한다.
② 영문 약관은 개최 중인 위험과 함께 기획, 추진 중인 행사 관련 위험까지 포괄 담보할 수 있다.
③ 국문 행사 종합 보험 약관은 제3자에 대한 배상 책임을 추가 담보할 수 없다.
④ 영문 약관에서는 국문 행사 종합 보험 약관에서 담보하는 손해에 추가하여 행사 취소로 인한 손해까지 포괄 담보할 수 있다.

022 행사 관련 위험의 보험 가입 금액과 공제금액에 관한 설명으로 옳지 않은 것은?

① 보험 가입 금액은 기획하고 주관하는 행사의 전체 예산을 기초로 한다.
② 행사가 정상적으로 개최되었다면 피보험자가 지급받을 수익은 보험 가입 금액에 포함할 수 없다.
③ 보상 한도액이 실제 사고 시 확정 순손실액보다 적을 경우 비례 보상한다.
④ 공제 금액은 보험 계약자와 상호 협의하여 결정한다.

023 다음 중 날씨 보험에 관한 설명으로 옳지 않은 것은?

① 날씨 변동 손실이란 관측 기간 중의 실제 날씨 지수와 보상 개시 지수와의 차이값에 1지수 당 보험 가입 금액을 곱하여 계산한다.
② 총보험 가입 금액은 피보험자의 최근 3개년 평균 매출액의 30% 또는 최근 3년 평균 지출 비용의 100%를 초과할 수 없다.
③ 관측 지점이란 기상 관측의 대상이 되는 지역으로 보험자의 사업장 또는 영업 활동의 소재지

중에서 선정한다.
④ 보험 계약자의 청약은 보험 기간 개시일로부터 최소 30일 이전에 이루어져야 한다.

6 기타 보험

024 다음 중 상금 보상 보험에 관한 설명으로 옳지 않은 것은?

① 홀인원 보험이 상금 보상 보험의 가장 전형적인 형태이다.
② 특정 경기 결과를 담보 사고로 하는 경우 일정 수준 이상의 강우량 또는 강설량을 초과하는 경우에만 보험 사고로 인정하는 조건을 설정한다.
③ 피보험자, 보험 계약자는 어떠한 경우에도 보험 사고 발생 여부를 사전에 알 수 없어야 한다.
④ 보험 계약자는 모든 참가 선수의 경기 내용에 대한 기록을 유지할 수 있어야 한다.

025 다음 중 정치적 위험 보험에서 담보하는 위험에 관한 설명으로 옳지 않은 것은?

① 투자자의 투자 재산이나 유체물에 대한 몰수로 발생하는 투자 손실 위험을 보상한다.
② 해외 투자자와 합의한 계약 사항을 현지 정부가 일방적으로 취소함으로써 투자자가 부담하는 경제적 손실을 보상한다.
③ 투자자가 현지 정부 당국의 법률을 위반하여 정당한 공권력 행사로 인한 손실도 보상한다.
④ 정부 당국이 정치적 이유로 인한 조치로 환전이 불가능하게 되어 발생한 손실을 보상한다.

026 다음 중 컨틴전 시 보험의 일반적인 특징으로 적절하지 않은 것은?

① 전통적인 손해 보험 종목으로 분류하기 어렵다.
② 담보 조건의 표준화가 어렵다.
③ 합리적인 요율 산정이 불가능하다.
④ 금전적 위험과는 관련이 없다.

memo

제3과목

배상 책임 보험

|핵심 이론|

1. 손해 보험은 보험 가입 대상을 보험의 목적이라고 하는데 비하여, 책임 보험은 보험의 목적을 피보험자의 적극적, 소극적 전재산 관계라고 한다.

2. 배상 책임 보험은 제3자 배상 책임 보험과 보관자 책임 보험으로 구분할 수 있다.

3. 제3자 배상 책임 보험의 보험의 목적은 불특정 제3자의 생명, 신체 또는 재산인데 비하여, 보관자 책임 보험의 보험의 목적은 피보험자가 보호, 관리, 통제하고 있는 특정 제3자의 특정 재산이라고 할 수 있다.

4. 배상 청구 기준과 비교하여 손해 사고 기준 약관은 보험자의 책임 범위가 넓어서 피보험자에게 유리하다고 할 수 있다.

5. **사고 발생 기준 약관** : 보험 기간 이전에 사고 원인에 접촉하거나 증상이 나타나더라도 손해가 보험 기간 중에 발생하기만 하면 보험자는 책임을 지나 보험 기간 종료 후 발생한 손해는 보상하지 않는다.

6. **배상 청구 기준 약관** : 책임 개시일 이후 보험 기간 종료 전에 보험 사고가 발생하여야 하고 또한 보험 기간 중에 피해자가 피보험자나 보험자에게 할 배상 청구가 있을 경우 보험자가 보상 책임을 지는 것을 말하고 있다.

7. **단기 자동 연장 담보(Mini Tail)** : 소급 담보 일자와 만기일 사이에 발생한 사고에 대하여 손해 배상 청구가 만기일 이후 60일 이내에 제기된 경우, 그 배상 청구가 만기일에 제기된 것으로 간주하여 담보한다.

8. **자동 연장 담보 기간** : O/S Loss에 대하여 이후 5년간 배상 청구가 이루어진 경우 담보를 제공하는 것이다.

9. **손해 보험** : 피보험 이익의 존재, 즉 보험 가입 대상에 사고가 발생할 경우 손해가 발생할 수 있으나 아직 사고가 발생하지 않았기 때문에 누리고 있는 금전적 이익이 있어야 보험에 가입할 수 있다.

10. 제3자 배상 책임 보험은 사고 발생 대상이 불특정 제3자의 모든 재산과 생명, 신체이므로 이를 금전으로 산정하는 것은 불가능하다.

11. 손해 보험은 본래 보험 가입 대상이 금전적 가치가 있는 재산이고 또한 보험의 목적이 특정되어야 하므로 재산 보험의 경우에는 원칙적으로 특정 금액의 보험 가액이 존재한다.

12. 인보험에서 신체 상해나 질병 위험에 따르는 손해는 사고가 발생하기 전에는 손실 가능 금액이 얼마인지 알 수가 없으므로 보험 가액의 개념이 존재하지 아니한다.

13. 제3자 배상 책임 보험의 보상 한도액은 언제나 추정 최대 손해액(EML)을 기초로 하여 정하여진다.

14. 배상 책임 보험의 경우 손해액은 산정 시점은 손해가 발생한 시점을 기준으로 한다.

15. 배상 책임 보험의 손해액은 사고 및 손해 발생 이후 가해자와 피해자 간의 합의 또는 소송의 확정 시점에 손해액이 확정되게 된다.

16. 보험 실무상 배상 책임 보험을 분류할 때는 담보 위험의 성격에 따라 분류하고 업무 담당자도 그 위험에 따라 전문 업무 영역으로 나누는 것이 보통이다.

17. 해외에서는 시설 소유 관리자 배상 책임과 도급업자 배상 책임 위험을 특별히 따로 구분하지 않는 것이 일반적이나 국내에서는 이를 구분하고 있다.

18. 임원 배상 책임 보험은 사고 발생 시 일반 배상 책임 보험에 비해 손해액의 심도가 매우 크다고 할 수 있다.

19. 손해 사고 기준 증권일 경우에는 손해 사고가 보험 기준 중에 발생하여야 담보한다.

20. 배상 청구 기준 증권일 경우에는 어떤 사고에 대한 손해 배상 청구가 보험 기간 중에 처음 제기되어야 하고, 손해 발견 기준 증권일 경우 손해가 보험 기간 중에 처음으로 발견되어야 담보한다.

21. 배상 책임 보험에서 담보하는 사고는 급격히 발생한 사고뿐만 아니라 서서히, 반복적, 누적적으로 진행되어 발생하는 사고도 포함한다. 그러나 오염 사고는 예외적으로 급격한 사고에 한해 담보한다.

22. **재물** : 유체물과 무체물로 구분할 수 있는데, 배상 책임 보험에서 재물 손해는 유체물에 입힌 손해를 말한다.

23. 간접 손해는 영업 중단으로 인한 손해나 유체물의 사용 손실을 포함한다.

24. **계약상 가중 책임** : 배상 책임 보험에서는 법률이 허용하는 범위 내에서 합의에 의해 법률상 배상 책임을 부담하는 것을 말한다.

25. 합의나 판결로 확정된 손해 배상금을 피보험자가 배상한 후 보험금 청구서를 보험자에게 제출하면 청구서를 접수한 날로부터 10일 이내에 보험금을 지급한다.

26. 배상 책임 보험에서 시효의 기산점은 사고가 발생한 날이 아니고, 피보험자와 피해자 간의 합의나 판결로 손해 배상금이 확정된 날이다.

27. 국문 약관에서 하나의 보험 사고를 담보하는 둘 이상의 책임 보험 계약이 있을 경우 보험금 분담 방식에 관한 법률 규정은 보상 한도액 비례 분담 방식을 택하고 있다.

28. 배상 책임 보험에서 확정 보험료는 보험 계약 당시 한번 결정한 보험료로, 보험 기간 중에 조정 없이 끝날 때까지 적용하여 계약을 갱신할 때 다시 고지된 요율 기초수를 근거로 보험료를 산정한다.

29. 배상 책임 보험에서 요율 산정 기초수의 연간 변동폭이 심한 경우 정산 보험료를 주로 사용한다.

30. 시설 소유 관리자의 배상 책임 사고 위험은 시설을 소유, 임차, 사용 또는 보호, 관리, 통제하는 시설에 기인된 사고와 그러한 시설을 이용하여 수행하는 업무 활동에 기인한 사고로 구분할 수 있다.

31. 시설 소유 관리자의 주된 업무는 시설 내에서 수행하는 것이고 부수적으로 시설 외에서 업무 활동이 이루어질 수 있다.

32. 시설 소유 관리자는 고객과 특정 계약 관계가 없는 한 과실 책임으로서 일반 불법 행위 책임이 적용된다.

33. 불법 행위의 발생과 손해 사이에는 상당 인과 관계가 있어야 하며, 일반적으로 입증 책임은 손해 배상 책임 청구자가 입증 책임을 부담한다.

34. 제조물 책임 등 특수 불법 행위에서는 가해자에게 과실이 없음을 입증해야 하는 책임이 있다.

35. 공작물의 설치 또는 보존의 하자로 인하여 타인에게 손해를 가한 때에는 공작물의 점유자가 1차로 손해를 배상할 책임이 있다. 그러나 점유자가 손해의 방지에 필요한 주의를 해태하지 아니한 때에는 그 소유자가 손해를 배상할 책임이 있다.

36. 배상 책임 보험 국문 약관은 일반적인 보험 조건을 규정한 보통 약관과 개별 피보험자의 사업 내용에 따라 적합한 담보 위험 특약을 첨부하여 사용한다.

37. 배상 책임 보험 국문 보통 약관에서 피보험자가 고의로 일으킨 손해 또는 예상된 손해는 우연성을 요건으로 하는 보험 사고의 정의에 위배되므로 보험에서 보상하지 않는다.

38. 배상 책임 보험 국문 약관은 지진, 분화, 홍수나 해일 등의 천재지변 사고로 타인이 입은 손해에 대해 면책하고 있다.

39. 영문 영업 배상 책임 보험은 국문 약관과 달리 천재지변 면책 조항이 없다.

40. 국문 시설 소유 관리자 배상 책임 보험에서 피용인의 신체장해 사고에 대한 배상 책임은 근로자 재해 보장 책임 보험의 담보 위험이기 때문에 타 보험과의 영역 조정 견지에서 이를 면책으로 한다.

41. 국문 시설 소유 관리자 배상 책임 보험에서 티끌, 먼지, 분진 및 소음으로 인한 배상 책임 손해는 피보험자가 인식하고 있는 상태에서 상당 기간 지속적으로 발생하는 사고이기 때문에 우연한 사고와 구별이 어렵고 위험 측정도 어렵기 때문에 보험 기술상 이를 면책으로 한다.

42. 시설 소유 관리자 국문 특별 약관에서 시설의 수리, 개조, 신축 또는 철거 작업으로 생긴 손해 배상 책임은 보상하지 않지만, 통상적인 유지, 보수 작업으로 생긴 손해에 대한 배상 책임은 보상한다.

43. 구내 치료비 추가 특약은 피보험자의 구내에서 발생한 고객의 신체장해 사고에 대하여 피보험자에게 법률상 배상 책임이 없는 경우의 치료비만을 보상하는 추가 담보 특약이다.

44. 운송 위험 담보 추가 특약은 자동차로 화물을 운송하는 도중에 적재된 화물로 인하여 발생한 사고로 제3자에게 입힌 신체장해나 재물 손해에 대한 배상 책임을 부담한다.

45. 시설 소유 관리자 배상 책임 위험의 영문 약관 중에서 Coverage A는 타인에게 신체장해나 재물 손해를 입힘으로써 법률상 배상 책임이 있는 손해를 보상한다.

46. Coverage B에서 사생활 침해는 그 위험이 광고, 출판물, 라디오 또는 텔레비전 방송으로 발생하는 침해는 광고 침해에 의하여만 담보되고 인격 침해에서는 담보되지 않는다.

47. Coverage C는 피보험자의 배상 책임이 없는 경우 치료비에 한하여 일정 금액을 한도로 보상한다.

48. 북미 지역 수출품 담보 조건은 소급 담보 일자 및 보고 연장 기간 조항을 적용한다.

49. 북미 지역 수출품 제외 담보 조건은 피보험자의 시설 및 업무와 관련된 제3자에 대한 손해 배상 책임을 담보한다.

50. 보관자 배상 책임 보험(Bailee's Liability Insurance)은 피보험자가 보호, 관리, 통제하는 특정인의 특정 재물을 담보 대상으로 한다.

51. 보관자 배상 책임에서 보상 한도액은 최대 추정 손실을 감안하여 설정하는 경우가 일반적이다.

52. 보관자 배상 책임에서 피해자는 피보험자에게 재물을 위탁한 특정인으로 제한된다.

53. 불법 행위 책임의 소멸 시효 기간은 10년이지만 피해자가 그 손해 및 가해자를 안 날로부터 3년간 손해 배상 청구권을 행사하지 않으면 시효로 소멸한다.

54. 계약 책임인 경우 가해자는 피해자에 대하여 가지는 반대 채권으로 상계할 수 있으나, 불법 행위 책임의 경우에는 상계할 수 없다.

55. 창고업자 특별 약관에서 특별 약관(Ⅰ)은 수탁 화물이 화재, 폭발, 파손, 강도 및 도난으로 생긴 손해로 열거하고 있다.

56. 창고업자 특별 약관에서 특별 약관(Ⅱ)는 담보 위험을 열거하지 않고 우연한 사고로 수탁 화물에 입힌 손해를 담보한다.

57. 주차장 특약에서 위탁받은 자동차 손해에 대해서는 채무 불이행에 따른 손해 배상 책임과 불법 행위 책임이 경합하여 적용되며, 제3자 배상 책임 손해에 대해서는 불법 행위 책임이 적용된다.

58. 차량 정비업자 특별 약관(Ⅰ)은 피보험자가 소유, 사용, 관리하는 차량 정비 시설 및 그 시설의 용도에 따른 차량 정비 업무의 수행으로 생긴 우연한 사고를 담보한다.

59. 차량 정비업자 특별 약관(Ⅱ)는 그밖에 정비 목적 차량의 수탁, 시험 운전, 인도 과정의 사고를 추가로 담보하고 있다.

60. 화재 배상 특약은 피보험자가 임차한 시설에 발생한 각종 사고 중 피보험자에게 귀책 사유가 있는 화재 사고로 인한 배상 책임 손해를 보상한다.

61. **도급 업자 배상 책임 보험** : 피보험자가 수행하는 작업 또는 업무 수행을 위해 소유, 사용, 관리하는 시설로 인하여 발생한 우연한 사고로 부담하게 된 제3자의 신체 및 재물에 입힌 법률상 손해 배상 책임을 보상한다.

62. 도급업자 배상 책임 보험과 시설 소유 관리자 배상 책임 보험은 같은 법리가 적용되어 영문 CGL Policy에서는 별도로 구분하고 있지 않지만 국문 약관에서는 구분하고 있다.

63. 도급업자 배상 책임 보험의 시설은 신축, 증개축, 수리 또는 철거와 같이 공사가 진행 중인 시설과 그러한 공사에 이용되는 사무소, 가설물, 자재 보관장 등의 시설이다.

64. 시설 소유 관리자 배상 책임 보험은 언제나 1년을 기준 보험 기간으로 한다.

65. 도급업자 배상 책임 보험에서 보험료는 포괄 계약인 경우에는 보험 기간에 비례하나 개별 도급 계약은 보험 기간에 관계없이 도급 공사 금액에 의하여 결정된다.

66. 제3자 배상 책임과 보관자 책임을 동시에 담보하는 특약을 첨부하여 담보하는 경우, 민법상 일반 채무 불이행 책임과 일반 불법 행위 책임이 경합하여 적용된다.

67. 도급업자 배상 책임에서 피보험자의 수급업자가 수행하는 작업으로 발생하는 손해 배상 책임은 면책이며, 이러한 책임을 담보하기 위해서는 발주자 미필적 배상 책임 담보 특약을 첨부해야 한다.

68. 도급업자 배상 책임에서 티끌, 먼지, 분진 또는 소음으로 생긴 손해에 대한 배상 책임은 원칙적으로 면책이나, 소음 또는 분진으로 인한 손해는 특약으로 담보할 수 있다.

69. 운송 위험 추가 특약은 피보험자가 자동차로 화물을 운송하는 도중 우연한 사고로 적재화물에 기인한 손해 배상 책임을 담보한다.

70. 일부 공사 추가 특약은 피보험자가 수행하는 공사가 전체 공사의 일부일 경우 피보험자의 근로자는 제외하고 다른 공사의 근로자에 대한 신체장해 배상 책임을 담보한다.

71. **하청업자 배상 책임 특약** : 피보험자가 임가공을 목적으로 수탁받아 보험 증권에 기재된 시설 내에서 보관 및 가공하는 물건에 대한 손해를 담보한다.

72. 하청업자 배상 책임 특약에서 보상 한도액이 임가공물 가액의 80% 이상일 경우 손해액 전액을 보상하지만 80% 미만일 경우 비례 보상한다.

73. 발주자 미필적 배상 책임 특약은 피보험자의 수급업자가 증권에 기재된 작업을 수행 또는 그에 대한 피보험자의 감독 부주의로 인한 배상 책임을 담보한다.

74. **사용자 배상 책임 담보 특약** : 근로 기준법, 산업 재해 보상 보험법 또는 이와 유사한 법률에 의하여 부담하는 손해 배상 책임을 제외하고 피보험자의 근로자에 대한 신체장해 손해에 대한 사용자의 배상 책임을 담보한다.

75. 생산물 배상 책임 보험의 담보 대상은 동산으로서 제조물과 건물 등 부동산을 포함한다.

76. 생산물 배상 책임 보험에서 결함 판단의 기준으로 우리나라는 소비자 기대 수준을 채택하고 있다.

77. **표시상의 결함** : 제조업자가 합리적인 설명·지시·경고 또는 그 밖의 표시를 하였더라면 해당 제조물에 의하여 발생할 수 있는 피해나 위험을 줄이거나 피할 수 있었음에도 이를 하지 아니하여 발생된 결함이다.

78. 제조물 책임법에서 제조업자의 배상 책임을 배제하거나 제한하는 특약은 무효이다.

79. **제조물 책임법** : 소멸 시효는 손해 및 손해 배상 책임을 지는 자를 안 날로부터 3년이다.

80. 제조물 책임법에서 제조물의 결함이 제조업자가 해당 제조물을 공급한 당시의 법령에서 정하는 기준을 준수함으로써 발생하였다면 면책 사유에 해당한다.

81. 비교 과실 책임 중 S/G Form은 피해자의 과실이 가해자의 과실보다 경미한 경우 전액 배상하는 방식이다.

82. 생산물 배상 책임 보험에서 배상 청구가 피보험자와 보험자에게 각각 제기된 경우 손해 배상 청구가 먼저 제기된 쪽의 날짜가 처음 제기된 날짜이다.

83. 생산물 배상 책임 보험에서 피보험자의 제품이 물리적으로 파손되지 않은 상태에서 제품의 성능 또는 품질 결함으로 인해 발생한 다른 유체물의 사용 손실은 면책하고 있다.

84. 제조물 책임 보험에서 국문 약관은 설정한 공제 금액을 초과하면 그 초과 손해액을 사고당 보상 한도액 한도 내에서 보상한다.

85. 제조물 책임 보험에서 영문 약관과 국문 약관 모두 연간 총보상 한도액은 동일한 금액을 지급하도록 하고 있다.

86. 전문직업 배상 책임 보험에서 전문인의 주의 의무는 동종 업계의 전문인이 같은 상황에서 지니는 정도의 주의 의무를 말한다.

87. 전문직업 배상 책임에서 전문인의 고의 또는 과실로 고객이나 타인에게 손해를 입힌 경우 채무 불이행 책임을 진다.

88. 전문직업 배상 책임 보험의 경우 1사고당 한도액과 함께 연간 총 보상 한도액을 설정하여 보험자의 책임 한도액을 제한하고 있다.

89. 건축사 및 기술사 배상 책임 보험에서 우리나라에서 주로 사용하는 약관은 독일식 영문약관으로 배상 청구 기준 양식이다.

90. 건축사 및 기술사 배상 책임 보험에서 보험 회사가 동의한 부대 비용도 보상하지만, 보상 한도액을 초과하는 경우에는 보상 한도액에 해당하는 비율만큼 지급한다.

91. 건축사 및 기술사 배상 책임 보험에서 보험 회사는 피보험자의 동의 없이 임의로 클레임을 합의 종결할 수 없다.

92. 건축사 및 기술사 배상 책임 보험에서 단일 프로젝트 계약 방식의 보험 기간은 전문 용역 개시일로부터 공사 종료 후 유지 보수 기간을 감안한 일정 기간으로 설정한다.

93. 의료 계약은 민법상 위임 계약의 일종이므로 의료 과실은 의료 계약에 의한 채무 불이행이 되기도 하고 의사의 과실에 의한 불법 행위가 되기도 한다.

94. 의료 분쟁의 당사자는 의료 사고의 원인 행위가 종료된 날로부터 10년, 그 손해 및 가해자를 안 날로부터 3년 이내에 조정중재원에 조정을 신청하여야 한다.

95. 의료 배상 책임 보험 약관에서 보상하는 손해는 민사 합의금, 법정 판결 금액, 소송 비용 등 제반 비용의 3가지이다.

96. 임원 배상 책임 보험에서 임원이란 상법상 이사 및 감사, 이에 준하는 자로서 보험 증권의 피보험자란에 기재된 지위에 있는 자를 말한다.

97. 임원 배상 책임 보험에서 피보험자에 이미 퇴임한 임원 및 보험 기간 중에 새로 선임된 임원을 포함하지만, 최초 계약의 개시일 이전에 퇴임한 임원은 대상이 아니다.

98. 이사는 이사회의 승인이 있으면 자기 또는 제3자의 계산으로 회사의 영업부류에 속한 거래를 하거나 동종 영업을 목적으로 하는 다른 회사의 무한 책임 사원이나 이사가 될 수 있다.

99. 생산물 회수 비용 보험에서 담보하는 위험은 제품의 결함으로 생산물 배상 책임 보험에서 담보하는 위험과 동일하다.

100. 환경 오염 배상 책임 보험에서 보상하는 손해는 오염 사고로 제3자가 청구한 법률상 손해 배상금 및 소송 방어 비용이 있으며, 추가로 오염 제거 비용을 담보한다.

제1장
배상 책임 보험의 개요

1 특성 및 분류

001 배상 책임 보험의 특성에 대한 설명으로 옳지 않은 것은?

① 피보험자가 보험 사고로 타인에게 피해를 입힘으로써 민사상 배상하여야 할 책임 있는 손해를 담보하는 보험이다.
② 피보험자와 보험자 이외에도 피해자가 반드시 필요한 형식을 취한다.
③ 손해 보험에 있어는 보험 가입 대상을 보험의 목적이라고 하는데 비하여, 책임 보험의 목적은 피보험자의 적극적, 소극적 전재산 관계이다.
④ 사고 발생의 객체로서 배상 책임의 목적은 타인의 재산에 한정된다.

002 다음 중 배상 책임 보험에 대한 설명으로 틀린 것은?

① 불특정 타인의 생명 및 재산은 가치를 정확히 측정할 수 없기 때문에 배상 책임 보험의 피보험 이익은 피보험자의 전재산 관계이다.
② 배상 책임 보험은 제3자 배상 책임 보험과 보관자 책임 보험으로 구분할 수 있다.
③ 보관자 배상 책임 보험의 보험 목적은 불특정 제3자의 생명, 신체 또는 재산이다.
④ 배상 책임 보험은 실무상으로 손해 사고 기준을 원칙으로 하고, 손해 사고 발생 시점을 특정하기 어려운 위험의 경우 배상 청구 기준을 사용하고 있다.

003 다음 중 손해 사고 기준 약관에 대한 설명 중 옳지 못한 것은?

① 보험 사고가 보험 기간에 발생하면 보험 기간이 종료한 후에 피해자가 피보험자에게 손해 배상 청구를 하였더라도 보험금 청구권이 소멸되지 않는 한 보험자가 보험금 지급 책임을 지게 된다.
② 보험 기간 이전에 사고 원인에 접촉하거나 증상이 나타나더라도 손해가 보험 기간 중에 발생하기만 하면 보험자는 책임을 진다.
③ 보험 기간 중에 사고 원인에 접촉하거나 증상이 나타나더라도 보험 기간 종료 후 발생한 손해는 보상하지 아니한다.

④ 보험 기간 종료 후 발생한 손해는 보상하지 않으므로 보험자의 책임 범위를 좁힐 수 있어서 보험자에게 유리하다고 할 수 있다.

004 다음 중 손해 사고 기준 증권의 문제점으로 보기 어려운 것은?

① 보상 한도액의 현실성 부족
② 보험 기간 종료 후까지 보상 책임 연장
③ 불합리한 요율 산정
④ 준비금의 과다 또는 과소 적립

005 다음 중 배상 청구 기준 약관에 대한 설명으로 옳지 않은 것은?

① 책임 개시일 이후 보험 기간의 종료 전에 보험 사고가 발생하여야 하고 또한 보험 기간 중에 피해자가 피보험자나 보험자에게 배상 청구가 있을 경우 보험자가 보상 책임을 진다.
② 사고 발생과 손해 배상 청구 사이에 잠재 기간이 길지 않은 배상 책임에 적절한 약관이다.
③ 소급 담보 일자(Retroactive date)와 보고 기간 연장(Extended Reporting Period) 으로 보험자의 책임기간을 확장할 수 있다.
④ 전문직업 배상 책임 및 임원 배상 책임 보험에서 사용하는 담보 기준 증권이다.

006 다음 중 배상 청구 기준 약관의 소급 담보 일자(RD : Retroactive Date) 기준에 관한 설명으로 옳지 않은 것은?

① 배상 청구 기준 증권도 손해 사고 일자가 보험 기간 안에 발생하여야 하는데 추가로 소급 담보 일자를 지정하여 소급 담보 일자 이후에 발생한 손해 사고로 보험 기간 중에 배상 청구가 이루어진 사고를 담보하도록 하고 있다.
② 실무적으로 보면 소급 담보 일자는 최초 배상 청구 기준 증권의 보험 개시일로 설정하고 있다.
③ 2차년도 갱신 시에도 소급 담보 일자는 1차년도 소급 담보 일자와 일치시켜야 담보의 공백을 없앨 수 있다.
④ 2차년도 갱신 이후 갱신되는 증권의 소급 담보 일자는 최초 증권의 소급 담보 일자와 일치시킬 필요가 없다.

007 다음 중 보고 기간 연장(ERP : Extended Reporting Period)의 전제 조건에 해당하지 않는 것은?

① 보험 기간 종료 후에 배상 청구가 제기되는 경우
② 보험 계약이 보험료 불지급 이외의 사유로 해지되었거나 갱신되지 않은 경우
③ 갱신된 배상 청구 기준 증권의 소급 담보 일자가 이전 증권의 소급 담보 일자보다 후일로 되어 있는 경우
④ 갱신한 증권이 손해 사고 기준 증권일 경우

008 다음 중 보고 기간 연장(ERP : Extended Reporting Period)에 대한 설명으로 틀린 것은?

① 단기 자동 연장 담보(Mini Tail)는 소급 담보 일자와 만기일 사이에 발생한 사고에 대하여 손해 배상 청구가 만기일 이후 60일 이내에 제기된 경우, 그 배상 청구가 만기일에 제기된 것으로 간주하여 담보한다.
② 중기 자동 연장 담보(Midi Tail)는 소급 담보 일자와 만기일 사이에 발생한 사고에 대하여 손해 배상 청구가 만기일 이후 1년 이내에 제기된 경우, 그 배상 청구가 만기일에 제기된 것으로 간주하여 담보한다.
③ 선택 연장 담보는 소급 담보 일자와 만기일 사이에 발생한 사고에 대하여 만기일 이후에 제기되는 모든 손해 배상 청구를 제한 없이 담보하는 조건이다.
④ 자동 연장 담보는 보험자와 별도 합의가 없어도 자동으로 적용되지만, 선택 연장 담보는 보험 종료일로부터 60일 이내에 보험 계약자의 청구가 있어야 하며, 보험자는 이 연장 담보를 거절할 수 없다.

009 다음 중 보고 기간 연장(ERP : Extended Reporting Period)에 대한 설명으로 틀린 것은?

① 보고 연장 담보 기간은 보험 기간을 연장하는 것은 아니지만 기존 보상 한도액을 확장하는 효과가 있다.
② 자동 연장 담보 기간은 O/S Loss에 대하여 이후 5년간 배상 청구가 이루어진 경우 담보를 제공하는 것이다.
③ 선택 연장 담보 기간은 O/S 포함 IBNR Loss까지 만기일 이후 제기되는 배상 청구를 담보하는 형식이다.
④ 두 가지 경우 모두 손해 사고는 소급 담보일 이후 보험 기간 내에 발생한 사고로 여전히 제한되어 있다.

010 다음 중 보험 가액 및 보상 한도액에 대한 설명으로 틀린 것은?

① 피보험자가 보험 목적(보험 가입 대상)에 관한 보험 사고로 보상받을 수 있는 최고 한도액은 보험 목적이 가지고 있는 금전적 가치를 한도로 한다.
② 보험 목적이 가지고 있는 금전적 가치를 보험 가액(Insurable Value)이라고 한다.
③ 보험 가액은 원칙적으로 시가(Actual Cash Value)를 기준으로 한다.
④ 손해 보험은 피보험 이익이 존재하지 않더라도 보험에 가입할 수 있다.

011 다음 중 보험 가액 및 보상 한도액에 대한 설명으로 틀린 것은?

① 손해 보험이 보험 가액을 한도로 보상하는 근본 취지는 손해 보험이라는 것은 피보험자가 불의의 사고로 입은 경제적 손실을 보전해 줌으로써 원래의 상태로 복귀할 수 있도록 하기 위한 것이기 때문이다.
② 손해 보험은 본래 보험 가입 대상이 금전적 가치가 있는 재산이고 또한 보험의 목적이 특정되어야 하므로 재산 보험의 경우에는 원칙적으로 특정 금액의 보험 가액이 존재한다.
③ 제3자 배상 책임 보험은 재산 보험의 경우와 마찬가지로 보험 목적의 가액을 확정할 수 있는 바, 원칙적으로 보험 가액이 존재한다.
④ 인보험의 경우, 신체의 상해나 질병 위험에 따르는 손해는 손실 가능 금액을 사고가 발생하기 전에는 얼마인지 알 수가 없었으므로 보험 가액의 개념이 존재하지 아니한다.

012 다음 중 보험 가액 및 보상 한도액에 대한 설명으로 틀린 것은?

① 제3자 배상 책임 보험의 보상 한도액은 추정 최대 손해액(EML)을 기초로 하여 정하여진다.
② 보관자 책임 보험의 보험 가입 금액은 보험 가액을 기초로 하여 정할 수도 있고 추정 최대 손해액을 기초로 하여 정할 수도 있다.
③ 보관자 책임 보험의 보험 목적은 피보험자의 적극적, 소극적 전재산 관계는 특정 금액을 확정할 수 없기 때문에 보험 가액이 무한대라고 할 수 있다.
④ 보험 가액이 존재하지 아니하거나 유한이지만 불특정인 경우, 보험 계약상 보험 사고에 대한 보험자의 한도액은 보험 가액을 기초로 하여 정할 수는 없고 오로지 추정 최대 손해액을 기초로 하여 정하여야 한다.

013 다음 중 배상 책임 보험에 대한 설명으로 잘못된 것은?

① 배상 책임 보험의 경우 손해액의 산정 시점은 손해가 발생한 시점을 기준으로 한다.
② 가해자인 피보험자의 가해 행위로 피해자가 재산 손해 또는 인명 피해를 입은 날에 손해액이 확정된다.
③ 담보 대상은 불특정 제3자의 모든 재산과 생명, 신체이다.
④ 배상 책임 보험을 Long-tail 종목이라고 부르기도 한다.

014 다음 중 별도의 사업 방법서를 사용하는 배상 책임 보험은?

① 자동차 보험
② 적재물 배상 책임 보험
③ 건설 공사 보험
④ 임원 배상 책임 보험

015 다음 중 배상 책임 보험의 보험 실무상 분류에 대한 설명으로 틀린 것은?

① 보험 실무상 배상 책임 보험을 분류할 때는 담보 위험의 성격에 따라 분류하고 업무 담당자도 그 위험에 따라 전문업무 영역으로 나누는 것이 보통이다.
② 해외에서는 시설 소유 관리자 배상 책임과 도급업자 배상 책임 위험을 특별히 따로 구분하지 않는 것이 일반적이나, 국내에서는 이를 구분하고 있다.
③ 국내에서는 전문직업 배상 책임 보험과 일반 영업 배상 책임 보험을 별도로 구분하지 않는 것이 일반적이다.
④ 생산물 배상 책임의 경우 해외 수출 제품의 경우에는 수출 지역 현지 법률을 적용받음으로 해외(수출) 생산물로 구분하여 인수하는 것이 일반적이다.

016 다음 중 임원 배상 책임 보험에 대한 설명으로 틀린 것은?

① 임원 배상 책임 보험은 IMF 경제 위기 상황에서 국내에 도입된 보험 상품이다.
② 임원 배상 책임 보험은 전문 배상 책임 보험처럼 민사상 손해 배상 사건에 대한 방어 비용과 법률상 손해 배상금만 담보한다.
③ 임원 배상 책임 보험은 사고 발생 시 일반 배상 책임 보험에 비해 손해액의 심도가 매우 크다고 할 수 있다.
④ 글로벌 기업의 경우 담보 지역이 전세계로 되어 있는 경우가 많아 피보험자가 소재한 국가나 지역의 경제적 사회적 환경을 주의 깊게 고려해야 한다.

2 주요 담보 조건

017 다음 중 배상 책임 보험의 보험 기간에 대한 설명으로 옳지 않은 것은?

① 보험 기간은 담보 위험에 관한 시간적 제한으로써 위험 기간, 담보 기간 또는 책임 기간이라고 한다.
② 손해 사고 기준 증권일 경우에는 손해 사고가 보험 기준 중에 발생하여야 담보한다.
③ 배상 청구 기준 증권일 경우에는 손해가 보험 기간 중에 처음으로 발견되어야 담보한다.
④ 보험 기간 산정의 기준 지역은 배상 책임 보험 국문 약관은 보험 증권 발행지의 표준시를 기준으로 한다.

018 다음 중 배상 책임 보험에 있어서 사고에 대한 설명으로 옳지 않은 것은?

① 오염 사고의 경우 서서히, 반복적, 누적적으로 진행되어 발생하는 사고도 담보한다.
② 위험설은 사고의 위험에 최초로 노출된 시점을 사고일자로 보는 학설이다.
③ 손해 사고설은 특정 사고가 발생한 시점을 사고일자로 보는 학설이다.
④ 손해 사고설이 통설이며, 실무에서도 취하고 있는 입장이다.

019 다음 중 배상 책임 보험에서 손해에 대한 설명으로 잘못된 것은?

① 신체장해는 보험 사고로 인한 신체의 부상, 질병 및 사망과 사생활 침해 등으로 신체의 자유나 인격을 침해하는 행위를 말한다.
② 재물은 유체물과 무체물로 구분할 수 있는데, 배상 책임 보험에서 재물 손해는 유체물에 입힌 손해를 말한다.
③ 물리적으로 손괴되지 아니한 유체물의 간접 손해도 재물 손해에 해당한다.
④ 간접 손해는 영업 중단으로 인한 손해나 유체물의 사용 손실을 포함한다.

020 다음 중 배상 책임 보험의 법률상 배상 책임과 계약상 배상 책임에 대한 설명으로 옳지 않은 것은?

① 법률상의 배상 책임은 법률에 규정된 피보험자의 배상 책임만을 말한다.
② 계약상 가중 책임이란 당사자 간 합의에 의하여 법률이 허용하는 범위를 벗어난 배상 책임을 부담하는 것이다.
③ 계약상 가중 책임은 국문 약관의 경우 별도의 추가 특약으로 담보할 수 있다.
④ 영문 약관의 경우 일부 계약상 가중 책임을 법률상 배상 책임으로 간주하여 담보하고 있다.

021 다음 중 배상 책임 보험에서 전액 보상하지 않는 금액은?

① 피보험자가 보험 회사의 동의하에 피해자에게 지급한 민사 합의금
② 응급 처치 비용
③ 구조를 위한 잔존물 제거 비용 등 기타 유익한 비용
④ 중재 및 화해에 관한 비용

022 다음 중 보험금 지급에 대한 설명으로 옳지 않은 것은?

① 합의나 판결로 확정된 손해 배상금을 피보험자가 배상한 후 보험금 청구서를 보험자에게 제출하면 청구서를 접수한 날로부터 10일 이내에 보험금을 지급한다.
② 금융 감독기관은 보험자의 보험금 지급 기한을 표준 약관에 의하여 규제하고 있다.
③ 표준 약관은 지급 보험금이 결정되면 10일 이내에 지급하도록 하고 있다.
④ 지급 보험금이 결정되기 전이라도 피보험자 청구가 있으면 보험사가 추정한 금액의 50%를 가지급금을 지급한다.

023 다음 중 보험금 청구권 소멸 시효에 대한 설명으로 옳은 것은?

① 사고가 발생한 날로부터 3년
② 사고가 발생한 날로부터 5년
③ 합의나 판결로 손해 배상금이 확정된 날로부터 3년
④ 합의나 판결로 손해 배상금이 확정된 날로부터 5년

024 다음 중 배상 책임 보험의 보험금의 분담에 대한 다음 설명 중 옳지 않은 것은?

① 국문 약관에서 하나의 보험 사고를 담보하는 둘 이상의 책임 보험 계약이 있을 경우 보험금 분담 방식에 관한 법률 규정은 보상 한도액 비례 분담 방식을 택하고 있다.
② 배상 책임 보험 국문 약관은 배상 책임 보험에 있어서의 제반 보험금 결정 요인을 고려한 지급 보험금 비례 분담 방식을 택하고 있다.
③ 영문 약관에서 균등액 분담 방식은 보험 사고에 대하여 각 보험 계약의 보험금 지급 조건이 동일하고 보험금 분담 조건이 균등액 분담 조건으로 되어 있는 경우에 적용되는 방법이다.
④ 영문 약관에서 보상 한도액 비례 분담 방식은 관련 보험 계약 중 가입 금액이 가장 낮은 쪽의 보상 한도액이 소진될 때까지 균등액으로 분담하는 방식이다.

025 다음 중 배상 책임 보험의 보험료에 대한 다음 설명 중 옳지 않은 것은?

① 기본적으로 특정 담보 위험에 대한 기본 요율에 보상 한도액 할증 지수 및 공제 금액 할인지수를 적용하여 적용 요율을 구한 다음 요율 산정 기초수를 곱하여 해당 보험료를 구한다.
② 확정 보험료는 보험 계약 당시 한번 결정한 보험료를 보험 기간 중에는 조정 없이 보험 기간이 끝날 때까지 적용하여 계약을 갱신할 때 다시 고지된 요율 기초수를 근거로 보험료를 산정한다.
③ 정산 보험료는 잠정 보험료를 납입하고 보험 기간 종료 후 실제 요율 기초수를 정산 요율에 적용하여 확정 보험료를 산출한 다음 선납한 예치 보험료와의 차액을 정산한다.
④ 요율 산정 기초수의 연간 변동폭이 심한 경우 확정 보험료를 주로 사용한다.

제2장
시설 소유 관리자 배상 책임

1 담보 위험과 책임 법리

001 다음 중 시설 소유자 관리자 배상 책임에 대한 설명으로 옳지 않은 것은?

① 시설 소유 관리자의 배상 책임 사고 위험은 시설을 소유, 임차, 사용 또는 보호, 관리, 통제하는 시설에 기인된 사고와 그러한 시설을 이용하여 수행하는 업무 활동에 기인한 사고로 구분할 수 있다.
② 시설이란 동산과 부동산을 포함하는 개념으로 건물이나 토지의 정착물, 공작물, 인공적인 시설물 및 자연물을 포함한다.
③ 업무 활동은 개인의 사적인 일상생활에 대립하는 활동으로 시설 본래의 용도에 따라 이용하는 행위를 말한다.
④ 시설 소유 관리자의 업무는 시설 내에서 수행하는 것에 한한다.

002 다음 중 시설 소유 관리자의 책임 법리에 대한 설명으로 옳지 않은 것은?

① 시설 소유 관리자는 고객과 특정 계약 관계가 없는 한 과실 책임으로서 일반 불법 행위 책임이 적용된다.
② 사고에 따라 사실상의 무과실 책임 등 특수 불법 행위 책임을 적용할 수도 있다.
③ 공작물의 설치, 보존상의 하자로 인한 배상 책임 위험은 일반 불법 행위 책임(민법 제 750조)이 적용된다.
④ 업무 활동에 기인한 배상 책임 위험에 대해서도 원칙적으로 과실 책임인 일반 불법 행위 책임이 적용된다.

003 다음 중 일반 불법 행위에 대한 설명으로 틀린 것은?

① 채무 불이행 책임은 주로 계약으로 맺어져서 서로 채권, 채무의 관계에 있는 당사자 사이의 문제이다.
② 채무 불이행 책임과 동시에 불법 행위 책임이 생기면 불법 행위에 의한 손해 배상 책임만을 청구할 수도 있다.
③ 불법 행위 책임은 계약 관계와 상관 없이 널리 일반적으로 일어날 수 있는 문제이다.
④ 불법 행위의 발생과 손해 사이에는 상당 인과 관계가 있어야 하며, 일반적으로 입증 책임은 손해 배상 책임 청구자가 입증 책임을 부담한다.

004 다음 중 일반 불법 행위의 성립 요건에 대한 설명으로 틀린 것은?

① 고의란 자신의 행동이 어떤 결과를 초래한다는 것을 알면서 행하는 것이고, 과실 실수로 그것을 인식하지 못하는 것을 의미한다.
② 채무자가 고의나 과실로 채무 불이행을 할 경우 손해 배상 책임이 성립하나, 배상 책임 보험에서는 고의는 담보하지 않고, 과실로 타인에게 입힌 손해에 대한 배상 책임만 담보한다.
③ 미성년자와 심신 상실자의 경우 책임 능력이 없고 따라서 계약 당사자가 될 수 없으므로 계약책임에는 거의 적용되지 않는다.
④ 제조물 책임 등 특수 불법 행위에서는 피해자가 불법 행위와 손해 사이에 상당한 인과 관계가 있음을 입증하여야 하는 책임이 있다.

005 다음 중 공작물 책임과 실화 책임에 대한 설명으로 옳지 않은 것은?

① 공작물의 설치 또는 보존의 하자로 인하여 타인에게 손해를 가한 때에는 공작물의 소유자가 1차로 손해를 배상할 책임이 있다.
② 공작물 책임은 불법 행위의 일반 요건인 가해자의 과실 대신에 공작물의 하자를 책임 부담의 요건으로 하고 있다.
③ 실화 책임법은 가해자인 실화자의 손해 배상 규모를 경감하기 위한 법률이다.
④ 실화자가 손해 배상액의 경감을 청구하기 위해서는 실화가 중대한 과실이 없어야 한다.

2 담보 약관과 언더라이팅

006 다음 중 배상 책임 보험 약관의 특징으로 잘못 설명된 것은?

① 국문 약관은 보통 약관에서 포괄적으로 배상 책임 위험을 담보하고, 필요 없는 위험을 배제하는 면책특약 추가한다.
② 시설 소유 관리자 배상 책임 위험을 국문 약관에서 담보하기 위해서는 영업 배상 책임 보험 보통 약관과 함께 시설 소유 관리자 배상 책임 특별 약관을 첨부하여야 한다.
③ 제3자 배상 책임 보험에서 보상하는 재물 손해는 물리적으로 훼손된 재물의 직접 손해뿐만 아니라 사용 손실 손해도 포함하고 있다.
④ 보관자 배상 책임 보험에서 담보하는 재물 손해는 특정 재물에 대한 직접 손해로 제한하는 것이 원칙이며, 간접 손해(Indirect Loss) 또는 결과적 손실(Consequential Loss) 등은 면책으로 규정하고 있다.

007 배상 책임 보험 국문 보통 약관에서 보상하는 손해는 무엇인가?

① 법률상의 손해 배상금과 관련 제반 부대 비용
② 무체물에 입힌 손해
③ 원자력 위험으로 인한 손해
④ 계약상의 가중 책임

008 다음 중 배상 책임 보험 국문 보통 약관에서 면책 사항에 대한 설명으로 틀린 것은?

① 피보험자의 고의 없이 피용인의 고의로 인한 손해 또는 타인의 고의로 인한 손해로 인해 피보험자가 법률상 배상 책임을 부담할 경우에는 면책하고 있다.
② 국문 배상 책임 보험 약관은 지진, 분화, 홍수나 해일 등의 천재지변 사고로 타인이 입은 손해에 대해 면책하고 있다.
③ 전쟁 및 유사 위험에 기인된 사고로 피보험자가 배상 책임을 부담하는 것은 아니기 때문에 당연 면책이라 할 수 있다.
④ 배상 책임 보험에 있어서 타인에게 입힌 재물 손해에 대한 배상 책임은 유체물에 입힌 손해에 대한 배상 책임만을 의미하며, 지적 재산권이나 전기, 풍력과 같은 무체물에 입힌 손해는 담보하지 않는다.

009 다음 중 배상 책임 보험 국문 보통 약관에서 면책사항에 대한 설명으로 틀린 것은?

① 타인이 부담해야 할 책임을 계약 조건에 의해 피보험자가 부담하기로 한 경우, 이는 계약상의 가중 책임으로 면책으로 한다.
② 담보 계약 또는 계약이 없었더라도 피보험자가 부담해야 할 손해 배상 책임이나 추가 특약을 통해 가중된 책임에 대한 위험 평가가 가능하고 적정한 보상 한도액을 정한다면 담보할 수 있다.
③ 급격하고 우연한 사고로 인한 오염 사고(Sudden & accidental pollution)로 인한 배상 책임은 추가 특약으로 담보가 가능하다.
④ 지진, 분화, 홍수나 해일 등의 천재지변 사고로 타인이 입은 손해에 대해서는 국문 약관이 영문 약관에 비해 더 충실하게 피보험자를 보호하고 있다.

010 다음 중 국문 시설 소유 관리자 배상 책임 보험이 보상하는 손해에 해당하는 것은?

① 피보험자의 근로자가 근무 중 입은 손해
② 티끌, 먼지, 분진 및 소음으로 인한 배상 책임 손해
③ 식품점이나 식당에서 영업장 내의 영업 활동
④ 공사의 공기가 지연되거나 제품의 납기가 지연됨으로써 발생하는 손해

011 다음 중 시설 소유 관리자 국문 특별 약관에서 보상하는 손해에 해당하는 것은?

① 피보험자가 소유, 점유하는 재물에 대한 손해
② 통상적인 유지, 보수 작업으로 생긴 손해
③ 피보험자가 양도한 시설로 생긴 손해
④ 작업의 종료 또는 폐기후 작업의 결과로 부담하는 손해

012 다음 중 시설 소유 관리자 특별 약관에 추가할 수 있는 특약이 아닌 것은?

① 구내 치료비 추가 특약
② 운송 위험 추가 특약
③ 피고용자 추가 특약
④ 선박 보상 추가 특약

013 시설 소유 관리자 추가 특별 약관의 내용에 대한 설명으로 옳지 않은 것은?

① 구내 치료비 추가 특약은 피보험자의 구내에서 발생한 고객의 신체장해 사고에 대하여 피보험자에게 법률상 배상 책임이 없는 경우의 치료비만을 보상하는 추가 담보 특약이다.
② 비행 추가 특약을 첨부하면 미용사 및 이용사의 전문직업 위험을 담보한다.
③ 피보험자가 보호, 관리, 통제하는 고객의 금, 은 등의 보석류 등은 물적 손해 확장 추가 특약에서 담보한다.
④ 운송 위험 담보 추가 특약은 자동차로 화물을 운송하는 도중에 적재된 화물로 인하여 발생한 사고로 제3자에게 입힌 신체장해나 재물 손해에 대한 배상 책임을 부담한다.

014 시설 소유 관리자 배상 책임 위험의 영문 약관이 잘못 연결된 것은?

① Coverage A – Bodily Injury and Property Damage Liability
② Coverage B – Personal Injury and Advertising Injury Liability
③ Coverage C – Extended Reporting Periods
④ Supplementary Payments – Coverage A and B

015 다음 중 시설 소유 관리자 배상 책임 위험의 영문 약관 구성으로 잘못 연결된 것은?

① Section Ⅱ – Coverage(담보)
② Section Ⅲ – Limits of Insurance(보험 한도)
③ Section Ⅳ – CGL Conditions(CGL 조건)
④ Section Ⅴ – Definition(정의 조항)

016 다음 중 Coverage A에서 보상하지 않는 계약은?

① 시설의 임대차 계약
② 철도 부지 내 건설 작업에 관한 지역권
③ 승강기 보수 계약
④ 조례에 따른 자치 단체 보상 계약

017 Coverage B의 인격 침해와 광고 침해에 대한 설명으로 옳지 않은 것은?

① 인격 침해는 피보험자의 영업 업무와 관련하여 발생하는 모든 사고를 담보한다.
② 광고 침해는 피보험자의 제품 광고로 발생하는 손해 사고로 제한된다.
③ 인격 침해 및 광고 침해 담보는 손해 사고 기준 증권 인지 배상 청구 기준 증권 인지 여부에 상관없이 손해 사고 기준으로 담보한다.
④ 사생활 침해는 인격 침해에 의하여만 담보된다.

018 다음 중 Coverage B의 인격 침해와 광고 침해에 공통 적용되는 면책 책임은?

① 광고 내용에 미달되는 제품의 품질 결함
② 허위임을 알면서도 구두 또는 출판물의 공표로 생긴 손해
③ 광고, 라디오 또는 텔레비전 방송이나 출판을 사업으로 하는 피보험자의 위법 행위로 생긴 손해
④ 잘못된 가격 표시

019 Coverage B의 면책 위험 중 광고 침해에만 적용되는 면책 위험은?

① 계약 위반
② 계약상의 가중 책임
③ 보험 기간 이전에 구두 또는 출판물의 공표로 생긴 손해
④ 허위임을 알면서도 구두 또는 출판물의 공표로 생긴 손해

020 다음 중 Supplementary Payments에서 보상 한도액과 별도로 추가 지급하는 비용에 해당하지 않는 것은?

① 보험자에 의하여 발생된 비용
② 보석 보증 보험료
③ 보험자 협력 비용
④ 소송상 피보험자에게 부과된 비용

021 시설 소유 관리자 배상 책임 위험 영문 약관에 대한 설명으로 옳지 않은 것은?

① Coverage A는 피보험자의 배상 책임이 없는 경우 치료비에 한하여 일정 금액을 한도로 보상한다.
② Coverage B는 타인에 대한 인격 침해나 광고 침해로 인한 배상 책임 있는 손해를 보상한다.
③ Supplementary Payments는 배상 책임 사고 시 보험 회사가 손해 배상금과 별도로 보상하는 제반 비용이다.
④ Supplementary Payments는 A와 B에만 적용된다.

022 다음 중 북미 지역 수출품 관련 담보 조건에 대한 다음 설명 중 옳지 않은 것은?

① 북미 지역 수출품 담보 조건은 영문 CGL약관의 배상 청구 기준 담보 조건과 동일하게 적용된다.
② 북미 지역 수출품 담보 조건은 소급 담보 일자 및 보고 연장 기간 조항을 적용한다.
③ 북미 지역 수출품 제외 담보 조건은 피보험자의 시설 및 업무와 관련된 제3자에 대한 손해 배상 책임을 담보한다.
④ 북미 지역 수출품 제외 담보 조건은 피보험자가 제조, 판매, 공급한 생산물이나 피보험자가 제공한 용역으로 인하여 제3자가 입은 생산물 완성 작업 배상 책임을 담보한다.

023 다음 중 북미 지역의 생산물 배상 책임 위험이 우리나라보다 현저히 높은 이유로 보기 어려운 것은?

① 소비자의 경우 소송 비용을 원고 변호사가 부담하고 승소 시 판결금에서 변호사 보수를 받고 있어 소비자의 변호사 수임료 부담이 없다
② 징벌적 벌과금이 인정되면 실제 피해액보다 고액의 보상금을 받을 수 있다.
③ 자동차 및 근재 보험의 보상 한도액이 제한적이어서 부유한 기업을 상대로 생산물 배상 책임 소송을 선호한다
④ 거대 기업의 제품 결함으로 사고가 발생하였다면 그 손해는 소비자가 책임져야 한다.

제3장
보관자 배상 책임

1 담보 위험과 책임 법리

001 다음 중 보관자 배상 책임 제도에 대한 설명으로 옳지 않은 것은?

① 보관자 배상 책임 보험은 피보험자가 보호, 관리, 통제하는 재물이나 사람을 제외하고 기타 불특정 제3자의 재산이나 사람의 생명 및 신체에 입힌 손해를 담보 대상으로 한다.
② 피보험자가 보호, 관리, 통제하는 타인의 재물에 입힌 손해를 담보 대상으로 한다.
③ 보험 가액에 기초한 보상 한도액을 설정할 수 있다.
④ 보관자 책임은 원칙적으로 특정인과 계약 관계에 따라 발생하는 채무 불이행 책임에 근거하고 있다.

002 보관자 배상 책임 제도에 대한 설명으로 옳지 않은 것은?

① 보상 한도액은 최대 추정 손실을 감안하여 설정하는 경우가 일반적이다.
② 불특정 제3자의 인명과 재산을 대상으로 하는 반면 보관하고 있는 재산에 대한 손해는 담보 대상에서 제외함을 원칙으로 한다.
③ 피해에 대한 인과 관계의 입증 책임은 피해자에게 있다
④ 피해자는 피보험자에게 재물을 위탁한 특정인으로 제한된다.

003 다음 중 보관자 배상 책임의 특성에 해당하지 않는 것은?

① 보험 가액에 기초한 보상 한도액　　② 비례 보상의 원리 적용
③ 재물의 사용 손실 포함　　　　　　④ 채무 불이행 책임

004 다음 중 채무 불이행 책임에 대하여 잘못 설명된 것은?

① 보관자 책임은 계약의 존재를 필요로 하지 않으며, 불법 행위 책임에 근거하고 있다.
② 이행 지체는 계약에 따라 채무가 이행기에 도달하였음에도 불구하고 채무자에게 책임있는 사유로 이행이 되지 않은 것을 말한다.
③ 이행 불능의 경우 채권자는 계약 해제권이나 손해 배상 청구권을 행사할 수 있다.
④ 불완전 이행은 채무자가 계약으로 정한 채무에 대하여 이행을 하긴 하였으나, 그 내용이 불완전하여 채권자에게 손해가 발생한 것을 말한다.

005 다음 손해 배상 책임의 발생 요건 중 객관적 요건에 해당하지 않는 것은?

① 피보험자에게 고의가 있어야 한다.
② 계약 목적물에 직접적인 손해가 발생하여야 한다.
③ 보험 사고와 재물 손해 사이에 인과 관계가 있어야 한다.
④ 가해자인 피보험자에게 위법성이 있어야 한다.

006 채무 불이행 책임과 불법 행위 책임을 비교 설명한 것으로 잘못된 것은?

① 채무 불이행 책임에서는 채무자가 본인에게 고의나 과실이 없음을 입증하여야 한다.
② 보험 사고와 관련하여 손해액 및 보험 사고와 손해 사이의 인과 관계에 대한 입증 책임은 채무 불이행 책임이나 불법 행위 책임 모두 손해 배상 청구권자에게 있다.
③ 불법 행위 책임의 소멸 시효기간은 10년이지만 피해자가 그 손해 및 가해자를 안 날로부터 3년간 손해 배상 청구권을 행사하지 않으면 시효로 소멸한다.
④ 불법 행위 책임의 경우 가해자는 피해자에 대하여 가지는 반대 채권으로 상계할 수 있다.

2 담보 약관과 언더라이팅

007 다음 중 창고업자 특별 약관에 대한 설명으로 옳지 않은 것은?

① 특별 약관(Ⅰ)은 일부 보험이 성립하고 그에 따라 비례 보상을 명시하고 있다.
② 특별 약관(Ⅰ)은 담보 위험을 열거하지 않고 우연한 사고로 수탁 화물에 입힌 손해를 담보한다.
③ 특별 약관(Ⅰ)은 보상 한도액이 수탁 화물 가액의 80% 이상일 때 실제 손해액 전액을 보상한다.
④ 특별 약관(Ⅰ)은 보상 한도액이 수탁 화물 가액의 80% 미만일 때 수탁 화물 가액의 80% 해당액에 대한 보상 한도액의 비율로 보상한다.

008 다음 중 주차장 특약에 대한 설명으로 옳지 않은 것은?

① 주차장 업자가 차량의 도난 등 차량 손해에 대하여 지는 배상 책임 및 주차장 운영과 관련하여 타인에게 끼친 신체 상해 및 재산 손해에 대한 것이다.
② 주차장이라 함은 주차장법에 의한 주차장으로서 노상 주차장, 노외 주차장 및 건축물 부설 주차장을 말한다.
③ 위탁받은 자동차 손해에 대해서는 채무 불이행에 따른 손해 배상 책임과 불법 행위 책임이 경합하여 적용되며, 제3자 배상 책임 손해에 대해서는 불법 행위 책임이 적용된다.
④ 피보험자가 주차 업무의 수행에서 고의나 과실로 생긴 사고로 수탁 자동차 및 제3자의 인명이나 재산에 입힌 피해에 대한 손해 배상 책임을 담보한다.

009 다음 중 차량 정비업자 특별 약관(Ⅰ), (Ⅱ)에 대한 설명으로 옳지 않은 것은?

① 차량 정비업자 특별 약관(Ⅰ)은 피보험자가 소유, 사용, 관리하는 차량 정비 시설 및 그 시설의 용도에 따른 차량 정비 업무의 수행으로 생긴 우연한 사고를 담보한다.
② 차량 정비업자 특별 약관(Ⅱ)는 그밖에 정비 목적 차량의 수탁, 시험 운전, 인도 과정의 사고를 추가로 담보하고 있다.
③ 수탁 차량에 입힌 손해를 보상하는 보관자 배상 책임과 함께 제3자 배상 책임 위험을 같이 담보하는 특약이다.
④ 피보험자의 종업원 이외의 사람이 피보험자의 허락을 얻어 운행 중 사고로 인해 생긴 손해는 특별 약관(Ⅰ)에서 면책한다.

010 다음 중 임차자 특약 및 화재 배상 특약에 대한 설명으로 옳지 않은 것은?

① 피보험자가 임차한 시설이 화재 등 우연한 사고로 손해를 입어 임차인이 임대인에게 배상하여야 할 책임있는 손해를 보상한다.
② 화재 배상 특약은 피보험자가 임차한 시설에 발생한 각종 사고 중 피보험자에게 귀책 사유가 있는 화재사고로 인한 배상 책임 손해를 보상한다.
③ 임차자 특약과 화재 배상 특약은 둘 다 제3자 배상 책임 보험이다.
④ 화재 배상 특약은 보관자 책임 중 화재 위험만 담보한다.

011 다음 중 경비업자 특약 II 에서 담보하지 않는 위험은?

① 경보·기계 경비에 있어서 경보·기계 설비의 고장으로 생긴 손해
② 전기적 사고로 생긴 화재, 폭발 손해
③ 다수 대중이 참가하는 행사장 경비
④ 불특정 다수인의 출입 허용 사업장의 근무 시간 중 사고

제4장
도급업자 배상 책임

1 담보 위험과 책임 법리

001 다음 중 도급업자 배상 책임 보험에 대한 설명으로 옳지 않은 것은?

① 도급이란 계약의 당사자 일방이 어느 일을 완성할 것을 약정하고 상대방이 그 일의 결과에 대하여 보수를 지급할 것을 약정하는 민법상 전형 계약의 한 유형이다.
② 도급업자 배상 책임 보험은 피보험자가 수행하는 작업 또는 업무 수행을 위해 소유, 사용, 관리하는 시설로 인하여 발생한 우연한 사고로 부담하게 된 제3자의 신체 및 재물에 입힌 법률상 손해 배상 책임을 보상한다.
③ 도급업자 배상 책임 보험과 시설 소유 관리자 배상 책임 보험은 같은 법리가 적용되어 영문 CGL Policy에서는 별도로 구분하고 있지 않지만 국문 약관에서는 구분하고 있다.
④ 도급업자 배상 책임 보험에 가입하는 사업자는 주로 공사와 관련된 도급인으로 각종 도급 계약에 따른 수급인의 업무상 손해 배상 책임을 공동으로 담보하기 위한 것이다.

002 다음 중 도급업자 배상 책임 보험과 시설 소유 관리자 배상 책임 보험을 비교한 것으로 잘못된 것은?

① 도급업자 배상 책임 보험의 시설은 신축, 증개축, 수리 또는 철거와 같이 공사가 진행 중인 시설과 그러한 공사에 이용되는 사무소, 가설물, 자재 보관장 등의 시설이다.
② 도급업자의 주된 업무는 대체적으로 피보험자의 시설 밖에서 이루어진다.
③ 도급업자 배상 책임 보험에서 보험 기간은 언제나 1년을 기준 보험 기간으로 한다.
④ 도급업자 배상 책임 보험에서 보험료는 포괄 계약인 경우에는 보험 기간에 비례하나 개별 도급 계약은 보험 기간에 관계없이 도급 공사 금액에 의하여 결정된다.

003 다음 중 도급업자 배상 책임 보험의 책임 법리에 대한 설명으로 옳지 않은 것은?

① 순수하게 제3자 배상 책임만 담보하는 경우에는 민법상 일반 불법 행위 책임이 적용된다.
② 제3자 배상 책임만 담보하는 경우 공작물 책임 등 특수 불법 행위 책임이 적용될 수 있다.
③ 제3자 배상 책임과 보관자 책임을 동시에 담보하는 특약을 첨부하여 담보하는 경우 일반 불법 행위 책임이 우선하여 적용된다.
④ 일반 채무 불이행 책임과 일반 불법 행위 책임이 경합하여 적용될 때, 여기에 우선하는 특별법이 있는 경우에는 특별법을 적용한다.

2 담보 약관과 언더라이팅

004 다음 중 도급업자 배상 책임에서 담보하는 책임에 대한 설명으로 틀린 것은?

① 피보험자의 수급업자가 수행하는 작업으로 발생하는 손해 배상 책임은 면책이며, 이러한 책임을 담보하기 위해서는 발주자 미필적 배상 책임 담보 특약을 첨부해야 한다.
② 피보험자가 수행하는 공사가 전체 공사의 일부일 경우 그 전체 공사에 참여하고 있는 모든 근로자에게 입힌 신체장해에 대한 배상 책임은 담보한다.
③ 공사의 종료 후 그 결과에 기인한 배상 책임 보험은 완성작업 배상 책임 보험에서 담보하는 위험이다.
④ 티끌, 먼지, 분진 또는 소음으로 생긴 손해에 대한 배상 책임은 원칙적으로 면책이나, 소음 또는 분진으로 인한 손해는 특약으로 담보할 수 있다.

005 다음 중 도급업자 배상 책임 추가 특약에 대한 설명으로 틀린 것은?

① 운송 위험 추가 특약은 피보험자가 자동차로 화물을 운송하는 도중 우연한 사고로 적재 화물에 기인한 손해 배상 책임을 담보한다.
② 폭발, 붕괴, 지하 매설물 손해 추가 특약은 폭발로 생긴 재물 배상 책임, 토지 붕괴로 인한 배상 책임 및 지하 매설물에 입힌 손해를 담보한다.
③ 일부 공사 추가 특약은 피보험자가 수행하는 공사가 전체 공사의 일부일 경우 피보험자의 근로자는 제외하고 다른 공사의 근로자에 대한 신체장해 배상 책임을 담보한다.
④ 주위 재산 추가 특약은 작업용 기계, 장비, 도구 등에 입은 손해 배상 책임을 보상한다.

006 다음 중 하청업자 배상 책임 특약에 대한 설명 중 옳지 못한 것은?

① 하청업자 배상 책임 특약은 피보험자가 임가공을 목적으로 수탁받아 보험 증권에 기재된 시설 내에서 보관 및 가공하는 물건에 대한 손해를 담보한다.
② 하청업자 배상 책임 특약은 화재, 폭발, 파손, 강도, 도난 사고만을 보상한다.
③ 기본적으로 재물 위험, 즉 보관자 위험을 담보하기 때문에 보상 한도액은 보험 사고가 발생한 곳과 때의 임가공물의 시가를 한도로 한다.
④ 지급 보험금은 보상 한도액에 상관없이 손해액 전액을 보상한다.

007 다음 중 도급업자 관련 특약에 대한 설명 중 옳지 못한 것은?

① 발주자 미필적 배상 책임 특약은 피보험자의 수급업자가 증권에 기재된 작업을 수행 또는 그에 대한 피보험자의 감독 부주의로 인한 배상 책임을 담보한다.
② 오염 사고 담보 특약은 기재된 시설과 그 업무 수행 과정에서 급격하게 발생한 오염 사고로 인한 대인, 대물 배상 및 오염 제거 비용을 보상 한도액 내에서 보상한다.
③ 사용자 배상 책임 담보 특약은 근로 기준법, 산업 재해 보상 보험법 또는 이와 유사한 법률에 의하여 부담하는 손해 배상 책임을 담보한다.
④ 대위권 포기 특약은 증권에 기재된 사람에 대한 대위권을 포기하는 특약이다.

제5장
생산물 배상 책임

1 담보 위험과 책임 법리

001 다음 중 생산물 배상 책임 보험에 대한 설명으로 옳지 않은 것은?

① 생산물 배상 책임 보험의 담보 대상은 동산으로서 제조물과 건물 등 부동산을 포함한다.
② 보험 가입 주체는 제조물의 생산에 관련된 모든 사람과 판매에 관련된 모든 사람이 대상이다.
③ 결함 판단의 기준에 관하여 우리나라는 위험성과 효용 성과를 비교하여 위험성이 효용성을 상회하는 경우에는 결함을 인정한다.
④ 제조물 책임법 시행과 더불어 별도의 상품으로 판매되기 시작한 임의 보험이다.

002 다음 중 제조물의 배상 책임 기준에 대한 설명으로 옳지 않은 것은?

① 제조 및 판매업자의 배상 책임 유무를 판단하는 기준은 과거 과실 책임, 보증 책임에서 엄격 책임으로 발전해 왔다.
② 엄격 책임의 책임 기준으로 설계상의 결함, 제조상의 결함, 지시·경고상의 결함으로 구분할 수 있다.
③ 설계상의 결함은 제조물이 원래 의도한 설계와 다르게 제조·가공됨으로써 안전하지 못하게 된 결함이다.
④ 표시상의 결함은 설계상의 하자와 동일하게 전제품을 신속하게 리콜하지 않으면 추가적인 위험을 방지할 수 없다.

003 다음 중 제조물의 배상 책임 기준에 대한 설명으로 옳지 않은 것은?

① 설계상의 결함은 제조업자가 합리적인 설계를 했더라면 피해나 위험을 줄이거나 피할 수 있었음에도 설계를 잘못해 제조물이 안전하지 않게 된 경우를 말한다.
② 설계상의 결함은 동일한 원인에 의한 연속적 사고 가능성이 높고, 결함 제품을 신속하게 회수하지 않으면 대규모 배상 책임에 직면하게 된다.
③ 표시상의 결함은 제조업자가 합리적인 설명·지시·경고 또는 그 밖의 표시를 하였더라면 해당 제조물에 의하여 발생할 수 있는 피해나 위험을 줄이거나 피할 수 있었음에도 이를 하지

아니하여 발생된 결함이다.
④ 제조상의 결함은 설계상의 하자와 동일하게 전제품을 신속하게 리콜하면 추가적인 손해의 방지가 가능하다.

004 다음 중 제조물 책임법에 대한 설명으로 틀린 것은?

① 제조업자를 알 수 없는 경우에는 공급업자도 손해 배상 책임을 부담한다.
② 동일한 손해에 대하여 배상할 책임이 있는 자가 2인 이상인 경우에는 연대하여 배상 책임을 진다.
③ 제조업자의 배상 책임을 배제하거나 제한하는 특약은 무효이다.
④ 손해 배상 청구권의 소멸 시효는 손해 및 제조업자를 안 때부터 10년으로 한다.

005 다음 중 제조물 책임법상의 면책사유를 잘못 설명한 것은?

① 제조업자가 해당 제조물을 공급하지 아니한 사실
② 제조업자가 해당 제조물을 공급한 당시의 과학·기술 수준으로는 결함의 존재를 발견할 수 없었다는 사실
③ 제조물의 결함이 제조업자가 해당 제조물을 공급한 당시의 법령에서 정하는 기준을 준수함으로써 발생하였다는 사실
④ 부품의 경우에는 그 부품이 시중에서 공급되는 유일한 생산품이었다는 사실

006 비교 과실 책임 중 50% Form에 대한 설명으로 옳은 것은?

① 피해자와 가해자의 과실 비율에 따라 배상 금액을 결정하는 방식
② 피해자의 과실 비율이 가해자의 과실보다 적으면 전액 배상하는 방식
③ 피해자의 과실 비율이 가해자의 과실 비율과 같거나 작으면 전액 배상하는 방식
④ 피해자의 과실이 가해자의 과실보다 경미한 경우 전액 배상하는 방식

2 담보 약관과 언더라이팅

007 다음 중 생산물 배상 책임 보험(2)에서 배상 청구일자의 적용으로 잘못된 것은?

① 배상 청구가 피보험자와 보험자에게 각각 제기된 경우 손해 배상 청구가 먼저 제기된 쪽의 날짜가 처음 제기된 날짜이다.
② 한 사람의 신체장해 사고에 대하여 손해 배상 청구가 연속적으로 제기된 경우 최초로 손해 배상 청구가 제기된 날짜를 이후에 제기된 모든 청구건에 대한 손해 배상 청구일자로 간주한다.
③ 한 사람에게 입힌 재물 손해에 대하여 연속적으로 제기된 손해 배상 청구의 경우 최초로 제기된 날짜를 연속된 모든 사고에 대한 손해 배상 청구가 제기된 것으로 간주한다.
④ 하나의 사고로 수인에게 입힌 인명 피해 또는 재물 피해에 대해 피해자별로 연속적으로 제기된 손해 배상은 하나의 청구로 보아야 한다.

008 다음 중 생산물 배상 책임 보험에서 보상하는 손해는?

① 환경오염 사고
② 징벌적 손해 배상금
③ 제품을 원래 의도한 용도로 사용하다가 제품에 급격하고 우연한 사고로 다른 재물을 사용하지 못하여 입은 사용 손실 손해
④ 결함있는 생산물을 회수 검사 수리 또는 대체 비용 및 사용 손실에 대한 배상 책임

009 다음 중 제조물 책임 보험의 추가 특약 중 국문 약관에서 추가하는 특별 약관에 해당하는 것은?

① 징벌적 손해 배상금 면책 특약
② 효능 불발휘 부담보 특약
③ 모든 오염 손해 면책 특약
④ 석면 배상 책임 면책 특약

010 다음 중 담보 제품의 품질 관리를 위한 생산물 사고 방어 대책에 해당하는 것은?

① 신속한 초기 대응 체제
② 사고 예방 조치에 대한 기록 관리 및 인력 관리
③ 사내 품질 및 안전 관리 체제 구축
④ 소비자가 알기 쉬운 취급 설명서나 경고 문구

011 다음 중 제조물 책임 보험의 담보 조건에 대한 설명으로 옳지 않은 것은?

① 국문 약관은 설정한 공제 금액을 초과하면 그 초과 손해액을 사고당 보상 한도액 한도 내에서 보상한다.
② 영문 약관은 설정한 공제 금액을 초과한 손해액을 보상하지만 사고당 보상 한도액도 공제 금액만큼 줄어들게 된다.
③ 영문 약관과 국문 약관 모두 연간 총보상 한도액은 동일한 금액을 지급하도록 하고 있다.
④ 담보 약관을 손해 사고 기준에서 배상 청구 기준으로 변경하는 경우 담보 공백이 발생할 수 있다.

012 다음 중 담보 공백이 발생하는 경우라고 보기 어려운 것은?

① 배상 청구 기준 증권을 손해 사고 기준 증권으로 갱신하는 경우
② 갱신 증권의 소급 담보 일자를 후일로 변경하는 경우
③ 갱신 증권의 소급 담보 일자를 최초 증권 개시일로 하는 경우
④ 배상 청구 기준 증권을 갱신하면서 특정 담보 제품을 제외하는 경우

제6장
전문직업 배상 책임

1 담보 위험

001 다음 중 전문직업 배상 책임 보험에 대한 설명으로 옳지 않은 것은?

① 공인받은 전문자격을 가진 피보험자가 수행하는 전문업무에 기인한 사고로 타인에게 신체장해를 입히거나 재산적 손해를 입힘으로써 부담하는 손해 배상 책임을 담보하는 보험이다.
② 전문인의 법률적 손해 배상 책임이 성립하기 위해서는 전문인의 주의 의무와 제3자의 손해 발생 간에 상당한 인과 관계가 있어야 한다.
③ 전문인의 주의 의무는 일반인이 지니는 정도의 주의 의무를 말한다.
④ 전문인에게 발생하는 손해 배상 책임은 불법 행위 및 채무 불이행 책임이다.

002 다음 중 전문직업 배상 책임에 대한 설명으로 틀린 것은?

① 전문인의 고의 또는 과실로 고객이나 타인에게 손해를 입힌 경우 채무 불이행 책임을 진다.
② 손해에는 신체장해를 입히거나 유형 또는 무형의 재산적 손해를 포함한다.
③ 전문업무에 기인한 사고로 고객에게 고객을 포함한 제3자의 손해가 발생하여야 한다.
④ 전문인에게 과실이 있음을 피해자가 입증하는 것이 원칙이나, 피해자 보호주의가 강화되면서 전문인이 자신에게 과실이 없음을 입증할 책임을 지우는 추세이다.

003 다음 중 일반배상 책임 보험과 비교한 전문직업 배상 책임 보험의 특징으로 볼 수 없는 것은?

① 손해 사고일자를 담보 기준으로 하지 않고 피보험자에게 최초로 손해 배상 청구가 제기된 날짜를 기준으로 한다.
② 전문직업 배상 책임 보험의 경우 보상 한도액 기준을 1사고당 기준으로 하고 연간 총 보상 한도액을 설정하지 않는 것이 일반적이다.
③ 부대 비용도 보상 한도액에 포함하여 보험자의 지급액을 제한하는 것이 일반적이다.
④ 일반적으로 사용할 수 있는 표준 약관의 형태보다는 피보험자에게 예측되는 위험에 적합한 다양한 주문식 약관이 사용된다.

2 건축사 및 기술사 배상 책임 보험

004 다음 중 건축사 및 기술사 배상 책임 보험에 대한 설명으로 옳지 않은 것은?

① 각종 공사와 관련하여 그 설계, 감리 등 위탁받은 전문 업무를 제대로 수행하지 못하여 공사 기간 및 완성 후에 해당 업무의 과실에 기인한 사고가 발생한 경우 그에 따른 손해 배상 책임을 부담한다.
② 우리나라에서 주로 사용하는 약관은 독일식 영문 약관으로 배상 청구 기준 양식이다.
③ 소급 담보 일자 이후 담보 지역 내에서 보험 기간 중에 피보험자에게 최초로 서면으로 담보하는 전문업무의 과실에 기인한 배상 청구가 이루어진 경우 설정한 보상 한도액 범위 내에서 보상한다.
④ 보상 한도액을 초과하는 경우에는 보상 한도액에 해당하는 비율만큼 지급하며, 부대 비용은 보상하지 않는다.

005 다음 중 건축사 및 기술사 배상 책임 보험의 담보 약관에 대한 설명으로 옳지 않은 것은?

① 보상 한도액 기준은 1사고당 및 총보상 한도액을 설정한다.
② 보험 회사의 사고 조사 비용을 포함하여 모든 부대 비용도 피보험자의 공제 금액을 초과하는 금액만 보험 회사가 부담한다.
③ Claim Series Event에 기준을 규정하여 1청구의 한도액에 적용한다.
④ 보험 만기일 이후 30일 이내에 통지한 사고 또는 상황으로 기인한 배상 청구가 3년 이내 이루어진 경우는 보상한다.

006 다음 중 건축사 및 기술사 배상 책임 보험의 담보 약관에 대한 설명으로 옳은 것은?

① 피보험자가 책임을 인정하거나 비용을 지급한 경우 지체없이 보험 회사에 통지하여야 한다.
② 보험 회사는 피보험자의 동의없이 임의로 클레임을 합의 종결할 수 없다.
③ 보험 회사의 보상 책임액은 비용을 포함하여 처음 제시한 합의 종결 금액으로 제한된다.
④ 중복 보험 시 동 보험은 독립 책임액 방식으로 지급한다.

007 다음 중 건축사 및 기술사 배상 책임 보험의 보험 기간에 대한 설명으로 옳지 않은 것은?

① 연간 계약 방식은 연간 수행하는 모든 전문 용역을 1년 단위로 담보하는 방식이고, 특정 프로젝트에서 발주자가 요구하는 조건으로 계약하는 것은 단일 프로젝트 계약 방식이다.
② 연간 계약 방식은 매년 갱신하는 조건이며 보험 담보의 공백이 발생하지 않는다.
③ 연간 계약 방식은 여러 프로젝트를 각각 가입하는 것보다 저렴한 보험료를 기대할 수 있다.
④ 단일 프로젝트 계약 방식의 보험 기간은 전문 용역 개시일부터 공사 종료일까지로 설정한다.

3 의료 과실

008 다음 중 의료 과실 배상 책임 보험에 대한 설명으로 옳지 않은 것은?

① 의료 과실은 의사 및 전문 의료인이 선량한 관리자의 주의 의무를 이행하지 않은 경우, 그 결과로 고객인 환자에게 신체상의 손해를 발생시키는 행위이다.
② 의료 과실은 그 특성상 의사 등의 과실에 의한 불법 행위이므로 채무 불이행의 책임이 발생하지는 않는다.
③ 간호사 등 보조자의 행위에 대해서는 원칙적으로 보조자가 책임을 진다.
④ 보조자가 책임을 지는 경우 의사가 적절한 지시를 하지 않았다면 주치의는 사용자 책임 또는 대리 감독자 책임을 진다.

009 다음 중 의료 분쟁 조정법의 내용에 대한 설명으로 틀린 것은?

① 의료 분쟁의 당사자는 의료 사고의 원인 행위가 종료된 날로부터 10년, 그 손해 및 가해자를 안 날로부터 3년 이내에 조정 중재원에 조정을 신청하여야 한다.
② 조정 결정은 조정 신청일로부터 60일 이내에 하여야 하나, 필요시 2회에 한하여 30일까지 연장할 수 있다.
③ 조정이 결정되면 7일 이내에 당사자에게 통지하고, 당사자는 조정 결정서를 송달받은 날로부터 15일 이내에 동의 여부를 통지하여야 한다.
④ 조정 조서는 재판상 화해와 동일한 효력이 있고, 중재 판정은 확정 판결과 동일한 효력이 있다.

010 다음 중 의료 분쟁 조정법의 내용에 대한 설명으로 틀린 것은?

① 의료 분쟁 조정법은 가해자 측의 배상 의무 이행 능력 확보 수단으로 보험이나 공제의 가입을 의무화하고 있지는 않지만 공제의 설립과 운영 근거를 규정하고 있다.
② 조정중재원은 보건 의료인이 충분한 주의 의무를 다하였음에도 불구하고 불가항력적으로 발생하였다고 의료 사고 보상 심의 위원회에서 결정한 분만에 따른 의료 사고로 인한 피해에 대하여 3천만 원의 범위 내에서 피해자나 가족 등의 생계유지와 장해 정도를 고려하여 보상한다.
③ 의료 사고로 인한 피해자가 의료 분쟁 조정이나 중재가 성립되었음에도 그에 따른 금원을 지급받지 못하였을 경우 미지급금에 대하여 조정중재원에 대불을 청구할 수 있다.
④ 의료 사고로 인하여 「형법」 중 업무상 과실 치상죄를 범한 보건 의료인에 대하여는 조정이 성립하거나 조정 절차 중 합의로 조정 조서가 작성된 경우 피해자의 명시한 의사에 반하여 공소를 제기할 수 없다.

011 다음 중 의료 배상 책임 보험 약관에서 보상하는 손해에 해당하는 것은?

① 피보험자의 친족에 입힌 손해
② 타인의 재물에 입힌 손해
③ 민사 합의금
④ 의료 결과를 보증함으로써 가중된 배상 책임

제7장
임원 배상 책임

1 담보 위험과 책임 법리

001 다음 중 임원 배상 책임 보험에 대한 설명으로 잘못 설명된 것은?

① 배상 청구 기준 약관으로 보험 기간 중에 처음으로 제기된 손해 배상 청구를 모두 담보하지만, 소급 담보 일자를 설정하여 특정 일자 이후에 발생된 사고로 보험 기간 중에 처음으로 제기된 배상 청구만 담보한다.
② 부당 행위란 피보험자가 임원 신분으로 직무 수행 중 직무상 의무 불이행, 부정확한 진술, 선관 의무 위반, 허위 진술, 부작위 등을 말한다.
③ 임원이란 상법상 이사의 직위에 있는 자로서 보험 증권의 피보험자란에 기재된 지위에 있는 자를 말한다.
④ 피보험자에 이미 퇴임한 임원 및 보험 기간 중에 새로 선임된 임원을 포함하지만, 최초 계약의 개시일 이전에 퇴임한 임원은 대상이 아니다.

002 다음 중 보고 연장 기간에 대한 설명으로 옳지 않은 것은?

① 보고 연장 기간은 소급 담보 일자와 보험 기간 만료일 사이에 행한 행위에 대해 손해 배상 청구가 보험 기간 만료일 이후 보고 연장 기간 내 최초로 제기된 배상 청구를 보험 기간 만료일에 제기된 것으로 간주하고 담보한다.
② 자동 보고 연장 담보 기간은 보험 기간 만료일로부터 60일 이내에 회사에 통지된 행위에 대하여 손해 배상 청구가 만료일로부터 5년 이내에 이루어져야 한다.
③ 선택 보고 연장 담보 기간 배서가 발행된 경우 그 보고 연장 담보 기간은 이 보험 기간 만료일로부터 5년이다.
④ 보고 기간이 연장된 경우에도 보상 한도액이 복원 또는 증가되거나 보험 기간이 연장되는 것은 아니다.

003 다음 중 상법상 임원의 의무와 책임을 잘못 설명한 것은?

① 이사는 퇴임 후에는 직무상 알게 된 회사의 영업상 비밀을 누설할 수 있다.
② 이사는 이사회의 승인이 있으면 자기 또는 제3자의 계산으로 회사의 영업부류에 속한 거래를 하거나 동종영업을 목적으로 하는 다른 회사의 무한 책임 사원이나 이사가 될 수 있다.
③ 이사는 이사회의 사전 승인이 있으면 자기 또는 제3자의 계산으로 회사와 거래를 할 수 있다.
④ 이사는 3개월에 1회 이상 업무의 집행 상황을 이사회에 보고하여야 하고, 회사에 현저한 손해를 미칠 염려가 있는 사실을 발견한 때에는 즉시 감사에게 보고하여야 한다.

2 담보 약관과 언더라이팅

004 다음 중 임원 배상 책임 보험의 국문 보험 약관에서 보상하는 손해에 해당하지 않는 비용은?

① 손해의 방지 또는 경감 비용
② 범죄 행위에 기인한 손해 배상금
③ 대위권 보전 및 행사 비용
④ 보험 회사의 동의를 받아 지급한 방어 비용

005 다음 중 임원 배상 책임 보험에서 실제 행해졌다고 인정된 경우 각각의 피보험자마다 개별적으로 적용되는 면책 조항이 아닌 것은?

① 불법적으로 사적인 이익을 취득함에 기인한 배상 청구
② 범죄 행위에 기인하는 배상 청구
③ 법령 위반을 인식하면서 행한 행위
④ 초년도 계약의 보험 개시일 이전에 행해진 행위

006 임원 배상 책임 보험의 주요 특별 약관 중 '법인 보상 담보 특별 약관'에 대한 설명을 맞는 것은?

① 임원에 대한 손해 배상 청구에 대해 법인이 법률, 계약 또는 정관 등에 따라 적법하게 보상하여야 할 경우에 보상한다.
② 피보험자가 법인에 대하여 법률상의 손해 배상 책임을 부담하는 경우에 입은 손해를 보상한다.
③ 유가 증권 관련 손해 배상 청구의 경우 임원 개인뿐만 아니라 법인에 대해 직접 제기되는 손해 배상 청구를 확장하여 담보한다.
④ 정부 기관의 영향력하에 있는 법인의 경우 정부 기관의 지시나 명령에 따라 행한 행위의 결과에 대하여 제기된 배상 청구 손해를 담보하지 않는다.

제8장
기타 주요 약관

1 리콜

001 다음 중 생산물 회수 비용 보험(리콜)에서 담보하는 내용에 대한 설명으로 옳지 않은 것은?

① 결함 제품을 회수하는 데 소요되는 비용을 담보하는 보험이다.
② 보험자에게 사고를 최초로 서면 통지한 날로부터 90일 동안의 통상적인 판매로 얻을 수 있는 이익상실을 보상한다.
③ 생산물 회수 비용 보험에서 담보하는 위험은 제품의 결함으로 생산물 배상 책임 보험에서 담보하는 위험과 동일하다.
④ 제품 결함이 있는 것이 인정되면 타인의 신체장해나 재물 손해 발생 우려와 상관 없이 담보한다.

002 다음 중 생산물 회수 비용 보험(리콜)에서 일반적으로 보상하는 손해에 해당하지 않는 것은?

① 상실 이익
② 소송 비용
③ 상표 신용 회복 비용
④ 자문 비용

003 부분품을 제조, 공급하는 기업에서 결함있는 부분품을 사용하여 완제품을 판매한 기업에서 먼저 소비자로부터 결함 제품을 회수하고 그로 인한 경제적 손실을 부분품 공급자에게 손해 배상을 청구하는 경우 이를 보상하는 것을 무엇이라 하는가?

① 1st Party Recall
② 2nd Party Recall
③ 3rd Party Recall
④ 4th Party Recall

2 환경오염 배상 책임

004 다음 중 환경오염 배상 책임 보험에 대한 설명으로 옳지 않은 것은?

① 보상하는 손해는 오염 사고로 제3자가 청구한 법률상 손해 배상금 및 소송 방어 비용이 있으며, 추가로 오염 제거 비용을 담보한다.
② 오염 제거 비용은 오염된 상태를 관련 환경법에서 요구하는 수준까지 원상회복시키는 데 소요되는 비용이다.
③ 배상 청구 기준으로 보험 기간 중에 피보험자에게 최초로 배상 청구가 제기되고 보험회사에 서면으로 통지한 사고를 담보한다.
④ 오염 배상 책임 보험의 선택 연장 보고 기간은 통상 10년으로 제한하고 있으며, 추가 보험료는 100% 한도에서 결정한다.

005 다음 중 환경 오염 배상 책임 보험에서 보상하는 손해에 해당하는 것은?

① 계약상 가중 책임
② 피보험자 소유의 재물 손해
③ 피보험자의 고의적 위법 행위
④ 보험 회사에 고지하여 이미 알고 있었던 오염 상태로 인한 오염 사고

제4과목
해상 보험

|핵심 이론|

1. 선박에는 선체, 자재와 의장구, 고급 선원과 보통 선원을 위한 소모품과 식료품을 포함한다.

2. 해상 대차설은 선주나 화주들이 선박이나 화물을 담보물로 제공하고 자금을 빌려 항해를 떠나 선박이 무사히 도착하면 원금과 고율의 이자를 상환하고, 선박이 항해 도중 해난 등으로 멸실되는 경우 채무가 멸실되도록 한 것이다.

3. **로이즈** : 보험 회사나 보험업자가 아니며, 보험 거래가 이루어지는 장소를 말한다.

4. 해상 위험으로 인한 손해의 보상을 목적으로 하는 해상 보험에는 적하 보험, 선박 보험, 운임 보험 등이 있다.

5. **해상(적하)보험 계약** : 법률상 불요식의 낙성 계약으로, 보험 계약자의 청약과 보험자의 승낙에 의해 유효하게 성립된다.

6. 해상 보험 증권은 배서 및 인도에 의해 양도 가능한 증서로서 신용장 방식 거래 시 선하 증권 발행 이전, 즉 선적 전에 발급되어야 한다.

7. 기평가보험 증권인 해상 보험 증권에서 협정 보험 가액은 사기가 없는 한 보험자와 피보험자 간에는 결정적이다.

8. 우리나라의 적하 보험 요율이 높은 경우에는 무역 조건을 변경하여 무역 상대국에서 적하보험 계약을 체결할 수 있다.

9. 피보험자는 보험 계약 체결 시에 반드시 보험의 목적에 대해 이해 관계를 가질 필요는 없다.

10. 보험자는 보험금 지급 청구를 받았을 때 피보험자에게 보험의 목적에 대하여 피보험 이익이 존재한다는 증명을 요구할 수 있다.

11. **피보험 이익** : 보험 목적물이 손상 멸실된 경우 이로 인해 '경제적 손실을 입은 자'와 '보험 목적물' 간의 이해 관계를 의미한다.

12. **보험 가액** : 피보험 이익을 금전으로 평가한 금액으로서 보험 사고 발생 시 피보험자가 입게 되는 손해액의 최고 한도액인 동시에 보험자가 실질적으로 보상할 수 있는 최고 한도액을 말한다.

13. 해상 보험의 경우 손해 발생 시기와 장소에서의 가액을 평가하는 일이 불가능한 경우가 많아 계약 당사자 간 협정 보험 가액을 기재한 보험 증권을 기평가 보험 증권이 일반적이다.

14. 보험 계약은 최대 선의의 원리에 기초를 두고 있으며, 사기의 의사 여부를 불문하고, 계약 당사자들이 행한 정보의 고지와 표시에 관하여 엄격한 원칙이 적용된다.

15. 감항성은 선박이 항해를 시작할 때 항해 사업을 수행하기 위하여 인적, 물적으로 준비한 것을 의미하며, 이러한 감항성은 묵시 담보 중 하나이다.

16. 묵시 담보(implied warranty)에는 '선박 감항성 담보 및 해상 사업 적법성 담보'의 두 가지가 있다.

17. 담보는 피보험자가 반드시 이행하여야 할 약속이며 피보험자가 담보를 위반할 경우 그 시점에서 보험자는 보험 계약을 취소할 권리를 가진다.

18. 해상 보험 증권의 해석 원칙에서 인쇄 문언보다 수기 문언에 우선적인 효력이 주어져야 한다.

19. 포괄적 적하 보험 증권은 화물이 선적될 때마다 자동적으로 보험에 가입되는 보험 증권이다.

20. **공동 보험** : 피보험 이익에 대해 2인 이상의 보험자가 공동으로 계약을 체결하는 것을 말한다.

21. **포괄 보험** : 경우 수출입 자격을 갖춘 업체가 통상 1년간 취급 적하 전체에 대해 일괄적으로 보험 계약을 체결한다.

22. 포괄 보험의 경우 보상 한도는 Open Policy 상에 명시된 금액까지이다.

23. **희망 이익(Anticipated Profit)** : 적하가 안전하게 도착했을 때 이를 전매함으로써 얻을 수 있을 것으로 구매자가 희망하는 이익이다.

24. 해상 위험 중 '기인하는 위험'은 항해에서 직접적으로 발생하는 위험인 해상 고유의 위험을 말하고 '부수하는 위험'은 해상에서 발생하는 위험인 화재, 투하 등의 해상 위험, 전쟁 위험 및 기타의 모든 위험을 말한다.

25. 협회 적하 약관(ICC) B조건은 포괄 담보 주의를 채택하고 있다.

26. **P&I Club** : 세계 각국의 선주들이 조합원으로 가입하여 운영되며, 비영리 상호 보험의 형태를 취한다.

27. 적하 보험 운송 약관상 위험은 화물이 운송 용구에 적재된 후 목적지로 출발할 때 개시된다.

28. 적하 보험 운송 약관상 위험 개시 시점을 볼 때 창고 내 적재 위험은 담보되지 않는다.

29. ICC(FPA)조건에서 보상되는 단독 해손은 침몰·좌초·대화재·충돌의 경우이다.

30. 해상 적하 보험 약관상 선박, 부선, 선창 또는 보관소에 해수·호수·하천수의 유입으로 인한 손해는 보상되나 빗물에 의한 손해는 보상되지 않는다.

31. 지진으로 인한 손해는 ICC(A)나 A/R에서 보상되나, ICC(C)에서는 보상되지 않는다.

32. 황천에 의한 선박의 횡요 등으로 인한 손상의 경우 ICC(WA), ICC(A/R)조건에서는 보상되나, ICC(C)와 ICC(B)에서는 보상되지 않는다.

33. 지연으로 인한 손해, 통상의 손실 및 자연 소모, 피보험자의 고의적 불법 행위에 기인한 멸실은 ICC(A/R)이나 ICC(A)에서 면책 위험에 해당한다.

34. 전쟁 위험은 ICC(A)조건에서도 보상되지 않는 위험으로 전쟁 위험에 대해 보상받기 위해서는 별도의 전쟁 위험 약관에 추가 부보해야 한다.

35. 전쟁 위험을 담보하는 신협회 전쟁 약관(IWC)에서는 핵무기로 인한 손해를 보험자가 보상하지 않는다.

36. ICC(A)조건으로 보험 계약이 체결되었다 하더라도 포괄 책임주의에 의한 면책위험, 즉 성질에 의한 위험, 전쟁위험 및 스트라이크 위험 등은 보험자가 부담하지 않는다

37. 선적·양하 작업 중 해수면으로의 낙하·추락으로 인한 포장당 전손은 ICC(B)에서는 보상되나 ICC(C)에서는 보상되지 않는다.

38. ITC – Hull(1/10/83)에서 도선사의 승선 여부와 관계없이 항해하거나, 시운전 항해를 하거나, 조난 중의 선박이나 부선을 구조하고 예인하는 것을 허용한다.

39. ITC – Hull(1/10/83)에서 본선이 해체를 위한 매각의 목적으로 항해하는 경우에 그 항해에서 발생하는 본선의 멸실이나 손상에 대한 보상은 그 멸실이나 손상이 발생된 시점의 고철로서 본선의 시장 가격에 한정된다.

40. ITC – Hull(1/10/83)에서 위반이 생겼을 경우에는 그 사실을 인지한 후 지체 없이 그 취지를 보험자에게 통보하지 않으면 담보의 위반이 된다.

41. 234234ITC – Hull(1/10/83)에서 자동 종료 시 보험료는 일할로 계산한 정미 보험료를 환급한다.

42. ITC – Hull(1/10/83)에서 피보험자의 사전 동의 없는 징발의 경우에는 이후 15일까지 효력이 유지된다.

43. ITC – Hull(1/10/83)에서 자동 종료 사실이 위험 약관, 협회 전쟁 및 동맹 파업 약관에서 담보하는 손상에 기인할 경우, 자동 종료는 선급의 사전 승인 없이 다음 항구에서 출항한 때에만 적용된다.

44. ITC – Hull(1/10/83)에서 보험자는 본선이 입거 또는 수선을 위해 항행할 항구를 결정할 권리가 있고, 수선지 또는 수선소에 관하여 거부권이 있다.

45. ITC – Hull(1/10/83)에서 소요된 한도까지 및 입찰이보험자의 승인을 받은 후 지체없이 낙찰된 것을 조건으로 하여 보험 가액의 연 30%의 비율에 의한 금액을 보상한다.

46. ITC – Hull(1/10/83)의 입찰 통지 약관 조건을 불이행한 경우에는 확정된 보험금의 15%를 공제한다.

47. ITC – Hull(1/10/83)에서 자매 선박이 충돌한 경우하거나 자매선박의 한편이 다른 편으로부터 구조된 경우, 이들 자매선이 서로 다른 소유자에 속해 있는 경우와 같이 보험 처리를 하도록 한다.

48. ITC – Hull(1/10/83) 자매선 약관에 의하면 전손이나 추정 전손의 경우에 위부의 통지 여부를 불문하고 보험자는 운임을 청구하지 아니한다.

49. ITC – Hull(1/10/83)에서 구조 보수, 구조료 또는 공동 해손에 대한 본선의 분담분을 부담하며, 일부 보험인 경우는 감액된 금액으로 부담한다.

50. ITC – Hull(1/10/83)에서 공동 해손 희생의 경우 피보험자는 다른 당사자에 대하여 분담 청구권을 우선적으로 행사하지 아니하여도 손해의 전액을 보상받을 수 있다.

51. ITC – Hull(1/10/83) 공동 해손 구조 약관에 따르면 정산은 해상 화물 운송 계약에 그 정산에 관해 특별한 조건이 규정되어 있지 않은 경우에 해상 운송 사업이 종료되는 지역의 법률 및 관습에 따른다.

52. ITC – Hull(1/10/83)에서 한 사고당 손해액의 일정액을 보험자가 보상하여 주지 않고 선주가 부담한다.

53. ITC – Hull(1/10/83)에서 공제액이 적용되지 않는 것은 전손, 좌초 시 선저 비용뿐이고 공동 해손, 구조비, 손해 방지 비용, 충돌 손해 배상 책임은 적용한다.

54. ITC – Hull(1/10/83)에서 손해 또는 재난이 발생한 경우에 이 보험에서 보상되는 손해를 방지 또는 경감할 목적으로 합리적인 조치를 취하는 것은 피보험자와 그 사용인 및 대리인의 의무이다.

55. ITC – Hull(1/10/83)에서 보험자는 피보험자, 그 사용인 또는 대리인이 위 조치를 취하기 위해서 적절하고 합리적으로 지출한 비용을 분담하며, 공동 해손과 구조료 및 충돌 방어 및 공격 비용은 보상하지 아니한다.

56. ITC – Hull(1/10/83)에서 미수선 손상의 보상액은 그 미수선 손상으로 인해 이 보험이 종료된 시점에서의 본선의 시장 가액의 합리적인 감가액으로 한다.

57. ITC – Hull(1/10/83)에서 본선의 추정 전손 여부를 확인할 때는 보험 가액을 수선 후의 선가로 간주하고 본선 또는 난파선의 손상 가액 또는 해체 가액은 고려하지 아니한다.

58. 영국 해상 보험법에서는 선박의 훼손을 수리하는 데 소요되는 비용이 수리되었을 때의 선박 가액을 초과가 예상되는 경우 추정 전손이 성립한다고 규정하고 있다.

59. ITC – Hull(1/10/83) 선비 담보 조항의 목적은 선주가 선박을 비교적 낮은 보험 가액으로 분손 담보 조건으로 부보하고 선비 등의 부수적 이익에 관해 전손 담보 조건의 낮은 보험료로 부보하는 것을 일정 한도 내로 제한하는 것에 있다.

60. ITC – Hull(1/10/83)에서 기간 용선료 또는 연속된 수개 항해의 용선료의 경우 보험금액은 18개월을 초과하지 않은 기간 내의 용선 계약상 취득할 예정 용선료 총액의 50%를 초과하지 않아야 한다.

61. ITC – Hull(1/10/83)에서 선비, 관리자의 수수료, 수익 또는 선체 및 기계의 초과액이나 증가액의 경우 보험 금액은 이 보험 증권에 기재된 가액의 25%를 초과하지 않아야 한다.

62. 선박이 풍랑에 노정되어 있거나 방파 설비가 없는 해역 또는 보험자가 승인하지 않은 계선 구역에서 정박한 경우에는 환급이 인정되지 아니한다.

63. IHC(2003)는 담보(warranties)에 관한 영국 법률의 엄격한 적용을 완화하고 있다.

64. IHC(2003)는 1983년 ITC와 비교하여 선주에게 매우 유리하게 추정전손 요건을 완화하는 방향으로 협정 보험 가액의 80%가 수리 후 가액으로 간주된다고 규정하고 있다.

65. IHC(2003)에서 달리 명시적인 언급이 없는 한 영국 법원의 재판 관할권에 적용된다.

66. IHC(2003)에서 적하 또는 연료의 적재, 양하 또는 이동 시의 사고로 인하여 발생한 멸실 또는 손상에 대한 보장범위에 저장품과 부품이 추가로 포함되었다.

67. IHC(2003)에서 파열된 보일러 또는 파손된 차축을 수리하거나 대체하는 비용은 그러한 사고로 인하여 발생한 멸실 또는 손상에 관한 보장에서 제외되고 있다.

68. IHC(2003)에서 리스 장비나 기구의 가액이 선박의 협정 보험 가액에 포함된다.

69. IHC(2003)에서 보험자의 보상 책임은 장비나 기구의 멸실, 손상에 대한 피보험자의 계약상 배상 책임 또는 장비나 기구의 합리적인 수리 비용이나 대체 가액 중 어느 것이든 적은 것으로 한정된다.

70. IHC(2003)에서 선박에서 떨어진 부품에 대한 보상은 선내에 양하된 60일로 제한되고, 60일을 초과하는 기간은 최초 60일이 경과하기 전 보험자에게 통지하여 수정된 보험 조건과 추가 보험료에 합의하는 경우에만 계속 보장된다.

71. IHC(2003)에서 선박에서 떨어진 부품에 대한 보험자의 총보상 책임은 선박의 협정 보험 가액의 5%를 한도로 하고 있다.

72. IHC(2003)에서 보험자의 사전 서면 동의를 얻는 경우에 한하여 3/4을 보상하기로 규정하고 있는 법률 비용에 대한 보험자의 총 보상 책임의 한도를 피보험 선박의 협정 보험 가액의 25%로 설정하고 있다.

73. IHC(2003)에서 보험자가 서면으로 달리 합의하지 않는 한, 선급과 관련한 의무 위반의 경우에는 보험은 의무 위반 시 자동 종료된다.

74. IHC(2003)에서 보험이 자동 종료되는 경우 선박의 전손이 발생하지 않는다면 일할 정미 보험료가 환급된다.

75. ITC – Hull(1/10/83)에서는 선박의 추정 전손 여부를 확인하기 위하여 협정 보험 가액이 수리 후 가액으로 간주되는 데 반하여, IHC(2003)에서는 협정 보험 가액의 80%가 수리 후 가액으로 간주된다고 규정하고 있다.

76. IHC(2003)에서 1척 이상의 선박이 보험에 부보한 경우 각 선박은 각기 개별적으로 보험에 부보한 것으로 본다.

77. IHC(2003)에서 보험자의 책임은 연대 책임이 아닌 단독 책임으로 각자의 위험 보유율에 따른 책임액을 한도로 한다.

78. IHC(2003)에서 분납할 것을 약정했다면 최초 보험료는 보험 개시일로부터 45일 이내, 2회 분납 보험료 및 이후 잔여 분납 보험료는 약정한 날에 납부하여야 한다.

79. IHC(2003)에서 보험자는 피보험자에게 15일의 최고 기간을 두고 해지 통보를 하여야 하며, 이 기간 중에 보험료가 납입될 경우 해지 통보는 자동 취소된다.

80. 수출업자가 화물 인도에 앞서 운임 부담과 보험 계약을 체결하는 가격 조건은 CIF(운임 보험료 포함 가격 조건)와 CIP(운송비 보험료 지급 인도 조건)이다.

81. FOB, CIF, CFR 조건에서 물품에 대한 위험 분기점은 물품이 본선 갑판 상에서 이전되는 순간이다.

82. FCA에서는 물품에 대한 위험 분기점은 매도인이 매수인이 지정한 운송인에게 수출 통관된 물품을 인도한 때이다.

83. 불감항과 상업 과실은 운송인의 귀책 사유에 해당한다.

84. 보험 요율에는 '일반 요율, 통상 요율, 화물별 특수 위험에 대한 요율, 확장 담보 조건 요율, 복합 요율'이 있다.

85. 적하 보험 요율은 보험 개발원에 의해 산출·조정되며 순요율을 산정하여 보험자에게 통보한다.

86. 보험 증권상 보험금의 지불지는 통상적으로 수출지가 아니라 수입지가 된다.

87. 선박 톤수는 선박 자체의 크기를 표시하는 선박 톤수와 화물의 크기를 표시하는 화물 톤수로 구분된다.

88. 상선과 어선에 있어서 대표적인 톤 수는 총 톤 수이다.

89. 위험의 현저한 변동이 있음에도 통지가 없는 경우에는 보험 계약이 실효될 수도 있고, 또한 보험자가 해지를 요청할 수도 있다.

90. 보험 계약의 변경이 있을 경우 통상 변경 내용을 기록한 배서 증권을 발행하여 보험 증권 원본에 첨부하여 처리하고 있다.

91. 보험 계약의 개시는 청약 및 최초 보험료 납입을 전제로 이루어지므로 보험 증권을 발급받기 위해서는 미리 보험료를 납입하고 그 증거로 보험료 영수증을 발행한다.

92. 선박 보험은 보험료의 분할 납입이 인정되므로, 각 보험료의 납입 응당일에 이에 대한 청구를 인보이스(Invoice) 형식으로 처리한다.

93. 건조연도 : 해당 선박의 국적 증서상에 기재된 선박의 진수연도를 말한다.

94. 영국 해상 보험법은 위험과 손해와의 인과 관계 이론 중에서 근인설을 채택하고 있다.

95. FPA, W.A 조건은 열거 책임주의, ICC(A)는 포괄 책임주의에 해당되는데 포괄 책임주의에서 피보험자는 손해 발생의 개별 원인까지 입증해야 할 책임은 없다.

96. 열거 위험 담보 방식(Named Perils Cover) : 보험 약관에서 담보하기로 명시한 위험에 대해서만 보험자가 담보하는 방식이다.

97. 포괄 위험 증권은 면책 사항으로 열거하지 않으면 모든 위험이 보장된다.

98. 잔존물 대위 : 보험 목적물이 전손이나 일부 잔존물이 남은 상황에서 그 잔존 가액 공제 후 보험금을 지급하거나 보험 가입 금액 전액을 지급한 경우 보험자가 그 잔존물에 대한 권리를 갖는 것을 말한다.

99. 청구권 대위 : 피보험자가 제3자로 인해 손해 발생 시 원인 제공자에게 손해 발생 통지 및 배상 청구를 하고 손해 보험금을 수취한 경우, 피보험자의 제3자에 대한 배상 청구권을 보험자가 취득하는 것을 말한다.

100. 현실 전손은 위부 통지(권리 이전 의사 표시)가 불필요하지만, 추정 전손의 경우 피보험자가 전손 보험금 청구를 위해서는 보험자에게 보험 목적물에 대한 권리 일체를 위부(권리 이전)해야 한다.

제1장
해상 보험의 기초

1 해상 보험의 의의와 발전 과정

001 다음 중 해상 보험의 목적으로서 피보험 재산에 대한 설명 중 옳지 않은 것은?

① 선박에는 선체, 자재와 의장구, 고급 선원과 보통 선원을 위한 소모품과 식료품을 포함한다.
② 화물은 상품의 성질을 가지는 것을 말한다.
③ 화물에는 사유물이나 선내에서 사용하기 위한 식료품과 소모품을 포함한다.
④ 동산은 선박 이외의 움직일 수 있는 유형 재산을 의미하고, 화폐, 유가 증권 및 기타 증서를 포함한다.

002 해상 보험은 문서로 나타난 최초의 보험으로 가장 오래된 보험이다. 해상 보험 기원의 통설로 인정받고 있는 이론은?

① 공동 해손설
② 해상 대차설
③ 가족 단체설
④ 코멘다설

003 다음 중 현대적인 보험료 산출의 기초를 제공한 수학자는 누구인가?

① 뉴턴과 파스칼
② 파스칼과 페르마
③ 페르마와 로이드
④ 로이드와 패러데이

004 다음 중 런던 로이즈에 대한 설명으로 틀린 것은?

① 로이즈는 보험 회사나 보험업자의 신디케이트를 말한다.
② 로이즈에서 보험 거래는 로이즈 보험 중개사를 통해서만 이루어진다.
③ 개인 보험업자들은 자기가 인수하는 보험에 대하여 무한 책임을 갖는다.
④ 개인 보험업자들은 그들이 합의한 인수 비율에 해당하는 손해액에 대하여만 책임을 지고 다른 회원들에게 할당된 손해액에 대해서는 책임을 지지 않는다.

005 다음 중 해상 보험에 대한 설명으로 옳지 않은 것은?

① 해상 위험으로 인한 손해의 보상을 목적으로 하는 보험으로 해상 보험에는 적하 보험, 선박 보험, 운임 보험 등이 있다.
② 해상 적하 보험은 해상 운송 중 사고로 화물이 손해를 입었을 경우 보상하는 해상 보험이다.
③ 해상(적하) 보험 계약은 법률상 불요식의 낙성 계약으로 보험 계약자의 청약과 보험자의 승낙에 의해 유효하게 성립된다.
④ 해상 보험 증권은 선적 전에 발급되어야 하고 양도가 불가능하다.

2 해상 보험의 특성

006 다음 중 해상 보험의 특성에 대한 설명으로 잘못된 것은?

① 국가와 국가 간의 국제 무역을 전제로 하는 해상 보험은 국제성이 강하다.
② 해운 회사와 무역 회사가 주로 이용하는 해상 보험에서는 기업 보험 시장이 상대적으로 중요하다.
③ 해상 운송의 단일 목적으로 발행되므로 해상 보험 증권은 다른 손해 보험에 비해 적은 위험을 부담한다.
④ 기평가보험 증권인 해상 보험 증권에서 협정 보험 가액은 사기가 없는 한 보험자와 피보험자 간에는 결정적이다.

007 다음 중 해상 보험의 특성에 대한 설명으로 잘못된 것은?

① 국제 무역과 불가분의 관계를 가지고 있으며, 국제 무역과 국제 운송에 종사하는 상인과 선주를 보호하기 위한 수단으로서 발전되어 왔다.
② 해상 보험의 준거법인 상법은 많은 부분을 국제 조약에 위임하고 있다.
③ 우리나라의 적하 보험 요율이 높은 경우에는 무역 조건을 변경하여 무역 상대국에서 적하 보험 계약을 체결할 수 있다.
④ 선박 보험의 경우 선주의 편의에 따라 선박 국적을 가질 수 있는 편의치적선제도가 채택되고 있다.

008 다음 중 피보험 이익의 목적에 해당하지 않는 것은?

① 피보험자의 손해액 평가
② 피보험 재산의 멸실 방지
③ 초과 보험과 중복 보험의 폐단 방지
④ 보험 계약의 동일성을 구별하는 표준

009 해상 보험에서 피보험 이익에 관한 설명으로 틀린 것은?

① 보험에 의해 보호되는 대상으로 적하 보험에서는 화물 그 자체를 말한다.
② 피보험 이익이 없는 보험 계약은 무효이다.
③ 피보험자는 보험 계약 체결 시 반드시 보험의 목적에 대하여 이해 관계를 가질 필요는 없다.
④ 보험자는 보험금 지급 청구를 받았을 때 피보험자에게 보험의 목적에 대하여 피보험 이익이 존재한다는 증명을 요구할 수 있다.

010 다음 중 피보험 이익에 대한 설명으로 적절하지 않은 것은?

① 피보험 이익이란 보험 목적물이 손상·멸실된 경우 이로 인해 '경제적 손실을 입은 자'와 '보험 목적물' 간의 이해 관계를 의미한다.
② 피보험 계약이 체결될 때는 피보험 이익이 존재하지 않아도, 손해가 발생 시에 피보험 이익을 갖고 있으면 보험금을 받을 수 있다.
③ 피보험 이익이 없을 경우 보험 목적물의 손상·멸실이 있어도 보험 계약은 무효이며 보험금은 지급되지 않는다.
④ 피보험 이익은 유·무형의 재산적 가치를 포함하고 금전적으로 산정할 수 없는 것도 포함한다.

011 다음 중 해상 보험의 보험 가액에 대한 설명으로 적절하지 않은 것은?

① 보험 가액이란 피보험 이익을 금전으로 평가한 금액으로서 보험 사고 발생 시 피보험자가 입게 되는 손해액의 최고 한도액인 동시에 보험자가 실질적으로 보상할 수 있는 최고 한도액을 말한다.
② 미평가보험 증권이란 보험 계약 체결 시 보험 가액을 기재하지 않고 추후에 보험 가액을 확정하는 보험 증권을 의미하며, 이때의 보험 가액을 법정 보험 가액이라 한다.
③ 해상 보험의 경우 손해 발생 시기와 장소에서의 가액을 평가하는 일이 불가능한 경우가 많아 계약 당사자 간 협정 보험 가액을 기재한 보험 증권을 기평가보험 증권이 일반적이다.

④ 적하 보험에서 보험 가액은 피보험 재산 원가에 운송 비용을 포함한 금액이며, 이에 대한 보험 비용은 포함되지 않는다.

012 최대 선의의 원리와 고지 의무에 대한 설명으로 옳지 않은 것은?

① 보험 계약은 최대 선의의 원리에 기초를 두고 있으며, 사기의 의사 여부를 불문하고, 계약 당사자들이 행한 정보의 고지와 표시에 관하여 엄격한 원칙이 적용된다.
② 최대 선의 의무는 청약 당시에 행한 사실의 고지와 표시에만 국한되고 클레임에는 적용되지 않는다.
③ 피보험자가 고지 의무를 위반하면 보험자는 계약을 취소할 수 있다.
④ 고지 의무에서 중요한 사항이란 보험료를 결정하거나 위험의 인수 여부를 결정하는 있어서 신중한 보험자의 판단에 영향을 미치는 모든 사항을 말한다.

013 다음은 고지 의무에 관한 상법 규정이다. 빈칸에 알맞은 것은?

> 상법 제651조
> 보험 계약 당시 보험 계약자 또는 피보험자가 고의 또는 중대한 과실로 인하여 중요한 사항을 고지하지 아니하거나 부실의 고지를 한 때에는 보험자는 그 사실을 안 날로부터 (A)내에, 계약을 체결한 날로부터 (B)내에 한하여 계약을 해지할 수 있다.

  A B
① 1월 3년
② 1월 5년
③ 3월 3년
④ 3월 5년

014 해상 보험에 관한 설명 중 틀린 것은?

① 보험 사고 발생 시 보험자가 보상하는 최고 한도를 보험금액이라 한다.
② 우리나라에서는 사기에 의한 초과 보험은 무효이다.
③ 보험 사고 발생 시 보험자로부터 손해 보상을 받는 자를 피보험자라 한다.
④ 선박이 위험 개시 시에 항해 위험을 견딜 수 있어야 한다는 감항성 담보는 명시 담보이다.

015 다음 중 해상 보험 상 담보(Warranty)에 대한 내용으로 적합하지 않은 것은?

① 담보에는 보험 증권 또는 첨부 서면에 명시되어야 효력이 생기는 '명시 담보'와 보험 증권이나 첨부 서면에 기재되지 않아도 법률에 의거 계약 내용으로 해석되는 '묵시 담보'가 있다.
② 묵시 담보(implied warranty)에는 '선박 감항성 담보 및 해상사업 적법성 담보' 두 가지가 있다.
③ 피보험자가 담보 내용 위반 시 담보 준수의 위법성 여부와는 상관없이 그 위반 내용의 중요도에 따라 보험자가 보험금 지급을 면할 수도 있고 면하지 못할 수도 있다.
④ 담보 위반 발생일 이후의 사고에 대해서는 보험자가 면책되는 반면, 담보 위반 이전에 발생된 손해에 대해서는 면책이 아니다.

016 해상 보험 계약상 담보(warranty)에 관한 설명으로 틀린 것은?

① 담보는 명시 담보와 묵시 담보로 구분된다.
② 담보는 그 내용의 중요성 여부에 상관없이 문면 그대로 충족되어야 한다.
③ 피보험자가 담보를 위반하는 경우에는 보험자는 위반일로부터 면책된다.
④ 담보의 위반과 발생한 손해 사이에 인과 관계가 존재하는 경우에만 보험자가 면책된다.

017 해상 보험 증권의 해석원칙으로 틀린 것은?

① 보험 증권에 타자된 문언이나 스탬프 문언은 수기 문언에 우선하여 적용한다.
② 보험 증권의 각 문언은 평이한(plain), 통상적인(ordinary), 통속적인(popular) 의미로 해석되어야 하는 것이 원칙이다.
③ 해상 보험 증권은 과거의 판례와 계약 당사자의 의사에 따라서 해석되어야 한다.
④ 보험 증권상의 문언이나 약관의 의미가 모호한 경우, 문서를 작성한 보험자에게 불리하게 해석되어야 한다.

제2장
해상 보험의 보험 조건과 보상 범위

1 해상 보험의 개요

001 다음 중 적하 보험에 대한 설명으로 틀린 것은?

① 화주가 화물 손해의 전액을 보상받기 위해서는 적하 보험의 가입이 필수적이다.
② 적하 보험의 피보험자가 될 수 있는 자는 복합 운송업자와 수출입 무역업자에 한한다.
③ 정기적으로 계속해서 선적되는 화물에 대해서는 포괄적 적하 보험 증권이 이용된다.
④ 포괄적 적하 보험 증권은 화물이 선적될 때마다 자동적으로 보험에 가입되는 보험 증권이다.

002 해상 적하 보험의 용어에 관한 설명으로 가장 올바른 것은?

① 보험 기간은 보험 계약이 유효하게 존속하는 시간적 한계만을 말한다.
② 공동 보험은 동일 피보험 이익에 대하여 복수의 보험 계약이 존재하고, 각 계약의 보험금액을 합한 액수가 보험 가액을 초과하는 경우를 말한다.
③ 보험금액은 보험 계약상 보험자의 최대 보상 한도를 말한다.
④ 피보험 이익은 해상 위험 발생의 객체가 되는 선박이나 적하를 말한다.

003 적하 보험 중 포괄 보험에 대한 내용으로 틀린 것은?

① 포괄 보험의 경우 수출입 자격을 갖춘 업체가 통상 1년간의 취급 적하 전체에 대해 일괄적으로 보험 계약을 체결한다.
② 포괄 보험 체결 시 보험료는 통지된 운송 내역에 따라 월단위로 정산한다.
③ 무역 거래가 확정된 화물 중 선적·운송 일시 또는 적재 선박 등이 미확정된 운송 화물의 경우 포괄 미확정 보험을 체결할 수 있는데, 이는 포괄 보험에 해당한다.
④ 포괄 보험의 경우 보상 한도는 Open Policy상에 명시된 금액까지이다.

004 해상 보험에서 희망 이익에 관한 설명으로 틀린 것은?

① 희망 이익은 화물이 무사히 목적지에 도착함으로써 화주가 얻을 수 있는 이익을 말한다.
② 희망 이익은 반드시 금전적으로 평가할 수 있는 재산적 가치를 가져야 하며 적법해야 한다.
③ 희망 이익은 보통 적하의 보험 가액에 포함하여 적하 보험으로 부보된다.
④ 희망 이익은 물가 상승에 따라 발생하는 증가액을 포함하는 이익을 말한다.

005 해상 위험(Maritime Risk)에 관한 설명으로 옳은 것은?

① 해상 위험은 해상 고유의 위험만을 가리킨다.
② 협회 적하 약관(ICC) B조건은 포괄 담보주의를 채택하고 있다.
③ 해상에서 발생한 모든 사고는 모두 해상 위험에 속한다.
④ 해상 적하 보험자는 육상 위험을 담보하기도 한다.

006 다음 중 P&I 보험에 대한 설명으로 옳지 않은 것은?

① 선주 책임 상호 보험이라고도 부른다.
② 해상 보험 회사가 아닌 선주 책임 상호 조합이라고 부르는 P&I Club에 의해 별도의 보험 증권으로 인수된다.
③ P&I Club은 세계 각국의 선주들이 조합원으로 가입하여 운영되며, 비영리 상호 보험의 형태를 취한다.
④ 조합원들은 자산을 공동 출자하고 P&I Club의 운영에도 직접 참여하고 있다.

2 적하 보험의 보험 조건과 보상 범위

007 협회 적하 약관에 관한 설명으로 옳은 것은?

① ICC(1982)의 경우 보험 계약의 기본 조건으로서는 FPA, W/A 및 A/R 세 가지가 있다.
② 현재 우리나라는 1963년 협회 적하 약관(ICC)도 사용하고 있다.
③ 2009년 협회 적하 약관과 1982년 협회 적하 약관을 만든 협회는 런던 보험자 협회(ILU)이다.
④ 현재 우리나라에서는 2009년 협회 적하 약관을 널리 사용하고 있다.

008 다음 보험 용어의 영문 표현으로 잘못 짝지어진 것은?

① 피보험자 – The assured
② 보험의 목적 – Subject-matter insured
③ 피보험 이익 – Insurable interest
④ 보험 가액 – Amount insured

009 다음 중 1963년 ICC(All Risks) 제1조 운송 조항에 대한 설명으로 틀린 것은?

① 보험 기간이란 보험자의 위험 부담 책임이 존속하는 일정 기간을 의미한다.
② 적하 보험은 엄격히 말하면 항해 보험이라고 할 수 있다.
③ 운송 약관 제1항에서는 통상의 창고 간 약관을 규정하고 있다.
④ 운송 약관 제2항에서는 화물이 최종 양륙항에서 보험 증권에 기재된 목적지를 변경한 경우의 보험 기간의 종료 시기를 규정하고 있다.

010 적하 보험 운송 약관(Transit Clause)상 위험 개시 시점에 관한 내용으로 적합하지 않은 것은?

① 적하 보험 운송 약관상 위험은 화물이 운송 용구에 적재된 후 목적지로 출발할 때 개시된다.
② 적하 보험 운송 약관상 위험 개시 시점을 볼 때 창고 내 적재 위험은 담보되지 않는다.
③ 적하 보험 기간은 적하 보험 운송 약관에 포함된 창고 간 약관(Warehouse to Warehouse Clause)에 의해 송하인 창고로부터 수하인 창고까지 확장 담보된다.
④ 적하 보험 운송 약관상 위험은 수출지 창고 내에 화물이 입고된 시점부터 개시된다.

011 다음에서 보험 기간의 종료 시점에 해당되지 않는 것은?

① 통관을 위하여 임의의 창고에 인도된 때
② 수하 주의 창고에 인도된 때
③ 분배를 위하여 임의의 창고에 인도된 때
④ 최종 양륙항에서 화물 하역한 날로부터 60일이 경과한 때

012 다음 중 1963년 ICC(FPA)에서 담보하는 해손에 해당하지 않는 것은?

① S.G. FORM의 열거 위험에 근인한 전손 및 공동 해손
② 바다 위험, 도적 등 S.G. FORM의 열거위험에 근인한 단독 해손
③ 하역 중의 멸실된 매 포장의 협정 보험 가액
④ 화재, 폭발에 상당하게 기인한 멸실이나 손상

013 다음 중 ICC(FPA)조건에서 단독 해손이 발생한 경우 보험 보상이 되지 않는 위험은?

① 대화재   ② 악천 후
③ 침몰   ④ 좌초

014 W.A 3%에 대한 내용으로 옳은 것은?

① 보험 가격의 3%이상은 초과 보험으로 인정한다.
② 보험료의 비율을 3%로 협정하는 것이다.
③ 분손 담보 조건으로 보험료는 3%로 한다.
④ 3%이하의 소손해는 WA조건에서도 면책된다.

015 해상 보험의 조건 중에 보험료가 가장 싼 조건은?

① W.A   ② All Risk
③ FPA   ④ T.L.O

016 다음 각각의 손해나 손상에 대한 해상적하 보험 약관상 보상 여부에 대한 기술로 적합하지 않은 것은?

① 황천에 의한 선박의 횡요 등으로 인한 손상의 경우 ICC(A/R) 조건에서만 보상되며, ICC(C)는 물론 ICC(B), ICC(WA)에서도 보상되지 않는다.
② 해상 적하 보험 약관상 선박, 부선, 선창 또는 보관소에 해수·호수·하천수의 유입으로 인한 손해는 보상되나 빗물에 의한 손해는 보상되지 않는다.
③ 지진으로 인한 손해는 ICC(A)나 A/R에서는 보상되나, ICC(C) 조건에서 보상이 되지 않는다.
④ 선박 또는 부선의 선적·양하 작업 중 해수면으로의 낙하 또는 추락으로 인한 포장당 전손의 경우 ICC(B)에서는 보상되나, ICC(C) 조건에서는 보상이 되지 않는다.

017 다음 약관 중 A/R에는 없으나 I.C.C.(A)조건에서 신설된 것은?

① 위부 포기 약관
② 증액 약관
③ 추정 전손 약관
④ 보험 이익 불공여 약관

018 적화 보험에서 ICC(A)나 A/R 조건의 면책 위험에 속하지 않는 것은?

① 지연으로 인한 손해
② 통상의 손실 및 자연 소모
③ 선박의 좌초
④ 피보험자의 고의적 불법 행위에 기인한 멸실

019 2009년 개정 협회 적하 약관상 일반적인 면책사항에 해당하지 않는 것은?

① 포장의 불충분 또는 부적합에 기인하여 발생한 손해
② 항해의 지연에 기인한 손해
③ 선주 또는 운송인의 파산 또는 금전 채무 불이행에 기인한 손해
④ 피난항에서 화물의 양하에 기인한 손해

020 ICC(A)조건에서도 보상되지 않는 위험은?

① 운송업자의 악의
② 충돌
③ 전쟁 위험
④ 낙뢰

021 해상 적하 보험에서 전쟁 위험 및 동맹 파업 위험에 관한 설명으로 옳은 것은?

① 포괄 책임주의를 취하는 ICC(A)조건은 전쟁 위험도 담보한다.
② 전쟁 위험을 담보하는 경우 육상 전쟁 위험도 담보하는 것이 원칙이다.
③ 동맹 파업 위험에 대한 보험 기간은 ICC상의 보험 기간과 동일하다.
④ 전쟁 위험을 담보하는 신협회 전쟁 약관(IWC)에서는 핵무기로 인한 손해도 보험자가 보상한다.

022 협회 적하 약관(ICC, 2009) 제1조 '담보 위험(Risks Covered)' 중 ICC(C) 약관에서 담보되지 않는 것은?

① 선박의 좌초, 교사, 침몰, 전복
② 육상 운송용구의 전복, 탈선
③ 피난항에서의 양하 중에 발생한 손해
④ 본선, 부선, 운송 용구, 컨테이너 및 보관 장소에 유입된 해수, 하천수로 인한 손해

023 ICC(C) 조건에서 보상이 되지 않는 사고는?

① 화재   ② 폭발   ③ 좌초   ④ 지진

024 다음 중 ICC(C)조건의 보험 보상 범위에 포함되는 위험은?

① 투하   ② 파도에 의한 갑판상의 유실
③ 지진   ④ 양륙 중 포장 당 전손

025 협회 적하 약관(ICC, 2009) 내용의 일부이다. (　　)안에 적합한 용어는 무엇인가?

> The insurance indemnifies the Assured, in respect of any risk insured herein, against liability incurred under any (　　) in the contract of carriage. In the event of any claim by carriers under the said Clause, the Assured agree to notify the insurers who shall have the right, at their own cost and expense, to defend the Assured against such claim.

① Both to Blame Collision Clause
② Charge of Voyage
③ Duration
④ General Average

026 협회 적하 약관(ICC, 2009)상 ICC(B)의 담보 위험에 포함되지 않는 것은?

① fire or explosion
② ordinary leakage, ordinary loss in weight or volume, or ordinary wear and tear of the subject-matter insured
③ vessel or craft being stranded grounded sunk or capsized
④ discharge of cargo at a port of distress

027 다음 중 TLO, SC/SL 조건에서 보상하지 않는 손해는?

① 현실 전손
② 추정 전손
③ 단독 해손
④ 해난 구조료

3 선박 보험의 보험 조건과 보상 범위

028 다음 중 ITC – Hull(1/10/83)의 항해 약관의 규정 내용과 일치하지 않는 것은?

① 도선사의 승선 여부와 관계없이 항해하거나, 시운전 항해를 하거나, 조난 중의 선박이나 부선을 구조하고 예인하는 것을 허용한다.
② 구조가 필요한 때 및 사전 체결된 계약에 따르는 경우를 제외하고는 본선은 타선의 예인이나 구조 작업을 하지 않는다.
③ 해상에서 타선박에 화물의 적재나 양하하는 운송 작업에 사용되는 경우, 양선박이 접근, 접현 그리고 이현중을 포함하여 그와 같은 적재나 양하 작업으로 인하여 본선에 발생한 멸실이나 손상 또는 타선박에 대한 책임은 보상하지 아니한다.
④ 본선이 해체를 위한 매각의 목적으로 항해하는 경우에 그 항해에서 발생하는 본선의 멸실이나 손상에 대한 보상은 그 멸실이나 손상이 발생된 시점의 고철로서 본선의 시장 가격에 한정된다.

029 다음 중 ITC – Hull(1/10/83)의 계속 약관은 선주에게 부보 기간을 확대하여 선박의 무보험 상태를 방지하려는 것이다. 보험을 계속하기 위한 조건으로 틀린 것은?

① 보험의 만기 시에 본선이 구조 중일 것
② 보험의 만기 시에 본선이 피난항에 있을 것
③ 보험자에게 사전에 통지할 것
④ 본선이 목적항에 도착할 때까지 월할 보험료를 지불할 것

030 다음 중 ITC – Hull(1/10/83)의 담보 위반 약관에 대한 설명으로 옳지 않은 것은?

① 담보 위반이 있었더라도 해당 조건들을 충족하면 보험 계약을 계속할 수 있다.
② 위반이 생겼을 경우에는 그 사실을 인지한 후 1개월 이내에 그 취지를 보험자에게 통보하여야 한다.
③ 통지하여야 하는 사항은 적하, 교역(운항), 항행 구역, 예인, 구조 작업 또는 출항일자에 관한 담보 위반 등이다.
④ 보험자가 요구하는 변경된 담보 조건 및 추가 보험료에 합의하여야 한다.

031 다음 중 ITC – Hull(1/10/83)의 자동 종료 사유에 대한 설명으로 옳지 않은 것은?

① 자동 종료 시 보험료는 일할로 계산한 정미 보험료를 환급한다.
② 선급 협회의 변경 및 선급의 변경, 정지, 중단, 탈급, 만기 시에는 보험 계약이 자동 종료되며, 항해 중일 때는 도착 시까지 자동 종료가 연기된다.
③ 자동 종료 사실이 위험 약관에서 담보하는 손상에 기인할 경우, 자동 종료는 적용되지 않는다.
④ 피보험자의 사전 동의 없는 징발의 경우에는 이후 15일까지 효력이 유지된다.

032 다음 중 ITC – Hull(1/10/83)의 위험 약관에서 피보험자의 상당한 주의 의무가 요구되는 담보 위험은?

① 화재와 폭발
② 해적 행위
③ 해상 고유의 위험
④ 보일러의 파열 또는 기계나 선체의 잠재적 하자

033 다음 중 ITC – Hull(1/10/83)의 3/4 충돌 손해 배상 책임 약관에 의해 보상되는 경우가 아닌 것은?

① 타선박과 타선박에 적재된 재산의 멸실 또는 손상
② 타선박과 타선박에 적재된 재산의 지연 또는 사용 이익의 상실
③ 타선박과 타선박에 적재된 재산의 공동 해손, 구조 또는 계약에 의한 구조
④ 타선박 또는 타선박에 적재된 재물 이외의 부동산, 동산 그 밖의 물건

034 다음 중 ITC – Hull(1/10/83)의 사고와 입찰 통지 약관에 대한 설명으로 옳지 않은 것은?

① 보험자는 본선이 입거 또는 수선을 위해 항행할 항구를 결정할 권리가 있고, 수선지 또는 수선소에 관하여 거부권이 있다.
② 보험자는 본선의 수선을 위하여 입찰을 붙이거나, 또는 또 다른 입찰을 붙일 것을 요구할 수 있다.
③ 소요된 한도까지 및 입찰이 보험자의 승인을 받은 후 지체 없이 낙찰된 것을 조건으로 하여 보험 가액의 연 15%의 비율에 의한 금액을 보상한다.
④ 본 약관의 조건을 이행하지 않은 경우에는 확정된 보상 청구액에서 소손해 면책 금액을 차감한 금액의 85%를 보험금으로 지급한다.

035 다음 중 ITC – Hull(1/10/83)의 자매 선약관 등에 대한 설명으로 옳지 않은 것은?

① 자매 선박이 충돌한 경우이거나 자매 선박의 한편이 다른 편으로부터 구조된 경우, 이들 자매선이 서로 다른 소유자에 속해 있는 경우와 같을 때 보험 처리를 하도록 한다.
② ①의 경우 충돌에 대한 책임 또는 구조 작업에 대해 지급할 금액은 보험자와 피보험자 간에 합의하여 선정한 1명의 중재인의 판정에 따른다.
③ 전손이나 추정 전손의 경우에 보험자는 운임을 청구한다.
④ 보험금은 신구 교환 차익의 공제 없이 지급한다.

036 다음 중 ITC – Hull(1/10/83)의 공동 해손 구조 약관에 대한 설명으로 옳지 않은 것은?

① 구조 보수, 구조료 또는 공동 해손에 대한 본선의 분담분을 부담하며, 일부 보험인 경우는 감액된 금액으로 부담한다.
② 공동 해손 희생의 경우 피보험자는 다른 당사자에 대하여 분담 청구권을 우선적으로 행사하지 아니하여도 손해의 전액을 보상받을 수 있다.
③ 정산은 해상 화물 운송 계약에 그 정산에 관해 특별한 조건이 규정되어 있지 않은 경우 요크-앤트워프 규칙에 따른다.
④ 담보 위험을 피하거나 또는 담보 위험을 피하는 것과 관련하여 발생한 손실이 아닌 경우에는 보상하지 아니한다.

037 다음 중 ITC – Hull(1/10/83)의 공제액조항에 대한 설명으로 틀린 것은?

① 한 사고 당 손해액의 일정액을 보험자가 보상하여 주지 않고 선주가 부담한다.
② 좌초 후의 선저 검사 비용은 손상이 발견된 경우에 한해 보상한다.
③ 두 개의 연속된 항구의 편도 항해 구간에서 발생한 황천 손상의 보상은 한 사고로 인한 것으로 간주한다.
④ 공제액이 적용되지 않는 것은 전손, 좌초 시 선저 비용뿐이고 공동해손, 구조비, 손해 방지 비용, 충돌 손해 배상 책임은 적용한다.

038 다음 중 ITC – Hull(1/10/83)의 피보험자 의무 약관에 대한 설명으로 옳지 않은 것은?

① 손해 또는 재난이 발생한 경우에 이 보험에서 보상되는 손해를 방지 또는 경감할 목적으로 합리적인 조치를 취하는 것은 피보험자와 그 사용인 및 대리인의 의무이다.
② 보험자는 피보험자, 그 사용인 또는 대리인이 위 조치를 취하기 위해서 적절하고 합리적으로 지출한 비용을 분담하며, 공동 해손과 구조료 및 충돌 방어 및 공격 비용은 이 약관에서는 보상하지 아니한다.
③ 보험의 목적을 구조, 보호 또는 회복하기 위한 피보험자 또는 보험자의 조치는 위부의 포기 또는 승낙으로 간주한다.
④ 책임액은 보험 가액에 대한 부보 금액의 비율로 하고 손해 발생 시 선박 가액의 보험 가액을 초과하면 그 정상 가액에 대한 보험금액의 비율로 책임진다.

039 다음 중 ITC – Hull(1/10/83)의 미수리 손상 약관에 대한 설명으로 옳지 않은 것은?

① 미수선 손상의 보상액은 그 미수선 손상이 발생된 시점에서의 본선의 시장 가액으로 한다.
② 미수리 손상에 대한 보상 금액은 합리적인 수선비를 초과하지 아니한다.
③ 보험 기간 중 또는 그 연장 기간 중 전손이 발생한 경우 보험자는 어떠한 경우에도 미수선 손상을 보상하지 아니한다.
④ 보험자는 미수선 손상에 대하여 이 보험이 종료하는 시점에서의 보험 가액 이상으로는 보상하지 아니한다.

040 다음 중 ITC – Hull(1/10/83)의 추정 전손 약관에 대한 설명으로 옳지 않은 것은?

① 본선의 추정 전손 여부를 확인할 때는 본선 또는 난파선의 손상 가액 또는 해체 가액은 고려하여야 한다.

② 본선의 회복 또는 수선 비용을 기초로 한 추정 전손은 비용이 보험 가액을 초과하지 않는 한, 이 보험에서 보상하지 않는다.
③ ②의 결정을 할 때는 단일 사고 또는 동일한 사고로 인한 일련의 손해에 관련된 비용만을 고려하여야 한다.
④ 영국 해상 보험법에서는 선박의 훼손을 수리하는 데 소요되는 비용이 수리되었을 때의 선박 가액을 초과하리라고 예상되는 경우 추정 전손이 성립한다고 규정하고 있다.

041 다음 중 ITC – Hull(1/10/83)의 선비 담보 약관에 대한 설명으로 잘못된 것은?

① 선비 담보 조항의 목적은 선주가 선박을 비교적 낮은 보험 가액으로 분손 담보 조건으로 부보하고 선비 등의 부수적 이익에 관해 전손 담보 조건의 낮은 보험료로 부보하는 것을 일정 한도 내로 제한하는 것에 있다.
② 기간 용선료 또는 연속된 수개 항해의 용선료의 경우 보험 금액은 18개월을 초과하지 않은 기간 내의 용선 계약상 취득할 예정 용선료 총액의 50%를 초과하지 않아야 한다.
③ 보험료의 경우 보험 금액은 18개월을 초과하지 않은 기간에 대해 보험에 가입된 모든 이익의 실제 보험료를 초과하지 않아야 하며, 이 보험금액은 월할로 감액된다.
④ 환급 보험료의 경우 보험금액은 모든 보험에서 허용된 실제 환급 보험료이지만, 담보 위험이나 기타 위험으로 본선이 전손이 되었을 경우 회수할 수 없는 실제 환급 보험료를 초과하지 않아야 한다.

042 다음 중 ITC – Hull(1/10/83)의 선비 담보 약관에 대한 설명으로 잘못된 것은?

① 선비, 관리자의 수수료, 수익 또는 선체 및 기계의 초과액이나 증가액의 경우 보험 금액은 보험 증권에 기재된 가액의 50%를 초과하지 않아야 한다.
② 기간 보험으로 가입된 운임, 용선료 또는 예상 이익의 경우 보험 금액은 이 보험 증권에 기재된 가액의 25%에서 명칭의 여하를 불문하고 ①에 의한 보험 금액을 차감한 금액을 초과하지 않아야 한다.
③ 항해 운송 계약에 의한 운임 또는 용선료의 경우 보험 금액은 당해 적하 항해 구간 및 계속되는 다음 적하 항해 구간에 대한 총운임 또는 총 용선료에 보험의 비용을 가산한 금액을 초과하지 않아야 한다.
④ 선박이 용선되지 않고 공선으로 출항하는 경우의 예상 운임의 경우 보험 금액은 다음 적하 항해 구간의 예상 총 운임을 초과하지 않아야 한다.

043 다음 중 ITC – Hull(1/10/83)의 휴항 해약 환급금 약관에 대한 설명으로 옳지 않은 것은?

① 담보 위험이나 기타 위험에 의해 이 보험의 보험 기간 또는 그 연장 기간 중 본선이 전손되지 아니하여야 한다.
② 선박이 풍랑에 노정되었다면 보험자가 승인하지 않은 계선 구역에서 정박한 경우에도 환급이 인정된다.
③ 적재나 양하 작업 또는 선내의 화물의 존재는 환급을 방해하는 것은 아니다.
④ 연간 보험 요율의 변동이 있는 경우에는 그에 따라 환급률도 조정된다.

044 다음 중 IHC(2003)의 특성에 대한 설명으로 옳지 않은 것은?

① IHC(2003)는 담보(warranties)에 관한 영국 법률의 엄격한 적용을 완화하고 있다.
② 분쟁의 소지를 제거하고 약관 문언의 의미를 명확히 하기 위해 일부 문언들을 개정하였고, 보다 논리적인 순서로 재정리하였다.
③ ITC – Hull(1/10/83)와 비교하여 선주에게 엄격하게 추정 전손 요건을 강화하였다.
④ '핵장치나 원자로의 고장 또는 사고'로 인한 피보험 선박의 멸실 또는 손상이 보상된다.

045 다음 중 IHC(2003)의 관할과 위험 조항에 대한 설명으로 옳지 않은 것은?

① 달리 명시적인 언급이 없는 한 영국 법원의 재판 관할권에 적용된다.
② 적하 또는 연료의 적재, 양하 또는 이동 시의 사고로 인하여 발생한 멸실 또는 손상에 대한 보장 범위에 저장품과 부품이 추가로 포함되었다.
③ 파열된 보일러 또는 파손된 차축을 수리하거나 대체하는 비용은 그러한 사고로 인하여 발생한 멸실 또는 손상에 관한 보장에서 제외되고 있다.
④ 기계나 선체의 잠재적 하자로 인한 멸실 또는 손상은 보상하지 아니한다.

046 다음 중 IHC(2003)의 Leased equipment(임대 장비)조항에 대한 설명으로 옳지 않은 것은?

① 리스 장비나 기구의 가액이 선박의 협정 보험 가액에 포함되지 않는다.
② 피보험자가 소유하고 있지 않으나 계약상 책임을 부담하고 있는 '선상에서 사용하기 위해 설치된 장비와 기구'에 대하여 피보험 위험에 의한 멸실 또는 손상을 보상한다.
③ 보험자의 보상 책임은 장비나 기구의 멸실, 손상에 대한 피보험자의 계약상 배상 책임 또는 장비나 기구의 합리적인 수리 비용이나 대체 가액 중 어느 것이든 적은 것으로 한정된다.
④ '선박에서 없어진 부품들'에 대한 피보험 위험으로 인한 멸실 또는 손상을 보상하며, 보상 한

도는 리스 장비의 경우와 같이 부품의 손해에 대한 계약상 배상 책임과 그 부품의 수리비용 중에서 적은 것을 한도로 한다.

047 다음 중 IHC(2003) 규정에 따라 선박에서 떨어진 부품에 대한 보상 기간은?

① 30일　　　　② 50일　　　　③ 60일　　　　④ 100일

048 다음 중 IHC(2003)의 3/4 충돌 손해 배상 책임과 항해 규정에 대한 설명으로 옳지 않은 것은?

① ITC − Hull(1/10/83)과 비교하여 담보 위험의 변화는 없다.
② 보험자의 사전 서면 동의를 얻는 경우에 한하여 3/4을 보상하기로 규정하고 있는 법률 비용에 대한 보험자의 총 보상 책임의 한도를 피보험 선박의 협정 보험 가액의 25%로 설정하고 있다.
③ ②의 경우 보험자의 특별한 서면 합의를 획득한 경우에는 예외라고 규정하고 있다.
④ 환경 손해를 경감하거나 방지하기 위해서 구조업자가 투입한 기술과 노력에 대한 구조비 재정 금액에서 피보험자가 부담할 금액은 면책된다.

049 다음 중 IHC(2003)의 선급 조항과 관리(Management) 조항에 대한 설명으로 옳지 않은 것은?

① 선주는 선박에 관한 수락서(Document of Compliance)를 확보하고 있어야 하고, 선박은 안전 관리 증명서(Safety Management Certificate)를 비치하고 있어야 한다.
② 보험자가 서면으로 달리 합의하지 않는 한, 선급과 관련한 이들 의무 위반의 경우에는 보험은 의무 위반 시 자동 종료된다.
③ 위반 시 선박이 해상에 있는 경우에는 선박이 다음 항구에 도착할 때까지 자동 종료가 연기된다.
④ 보험이 자동 종료되는 경우 선박 전손이 발생하지 않는다면 월할 정미 보험료가 환급된다.

050 다음 보기의 빈칸에 알맞은 것을 고르시오.

> ITC − Hull(1/10/83)에서는 선박의 추정 전손 여부를 확인하기 위하여 협정 보험 가액이 수리 후 가액으로 간주되는 데 반하여, IHC(2003)에서는 협정 보험 가액의 (　　)가 수리 후 가액으로 간주된다고 규정하고 있다.

① 60%　　　　② 70%　　　　③ 80%　　　　④ 90%

051 다음 중 IHC(2003)의 내용으로 옳지 않은 것은?

① 선저의 방오 도료까지 담보한다.
② 환급 보험료는 미경과 월에 대한 월할 정미 보험료이다.
③ 1척 이상의 선박이 보험에 부보한 경우 각 선박은 각기 개별적으로 보험에 부보로 본다.
④ 보험자의 책임은 연대 책임으로 한다.

052 다음 중 IHC(2003)의 내용으로 옳지 않은 것은?

① 보험자의 책임에 대한 선례의 조건으로서 선박이 180일 이상 계선한 경우 보험자가 지정한 검정인이나 선급 협회의 검사를 받거나, 선급이나 지정된 검정인의 지적한 권고사항이나 필요한 수리를 이행해야 한다.
② 보험료는 보험 개시일로부터 45일 내에 전부 납입하여야 한다.
③ 분납할 것을 약정했다면 최초 보험료는 보험 개시일로부터 45일 이내, 2회 분납 보험료 및 이후 잔여 분납 보험료는 약정한 날에 납부하여야 한다.
④ 보험료가 지급되지 않으면 보험자는 피보험자에게 45일의 최고 기간을 두고 해지 통보를 하여야 한다.

053 다음 중 클레임 통지 및 피보험자의 의무에 대한 설명으로 옳지 않은 것은?

① 보험 증권에 명기된 간사 보험자에게 이 보험을 공동 인수한 모든 보험자들을 대리하여 일련의 클레임 관련 문제들을 처리할 수 있는 권한을 부여하고 있다.
② 피보험자가 결과적으로 클레임을 초래할 사고나 사건에 대하여 가능한 지체 없이 간사 보험자에게 통지할 의무를 부과하고 있다.
③ 피보험자가 사고나 사건 발생일로부터 600일 내에 통지하지 않으면 보험자는 그 클레임에 대하여 보상책임을 지지 않는다.
④ 클레임 조사에 협조하여야 할 의무를 피보험자에게 부과하고 있다.

제3장
해상 보험 계약의 체결과 요율의 산정

1 적하 보험의 체결과 요율 산정

001 다음 중 수출업자가 보험에 가입해야 하는 것은?

① CIF, CFR
② EXW, CFR
③ CIF, CIP
④ CIP, FOB

002 다음 중 인코텀즈 CIF 조건에 따른 보험 관련 내용으로 맞지 않는 것은?

① 매도인이 적화 보험에 부보할 경우 보험 회사, 보험 중개인 또는 보험업자(Underwriter)에게 부보하도록 규정하고 있다.
② 해상 운송 중의 보험사고로 인한 피보험 이익은 매수인에게 귀속된다.
③ 매도인이 보험료를 지불한다.
④ 매도인이 매수인의 위험에 대해 보험에 부보하는 것이다.

003 무역 조건별 보험 부보 당사자 중 매도인이 부보하는 경우는?

① FOB
② CIF
③ CFR
④ FAS

004 다음 중 위험 부담의 분기점이 동일한 조건끼리 짝지어진 것이 아닌 것은?

① FOB, CIF
② FOB, CFR
③ CIF, CFR
④ FOB, FCA

005 품에 대한 위험 부담 분기점이 수출국 내 특정 지점이 되는 조건만으로 알맞게 짝지어진 것은?

① FOB, CIF, DAT
② CFR, FCA, CIP
③ FAS, EXW, DDP
④ CIP, CIF, DAP

006 다음 중 보험 계약자와 피보험자가 같을 수 있는 정형 거래 조건은?

① FOB & I(Insurance)
② CIP
③ CIF
④ CFR

007 다음 중 운송인의 면책 사유가 아닌 것은?

① 항해 과실
② 불감항
③ 선박 화재
④ 불가항력

008 다음 중 적하 보험 계약 체결 시 알려야 할 사항이 아닌 것은?

① 보험 청약자
② 참고 조건
③ 선박·항공 기명
④ 보험 가액 변경

009 다음 중 보험료 산정에 대한 내용으로 옳지 않은 것은?

① 적하 보험의 기본 요율은 화물의 종류, 운송 구간 및 보험 조건에 따라 산정된다.
② 적하 보험 요율은 보험 개발원에 의해 산출·조정되며 순요율을 산정하여 보험자에게 통보한다.
③ 전쟁·파업·폭동 보험 요율은 런던 전쟁 보험 요율 위원회(War risks Rating Committee)에 의해 산정된다.
④ 과거 3년간 수입 영업 보험료가 6,000만 원 이상인 보험 계약자의 경우 손해율 실적에 상관없이 최대 30%의 할인만을 적용받을 수 있다.

010 다음 내용 중 잘못된 것은?

① 보험 서류가 2통 이상의 원본으로 발행되었다고 명시된 경우에는 전통 원본이 제시되어야 한다.
② 보험 계약은 낙성 계약이므로 피보험자의 보험 청약과 보험자의 승낙으로 성립된다.
③ 보험 증권상에 보험금의 지불지는 통상적으로 수출지가 된다.
④ 보험 서류는 보험 회사 또는 그 대리인에 의해 발행 및 서명되어야만 하는 것이 아니다.

2 선박 보험 계약

011 선박 보험 계약의 체결 절차 중 가장 먼저 진행되는 것은?

① 선박 보험 요율 산출 자료 작성 및 관련 서류 제출
② 선박 보험 요율 산출 의뢰 접수
③ 선박 보험 요율 안내
④ 선박 보험 청약서 작성

012 다음 중 선박 보험 계약에 대한 설명으로 옳지 않은 것은?

① 선박 톤수는 선박 자체의 크기를 표시하는 선박 톤수와 화물의 크기를 표시하는 화물 톤수로 구분된다.
② 상선과 어선에 있어서 대표적인 톤수는 재화 중량 톤수이다.
③ 재화량 톤수는 항행 안전을 확보할 있는 한도 내에서 선박의 여객 및 화물 등의 최대 적재량을 나타낸 것이다.
④ 건조연도는 해당 선박의 국적 증서상에 기재된 선박의 진수 년도를 말한다.

013 다음 중 선박 보험 계약에 대한 설명으로 옳지 않은 것은?

① 선박 보험은 보험료의 분할 납입이 인정되므로, 각 보험료의 납입 응당일에 이에 대한 청구를 인보이스(Invoice) 형식으로 처리한다.
② 보험 요율은 보험 회사가 현행 선박 보험 요율 운영 방침에 따라 직접 산출하거나 국내외 재보험자로부터 구득하여 적용한다.
③ 선박 보험의 보험 요율은 보험 가입 금액에 대한 보험료의 백분율로 표시된다.
④ 보험 계약은 보험 증권을 발급받은 후 보험료를 납입하면 개시된다.

014 다음 중 선박 보험의 계약 변경에 대한 설명으로 옳지 않은 것은?

① 보험 계약 성립 후 청약 내용 중 일부에 변경이 발생하였을 경우 신속히 그 내용을 보험 회사에 통지하여야 한다.
② 위험의 현저한 변동이 있음에도 통지가 없는 경우에는 보험 계약이 실효될 수도 있고, 또한 보험자가 해지를 요청할 수도 있다.
③ 보험 계약의 변경이 있을 경우 보험 증권을 새로 작성하여야 한다.
④ 계약자의 계약 변경 통지 시점에서 이로 인한 여하한 사고 발생이 있을 경우에는 배서의 효력은 인정되지 않는다.

015 다음 중 배서 구분에 따른 증빙 서류 중 나머지와 다른 것은?

① 항해 구역 변경
② 담보 조건 변경
③ 선급 협회 변경
④ 인수 지분 변경 해지

제4장
해상 보험의 사고 처리와 손해 사정

1 해상 손해와 손해 사정

001 ICC(A)에서 보험자의 면책 범위에 포함되지 않는 것은?

① 피보험자의 고의의 불법 행위에 기인한 손해
② 선주의 파산 또는 금전 채무 불이행에 기인한 손해
③ 전쟁 위험에 기인한 손해
④ 육상 운송 용구의 전복에 기인한 손해

002 2009년 개정 협회 적하 약관(ICC)에서 면책 조항에 관한 설명으로 틀린 것은?

① 포장이 피보험자 또는 그의 피고용인에 의하여 수행된 경우, 보험자는 당해 포장의 불충분에 기인한 손해에 대하여 면책된다.
② 항해의 지연에 기인한 손해의 경우, 지연이 손해의 근인인지 여부를 불문하고 보험자는 지연에 기인한 손해에 대하여 면책된다.
③ 보험자는 어떠한 경우에도 선주 또는 운송인의 파산 또는 금전 채무 불이행에 기인한 손해에 대하여 보상 책임이 없다.
④ 보험 목적물의 적재 당시, 피보험자가 선박의 불감항 사실을 인지한 경우에 보험자는 선박의 불감항에 기인한 손해에 대하여 보상 책임이 없다.

003 해상 보험에서 손해 발생의 입증 책임에 대한 설명 중 틀린 것은?

① 영국 해상 보험법은 위험과 손해와의 인과 관계 이론 중에서 근인설을 채택하고 있다.
② 영국 해상 보험법은 근인설 중 최후 조건설을 채택하고 있다.
③ FPA, WA 조건은 열거 책임 주의, ICC(A)는 포괄 책임주의에 해당되는데 포괄 책임주의에서 피보험자는 손해 발생의 개별 원인까지 입증해야 할 책임은 없다.
④ 영국 해상 보험법은 다수의 사고 원인 병존 시 손해 발생에 가장 큰 영향을 미친 것을 근인으로 한다.

004 다음의 보험 조건 중 담보 위험을 열거하는 방법을 채택하지 않는 것은?

① ICC(FPA)   ② ICC(WA)
③ ICC(A/R)   ④ ICC(C)

005 열거 위험 증권과 포괄 위험 증권에 대한 설명으로 틀린 것은?

① 포괄 위험 증권은 면책 사항으로 열거하지 않으면 모든 위험이 보장된다.
② 포괄 위험 증권은 보다 많은 입증 책임이 피보험자에게 있다.
③ 선박 보험 증권에서는 열거 위험 주의를 채택하고 있다.
④ 포괄 위험 담보 계약에서 피보험자는 손해의 발생 사실과 손해가 보험 기간에 발생하였다는 사실만 입증하면 충분하다.

006 해상 보험에서 현실 전손(Actual Total Loss)에 해당하지 않는 경우는?

① 물품이 화재로 인해 완전 소실된 경우
② 얕은 바다에 침몰하여 구조가 가능한 선박의 구조비가 피보험 가액을 초과하는 경우
③ 항해 도중 충돌로 인해 심해에 침몰하여 구조가 불가능한 경우
④ 식용유에 폐기름이 섞여 판매할 수 없게 된 경우

007 다음 중 피보험 목적물의 손해에 대한 보상과 관련한 권리 내용으로 옳지 않은 것은?

① 잔존물 대위란 보험 목적물이 전손이나 일부 잔존물이 남았고 그 잔존 가액 비 공제 후 보험금을 지급한 경우 피보험자가 그 잔존물에 대한 권리를 갖는 것을 말한다.
② 손해 원인이 제3자에게 있는 경우 보험금과 함께 제3자로부터 손해 배상금을 수취하게 되면 피보험자는 손해 보험의 이득 금지 원칙을 위반하는 것이 된다.
③ 청구권 대위란 피보험자가 제3자로 인해 손해 발생 시 원인 제공자에게 손해 발생 통지 및 배상 청구를 하고 손해 보험금을 수취한 경우, 피보험자의 제3자에 대한 배상 청구권을 보험자가 취득하는 것을 말한다.
④ 손해가 제3자에 의해 발생한 경우 보험자는 피보험자에게 지급한 금액의 한도 내에서 구상 청구권을 갖는다.

008 다음 중 위부가 필요한 손해는?

① 추정 전손   ② 현실 전손
③ 공동 해손   ④ 단독 해손

009 다음은 보험 위부에 관한 설명이다. (   ) 안에 들어갈 용어로 옳은 것은?

> Abandonment is an act of refusing delivery of a shipment so badly damaged in transit that it is worthless; or damage to a vessel is so severe that it is considered a (   ). Abandonment signifies that the owners of the ship and cargo are generally liable to make a pro rata contribution to any losses sustained or expenses incurred where any property or a part of the ship has been sacrificed for the common welfare and safety of the ship and cargo in general.

① subrogation   ② general average
③ constructive total loss   ④ salvage charge

010 다음 중 공동 해손에 대한 내용으로 맞지 않는 것은?

① 공동 해손 맹약서는 화주가 공동 해손 분담금 지불 및 정당한 자기화물 명세·가액 신고를 약속하는 서류이다.
② 선박에 우연한 화재가 발생되어, 화재를 진압과정에서 소화수로 인해 발생한 수침 손(Wet Damage)은 공동 해손 희생 손이다.
③ 투하로 인한 수침 손은 공동 해손 희생 손에 해당되나, 투하를 위해 개방된 화물창을 통해 유입된 해수에 의한 수침 손은 파도유입에 의한 수침 손으로 공동 해손 희생 손에 해당되지 않는다.
④ 공동 해손 희생 손의 경우 피보험자가 보험자로부터 손해 전액을 우선직접 보상받을 수 있다

011 해상 보험에서 공동 해손의 성립요건으로 틀린 것은?

① 통상적인 손해 또는 비용의 지출
② 의도적·자발적인 손해의 발생
③ 합리적인 손해의 발생
④ 이해당사자 공동의 안전을 위한 손해의 발생

012 해상 보험에 관한 준거규범 중 공동 해손만을 목적으로 한 국제규칙은?

① Institute Time Clauses – Hulls
② Marine Insurance Act 1906
③ Rules for Construction of Policy
④ York-Antwerp Rules 2004

013 해상 보험 계약의 손해 보상 원칙에 관한 설명으로 틀린 것은?

① 해상 보험 계약은 실손 보상을 원칙으로 하는 계약이다.
② 보험자는 원칙적으로 직접 손해에 대해서만 보상 책임을 부담한다.
③ 손해 방지 비용은 보험금액의 범위 내에서만 보상한다.
④ 손해 방지 비용은 원칙적으로 손해 방지 행위의 성공 여부에 상관없이 보상된다.

014 다음 손해 중 보험 금액에 추가하여 보상될 수 있는 것은?

① 손해 방지 비용
② 공동 해손 비용
③ 구조료
④ 단독 해손

2 해상 보험의 사고 처리

015 해상 보험의 사고 처리 절차 중 가장 나중에 진행되는 것은?

① 검정보고서 접수
② 손해 원인 검토
③ 대위권 행사
④ 보험금 지급

016 다음 중 적하 보험금 청구시 제출 서류에 해당되지 않는 것은?

① 보험 증권
② 보험료 납입 영수증
③ 선하 증권
④ 상업 송장

국가공인자격취득

기업
보험심사역
한권으로 합격하기

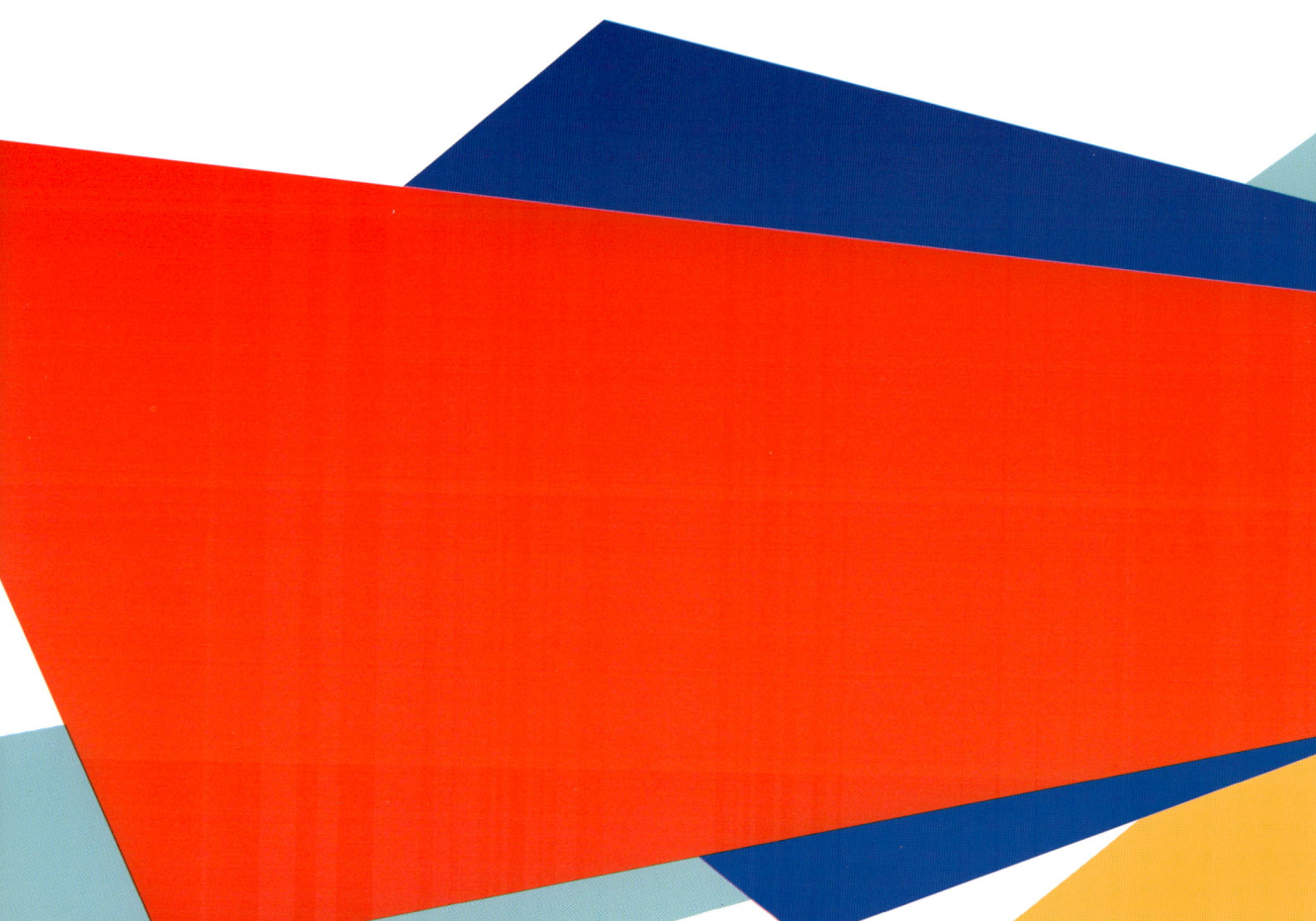

국가공인자격취득

기업
보험심사역
한권으로 합격하기

정답 및 해설

기업 보험심사역
한권으로 합격하기

정답 및 해설

에듀크라운
www.educrown.co.kr

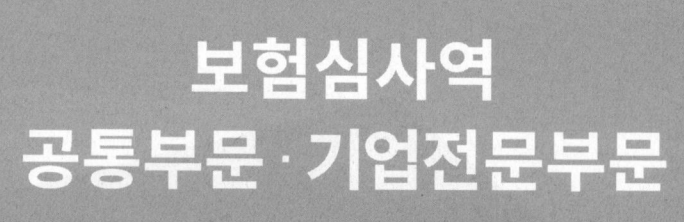

보험심사역
공통부문 · 기업전문부문

정답 및 해설

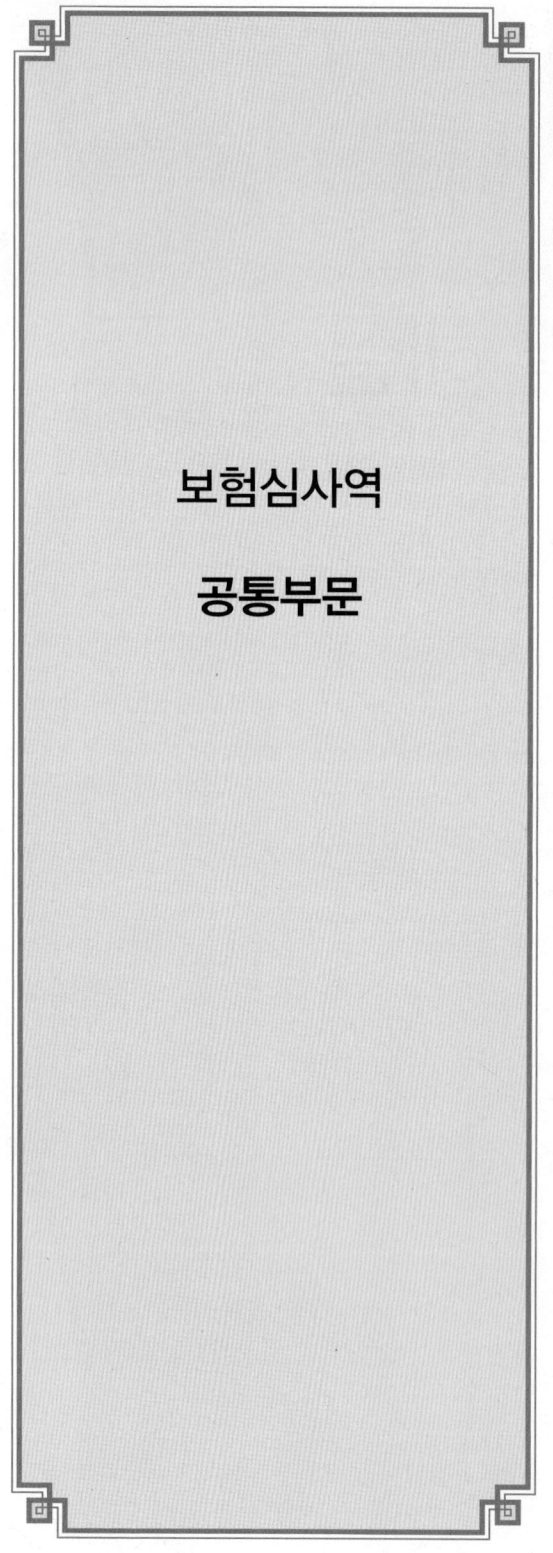

보험심사역

공통부문

제1과목 손해 보험 이론 및 약관 해설

제1장 위험과 위험 관리

1 위험

001 ③

위태(Hazard)는 사고 발생 가능성을 증가시키거나 감소시키는 요소 또는 상황을 의미한다.

002 ②

손인은 손해의 직접적인 원인이 되는 것을 말한다. 예를 들어 화재로 인해 건물이 손상·멸실되었다면, 건물의 손상·멸실은 손해이고, 이러한 손해의 원인(손인)은 화재라고 할 수 있다.
① 손해(Loss), ③, ④ 위태(Hazard)

003 ③

위태는 특정 사고로부터 발생될 수 있는 손해 가능성을 새로이 만들거나 증가시키는 상태를 말하고, 손인은 손해의 직접적인 원인이 되는 것을 말한다.

004 ④

정신적 위태와 도덕적 위태의 차이는 고의성의 개입 유무로서 정신적 위태는 의식적 행동을 수반하지 않는다.

005 ①

도덕적 위태란 법이나 제도의 허점을 악용하여 비도덕적인 만족을 얻으려는 의도적 행위를 말한다.
② 정신적 위태는 도덕적 위태와 같은 고의는 없으나 무관심 또는 부주의, 사기 저하, 풍기 문란 등 손해 발생을 방관하는 정신적 태도를 의미한다.

③ 물리적 위태는 인간의 행위와는 직접적인 관계 없이 손해의 발생 가능성을 새로이 만들어 내거나 증가시키는 물리적인 조건을 의미한다.

006 ②

정신적 위태(Morale hazard)는 손실에 대한 무관심 또는 부주의한 정신 상태로부터 손실 발생 가능성을 만들어 내거나 증가시키는 상태를 말한다. 예를 들어 차량의 열쇠를 그대로 놔두고 차량 문을 잠그지 않은 경우나, 침대에서 담배를 피우는 습성, 사무실의 전열기를 켜둔 채 방치하는 경우 등이 있다.
① 도덕적 위태(moral hazard)
③, ④ 물리적 위태(physical hazard)

007 ③

도덕적 위태란 법이나 제도의 허점을 악용하여 비도덕적인 만족을 얻으려는 의도적 행위를 말한다. 일부 보험은 보험 가액의 일부를 보험에 붙이고 나머지 부분은 보험 계약자가 부담하는 형태를 말하는데, 보험 계약자는 사고 발생 시 일부 손해를 자신이 부담해야 하기 때문에 초과 보험과는 달리 도덕적 위태를 예방할 수 있다.

008 ②

보험 가입 대상이 되는 위험은 사고 발생률을 어느 정도 예정할 수 있어야 한다. 전쟁, 천재지변 등은 발생 규모나 발생 빈도 면에서 불규칙하기 때문에 통계 자료를 가지고 확률적으로 계산하기 어렵다.

009 ④

투기 위험은 반드시 사회·국민 경제의 손실로 직결하지는 않으며, 오히려 사회적 이익이 될 수도 있다. 반면 순수 위험은 그 결과로서 나타난 특정 경제 주체의 손실이 바로 사회·국민 경제의 손실로 직결된다.

010 ②

※ 근본 위험과 특정 위험
1. 근본 위험
    (1) 근본 위험은 대다수의 국민이나 기업 또는 사회 경제 전반에 영향을 미치는 위험을 말한다. 대부분 정치·사회·경제적 현상으로 인하여 발생하는 단체적 위험이며, 자연계의 사건 결과로 발생하는 경우도 있다.
    (2) 근본 위험에는 심각한 경기 후퇴와 높은 실업률, 하이퍼 인플레이션, 전쟁·지진·홍수·화산 폭발과 같은 천재지변 등이 있다.
    (3) 근본 위험은 규모와 심도가 높아 사회 보험이나 기타 위험 전가 프로그램에 의해 처리되어야 한다.
2. 특정 위험
    (1) 특정 집단이나 개인에게 국한되어 존재하는 위험을 말하며, 그 결과가 사회 구성원 전체가 아닌 개인이나 특정 기업에 영향을 미치는 위험이다.
    (2) 특정 위험에는 주택의 화재나 건물의 폭발, 귀중품의 도난이나 은행 강도, 자동차 사고, 질병이나 상해 등이 있다.

011 ④

①, ② 담보 위험(Perils covered)이란 그 위험으로 의하여 발생한 손해에 대하여 보험자가 보상할 책임이 있는 위험을 말하며 피보험 위험 또는 부담 위험이라고도 한다.
③ 면책 위험(Excluded perils)이란 그 위험으로 인하여 발생한 손해에 대하여 보험자가 보상 책임을 면하는 것으로 정한 위험으로서 보험자의 보상 책임을 제한하는 위험을 말한다.

012 ①

※ 위험의 분류
1. 순수 위험과 투기 위험
    순수 위험은 이익의 발생 가능성 없이 손해만을 발생시키는 위험을 말한다. 투기 위험은 손해와 이익의 가능성을 동시에 내포하고 있는 위험을 말한다. 주식이나 옵션 투자, 신규 사업이나 상품 개발 등을 투기 위험의 예로 들 수 있다.

2. 주관적 위험과 객관적 위험

주관적 위험은 개인의 정신적, 심리적 상태에 따른 위험을 말한다. 예를 들어 폐소 공포증이 있는 사람에게 엘리베이터는 다른 사람보다 훨씬 큰 위험으로 인식될 것이다. 객관적 위험은 보통의 사람들이 보편적으로 느끼는 위험이다.

3. 근본 위험과 특정 위험

근본 위험은 대다수의 국민이나 기업 또는 사회 경제 전반에 영향을 미치는 위험을 말한다. 특정 집단이나 개인에게 국한되어 존재하는 위험을 말하며, 그 결과가 사회 구성원 전체가 아닌 개인이나 특정 기업에 영향을 미치는 위험이다.

4. 정적 위험과 동적 위험

정적 위험(Static risk)은 시간이 지나더라도 위험의 성격이나 발생 여부가 변하지 않는 위험을 말한다. 정태적 위험은 대부분 순수 위험에 속한다. 동적 위험(Dynamic risk)은 시간이 지나면서 위험의 성격이나 발생 여부가 변하는 위험이다.

013 ④

※ 근본 위험과 특정 위험

1. 근본 위험

근본 위험은 대다수의 국민이나 기업 또는 사회 경제 전반에 영향을 미치는 위험을 말한다. 대부분 정치·사회·경제적 현상으로 인하여 발생하는 단체적 위험이며, 자연계의 사건 결과로 발생하는 경우도 있다. 근본 위험에는 심각한 경기 후퇴와 높은 실업률, 하이퍼 인플레이션, 전쟁·지진·홍수·화산 폭발과 같은 천재지변 등이 있다.

2. 특정 위험

특정 집단이나 개인에게 국한되어 존재하는 위험을 말하며, 그 결과가 사회 구성원 전체가 아닌 개인이나 특정 기업에 영향을 미치는 위험이다. 특정 위험에는 주택의 화재나 건물의 폭발, 귀중품의 도난이나 은행 강도, 자동차 사고, 질병이나 상해 등이 있다.

014 ①

감정적 손해는 사고가 있었으나 현실적으로 손상되지 않은 부분의 상품성이 떨어졌다고 피보험자가 주장하는 경우를 말한다.

015 ④

입증 책임의 전환은 상대적 약자에 대한 보호 수단으로 많이 도입되고 있다. 일반적으로 피보험자에 의한 의도적인 사고 유발이나 도덕적 위험을 방지하기 위한 방지책으로는 불완전 담보(Incomplete coverage), 공제액 제도(Deductibles), 공동 보험 제도(Co-insurance), 보험자의 감시, 우대 보험료 적용, 승낙 전 사고 시 보험자의 거절 사유 규정, 보험 사고 객관적 확정 시 무효 규정, 고의·중과실 면책 규정, 고지 의무와 통지 의무 등 제반 의무 위반 시 해지 규정, 사기에 의한 초과·중복 보험 무효 규정 등이 있다.

016 ②

보험 범죄란 보험금을 받을 자격이 없는 사람이 보험금을 수령하거나, 실제 손해보다 많은 보험금을 수령하기 위하여 또는 보험 가입 시 실제보다 낮은 보험료를 납입할 목적으로 고의적 또는 악의적으로 행동하는 것을 말한다. 보험 범죄의 유형은 다음과 같다.

1. 사기적인 보험 계약 체결
2. 고의적인 보험 사고 유발
3. 보험 사고의 위장 및 변조
4. 보험 사고 발생 후 보험금 편취를 위한 범죄 행위 자행

017 ④

현행 약관에서는 보험 계약자가 사기적인 행위로 보험금을 청구하는 경우 공서 양속이나 신의 성실의 원칙에 반하기 때문에 보험자는 당해 사기적 청구에 대한 책임뿐만 아니라 계약의 전부 또는 일부의 효력을 부인하여 보험자의 면책을 인정하고 있다.

018 ④

보험 계약을 체결함에 있어 보험자가 진실을 알았다면 전혀 인수하지 않았거나 할증 보험료를 부가하여 인수하였으리라 여겨지는 경우에, 고의로 허위 또는 불완전한 진술, 즉 고지 의무를 위반함으로써 보험 계약자가 보험자를 기만하는 사기적 행동은 넓은 의미로 보험 사기의 개념에 포함될지는 몰라도 보험 범죄는 아니다. 이는 보험 범죄가 사취하려는 이익의 본질은 사기적인 계약 체결이 아니고 보험자에 의해 지급되는 보험금에 있기 때문이다.

019 ③

중복 보험의 경우 한 사고로 많은 보험 금액을 받을 수 있으므로 타 보험 기관이나 공제 취급 기관과의 정보 교환으로 다수의 중복 보험 여부를 파악하여야 한다.
※ 보험 사기 적발을 위해 손해 사정 시 고려해야 할 사항
1. 보험 계약자의 과거 범죄 및 보험 사고 경력 조사
2. 보험 계약자의 경제수준 조사
3. 보험 계약내용 및 계약체결일 조사
4. 보험인수 경위 조사
5. 사고 자료 검토 및 관련 병원 방문 조사
6. 수사 기관과의 공조 조사

020 ①

②, ③, ④는 보험 사기의 사전적 예방 대책이다.

※ 보험 사기 청구 건에 대한 사후적인 장치
1. 지급 책임 면책
2. 특별 해지권의 부여 여부
3. 손해 배상 청구권
4. 청구권 상실

021 ③

보험 사기는 외견상 보험 회사에 직접적인 피해를 주는 것으로 보이지만 궁극적으로는 보험료 인상을 통해 보험 계약자에게 피해가 전가된다.

022 ③

역선택은 보험 계약 전에 계산된 위험보다 높은 위험 집단이 가입하여 보험 단체의 사고 발생 가능성을 증가시키는 데 비하여, 도덕적 위험은 보험 계약 후에 사고 발생의 가능성을 높이거나 손해를 확대시킨다.

023 ①

역선택은 보험자에게 불리한 보험 사고의 발생 가능성이 높은 위험을 보험 계약자가 자진하여 보험에 부보하는 것을 말하며 자기 선택 또는 반대 선택이라고 한다.
1. 도덕적 위험과의 관계
   보험 계약자에 의하여 역선택된 위험이 바로 도덕적 위험으로 직결된다고 볼 수는 없지만 밀접한 관련성을 가진다.
2. 고지 의무와의 관계
   도덕적 위험과 마찬가지로 직접적인 관련성은 가지지 아니하나 역선택의 경우 고지 의무 위반이 되는 경우가 많은 편이다.

024 ①

※ 순수 위험과 투기 위험
1. 순수 위험
   순수 위험은 이익의 발생 가능성 없이 손해만을 발생시키는 위험을 말한다. 개인이나 기업이 순수 위험에 의해 손해를 입은 경우 사회 전반적으로도 동일한 손해를 입는다. 개개의

순수 위험은 우발적으로 발생되어, 범위를 한정하거나 제어하기가 어렵다. 그러나 다수의 순수 위험을 통계적으로 보면 어떤 규칙성을 가지고 발생하므로 손해의 발생을 예측할 수 있으며, 그 측정과 관리가 가능하다. 순수 위험은 대수의 법칙을 적용할 수 있으므로 보험화 가능성이 높다.

2. 투기 위험

투기 위험은 손해와 이익의 가능성을 동시에 내포하고 있는 위험을 말한다. 주식이나 옵션 투자, 신규 사업이나 상품 개발 등을 투기 위험의 예로 들 수 있다. 이익의 발생 가능성 때문에 대부분 의도적으로 투기적 위험을 창출하고 있다. 또한 투기 위험의 경우 개별 주체가 손해를 입어도 사회는 이익을 얻을 수 있다. 개개의 투기 위험은 범위를 한정할 수 있고 전조를 수반하므로 제어가 가능하다. 그러나 통계적 측면에서 보면 투기적 위험은 의도적이며 인위적으로 초래되는 것이므로 예측과 관리가 어렵다. 투기 위험은 대수의 법칙을 적용하기 어려우므로 일반적으로 보험의 대상이 될 수 없다.

025 ③

순수 위험은 대수의 법칙을 적용하는 것이 용이하지만, 투기적 위험은 적용이 곤란하다.

026 ③

보험 가능 위험은 일반적으로 순수 위험 중 보험 인수가 가능한 것을 말하는데 인적 위험, 재산적 위험, 책임위험 등으로 분류할 수 있다.

027 ④

확률적으로 측정 가능할 정도로 발생 확률이 다소 높은 위험이어야 한다.

※ 보험 가입 대상 위험의 특성
1. 다수성 및 동질성
2. 우연성
3. 명확성 및 측정 가능성
4. 손실 크기의 적정성
5. 예측 가능성
6. 가격의 적정성

028 ④

보험 가입 대상이 되는 위험은 손실 발생의 원인, 시간, 장소, 손실 금액 등이 어느 정도 명확한 위험이어야 한다. 금전으로 측정이 어렵거나 시간과 장소가 불명확한 경우 손실에 관한 사항을 제대로 파악할 수 없고 보험료 산출 등 보험에 필요한 자료를 객관적이고 과학적으로 파악할 수 없게 된다. 대수의 법칙 적용 가능성은 보험 가입 대상 위험의 특성 중 다수성 및 동질성과 밀접한 관련이 있다.

029 ①

② 선행 위험이 담보 위험이고, 후행 위험이 면책 위험이면 부책한다.
③ 선행 위험이 담보 위험이고, 후행 위험이 비담보 위험이면 부책한다.
④ 선행 위험이 비담보 위험이고, 후행 위험이 담보 위험이면 부책한다.

2 위험 관리

030 ②

모든 위험이 위험 관리의 대상이 될 수 있으나, 일반적으로 순수 위험을 관리 대상으로 한다.

031 ③

위험을 감소시키기 위해선 위험 비용을 증가시켜야 하는 것이 일반적이다.

032 ③

※ 위험 관리의 목적

손실 발생 전	경제적 목적, 의무 규정 충족 목적, 불안 감소 목적
손실 발생 후	생존 목적, 활동 계속 목적, 안정 수입 목적, 성장 계속 목적, 사회적 책임

033 ④

일부 보험은 보험 가액에 대한 일부를 보험에 붙인 경우로서 보험 금액이 보험 가액보다 작은 경우를 말한다. 이러한 일부 보험은 초과 보험 등과는 달리 도덕적 위험의 폐해는 작으며, 보험 가액이 존재하지 않는 책임 보험에서는 존재하지 않는다. 이러한 일부 보험은 사고 발생 가능성을 줄이는 위험 예방과 사고 발생 시 손실의 규모를 줄이는 손실 통제를 제고하는 효과가 있다.

034 ②

금연 활동과 같이 사고가 발생하기 전에 발생 가능성을 줄이기 위해 노력하는 것은 위험 통제 기법에 속한다.

035 ①

※ 위험 회피
1. 위험 회피는 손해가 생길 상황을 아예 만들지 않는 선택을 말한다. 위험 예방에 대한 가장 확실한 방법이다.
2. 위험 자체를 회피하거나 기존에 존재해 온 위험을 제거함으로써 위험에 대비하는 방법이다.
3. 침수 지대에 있는 건물을 사지 않고, 원금 상실의 우려가 있는 금융 상품에 대한 투자를 하지 않는 것이 대표적인 예라고 할 수 있다.
4. 위험 회피에 따른 주된 장점은 손실의 발생 가능성이 전혀 없다는 데 있지만, 사업 기회를 원천적으로 상실할 수 있다는 단점이 있다.

036 ③

손실 통제는 일단 사고가 발생한 후에 손실을 최소화할 수 있도록 대비하는 것이다. 스프링클러의 설치, 소화기·소화전의 비치가 여기에 해당하여 이러한 장비·장치에 의해 손해가 현저히 줄어들도록 대비하는 것이다.

① 보험은 피보험자가 일정한 보험료를 내고 위험 부담을 보험자에게 전가한다.
② 위험 보유란 우발적 손실을 자신이 부담하는 것을 말한다. 위험 보유에는 자신도 모르는 사이에 위험을 보유하는 소극적 위험 보유와 위험 발생 사실을 인지하면서 위험 관리의 효율적 관리를 목적으로 위험을 보유하는 적극적 위험 보유로 구분된다.
④ 위험 분산은 위험을 나누어 어느 한 분야에서 손실이 발생하더라도 전체적인 손실을 최소화하는 기법이다.

037 ④

①, ②, ③ 손실 발생 빈도를 줄이려는 손해 방지 기법이다.

※ 위험 통제 기법
　사고 발생을 최대한 억제하거나, 사고 발생 시 손해의 확대를 방지하는 수단이 여기에 속한다. 이러한 수단은 사고 발생 자체를 방지하는 데 초점이 맞춰진 것들이라는 점에서 사전적 기법으로 분류되기도 한다.

1. 손해 방지
　사고가 발생하기 전에 발생 가능성을 줄이기 위한 수단을 강구하는 것이다. 건물 내의 금연 활동이 대표적인 손해방지 활동이다.
2. 손실 통제
　일단 사고가 발생한 후에 손실을 최소화할 수 있도록 대비하는 것이다. 스프링클러의 설치, 소화기·소화전의 비치가 여기에 해당하여 이러한 장비·장치에 의해 손해가 현저히 줄어들도록 대비하는 것이다.
3. 위험 분리
　경제적 가치가 있는 물건을 한 곳에 모두 보관하지 않도록 하는 것이다.
4. 복제

중요한 문서, 기록에 대한 사본을 만들어 두는 것이다.
5. 분산
투기적 위험에서 많이 이용되고 있는 기법인데, 어느 투자에서 손실이 발생하더라도 다른 투자에서 이득이 생겨 전체적으로 안정을 취할 수 있도록 하는 기법을 말한다.

038 ①
위험 보유는 예상되는 손실의 일부나 전부를 보유하여 직접 손실 부담을 하는 방법이다. 위험 보유의 장점은 다음과 같다.
㉠ 비용의 절약
보험 가입 시 필요한 수수료, 손실 통제 경비, 세금, 기타 경비에서 많은 비용을 절약할 수 있다.
㉡ 손실 방지의 장려
경각심을 가지게 하여 손실 방지를 장려하는 효과를 가져온다.
㉢ 자금 운용의 이점
자금을 직접 보유하는 관계로 보험금을 내는 보험 가입의 경우보다 자금 운용면에서 여러 가지로 유리하다.

039 ④
※ 위험 처리의 방법

빈도	심도	권장 기법
높음	높음	위험 회피
낮음	높음	위험 전가
높음	낮음	손해의 통제
낮음	낮음	위험의 보유

040 ③
① 손실을 직접 부담하는 위험 보유 방법이 적합하다.
② 보험을 통한 위험 관리 방법이 적합하다. 경우에 따라서는 손실의 일정 한도까지는 직접 위험을 부담하는 위험 보유 방법과 병행하여 사용되기도 한다.
③ 피해를 최소화할 수 있는 손실 통제 방법이 사용될 수 있고, 손실의 규모가 작고 예측이 어느 정도 가능하므로 위험의 자기 보유 방법도 사용될 수 있다.
④ 위험 회피 방법이 가장 적절한 방법이다.

041 ②
자가보험은 대수의 법칙이 적용된다는 점에서 위험의 자기 인수(Self retention)와는 다르며, 위험을 보험자에게 전가하지 않는다는 점에서 보험과도 다르다.

042 ②
자가보험은 개인이나 기업이 가진 위험에 대하여 일정한 기금을 적립하였다가 사고가 발생하면 그 기금으로 위험을 처리하는 것을 말한다. 자가보험의 장단점은 다음과 같다.

장점	㉠ 부가 보험료를 절약할 수 있다. ㉡ 자금이 사외로 유출되지 않아 유동성과 투자 이익을 얻을 수 있다. ㉢ 위험 관리에 관심이 높아져 사고 예방 효과를 기대할 수 있다. ㉣ 보험이 불가능한 위험이나 거절된 위험도 관리가 가능하다.
단점	㉠ 예기치 못한 대규모 손해가 발생하면 재정적 위험에 직면할 수 있다. ㉡ 보험에 가입할 경우 얻을 수 있는 위험 관리 서비스 등의 혜택을 상실한다. ㉢ 자가보험을 위한 조직을 운용하여야 하는 부담이 있다.

043 ③
자가보험에 의존할 경우 예기치 못한 대규모 손해가 발생하면 재정적 위험에 직면할 수 있다.

044 ②
②는 에너지 방출 이론에 대한 설명이다.
※ 도미노 이론
도미노 이론이란 사고의 원인이 어떻게 연쇄적 반응을 일으키는가를 도미노를 통해 설명하는 것이다. 즉, 5개의 도미노를 일렬로 세워 놓고 어느 한쪽 끝을 쓰러뜨리면 연쇄적으로, 그리고 순차적으로 쓰러진다는 것이다. 이러한 5개

의 도미노가 포함하는 것은 다음과 같다.
(1) 인간의 실수는 작업 환경이나 선천적인 기질에 의해 일어난다.
(2) 불안전한 행동 또는 상태는 인간의 개인적 잘못에 의해 일어난다.
(3) 재해는 인간의 불안전한 행동 또는 불안전한 기계의 상태에 노출되므로 일어난다.
(4) 산업 재해는 사고나 우연성으로부터 발생한다.
(5) 사고나 우연성은 상해나 손상으로 이어진다.

제2장 손해 보험

1 손해 보험의 개요

001 ①
보험이 성립하려면 위험이 동질성과 다수성을 갖추어야 한다.

002 ①
※ 보험의 5대 요소
1. 우발적 욕구
2. 측정 가능한 우발적 욕구
3. 금전적 욕구의 충족
4. 다수의 경제체의 존재
5. 공평한 비용의 부담

003 ③
보험은 위험을 보유하는 것이 아니라, 보험자에게 위험을 전가하는 것이다.

004 ④
한정성이란 보험 사고는 정해진 보험의 목적에 관해서 보험 기간 중에 생긴 것이어야 하고 그 사고의 범위는 특정되어 있어야 한다는 것이다.

구분	보험	공제
가입 대상	동질의 위험에 처한 다수의 경제 주체 (불특정 다수)	동일한 직업 또는 사업에 종사하는 다수의 경제 주체 (특정 회원/지역 등에 한정)
비용	일정 비율의 금액 (보험료)을 출연	보험료에 상당하는 금전을 납입
위험의 평균화	경제 주체 다수의 평균화	가입 대상 평균화
감독과 규제	금융 감독원 (전문적인 감독과 규제)	관할 주무부처

005 ④
보험 사고 시 자기가 지불한 보험료에 비하여 막대한 보험금을 받을 수 있는 점, 보험 사고 발생 여부가 피보험자의 관리하에 있다는 점 때문에 도덕적 위험을 피할 수 없다.

006 ③
보험 사고는 우연한 것이어야 하므로, 보험 사고의 발생 여부, 발생 시기 및 발생 태양 등이 불확정적이어야 한다. 그러나 보험 사고 자체는 반드시 발생 가능한 것이어야 한다. 그러므로 보험 계약 당시에 보험 사고가 이미 발생하였거나 또는 발생할 수 없는 것임을 안 때에는 그 계약은 무효로 한다.

007 ④
보험이 보험 가입자의 경제적 불안을 경감시켜 주기도 하지만, 그만큼 부주의하게 되는 결과를 가져와 사고 발생의 빈도수나 손해액이 증가되는 결과를 초래하기도 한다.

008 ②
보험의 경우 금융 감독 기관인 금융 감독원에서 감독과 규제를 받지만, 공제는 공제가 속한 관할 주무부처에서 감독을 받는다.

009 ③
③은 계에 대한 설명이다. 계는 다수의 구성원이 단체를 형성하여 각자가 정기적으로 일정한 금액을 불입하여 적립된 금액을 추천 또는 낙찰과 같

은 방법에 의하여 그 구성원들에게 일정한 금액을 순서대로 지급하는 경제제도이다.

구분	우발적 사고	계량	경제적 욕구 충족	다수의 경제체	공평한 비용 부담
자가 보험	○	○	○	×	○
저축	○	×	○	×	×
보증	○	○	×	×	×
투기	○	×	○	×	×
계	×	×	○	○	×

2 손해 보험 계약

010 ①

수지 상등의 원칙은 보험 계약자가 납입하는 보험료 총액과 보험 회사가 지급하는 보험금 및 경비의 총액이 같도록 보험료를 책정하는 원칙이다.
② 피보험 이익의 원칙은 피보험자 및 보험 계약자가 피보험 목적물에 대하여 가지는 경제적 이해관계를 말한다. 피보험 이익이 존재하면 이해관계자는 피보험 목적물에 대하여 보험에 가입할 수 있다는 원칙으로 도박의 방지, 도덕적 위태의 감소, 손실 크기의 측정을 목적으로 한다.
③ 실손 보상의 원칙은 실제로 발생한 손해만큼 보상해 주는 것을 의미한다.
④ 대위 변제의 원칙은 제3자의 과오로 인하여 피보험자가 손실을 입었을 경우 일단 보험자가 보상하여 주고 피보험자가 제3자에게 가지는 손해 배상 청구권을 대위한다는 것이다.

011 ③

금반언 원칙이란 자기가 이미 어떠한 표시를 한 경우에 그것과 모순되는 언행을 하지 못한다는 원칙이다. 단순히 보험 금액 이상의 손실이 발생하였다는 이유로 금반언을 주장할 수는 없다.

012 ①

금반언 원칙이란 자기가 이미 어떠한 표시를 한 경우에 그것과 모순되는 언행을 하지 못한다는 원칙이다.

013 ③

법령에 위반되어 무효임을 알고서도 그 법률 행위를 한 자가 강행 법규 위반을 이유로 무효를 주장한다 하여 신의칙 또는 금반언의 원칙에 반하거나 권리 남용에 해당한다고 볼 수는 없다(대법원 2003. 8. 22. 선고 2003다19961 판결).

014 ③

보험 계약은 그 성질상 다수의 가입자를 상대로 하여 대량적으로 체결되는 다수 계약에 속하고 또한 보험의 기술적·공동체적 성격으로 인하여 그 정형성이 요구되기 때문에 필연적으로 보통 보험 약관에 의하여 이루어지는 부합 계약적 성질을 지니고 있다. 따라서 이러한 보험 계약의 부합 계약성 때문에 보험자에게는 약관 교부 명시 의무를, 보험 계약자에게는 고지 의무나 통지 의무 등을 부여하고 있다.

015 ②

보험 계약은 보험자의 보험금 지급 의무가 보험 사고의 우연한 발생에 의존하므로 사행 계약에 속한다. 사행 계약성은 보험에 필수적인 성질이지만, 그 부작용으로 보험 제도를 악용하여 경제적 이득을 보려는 도덕적 위험이 존재하게 된다.

016 ④

보험 계약은 당사자 쌍방의 의사 표시의 합치만으로 성립하고 의사 표시에는 아무런 형식을 요하지 않는다. 따라서 보험료의 선지급이 없어도 보험 계약은 유효하게 성립된다. 즉, 최초의 보험료 지급은 보험자의 책임이 개시되는 시기를 정한 것이고 보험 계약의 성립과는 관계없다.

017 ③

보험 계약도 계약의 일종이므로 계약이 성립하려면 계약 당사자 일방의 제의가 있어야 하고, 이에 따른 승낙이 있어야 한다.

018 ④

보험 계약은 낙성 계약(Consensual contract)이다. 보험 계약은 당사자 쌍방 간의 합의에 의해 성립한다. 즉, 보험 계약자의 신청에 대한 보험자의 승낙에 의해 성립한다. 여기에서 계약의 형식은 문제되지 않는다. 구두로 하든 전화로 하든 보험 계약은 성립한다.

019 ①

사행 계약이란 우연에 의한 불로이득을 취할 목적으로 이루어지는 행위를 말한다. 보험 계약도 우연한 사실에 의해 보험금의 지급이 좌우되는 계약이므로 사행 계약성을 가진다고 할 수 있다. 사행 계약성은 보험의 필수적인 성질이지만, 그 부작용으로 인해 보험 제도를 악용하려는 도덕적 위험이 존재하게 된다.

020 ①

예정 보험은 보험 계약의 내용 일부 또는 전부가 보험 계약을 체결할 때 확정되어 있지 아니한 보험 계약을 말한다. 예정 보험은 보험 계약이 이미 성립한 것으로서 보험 계약자는 미확정된 부분이 확정된 때에 보험자에게 이를 통지할 의무를 부담하고 통지에 의하여 계약의 내용이 확정될 따름이다. 그러므로 예정 보험은 보험 계약의 예약이 아니고 독립된 보험 계약이다.

021 ④

보험 관계에서는 도덕적 위험이 상존하고, 보험자가 가지는 정보는 보험 계약자의 정보보다 훨씬 적고 정보를 획득하는 데에도 한계가 있다. 따라서 보험 계약에 따른 권리와 의무는 다른 계약의 경우보다 더 강력하게 최대의 선의에 의하여 행사할 것이 요구되고 있다.

022 ②

①, ③ 보험 계약자 측에 위험 사정과 관련된 정보 제공 의무를 지움으로써 정보 불균형에 따른 문제점을 해소하고 보험 단체에 대한 안정성을 제고하고 있다. 또한 보험 계약이 존속하는 기간 중에는 위험 변경 증가 통지 의무와 위험 유지 의무를 부여하며 지속적인 정보의 제공과 임의적인 위험의 변경을 금함으로써 정보의 불균형에 따른 제반 문제를 해소하고 있다. 이 의무는 사정 변경의 원칙에 그 근거를 두고 있으나 최대 선의성을 반영한 형태로 볼 수 있다.

④ 보증은 보험 계약에 있어서 어떤 사실에 대한 피보험자의 명확한 입장 표명 또는 합의된 조건의 이행에 대한 약속으로서 계약의 일부분이 되며 위험측정을 용이하게 하는 안전장치의 구실을 한다. 보험자는 그러한 내용에 전적으로 의존하여 위험을 평가하고 인수하게 되므로 최대선의의 원칙이 요구된다.

023 ②

책임 보험의 경우 보상의 대상이 되는 손해는 피보험자 자신의 손해가 아니라 제3자에게 입힌 손해가 되는데 제3자에게 어느 정도의 손해를 입히게 될지 예측할 수 없기 때문에 원칙적으로 책임 보험의 경우에는 보험 가액이 존재할 수 없다.

024 ①

피보험 이익은 법률이나 금지 규정 및 공서 양속에 위반되지 않는 합법성, 객관적인 재산의 가치를 가지며 금전적으로 계산·평가할 수 있는 경제성, 피보험 목적물과 피보험자의 이해관계가 보험 계약의 한 요소로서 확정되거나 확정될 수 있는 확실성 등의 요건을 갖추어야 한다.

② 보험 사고 자체가 적법해야 피보험 이익이 법의 보호를 받을 수 있다.

③ 확정 가능성은 현존할 필요는 없고, 사고 발생 시까지 확정되는 것이면 된다.
④ 경제성은 객관적인 평가만 해당되며 주관적인 평가는 배제된다.

025 ③

손해 보험 계약은 손해의 보상을 목적으로 하는 것이므로 손해의 전제로서 피보험자는 보험의 목적에 대하여 어떠한 이익을 가지고 있어야 하는데, 이 이익을 피보험 이익이라 한다. 다시 말해 피보험 이익이란 손해 보험 계약에서 피보험자가 보험의 목적에 대하여 가지는 경제적 이해관계이다. 피보험 이익은 금전으로 산정할 수 있는 이익이어야 하는데 인보험의 경우 사람의 생명과 신체는 금전으로 산출할 수 없기 때문에 피보험 이익을 인정할 여지가 없다.

026 ①

보험자는 보험 사고에 의해 손해가 발생한 경우에는 일정한 요건하에 피보험자에게 보험금을 지급할 의무를 진다. 그 요건으로서는 보험자가 부담하는 보험 사고가 약정 또는 법정의 보험 기간 중에 발생한 것임을 요한다.

027 ④

보험에는 반드시 피보험자가 보험의 목적물과 금전적, 경제적 이해관계가 있어야 하며 이를 피보험 이익이라고 한다. 피보험 이익은 손해 보험에만 존재하는 개념이며, 인보험에서는 피보험 이익이 없다는 것이 우리나라의 일반적인 견해이다.

028 ①

보험 가액(Insurable value)이란 보험 계약의 목적, 즉 피보험 이익의 경제적 가치를 말한다. 환언한다면, 보험 사고가 발생한 경우에 피보험자가 입게 되는 손해액의 최고 한도를 의미한다. 피보험자가 보험 가액 이상의 손해를 입게 될 경우는 있을 수 없으므로 보험 가액은 보험자의 손해 보상 책임의 최고 한도를 의미하기도 한다.

029 ③

보험 가액은 보험 기간 중 언제나 일정한 것이 아니고 시간의 경과, 장소의 이동에 따라 수시로 변동하는 것으로, 이것은 보험 가액 가변주의(保險價額 可變主義)라 한다.

030 ③

손해 방지 비용은 손해 방지 또는 경감을 위해 지출한 유익한 비용으로 보험 가입 금액을 초과한 경우에도 지급한다.

031 ①

보험 가액은 보험 기간 중 언제나 일정한 것이 아니고 시간의 경과, 장소의 이동에 따라 수시로 변동한다. 그리고 손해 보험은 피보험자가 입은 손해의 보상을 목적으로 하는 이상, 보험자가 보상해야 할 손해액은 원칙적으로 손해가 발생한 때와 장소에 있어서의 보험 가액에 기인하여 결정된다. 그러나 해상 보험이나 운송 보험과 같이 보험의 목적인 선박이나 화물 운송품이 광범위하게 이동하는 보험에서는 손해 발생의 때와 장소에 있어서의 보험 가액을 산정하는 것이 곤란한 경우가 있을 뿐만 아니라 손해 발생의 때와 장소 그 자체가 불명확한 경우도 적지 않다. 그래서 우리나라의 상법도 해상 보험에 대해서는 보험자의 책임 개시 때와 선적 때의 가액을 보험 가액으로 하고 있다.

032 ④

배상 책임 보험의 경우 원칙적으로 보험 가액이 존재하지 않는다. 다만 보상 한도액을 설정하여 보험 회사의 지급책임액을 제한하고 있다.

033 ①
기평가보험은 협정 보험 가액을 기준으로 하여 손해액을 산정하기 때문에 현저하지 않은 초과분에 대해서는 이익이 발생할 수도 있다.

034 ③
기평가보험은 수출입 화물처럼 장소에 따라 가치 변동이 심하거나 골동품, 서화처럼 객관적인 가치에 대한 논란이 있을 수 있거나 입증이 곤란한 경우에 유용하다.

035 ①
전부 보험 : 보험 가액 = 보험 가입 금액
② 초과 보험 : 보험 가액 〈 보험 가입 금액
③ 일부 보험 : 보험 가액 〉 보험 가입 금액
④ 중복 보험 : 보험 가액 〈 보험 가입 금액의 합계

036 ④
보험 계약자가 동일한 보험 목적물 및 동일한 피보험 이익에 대하여 다수의 보험 회사와 보험 계약을 체결하여 그 보험 가입 금액의 합이 보험 가액을 초과하는 경우를 중복 보험이라 한다.

037 ①

구분	보험 가액과의 비교	보상 방법	보상 한도
전부 보험	보험 가액 = 보험 가입 금액	실손 보상	보험 가입 금액
일부 보험	보험 가액 〉 보험 가입 금액	비례 보상	보험 가입 금액
초과 보험	보험 가액 〈 보험 가입 금액	실손 보상	보험 가액
중복 보험	보험 가액 〈 보험 가입 금액의 합	실손 보상 (연대 비례)	보험 가액

038 ③
① 전부 보험(Full-insurance)이란 보험 금액과 보험 가액이 일치하는 경우를 말하며, 보험자는 전손(全損)과 분손(分損)을 불문하고 발생한 손해의 전부를 보상하여야 한다.
② 초과 보험(Over insurance)이란 보험 금액이 보험 가액을 초과하는 경우를 말한다. 우리나라 상법은 보험 금액이 보험 계약의 목적의 가액(보험 가액)을 현저하게 초과한 때 또는 그 계약이 보험 계약자의 사기로 인하여 체결된 때에는 그 계약을 무효로 한다고 규정하고 있다(상법 제669조).
③ 일부 보험(Under insurance)이란 보험 금액이 보험 가액에 미달한 경우를 말한다. 따라서 일부 보험의 경우에는 당연 무보험 부문이 발생하며, 이 부문은 다른 보험자에게 부보되거나 혹은 피보험자의 자기 부담이 된다.
④ 중복 보험(Double insurance)이란 동일한 보험 목적물에 피보험 이익의 위험 및 시기에 관하여 복수의 보험 계약이 존재하며, 그 보험 가입 금액의 합계가 보험 가액을 초과하는 경우의 보험을 말한다.

039 ②
사기적 초과 보험의 경우 보험 계약 시점을 기준으로 판단하고 물가 하락 등의 사유로 인한 초과 보험의 경우에는 사고 발생 시점을 기준으로 판단한다.

040 ③
보험료 감액은 장래에 대해서만 그 효력이 있다.

041 ①
전부 보험은 보험 가액의 전부를 가입하여 보험 가입 금액과 보험 가액이 일치하는 경우로서, 사고 발생 시 보험 가입 금액 한도 내에서 실제 손해액 전액을 보상하는 보험을 말한다(보험 가액 = 보험 가입 금액).
② 초과 보험, ③ 일부 보험, ④ 중복 보험

042 ①
일부 비용 손해는 목적물 손해에 대한 보험금과 합하여 보험 가입 금액을 초과하여도 지급된다.

3 손해 보험 경영

043 ④
① 위험 대량의 원칙 : 대수의 법칙을 적용할 수 있을 정도로 대량의 위험을 인수하여야 경영이 안정됨.
② 위험 동질성의 원칙 : 대량의 위험을 인수했더라도 그 종류와 정도가 평균의 법칙에 의해 동질적이고 평균화되어야 하며, 역선택을 방지하여야 함.
③ 위험 분산의 원칙 : 대량의 동질 위험을 인수하더라도 위험의 종류나 지역적 분포가 편중되면 경영에 치명타를 입을 수 있으므로 적절히 분산하여야 함.

044 ②
일부 보험은 보험 가액에 대한 일부를 보험에 붙인 경우로서 보험 금액이 보험 가액보다 작은 경우를 말한다. 경영상 위험 분산의 원칙과는 거리가 멀다.

045 ④
손실 발생 시 피보험자로 하여금 손실의 일부를 부담하게 하는 조항을 공제 면책 조항(Deductible)이라고 한다. 공제 조항은 손해 사정 경비의 합리적 처리, 보험료율의 인하 효과, 주의력 이완 방지 등의 이유로 적용된다.
① Cat bond는 대재해 채권(Catastrophe bond)을 말한다. 대재해 채권은 자연재해에 대한 위험을 헤지(hedge)할 수 있는 보험 상품을 판매한 보험사가 채권을 발행하여 자본 시장에 유통시킴으로써 자본 시장의 투자자들에게 그 위험을 전가하는 새로운 형태의 위험 관리 기법이다.
② 재보험이란 보험자가 보험 계약자 또는 피보험자와 계약을 체결하여 인수한 보험의 일부 또는 전부를 다른 보험자에게 넘기는 것으로 보험 기업 경영에 중요한 역할을 한다.
③ 면책 조항은 일정 사유에 대하여 보험자의 책임이 면제되는 규정이다.

046 ③
보험 회사 경영의 성패는 투자를 통한 수익 극대화가 필수적이며, 투자 다양화를 통해 위험을 분산하여야 한다. 투자 사업에는 안정성, 유동성, 수익성, 공익성 등 네 가지 요소가 구비되어야 한다.

047 ①
보험업법상 손해 보험 회사의 형태는 주식회사, 상호 회사, 외국 보험 회사인데 현재 우리나라의 보험 회사는 모두 주식회사이며, 상호 보험 회사는 존재하지 않는다.

048 ②
보험료가 아니라 보험금 지급 업무이다. 보험 회사의 보험금 지급 의무는 보험 계약자의 보험료 지급 의무에 대응하는 보험자의 주된 의무로서 보험자는 보험 기간 중에 보험 사고가 발생하면 일정한 요건하에 보험 금액 기타의 급여를 지급한다. 보험금이란 손해 보험에서는 피보험자에게 발생한 실손해액을 메우기 위해 지급하는 금액을 말하며, 인보험에서는 일정한 사고 발생 시 지급하기로 약정한 금액을 말한다.

049 ③
※ 보험료 산정의 원칙
① 적정성 : 보험료율이 충분하지 않으면 수입 보험료가 상대적으로 적어져서 보험자가 도산할 우려가 있다.
② 비과도성 : 보험료가 지나치게 높으면 다른 보험 회사와의 관계에서 경쟁력이 없으며, 보험 계약자가 보험 가입을 회피하게 된다.
④ 공정성(공평한 차별성) : 보험 계약자의 위험의 크기나 예상 손실의 규모에 따라 보험료에 차등을 둠으로써 보험 계약자 간의 형평성이 유지되도록 하여야 한다.

050 ③
① 공보험의 보험료는 본인뿐만 아니라 고용주가 부담하는 경우가 많다.
② 공보험의 계약급부는 법적으로 확정된다.
④ 공보험은 대체로 가입이 강제적이지만, 사보험은 임의적이다.

051 ④
선박 불가동 손실 보험, 기업 휴지 보험 등은 이익 보험에 해당한다.

052 ①
사보험은 영리 추구를 목적으로 민간 사업자가 영위하는 보험을 말한다. 임의보험은 보험 계약자 자유의사에 따라 가입하는 보험을 말한다.

제3장 보험 증권과 보험 약관

1 보험 증권

001 ①
보험 증권은 기재 사항이 법정화되어 있는 요식 증권이나, 엄격한 요식증권성은 없기 때문에 법정 기재 사항을 미기입한 경우도 보험 증권의 효력에는 영향이 없고, 법정 기재 사항 이외의 사항도 추가로 기재할 수 있다.

002 ②
보험 증권에 기재된 내용만 계약의 내용이 아니기 때문에 문언 증권성이 없고, 보험 증권을 발행할 때 보험 계약상의 권리와 의무가 발생되는 것은 아니기 때문에 설권증권(設權證券)에 해당하지는 않는다.

003 ④
보험 증권이 아니더라도 보험금 청구권자가 다른 방법으로 피보험자임을 입증하면 보험금을 청구할 수 있는 것으로 보기 때문에 제시 증권성이나 상환 증권성은 인정되지 않는다.

004 ②
보험 계약자가 보험료의 전부 또는 일부를 지불하지 아니한 때에는 보험 증권 교부 의무가 없다.

005 ①
보험 증권은 보험자가 소정의 사항을 기재하고 서명날인하여 보험 계약자에게 교부하는 증권이다.

006 ④
상법 제666조(손해 보험 증권) 손해 보험 증권에는 다음의 사항을 기재하고 보험자가 기명 날인 또는 서명하여야 한다.
1. 보험의 목적
2. 보험 사고의 성질
3. 보험 금액
4. 보험료와 그 지급 방법
5. 보험 기간을 정한 때에는 그 시기와 종기
6. 무효와 실권의 사유
7. 보험 계약자의 주소와 성명 또는 상호
   7의2. 피보험자의 주소, 성명 또는 상호
8. 보험 계약의 연월일
9. 보험 증권의 작성지와 그 작성 연월일

007 ④
※ 보험 증권 해석의 원칙
1. 신의 성실의 원칙
2. 수기 우선 해석의 원칙
3. 객관적 해석의 원칙
4. 작성자 불이익 해석의 원칙
5. 축소·제한 해석의 원칙
6. 동종 제한 해석의 원칙

008 ②
보험 증권상의 내용 중에서 타자된 문안이나 스

탬프 문안은 수기 문안을 제외한 기타 일체의 문안에 우선한다. 수기 문안은 기타 일체의 문안과 타자 문안 및 인쇄 문안에 우선한다. 이를 수기 우선 해석의 원칙이라고 한다.

2 보험 약관

009 ④
특별 보통 보험 약관은 보충적이고 상세한 내용을 담고 있다는 내용상의 차이가 있을 뿐, 미리 정형화되어 보험 계약자 일반에게 계약 체결을 위해 제시된다는 점에서 그 법적 성질이 보통 보험 약관이기는 마찬가지이다.

010 ②
해상 보험이나 기업 보험에 있어서 특정의 보험 계약자와의 사이에서만 개별적으로 보통 보험 약관의 내용을 변경·추가 또는 배제하는 약정을 하는 경우를 특별 보험 약관이라 한다.

011 ①
약관의 존재 이유는 단체성에서 비롯되는 부합 계약의 특성에서 찾을 수 있다. 즉 보험 계약은 보험자가 일방적으로 만들어 놓은 계약 조건에 보험 계약자는 따를 수밖에 없는데 이때 미리 만들어 놓은 계약 조건이 바로 약관이며 그래서 약관이 필요하게 된 것이다.

012 ④
대법원은 계약 내용에 약관 규정을 포함시키기로 합의하였기 때문에 구속력을 갖는다고 하여 의사설의 입장을 취하고 있으며 따라서 약관과 다른 내용의 특별한 약정을 하였다면 그 다른 내용도 구속력을 인정하고 있다.

013 ②
감독관청은 보험 약관 등의 기초 서류의 변경을 인가하는 경우에 보험 계약자·피보험자 또는 보험 금액을 취득할 자의 이익을 보호하기 위하여 특히 필요하다고 인정한 때에는 이미 체결된 종전의 보험 계약에 대하여도 장래에 향하여 변경된 약관의 효력이 미치게 할 수 있다.

014 ③
①, ② 입법적 규제, ④ 사법적 규제

015 ③
당사자의 권리 존부 및 범위는 법원이 심사한다. 공정 거래 위원회는 약관의 효력 유무만을 심사한다.

016 ①
약관에서 정하고 있는 사항에 관하여 사업자와 고객이 다르게 합의한 때에는 그 합의 사항이 약관에 우선한다.

017 ③
※ 약관 해석의 원칙
1. POP 원칙
2. 합리적 목적론의 원칙
3. 계약 당사자 의사 우선의 원칙
4. 보험 약관 전체로서 해석 원칙
5. 문맥에 의한 특별 의미의 해석 원칙
6. 합리적 해석의 원칙
7. 동종 제한의 원칙
8. 수기 문언 우선의 원칙
9. 계약 유효성의 원칙
10. 합리적 기대의 원칙

018 ②
• 합리적 기대의 원칙 : 보험 약관상 문언의 의미가 모호한 경우에 합리적인 해석이 우선되어야 한다. 피보험자가 지급한 보험료와 관련하여 계약 당사자의 어느 일방에게 예외적이고 불공평한 부담을 지게 하도록 보험 약관의 해

석이 불합리한 결과를 초래해서는 안 된다.
① 수기 문언 우선 효력의 원칙 : 보험 약관의 해석에 있어서 손으로 쓴 문언이 인쇄 문언 및 그 밖의 형식으로 된 문언보다 가장 우선하여 적용된다는 원칙을 말한다. 인쇄된 보험 증권에 다른 문언들이 첨가된 경우 첨가된 문언이 우선한 것으로 간주되고 당사자의 의사에 대한 최종 표현으로 간주되어야 한다.
③ 동종 제한의 원칙 : 보험 약관을 포함한 제정법, 증언 등에 특정적이고 구체적으로 열거한 사항 다음에 일반적이고 포괄적인 문언이 부가되어 있는 경우에 일반적이고 포괄적인 부가 문언을 해석함에 있어서는 앞에서 구체적으로 열거한 사항과 동질적인 것만을 한정하여 해석해야 한다는 원칙이다.
④ 작성자 불이익의 원칙 : 보험 계약은 불특정 다수인을 상대로 보험자가 미리 만들어 놓은 약관에 의해 계약을 체결하는 부합 계약의 성격을 가지게 된다. 이처럼 보험 약관은 부합 계약의 특성상 보험자가 일방적으로 만들기 때문에 애매모호하게 잘못 만든 책임을 보험자가 지도록 한 것이다.

019 ④

보험 약관은 평범하게(plain), 통상적으로(ordinary), 통속적으로(popular) 해석하여야 한다는 원칙이다. 즉 법원의 판결, 관습 또는 특별한 상황이나 보험 계약 조건에 의해 해당 문언에 어떤 특별한 의미가 첨가되는 것이 입증될 수 없는 한, 보험 약관의 문언들은 평이하고(plain), 통상적이며(ordinary), 통속적인(popular) 의미로 해석되어야 한다는 것이다.

020 ③

보험 증권 해석의 기본 원칙은 계약 당사자의 의사가 우선적으로 고려되어야 한다는 것이다. 계약서는 엄격하게 해석되어서는 안 되고, 계약서의 엄격한 문자가 계약서의 목적과 의도로 간주되어서는 안 된다.

021 ④

보험자가 보험 약관의 교부·명시 의무를 위반한 경우에도 보험 계약자가 그 계약을 일정 기간 내에 취소하지 않는 한 그 약관의 효력은 인정된다는 게 다수설이나, 판례는 이 경우 약관 규제법이 다시 적용되어 보험자가 당해 약관을 보험 계약의 내용으로 주장할 수 없다는 입장을 취하고 있다.

022 ①

보험자가 보험 약관의 교부·명시 의무를 지는 시점은 보험 계약을 청약하는 때다.

023 ④

※ 설명하지 않아도 되는 내용
1. 가입자가 잘 알고 있는 사항
2. 거래상 널리 알려진 사항
3. 설명을 하였더라도 보험 계약이 체결되었으리라 인정되는 경우
4. 법령이 정한 사항

024 ③

보험자가 보험 계약을 체결할 때 보험 약관의 교부·명시 의무를 위반한 때에는 보험 계약자는 보험 계약이 성립한 날로부터 1월 이내에 그 계약을 취소할 수 있다.

025 ②

대부분의 보통 보험 약관에 있어서는 보험자의 책임은 최초의 보험료가 납입되었던 때로부터 개시한다는 규정을 두고 있다. 이때의 보험료의 납입은 보험자의 책임 개시를 위한 요건에 지나지 않으며, 보험 계약 자체는 당사자 쌍방 간의 청약과 승낙에 의해 성립한다. 또한 실무적으로 보험자는 일정한 양식의 보험 계약 신청서를 사용하고 또 보험 증권의 교부라는 승낙 통지의 방법을 취

하고 있지만, 보험 계약 신청서는 보험자가 이것을 기초로 필요한 조사를 행하고 위험의 측정이나 보험료율의 결정 등 계약의 승낙에 유용하게 이용하기 위한 것이며, 또한 보험 증권은 이미 성립한 계약의 효과로서 발행되는 증거 증권에 지나지 않는 것이다.

제4장 기타 관련 법률과 제도

1 금융 위원회 설치 등에 관한 법률

001 ②
금융 위원회는 9명의 위원으로 구성하며, 위원장·부위원장 각 1명과 다음 각 호의 위원으로 구성한다.
1. 기획 재정부 차관
2. 금융 감독원 원장
3. 예금 보험 공사 사장
4. 한국은행 부총재
5. 손해 보험 위원장이 추천하는 금융 전문가 2명
6. 대한 상공 회의소 회장이 추천하는 경제계 대표 1명

002 ③
손해 보험 위원은 3명 이상의 찬성으로 의안(議案)을 제의할 수 있다. 다만, 위원장은 단독으로 의안을 제의할 수 있다.

003 ③
법 제17조(금융 위원회의 소관 사무) 금융 위원회의 소관 사무는 다음 각 호와 같다.
1. 금융에 관한 정책 및 제도에 관한 사항
2. 금융 기관 감독 및 검사·제재(制裁)에 관한 사항
3. 금융 기관의 설립·합병·전환·영업의 양수·양도 및 경영 등의 인가·허가에 관한 사항
4. 자본 시장의 관리 감독 및 감시 등에 관한 사항
5. 금융 소비자의 보호와 배상 등 피해 구제에 관한 사항
6. 금융 중심지의 조성 및 발전에 관한 사항
7. 제1호부터 제6호까지의 사항에 관련된 법령 및 규정의 제정·개정 및 폐지에 관한 사항
8. 금융 및 외국환 업무 취급 기관의 건전성 감독에 관한 양자 간 협상, 다자 간 협상 및 국제 협력에 관한 사항
9. 외국환 업무 취급 기관의 건전성 감독에 관한 사항
10. 그 밖에 다른 법령에서 금융 위원회의 소관으로 규정한 사항

004 ①
금융 위원회나 증권 선물 위원회의 지도·감독을 받아 금융 기관에 대한 검사·감독 업무 등을 수행하기 위하여 금융 감독원을 설립한다.

005 ③
분쟁 조정의 신청 내용이 다음 각 호의 어느 하나에 해당하는 경우에는 합의 권고를 하지 아니하거나 조정 위원회에의 회부를 하지 아니할 수 있다.
1. 이미 법원에 제소된 사건이거나 분쟁 조정을 신청한 후 소송을 제기한 경우
2. 신청한 내용이 분쟁 조정 대상으로서 적합하지 아니하다고 인정하는 경우
3. 신청한 내용이 관련 법령 또는 객관적인 증빙(證憑) 등으로 비추어 볼 때 합의 권고 절차 및 조정 절차를 진행할 실익이 없는 경우
4. 그 밖에 대통령령으로 정하는 경우

006 ④
재의 요구가 있으면 구성원 3분의 2 이상의 출석과 출석 위원 3분의 2 이상의 찬성으로 재의결한다.

007 ①
② '지급 여력 기준 금액'이란 보험업을 경영함에 따라 발생하게 되는 위험을 금융 위원회가 정

하여 고시하는 방법에 의하여 금액으로 환산한 것을 말한다.
③ '지급 여력 비율'이란 지급 여력 금액을 지급 여력 기준 금액으로 나눈 비율을 말한다.

008 ③
※ 보험 회사가 지켜야 하는 재무 건전성 기준
1. 지급 여력 비율은 100분의 100 이상을 유지할 것
2. 대출 채권 등 보유 자산의 건전성을 정기적으로 분류하고 대손 충당금을 적립할 것
3. 보험 회사의 위험, 유동성 및 재보험의 관리에 관하여 금융 위원회가 정하여 고시하는 기준을 충족할 것

009 ①
1. 재무 및 손익에 관한 사항
2. 자금의 조달 및 운용에 관한 사항
3. 법 제123조 제2항, 제131조 제1항, 제134조 및 「금융 산업의 구조 개선에 관한 법률」 제10조, 제14조에 따른 조치를 받은 경우 그 내용
4. 보험 약관 및 사업 방법서, 보험료 및 해약 환급금, 공시 이율 등 보험료 비교에 필요한 자료
5. 그 밖에 보험 계약자의 보호를 위하여 공시가 필요하다고 인정되는 사항으로서 금융 위원회가 정하여 고시하는 사항

010 ③
1. 보험료, 보험금, 보험 기간, 보험 계약에 따라 보장되는 위험, 보험 회사의 면책 사유, 공시 이율 등 보험료 비교에 필요한 자료
2. 그 밖에 보험 계약자 보호 및 보험 계약 체결에 필요하다고 인정되는 사항으로 금융 위원회가 정하여 고시하는 사항

011 ④
위원회의 위원장은 위원 중에서 호선하며, 위원회의 위원은 금융 감독원 상품 담당 부서장, 보험 협회의 상품 담당 임원, 보험료율 산출 기관의 상품 담당 임원 및 보험 협회의 장이 위촉하는 다음 각 호의 사람으로 구성한다.
1. 보험 회사 상품 담당 임원 또는 선임 계리사 2명
2. 판사, 검사 또는 변호사의 자격이 있는 사람 1명
3. 소비자 단체에서 추천하는 사람 2명
4. 보험에 관한 학식과 경험이 풍부한 사람 1명

012 ①
보험 회사가 그 업무에 관한 공동 행위를 하기 위하여 다른 보험 회사와 상호 협정을 체결(변경하거나 폐지하려는 경우를 포함)하려는 경우에는 대통령령으로 정하는 바에 따라 금융 위원회의 인가를 받아야 한다.

013 ③
보험 회사의 발기인·설립 위원·이사·감사·검사인·청산인, 상법상 직무 대행자 또는 지배인이 상호 협정의 인가 관련 규정을 위반하는 행위를 한 경우에는 2천만 원 이하의 과태료를 부과한다.

014 ②
보험 회사는 법 제127조 제2항에 따라 기초 서류를 신고하는 경우에는 판매 개시일 30일(법 제127조의2 제1항에 따라 권고받은 사항을 반영하여 신고하는 경우에는 15일을 말함) 전까지 금융 위원회가 정하여 고시하는 보험 상품 신고서에 다음 각 호의 서류를 첨부하여 제출하여야 한다. 다만, 다른 법령의 개정에 따라 기초 서류의 내용을 변경하는 경우 등 금융 위원회가 정하여 고시하는 경우에는 금융 위원회가 정하여 고시하는 기한까지 보험 상품 신고서를 제출할 수 있다.

015 ③
보험 회사는 정관을 변경한 경우에는 변경한 날부터 7일 이내에 금융 위원회에 알려야 한다.

016 ②
보험 회사는 보험료율을 산출할 때 객관적이고

합리적인 통계 자료를 기초로 대수(大數)의 법칙 및 통계 신뢰도를 바탕으로 하여야 하며, 다음 각 호의 사항을 지켜야 한다.
1. 보험료율이 보험금과 그 밖의 급부(給付)에 비하여 지나치게 높지 아니할 것
2. 보험료율이 보험 회사의 재무 건전성을 크게 해칠 정도로 낮지 아니할 것
3. 보험료율이 보험 계약자 간에 부당하게 차별적이지 아니할 것

017 ③

보험 회사는 다음 각 호의 어느 하나에 해당하는 사유가 발생한 경우에는 그 사유가 발생한 날부터 5일 이내에 금융 위원회에 보고해야 한다.
1. 상호나 명칭을 변경한 경우
2. 임원을 선임하거나 해임한 경우
3. 본점의 영업을 중지하거나 재개(再開)한 경우
4. 최대 주주가 변경된 경우
5. 대주주가 소유하고 있는 주식 총수가 의결권 있는 발행 주식 총수의 100분의 1 이상만큼 변동된 경우
6. 그 밖에 해당 보험 회사의 업무 수행에 중대한 영향을 미치는 경우로서 대통령령으로 정하는 경우

018 ①

금융 위원회는 보험 회사(그 소속 임직원을 포함함)가 보험업법 또는 보험업법에 따른 규정·명령 또는 지시를 위반하여 보험 회사의 건전한 경영을 해칠 우려가 있다고 인정되는 경우에는 금융 감독원장의 건의에 따라 다음 각 호의 어느 하나에 해당하는 조치를 하거나 금융 감독원장으로 하여금 제1호의 조치를 하게 할 수 있다.

1. 보험 회사에 대한 주의·경고 또는 그 임직원에 대한 주의·경고·문책의 요구
2. 해당 위반 행위에 대한 시정 명령
3. 임원의 해임 권고·직무 정지의 요구
4. 6개월 이내의 영업의 일부 정지

019 ④

금융 위원회는 보험 회사가 다음 각 호의 어느 하나에 해당하는 경우에는 6개월 이내의 기간을 정하여 영업 전부의 정지를 명하거나 청문을 거쳐 보험업의 허가를 취소할 수 있다.
1. 거짓이나 그 밖의 부정한 방법으로 보험업의 허가를 받은 경우
2. 허가의 내용 또는 조건을 위반한 경우
3. 영업의 정지 기간 중에 영업을 한 경우
4. 제1항 제2호에 따른 시정 명령을 이행하지 아니한 경우

020 ①

②, ③ 금융 감독원장의 건의에 따라 금융 위원회
④ 금융 위원회

021 ②

협의회의 의장은 위원 중에서 호선(互選)한다.

022 ③

손해 보험 회사는 손해 보험 협회로부터 출연금 납부 통보를 받은 날부터 1개월 이내에 출연금을 손해 보험 협회에 내야 한다. 다만, 경영상의 문제 등으로 인하여 출연금을 한꺼번에 내기 어렵다고 손해 보험 협회의 장이 인정하는 경우에는 6개월 이내의 범위에서 출연금의 납부를 유예할 수 있다.

2 보험 관련 단체

023 ③

보험 회사는 상호 간의 업무 질서를 유지하고 보험업의 발전에 기여하기 위하여 보험 협회를 설립할 수 있다.

024 ②
현재 보험 개발원이 보험료율 산출 기관 역할을 하고 있다.

025 ②
보험료율 산출 기관은 보험 회사가 적용할 수 있는 순보험료율을 산출하여 금융 위원회에 신고할 수 있다.

026 ④
※ 보험료율 산출 기관의 업무
1. 순보험료율의 산출·검증 및 제공
2. 보험 관련 정보의 수집·제공 및 통계의 작성
3. 보험에 대한 조사·연구
4. 설립 목적의 범위에서 정부 기관, 보험 회사, 그 밖의 보험 관계 단체로부터 위탁받은 업무
5. 제1호부터 제3호까지의 업무에 딸린 업무
6. 그 밖에 대통령령으로 정하는 업무

027 ③
보험료율 산출 기관은 이 법 또는 다른 법률에 따라 제공받아 보유하는 개인 정보를 다음 각 호의 어느 하나에 해당하는 경우 외에는 타인에게 제공할 수 없다.
1. 보험 회사의 순보험료 산출에 필요한 경우
  1의2. 제10항에 따른 정보를 제공받은 목적대로 보험 회사가 이용하게 하기 위하여 필요한 경우
2. 「신용정보의 이용 및 보호에 관한 법률」 제33조 각 호에서 정하는 사유에 따른 경우
3. 정부로부터 위탁받은 업무를 하기 위하여 필요한 경우
4. 이 법에서 정하고 있는 보험료율 산출 기관의 업무를 하기 위하여 필요한 경우로서 대통령령으로 정하는 경우

028 ①
보험 회사가 보험료율 산출 기관이 신고한 순보험료율을 적용하는 경우에는 순보험료에 대하여 변경 신고를 한 것으로 본다.

029 ②
※ 보험 관계 단체의 업무
1. 회원 간의 건전한 업무 질서 유지
2. 회원에 대한 연수·교육 업무
3. 정부·금융 감독원 또는 보험 협회로부터 위탁받은 업무
4. 제1호 및 제2호에 딸린 업무
5. 그 밖에 대통령령으로 정하는 업무

030 ④
※ 보험 계리사, 선임 계리사 또는 보험 계리업자의 업무
1. 기초 서류의 작성에 관한 사항
2. 책임 준비금, 비상 위험 준비금 등 준비금의 적립과 준비금에 해당하는 자산의 적정성에 관한 사항
3. 잉여금의 배분·처리 및 보험 계약자 배당금의 배분에 관한 사항
4. 지급 여력 비율 계산 중 보험료 및 책임 준비금과 관련된 사항
5. 상품 공시 자료 중 기초 서류와 관련된 사항

031 ②
보험 계리를 업으로 하려는 법인은 인원에 결원이 생겼을 때에는 2개월(지점·사무소의 경우에는 1개월) 이내에 충원하여야 한다.

032 ③
※ 손해 사정사의 종류 및 업무 범위
1. 재물 손해 사정사 : 화재 보험, 해상 보험, 책임 보험, 기술 보험, 권리 보험, 비용 보험, 원자력 보험, 날씨 보험, 도난 보험 등의 손해액 사정
2. 차량 손해 사정사 : 자동차 사고로 인한 차량 및 그 밖의 재산상의 손해액 사정

3. 신체 손해 사정사 : 책임 보험, 상해 보험, 질병 보험, 간병 보험의 손해액(사람의 신체와 관련된 손해액만 해당), 자동차 사고 및 그 밖의 보험 사고로 인한 사람의 신체와 관련된 손해액 사정
4. 종합 손해 사정사 : 재물 손해 사정사, 차량 손해 사정사, 신체 손해 사정사의 업무

제2과목　보험법

제1장 보험 계약법

1 보험 계약의 성립

001 ③
보험 사고의 불확정성은 반드시 객관적이어야 하는 것은 아니고 당사자 쌍방 및 피보험자에게 주관적으로 불확정한 것이면 된다.

002 ②
영리 보험의 경우에는 다수 보험 가입자 간의 실질적인 단체 관계는 동일한 보험자를 중개로 하여 간접적으로 형성되고, 보험 가입자 상호 간에는 법적으로 아무런 관계가 없다.

003 ④
① 상법상 보험 계약의 목적은 피보험 이익이라고 하고, 보험의 목적은 손해 보험에 있어서는 보험에 붙여지는 대상, 즉 경제상의 재화를 말한다.
② 보험 계약의 목적은 손해 보험의 요소로 파악한다.
③ 보험 계약의 목적은 보험 사고 발생 시에는 확정할 수 있어야 한다.

004 ③
보험 계약자의 손해 방지 의무는 보험 계약의 신의 성실의 원칙에 기반을 둔 것으로서 보험자나 보험 단체 및 공익 보호라는 측면에서 인정된다.

005 ④
15세 미만자, 심신 상실자 또는 심신 박약자의 사망을 보험 사고로 한 보험 계약은 무효로 한다(상법 제732조).

006 ①

보험 계약의 선의성이란 보험 계약의 당사자 간에 최대의 선의를 요한다는 뜻이다. 보험 계약이 사행성을 가진다는 점을 고려하여 보험 계약에 있어서 보험 계약자에게 고지 의무를 부담시키고 인위적인 보험 사고에 있어서는 보험자가 면책되는 것으로 함으로써 도덕적 위태를 방지하고 있다.

007 ②

보험 계약은 보험 사고의 발생을 전제로 보험 계약자의 보험료 지급에 대하여 보험자는 일정한 보험 금액, 기타의 급여를 지급할 것을 약정하므로 유상 계약이고, 보험 계약자의 보험료 지급 채무와 보험자의 위험 부담 채무가 보험 계약과 동시에 채무로서 이행되어야 하므로 대가 관계에 있는 쌍무 계약으로 보아야 한다.
① 상법 제666조 제9호
③ 상법 및 화재 보험 약관 규정의 형식 및 취지, 화재가 발생한 경우에 보험자에게 면책 사유가 존재하지 않는 한 소정의 보험금을 지급하도록 함으로써 피보험자로 하여금 신속하게 화재로 인한 피해를 복구할 수 있게 하려는 화재 보험 제도의 존재 의의에 비추어 보면, 화재 보험에서 화재가 발생한 경우에는 일단 우연성의 요건을 갖춘 것으로 추정되고, 다만 화재가 보험 계약자나 피보험자의 고의 또는 중과실에 의하여 발생하였다는 사실을 보험자가 증명하는 경우에는 위와 같은 추정이 번복되는 것으로 보아야 한다(대법원 2009.12.10. 선고 2009다56603, 56610).
④ 동산 양도 담보 설정자는 담보 목적물인 동산의 소유권을 채권자에게 이전해 주지만 이는 채권자의 우선 변제권을 확보해 주기 위한 목적에 따른 것으로, 양도 담보 설정자는 여전히 그 물건에 대한 사용, 수익권을 가지고 변제기에 이르러서는 채무 전액을 변제하고 소유권을 되돌려 받을 수 있으므로, 그 물건에 대한 보험 사고가 발생하는 경우에는 그 물건에 대한 사용 수익 등의 권능을 상실하게 될 뿐 아니라 양도 담보권자에 대하여는 그 물건으로써 담보되는 채무를 면하지 못하고 나아가 채무를 변제하더라도 그 물건의 소유권을 회복하지 못하는 경제적인 손해를 고스란히 입게 된다. 따라서 양도 담보 설정자에게 그 목적물에 관하여 체결한 화재 보험 계약의 피보험 이익이 없다고 할 수 없다(대법원 2009.11.26. 선고, 2006다37106).

008 ②

판례는 보통 보험 약관이 계약 당사자에 대하여 구속력을 가지는 것은 그 자체가 법 규범 또는 법 규범적 성질을 가진 약관이기 때문이 아니라 보험 계약 당사자 사이에서 계약 내용에 포함시키기로 합의하였기 때문이라고 본다(대법원 2000.04.25. 선고 99다68027).

009 ①

작성자 불이익의 원칙이 적용되기 위해서는 다른 모든 해석 원칙을 적용하여 보아도 명확한 의미 규명이 불가능할 뿐만 아니라 법적으로 적어도 두 가지 이상의 해석이 가능한 경우를 요건으로 한다. 이 원칙은 모든 해석의 의문을 작성자에게 부담시키려는 것은 아니며, 일단 객관적 해석을 한 후에도 여전히 의문이 남는 경우에 그 위험을 작성자에게 부담시키려는 것이다. 따라서 작성자 불이익의 원칙은 보충적 해석수단이다.

010 ④

적합성 원칙의 위반에 따른 손해 배상 책임의 존부는 고객의 연령, 재산 및 소득 상황과 보험 가입의 목적, 가입한 보험의 특성 등 여러 사정을 종합적으로 충분히 검토하여 판단하여야 하고, 이에 관한 주장·증명 책임은 보험 계약 체결을 권유받은 고객에게 있으므로, 단지 그 체결을 권유받은 변액 보험 상품에 높은 투자 위험이 수반된다거나 소득에서 보험료 지출이 차지하는 비중

이 높다는 단편적인 사정만을 들어 바로 적합성 원칙을 위반하여 위법한 권유 행위를 하였다고 단정해서는 아니 된다(대법원 2013.06.13. 선고 2010다34159 판결).
① 상법상 보험 약관 설명 의무가 이행되지 않은 경우, 보험 회사에게 보험업법상의 설명 의무 위반으로 인한 책임은 물을 수 있다.
② 상법상 보험 약관 설명 의무(상법 제638조의3)가 이행되더라도, 보험업법상의 설명 의무(보험업법 제95조의2) 위반으로 인한 책임을 물을 수 있다.
③ 변액 보험에 관하여는 보장되지 않는 고율의 수익률을 전제로 하여 보험 계약의 내용을 설명함으로써 각 보험 계약에 관한 설명 의무를 위반한 것으로 판단하였다(대법원 2013.06.13. 선고 2010다34159 판결).

011 ④
① 보험 계약은 보험 계약자의 청약과 보험 회사의 승낙으로 이루어지며, 보험 증권이란 보험 계약이 성립한 후 보험 계약의 내용을 증명하기 위하여 보험자가 발행하는 것으로 보험 계약 당사자 쌍방의 편리를 위한 것이지 증권의 발행 교부가 계약의 성립 요건은 아니다.
② 청약의 의사 표시는 특별한 형식을 요하지 않으며, 구두든 서면이든 청약의 효력에는 차이가 없으나, 실거래에 있어서는 거의 대부분 보험자가 미리 정한 양식, 즉 청약서의 작성을 통해 보험 계약의 청약이 이루어진다. 청약에 대한 승낙도 특별한 형식이 없다. 즉 명시적이든 묵시적이든 승낙은 유효하다.
③ 보험 계약은 보험 계약자의 청약과 보험 회사의 승낙의 합치로 이루어진다.

012 ②
사망을 보험 사고로 하는 보험 계약에서 자살을 보험자의 면책 사유로 규정하고 있는 경우에, 그 자살은 자기의 생명을 끊는다는 것을 의식하고 그것을 목적으로 의도적으로 자기의 생명을 절단하여 사망의 결과를 발생케 한 행위를 의미하고, 피보험자가 정신 질환 등으로 자유로운 의사 결정을 할 수 없는 상태에서 사망의 결과를 발생케 한 경우까지 포함하는 것은 아니다. 따라서 피보험자가 자유로운 의사 결정을 할 수 없는 상태에서 사망의 결과를 발생케 한 직접적인 원인 행위가 외래의 요인에 의한 것이라면, 그 사망은 피보험자의 고의에 의하지 않은 우발적인 사고로서 보험 사고인 사망에 해당할 수 있다(대법원 2014.04.10. 선고 2013다18929).

013 ①
보험 증권은 요식 증권이나, 엄격한 요식 증권성은 없기 때문에 법정 기재 사항을 미기입한 경우도 보험 증권의 효력에는 영향이 없고, 법정 기재 사항 이외의 사항도 추가로 기재할 수 있다.

014 ④
약관에 정하여진 사항이더라도 거래상 일반적이고 공통된 것이어서 고객이 별도의 설명 없이도 충분히 예상할 수 있었던 사항이거나, 이미 법령에 의하여 정해진 것을 되풀이하거나 부연하는 정도에 불과한 사항이라면, 그러한 사항에 관해서까지 사업자에게 명시·설명 의무가 있다고 할 수는 없다(대법원 2012.06.28. 선고 2010다57466 판결).

015 ③
주피보험자의 호적상 또는 주민 등록상 배우자만이 종피보험자로 가입할 수 있는 보험에서 '종피보험자가 보험 기간 중 주피보험자의 배우자에 해당되지 아니하게 된 때에는 종피보험자의 자격을 상실한다.'고 정한 약관 조항이 보험자의 명시·설명 의무 대상인지가 문제된 사안에서, 이는 거래상 일반적이고 공통적인 것이어서 보험자의 별도 설명 없이도 보험 계약자나 피보험자가 충분히 예상할 수 있었던 사항이므로 보험자에게 명시·설명 의무가 없다(대법원 2011.03.24. 선고 2010다 96454).

016 ③

상법 제663조는 당사자 간의 특약으로 보험 계약자 등 불이익 변경 금지의 원칙이라는 상대적 강행 법규성을 인정하여 약관의 내용에 상법의 규정보다 보험 계약자 등에게 불이익한 조항을 두게 되면 그 한도 안에서 약관의 규정은 무효가 된다고 본다.

상법 제638조의 3조 제2항에서 약관 설명 의무 위반 시 보험 계약자는 보험 계약이 성립한 날로부터 3개월 이내에 그 계약을 취소할 수 있다고 하였으므로 이보다 보험 계약자에게 불리하게 규정된 1월 이내로 정해진 보험 약관의 경우는 효력이 없다고 하겠다.

017 ②

해지 예고부 최고 약관은 무효이나 상당한 기간을 정한 해지 예고 후 납입 최고는 유효하다(대법원 2003.04.11. 2002다 69419 판결).

018 ①

② 이 조항이 보험 계약자 등의 보험금 청구권을 상실한다고 해석한다고 하여 그것이 상법 제663조의 불이익 변경 금지 원칙에 반하는 것이라고 할 수는 없다(대법원 2007.06.14. 선고 2007다10290 판결).

③, ④ 독립한 여러 물건을 보험 목적물로 하여 체결된 화재 보험 계약에서 피보험자가 그중 일부의 보험 목적물에 관하여 실제 손해보다 과다하게 허위의 청구를 한 경우에 허위의 청구를 한 당해 보험 목적물에 관하여 위 약관 조항에 따라 보험금 청구권을 상실하게 되는 것은 당연하다. 그러나 만일 위 약관 조항을 피보험자가 허위의 청구를 하지 않은 다른 보험 목적물에 관한 보험금 청구권까지 한꺼번에 상실하게 된다는 취지로 해석한다면, 이는 허위 청구에 대한 제재로서의 상당한 정도를 초과하는 것으로 고객에게 부당하게 불리한 결과를 초래하여 신의 성실의 원칙에 반하는 해석이 되므로, 위 약관에 의해 피보험자가 상실하게 되는 보험금 청구권은 피보험자가 허위의 청구를 한 당해 보험 목적물의 손해에 대한 보험금 청구권에 한한다고 해석함이 상당하다(대법원 2007.02.22.선고 2006다72093 판결).

019 ④

이 사건 각 보험 계약의 각 약관은 '보험 계약자 또는 피보험자가 손해의 통지 또는 보험금 청구에 관한 서류에 고의로 사실과 다른 것을 기재하였거나 그 서류 또는 증거를 위조하거나 변조한 경우 피보험자는 손해에 대한 보험금 청구권을 잃게 된다.'고 규정하고 있는 바, 이와 같은 약관 조항의 취지는 피보험자 등이 서류를 위조하거나 증거를 조작하는 등 신의 성실의 원칙에 반하는 사기적인 방법으로 과다한 보험금을 청구하는 경우에는 그에 대한 제재로서 보험금 청구권을 상실하도록 하려는 데 있는 것으로 보아야 할 것인데(대법원 2006.11.23. 선고 2004다20227, 20234 판결 등 참조), 이 사건과 같이 독립한 여러 물건을 보험 목적물로 하여 체결된 화재 보험 계약에서 피보험자가 그중 일부의 보험 목적물에 관하여 실제 손해보다 과다하게 허위의 청구를 한 경우에 허위의 청구를 한 당해 보험 목적물에 관하여 위 약관 조항에 따라 보험금 청구권을 상실하게 되는 것은 당연하다 할 것이나, 만일 위 약관 조항을 피보험자가 허위의 청구를 하지 않은 다른 보험 목적물에 관한 보험금 청구권까지 한꺼번에 상실하게 된다는 취지로 해석한다면, 이는 허위 청구에 대한 제재로서의 상당한 정도를 초과하는 것으로 고객에게 부당하게 불리한 결과를 초래하여 신의 성실의 원칙에 반하는 해석이 된다고 하지 않을 수 없다.

따라서 앞서 본 약관 해석의 원칙에 따라, 위 약

관에 의해 피보험자가 상실하게 되는 보험금 청구권은 피보험자가 허위의 청구를 한 당해 보험 목적물의 손해에 대한 보험금 청구권을 의미한다고 해석함이 상당하다 할 것이다(대법원 2007.02.22. 선고 2006다72093).

020 ②

'다른 자동차 운전 담보 특별 약관' 중 보상하지 아니하는 손해인 '피보험자가 자동차 정비업, 주차장업, 급유업, 세차업, 자동차 판매업 등 자동차 취급 업무상 수탁받은 자동차를 운전 중 생긴 사고로 인한 손해' 조항이 보험 계약의 중요한 내용에 대한 것으로서 설명 의무의 대상이 된다(대법원 2001.09.18. 선고 2001다14917 판결).

021 ④

인보험 계약에서 보험 계약자가 동시에 피보험자이면 자기의 보험 계약이라고 한다.

022 ①

보험 회사의 영업소장은 상법 제14조의 표현 지배인에 해당되지 않는다(대법원 1983.10.25. 선고 83다107 판결).

023 ②

보험자의 대리인이 보험 회사를 대리하여 보험 계약자와의 사이에 보험 계약을 체결하고 그 보험료 수령권에 기하여 보험 계약자로부터 회분 보험료를 받으면서 2, 3회분 보험료에 해당하는 약속어음을 함께 교부 받았다면 위 대리인이 그 약속어음을 횡령하였다고 하더라도 그 변제수령의 효과는 보험자에 미친다고 할 것이다. 위 어음이 지급·결제됨으로써 보험료 납부의 효과가 생긴다(대법원 1987.12.08. 선고 87다카1793 판결).

024 ②

※ 보험 대리상의 권한(상법 제646조의2 제1항)
1. 보험 계약자로부터 보험료를 수령할 수 있는 권한
2. 보험자가 작성한 보험 증권을 보험 계약자에게 교부할 수 있는 권한
3. 보험 계약자로부터 청약, 고지, 통지, 해지, 취소 등 보험 계약에 관한 의사 표시를 수령할 수 있는 권한
4. 보험 계약자에게 보험 계약의 체결, 변경, 해지 등 보험 계약에 관한 의사 표시를 할 수 있는 권한

025 ④

※ 보험 대리상 등의 권한(상법 제646조의2 제1항)
1. 보험 계약자로부터 보험료를 수령할 수 있는 권한
2. 보험자가 작성한 보험 증권을 보험 계약자에게 교부할 수 있는 권한
3. 보험 계약자로부터 청약·고지·통지·해지·취소 등 보험 계약에 관한 의사표시를 수령할 수 있는 권한
4. 보험 계약자에게 보험 계약의 체결·변경·해지 등 보험 계약에 관한 의사 표시를 할 수 있는 권한

026 ②

②의 경우 원칙적으로 전부에 대한 계약 관계를 해지할 수 없다.

027 ①

위 보증 보험 계약은 성립할 당시 주 계약인 임대차 계약이 통정 허위 표시로서 아무런 효력이 없어 보험 사고가 발생할 수 없는 경우에 해당하므로 상법 제644조에 따라 무효라고 본다. 민법의 보증에 관한 규정은 그 성질에 반하지 않는 한 보증 보험 계약에도 적용되기는 하나, 이는 성질상 허용되는 범위 내에서 보증의 법리가 보증 보험에도 적용될 수 있다는 것에 불과할 뿐, 이로써 보험 계약이 민법상 순수한 보증 계약과 같게 된다거나 보증 계약으로 전환된다는 의미로 볼 수는 없다. 따라서 보증 보험 계약이 보험 계약으로서

효력이 없다면 이는 그 자체로 무효이고, 이를 보증 계약으로나마 유효하다고 할 수는 없다(대법원 2010.04.15. 선고 2009다81623 판결).

028 ②

① 보험자가 보험 계약자로부터 보험 계약의 청약과 함께 보험료 상당액의 전부 또는 일부의 지급을 받은 때에는 다른 약정이 없으면 30일 내에 그 상대방에 대하여 낙부의 통지를 발송하여야 하고, 낙부의 통지를 해태한 때에는 승낙한 것으로 본다(상법 638조의2 제1항, 제2항).

③ 선일자 수표는 대부분의 경우 당해 발행 일자 이후의 제시 기간 내의 제시에 따라 결제되는 것이라고 보아야 하므로 선일자 수표가 발행 교부된 날에 액면금의 지급 효과가 발생된다고 볼 수 없으니, 보험 약관상 보험자가 제1회 보험료를 받은 후 보험 청약에 대한 승낙이 있기 전에 보험 사고가 발생한 때에는 제1회 보험료를 받은 때에 소급하여 그때부터 보험자의 보험금 지급 책임이 생긴다고 되어 있는 경우에 있어서 보험 모집인이 청약의 의사 표시를 한 보험 계약자로부터 제1회 보험료로서 선일자 수표를 발행받고 보험료 가수증을 해 주었더라도 그가 선일자 수표를 받은 날을 보험자의 책임 발생 시점이 되는 제1회 보험료의 수령일로 보아서는 안 된다(대법원 1989.11.28. 선고 88다카33367).

④ 보험 계약은 그 계약 전의 어느 시기를 보험 기간의 시기로 할 수 있다(상법 제643조).

029 ④

① 보험 계약 당시에 보험 사고가 이미 발생하였거나 또는 발생할 수 없는 것인 때에는 그 계약은 무효로 한다. 그러나 당사자 쌍방과 피보험자가 이를 알지 못한 때에는 그러하지 아니하다(상법 제644조).

② 보험자는 보험 계약을 체결 시 보험 계약자에게 보험 약관을 교부하고 그 약관의 중요한 내용을 설명해야 한다(상법 제638조의3 제1항).

③ 보험자가 보험 계약자로부터 보험 계약의 청약과 함께 보험료 상당액의 전부 또는 일부의 지급을 받은 때에는 다른 약정이 없으면 30일 내에 그 상대방에 대하여 낙부의 통지를 발송하여야 하는데(상법 제638조의2 제1항), 이 기간 내에 낙부의 통지를 해태한 때에는 승낙한 것으로 본다(상법 제638조의2 제2항).

030 ②

보험 계약자의 보험 수익자 지정·변경권은 형성권으로, 보험자의 동의를 요하지 않고 보험 계약자의 자유로운 일방적인 의사 표시에 의해 효력이 생긴다.

031 ④

※ 보험 약관의 교부·설명 의무(상법 제683조의3)
1. 보험자는 보험 계약을 체결할 때에 보험 계약자에게 보험 약관을 교부하고 그 약관의 중요한 내용을 설명하여야 한다.
2. 보험자가 제1항을 위반한 경우 보험 계약자는 보험 계약이 성립한 날부터 3개월 이내에 그 계약을 취소할 수 있다.

032 ④

보험 계약자가 보험 수익자의 지정권을 행사하기 전에 보험 사고가 생긴 경우에는 피보험자 또는 보험 수익자의 상속인을 보험 수익자로 한다(상법 제733조 제4항).

033 ④

타인의 사망을 보험 사고로 하는 보험 계약에서 서면에 의한 동의는 계약의 효력이 생긴 후에는 임의로 철회할 수 없다. 다만 보험 수익자와 보험 계약자의 동의가 있으면 철회가 가능하다. 또한 동의 행위 자체에 중대한 결함이 있는 경우 민법의 원칙에 따라 그 동의에 대한 무효 또는 취소를 주장할 수 있다.

034 ③

상법 제638조의2 제3항에 의하면 보험자가 보험계약자로부터 보험 계약의 청약과 함께 보험료 상당액의 전부 또는 일부를 받은 경우(인보험 계약의 피보험자가 신체검사를 받아야 하는 경우에는 그 검사도 받은 때)에 그 청약을 승낙하기 전에 보험 계약에서 정한 보험 사고가 생긴 때에는 그 청약을 거절할 사유가 없는 한 보험자는 보험계약상의 책임을 지는 바, 여기에서 청약을 거절할 사유란 보험 계약의 청약이 이루어진 바로 그 종류의 보험에 관하여 해당 보험 회사가 마련하고 있는 객관적인 보험 인수 기준에 의하면 인수할 수 없는 위험 상태 또는 사정이 있는 것으로서 통상 피보험자가 보험 약관에서 정한 적격 피보험체가 아닌 경우를 말하고, 이러한 청약을 거절할 사유의 존재에 대한 증명 책임은 보험자에게 있다(대법원 2008.11.27. 선고, 2008다40847).

① 보험 계약자 측의 고지 의무 위반과 보험 계약의 보험 사고 사이에 인과 관계가 존재하는지 여부에 관하여 원칙적으로 보험금의 지급을 청구하는 보험 계약자 측이 보험금 지급 의무의 발생 요건인 인과 관계가 존재하지 아니한다는 점을 입증할 책임이 있다(서울중앙지법 2004.10.28. 선고, 2004나 21069).

② 보험 약관의 중요한 내용에 해당하는 사항이라 하더라도 보험 계약자나 그 대리인이 그 약관의 내용을 충분히 잘 알고 있다는 점에 대하여도 이를 주장하는 보험자 측에 증명 책임이 있다(대법원 2001.07.27. 선고 99다55533).

④ 보험 계약의 보통 보험 약관에서 '피보험자가 고의로 자신을 해친 경우'를 보험자의 면책 사유로 규정하고 있는 경우 보험자가 보험금 지급 책임을 면하기 위하여는 위 면책 사유에 해당하는 사실을 입증할 책임이 있는 바, 이 경우 자살의 의사를 밝힌 유서 등 객관적인 물증의 존재나, 일반인의 상식에서 자살이 아닐 가능성에 대한 합리적인 의심이 들지 않을 만큼 명백한 주위 정황 사실을 입증하여야 한다(대법원 2002.03.29. 선고, 2001다49234).

035 ③

보험 약관의 설명 의무의 상대방은 반드시 보험계약자 본인에 국한되는 것이 아니라, 보험자가 보험 계약자의 대리인과 보험 계약을 체결할 경우에는 그 대리인에게 보험 약관을 설명함으로써 족하다(대법원 2001.07.27. 선고, 2001다23973).

① 보험자는 보험 계약을 체결할 때에 보험 계약자에게 보험 약관을 교부하고 그 약관의 중요한 내용을 설명하여야 한다(상법 제638조의3 제1항).

② 보험 계약자의 고지 의무나 통지 의무는 보험자에게 알리는 보험 계약자 측의 의무이다.

④ 보험 계약자에게 불리한 경우에도 그 내용이 이미 법령에 규정된 사항을 구체적으로 부연하는 정도에 불과한 경우라면 보험자의 설명 의무가 인정된다고 볼 수가 없다(대법원 1998.11.27. 선고, 98다32564).

036 ②

보험 계약자가 지정권을 행사하지 아니하고 사망한 때에는 피보험자를 보험 수익자로 하고, 보험 계약자가 변경권을 행사하지 아니하고 사망한 때에는 보험 수익자의 권리가 확정된다(상법 제733조 제2항). 사망 보험 계약 당시 보험 수익자란에 단순히 '법정 상속인'으로만 기재하였다면, 갑이 을과 이혼하였으므로, 갑의 법정 상속인은 자녀 병이 된다. 그런데 자녀 병은 미성년자이므로 을이 자녀의 친권자로서 이를 대리하게 된다.

037 ③

손해 보험 계약의 경우에 그 타인의 위임이 없는 때에는 보험 계약자는 이를 보험자에게 고지하여야 하고, 그 고지가 없는 때에는 타인이 그 보험 계약이 체결된 사실을 알지 못하였다는 사유로 보험자에게 대항하지 못한다(상법 제639조 제1항).

038 ④

타인을 위한 보험 계약의 경우 보험 계약자는 보험자에 대하여 보험료를 지급할 의무가 있다. 그러나 보험 계약자가 파산 선고를 받거나 보험료의 지급을 지체한 때에는 그 타인이 그 권리를 포기하지 아니하는 한 그 타인도 보험료를 지급할 의무가 있다(상법 제639조 제3항).

039 ②

타인을 위한 보험 계약의 경우에는 보험 계약자는 그 타인의 동의를 얻지 아니하거나 보험 증권을 소지하지 아니하면 그 계약을 해지하지 못한다(상법 제649조).

040 ①

타인을 위한 손해 보험 계약의 경우에는 보험 계약자는 그 타인의 동의를 얻지 아니하거나 보험 증권을 소지하지 아니하면 그 계약을 해지하지 못한다(상법 제649조 제1항).

041 ④

타인을 위한 보험 계약의 보험 계약자는 위임을 받거나 위임을 받지 아니하고 특정 또는 불특정의 타인을 위하여 보험 계약을 체결할 수 있다(상법 제639조 제1항).

042 ④

원고(갑)와 피고(보험 회사)가 이 사건 보험 계약을 체결할 당시 15세 미만자인 소외 1을 피보험자로 함으로써 이 사건 보험 계약 중 재해로 인한 사망을 보험금 지급의 사유로 하는 부분이 상법 제732조에 의하여 무효라는 사실을 알았다고 하더라도 이를 제외한 나머지 보험금 지급 사유 부분에 관한 보험 계약을 체결하였을 것으로 봄이 상당하다. 따라서 이 사건 보험 계약은 그 부분에 관하여는 여전히 유효하다고 할 것이다(대법원 2013.04.26. 선고 2011다9068).
① 다시 피보험자의 서면 동의를 얻어야 한다(상법 제731조 제2항).
② 심신 상실자를 피보험자로 한 보험 계약은 무효이다(상법 제732조).
③ 회사가 임직원 등이 재직 중 보험 사고를 당할 경우 유가족에게 지급할 위로금 등을 마련하기 위하여 임직원 등을 피보험자로 한 보험 계약을 체결하고 임직원 등이 보험 계약 체결에 동의한 사안에서, 임직원 등이 회사에 계속 재직한다는 점은 보험 계약에 대한 동의의 전제가 되는 사정이므로 임직원 등이 회사에서 퇴직함으로써 보험 계약의 전제가 되는 사정에 중대한 변경이 생긴 이상 임직원 등은 보험 계약에 대한 동의를 철회할 수 있다고 본다(대법원 2013.11.14. 선고, 2011다101520).

043 ①

타인을 위한 보험 계약의 경우에는 보험 계약자는 그 타인의 동의를 얻지 아니하거나 보험 증권을 소지하지 아니하면 그 계약을 해지하지 못한다. 즉 보험 증권을 소지하거나 또는 그 타인의 동의를 얻은 경우에는 보험 계약을 해지할 수 있다(상법 제649조).

044 ③

보험 계약 당시에 보험 사고가 이미 발생하였거나 또는 발생할 수 없는 것인 때에는 그 계약은 무효로 한다. 그러나 당사자 쌍방과 피보험자가 이를 알지 못한 때에는 그러하지 아니하다(상법 제644조).

2 보험료의 지급과 지체의 효과

045 ④

특정한 타인을 위한 보험의 경우에 보험 계약자가 보험료의 지급을 지체한 때에는 보험자는 그 타인에게도 상당한 기간을 정하여 보험료의 지급을 최고한 후가 아니면 그 계약을 해제 또는 해지하지 못한다(상법 제650조 제3항).

①, ② 상법 제650조 제1항
③ 상법 제650조 제2항

046 ③
보험 계약은 다른 약정이 없으면 운송의 필요에 의하여 일시 운송을 중지하거나 운송의 노순 또는 방법을 변경한 경우에도 그 효력을 잃지 아니한다(상법 제691조).
① 상법 제647조
② 상법 제652조 제1항
④ 상법 제712조

047 ③
㉠ 보험자는 보험 금액의 지급에 관하여 약정 기간이 있는 경우에는 그 기간 내에 약정 기간이 없는 경우에는 보험 사고의 통지를 받은 후 지체 없이 지급할 보험 금액을 정하고 그 정하여진 날부터 10일 내에 피보험자 또는 보험 수익자에게 보험 금액을 지급하여야 한다(상법 제658조).
㉡ 보험자가 보험 계약자로부터 보험 계약의 청약과 함께 보험료 상당액의 전부 또는 일부의 지급을 받은 때에는 다른 약정이 없으면 30일 내에 그 상대방에 대하여 낙부의 통지를 발송하여야 한다(제638조의2 제1항).
㉢ 보험자가 보험 계약을 체결할 때에 보험 계약자에게 보험 약관의 교부·설명 의무를 이행하지 아니한 경우 보험 계약자는 보험 계약이 성립한 날부터 3개월 이내에 그 계약을 취소할 수 있다(상법 제638조의3).
㉣ 보험자가 파산의 선고를 받은 때에 보험 계약자가 해지하지 아니한 보험 계약은 파산 선고 후 3월을 경과한 때에는 그 효력을 잃는다(상법 제654조 제2항).

048 ①
※ 보험자의 파산 선고와 계약 해지(상법 제654조)
① 보험자가 파산의 선고를 받은 때에는 보험 계약자는 계약을 해지할 수 있다.
② 제1항의 규정에 의하여 해지하지 아니한 보험 계약은 파산 선고 후 3월을 경과한 때에는 그 효력을 잃는다.

049 ①
㉠, ㉢
㉠ 보험 사고의 발생으로 보험자가 보험 금액을 지급한 때에도 보험 금액이 감액되지 아니하는 보험의 경우에는 보험 계약자는 그 사고 발생 후에도 보험 계약을 해지할 수 있다(상법 제649조 제2항).
㉡ 보험자가 파산의 선고를 받은 때에는 보험 계약자는 계약을 해지할 수 있다(상법 제654조 제1항).
㉢ 보험자는 고지 의무를 위반한 사실과 보험 사고의 발생 사이의 인과 관계를 불문하고 상법 제651조에 의하여 고지 의무 위반을 이유로 계약을 해지할 수 있다(대법원 2010.07.22. 선고, 2010다25353 판결).
다만, 고지 의무를 위반한 사실 또는 위험이 현저하게 변경되거나 증가된 사실이 보험 사고 발생에 영향을 미치지 아니하였음이 증명된 경우에는 보험금을 지급할 책임이 있다(상법 제655조 단서).
㉣ 타인의 사망을 보험 사고로 하는 보험 계약에는 보험 계약 체결 시에 그 타인의 서면에 의한 동의를 얻어야 한다(상법 제731조)는 규정은 강행법규로서 이 규정에 위반하여 체결된 보험 계약은 무효이다(대구고법 1998.04.30. 선고, 97나5153 판결).
㉤ 선박과 화물이 멸실되어 피보험 이익이 존재하지 않으면 사고가 발생해도 손해를 보지 않으므로 피보험 이익이 없는 보험 계약은 무효가 된다. 보험의 목적이 '멸실 여부를 불문함'이란 조건으로 보험에 가입될 수 있으나, 보험 계약 체결 시 피보험자가 손해발생의 사실을 알고, 보험자가 몰랐을 경우에는 그러하지 아니하다.

050 ①

보험 계약 당시에 보험 계약자 또는 피보험자가 고의 또는 중대한 과실로 인하여 중요한 사항을 고지하지 아니하거나 부실의 고지를 한 때에는 보험자는 그 사실을 안 날로부터 1월 내에, 계약을 체결한 날로부터 3년 내에 한하여 계약을 해지할 수 있다. 그러나 보험자가 계약 당시에 그 사실을 알았거나 중대한 과실로 인하여 알지 못한 때에는 그러하지 아니하다(상법 제651조).

051 ①

보험 사고가 발생하기 전에 보험 계약자는 언제든지 계약의 전부 또는 일부를 해지할 수 있다. 그러나 타인을 위한 보험 계약의 경우에 보험 계약자는 그 타인의 동의를 얻지 아니하거나 보험 증권을 소지하지 아니하면 그 계약을 해지하지 못한다(상법 제649조 제1항).

052 ④

보험 회사 대리점이 평소 거래가 있는 자로부터 그 구입한 차량에 관한 자동차 보험 계약의 청약을 받으면서 그를 위하여 그 보험료를 대납하기로 전화상으로 약정하였고, 그 다음날 실제 보험료를 지급받으면서는 그 전날 이미 보험료를 납입받은 것으로 하여 보험 약관에 따라 보험 기간이 그 전날 24:00 이미 시작된 것으로 기재된 보험료 영수증을 교부한 경우 위 약정일에 보험 계약이 체결되어 보험 회사가 보험료를 영수한 것으로 보아야 한다(대법원 1991.12.10. 선고 90다10315 판결).

053 ③

보험료 불가분의 원칙은 원래 해상 보험에서 출발한 강학상의 개념으로서, 보험료는 그 산출을 위한 위험 측정상의 단위가 되는 보험료 기간에 생기는 위험률에 따라 산정되기 때문에 보험료 기간에 해당하는 보험료는 관념적으로 하나가 되는 것이므로, 중도에 보험 계약의 효력이 소멸하더라도 보험자는 보험료 기간에 대한 보험료 전부를 취득하게 되고 따라서 미경과한 기간에 대한 보험료를 반환할 의무가 없다는 것을 뜻한다.

우리 상법상으로는 보험료 불가분의 원칙을 모든 보험에 적용되는 대원칙이라고 할 수는 없고, 결국 미경과 보험료의 환급 문제는 보험 계약의 형태, 약관의 규정 및 보험 계약이 종료된 원인 등을 고려하여 합리적으로 판단하여야 할 것이다(서울고등법원 2005.08.25. 2004나46801).

054 ④

특정한 타인을 위한 보험의 경우에 보험 계약자가 보험료의 지급을 지체한 때에는 보험자는 그 타인에게도 상당한 기간을 정하여 보험료의 지급을 최고한 후가 아니면 그 계약을 해제 또는 해지하지 못한다(상법 제650조 제3항).

055 ④

보험자가 보험 계약자로부터 보험 계약의 부활을 청구받은 때에는 다른 약정이 없으면 30일 내에 그 상대방에 대하여 낙부의 통지를 발송하여야 한다(상법 제650조의2, 제6338조의2).

056 ②

보험 계약의 부활은 계속 보험료가 약정한 시기에 지급되지 아니한 때에 보험 계약이 해지되고 해지 환급금이 지급되지 아니한 경우에 보험 계약자가 일정한 기간 내에 연체 보험료에 약정 이자를 붙여 보험자에게 지급하고 그 계약의 부활을 청구할 수 있다(상법 제650조의2). 따라서 최초 보험료가 미지급되어 계약 해제된 경우에는 보험 계약이 부활할 수 없다.

057 ④

①, ②, ③ 계속 보험료 미지급으로 보험 계약이 해지되고 해지 환급금이 지급되지 아니한 경우에 보험 계약자는 일정한 기간 내에 연체 보험료에 약정 이자를 붙여 보험자에게 지급하고 그 계약의 부활을 청구할 수 있다.

3 고지 의무와 통지 의무

058 ③

고지 의무는 보험자가 그 이행을 강제하거나 불이행의 경우에 손해 배상의 청구를 할 수 있는 보험 계약의 효과로 부담하는 의무가 아니다. 이를 위반하면 보험자에게 계약의 해지권이 인정될 뿐이므로 고지 의무는 보험 계약자가 계약 해지에 의한 불이익을 받지 않기 위하여 이행해야 할 의무이다. 따라서 이 의무는 보험 계약상의 청구권을 유지하기 위한 전제가 되는 자기 의무 또는 간접 의무라고 할 수 있다.

059 ①

보험 설계사란 보험 사업자를 위하여 보험 계약의 체결을 중개하는 자로서 고지 의무의 당사자에는 해당되지 않는다.

060 ④

보험 계약자나 피보험자가 보험 계약 당시에 보험자에게 고지할 의무를 지는 상법 제651조에서 정한 '중요한 사항'이란, 보험자가 보험 사고의 발생과 그로 인한 책임 부담의 개연율을 측정하여 보험 계약의 체결 여부 또는 보험료나 특별한 면책 조항의 부가와 같은 보험 계약의 내용을 결정하기 위한 표준이 되는 사항으로서, 객관적으로 보험자가 그 사실을 안다면 계약을 체결하지 않든가 적어도 동일한 조건으로는 계약을 체결하지 않으리라고 생각되는 사항을 말한다. 보험자가 고지 의무 위반을 이유로 보험 계약을 해지하기 위해서는 보험 계약자 또는 피보험자가 고지 의무가 있는 사항에 대한 고지 의무의 존재와 그러한 사항의 존재에 대하여 이를 알고도 고의로 또는 중대한 과실로 인하여 이를 알지 못하여 고지 의무를 다하지 않은 사실이 증명되어야 한다(대법원 2011.04.14. 선고2009다103349, 103356 판결). 따라서 계약 청약 후 승낙 이전에 발생한 중요 사항도 고지 대상이 된다.

① 현재 질문표에 기재된 사항은 보험 계약상 중요한 사항으로 추정하는 정도의 효력이 부여되고 있으므로, 현행 상법상 충분한 고지 의무가 이행되었다고 볼 수 없다.
② 보험 설계사는 원칙적으로 보험료 수령 권한도 없다고 보는 것이 통설이고 판례의 입장이다.
③ 고지는 청약 시뿐만 아니라 청약에 대한 승낙이 있는 시점, 즉 계약이 성립할 때까지 이행해야 한다. 따라서 청약 후 승낙 전에 새로운 사실이 발생하였거나 청약 시에 알지 못했던 사실을 승낙 전에 새롭게 알게 된 경우 이를 보험자에게 고지하여야 한다.

061 ①

보험 사고가 발생한 후라도 보험자가 제650조(보험료 부지급으로 인한 계약 해지), 제651조(고지 의무 위반으로 인한 계약 해지), 제652조(위험 변경 증가의 통지 의무 해태로 인한 계약 해지) 및 제653조(보험 계약자 등의 고의나 중과실로 인한 위험 증가에 따른 계약 해지)에 따라 계약을 해지하였을 때에는 보험금을 지급할 책임이 없고 이미 지급한 보험금의 반환을 청구할 수 있다. 다만, 고지 의무(告知義務)를 위반한 사실 또는 위험이 현저하게 변경되거나 증가된 사실이 보험 사고 발생에 영향을 미치지 아니하였음이 증명된 경우에는 보험금을 지급할 책임이 있다(상법 제655조).
④ 보험자는 고지 의무 위반 사실을 안 날로부터 1월 내에, 계약을 체결한 날로부터 3년 내에 한하여 계약을 해지할 수 있다(상법 제651조 참조).

062 ③

보험 계약을 체결함에 있어 중요한 사항의 고지 의무를 위반한 경우 고지 의무 위반 사실이 보험 사고의 발생에 영향을 미치지 아니하였다는 점, 즉 보험 사고의 발생이 보험 계약자가 불고지하였거나 불실고지한 사실에 의한 것이 아니라는 점이 증명된 때에는 상법 제655조 단서의 규정에 의하여 보험자는 위 불실고지를 이유로 보험 계약을 해지할 수 없을 것이나, 위와 같은 고지 의무 위반 사실과 보험 사고 발생과의 인과 관계가 부존재하다는 점에 관한 입증 책임은 보험 계약자 측에 있다 할 것이므로, 만일 그 인과 관계의 존재를 조금이라도 규지할 수 있는 여지가 있으면 위 단서는 적용되어서는 안 될 것이다(대법원 1992.10.23. 선고 92다28259 판결).
① 보험 계약자나 피보험자의 탐지 의무를 배제하는 견해에 의하면, 이들이 계약 체결 당시에 고지 사항의 존재를 모르고 그 사항이 없다고 답변한 경우라도 원칙적으로 중대한 과실로 고지 의무를 위반한 것으로 볼 수 없다.
② 보험 계약자가 보험자의 질문에 따라 고지하는 경우 그 질문에 성실하게 답하였으면 고지 의무를 다한 것으로 되나, 그 질문 사항 이외에 보험 계약상 중요한 사항을 알고 있으면서 이를 고지하지 아니한 것은 악의의 묵비이고, 특별한 위험이 있다는 사실을 알면서 보험자가 질문하지 아니했다는 이유로 묵비한 것은 사기에 의한 고지 의무 위반이라고 풀이한다.
④ 피보험자와 지역적으로 떨어져 살고 있는 보험 계약자와 그 대리인이 피보험자가 진단받은 사실을 모르고서 질문표에서 그 진단 사실의 유무에 대한 답변으로 '아니오'라는 칸에 표기를 한 경우에는, 이는 그러한 사실의 부존재를 확인하는 것이 아니라 사실 여부를 알지 못한다는 의미로 답하였을 가능성도 배제할 수 없으므로, 그러한 표기 사실만으로 쉽게 고의 또는 중대한 과실로 고지 의무를 위반한 경우에 해당한다고 단정할 것은 아니다(대법원 2013.06.13. 선고 2011다54631, 54648 판결).

063 ①

손해 보험의 피보험자도 고지 의무자이다.

064 ④

구분	고지 의무	통지 의무
① 의무자	보험 계약자, 피보험자	보험 계약자, 피보험자, 보험 수익자
② 의무 이행 시기	보험 계약 당시	보험 기간 동안
③ 의무 이행 방법	질문표를 작성한다.	제한 없음.
④ 의무 위반의 효과	보험자는 위반 사실을 안 날로부터 1월 내, 계약 체결일로부터 3년 내에 계약을 해지할 수 있다.	위험 변경·증가 통지 의무의 위반의 경우에는, 보험자는 그 사실을 안 후 1월 내에 한하여 계약을 해지할 수 있다.

065 ②

ㄱ. 상법 제652조 제1항
ㄴ. 보험 계약자의 위험 변경 증가 통지 의무에는 피보험자의 행위에 관한 언급은 없다.
ㄷ. 상법 제652조 제2항
ㄹ. 보험자는 위험 변경 증가의 사실을 안 날로부터 1월 내에 한하여 계약을 해지할 수 있다.

066 ④

보험 계약자 또는 피보험자나 보험 수익자가 제1항의 통지 의무를 해태함으로 인하여 손해가 증가된 때에는 보험자는 그 증가된 손해를 보상할 책임이 없다(상법 제657조 제2항).

067 ③

보험자가 위험 변경 증가의 통지를 받은 때에는 1월 내에 보험료의 증액을 청구하거나 계약을 해지할 수 있다(상법 제652조 제2항).
①, ② 상법 제652조 제1항
④ 상법 제653조

068 ④

보험 사고 발생의 통지 의무 위반의 경우 보험금 지급이 유예되며, 보험 계약자 또는 피보험자나 보험 수익자가 통지 의무를 해태함으로써 손해가 증가된 때에는 보험자는 그 증가된 손해를 보상할 책임이 없다(상법 제657조 제2항).

069 ③

보험 기간 중에 보험 계약자 또는 피보험자가 사고 발생의 위험이 현저하게 변경 또는 증가된 사실을 안 때에는 지체 없이 보험자에게 통지하여야 한다(상법 652조 제1항). 여기서 '사고 발생의 위험이 현저하게 변경 또는 증가된 사실'이란 변경 또는 증가된 위험이 보험 계약의 체결 당시에 존재하고 있었다면 보험자가 계약을 체결하지 않았거나 적어도 그 보험료로는 보험을 인수하지 않았을 것으로 인정되는 사실을 말하고, '사고 발생의 위험이 현저하게 변경 또는 증가된 사실을 안 때'란 특정한 상태의 변경이 있음을 아는 것만으로는 부족하고 그 상태의 변경이 사고발생 위험의 현저한 변경 증가에 해당된다는 것까지 안 때를 의미한다(대법원 2014.07.24. 선고 2012다62318).

070 ④

① 보험 기간 중에 보험 계약자, 피보험자 또는 보험 수익자의 고의 또는 중대한 과실로 인하여 사고 발생의 위험이 현저하게 변경 또는 증가된 때에는 보험자는 그 사실을 안 날부터 1월 내에 보험료의 증액을 청구하거나 계약을 해지할 수 있다(상법 제652조 제1항).
② 보험 기간 중에 보험 계약자, 피보험자 또는 보험 수익자의 고의 또는 중대한 과실로 인하여 사고 발생의 위험이 현저하게 변경 또는 증가된 때에는 보험자는 그 사실을 안 날부터 1월 내에 보험료의 증액을 청구하거나 계약을 해지할 수 있다(상법 제653조).
③ 보험 계약자, 피보험자 또는 보험 수익자가 이 의무를 부담한다고 규정한다.

4 보험 계약자 등의 고의 또는 중과실 면책

071 ②

보험자는 보험 금액의 지급에 관하여 약정 기간이 있는 경우에는 그 기간 내에 약정 기간이 없는 경우에는 보험 사고 발생의 통지를 받은 후 지체 없이 지급할 보험 금액을 정하고 그 정하여진 날부터 10일 내에 피보험자 또는 보험 수익자에게 보험 금액을 지급하여야 한다(상법 제658조).

072 ①

보험자에게 약관의 명시·설명 의무가 인정되는 것은 어디까지나 보험 계약자가 알지 못하는 가운데 약관에 정하여진 중요한 사항이 계약 내용으로 되어 보험 계약자가 예측하지 못한 불이익을 받게 되는 것을 피하고자 하는 데 그 근거가 있다고 할 것이므로, 보험 약관에 정하여진 사항이라고 하더라도 거래상 일반적이고 공통된 것이어서 보험 계약자가 별도의 설명 없이도 충분히 예상할 수 있었던 사항이거나 이미 법령에 의하여 정하여진 것을 되풀이하거나 부연하는 정도에 불과한 사항이라면 그러한 사항에 대하여서까지 보험자에게 명시·설명 의무가 인정된다고 할 수 없다(대법원 2003.05.30. 선고, 2003다15556).
② 면책 약관의 취지와 근거 등에 비추어 위 면책 조항이 보험 계약자와 피보험자를 상법의 규정보다 더 불이익한 지위에 빠뜨리게 하는 것이 아니므로 상법 제663조에 위반되어 무효라고 볼 수도 없다.
③ 피보험자가 보험금을 청구하면서 실손해액에 관한 증빙서류 구비의 어려움 때문에 구체적인 내용이 일부 사실과 다른 서류를 제출하거나 보험 목적물의 가치에 대한 견해 차이 등으로 보험 목적물의 가치를 다소 높게 신고한 경우 등까지 이 사건 약관 조항에 의하여 보험금 청구권이 상실되는 것은 아니라고 해석함이 상당하다 할 것이다(대법원 2007.06.14. 선고 2007다10290).

④ 보험금 청구권 상실 조항은 보험 사고가 발생했음에도 불구하고 보험자로부터 보험금을 지급받을 수 없다는 점에서 면책 사유나 고지 의무 위반 등으로 인한 해지의 경우와 유사하지만 보험 계약 자체의 효력을 상실시키지 않는 점에서 보험 계약의 해지와 다르다. 이 조항의 취지는 보험자가 보험 계약상의 보상책임 유무의 판정, 보상액의 확정 등을 위하여 보험 사고의 원인, 상황, 손해의 정도 등을 알 필요가 있으나 이에 관한 자료들은 계약자 또는 피보험자의 지배 관리 영역 안에 있는 것이 대부분이므로 피보험자로 하여금 이에 관한 정확한 정보를 제공하도록 할 필요성이 크고, 이와 같은 요청에 따라 피보험자가 이에 반하여 서류를 위조하거나 증거를 조작하는 등으로 신의성실의 원칙에 반하는 사기적인 방법으로 과다한 보험금을 청구하는 경우에는 그에 대한 제재로서 보험금 청구권을 상실하도록 하려는 데 있다(대법원 2009.12.10. 선고, 2009다56603, 56610).

073 ④

① 보험의 목적의 성질, 하자 또는 자연 소모로 인한 손해는 보험자가 이를 보상할 책임이 없다(상법 제678조).
② 보험자가 파산의 선고를 받은 때에는 보험 계약자는 계약을 해지할 수 있고, 해지하지 아니한 보험 계약은 파산 선고 후 3월을 경과한 때에는 그 효력을 잃는다(상법 제654조 제1항, 제2항).
③ 보험 계약자 또는 피보험자나 보험 수익자가 사고발생의 통지 의무를 해태함으로 인하여 손해가 증가된 때에는 보험자는 그 증가된 손해를 보상할 책임이 없다(상법 제657조 제2항).

074 ②

보험 계약자 등의 고의로 인한 사고에 대해서도 보험금을 지급한다는 약관 규정은 상법 제659조에 위반하는 약관으로, 불이익 변경 금지의 원칙이 적용되지 않는다.

075 ③

보험 사고가 보험 계약자 또는 피보험자나 보험 수익자의 고의 또는 중대한 과실로 인하여 생긴 때에는 보험자는 보험 금액을 지급할 책임이 없다(상법 제659조 제1항).

076 ①

피보험자가 제3자에 대하여 변제, 승인, 화해 또는 재판으로 인하여 채무가 확정된 때에는 지체 없이 보험자에게 그 통지를 발송하여야 한다(상법 제723조 제1항).

077 ②

보험자의 보험금 지급 의무는 3년의 시효로 소멸한다.

078 ④

통설은 보험 계약자 등 대리권을 갖고 있는 자의 고의와 중과실이 있거나 보험 계약자 등이 가족이나 고용인 등의 보험 사고 발생에 공모 또는 방조와 같은 특별한 경우가 아니면 보험자의 면책을 주장할 수 없다고 한다.

079 ③

보험의 목적의 성질, 하자 또는 자연 소모로 인한 손해는 보험자가 이를 보상할 책임이 없다(상법 제678조).

080 ④

보험 계약자가 유발한 교통사고로 중상해를 입은 동승자를 병원으로 후송하였으나 동승자에 대한 수혈을 거부함으로써 사망에 이르게 한 경우, 수혈 거부가 사망의 유일하거나 결정적인 원인이었다고 단정할 수 없다면 수혈 거부 행위가 사망의 중요한 원인 중 하나였다는 점만으로는 보험 회사가 보험금의 지급책임을 면할 수 없다(대법원 2004.08.20. 선고 2003다26075).

081 ②

우리 상법은 책임 보험의 규정을 그 성질에 반하지 아니하는 범위에서 재보험 계약에 준용한다(상법 제726조 참조).

082 ①

보험금 청구권은 3년간, 보험료 또는 적립금의 반환 청구권은 3년간, 보험료 청구권은 2년간 행사하지 아니하면 시효의 완성으로 소멸한다(상법 제662조).

083 ③

약관에서 책임 보험의 보험금 청구권의 발생 시기나 발생 요건에 관하여 달리 정한 경우 등 특별한 다른 사정이 없는 한 원칙적으로 책임 보험의 보험금 청구권의 소멸 시효는 피보험자의 제3자에 대한 법률상의 손해 배상 책임이 상법 제723조 제1항이 정하고 있는 변제, 승인, 화해 또는 재판의 방법 등에 의하여 확정됨으로써 그 보험금 청구권을 행사할 수 있는 때로부터 진행된다고 봄이 상당하다(대법원 2002.09.06. 선고 2002다30206).

084 ①

대리운전 보험은 피보험자가 '타인 자동차'를 운전하는 동안 생긴 사고로 발생한 손해를 보상하기 위한 것으로서 대물 배상에 관한 위 약관 조항에 피보험자가 운전한 '타인 자동차'와 보상의 대상이 되는 '남의 재물'을 구별하여 규정하고 있고 '타인 자동차에 생긴 손해에 관하여는 별도의 타인 자동차 손해 항목에서 그 보험 대상으로 삼고 있을 뿐 아니라, 일반적인 자동차 보험 약관에서도 대물 배상 항목은 피보험 자동차가 아닌 남의 재물에 관한 손해를 보상하는 것으로 되어 있고 자기 차량 손해 항목은 피보험 자동차에 직접적으로 생긴 손해를 보상하도록 규정되어 있어 남의 재물을 운행에 제공된 피보험 자동차와 구별하고 있으므로, 이 사건 대리운전 보험의 대물 배상 항목에서 보험 대상으로 삼고 있는 '남의 재물'은 대리운전 대상차량인 '타인 자동차' 이외의 물건을 의미한다고 해석하여야 하고, 이와 같이 약관 조항의 의미가 명백한 이상 약관의 규제에 관한 법률 제5조 제2항에 규정된 작성자 불이익의 원칙은 적용될 수 없다(대법원 2009.08.20. 선고 2007다64877).

085 ①

수산업 협동조합 중앙회에서 실시하는 어선 공제 사업은 항해에 수반되는 해상 위험으로 인하여 피공제자의 어선에 생긴 손해를 담보하는 것인 점에서 해상 보험에 유사한 것이라고 할 수 있으나, 그 어선 공제는 수산업 협동조합 중앙회가 실시하는 비영리 공제 사업의 하나로 소형 어선을 소유하며 연안 어업 또는 근해 어업에 종사하는 다수의 영세어민들을 주된 가입대상자로 하고 있어 공제 계약 당사자들의 계약 교섭력이 대등한 기업 보험적인 성격을 지니고 있다고 보기는 어렵고 오히려 공제 가입자들의 경제력이 미약하여 공제 계약 체결에 있어서 공제 가입자들의 이익 보호를 위한 법적 배려가 여전히 요구된다 할 것이므로, 상법 제663조 단서의 입법 취지에 비추어 그 어선 공제에는 불이익 변경 금지 원칙의 적용을 배제하지 아니함이 상당하다(대법원 1996.12.20. 선고 96다23818).

086 ①

당사자 간의 특약으로 보험 계약자 또는 피보험자나 보험 수익자의 불이익으로 변경하지 못한다. 그러나 재보험 및 해상 보험 기타 이와 유사한 보험의 경우에는 그러하지 아니하다(상법 제663조).
판례의 경우 "해상 보험에 있어서는 그 보험의 성격상 국제적인 유대가 강하고 보험 실무상으로도 영국법 준거 조항을 둔 영문 보험 약관이 이용되고 있는 실정이므로 불이익 변경 금지 원칙을 일률적으로 적용하여 규제하는 것이 반드시 옳다고 할 수 없다."고 하였다(대법원 1996.12.20. 선고, 96다23818 판결).

5 피보험 이익과 보험 가액

087 ③
보험 사고가 발생하지 아니함으로써 피보험자가 가지는 경제적 이해관계를 보험 계약의 목적 또는 피보험 이익이라 한다.

088 ①
보험의 목적의 성질, 하자 또는 자연 소모로 인한 손해는 보험자가 이를 보상할 책임이 없다(상법 제678조).

089 ④
피보험 이익이 다르면 동일한 목적물에 대한 보험 계약이라도 별개의 보험 계약이 된다. 동일한 건물에 대하여 소유권자와 저당권자는 각자 다른 피보험 이익을 가지므로 독립한 보험 계약을 체결할 수 있다.

090 ①
보험 가액의 일부를 보험에 붙인 경우에는 보험자는 보험 금액의 보험 가액에 대한 비율에 따라 보상할 책임을 진다. 그러나 당사자 간에 다른 약정이 있는 때에는 보험자는 보험 금액의 한도 내에서 그 손해를 보상할 책임을 진다(상법 제674조).
② 보험금은 당사자 간의 약정에 따라 분할하여 지급할 수 있다(상법 제727조 제2항).
③ 보험자의 책임은 당사자 간에 다른 약정이 없으면 최초의 보험료의 지급을 받은 때로부터 개시한다(상법 제656조).
④ 보험 계약 당시에 보험 계약자 또는 피보험자가 고의 또는 중대한 과실로 인하여 중요한 사항을 고지하지 아니하거나 부실의 고지를 한 때에는 보험자는 그 사실을 안 날로부터 1월 내에, 계약을 체결한 날로부터 3년 내에 한하여 계약을 해지할 수 있다(상법 제651조).

091 ③
① 보험 금액은 보험자가 발생한 손해의 보상을 위하여 지급하기로 한 금액의 최고 한도를 말한다.
② 일부 보험의 경우에 당사자 간에 다른 약정이 있는 때에는 보험자는 보험 금액의 한도 내에서 그 손해를 보상할 책임을 진다(상법 제674조 단서).
④ 보험 가액은 피보험 이익을 금전으로 평가한 가액으로 보험 계약을 체결할 때 손해의 보상을 위하여 지급하기로 한 금액인 보험 금액과는 구별된다.

092 ③
기평가보험의 경우 협정 보험 가액이 사고 발생시의 가액을 현저하게 초과할 때에는 사고 발생시의 가액을 보험 가액으로 한다(상법 제670조 참조).

093 ④
운송물의 보험에 있어서는 발송한 때와 곳의 가액과 도착지까지의 운임 기타의 비용을 보험 가액으로 한다(상법 제689조).

094 ②
보험 기간의 개시와 관련하여 적하를 보험에 붙인 경우에는 보험 기간은 하물의 선적에 착수한 때에 개시한다. 그러나 출하지를 정한 경우에는 그곳에서 운송에 착수한 때에 개시한다(상법 제699조 제2항).

6 초과 보험, 중복 보험, 일부 보험

095 ④

보험 가액이 보험 기간 중에 현저하게 감소된 때에도 보험료의 감액은 장래에 대하여서만 그 효력이 있다(상법 제669조 제3항).

096 ②

보험자는 피보험자가 보험 사고로 인하여 발생하는 손해를 방지하기 위하여 지급할 구조료를 보상할 책임이 있다. 그러나 보험의 목적물의 구조료 분담 가액이 보험 가액을 초과할 때에는 그 초과액에 대한 분담액은 보상하지 아니한다(상법 제694조의2).
① 상법 제694조
③ 상법 제706조
④ 영국 해상 보험법 및 영국 법원의 판례에 의하면 화물이 선박과 함께 행방불명된 경우에는 현실 전손으로 추정된다(영국 해상 보험법 제58조).

097 ④

상법 제670조 단서에서는 당사자 사이에 보험 가액을 정한 기평가보험에 있어서 협정 보험 가액이 사고 발생 시의 가액을 현저하게 초과할 때에는 사고 발생 시의 가액을 보험 가액으로 하도록 규정하고 있는 바, 양자 사이에 현저한 차이가 있는지의 여부는 거래의 통념이나 사회의 통념에 따라 판단하여야 하고, 보험자는 협정 보험 가액이 사고 발생 시의 가액을 현저하게 초과한다는 점에 대한 입증 책임을 부담한다(대법원 2002.03.26. 선고 2001다6312).

098 ③

계약이 보험 계약자의 사기로 인하여 체결된 때에는 그 계약은 무효로 한다. 그러나 보험자는 그 사실을 안 때까지의 보험료를 청구할 수 있다(상법 제669조 제4항).

099 ①

ㄷ. 중복 보험 계약이 보험 계약자의 사기로 인하여 체결된 때에는 그 계약은 무효로 한다. 그러나 보험자는 그 사실을 안 때까지의 보험료를 청구할 수 있다(상법 제672조 제3항, 제669조 제4항).

100 ④

① 수 개의 손해 보험 계약이 동시 또는 순차로 체결된 경우 그 보험 금액의 총액이 보험 가액을 초과한 때에는 상법 제672조 제1항의 규정에 따라 보험자는 각자의 보험 금액의 한도에서 연대 책임을 지고 이 경우 각 보험자의 보상 책임은 각자의 보험 금액의 비율에 따르는 것이 원칙이라 할 것이나, 이러한 상법의 규정은 강행 규정이라고 해석되지 아니하므로, 각 보험 계약의 당사자는 각 보험 계약이나 약관을 통하여 중복 보험에 있어서의 피보험자에 대한 보험자의 보상 책임 방식이나 보험자들 사이의 책임 분담 방식에 대하여 상법의 규정과 다른 내용으로 규정할 수 있다(대법원 2002.05.17. 선고 2000다30127).
② 동일한 보험 계약의 목적과 동일한 사고에 관하여 수 개의 보험 계약을 체결하는 경우 보험 계약자는 각 보험자에 대하여 각 보험 계약의 내용을 통지하여야 한다(상법 제762조 제2항).
③ 중복 보험 규정에 의한 수 개의 보험 계약을 체결한 경우 보험자 1인에 대한 권리의 포기는 다른 보험자의 권리 의무에 영향을 미치지 아니한다(상법 제673조).

101 ②

수 개의 손해 보험 계약이 동시 또는 순차로 체결된 경우에 그 보험 금액의 총액이 보험 가액을 초과한 때에는 상법 제672조 제1항의 규정에 따라 보험자는 각자의 보험 금액의 한도에서 연대 책임을 지고 이 경우 각 보험자의 보상 책임은 각자의 보험 금액의 비율에 따르는 것이 원칙이라 할 것이나, 이러한 상법의 규정은 강행 규정이라고 해석되지 아니하므로, 각 보험 계약의 당사자는 각개의 보험 계약이나 약관을 통하여 중복 보험에 있어서의 피보험자에 대한 보험자의 보상 책임 방식이나 보험자들 사이의 책임 분담 방식에 대하여 상법의 규정과 다른 내용으로 규정할 수 있다.

따라서 다른 보험 계약이 담보하는 손해 또는 이 보험 계약이 없었을 경우에 다른 보험 계약이 담보하였을 손해에 관하여는 이를 담보하지 아니하고, 다만 이 보험 계약이 없었을 경우에 다른 보험 계약이 보상하였을 보험 금액을 초과하는 손해에 대하여 이 보험 계약의 보상 한도액을 상한으로 이를 담보한다고 규정하고 있는 바, 위의 법리에 비추어 위와 같은 내용의 약정도 유효하다 (대법원 2002.05.17. 선고 2000다30127).

102 ③
일부 보험은 보험 금액이 보험 가액에 미달하는 경우, 즉 보험 가액의 일부를 보험에 붙인 물건 보험을 말한다.

계약 성립 후 물가의 오름으로 보험 가액이 높아짐으로써 자연적으로 발생하는 경우도 일부 보험으로 본다.

103 ④
수인의 보험자가 외부적으로 표시되지 아니한 경우에는, 내부적으로 각 인수 비율을 정했다고 하더라도 외부적으로는 표시된 보험자가 단일한 보험자로서 책임을 지게 된다.

104 ②
보험의 목적에 관하여 보험자가 부담할 손해가 생긴 경우에는 그 후 그 목적이 보험자가 부담하지 아니하는 보험 사고의 발생으로 인하여 멸실된 때에도 보험자는 이미 생긴 손해를 보상할 책임을 면하지 못한다(상법 제675조).

105 ③
손해액의 산정에 관한 비용은 보험자의 부담으로 한다(상법 제676조 제2항).

106 ④
① 보험금은 금전으로 지급하는 것이 원칙이나 당사자 사이에 특약이 있는 경우에는 현물 급여 또는 다른 급여(ex. 의료 행위) 등의 방법으로도 할 수 있다.
② 보험자는 보험 금액의 지급에 관하여 약정 기간이 있는 경우에는 그 기간 내에 약정 기간이 없는 경우에는 보험 사고 발생의 통지를 받은 후 지체 없이 지급할 보험 금액을 정하고 그 정하여진 날부터 10일 내에 피보험자 또는 보험 수익자에게 보험 금액을 지급하여야 한다 (상법 제658조).
③ 보험의 목적의 성질, 하자 또는 자연 소모로 인한 손해는 보험자가 이를 보상할 책임이 없다(상법 제678조).

107 ②
운송 보험의 목적물은 육상 운송의 운송물이며, 운송 용구(運送用具)는 포함되지 아니한다.
① 과일이나 생선이 부패하여 생긴 손해는 보험의 목적의 성질, 하자 또는 자연 소모로 인한 손해이므로 보험자가 이를 보상할 책임이 없다 (상법 제678조).
③, ④ 보험 계약자와 피보험자는 손해의 방지와 경감을 위하여 노력하여야 한다. 그러나 이를 위하여 필요 또는 유익하였던 비용과 보상액이 보험 금액을 초과한 경우라도 보험자가 이를 부담한다(상법 제680조).

108 ③
손해 배상 책임 보험에 있어서 동일한 사고로 인하여 피해자에 대하여 배상 책임을 지는 피보험자가 복수로 존재하는 경우에는 그 피보험 이익도 피보험자마다 개별로 독립하여 존재하는 것이므로 각각의 피보험자마다 손해 배상 책임의 발생 요건이나 면책 조항의 적용 여부 등을 개별적으로 가려 보상 책임의 유무를 결정하는 것이 원칙이다. 따라서 손해 배상 책임 보험 약관에 정한 보험 사고 해당 여부나 보험자 면책 조항의 적용 여부를 판단함에 있어서는 특별한 사정이 없는 한 그 약관에 피보험자 개별 적용 조항을 별도로 규정하고 있지 않더라도 각 피보험자별로 손해 배상 책임의 발생 요건이나 보험자 면책 조항의 적용 여부를 가려 보험 사고 해당 여부 또는 면책 여부를 결정하여야 하고, 그 약관의 규정 형식만으로 복수의 피보험자 중 어느 한 사람에 대하여 보험 사고에 해당하지 아니하거나 면책 조항에 해당한다고 하여 보험자의 모든 피보험자에 대한 보상 책임이 성립하지 아니하거나 모든 피보험자에 대한 보상 책임을 면하는 것으로 해석할 것은 아니다(대법원 1998.04.23. 선고 97다19403).

그리고 이와 같은 법리는 특별한 사정이 없는 한 손해 배상 책임 보험 약관에서 보상하는 손해로 우연한 사고로 타인의 신체의 장해 또는 재물의 손해에 대한 법률상의 배상 책임을 부담함으로써 입은 손해를 규정하고 있거나 보상하지 아니하는 손해로 피보험자의 고의를 원인으로 하여 생긴 손해를 규정하고 있는 경우에도 마찬가지로 적용된다.

A 보험 회사와 갑이 피보험자를 갑, 을, 병으로 하여 손해 배상 책임 보험을 체결하였는데, 피보험자인 갑과 을이 방화를 저지른 자녀 병에 대한 감독 의무를 소홀히 하였음을 이유로 민법 제750조의 책임을 부담하게 된 사안에서, 갑, 을의 책임은 과실에 의한 불법 행위 책임이므로 A 보험 회사는 여전히 보험금 지급 의무가 있고 나아가 보험 계약자 또는 피보험자의 고의를 원인으로 하여 생긴 손해는 보상하지 아니한다고 규정한 특별 약관 면책 사유에도 해당하지 않는다(대법원 2012.12.13. 선고 2012다1177).

109 ③

①, ③ 공인 중개사의 업무 및 부동산 거래 신고에 관한 법률 제42조에 의하여 한국 공인 중개사 협회(이하 '협회'라고 함)가 운영하는 공제 사업은, 비록 보험업법에 의한 보험 사업은 아닐지라도 성질에 있어 상호 보험과 유사하고 중개업자가 그의 불법 행위 또는 채무 불이행으로 거래 당사자에게 부담하게 되는 손해 배상 책임을 보증하는 보증 보험적 성격을 가진 제도로서 협회가 중개업자와 체결하는 공제 계약은 기본적으로 보험 계약의 본질을 갖고 있으므로, 적어도 공제 계약이 유효하게 성립하기 위해서는 공제 계약 당시에 공제 사고의 발생 여부가 확정되어 있지 않아야 한다는 '우연성'과 '선의성'의 요건을 갖추어야 한다. 여기서 '우연성'이란 특정인의 의사와 관계없는 사고라는 의미의 우연성을 뜻하는 것이 아닐 뿐만 아니라, 특정인의 어느 시점에서의 의도와 장래의 실현 사이에 필연적·기계적인 인과 관계가 인정되는 것도 아니므로, 중개업자가 장래 공제 사고를 일으킬 의도를 가지고 공제 계약을 체결하고 나아가 실제로 고의로 공제 사고를 일으켰다고 하더라도, 그러한 사정만으로는 공제 계약 당시 공제 사고의 발생 여부가 객관적으로 확정되어 있다고 단정하여 우연성이 결여되었다고 보거나 공제 계약을 무효라고 볼 수 없다(대법원 2012.08.17. 선고 2010다93035).

② '협회가 보상하는 금액은 공제 가입 금액을 한도로 한다.'라고 규정한 사안에서, 위 약관 규정을 '협회가 공제 기간 동안 발생한 모든 공제 사고에 대하여 보상하는 총 금액은 공제 가입 금액을 한도로 한다.'라는 의미로 해석할 여지가 아주 없는 것은 아니지만, 약관 제2조 제1항의 규정을 '공제 사고 1건당 보상 한도'로 보는 해석에 객관성과 합리성도 인정되므로, 당해 약관의 뜻이 명백하지 아니한 경우 고객에게 유리하게 해석하여야 한다는 약관 해석의 원칙에 따라 위 약관 규정은 '공제 사고 1건당

보상 한도'를 정한 것으로 해석함이 타당하다 (대법원 2012.08.17. 선고 2010다93035 판결).
④ 주 채무자에 해당하는 중개업자가 공제 계약을 체결하면서 협회를 기망하였다는 이유로 협회가 공제 계약 체결의 의사 표시를 취소하였다 하더라도, 거래당사자가 그와 같은 기망 행위가 있었음을 알았거나 알 수 있었다는 등 특별한 사정이 있는 경우가 아니면 그 취소를 가지고 거래 당사자에게 대항할 수 없다. 그리고 이러한 법리는 '공제 계약에 관하여 공제 가입자 또는 그 대리인의 사기가 있었을 때에는 무효로 한다.'는 공제 약관에 의하여 협회가 공제 계약의 무효를 주장하는 경우에도 마찬가지로 적용된다(대법원 2012.08.17. 선고 2010다93035).

7 보험 목적의 양도와 손해 방지 경감 의무

110 ④
피보험자가 보험의 목적을 양도한 때에는 양수인은 보험 계약상의 권리와 의무를 승계한 것으로 추정한다(상법 제679조 제1항).
① 상법 제726조의4
② 상법 제652조 제2항
③ 상법 제703조의2

111 ①
보험 목적의 양도에서 보험의 목적은 물건임을 원칙으로 한다. 따라서 의사, 변호사 등이 그 지위에서 생기는 책임에 관하여 보험 계약을 체결한 책임 보험의 경우에는 상법 제679조가 적용되지 않는다.

112 ④
※ 보험 목적의 양도로 인한 보험 계약 관계의 승계 요건
1. 양도 당시 유효한 보험 계약 관계가 있을 것
2. 보험 목적이 물건일 것
3. 보험 목적이 물권적으로 양도되었을 것
4. 보험 목적의 양도에 있어 유상·무상은 불문

113 ②
선박을 보험에 붙인 경우에 다음의 사유가 있을 때에는 보험 계약은 종료한다. 그러나 보험자의 동의가 있는 때에는 그러하지 아니하다(상법 제703조의2).
1. 선박을 양도할 때
2. 선박의 선급을 변경한 때
3. 선박을 새로운 관리로 옮긴 때

114 ④
보증 보험은 채무자의 채무 불이행으로 인하여 채권자가 입게 되는 손해의 전보를 보험자가 인수하는 것을 내용으로 하는 손해 보험으로서 형식적으로는 채무자의 채무 불이행을 보험 사고로 하는 보험 계약이나 실질적으로는 보증의 성격을 가지고 보증 계약과 같은 효과를 목적으로 하므로, 민법의 보증에 관한 규정이 준용되고, 따라서 보증 보험이 담보하는 채권이 양도되면 당사자 사이에 다른 약정이 없는 한 보험금 청구권도 그에 수반하여 채권 양수인에게 함께 이전된다고 보아야 한다(대법원 2002.05.10. 선고 2000다70156 판결).
① 대법원 2002.10.25. 선고, 2000다16251, 판결
② 상법 제726조의7
③ 대법원 1995.09.29. 선고 93다3417 판결

115 ②
자동차 손해 배상 보장법 제26조
① 양수의 사실이 보험자에게 통지된 자동차의 경우에도 보험자가 승낙하기 전까지는 무보험 상태가 되며, 대인 배상Ⅰ 일시 담보 특별 약관에 가입한 경우 양도 후 15일 동안은 대인 배상Ⅰ에서 보상을 받는다.
③ 개인용 자동차 보험 특별 약관에서 보험 회사

는 피보험 자동차가 양도된 날로부터 15일째 되는 날의 24시까지 그 자동차를 '대인 배상I'의 피보험 자동차로 간주하고 양수인을 보험 계약자 및 기명 피보험자로 본다고 규정한 경우, 위 특별 약관에서 정한 '자동차의 양도'에 자동차에 대한 사실상의 운행 지배를 취득한 양수인이 자동차 관리법 제12조의 규정에 따른 자동차 소유권 이전 등록을 하지 아니한 채 다시 제3자에게 이를 양도하고 현실적으로 자동차 점유를 이전함으로써 운행 지배를 상실한 경우도 포함하며(대법원 2012.04.26. 선고 2010다60769), 따라서 양도 기간 동안 자동차 손해 배상 보장법에 따라 갑이 가입한 의무 보험에 관한 권리·의무를 승계할 수 있다.

④ A 보험 회사는 B 보험 회사에 대하여 구상권을 행사할 수 있고, 구상권의 소멸 시효 기간은 10년이 된다(대법원 1998.12.22. 선고 98다40466).

116 ②

보험 사고 발생의 통지를 받은 보험자(보험 회사)가 손해의 발생을 막거나 손해의 확대 방지 또는 경감 등을 위해 보험 계약자나 피보험자에게 지시를 하는 경우에 보험 계약자나 피보험자는 이 지시에 따라야 할 것이다.

117 ②

상법 제680조는 손해 방지 의무자인 보험 계약자 또는 피보험자가 손해 방지 및 그 경감을 위하여 지출한 필요하고 유익한 비용은 보험 금액을 초과한 경우라도 보험자가 이를 부담하도록 규정하고 있는데, 손해 방지 또는 경감 의무의 방법 및 노력은 피보험자가 보험 계약이 존재하지 아니하는 경우에 자신의 이익을 위하여 손해의 방지를 위해 기울이는 것과 동일한 정도의 노력을 기울여야 한다는 것이 일단 기준이 된다고 보아야 할 것이며, 반드시 손해의 방지 또는 경감의 효과가 생겨야만 하는 것이 아니다.

118 ④

손해 방지 의무는 보험자가 담보하고 있는 손해에 한한다.

119 ①

보험 사고 발생 전의 보험 기간은 손해 방지 경감 의무 존속 기간이 아니며 사고 자체를 막아야 하는 것은 이 의무에 포함되지 않기 때문에 사고를 미연에 방지하기 위한 행위는 손해 방지 행위에 포함되지 않는다.

120 ②

상법 제680조 제1항은 "보험 계약자와 피보험자는 손해의 방지와 경감을 위하여 노력하여야 한다. 그러나 이를 위하여 필요 또는 유익하였던 비용과 보상액이 보험 금액을 초과한 경우라도 보험자가 이를 부담한다."고 규정하고 있다. ②번의 감소 행위의 효과에 따른 손해 방지 비용 부담에 관한 내용은 규정되어 있지 않다.

8 보험자 대위

121 ①

보험자가 위부를 승인하지 아니한 때에는 피보험자는 위부의 원인을 증명하지 아니하면 보험 금액의 지급을 청구하지 못한다(상법 제717조).

122 ③

보험 계약자나 피보험자의 권리가 그와 생계를 같이 하는 가족에 대한 것인 경우 보험자는 그 권리를 취득하지 못한다. 다만, 손해가 그 가족의 고의로 인하여 발생한 경우에는 그러하지 아니하다(상법 제682조 제2항).

판례는, 피보험자의 동거 친족에 대하여 피보험자가 배상 청구권을 취득한 경우, 통상은 피보험자는 그 청구권을 포기하거나 용서의 의사로 권리를 행사하지 않은 상태로 방치할 것으로 예상되는 바, 이러한 경우 피보험자에 의하여 행사되지 않는 권리를 보험자가 대위 취득하여 행사하는 것을 허용한다면 사실상 피보험자는 보험금을 지급받지 못한 것과 동일한 결과가 초래되어 보험 제도의 효용이 현저히 해하여진다 하여, 제3자의 범위에 포함되지 않는다고 봄이 타당하다고 하였다(대법원 2002.09.06. 선고 2002다32547). 따라서, 손해를 야기한 제3자가 보험 계약자 또는 피보험자와 생계를 같이하는 가족인 경우 손해가 그 가족의 고의로 인하여 발생한 경우를 제외하고는 보험자 대위권을 행사할 수 없도록 규정하였다.

123 ②

①, ②, ③ 보험의 목적의 전부가 멸실할 경우 보험 금액의 전부를 지급한 보험자는 그 목적에 대한 피보험자의 권리를 취득한다. 그러나 보험 가액의 일부를 보험에 붙인 경우에는 보험자가 취득할 권리는 보험 금액의 보험 가액에 대한 비율에 따라 이를 정한다(상법 제681조).

④ 보험자 대위는 당사자의 의사 표시에 따른 양도 행위의 효과가 아니라 법률상 인정한 당연한 효과로서 대위의 요건이 충족되면 당사자의 의사 표시와 상관없이 당연히 권리가 보험자에게 이전된다. 따라서 잔존물 대위에서도 인도·등기를 요하는 물권 변동의 절차 없이도 채무자 또는 그 밖의 제3자에게 대항할 수 있다.

124 ②

보험 가액의 일부를 보험에 붙인 경우에는 보험자는 보험 금액의 보험 가액에 대한 비율에 따라 보상할 책임을 진다(상법 제674조).

125 ②

상법 제682조(제3자에 대한 보험 대위)의 보험자의 청구권 대위 규정은 "손해가 제3자의 행위로 인하여 발생한 경우에 보험금을 지급한 보험자는 그 지급한 금액의 한도에서 그 제3자에 대한 보험 계약자 또는 피보험자의 권리를 취득한다."라고 규정하고 있다. 따라서 손해가 제3자에 의하여 발생하고 보험금을 지급한 보험자는 피보험자의 권리를 해하지 않는 범위 내에서 피보험자로부터 채권 양도의 통지가 필요없이 법률상 당연히 피보험자의 권리를 취득하게 되어 있으므로 지명 채권 양도의 절차가 필요 없다.

126 ②

상법 제676조 제2항은 '손해액의 산정에 관한 비용은 보험자의 부담으로 한다.'고 규정하고 있는 바, 보험자가 보험금의 지급 범위를 확인하기 위하여 지출한 비용은 보험자의 이익을 위한 것일 뿐 보험 계약자 또는 피보험자가 입은 손해라고 할 수 없으므로, 그 비용을 지출한 보험자가 보험 계약자 또는 피보험자를 대위하여 가해자를 상대로 그 비용 상당의 손해 배상을 구할 수는 없다(대법원 2013.10.24 선고 2011다13838).

① 승낙 피보험자로부터 구체적·개별적인 승낙을 받고 그 승낙 피보험자를 위하여 자동차 운전을 하였다고 하더라도, 그것이 기명 피보험자의 의사에 명백히 반하는 것으로 볼 수 있는 경우에는 그 운전자를 운전 피보험자에 해당한다고 볼 수는 없다. 따라서 그러한 운전자가 피보험 자동차를 운전하던 중 일으킨 사고로 인한 손해에 대해서 보험금을 지급한 보험자는 상법 제682조에 따라 기명 피보험자를 대위하여 운전자를 상대로 손해 배상 청구를 할 수 있다(대법원 2013.09.26. 선고 2012다116123).

③ 보험 금액이 보험 가액에 달하지 않는 일부 보험의 보험자가 보험금 전액을 피보험자에게 지급한 경우라도 피보험자의 제3자에 대한 채권이 남아 있으면, 그 남아 있는 채권에 대하여는 피보험자가 보험자에 우선하여 처분할 수 있다(상법 제682조 단서).

④ 제3자가 피보험자에게 변제·승인 또는 화해를 할 때에 보험자에게 권리가 이전되어 있음을 안 경우라면, 일단 변제·승인 또는 화해가 이

루어진 경우라도 보험자는 피보험자에게 부당이득의 반환을 청구할 수 있을 뿐 아니라 제3자에게 대위권을 행사할 수도 있다.

127 ③ ─────

보험 사고가 피보험자와 제3자의 과실이 경합되어 발생한 경우 피보험자가 제3자에 대하여 그 과실분에 상응하여 청구할 수 있는 손해 배상 청구권 중 피보험자의 전체 손해액에서 보험자로부터 지급받은 보험금을 공제한 금액만큼은 여전히 피보험자의 권리로 남는 것이고, 그것을 초과하는 부분의 청구권만이 보험자가 보험자 대위에 의하여 제3자에게 직접 청구할 수 있게 된다고 할 것이다(대법원 2012.08.30. 선고 2011다100312).

판례에 따를 경우 1,000만 원에 대한 갑과 병의 과실 비율에 따라 갑은 병에 대하여 600만 원의 손해 배상 청구권을 갖게 된다. 손해 배상 청구권 중 피보험자의 전체 손해액(1,000만 원)에서 보험자로부터 지급받은 보험금(800만 원)을 공제한 금액(200만 원)만큼은 여전히 피보험자 갑의 권리로 남는 것이고, 그것을 초과하는 부분의 청구권(400만 원)만이 보험자가 보험자 대위에 의하여 제3자(병)에게 직접 청구할 수 있게 된다.

128 ② ─────

손해가 제3자의 행위로 인하여 발생한 경우에 보험금을 지급한 보험자는 그 지급한 금액의 한도에서 그 제3자에 대한 보험 계약자 또는 피보험자의 권리를 취득한다(상법 제682조 제1항).

129 ③ ─────

상법 제716조와 제717조에서 위부에 대한 보험자의 승인 또는 불승인을 규정하고 있지만, 이는 위부권을 행사함에 있어 보험자의 승낙을 필요로 한다는 의미가 아니다. 보험 위부는 일정한 형식을 필요로 하지 않는 피보험자의 불요식의 단독 행위이다.

130 ③ ─────

상속 포기는 자기를 위하여 개시된 상속의 효력을 상속 개시시로 소급하여 확정적으로 소멸시키는 제도로서(민법 제1019조 제1항, 제1042조 등) 피해자의 사망으로 상속이 개시되어 가해자 B가 피해자 K의 자신에 대한 손해 배상 청구권을 상속함으로써 위의 법리에 따라 그 손해 배상 청구권과 이를 전제로 하는 직접 청구권이 소멸하였다고 할지라도 가해자 B가 적법하게 상속을 포기하면 그 소급효로 인하여 위 손해 배상 청구권과 직접 청구권은 소급하여 소멸하지 않았던 것으로 되어 다른 상속인 A에게 귀속되고, 그 결과 위에서 본 '가해자가 피해자의 상속인이 되는 등 특별한 경우'에 해당하지 않게 되므로 위 손해 배상 청구권과 이를 전제로 하는 직접 청구권은 소멸하지 않는다고 할 것이다. 그리고 상속 포기는 상속의 효과로서 당연 승계 제도를 채택한 우리 민법 하에서 상속인을 보호하기 위하여 마련된 제도로서 상속 포기로 인하여 당해 상속인에게 발생하였던 포괄적인 권리 의무의 승계의 효력을 소멸시키는 결과 만약 상속 포기를 하지 아니하였더라면 혼동으로 소멸하였을 개별적인 권리가 소멸하지 않는 효과가 발생하였더라도 이는 상속 포기로 인한 부수적 결과에 불과한 것이어서 이를 이유로 신의칙 등 일반 조항을 들어 전체적인 상속 포기의 효력을 부정하는 것은 상당하지 아니하다는 점, 나아가 이 사건에서 B의 상속 포기로 인하여 B의 상속 지분은 A에게 귀속되었는데 A는 원래의 공동 상속인 중 하나로서 피해자의 아버지이기 때문에 A에게 책임 보험에 의한 혜택을 부여하여 보호할 사회적 필요성을 부정하기 어렵다는 점 등에 비추어 볼 때 이 사건에서 상속 포기가 신의칙에 반하여 무효라고 할 수도 없다고 할 것이다(대법원 2005.01.14. 선고 2003다38573). 즉, B가 상속을 포기하면 A는 C 보험 회사에 대해 보험금의 전액을 청구할 수 있다.

131 ④

제3자는 피보험자가 책임을 질 사고로 입은 손해에 대하여 보험 금액의 한도 내에서 보험자에게 직접 보상을 청구할 수 있다. 그러나 보험자는 피보험자가 그 사고에 관하여 가지는 항변으로써 제3자에게 대항할 수 있다(상법 제724조 제2항).

132 ③

상법 제720조 제1항에서 규정한 '방어 비용'은 피해자가 보험 사고로 인적·물적 손해를 입고 피보험자를 상대로 손해 배상 청구를 한 경우에 그 방어를 위하여 지출한 재판상 또는 재판 외의 필요 비용을 말하는 것이므로, 피해자로부터 아직 손해 배상 청구가 없는 경우 방어 비용이 인정될 여지가 없지만, 피해자가 반드시 재판상 청구한 경우에 한하여 방어 비용이 인정된다고 볼 것은 아니다. 그러나 피해자가 피보험자에게 재판상 청구는 물론 재판 외의 청구조차 하지 않은 이상, 제3자를 상대로 제소하였다 하여 그 소송의 변호사 비용이 상법 제720조 소정의 방어 비용에 포함된다고 볼 수 없다(대법원 1995.12.08. 선고 94다27076).

9 인보험

133 ④

상해 보험에 관하여는 제732조(15세 미만자, 심신 상실자 또는 심신 박약자의 사망을 보험 사고로 한 보험 계약은 무효로 함)를 제외하고 생명 보험에 관한 규정을 준용한다(상법 제739조)고 규정하고 있으므로, 사망 보험에 있어서의 피보험자에 대한 자격 제한은 상해 보험의 경우에는 해당되지 않는다고 볼 것이다.

134 ③

상법 제735조의3에서 단체 보험의 유효 요건으로 요구하는 '규약'의 의미는 단체 협약, 취업 규칙, 정관 등 그 형식을 막론하고 단체 보험의 가입에 관한 단체 내부의 협정에 해당하는 것으로서, 반드시 당해 보험 가입과 관련한 상세한 사항까지 규정하고 있을 필요는 없고 그러한 종류의 보험 가입에 관하여 대표자가 구성원을 위하여 일괄하여 계약을 체결할 수 있다는 취지를 담고 있는 것이면 충분하다 할 것이지만, 위 규약이 강행 법규인 상법 제731조 소정의 피보험자의 서면 동의에 갈음하는 것인 이상 취업 규칙이나 단체 협약에 근로자의 채용 및 해고, 재해 부조 등에 관한 일반적 규정을 두고 있다는 것만으로는 이에 해당한다고 볼 수 없다(대법원 2006.04.27. 선고 2003다60259).
① 상법 제735조의3 제1항
② 상법 제735조의3 제2항
④ 규약이 갖추어지지 아니한 경우에는 강행 법규인 상법 제731조의 규정에 따라 피보험자인 구성원들의 서면에 의한 동의를 갖추어야 보험 계약으로서의 효력이 발생한다(대법원 2006.4.27. 선고 2003다 60259).

135 ③

질병 보험에 관하여는 그 성질에 반하지 아니하는 범위에서 생명 보험 및 상해 보험에 관한 규정을 준용한다(상법 제739조의3).

136 ③

보험 계약으로 발생한 권리를 피보험자가 아닌 자에게 양도하는 경우 우리 상법은 서면에 의한 동의를 요구하고 있으므로(상법 제731조 제1항), 구두 또는 묵시적인 동의는 인정되지 않으며, 서면에 의한 명시적인 동의만이 그 효력이 있다.

137 ①

상해 보험 약관의 보험 보호 범위와 생명 보험 약관의 그것에 차이가 생길 수 있으나, 이는 위 면책 조항의 존부에 따라 발생하는 차이일 뿐 생명 보험 약관에서의 재해와 상해 보험 약관에서의 보험 사고인 상해를 달리 해석한 결과가 아니므로, 위와 같은 사정만으로 달리 볼 것은 아니다(대법원 2013.06.28. 선고 2012다107051).
② 질병 등을 치료하기 위한 외과적 수술 기타 의료처치('외과적 수술 등'이라고 함)가 행하여지는 경우, 피보험자는 일상생활에서 노출된 위험에 비하여 상해가 발생할 위험이 현저히 증가하므로 그러한 위험은 처음부터 보험 보호의 대상으로부터 배제된다(대법원 2013.06.28. 선고 2012다107051).
③ 보험 회사가 보상하는 보험 사고인 상해를 치료하기 위한 외과적 수술 등의 과정에서 의료 과실에 의하여 상해가 발생하였는지는 특별한 사정이 없는 한 위 면책 조항의 적용 여부를 결정하는 데 있어 고려할 요소가 되지 않는다 (대법원 2013.06.28. 선고 2012다107051).
④ 특정 질병 등을 치료하기 위한 외과적 수술 등의 과정에서 의료 과실이 개입되어 발생한 손해를 보상하지 않는다는 것은 일반인이 쉽게 예상하기 어려우므로, 약관에 정하여진 사항이 보험 계약 체결 당시 금융 감독원이 정한 표준 약관에 포함되어 시행되고 있었다거나 국내 각 보험 회사가 위 표준 약관을 인용하여 작성한 보험 약관에 포함되어 널리 보험 계약이 체결되었다는 사정만으로는 그 사항이 '거래상 일반적이고 공통된 것이어서 보험 계약자가 별도의 설명 없이 충분히 예상할 수 있었던 사항'에 해당하여 보험자에게 명시·설명 의무가 면제된다고 볼 수 없다(대법원 2013.06.28. 선고 2012다107051).

138 ②

질병 보험은 질병에 대한 치료비를 보장할 것을 목적으로 하는 보험을 말하며, 질병으로 인한 사망은 사망 보험의 보험 사고에 해당한다.

139 ①

상해 보험 약관에서 계약 체결 전에 이미 존재한 신체장해 또는 질병의 영향으로 상해가 중하게 된 때에 보험자가 그 영향이 없었을 때에 상당하는 금액을 결정하여 지급하기로 하는 내용의 약관이 있는 경우에는 그 약관에 따라 보험금을 감액하여 지급할 수 있다(대법원 2002.10.11. 선고 2002다564).

140 ②

보험 수익자가 보험 존속 중에 사망한 때에는 보험 계약자는 다시 보험 수익자를 지정할 수 있다. 이 경우에 보험 계약자가 지정권을 행사하지 아니하고 사망한 때에는 보험 수익자의 상속인을 보험 수익자로 한다(상법 제733조 제3항).

141 ④

심신 상실자의 사망을 보험 사고로 한 보험 계약은 무효로 한다(상법 제732조).

142 ①

인보험 계약에 의하여 담보되는 보험 사고의 요건 중 '우연한 사고'라 함은 사고가 피보험자가 예측할 수 없는 원인에 의하여 발생하는 것으로서, 고의에 의한 것이 아니고 예견치 않았는데 우연히 발생하고 통상적인 과정으로는 기대할 수 없는 결과를 가져오는 사고를 의미하는 것이며, 이러한 사고의 우연성에 관해서는 보험금 청구자에게 그 입증 책임이 있고 사고의 외래성 및 상해라는 결과와 사이의 인과 관계에 대해서도 보험금 청구자에게 그 입증 책임이 있다(대법원 2003.11.28. 선고 2003다35215).

143 ①

인보험은 사람의 생명이나 신체가 보험의 목적이므로 보험 가액을 산정할 수 없다. 따라서 목적물의 대위나 제3자에 의한 대위도 금지된다. 다만 상해 보험에서는 다른 약정이 있는 경우 보험자 대위를 인정할 수 있다(상법 제729조).

144 ④

통설은 인보험 계약에 있어서는 원칙적으로 누구라도 보험 수익자로 지정할 수 있다고 본다. 따라서 법인도 보험 수익자가 될 수 있다.

145 ②

질병 보험은 인보험의 일종이다. 따라서 질병 보험에 관하여는 그 성질에 반하지 아니하는 범위에서 생명 보험 및 상해 보험에 관한 규정을 준용한다. 그런데 치료비 등 실손 보상적 보험금을 지급하는 경우에는 손해 보험의 성질을 가지기도 한다.

146 ②

질병 보험에 관하여는 그 성질에 반하지 아니하는 범위에서 생명 보험 및 상해 보험에 관한 규정을 준용한다(상법 제739조의3).

147 ①

15세 미만자의 사망을 보험 사고로 한 보험 계약은 무효로 한다(상법 732조).

148 ②

② 상법 제685조 제2호
① 집합된 물건을 일괄하여 보험의 목적으로 한 때에는 피보험자의 가족과 사용인의 물건도 보험의 목적에 포함된 것으로 한다(상법 제686조).
③ 집합된 물건을 일괄하여 보험의 목적으로 한 때에는 그 목적에 속한 물건이 보험 기간 중에 수시로 교체된 경우에도 보험 사고의 발생 시에 현존한 물건은 보험의 목적에 포함된 것으로 한다(상법 제687조).
④ 보험자는 화재의 소방 또는 손해의 감소에 필요한 조치로 인하여 생긴 손해를 보상할 책임이 있다(상법 제684조).

149 ①

피보험자라 함은 보험 증권에 기재된 피보험자, 즉 기명 피보험자 외에 기명 피보험자의 승낙을 얻어 피보험 자동차를 사용 또는 관리 중인 자 등을 피보험자로 명시하고 있다(대법원 1997.3.14. 선고 95다 48728).
② 자동차 종합 보험 계약상 기명 피보험자의 승낙을 얻어 자동차를 사용 또는 관리 중인 자도 피보험자로 하고 있는 경우에 있어 경찰서 경비 과장으로서 경찰서장의 승낙을 받아 자동차를 운전하다가 사고가 일어난 것이라면, 위 운전자는 기명 피보험자인 국가의 승낙을 얻어 자동차를 사용 또는 관리 중인 자에 해당하거나 국가를 위하여 자동차를 운전 중인 자에 해당하여 위 보험 계약에 있어서의 피보험자의 범주에 속한다고 할 것이다(대법원 1992.2.25. 선고 91다12356).
③ 기명 피보험자의 승낙은 특단의 사정이 없는 한 기명 피보험자로부터의 직접적인 승낙이어야 하므로 비록 매수인으로부터 자동차를 인도받고 사용을 승낙받았다 하더라도 기명 피보험자인 매도인으로부터 자동차의 사용 또는 관리에 대한 직접적인 승낙을 받지 아니하였으면 위 약관에서 말하는 승낙 피보험자에 해당한다고 볼 수 없다(대법원 1993.2.23. 선고 92다24127).
④ 21세 이상 한정 운전 특별 약관부 자동차 종합 보험의 기명 피보험자인 렌터카 회사의 영업소장이 운행 자격이 없는 만 21세 미만자 또는 자동차 운전면허가 없는 자를 임차인으로 하여 자동차를 대여해 준 경우, 도난 운전에 대한 기명 피보험자의 묵시적 승인이 있다고 보았다(대법원 2000.2.25. 선고 99다40548).

150 ③

※ 해상 보험 증권의 기재 사항(상법 제695조)
해상 보험 증권에는 제666조(손해 보험 증권 기재 사항)에 게기한 사항 외에 다음의 사항

을 기재하여야 한다.
1. 선박을 보험에 붙인 경우에는 그 선박의 명칭, 국적과 종류 및 항해의 범위
2. 적하를 보험에 붙인 경우에는 선박의 명칭, 국적과 종류, 선적항, 양륙항 및 출하지와 도착지를 정한 때에는 그 지명
3. 보험 가액을 정한 때에는 그 가액

※ 손해 보험 증권 기재 사항(상법 제666조)
보험의 목적, 보험 사고의 성질, 보험 금액, 보험료와 그 지급방법, 보험 기간을 정한 때에는 그 시기와 종기, 무효와 실권의 사유, 보험 계약자의 주소와 성명 또는 상호, 피보험자의 주소, 성명 또는 상호, 보험 계약의 연월일, 보험 증권의 작성지와 그 작성 연월일

151 ②
자동차 보험 증권에는 손해 보험 증권의 기재 사항(상법 제666조) 이외에 자동차 소유자와 그 밖의 보유자의 성명과 생년월일 또는 상호, 피보험 자동차의 등록 번호, 차대번호, 차형 연식과 기계 장치, 차량 가액을 정한 때에는 그 가액을 기재하여야 한다(상법 제726조의3). 따라서 차량 가액은 자동차 보험 증권에 반드시 기재할 절대적 기재 사항은 아니다.

제2장 보험업법

1 보험업법의 개요

001 ③
보험업법은 보험업을 경영하는 자의 건전한 경영을 도모하고 보험 계약자, 피보험자, 그 밖의 이해관계인의 권익을 보호함으로써 보험업의 건전한 육성과 국민 경제의 균형 있는 발전에 기여함을 목적으로 한다(보험업법 제1조).

002 ④
손해 보험 상품으로서 대통령령으로 정하는 계약(보험업법 시행령 제1조의2 제3항)
1. 화재 보험 계약
2. 해상 보험 계약(항공·운송 보험 계약을 포함)
3. 자동차 보험 계약 4. 보증 보험 계약
5. 재보험 계약 6. 책임 보험 계약
7. 기술 보험 계약 8. 권리 보험 계약
9. 도난 보험 계약 10. 유리 보험 계약
11. 동물 보험 계약 12. 원자력 보험 계약
13. 비용 보험 계약 14. 날씨 보험 계약

003 ④
'대주주'란 다음 각 목의 어느 하나에 해당하는 주주를 말한다(보험업법 제2조 제17호).
1. 최대 주주 : 보험 회사의 의결권 있는 발행 주식 총수를 기준으로 본인 및 그와 대통령령으로 정하는 특수한 관계에 있는 자(이하 '특수관계인'이라 함)가 누구의 명의로 하든지 자기의 계산으로 소유하는 주식을 합하여 그 수가 가장 많은 경우의 그 본인
2. 주요 주주 : 누구의 명의로 하든지 자기의 계산으로 보험 회사의 의결권 있는 발행 주식 총수의 100분의 10 이상의 주식을 소유하는 자 또는 임원의 임면 등의 방법으로 그 보험 회사의 주요 경영 사항에 대하여 사실상의 영향력을 행사하는 주주로서 대통령령으로 정하는 자

004 ④
전문 보험 계약자 중 대통령령으로 정하는 자가 일반 보험 계약자와 같은 대우를 받겠다는 의사를 보험 회사에 서면으로 통지하는 경우 보험 회사는 정당한 사유가 없으면 이에 동의하여야 하며, 보험 회사가 동의한 경우에는 해당 보험 계약자는 일반 보험 계약자로 본다(보험업법 제2조 제19호 단서).

005 ④

'전문 보험 계약자'란 보험 계약에 관한 전문성, 자산 규모 등에 비추어 보험 계약의 내용을 이해하고 이행할 능력이 있는 자로서 다음의 어느 하나에 해당하는 자를 말한다(보험업법 제2조 제19호).
1. 국가
2. 한국은행
3. 대통령령으로 정하는 금융 기관(보험 회사, 금융 지주 회사, 농업 협동조합 중앙회, 은행, 외국 금융 기관 등)
4. 주권 상장 법인, 그 밖에 대통령령으로 정하는 자

006 ②

자본 시장과 금융 투자업에 관한 법률에 따른 금융 투자업자, 증권 금융 회사, 종합 금융 회사 및 자금 중개 회사 그리고 한국 예탁 결제원 및 허가를 받은 거래소가 해당되며, 같은 법에 따른 겸영 금융 투자업자는 제외된다(법 제2조 제19호 및 동법 시행령 제6조의2 제2항 제11호, 제3항 제7호).

007 ②

보험 회사가 아닌 자와 보험 계약을 체결할 수 있는 경우(보험업법 시행령 제7조)
1. 외국 보험 회사와 생명 보험 계약, 수출 적하 보험 계약, 수입 적하 보험 계약, 항공 보험 계약, 여행 보험 계약, 선박 보험 계약, 장기 상해 보험 계약 또는 재보험 계약을 체결하는 경우
2. 제1호 외의 경우로서 대한민국에서 취급되는 보험종목에 관하여 셋 이상의 보험 회사로부터 가입이 거절되어 외국 보험 회사와 보험 계약을 체결하는 경우
3. 대한민국에서 취급되지 아니하는 보험 종목에 관하여 외국 보험·회사와 보험 계약을 체결하는 경우
4. 외국에서 보험 계약을 체결하고, 보험 기간이 지나기 전에 대한민국에서 그 계약을 지속시키는 경우
5. 제1호부터 제4호까지 외에 보험 회사와 보험 계약을 체결하기 곤란한 경우로서 금융 위원회의 승인을 받은 경우

008 ④

'자회사'란 보험 회사가 다른 회사(민법 또는 특별법에 따른 조합을 포함)의 의결권 있는 발행 주식(출자 지분을 포함) 총수의 100분의 15를 초과하여 소유하는 경우의 그 다른 회사를 말한다(보험업법 제2조 제18호).

009 ③

'보험 회사'란 제4조에 따른 허가를 받아 보험업을 경영하는 자를 말한다(보험업법 제2조 제6호).

010 ③

보험업법상의 '보험 상품'에서 제외되는 것(보험업법 시행령 제1조의2)
1. '고용 보험법'에 따른 고용 보험
2. '국민 건강 보험법'에 따른 건강 보험
3. '국민연금법'에 따른 국민연금
4. '노인 장기 요양 보험법'에 따른 장기 요양 보험
5. '산업 재해 보상 보험법'에 따른 산업 재해 보상 보험
6. '할부 거래에 관한 법률' 제2조 제2호에 따른 선불식 할부 계약

011 ②

※ 특수 관계인의 범위(보험업법 시행령 제6조 제1항 제1호)
가. 배우자(사실상 혼인 관계에 있는 사람을 포함)
나. 6촌 이내의 부계 혈족 및 4촌 이내의 부계 혈족의 처
다. 3촌 이내의 부계 혈족의 남편 및 자녀
라. 3촌 이내의 모계 혈족과 그 배우자 및 자녀
마. 배우자의 2촌 이내의 부계 혈족 및 그 배우자
바. 입양자 생가(生家)의 직계 존속
사. 출양자(出養子) 및 그 배우자와 출양자 양가(養家)의 직계 비속

아. 혼인 외의 출생자의 생모
자. 본인의 금전, 그 밖의 재산에 의하여 생계를 유지하는 사람 및 생계를 함께하는 사람
차. 본인이 단독으로 또는 본인과 가목부터 자목까지의 관계에 있는 사람과 합하여 100분의 30 이상을 출자하거나 그 밖에 임원의 임면(任免) 등 법인 또는 단체의 주요 경영 사항에 대하여 사실상 영향력을 행사하고 있는 경우에는 그 법인 또는 단체와 그 임원
카. 본인이 단독으로 또는 본인과 가 목부터 차목까지의 관계에 있는 자와 합하여 100분의 30 이상을 출자하거나 그 밖에 임원의 임면 등 법인 또는 단체의 주요 경영 사항에 대하여 사실상 영향력을 행사하고 있는 경우에는 그 법인 또는 단체와 그 임원

② 보험업의 허가 등

012 ①
간병 보험은 제3보험업의 보험종목이다(법 제4조 제1항 제3호 다목).

013 ②
보험 종목의 허가를 받은 자는 해당 보험 종목의 재보험에 대한 허가를 받은 것으로 본다(법 제4조 제2항).

014 ②
※ 허가 신청 서류(보험업법 제5조)
1. 정관
2. 업무 시작 후 3년간의 사업 계획서(추정 재무제표를 포함)
3. 경영하려는 보험업의 보험 종목별 사업 방법서, 보험 약관, 보험료 및 책임 준비금의 산출 방법서(이하 '기초 서류'라 함) 중 대통령령으로 정하는 서류
4. 제1호부터 제3호까지의 규정에 따른 서류 이외에 대통령령으로 정하는 서류

015 ④
※ 보험업의 허가 신청 시 신청서에 첨부하여야 하는 서류(법 제5조)
1. 정관
2. 업무 시작 후 3년간의 사업 계획서(추정 재무제표를 포함)
3. 경영하려는 보험업의 보험 종목별 사업 방법서
4. 제1호부터 제3호까지의 규정에 따른 서류 이외에 대통령령으로 정하는 서류

016 ④
보험업법 제5조 제3호에서 규정한 '기초 서류' – 경영하려는 보험업의 보험 종목별 사업 방법서, 보험 약관, 보험료 및 책임 준비금의 산출 방법서

017 ②
① 보험업의 허가를 받을 수 있는 자는 주식회사, 상호 회사 및 외국 보험 회사로 제한하며, 제1항에 따라 허가를 받은 외국 보험 회사의 국내 지점은 이 법에 따른 보험 회사로 본다(법 제4조 제6항).
③ 보험 회사의 주식을 취득하여 대주주(대통령령으로 정하는 자는 제외)가 되려는 자는 건전한 경영을 위하여 대통령령으로 정하는 요건을 갖추어야 하며, 미리 금융 위원회의 승인을 받아야 한다(법 제6조 제5항).
④ 보험 회사가 보험 종목 중 둘 이상의 보험 종목을 취급하려는 경우에는 그 합계액을 자본금 또는 기금으로 한다. 다만, 그 합계액이 300억 원 이상인 경우에는 300억 원으로 한다(영 제12조 제3항). 이 규정에 따르면 생명 보험업의 자본금 또는 기금은 200억, 보증 보험업은 300억으로 그 합계액은 500억이 되므로 300억 원 이상인 경우에 해당한다. 따라서 이때 납입할 자본금 또는 기금은 300억이 된다.

018 ①

보험업법 제4조에 따른 허가(본허가)를 신청하려는 자는 미리 금융 위원회에 예비 허가를 신청할 수 있다(보험업법 제7조 제1항).

019 ③

※ 보험 회사가 아닌 자와 보험 계약을 체결할 수 있는 경우(보험업법 시행령 제7조 제1항)
1. 외국 보험 회사와 생명 보험 계약, 수출 적하 보험 계약, 수입 적하 보험 계약, 항공 보험 계약, 여행 보험 계약, 선박 보험 계약, 장기 상해 보험 계약 또는 재보험 계약을 체결하는 경우
2. 제1호 외의 경우로서 대한민국에서 취급되는 보험 종목에 관하여 셋 이상의 보험 회사로부터 가입이 거절되어 외국 보험 회사와 보험 계약을 체결하는 경우
3. 대한민국에서 취급되지 아니하는 보험 종목에 관하여 외국 보험 회사와 보험 계약을 체결하는 경우
4. 외국에서 보험 계약을 체결하고, 보험 기간이 지나기 전에 대한민국에서 그 계약을 지속시키는 경우
5. 제1호부터 제4호 외에 보험 회사와 보험 계약을 체결하기 곤란한 경우로서 금융 위원회의 승인을 받은 경우

020 ③

보험 회사는 300억 원 이상의 자본금 또는 기금을 납입함으로써 보험업을 시작할 수 있다. 다만, 보험 회사가 제4조 제1항에 따른 보험 종목의 일부만을 취급하려는 경우에는 50억 원 이상의 범위에서 대통령령으로 자본금 또는 기금의 액수를 다르게 정할 수 있다(보험업법 제9조 제1항).

021 ③

법 소정의 규정에도 전화·우편·컴퓨터 통신 등 통신 수단을 이용하여 대통령령으로 정하는 바에 따라 모집을 하는 보험 회사는 제1항에 따른 자본금 또는 기금의 3분의 2에 상당하는 금액 이상을 자본금 또는 기금으로 납입함으로써 보험업을 시작할 수 있다(법 제9조 제2항).

022 ①

※ 인가·허가·등록 등이 필요한 금융 업무로서 보험 회사가 겸영할 수 있는 업무(보험업법 제11조 제2호, 영 제16조 제2항)
1. 「자본 시장과 금융 투자업에 관한 법률」 제6조 제4항에 따른 집합 투자업
2. 「자본 시장과 금융 투자업에 관한 법률」 제6조 제6항에 따른 투자 자문업
3. 「자본 시장과 금융 투자업에 관한 법률」 제6조 제7항에 따른 투자 일임업
4. 「자본 시장과 금융 투자업에 관한 법률」 제6조 제8항에 따른 신탁업
5. 「자본 시장과 금융 투자업에 관한 법률」 제9조 제21항에 따른 집합 투자 증권에 대한 투자 매매업
6. 「자본 시장과 금융 투자업에 관한 법률」 제9조 제21항에 따른 집합 투자 증권에 대한 투자 중개업
7. 「외국환 거래법」 제3조 제16호에 따른 외국환 업무
8. 「근로자 퇴직 급여 보장법」 제2조 제13호에 따른 퇴직 연금 사업자의 업무

023 ①

② 외국 보험 회사 등이 제1항에 따라 국내 사무소를 설치하는 경우에는 그 설치한 날부터 30일 이내에 금융 위원회에 신고하여야 한다(법 제12조 제2항).
③ 국내 사무소는 보험 계약의 체결을 중개하거나 대리하는 행위를 하여서는 아니 된다(법 제12조 제3항 제2호).
④ 금융 위원회는 국내 사무소가 보험업법에 따른 명령 또는 처분을 위반한 경우에는 6개월 이내의 기간을 정하여 업무의 정지를 명하거나

국내 사무소의 폐쇄를 명할 수 있다(법 제12조 제5항).

024 ①

※ 금융 기관 보험 대리점 또는 금융 기관 보험 중개사가 모집을 할 때 지켜야 할 사항(보험업법 제100조 제2항)
1. 해당 금융 기관이 대출 등을 받는 자에게 보험 계약의 청약을 권유하는 경우 대출 등을 받는 자가 그 금융 기관이 대리하거나 중개하는 보험 계약을 체결하지 않더라도 대출 등을 받는 데 영향이 없음을 알릴 것
2. 해당 금융 기관이 보험 회사가 아니라 보험 대리점 또는 보험 중개사라는 사실과 보험 계약의 이행에 따른 지급 책임은 보험 회사에 있음을 보험 계약을 청약하는 자에게 알릴 것
3. 보험을 모집하는 장소와 대출 등을 취급하는 장소를 보험 계약을 청약하는 자가 쉽게 알 수 있을 정도로 분리할 것
4. 제1호부터 제3호까지의 사항과 비슷한 사항으로서 대통령령으로 정하는 사항

025 ③

통신 판매 전문 보험 회사가 총 보험 계약 건수 및 수입 보험료의 모집 비율을 대통령령으로 정하는 바(총 보험 계약 건수 및 수입 보험료의 100분의 90 이상)에 미달하는 경우 그 비율을 충족할 때까지 통신 수단 외의 방법으로 모집할 수 없다(보험업법 시행령 제13조 제2항).

026 ④

보험 회사는 보험업에 부수(附隨)하는 업무를 하려면 그 업무를 하려는 날의 7일 전까지 금융 위원회에 신고하여야 한다(보험업법 제11조의2 제1항).

3 보험 회사

027 ③

① 법정 대리인의 동의를 받아도 될 수 없다(보험업법 제13조 제1항 제1호).
② 5년이 지나야 한다(보험업법 제13조 제1항 제3호).
④ 금고 이상의 형의 집행 유예를 선고받고 그 유예 기간 중에 있는 자는 임원이 될 수 없다(보험업법 제13조 제1항 제5호).

028 ④

해임된 임원이 해임 전에 한 행위는 그 효력을 유지한다(법 제13조 제5항).

029 ③

해임된 임원이 해임 전에 한 행위는 그 효력을 유지한다(보험업법 제13조 제5항).

030 ③

※ 임원의 겸직 제한(보험업법 제14조, 시행령 제20조)
보험 회사의 상근 임원은 다른 영리 법인의 상시적인 업무에 종사할 수 없다. 다만, 다음 각 호의 어느 하나에 해당하는 경우에는 그러하지 아니하다.
1. 해당 보험 회사를 자회사로 하는 '금융 지주 회사법'에 따른 금융 지주 회사의 임원 또는 사용인이 되는 경우
2. '채무자 회생 및 파산에 관한 법률'에 따라 관리인으로 선임되는 경우
3. 자회사의 임원 또는 사용인이 되는 경우[대통령령으로 정하는 경우(상호 저축 은행법에 따른 상호 저축 은행의 상근 임원 또는 사용인이 되는 경우)는 제외]
4. 그 밖에 보험 계약자와 이해가 상충될 우려가 없는 경우로서 대통령령으로 정하는 경우(금융 산업의 구조 개선에 관한 법률 제10조 제1항 제4호에 따라 관리인으로 선임되는 경우)

031 ②

사외 이사는 사외 이사 후보 추천 위원회의 추천을 받은 자 중 주주 총회 또는 사원 총회에서 선임한다(보험업법 제15조 제3항).

032 ③

※ 제3보험의 보험 종목에 부가되는 보험(보험업법 시행령 제15조 제2항)
손해 보험업의 보험 종목 전부를 취급하는 손해 보험 회사가 질병을 원인으로 하는 사망을 제3보험의 특약 형식으로 담보하는 보험으로서 다음 각 호의 요건을 충족하는 보험을 말한다.
1. 보험 만기는 80세 이하일 것
2. 보험 금액의 한도는 개인당 2억 원 이내일 것
3. 만기 시에 지급하는 환급금은 납입 보험료 합계액의 범위 내일 것

033 ②

② 사외 이사의 수는 전체 이사 수의 2분의 1 이상이어야 한다(법 제15조 제2항).

034 ②

주요 주주 및 그의 배우자와 '직계 존속·비속'은 사외 이사가 되지 못한다(보험업법 제15조 제4항 제4호).

035 ②

총 위원의 3분의 2 이상이 사외 이사여야 한다(보험업법 제16조 제2항 제1호).

036 ③

주권 상장 법인에서 재무 또는 회계 관련 업무에 임원으로 5년 이상 근무하거나 임직원으로 10년 이상 근무한 경력이 있는 사람은 대통령령으로 정하는 회계 또는 재무 전문가에 해당한다(보험업법 시행령 제21조의3 제1항 제3호).

037 ④

보험 중개사의 영업 보증금은 개인은 1억 원 이상, 법인은 3억 원 이상으로 하며, 그 구체적인 금액은 해당 보험 중개사의 영업 규모를 고려하여 총리령으로 정한다(보험업법 시행령 제37조 제1항).

038 ③

보험 회사는 준법 감시인을 임면하려면 이사회의 의결을 거쳐야 한다. 다만, 외국 보험 회사 국내 지점의 경우에는 그러하지 아니하다(보험업법 제17조 제3항).

039 ③

준법 감시인은 금융 관계 분야의 석사 학위 이상의 학위 소지자로서 연구 기관이나 대학에서 연구원 또는 조교수 이상으로 5년 이상 근무한 경력이 있는 자이어야 한다(법 제17조 제4항 제1호 나목).

040 ③

이의를 제기한 보험 계약자가 이전될 보험 계약자 총수의 10분의 1을 초과하거나 그 보험 금액이 보험금 총액의 10분의 1을 초과하는 경우에는 자본을 감소하지 못한다(보험업법 제18조 제3항, 제141조 제3항).

041 ①

② 이사·감사 해임 청구권 : 발행 주식 총수의 10만분의 250 이상
③ 주주 총회 소집 청구권 : 발행 주식 총수의 10만분의 150 이상
④ 주주 제안권 : 발행 주식 총수의 1만분의 50 이상

042 ④

보험 회사는 준법 감시인이 그 직무를 수행할 때 임직원에게 자료나 정보의 제출을 요구하는 경우에는 그 임직원으로 하여금 성실히 따르도록 하

여야 한다(보험업법 제17조 제6항).
① 내부 통제 기준은 보험 회사가 제정한다(보험업법 제17조 제1항).
② 보험업법 제17조 제2항에 의하여 보험 회사는 준법 감시인을 1명 이상 두어야 하며, 국내 보험 회사뿐만 아니라 외국 보험 회사 및 외국 보험 회사의 국내 지점도 준법 감시인을 선임하여야 한다.
③ 보험업법에 준법 감시인의 임기에 관한 규정은 따로 규정되어 있지 않다.

043 ③

주주 대표 소송(상법 제403조)은 최근 사업 연도 말 현재 자산 총액이 2조 원 이상인 보험 회사인 경우 가능하다(보험업법 제19조 제1항 및 동법 시행령 제24조).

044 ①

주식회사는 그 조직을 변경하여 상호 회사로 할 수 있으나(보험업법 제20조 제1항), 상호 회사가 주식회사로 조직 변경이 가능한지에 대해서는 보험업법에 규정되어 있지 않다.

045 ③

조직 변경 시 법 소정의 규정에 따른 승낙을 한 보험 계약자는 조직 변경 절차를 진행하는 중에는 보험 계약자가 아닌 자로 본다(법 제23조 제2항).

046 ②

외국 보험 회사 국내 지점은 국내에 있는 자에 대한 대여금, 그 밖의 채권에 해당하는 자산을 대한민국에서 보유하여야 한다(영 제25조의2 제3호).

047 ①

상호 회사의 기금은 금전 이외의 자산으로 납입하지 못한다(보험업법 제36조 제1항).

048 ④

상호 회사의 사원은 회사의 채권자에 대하여 직접적인 의무를 지지 아니한다(법 제46조)고 규정함으로써 사원의 간접 책임을 명시하고 있다.

049 ④

상호 회사는 정관으로 보험 금액의 삭감에 관한 사항을 정하여야 한다(법 제49조).

050 ①

상호 회사에서 자산 처분의 순위(법 제72조 제1항)
1. 일반 채무의 변제
2. 사원의 보험 금액과 사원에게 환급할 금액의 지급
3. 기금의 상각

051 ④

외국 보험 회사 국내 지점은 대한민국에서 체결한 보험 계약에 관하여 적립한 책임 준비금 및 비상위험 준비금에 상당하는 자산을 대한민국에서 보유하여야 한다(보험업법 제75조 제1항).

4 모집

052 ③

※ 모집할 수 있는 자(보험업법 제83조 제1항)
  모집을 할 수 있는 자는 다음 각 호의 어느 하나에 해당하는 자이어야 한다.
1. 보험 설계사
2. 보험 대리점
3. 보험 중개사
4. 보험 회사의 임원(대표 이사, 사외 이사, 감사 및 감사위원은 제외) 또는 직원

053 ④

보험 설계사는 자기가 소속된 보험 회사 등 이외의 자를 위하여 모집을 하지 못한다(보험업법 제

85조 제2항).

※ 보험 설계사가 교차 모집을 할 수 있는 경우(보험업법 제85조 제3항)
1. 생명 보험 회사 또는 제3보험업을 전업(專業)으로 하는 보험 회사에 소속된 보험 설계사가 1개의 손해 보험 회사를 위하여 모집을 하는 경우
2. 손해 보험 회사 또는 제3보험업을 전업으로 하는 보험 회사에 소속된 보험 설계사가 1개의 생명 보험 회사를 위하여 모집을 하는 경우
3. 생명 보험 회사나 손해 보험 회사에 소속된 보험 설계사가 1개의 제3보험업을 전업으로 하는 보험 회사를 위하여 모집을 하는 경우

054 ④

법인 보험 대리점의 경우 영업 보증금은 3억 원의 범위에서 보험 회사와 대리점이 협의하여 정할 수 있다(보험업법 시행령 제33조 제1항).

※ 법인 보험 대리점이 갖추어야 하는 요건(보험업법 시행령 제33조의2)
  보험 설계사가 100명 이상인 법인 보험 대리점으로서 금융 위원회가 정하여 고시하는 법인 보험 대리점은 다음 각 호의 요건을 모두 갖추어야 한다.
1. 법령을 준수하고 보험 계약자를 보호하기 위한 업무 지침을 정할 것
2. 제1호에 따른 업무 지침의 준수 여부를 점검하고 그 위반 사항을 조사하는 임원 또는 직원을 1명 이상 둘 것
3. 보험 계약자를 보호하고 보험 계약의 모집 업무를 수행하기 위하여 필요한 전산 설비 등 물적 시설을 충분히 갖출 것

055 ②

※ 보험 설계사가 될 수 없는 자(법 제84조 제2항)
1. 금치산자 또는 한정 치산자
2. 파산 선고를 받은 자로서 복권되지 아니한 자
3. 이 법에 따라 벌금 이상의 형을 선고받고 그 집행이 끝나거나(집행이 끝난 것으로 보는 경우를 포함) 집행이 면제된 날부터 2년이 지나지 아니한 자
4. 이 법에 따라 금고 이상의 형의 집행 유예를 선고받고 그 유예 기간 중에 있는 자
5. 이 법에 따라 보험 설계사·보험 대리점 또는 보험 중개사의 등록이 취소된 후 2년이 지나지 아니한 자
6. 제5호에도 불구하고 이 법에 따라 보험 설계사·보험 대리점 또는 보험 중개사 등록 취소 처분을 2회 이상 받은 경우 최종 등록 취소 처분을 받은 날부터 3년이 지나지 아니한 자
7. 이 법에 따라 과태료 또는 과징금 처분을 받고 이를 납부하지 아니하거나 업무 정지 및 등록 취소 처분을 받은 보험 대리점·보험 중개사 소속의 임직원이었던 자(처분 사유의 발생에 관하여 직접 또는 이에 상응하는 책임이 있는 자로서 대통령령으로 정하는 자만 해당)로서 과태료·과징금·업무 정지 및 등록취소 처분이 있었던 날부터 2년이 지나지 아니한 자
8. 영업에 관하여 성년자와 같은 능력을 가지지 아니한 미성년자로서 그 법정 대리인이 제1호부터 제7호까지의 규정 중 어느 하나에 해당하는 자
9. 법인 또는 법인이 아닌 사단이나 재단으로서 그 임원이나 관리인 중에 제1호부터 제7호까지의 규정 중 어느 하나에 해당하는 자가 있는 자
10. 이전에 모집과 관련하여 받은 보험료, 대출금 또는 보험금을 다른 용도에 유용(流用)한 후 3년이 지나지 아니한 자

056 ②

법인이 아닌 보험 대리점 및 보험 중개사는 등록한 날부터 2년이 지날 때마다 2년이 된 날부터 6개월 이내에 기준에 따라 교육을 받아야 한다(보험업법 시행령 제29조의2 제2항).

057 ③

※ 보험 설계사에 대한 불공정 행위로 금지되는 행위(보험업법 제85조의3 제1항)
1. 보험 모집 위탁 계약서를 교부하지 아니하는 행위
2. 위탁 계약서상 계약 사항을 이행하지 아니하는 행위
3. 위탁 계약서에서 정한 해지 요건 외의 사유로 위탁계약을 해지하는 행위
4. 정당한 사유 없이 보험 설계사가 요청한 위탁 계약 해지를 거부하는 행위
5. 위탁 계약서에서 정한 위탁 업무 외의 업무를 강요하는 행위
6. 정당한 사유 없이 보험 설계사에게 지급되어야 할 수수료의 전부 또는 일부를 지급하지 아니하거나 지연하여 지급하는 행위
7. 정당한 사유 없이 보험 설계사에게 지급한 수수료를 환수하는 행위
8. 보험 설계사에게 보험료 대납(代納)을 강요하는 행위
9. 그 밖에 대통령령으로 정하는 불공정한 행위

058 ③

보험 협회는 보험 설계사에 대한 보험 회사 등의 불공정한 모집 위탁 행위를 막기 위하여 보험 회사 등이 지켜야 할 규약을 정할 수 있다(보험업법 제85조의3 제2항).

059 ②

과태료 처분을 2회 이상 받은 경우는 6개월 이내의 기간을 정하여 그 업무의 정지를 명하거나 그 등록을 취소할 수 있다(보험업법 제86조 제2항).

060 ④

※ 보험 중개사가 될 수 없는 자(법 제89조 제2항)
1. 법 제84조 제2항(보험 설계사의 결격 사유) 각 호의 어느 하나에 해당하는 자
2. 보험 설계사 또는 보험 대리점으로 등록된 자
3. 다른 보험 회사 등의 임직원
4. 법 제87조 제2항 제4호(외국의 법령에 따른 보험 설계사 결격 사유) 및 제5호(경쟁을 실질적으로 제한하는 등 불공정한 모집 행위를 할 우려가 있는 자로서 대통령령으로 정하는 자)에 해당하는 자
5. 부채가 자산을 초과하는 법인

061 ①

※ 보험 대리점 또는 보험 중개사로 등록할 수 있는 금융 기관(법 제91조 제1항)
1. 「은행법」에 따라 설립된 은행
2. 「자본 시장과 금융 투자업에 관한 법률」에 따른 투자 매매업자 또는 투자 중개업자
3. 「상호 저축 은행법」에 따른 상호 저축 은행
4. 「한국 산업 은행법」에 따라 설립된 한국 산업 은행
5. 「중소기업 은행법」에 따라 설립된 중소기업 은행
6. 「여신 전문 금융업법」에 따라 허가를 받은 신용 카드업자(겸영 여신업자는 제외함. 이하 같음)
7. 「농업 협동조합법」에 따라 설립된 조합 및 농협 은행

062 ②

※ 금융 위원회에 신고해야 하는 사항(법 제93조 제1항)
1. 등록을 신청할 때 제출한 서류에 적힌 사항이 변경된 경우
2. 제84조 제2항 각 호(보험 설계사 등록 결격 사유)의 어느 하나에 해당하게 된 경우
3. 모집 업무를 폐지한 경우
4. 개인의 경우에는 본인이 사망한 경우
5. 법인의 경우에는 그 법인이 해산한 경우
6. 법인이 아닌 사단 또는 재단의 경우에는 그 단체가 소멸한 경우
7. 보험 대리점 또는 보험 중개사가 소속 보험 설계사와 보험 모집에 관한 위탁을 해지한 경우
8. 보험 설계사가 다른 보험 회사를 위하여 모집

을 한 경우나, 보험 대리점 또는 보험 중개사가 생명 보험 계약의 모집과 손해 보험 계약의 모집을 겸하게 된 경우

063 ②

보험 안내 자료에는 보험 회사의 장래의 이익 배당 또는 잉여금 분배에 대한 예상에 관한 사항을 적지 못한다(보험업법 제95조 제3항).
※ 보험 안내 자료의 기재 사항(보험업법 제95조 제1항)
1. 보험 회사의 상호나 명칭 또는 보험 설계사, 보험 대리점 또는 보험 중개사의 이름, 상호나 명칭
2. 보험 가입에 따른 권리·의무에 관한 주요 사항
3. 보험 약관으로 정하는 보장에 관한 사항
   3의2. 보험금 지급 제한 조건에 관한 사항
4. 해약 환급금에 관한 사항
5. 예금자 보호법에 따른 예금자 보호와 관련된 사항
6. 그 밖에 보험 계약자를 보호하기 위하여 대통령령으로 정하는 사항

064 ②

다른 보험 회사 상품과 비교한 사항은 보험 안내 자료에 적어서는 안 된다(영 제42조 제2항 제3호).

065 ②

※ 보험 안내 자료에는 적어서는 안 되는 사항(보험업법 시행령 제42조 제2항)
1. '독점 규제 및 공정 거래에 관한 법률' 제23조에 따른 사항(불공정 거래 행위)
2. 보험 계약의 내용과 다른 사항
3. 보험 계약자에게 유리한 내용만을 골라 안내하거나 다른 보험 회사 상품과 비교한 사항
4. 확정되지 아니한 사항이나 사실에 근거하지 아니한 사항을 기초로 다른 보험 회사 상품에 비하여 유리하게 비교한 사항

066 ④

법 제95조의3 제1항

067 ②

보험 회사는 보험 계약의 체결 시부터 보험금 지급 시까지의 주요 과정을 대통령령으로 정하는 바에 따라 일반 보험 계약자에게 설명하여야 한다. 다만, 일반 보험 계약자가 설명을 거부하는 경우에는 그러하지 아니하다(법 제95조의2 제3항).

068 ①

보험업법상 보험 회사에게 중복 계약 체결 확인 의무를 부담하게 하는 보험 계약은 실제 부담한 의료비만 지급하는 실손 의료 보험 계약을 말한다(법 제95조의5 제1항, 영 제42조의5 제1항).

069 ③

보험 회사 또는 보험의 모집에 종사하는 자가 보험 상품에 관하여 광고를 하는 경우에는 해약 환급금을 예시하는 내용이 포함되어야 한다(법 제95조의4 제2항 제4호, 영 제42조의4 제2항 제4호).

070 ③

보험 계약자가 체결한 계약을 해지하고자 하는 경우(보험 계약자가 계약을 체결하기 전에 통신 수단을 이용한 계약 해지에 동의한 경우에 한함) 통신 수단을 이용할 수 있도록 하여야 한다(법 제96조 제2항 제3호).

071 ④

사이버몰을 이용하여 모집하는 자는 사이버몰에 보험 약관의 주요 내용을 표시하여야 하며 보험 계약자의 청약 내용에 대해서는 공인 전자 서명을 받은 경우에는 보험 계약자로부터 자필 서명을 받지 않아도 된다(영 제43조 제4항 제2호 가 목).

072 ④

기존 보험 계약이 소멸된 날부터 (6개월) 이내에

새로운 보험 계약을 청약하게 하거나 새로운 보험 계약을 청약하게 한 날부터 (6개월) 이내에 기존 보험 계약을 소멸하게 하는 경우로서 해당 보험 계약자 또는 피보험자에게 기존 보험 계약과 새로운 보험 계약의 보험 기간 및 (예정 이자율) 등 대통령령으로 정하는 중요한 사항을 비교하여 알리지 아니하는 행위를 한 경우에는 기존 보험 계약을 부당하게 소멸시키거나 소멸하게 하는 행위를 한 것으로 본다(법 제97조 제3항 제2호).

073 ④

보험 계약의 체결 또는 모집에 종사하는 자는 정당한 이유 없이 「장애인 차별 금지 및 권리 구제 등에 관한 법률」 제2조에 따른 장애인의 보험 가입을 거부하는 행위는 하여서는 아니 된다(법 제97조 제1항 제10호).

074 ③

보험 계약자는 보험 계약의 체결 또는 모집에 종사하는 자가 부당하게 기존 보험 계약을 소멸시키거나 소멸하게 하였을 때에는 그 보험 계약의 체결 또는 모집에 종사하는 자가 속하거나 모집을 위탁한 보험 회사에 대하여 그 보험 계약이 소멸한 날부터 6개월 이내에 소멸된 보험 계약의 부활을 청구하고 새로운 보험 계약은 취소할 수 있다(법 제97조 제4항).

075 ④

※ 보험 계약의 체결 또는 모집에 종사하는 자에게 그 체결 또는 모집과 관련하여 금지하는 특별 이익(보험업법 제98조)
1. 금품(대통령령으로 정하는 금액을 초과하지 아니하는 금품은 제외)
2. 기초 서류에서 정한 사유에 근거하지 아니한 보험료의 할인 또는 수수료의 지급
3. 기초 서류에서 정한 보험 금액보다 많은 보험 금액의 지급 약속
4. 보험 계약자나 피보험자를 위한 보험료의 대납
5. 보험 계약자나 피보험자가 해당 보험 회사로부터 받은 대출금에 대한 이자의 대납
6. 보험료로 받은 수표 또는 어음에 대한 이자 상당액의 대납
7. 「상법」 제682조에 따른 제3자에 대한 청구권 대위 행사의 포기

076 ②

※ 금융 기관 보험 대리점 등의 금지 행위(법 제100조 제1항)
1. 대출 등 해당 금융 기관이 제공하는 용역을 제공하는 조건으로 대출 등을 받는 자에게 그 금융 기관이 대리 또는 중개하는 보험 계약을 체결할 것을 요구하거나 특정한 보험 회사와 보험 계약을 체결할 것을 요구하는 행위
2. 대출 등을 받는 자의 동의를 미리 받지 아니하고 보험료를 대출 등의 거래에 포함시키는 행위
3. 해당 금융 기관의 임직원(제83조에 따라 모집할 수 있는 자는 제외)에게 모집을 하도록 하거나 이를 용인하는 행위
4. 해당 금융 기관의 점포 외의 장소에서 모집을 하는 행위
5. 모집과 관련이 없는 금융 거래를 통하여 취득한 개인 정보를 미리 그 개인의 동의를 받지 아니하고 모집에 이용하는 행위
6. 그 밖에 제1호부터 제5호까지의 행위와 비슷한 행위로서 대통령령으로 정하는 행위

077 ①

보험 대리점 또는 보험 중개사가 모집한 자기 또는 자기를 고용하고 있는 자를 보험 계약자나 피보험자로 하는 보험의 (보험료) 누계액(累計額)이 그 보험 대리점 또는 보험 중개사가 모집한 보험의 (보험료)의 (100분의 50)을 초과하게 된 경우에는 그 보험 대리점 또는 보험 중개사는 제1항을 적용할 때 자기 또는 자기를 고용하고 있는 자를 보험 계약자 또는 피보험자로 하는 보험을 모집하는 것을 그 주된 목적으로 한 것으로 본다(법 제

101조 제2항).

078 ④
① 보험 회사는 그 임직원 보험 설계사 또는 보험 대리점(보험 대리점 소속 보험 설계사를 포함함. 이하 이 조에서 같음)이 모집을 하면서 보험 계약자에게 손해를 입힌 경우 배상할 책임을 진다(법 제102조 제1항).
②, ③ 손해 배상의 청구권은 피해자나 그 법정 대리인이 그 손해 및 가해자를 안 날로부터 3년간 이를 행사하지 아니하면 시효로 인하여 소멸한다(법 제102조 제3항).

079 ③
보험 중개사는 수수료나 그 밖의 대가를 청구하려는 경우에는 해당 서비스를 제공하기 전에 제공할 서비스별 내용이 표시된 보수 명세표를 보험 계약자에게 알려야 한다(영 제47조 제2항).

080 ②
영업 보증금 예탁 기관의 장은 보험 계약자 등으로부터 손해 배상금의 지급 신청을 받은 경우에는 그 사실을 해당 보험 중개사에게 지체 없이 통지하고 사실 관계에 대한 조사를 하여야 한다(보험업법 시행 규칙 제22조 제1항).

081 ③
교차 모집을 하려는 보험 설계사는 모집하려는 보험 계약의 종류에 따라 등록 요건을 갖추어 보험 협회에 보험 설계사 등록을 하여야 한다(영 제29조 제2항).

082 ①
은행법에 따라 설립된 은행으로서 금융 기관 보험 대리점인 자가 모집할 수 있는 보험 상품의 범위에 개인 장기 보장성 보험 중 제3보험(주계약으로 한정하고, 저축성 보험 특별 약관 및 질병 사망 특별 약관을 부가한 상품은 제외)이 포함된다

(보험업법 시행령 별표 5).

083 ①
※ 변액 보험 계약의 경우 보험 안내 자료에 기재되는 특유한 사항(보험업법 시행령 제42조 제1항)
1. 변액 보험 자산의 운용 성과에 따라 납입한 보험료의 원금에 손실이 발생할 수 있으며 그 손실은 보험 계약자에게 귀속된다는 사실
2. 최저로 보장되는 보험금이 설정되어 있는 경우에는 그 내용

084 ④
① 보험 회사 또는 보험의 모집에 종사하는 자는 일반 보험 계약자에게 보험 계약 체결을 권유하는 경우에는 보험료, 보장 범위, 보험금 지급 제한 사유 등 대통령령으로 정하는 보험 계약의 중요 사항을 일반 보험 계약자가 이해할 수 있도록 설명하여야 한다(보험업법 제95조의2 제1항).
② 보험 회사는 보험 계약의 체결 시부터 보험금 지급 시까지의 주요 과정을 대통령령으로 정하는 바에 따라 일반 보험 계약자에게 설명하여야 한다(보험업법 제95조의2 제3항).
③ 보험 회사는 일반 보험 계약자가 보험금 지급을 요청한 경우에는 대통령령으로 정하는 바에 따라 보험금의 지급 절차 및 지급 내역 등을 설명하여야 하며, 보험금을 감액하여 지급하거나 지급하지 아니하는 경우에는 그 사유를 설명하여야 한다(보험업법 제95조의2 제4항).

085 ①
※ 특별 이익(보험업법 제98조)
1. 금품[대통령령으로 정하는 금액(보험 계약 체결 시부터 최초 1년간 납입되는 보험료의 100분의 10과 3만 원 중 적은 금액)을 초과하지 아니하는 금품은 제외]
2. 기초 서류에서 정한 사유에 근거하지 아니한 보험료의 할인 또는 수수료의 지급

3. 기초 서류에서 정한 보험 금액보다 많은 보험 금액의 지급 약속
4. 보험 계약자나 피보험자를 위한 보험료의 대납
5. 보험 계약자나 피보험자가 해당 보험 회사로부터 받은 대출금에 대한 이자의 대납
6. 보험료로 받은 수표 또는 어음에 대한 이자 상당액의 대납
7. 상법 제682조에 따른 제3자에 대한 청구권 대위행사의 포기

086 ①

보험 회사는 그 자산을 운용할 때 안정성, 유동성, 수익성 및 공익성이 확보되도록 하여야 한다(보험업법 제104조 제1항).

087 ③

금융 위원회는 보험 설계사가 보험업법에 따른 명령이나 처분을 위반한 경우에는 6개월 이내의 기간을 정하여 그 업무의 정지를 명하거나 그 등록을 취소할 수 있다(보험업법 제86조 제2항 제4호).
① 보험업법 제102조의3 제1호
② 보험업법 제102조의3 제2호
④ 보험업법 제86조 제2항 제1호

088 ③

보험 회사는 일반 보험 계약자로서 보험 회사에 대하여 대통령령으로 정하는 보험 계약을 청약한 자가 보험 증권을 받은 날로부터 15일(거래 당사자 사이에 15일보다 긴 기간으로 약정한 경우에는 그 기간) 이내에 대통령령으로 정하는 바에 따라 청약 철회의 의사를 표시하는 경우에는 특별한 사정이 없는 한 이를 거부할 수 없다. 다만, 청약을 한 날로부터 30일을 초과한 경우에는 그러하지 아니하다(보험업법 제102조의4 제1항).

089 ①

적합성의 원칙을 적용받는 보험 상품은 변액 보험 계약으로 한다. 다만, '자본 시장과 금융 투자업에 관한 법률' 제46조를 적용받는 보험 상품은 제외한다(보험업법 시행령 제42조의3 제2항). 즉 변액 보험 가입자는 보험 상품에 대한 충분한 설명을 듣고 자신에게 적합한 상품을 가입해야만 한다. 자본 시장과 금융 투자업에 관한 법률 제46조와 제47조에서는 투자자 보호를 위하여 적합성의 원칙과 설명 의무를 명시하고 있다.

090 ②

※ 보험 회사 또는 보험의 모집에 종사하는 자가 보험 상품에 관한 광고를 할 때 지켜야 할 사항(보험업법 시행령 제42조의4 제4항 제5호, 제6호)
1. 광고를 할 때에 지켜야 할 사항을 해당 보험 회사의 내부 통제 기준에 반영할 것
2. 보험 상품 광고에 대하여 사전에 해당 보험 회사의 준법 감시인의 확인을 받을 것

091 ④

보험 회사, 보험 대리점 및 보험 중개사('보험 회사 등'이라 함)는 소속 보험 설계사에게 등록한 날부터 2년이 지날 때마다 2년이 된 날부터 6개월 이내에 기준에 따라 교육을 하여야 한다(보험업법 시행령 제29조의2 제1항).

092 ①

벌금 이상의 형을 선고받고 그 집행이 끝나거나 (집행이 끝난 것으로 보는 경우를 포함) 집행이 면제된 날부터 2년이 지나지 아니한 자는 보험 설계사가 되지 못한다고 규정되어 있으므로 3년이 지난 자는 보험 설계사가 될 수 있다(보험업법 제84조 제2항 제3호).

093 ③

보험 회사는 그 임직원, 보험 설계사 또는 보험 대리점(보험 대리점 소속 보험 설계사를 포함)이 모집을 하면서 보험 계약자에게 손해를 입힌 경우 배상할 책임을 진다(보험업법 제102조 제1항). 그

러나 그 손해 배상 금액은 보험금 상당액이 아니고 낸 보험료에서 보험 계약자의 과실을 제한 금액이 된다(서울지방법원 동부지원 1999.11.12 선고 98가합17112).

094 ④

※ 보험 대리점 또는 보험 중개사로 등록할 수 있는 금융 기관(보험업법 제91조 제1항 및 동법 시행령 제40조)
1. '은행법'에 따라 설립된 은행
2. '자본 시장과 금융 투자업에 관한 법률'에 따른 투자 매매업자 또는 투자 중개업자
3. '상호 저축 은행법'에 따른 상호 저축 은행
4. 그 밖에 다른 법률에 따라 금융 업무를 하는 기관으로서 대통령령으로 정하는 기관
5. '한국 산업 은행법'에 따라 설립된 한국 산업 은행
6. '중소기업 은행법'에 따라 설립된 중소기업 은행
7. '여신 전문 금융업법'에 따라 허가를 받은 신용 카드업자(겸영 여신업자는 제외한다.)
8. '농업 협동조합법'에 따라 설립된 조합 및 농협 은행

095 ③

한국 수출입 은행은 보험업법 제91조 제1항 및 동법 시행령 제40조에 규정된 보험 대리점 또는 보험 중개사로 등록할 수 있는 금융 기관에 해당하지 않는다.

096 ②

보험 중개사는 보험 회사의 임직원이 될 수 없으며, 보험 계약의 체결을 중개하면서 보험 회사·보험 설계사·보험 대리점·보험 계리사 및 손해 사정사의 업무를 겸할 수 없다(보험업법 제92조 제2항).

097 ③

상법 제638조의3 제1항 및 약관의 규제에 관한 법률 제3조의 규정에 의하여 보험자는 보험 계약을 체결할 때에 보험 계약자에게 보험 약관에 기재되어 있는 보험 상품의 내용, 보험료율의 체계, 보험 청약서상 기재 사항의 변동 및 보험자의 면책 사유 등 보험 계약의 중요한 내용에 대하여 구체적이고 상세한 명시·설명 의무를 지고 있다고 할 것이어서, 만일 보험자가 이러한 보험 약관의 명시·설명 의무에 위반하여 보험 계약을 체결한 때에는 그 약관의 내용을 보험 계약의 내용으로 주장할 수 없다(대판 1999.03.09. 선고 98다43342).

098 ③

제3보험 상품 계약(실손 의료 보험 계약)의 경우에는 중복 보험 계약의 확인 의무가 적용된다(보험업법 제95조의5 제1항 및 동법 시행령 제42조의5).

099 ③

보험업법 제98조 제1호 및 동법 시행령 제46조

100 ②

보험 대리점 또는 보험 중개사가 모집한 자기 또는 자기를 고용하고 있는 자를 보험 계약자나 피보험자로 하는 보험의 보험료 누계액(累計額)이 그 보험 대리점 또는 보험 중개사가 모집한 보험의 보험료의 100분의 50을 초과하게 된 경우에는 그 보험 대리점 또는 보험 중개사는 자기 또는 자기를 고용하고 있는 자를 보험 계약자 또는 피보험자로 하는 보험을 모집하는 것을 그 주된 목적으로 한 것으로 본다(보험업법 제101조 제2항). 따라서 직계 가족을 보험 계약자로 한 모집은 해당 사항이 아니다.

101 ④

※ 공시할 업무상 주요 사항(보험업법 시행령 제33조의4)
1. 경영하고 있는 업무의 종류
2. 모집 조직에 관한 사항

3. 모집 실적에 관한 사항
4. 그 밖에 보험 계약자 보호를 위하여 금융 위원회가 정하여 고시하는 사항

102 ④

금융 기관 보험 대리점 등(최근 사업 연도 말 현재 자산총액이 2조 원 이상인 기관만 해당)이 모집할 수 있는 1개 생명 보험 회사 또는 1개 손해 보험 회사 상품의 모집액은 매 사업 연도별로 해당 금융 기관 보험 대리점 등이 신규로 모집하는 생명 보험 회사 상품의 모집 총액 또는 손해 보험 회사 상품의 모집 총액 각각의 100분의 25(보험 회사 상품의 모집액을 합산하여 계산하는 경우에는 100분의 33)를 초과할 수 없다(보험업법 시행령 제40조 제6항).

103 ③

적합성의 원칙은 전문 보험 계약자의 경우에는 적용하지 않는다.

5 계산 및 감독

104 ④

보험 회사는 매년 (12월 31일)에 그 장부를 폐쇄하여야 하고 장부를 폐쇄한 날부터 (3개월) 이내에 금융 위원회가 정하는 바에 따라 재무제표 및 사업 보고서를 (금융 위원회)에 제출하여야 한다 (법 제118조 제1항).

105 ③

'자기 자본'이란 납입 자본금·자본 잉여금·이익 잉여금, 그 밖에 이에 준하는 것(자본 조정은 제외)으로서 대통령령으로 정하는 항목의 합계액에서 영업권, 그 밖에 이에 준하는 것으로서 대통령령으로 정하는 항목의 합계액을 뺀 것을 말한다 (법 제2조 제15호).

106 ④

※ 보험 회사가 지켜야 하는 재무 건전성 기준(보험업법 시행령 제65조 제2항)
1. 지급 여력 비율은 100분의 100 이상을 유지할 것
2. 대출 채권 등 보유 자산의 건전성을 정기적으로 분류하고 대손 충당금을 적립할 것
3. 보험 회사의 위험, 유동성 및 재보험의 관리에 관하여 금융 위원회가 정하여 고시하는 기준을 충족할 것

107 ②

보험 회사는 매월의 업무 내용을 적은 보고서를 다음 달 말일까지 금융 위원회가 정하는 바에 따라 금융 위원회에 제출하여야 한다(보험업법 제118조 제2항).

108 ③

금융 위원회는 상호 협정의 체결·변경 또는 폐지의 인가를 하거나 협정에 따를 것을 명하려면 미리 공정 거래 위원회와 협의하여야 한다(보험업법 제125조 제3항).
① 보험업법 제125조 제1항
② 보험업법 제125조 제2항
④ 보험업법 시행령 제69조 제3항 제2호

109 ③

금융 위원회는 보험 회사의 업무 및 자산 상황, 그 밖의 사정의 변경으로 공익 또는 보험 계약자의 보호와 보험 회사의 건전한 경영을 크게 해칠 우려가 있거나 보험 회사의 기초 서류에 법령을 위반하거나 보험 계약자에게 불리한 내용이 있다고 인정되는 경우에는 청문을 거쳐 기초 서류의 변경 또는 그 사용의 정지를 명할 수 있다(법 제131조 제2항).

110 ①

※ 외국 보험 회사 국내 지점의 허가 취소(보험업법 제74조 제1항)

금융 위원회는 외국 보험 회사의 본점이 다음 각 호의 어느 하나에 해당하게 되면 그 외국 보험 회사 국내 지점에 대하여 청문을 거쳐 보험업의 허가를 취소할 수 있다.
1. 합병, 영업 양도 등으로 소멸한 경우
2. 위법 행위, 불건전한 영업 행위 등의 사유로 외국 감독 기관으로부터 제134조 제2항에 따른 처분에 상당하는 조치를 받은 경우
3. 휴업하거나 영업을 중지한 경우

※ 금융 위원회는 보험 회사가 다음 각 호의 어느 하나에 해당하는 경우에는 6개월 이내의 기간을 정하여 영업 전부의 정지를 명하거나 청문을 거쳐 보험업의 허가를 취소할 수 있다(보험업법 제134조 제2항).
1. 거짓이나 그 밖의 부정한 방법으로 보험업의 허가를 받은 경우
2. 허가의 내용 또는 조건을 위반한 경우
3. 영업의 정지 기간 중에 영업을 한 경우
4. 시정 명령을 이행하지 아니한 경우

111 ①
※ 금융 위원회의 명령권(보험업법 제131조 제1항)
금융 위원회는 보험 회사의 업무 운영이 적정하지 아니하거나 자산 상황이 불량하여 보험 계약자 및 피보험자 등의 권익을 해칠 우려가 있다고 인정되는 경우에는 다음 각 호의 어느 하나에 해당하는 조치를 명할 수 있다.
1. 업무 집행 방법의 변경
2. 금융 위원회가 지정하는 기관에의 자산 예탁
3. 자산의 장부 가격 변경
4. 불건전한 자산에 대한 적립금의 보유
5. 가치가 없다고 인정되는 자산의 손실 처리
6. 그 밖에 대통령령으로 정하는 필요한 조치(보험 계약자 보호에 필요한 사항의 공시를 명하는 것)

112 ②
공시 주기 : 연 2회 이상(보험업법 시행령 제71조의6 제2항 제3호)

113 ③
금융 위원회는 보험 회사가 다음 각 호의 어느 하나에 해당하는 경우에는 6개월 이내의 기간을 정하여 영업 전부의 정지를 명하거나 청문을 거쳐 보험업의 허가를 취소할 수 있다(보험업법 제134조 제2항).
1. 거짓이나 그 밖의 부정한 방법으로 보험업의 허가를 받은 경우
2. 허가의 내용 또는 조건을 위반한 경우
3. 영업의 정지 기간 중에 영업을 한 경우
4. 위반 행위에 대한 시정 명령을 이행하지 아니한 경우

6 해산 청산

114 ①
※ 보험 회사의 해산 사유(보험업법 제137조 제1항)
1. 존립 기간의 만료, 그 밖에 정관으로 정하는 사유의 발생
2. 주주 총회 등의 결의
3. 회사의 합병
4. 보험 계약 전부의 이전
5. 회사의 파산
6. 보험업의 허가 취소
7. 해산을 명하는 재판

115 ④
계약 이전의 요지와 대차 대조표의 공고에는 이전될 보험 계약의 보험 계약자로서 이의가 있는 자는 일정한 기간 동안 이의를 제출할 수 있다는 뜻을 덧붙여야 한다. 다만, 그 기간은 1개월 이상으로 하여야 한다(법 제141조 제2항).

116 ④

상호 회사는 다른 보험 회사와 합병하는 경우, 합병 후 존속하는 보험 회사 또는 합병으로 설립되는 보험 회사는 상호 회사여야 한다. 다만, 합병하는 보험 회사의 한 쪽이 주식회사인 경우에는 합병 후 존속하는 보험 회사 또는 합병으로 설립되는 보험 회사는 주식회사로 할 수 있다(법 제153조 제2항).

117 ②

손해 사정업의 등록을 하려는 자는 성명, 사무소의 소재지, 수행하려는 업무의 종류와 범위 등을 적은 신청서를 금융 위원회에 제출하여야 한다(영 제97조 제1항). 등록 수수료는 1만 원이며(시행 규칙 제56조), 등록을 한 손해 사정업자는 등록한 사항에 변경이 있을 때에는 1주일 이내에 그 변경 사항을 금융 위원회에 신고하여야 한다(영 제97조 제4항).

118 ②

보험 계리를 업(業)으로 하려는 법인은 2명 이상의 상근 보험 계리사를 두어야 한다(영 제93조 제1항).

119 ①

보험 회사는 보험 계약을 이전한 경우에는 7일 이내에 그 취지를 공고하여야 한다(보험업법 제145조).
② 보험업법 제140조 제1항
③ 보험업법 제142조
④ 보험업법 제146조 제1항

120 ④

선임 계리사가 되려는 사람은 보험 계리 업무에 10년 이상 종사한 경력이 있어야 한다(보험업법 시행령 제95조 제1항 제2호).

121 ②

손해 사정을 업으로 하려는 법인은 2명 이상의 상근 손해 사정사를 두어야 한다. 이 경우 총리령으로 정하는 손해 사정사의 구분에 따라 수행할 업무의 종류별로 1명 이상의 상근 손해 사정사를 두어야 한다(보험업법 시행령 제98조 제1항).

122 ③

상호 회사도 다른 보험 회사와 합병할 수 있다. 이 경우 합병 후 존속하는 보험 회사 또는 합병으로 설립되는 보험 회사는 상호 회사여야 한다. 다만, 합병하는 보험 회사의 한 쪽이 주식회사인 경우에는 합병 후 존속하는 보험 회사 또는 합병으로 설립되는 보험 회사는 주식회사로 할 수 있다(보험업법 제153조 제1항, 제2항).

123 ④

- 보험업법 제141조 제3항
① 금융 위원회의 허가는 필요하지 않다(보험업법 제140조 제1항).
② 보험 금액의 삭감을 정할 수 있다(보험업법 제143조 제2호).
③ 사원 과반수의 출석과 그 의결권의 4분의 3 이상 찬성으로 결의하거나, 출석한 주주의 의결권의 3분의 2 이상의 수와 발행 주식 총수의 3분의 1 이상의 수로써 하여야 한다(보험업법 제138조, 제39조 제2항, 상법 제434조).

124 ④

보험 회사가 그 보험업의 전부 또는 일부를 폐업하려는 경우에는 그 60일 전에 사업 폐업에 따른 정리 계획서를 금융 위원회에 제출하여야 한다(보험업법 제155조).

125 ③

보험 수익자에 관한 고유 식별 정보에 한하여 처리할 수 있고 건강 정보가 포함된 자료는 처리할 수 없다(보험업법 시행령 제102조 제5항).

7 보칙 및 벌칙

126 ①

자동차 보험 계약의 경우에는 법령에 따라 가입이 강제되지 아니하는 보험 계약도 그 대상으로 한다(보험업법 제166조).

127 ①

※ 보험 협회의 업무(법 제175조 제3항)
1. 보험 회사 간의 건전한 업무 질서의 유지
   1의2. 보험 회사 등이 지켜야 할 규약의 제정·개정
2. 보험 상품의 비교·공시 업무
3. 정부로부터 위탁받은 업무
4. 제1호·제1호의2 및 제2호의 업무에 부수하는 업무
5. 그 밖에 대통령령으로 정하는 업무

128 ②

※ 보험료율 산출 기관의 업무(법 제176조 제3항)
1. 순보험료율의 산출·검증 및 제공
2. 보험 관련 정보의 수집·제공 및 통계의 작성
3. 보험에 대한 조사·연구
4. 설립 목적의 범위에서 정부 기관, 보험 회사, 그 밖의 보험 관계 단체로부터 위탁받은 업무
5. 제1호부터 제3호까지의 업무에 딸린 업무
6. 그 밖에 대통령령으로 정하는 업무

129 ③

선임 계리사는 보험 회사가 기초 서류 관리 기준을 지키는지를 점검하고 이를 위반하는 경우에는 조사하여 그 결과를 이사회에 보고하여야 하며, 기초 서류에 법령을 위반한 내용이 있다고 판단하는 경우에는 금융 위원회에 보고하여야 한다(보험업법 제184조 제2항).

130 ②

② 보험업법 제185조, 보험업법 시행령 제96조의2

① 실무 수습 기간은 6개월로 한다(보험업법 시행규칙 제54조 제2항).
③ 보험 사고가 외국에서 발생하거나 보험 계약자 등이 금융 위원회가 정하는 기준에 따라 손해 사정사를 따로 선임한 경우에는 고용 의무가 없다(보험업법 제185조).
④ 본인과 생계를 같이하는 친족의 보험 사고에 대한 손해 사정 행위는 할 수 없다(보험업법 제189조 제3항 제6호 및 동법 시행 규칙 제57조 제1항 제1호 가 호).

131 ②

※ 손해 사정사 또는 손해 사정업자의 업무(법 제188조)
1. 손해 발생 사실의 확인
2. 보험 약관 및 관계 법규 적용의 적정성 판단
3. 손해액 및 보험금의 사정
4. 제1호부터 제3호까지의 업무와 관련된 서류의 작성·제출의 대행
5. 제1호부터 제3호까지의 업무 수행과 관련된 보험 회사에 대한 의견의 진술

제3과목 손해 보험 언더라이팅

제1장 언더라이팅의 일반 이론

1 언더라이팅의 개요

001 ④

언더라이팅이란 보험 회사가 위험을 구분·선택하는 업무를 말한다. 보험 회사가 위험을 선택하는 것은 보험금 지급 사유 발생 확률이 높은 위험을 갖고 있는 사람이 보험금 수령을 목적으로 보험에 가입함으로써 보험 회사 측에 불리한 위험을 선택하는 역선택을 방지하기 위한 것이다. 이와 같이 언더라이팅은 보험 회사의 수익성 확보와 안정적인 성장을 위해 필수적인 고유 업무이므로 외부 전문 기관에 위임하는 것과는 거리가 멀다.

002 ①

언더라이팅은 보험 청약에 대하여 인수 여부 및 인수 조건을 결정하고 보유량을 결정하는 일련의 인수 심사 과정을 말한다. 이러한 언더라이팅의 결과로서 나타나는 손해 사정은 보험 사고로 생긴 손해에 대하여 그 손해액을 결정하고 지급하는 업무를 말한다.

003 ②

언더라이팅이란 보험 회사가 위험을 구분·선택하는 업무를 말한다. 보험 회사가 위험을 선택하는 것은 보험금 지급 사유 발생 확률이 높은 위험을 갖고 있는 사람이 보험금 수령을 목적으로 보험에 가입함으로써 보험 회사 측에 불리한 위험을 선택하는 역선택을 방지하기 위한 것이다.

004 ①

계약 적부 조사는 언더라이팅 완료 후 계약 체결 전에 계약자와 피보험자가 청약 시에 알린 사항이 실제로 일치하는지 여부를 검증하는 단계이다.

005 ②

진단의에 의한 의학적 언더라이팅은 질병 진단이나 치료가 목적이 아닌 보험 기간 동안 보장 급부(보험금 지급)가 발생할 가능성을 예측하는 것을 목적으로 한다.

006 ③

①, ②, ④는 환경적 위험, ③은 신체적 위험이다.

007 ③

※ 신체적 위험의 주요 항목

체증성 위험	• 시간의 경과에 따라 증가하는 위험 • 비만, 고혈압, 당뇨, 정신병 등
항상성 위험	• 시간의 경과와 상관없이 일정하게 유지되는 위험 • 장애, 류마티스, 관절염 등 만성 질환
체감성 위험	• 시간의 경과에 따라 감소하는 위험 • 외상, 위궤양 등의 염증성 질환

008 ④

부동산이 아니라 동산의 가입 금액이 차지하는 비율이 비정상적으로 높은지 여부(50% 이상)가 파악 대상이다. 부동산에 비해 동산이 훼손 가능성이 높기 때문이다.

009 ②

과거 손해 이력은 해당 계약자의 과거 손해 사항 및 과거 3년간의 손해율을 말한다.

010 ②

계약 청약의 인수 또는 거절이 이루어지는 과정은 언더라이팅의 집행 단계이다. 언더라이팅 집행은 기본적으로 다음 세 가지 중 하나가 된다.
㉠ 계약 청약의 인수
㉡ 계약 청약의 거절

ⓒ 특정 조건을 수정하거나 제한한 후 인수

011 ①

※ 언더라이팅의 평가 요소

구분	평가 요소
원보험 사업	원수보험료, 보험금, 사업비
영업 수지	순경과 보험료, 순보험금, 순사업 비율, 장기 환급금, 보험 계약금 준비금 환입 및 적립

012 ④

위험도 높은 청약을 인수하기 위해서는 보장 범위 및 보장 한도를 축소하여야 한다.

013 ②

보험료율의 예정률과 실적률의 차이가 10% 이상 차이가 나면 보험료율을 조정해야 한다.

014 ④

손해율의 조정은 발생주의(Earned incurred basis)에 의한 과거 5년간 평균치에 안전율을 감안하여 계산한다.

2 보험 계약 조건의 검토

015 ②

① 보험자가 의도와 달리 귀중품이나 유가 증권의 손해를 담보할 수 있다.
③ 사고 발생과 배상 청구가 제기되는 시점과의 시차가 비교적 긴 범죄 위험·질병 위험·배상 책임 위험의 경우 담보 기준을 손해 발견 일자나 배상 청구 일자로 하여야 한다.
④ 위험에 따라 보험자의 적자가 누적되고 경우에 따라서는 파산을 초래할 수 있다.

016 ②

타인은 계약 당시에 정할 수도 있고, 계약 성립 후 보험 사고의 발생 전에 정하여도 상관없으므로 타인을 명시하지 않고 어떤 불특정인(不特定人)을 위하여 보험 계약을 체결할 수도 있다.

017 ③

①, ②, ④는 타인을 위한 보험 계약에 해당한다.

018 ④

기간 보험 계약은 위험이 시간에 비례하는 보험으로, 물건이 소멸하지 않는 한 항상 보험 계약의 갱신이 강제적 또는 임의적으로 요구된다.

019 ②

※ 보험 기간의 종류

구분	내용
기간 보험 기간	·보험 기간의 시기와 종기를 연월일 등 시간으로 표시하여 정함. ·화재 보험, 자동차 보험 등
구간 보험 기간	·어떤 사실의 시작과 끝을 하나의 단위(거리 등)로 하여 보험 기간을 정함. ·항해 보험, 농업 보험 등
혼합 보험 기간	·어떤 사실의 시기와 종기를 보험 기간으로 정하되 특정 목적에 해당하는 사고에 한하여 책임을 지는 보험 ·여행 보험, 공사 보험 등

020 ①

화재 보험은 기간 보험 방식, 항해 보험·농업 보험은 구간 보험 방식, 공사 보험과 여행자 보험은 혼합 보험 방식이 일반적으로 적용된다.

021 ③

※ 담보 기준

구분	내용
손해 사고 기준 증권	·보험 기간 중 손해가 발생한 것을 조건으로 보상하는 보험 ·화재 보험, 자동차 보험, 상해 보험 등
손해 발견 기준 증권	·보험 기간 중 손해 발생이 발견된 것을 조건으로 보상하는 보험 ·금융 기관 종합 보험 등 일부 범죄 보험
배상 청구 기준 증권	·보험 기간 중 손해 배상 청구가 처음 제기된 것을 조건으로 보상하는 보험 ·의사 배상 책임 보험, 회계사 배상 책임 보험 등

022 ③
혼합 보험의 경우 ① 당사자 특약이나 초회 보험료 납입, ② 보험 증권상 보험 기간의 초일, ③ 위험의 개시일 중 가장 나중에 도래한 것이 보험 기간의 시기이다.

023 ③
단일 보상 한도는 분할 보상 한도에서 보는 바와 같이 대인, 대물로 구분하여 설정하지 않고 대인, 대물을 포함하여 한 사고당 보상 한도를 정하는 방법이다. 단일 보상 한도에서는 한 사고당 보상 한도를 정하므로 한 보험 기간 중 몇 회의 보험 사고가 발생하든 보험자는 한 사고당 보상 한도 내에서는 중복하여 보상 책임을 진다.

024 ④
초과 중복 보험이 보험 계약자의 사기로 인하여 체결된 때에는 그 계약은 무효로 한다(상법 제669조 제4항).

025 ②
책임 보험의 경우 보상의 대상이 되는 손해는 피보험자 자신의 손해가 아니라 제3자에게 입힌 손해가 되는데 피보험자가 제3자에게 어느 정도의 손해를 입히게 될지 예측할 수 없기 때문에 원칙적으로 책임 보험의 경우에는 보험 가액이 존재할 수 없다.

026 ①
② 보험자 책임 한도는 보통 금액으로 그 한도를 표시하나 반드시 그러한 것은 아니고 문구로서 한도를 표시하는 경우도 있다.
③ 보험 공제액과 보상 한도는 둘 다 낮을수록 보험료가 낮아지고, 그 반대의 경우 보험료가 높아진다.
④ 보상 한도액의 설정에 따라 한도액을 넘는 부분에 대한 자기 보유가 이루어지므로 사고 발생을 방지하기 위해 노력하게 되고, 보상 한도액이 너무 낮게 되면 보험 가입이 무의미해져 역선택 의도를 가지고 있던 자의 보험 가입을 포기하게 하는 효과도 있다.

027 ④
※ 보험자의 책임 한도에 관한 약관 규정
1. 책임 한도를 보험 가입 금액으로만 규정한 약관 : 화재 보험 약관, 동산 종합 보험 국문 약관, 유리 보험 국문 약관
2. 책임 한도를 원칙적으로 보험 가입 금액으로 규정하되 예외적으로 보상 한도액으로 할 수 있는 약관 : 패키지 보험 약관, 기계 보험 약관
3. 책임 한도액을 보상 한도액으로만 규정한 약관 : 영문의 범죄 보험 약관

028 ①
※ 담보 위험(보상하는 손해)의 규정 형식
1. 열거 담보 형식 : 화재 보험, 도난 보험, 지진 보험 등
2. 포괄 담보 형식 : 동산 종합 보험, 자동차 보험, 영업 배상 책임 보험, 상해 보험 등 대부분의 보험

029 ①
※ 약관에 보상 규정이 없더라도 원칙적으로 보상하여야 하는 비용
① 보험 사고 시의 손해 산정 비용
② 보험 사고 시의 사고 처리 비용
③ 보험자에 대한 피보험자의 의무 이행에 소요된 비용
④ 보험자의 보상 책임 있는 보험 목적의 손해 방지 경감 비용

030 ①
※ 보험 목적의 소재지 이동과 보험자 관계
1. 보험 목적을 다른 장소로 옮긴 경우, 이를 계약 후 알릴 의무로 규정한 보험 : 화재 보험, 동산 종합 보험, 가정생활 보험, 장기 보험 등

2. 보험 목적을 다른 장소로 옮긴 경우, 사전에 보험자의 서면 동의가 필요한 보험 : 화재 보험(영문약관), 도난 보험 국문 약관 등

031 ④

보험 목적을 다른 장소로 옮긴 경우, 이를 계약 후 알릴 의무로 규정한 보험에서, 이전 사실을 알리지 않은 경우, 위험이 현저히 증가한 때에만 해지할 수 있고, 발생된 사고에 대하여는 면책으로 한다.
③ 보험 목적을 다른 장소로 옮긴 경우, 이를 계약 후 알릴 의무로 규정한 보험(화재 보험, 동산 종합 보험, 가정생활 보험, 장기 보험 등)에서, 계약 후 알릴 의무를 지체없이 이행한 경우, 장소의 이전으로 위험이 감소한 경우에는 차액 보험료를 반환하고 위험이 증가된 때에는 1개월 내에 보험료 증액을 요구하거나 계약을 해지할 수 있다.

032 ②

공동 기명 피보험자의 경우, 처음에 기재된 자는 제1순위 기명 피보험자, 둘째 이후에 기재된 자들은 모두 후순위 기명 피보험자이다.

033 ③

양도의 대상이 되는 보험의 목적은 물건임을 원칙으로 한다. 그러므로 보험 관계가 물건과 관계없는 경우로서 의사, 변호사 등이 그 지위에 생기는 책임에 관하여 보험 계약을 체결한 책임 보험의 경우에는 승계되는 것으로 추정되지 않는다.

034 ③

보험 목적 양도의 통지 의무 위반 시 위험이 현저히 증가한 경우 계약을 해지할 수 있다. 보험 목적의 양도로 위험이 현저히 증가한 사실을 알고 1개월이 지났거나 중대한 과실로 알지 못한 때에는 해지할 수 없다.

035 ④

보험 금액의 합(보험 가입 금액의 총액)이 보험 가액을 초과하여야 한다.

036 ①

중복 보험에 있어 피보험자는 동일하여야 하지만 보험 계약자는 동일인이어야 하는 것은 아니다.

037 ④

중복 보험이 보험 계약자의 사기로 인하여 체결된 때에는 그 계약은 무효로 한다. 그러나 보험자는 그 사실을 안 때까지의 보험료를 청구할 수 있다(법제669조 제4항).

038 ③

①은 보험 가입 금액 비례 분담 방식이다.

039 ③

발생 손해액에 대하여 피보험자 우선적으로 부담하도록 설정된 금액을 공제액이라 한다. 면책금을 설정하면 보험료 인하 효과가 있다.

040 ②

② 분리 공제(Split deductibles)는 공제액을 손해의 원인에 따라 별도로 설정하는 방법이다.
① 소멸성 공제(Disappearing deductibles)는 일정액의 공제 한도를 설정하고, 설정된 공제 한도 이하의 손해는 전액 피보험자가 부담하고 공제 한도보다 큰 손해에 대해서는 손해의 규모가 커질수록 공제액의 크기는 점차 줄어들어 일정 손실 이상에서는 공제액이 완전히 소멸되는 것이다.
④ 대기 기간(Waiting period)은 보험 사고가 발생한 경우, 발생일부터 보험금을 지급하는 것이 아니라 일정한 기간을 기다려 그 기간이 경과한 이후부터 비로소 보험금을 지급하는 방식을 말한다.

041 ③

영업 보험료는 순보험료+부가 보험료이며, 순보험료는 예상 손실액×발생 확률이다. 먼저 순보험료를 구해 보면, 직접 공제는 사고 발생 시 손실 금액이 얼마인가에 관계없이 손실액에서 무조건 약정 공제 금액을 공제하기 때문에 손실액이 50만 원 이하인 경우는 현실적인 손실 위험이 없다. 따라서 순보험료는 (100만 원−50만 원)×0.2와 (60만 원−50만 원)×0.5를 더하면 15만 원이 되고, 부가 보험료는 15만 원의 20%이므로 3만 원이 된다. 따라서 영업 보험료 = 15만 원(순보험료)+3만 원(부가 보험료)=18만 원이 된다.

042 ②

프랜차이즈 공제는 직접 공제와 달리 사고 발생 시 손실 금액에 따라 공제 여부가 달라진다. 즉, 손실액이 공제 금액 이하일 때에는 지급하지 않고, 손실액이 공제금액을 초과할 때에는 공제없이 손실액을 전액 지급한다. 따라서 위 사례에서, 순보험료는 손실액이 공제 금액을 초과하는 부분에 대해서는 손실액 전액을 인정하고 손실액이 공제 금액 이하인 경우에는 지급하지 않으므로 순보험료 = (100만 원 × 0.2) + (50만 원 × 0.5) = 45만 원이 되고 부가 보험료는 순보험료의 20%이므로 45만 원 × 0.2 = 9만 원이 된다. 따라서 영업 보험료는 45만 원 + 9만 원 = 54만 원이 된다.

3 손해 보험료율

043 ②

※ 보험료율 산출의 기본 3원칙(법 제129조)
1. 비과도성 : 보험료율이 보험금과 그 밖의 급부(給付)에 비하여 지나치게 높지 아니할 것
2. 적정성 : 보험료율이 보험 회사의 재무 건전성을 크게 해칠 정도로 낮지 아니할 것
3. 공정성 : 보험료율이 보험 계약자 간에 부당하게 차별적이지 아니할 것

044 ④

※ 보험료 산출의 3대 수리적 원리
1. 대수의 법칙 : 인간의 수명이나 각 연령별 사망률을 장기간에 걸쳐 많은 모집단에서 구하고 이것을 기초로 보험 금액과 보험료율 등을 산정함.
2. 수지 상등의 원칙 : 보험 계약에서 장래 수입될 순보험료 현가의 총액이 장래 지출해야 할 보험금 현가의 총액과 동일하게 되는 것
3. 급부·반대급부 균등의 원칙 : 보험 계약자 개인이 내는 보험료는 보험 계약자의 위험에 비례하여 정하여져야 한다는 원칙

045 ①

보험료율 산정에 대한 경영상의 요건
1. 단순성
 다수의 보험 계약자와 계약 체결을 위해서는 보험 모집인 등이 용이하게 적용할 수 있고, 보험 계약자도 쉽게 이해할 수 있도록 간단하고 적용이 간편해야 한다.
2. 안정성
 보험료율이 특별한 이유 없이 자주 변동될 경우 혼동을 가져올 수 있으므로 일정 기간 동안 안정적으로 유지되어야 한다.
3. 적응성
 보험료율 산정 요소에 변경이 있을 경우 탄력적으로 조절되어야 한다. 물가 등이 상승되어 손해율이 높아질 경우 보험료율을 재조정하여 충분성을 갖출 수 있도록 하여야 한다.
4. 손실 확대 방지
 보험 사고의 발생을 미연에 방지할 수 있도록 요율 체계가 결정되어야 한다.

046 ②

① 인가 요율 : 보험 회사나 요율 산정 기관이 인가 기관에 신청하여 심사 후 인가하는 요율
③ 비협정 요율 : 각 보험 회사가 독자적으로 운용하는 요율

④ 등급 요율 : 동일한 등급에 속해 있는 모든 위험에 대하여 그 등급의 평균 손실을 기초로 하여 만들어진 요율을 동일하게 적용하는 요율

047 ③
① 비인가 요율 : 행정 기관의 일체의 규제를 받지 않고 사용하는 자유 경쟁 요율
② 협정 요율 : 2개 이상의 보험 회사가 협정한 요율
④ 개별 요율 : 매 위험 등급마다 오직 하나의 보험 목적물만이 존재하는 요율

048 ④
요율 체계가 단순하여 숙련된 언더라이터가 아니더라도 쉽게 사용할 수 있다.

049 ②
① 점검 요율(예정 요율) 산정 방식은 동질적인 위험에 대하여 기준이 되는 표준 요율을 정한 다음 개개 위험의 특이성을 반영하여 보험료율을 상하로 조정하는 방식을 말한다.
② 경험 요율 산정 방식은 동질의 위험에 대한 표준 요율을 정한 다음 개개의 위험에 대한 과거의 손실 경험을 기초로 다음 보험 기간의 요율을 산정하는 방식이다.
③ 소급 요율 산정 방식은 보험 계약 초기에는 잠정적인 보험료를 징수하고 계약 기간의 종기에 전체 계약 기간 동안의 실제 손실율을 기초로 최종 보험료를 소급 산정하여 부과하는 방식이다.
④ 개별 요율 산정 방식은 매 위험 등급마다 오직 하나의 보험 목적물만이 존재하는 요율이다.

050 ④
점검 요율은 화재 보험, 기계 보험 등에 주로 사용된다. 근재 보험, 일부 배상 책임 보험, 선박 보험 등에 주로 사용되는 보험은 경험 요율이다.

051 ③
위험 적용 단위별로 요율 조정 요인이 ±5%를 초과하는 경우 매년 조정하는 것이 원칙이다.

052 ③
※ 보험료율의 분류

구분		종류
감독	인가 요율	보험 회사 등이 인가 기관에 신청하여 엄격 심사 후 인가하는 요율
	비인가 요율	행정 기관의 규제를 받지 않고 사용하는 자유 경쟁 요율
경쟁	협정 요율	복수의 보험 회사가 협정한 요율
	비협정 요율	보험 회사가 독자적으로 사용하는 요율
적용 방법	고정 요율	목적별 또는 위험별로 하나의 요인으로 고정된 요율
	범위 요율	범위(최고와 최저) 또는 표준 요율만 정해 놓고 위험 실태에 적합하게 수정하여 적용할 수 있는 요율
체계	등급 요율	광범위한 동일 위험 집단별로 동일한 등급을 적용하는 요율
	개별 요율	다수의 동질 위험이 존재하지 않거나, 특수한 위험을 가지고 있는 물건에 적용하는 요율
성과	경험 요율	등급 요율을 기초로 경험 기간(통상 3년) 동안의 손해 실적을 반영하여 조정되는 요율
	소급 요율	경험 기간이 아니라 해당 보험 기간의 손해 실적을 반영하여 조정되는 요율
	점검 요율	기준 요율을 기초로 규격화된 체크 리스트에 따라 할증 또는 할인을 부가하여 산출하는 요율

053 ①
자사 위험률은 보험 회사가 자사의 경험을 바탕으로 산출한 위험률이다. 현재 보험 개발원이 제시하는 순보험율은 보험 회사에서 참조용으로만 사용되며, 보험 회사는 자사 실적을 반영하여 참조 순보험율을 수정한 자사 요율 제도로 전환되었다.

054 ②
실적 위험 손해율에 따라 합리적으로 조정하여 사용할 수 있는 경우는 회사의 통계 집적 기간 3년 이상이고, 연평균 경과 계약 건수 10,000건 이상, 연평균 사고 건수 96건 이상(단, 연령별 위험률의 경우에는 384건)이어야 한다.

055 ③

① 협의 요율 : 원보험사인 손해 보험 회사가 재보험사와 협의를 통해 산출한 요율
② 자사 위험률 : 보험 회사가 자사의 경험을 바탕으로 산출한 위험률
④ 참조 순보험료율 : 보험 개발원이 산출하여 보험업계에 제공하는 요율

제2장 장기 보험 언더라이팅

1 장기 보험 언더라이팅의 개요

001 ③

※ 건강 진단의 검진 항목

구분	체크 사항
간 기능 검사	GPT(ALT), GOT(AST), r-GTP, 간염 검사
당뇨 관련 검사	혈당(glucose) 검사, 당화혈색소 검사
순환기계 질병	콜레스테롤, 중성 지방 검사
신장, 당뇨 검사	뇨당, 뇨단백, 뇨잠혈 등 소변 검사

002 ③

① 사의 진단 : 회사에 소속된 의사가 진단
② 지정의(촉탁의) 진단 : 회사와 계약 관계인 의사에 의한 진단
③ 방문 진단 : 회사와 계약 관계인 의료 기관의 간호사가 방문하여 진단
④ 대용 진단(서류 진단) : 직장 및 국민 건강 보험 공단을 통한 정기 건강 검진서에 의한 계약

003 ②

지정의(촉탁의) 진단은 다른 방식보다 정확성과 편의성을 동시에 가지므로 생명 보험 회사 진단 계약의 60% 이상을 차지한다.

004 ①

무진단 보험 계약은 연령이 낮고 가입 담보의 위험도가 낮거나 가입 금액이 적은 경우에 적용되는 계약이다. 위험도가 높은 담보를 가입하거나 사망 또는 진단비의 가입 금액이 클수록 유진단 보험 계약을 체결하게 된다.

005 ④

보험 회사는 각 계약의 위험도를 판단하여 양질의 계약 확보와 보험금 지급 분쟁을 예방하기 위하여 청약서 고지 의무 사항이나 건강 진단서, 모집인 보고서 등 계약 선택 자료를 수집·조사하는데 이를 계약 적부 확인 제도라 한다.

006 ①

사고 경력이 많거나 인수 제한의 가능성이 높은 직업 및 직무에 종사하는 경우 계약 적부 대상이다.

007 ③

계약 적부의 가장 큰 효과는 사실대로 고지하면 인수 거절이 될까 두려워 중요 사항을 은폐하거나 사실과 달리 고지하는 것을 방지함으로써 보험 계약자의 역선택을 예방하는 것이다.

008 ④

납입 보험료는 표준체와 동일하다.

009 ④

특정 신체 부위·질병 보장 제한부 인수 특별 약관 가입 담보 : 질병 사망 또는 질병 80% 이상 (고도)후유 장해를 제외한 질병 담보로 입원, 수술, 통원, 진단, 수술비 등 생존 시 보장 담보

010 ④

전기로 동력을 발생하는 구조인 경우 정격 출력이 0.59kW 미만인 이륜자동차

011 ④

할증 적용 기간은 보험 기간 전 기간이다.

012 ②

삭감 적용 기간은 1~5년이다.

013 ④

보험료 삭감 특별 약관의 대상이 되는 질병은 체감성 질병이다. ①, ②는 체증성 위험이고, ③은 항상성 위험이다.

2 장기 보험 언더라이팅의 실무

014 ③

중도 환급금이 있다.

015 ④

장기 손해 보험은 보험 기간 중에 사고가 발생하여 보험금이 지급되었더라도 보험 가입 금액은 감액됨이 없이 그때마다 자동적으로 원래의 보험 가입 금액으로 복원된다. 따라서 장기 손해 보험에서는 동일한 보험 기간 내라면 몇 번의 보험금 지급이 있었더라도 항상 같은 조건으로 손해를 보상받게 된다.

016 ②

※ 순보험료

장기 손해 보험의 순보험료	위험 보험료 + 저축 보험료
일반 손해 보험의 순보험료	위험 보험료

017 ④

※ 부가 보험료

장기 손해 보험의 부가 보험료	예정 신계약비 + 예정 유지비 + 예정 수금비
일반 손해 보험의 부가 보험료	사업 경비 + 기업 이윤

018 ③

장기 종합은 장기 손해 보험 중 재물 손해, 신체 손해, 배상 책임 손해 보장 중 두 가지 이상의 손해를 보장한다.

019 ④

※ 장기 손해 보험의 분류

장기화재	장기 손해 보험 중 화재로 인한 재물에 생긴 손해 보장
장기종합	장기 손해 보험 중 재물 손해, 신체 손해, 배상 책임 손해 보장 중 두 가지 이상의 손해를 보장
장기상해	장기 손해 보험 중 신체의 상해로 인한 손해 보장
장기질병	장기 손해 보험 중 질병에 걸리거나 질병으로 인한 입원, 수술 등의 손해 보장
장기간병	장기 손해 보험 중 활동 불능 또는 인식 불명 등 타인의 간병을 필요로 하는 상태 및 이로 인한 손해 보장
장기기타	상해, 질병, 간병 보장 중 두 가지 이상의 손해를 보장

020 ②

납입 응당일을 기준으로 3개월 이상 선납 시에는 예정 이율로 할인한 보험료를 지급한다.

021 ③

3개월 이상 선납한 보험이 보장 보험료와 적립 보험료로 분리되어 있는 경우 보장 보험료에 대해서만 할인한다.

022 ③

계약자가 제2회 이후의 보험료를 납입 기일까지 납입하지 아니하여 보험료 납입이 연체 중인 경우에 회사는 14일(보험 기간이 1년 미만인 경우에는 7일) 이상의 기간을 납입 최고(독촉) 기간으로 정하여 계약자에게 서면 등으로 알려야 한다.

023 ②

납입 최고(독촉) 기간이 끝나는 날까지 보험료를 납입하지 아니할 경우 납입 최고(독촉) 기간이 끝나는 날의 다음 날에 계약이 해지된다.

024 ④

해지 전에 발생한 보험금 지급 사유에 대하여 회사는 약정한 보험금을 지급한다.

025 ②

보험료의 납입 연체 시 납입 최고(독촉)와 계약의 해지 조건에 따라 계약이 해지되었으나 해지 환급금을 받지 아니한 경우 계약자는 해지된 날로부터 2년 이내에 회사가 정한 절차에 따라 계약의 부활을 청약할 수 있다.

026 ①

계약 부활의 청약에 대하여 회사가 이를 승낙한 때에는 부활을 청약한 날까지의 연체된 보험료에 이 계약의 표준 이율+1% 범위 내에서 회사가 정하는 이율로 계산한 금액을 더하여 납입하여야 한다. 보장 보험료와 적립 보험료가 분리된 상품은 보장 보험료에 대하여만 연체 이자를 납입한다.

027 ③

계약자 서비스 측면에서 납입 최고(독촉) 기간이 경과되기 전까지 서면 등으로 보험료 자동 대출 납입을 신청하면, 해약 환급금 범위 내에서 1년을 한도로 보험료가 자동 대출되어 차기 보험료로 납입된다.

028 ②

※ 요율 산정 기준

구분	요율 기준	요율 크기
일반 상해	상해 위험 등급	3급 > 2급 > 1급
교통 상해	운전 차량	영업용 > 자가용 > 비운전
질병	연령	고연령 > 저연령
	성별	특약별로 다름.

029 ④

※ 요율 산정 기준

구분	요율 기준	요율 크기
재물	건물 구조	4급 > 3급 > 2급 > 1급
	적용 업종	공장 > 일반 > 주택
	보험의 목적물	동산 > 건물

030 ④

※ 상해 위험 등급 적용 기준

등급	주요 예시
1급	경영자, 연구원, 사무 관리자, 의사, 교육 전문직 종사자 등
2급	자동차 정비원, 일반 경찰관, 현장 관리자, 일반 사병, 연예인, 조리사 등
3급	현장 근로자, 운송 관련 숙련 기능직 종사자, 영업용 운송 관련 종사자 등

031 ②

※ 주택 물건
1. 단독 주택(다중 주택, 다가구 주택 포함)
2. 주택의 부속 건물로서 가재만을 수용하는 데 쓰이는 것
3. 연립 건물(다세대) 주택, 아파트로서 각 호(실)가 모두 주택으로만 쓰이는 것. 다만 아파트에는 단지 내 상가를 제외한 구내의 부대시설 또는 복리 시설을 포함한다.

032 ③

건축 기간 중만을 보험 기간으로 하는 계약에 대하여는 일반 물건 요율을 적용한다.

033 ②

농가 또는 어업자의 주택과는 별동으로서 양장 및 그 밖의 부업을 하고 있는 경우 그 별동에 대하여는 일반 물건 요율을 적용한다.

034 ④

주상 복합 아파트의 경우 아파트의 부대시설(관리 사무소, 주차장, 담장, 어린이 놀이터, 경로당)을 제외한 기타 복리 시설은 일반 물건 직업 종별 요율을 준용한다.

035 ④

일시적(또는 계절적)으로 주택으로 사용하는 건물로서 가재가 항상 비치되어 있는 공가에 대하여는 주택 물건 요율을 적용한다(예: 별장).

036 ③

주택으로 사용하는 건물 내에 일시적으로 가재 이외의 동산을 수용하는 경우에는 건물 및 가재에 대하여는 주택 물건 요율을 적용하고 가재 이외의 동산에 대하여는 주택 물건 기본 요율에 재고 자산 할증 요율을 가산한다.

037 ④

동일 건물 내에 요율 수준이 다른 직업 종별이 병존하는 경우에는 그중 높은 요율을 적용한다.

038 ③

공업상의 작업에 사용하는 기계의 설치가 완료되기 전이라도 구내의 일부에서 공업상의 작업을 개시하는 때에는 공장 물건으로 한다.

039 ④

특수 건물의 소유자는 그 건물이 준공 검사에 합격된 날 또는 그 소유권을 취득한 날부터 30일 내에 특약부 화재 보험에 가입하여야 한다(화보법 제5조 4항).

040 ③

특수 건물의 소유자가 특약부 화재 보험에 가입하지 아니한 경우 500만 원 이하의 벌금에 처한다(화보법 제23조).

041 ④

규정에 의해 산출할 수 없는 경우에는 보험 가액을 보험 가입 금액으로 한다.

042 ②

※ 타인의 신체 손해 보상

구분	보험 금액
사망	최고 8,000만 원
부상	상해급별(1급 ~14급)에 따라 최고 1,500만 원
후유 장애	장해등급별(1급 ~14급)에 따라 최고 8,000만 원

043 ②

종업원에 대하여 산업 재해 보상 보험에 가입하고 있는 경우에는 그 종업원에 대한 신체 손해 배상 특약부 화재 보험에 가입하지 아니할 수 있다.

044 ①

※ 화재 보험법에 따른 특수 건물

연면적의 합계가 1,000㎡ 이상인 건물	• 「국유 재산법」에 따른 부동산 중 연면적이 1,000㎡ 이상인 건물 및 이 건물과 같은 용도로 사용하는 부속 건물. 다만, 대통령 관저와 특수 용도에 공하는 건물로서 금융 위원회가 지정하는 건물을 제외함. • 「공유 재산 및 물품 관리법」에 따른 부동산 중 연면적이 1,000㎡ 이상인 건물 및 이 건물과 같은 용도로 사용하는 부속 건물. 다만, 「한국 지방 재정 공제회법」에 따른 한국 지방 재정 공제회 또는 사단법인 교육 시설 재난 공제회가 행하는 공제 중 신체 손해 배상 특약부 화재 보험과 같은 정도의 손해를 보상하는 공제에 가입한 지방 자치 단체 소유의 건물은 제외함.
바닥 면적의 합계가 2,000㎡ 이상인 건물	• 「학원의 설립·운영 및 과외 교습에 관한 법률」에 의한 학원으로 사용하는 건물 • 「게임 산업 진흥에 관한 법률」에 따른 게임 제공업 및 인터넷 컴퓨터 게임 시설 제공업 • 「음악 산업 진흥에 관한 법률」에 따른 노래 연습장업 • 「식품 위생법 시행령」에 따른 휴게 음식점 영업, 일반 음식점 영업, 단란 주점 영업, 유흥 주점 영업 • 「공중위생 관리법」에 따른 목욕장업으로 사용하는 건물 • 「영화 및 비디오물의 진흥에 관한 법률」에 따른 영화 상영관으로 사용하는 건물

045 ③

※ 화재 보험법에 따른 특수 건물

연면적의 합계가 3,000㎡ 이상인 다음의 건물	• 「의료법」에 의한 종합 병원 또는 병원으로 사용하는 건물 • 「관광 진흥법」에 의한 관광 숙박업으로 사용하는 건물 • 「공연법」에 의한 공연장으로 사용하는 건물 • 「방송법」에 의한 방송 사업을 목적으로 사용하는 건물 • 「농수산물 유통 및 가격 안정에 관한 법률」에 따른 농수산물 도매 시장 및 민영 농수산물 도매 시장으로 사용하는 건물(다만, 한국 지방 재정 공제회가 행하는 공제 중 신체 손해 배상 특약부 화재 보험과 같은 정도의 손해를 보상하는 공제에 가입한 지방 자치 단체 및 지방 공기업 소유의 건물을 제외) • 「초·중등 교육법」 및 「고등 교육법」에 따른 학교 건물. 다만, 사단 법인 교육 시설 재난 공제회가 행하는 공제 중 신체 손해 배상 특약부 화재 보험과 같은 정도의 손해를 보상하는 공제에 가입한 건물을 제외함. • 「산업 집적 활성화 및 공장 설립에 관한 법률」에 따른 공장 • 「도시 철도법」에 따른 도시 철도의 역사(驛舍) 및 역 시설로 사용하는 건물. 다만, 한국 지방 재정 공제회가 행하는 공제 중 신체 손해 배상 특약부 화재 보험과 같은 정도의 손해를 보상하는 공제에 가입한 지방 자치 단체 및 지방 공기업 소유의 건물은 제외함.

| 바닥 면적의 합계가 3,000㎡ 이상인 건물 | • 「공중위생 관리법」에 의한 숙박업으로 사용하는 건물
• 「유통 산업 발전법」에 의한 대규모 점포로 사용하는 건물 |

60일 초과 90일 이하	90만 원
90일 초과	200만 원

046 ④

※ 화재 보험법에 따른 기타 특수 건물
- 「주택법 시행령」에 따른 공동 주택으로서 16층 이상의 아파트 및 부속 건물을 말한다. 이 경우 「주택법」에 따른 관리 주체에 의하여 관리되는 동일한 아파트 단지 안에 있는 15층 이하의 아파트를 포함한다.
- 층수가 11층 이상인 건물을 말한다. 다만, 아파트(주택법 시행령에 따른 아파트는 제외)·창고 및 모든 층을 주차 용도로 사용하는 건물과 한국 지방 재정 공제회가 행하는 공제 중 신체 손해 배상 특약부 화재 보험과 같은 정도의 손해를 보상하는 공제에 가입한 지방 자치 단체 및 지방 공기업 소유의 건물을 제외한다.
- 「사격 및 사격장 안전 관리에 관한 법률」에 따른 실내 사격장으로 사용하는 건물

047 ③

※ 화재 배상 책임 보험의 보험 금액

구분	보상 한도
사망	• 피해자 1명당 1억 원의 범위에서 피해자에게 발생한 손해액을 지급할 것 • 다만, 그 손해액이 2천만 원 미만인 경우에는 2천만 원으로 함.
부상	• 피해자 1명당 2천만 원의 범위에서 피해자에게 발생한 손해액을 지급할 것
후유 장애	• 피해자 1명당 1억 원의 범위에서 피해자에게 발생한 손해액을 지급할 것
재산상 손해	• 사고 1건당 1억 원의 범위에서 피해자에게 발생한 손해액을 지급할 것

048 ②

※ 화재 배상 책임 보험에 가입하지 않은 경우 과태료 부과 기준

가입하지 않은 기간	과태료 금액
30일 이하	30만 원
30일 초과 60일 이하	60만 원

049 ④

※ 다중 이용 업소법상 과태료가 200만 원인 경우
1. 보험 회사가 법 제13조의3 제3항 또는 제4항을 위반하여 화재 배상 책임 보험 계약 종료 사실의 통지를 하지 않은 경우
2. 보험 회사가 법 제13조의5 제1항을 위반하여 다중 이용 업주와의 화재 배상 책임 보험 계약 체결을 거부한 경우
3. 보험 회사가 법 제13조의6을 위반하여 임의로 계약을 해제 또는 해지한 경우

050 ③

※ 재물 건물 급수별 판정 기준

구분	지붕(틀)	기둥/보/바닥	외벽
1급	내화 구조	내화 구조	내화 구조
2급	불연재료	내화 구조	내화 구조
3급	불연재료	불연재료	불연재료
4급	상기 이외의 것		

051 ②

※ 급수별 적용 건물 구조 예시

급수	예시
1급	철근 콘크리트조 슬라브즙, 조적조 슬라브즙
2급	철근 콘크리트조 스레트즙, 조적조 스레트즙
3급	경량 샌드위치 판넬즙
4급	목조 와즙, 벽돌/블럭/천막 천막즙, 야적 물건

052 ④

※ 무벽 건물(외벽이 50% 이상 결여된 건물)
1. 주요 구조부가 내화 구조인 경우 : 1급
2. 지붕을 제외한 주요 구조부가 불연재료인 경우 : 2급
3. 기타의 경우 : 4급

053 ③
다음 각 호의 하나에 해당하는 것은 그 부분을 제외하고 급수를 판정한다.
1. 외벽의 일부가 가연재료로 된 건물로서 그 부분이 전체 외벽 면적의 10% 이하인 경우(외벽 면적은 개구부의 면적을 포함하여 계산)
2. 채광 및 환기용의 목적만으로 사용되는 것으로서 그 부분이 가연재료 등으로 지붕의 일부를 구성한 경우
3. 중도리가 지붕을 잇기 위한 보조재로 일부 목재가 사용된 경우
4. 증축을 위하여 계단실 지붕(지붕틀 포함)을 가연재료 등으로 사용한 경우
5. 사이 기둥 또는 작은 보가 나철골인 경우

054 ②
※ 건축 중(또는 철거 중)인 건물의 건물 급수
㉠ 공사 완성 후(철거 중인 경우는 공사 착공 전) 건물 급수가 1급 또는 2급일 경우 : 2급
㉡ 공사 완성 후(철거 중인 경우는 공사 착공 전) 건물 급수가 3급일 경우 : 3급
㉢ 공사 완성 후(철거 중인 경우는 공사 착공 전) 건물 급수가 4급일 경우 : 4급

055 ③
생활 습관은 질병 보험의 주요 심사 포인트이다.
※ 상해·질병 보험의 공통 사항 심사 포인트
1. 4대 기본 지키기의 이행 여부
2. 인수 심사 절차 확인
3. 보험 계약자 등의 인적 사항
4. 타 보험사 가입 사항
5. 피보험자 기능 장애 여부
6. 해외 활동 계획

056 ①
※ 4대 기본 지키기
1. 청약서 자필 서명
2. 청약서 부본 전달
3. 약관 전달
4. 상품 설명서 전달

057 ④
체격은 질병 보험의 주요 심사 포인트이다.
※ 상해 보험 심사 포인트
1. 피보험자의 직업 및 직무
2. 운전 차량
3. 부업 및 취미 생활

058 ③
※ 질병 보험 심사 포인트
1. 최근 3개월 이내 진찰, 검사 여부
2. 최근 1년 이내 추가 검사 여부
3. 최근 5년 이내 입원, 수술, 계속하여 7일 이상 치료, 30일 이상 투약 여부
4. 최근 5년 이내 10대 질병의 진찰 또는 검사 여부
5. 생활 습관
6. 체격

059 ①
※ 10대 주요 질병
암, 백혈병, 고혈압, 협심증, 심근경색, 심장 판막증, 간경화증, 뇌졸중증(뇌출혈, 뇌경색), 당뇨병, 에이즈(AIDS) 및 HIV 보균

060 ③
※ 재물 보험 심사 포인트
1. 건축물의 구조 및 건축 연도
2. 영위 업종
3. 건물 내 타 업종
4. 사고 경력
5. 소재지

보험심사역 공통부문

061 ②

※ 상해 질병 보험의 위험 유형

유형	내용
환경적 위험	직업, 직무, 부업, 연령, 성별, 운전 여부 및 운전 차량, 스포츠 등 취미, 거주 상황, 기타(흡연, 음주 등)
신체적 위험	개인 병력, 가족력, 체격(키와 체중), 신체 조건(주로 맥박수, 혈압, 심장 폐 기타 장기의 상태 등)
도덕적 위험	피보험 이익 정도, 취급자 성향
재정적 위험	과거 보험 실적, 재무 상태, 사행성, 보험 가입 목적, 납입 보험료의 적정성 등

062 ③

상해 위험 담보는 질병 위험 담보보다 직업 위험과의 관계가 적은 편이다. 다만, 최근에는 컴퓨터, 스트레스 등으로 인한 직업 질병 위험이 확대되고 있는 추세이다.

063 ①

※ 재물 보험의 위험 유형

유형	내용
환경적 위험	영위 업종, 소재지 및 주변 지역, 건물 구조 및 건축 연도, 작업 공정, 전기 시설, 소방 시설, 내부 환경, 작업장 내 흡연
도덕적 위험	보험 계약자의 가입 경력, 초과 보험, 보험 계약자와 소유자의 관계, 취급자 성향 등
재정적 위험	과거 보험 실적, 매출 규모, 재정 상태, 보험 가입 목적, 납입 보험료의 적정성 등

064 ④

솜, 스펀지, 가구, 목공 제조 공장 등은 분진 또는 인화성 물질로 인하여 위험이 높기 때문에 선택적으로 인수해야 한다.

제3장 자동차 보험 언더라이팅

1 자동차 보험 언더라이팅의 개요

001 ②

역선택과 도덕적 해이는 둘 다 정보의 비대칭 때문에 발생한다. 다만 역선택은 감춰진 유형 또는 감추어진 특성 때문에 발생하지만, 도덕적 해이는 감춰진 행동 때문에 발생한다.

002 ①

감시는 자동차를 정기적으로 점검하거나, 손해 사정을 철저히 하는 것으로 도덕적 해이를 방지한다. 또한 보험에 가입하면 사고 예방을 소홀히 하기도 하는데, 보험 회사는 사고로 인한 손실을 완전히 보상해 주지 않는 방법을 통해 도덕적 해이 현상을 막기도 한다.

② 반복 거래를 통하여 상대에 대한 정보가 누적되고, 반복 거래 시 요율에 혜택을 주면 거래를 계속하려는 이익 동기 때문에 역선택을 방지할 수 있다.
③ 걸러 내기는 정보를 가지지 못한 자가 이용할 수 있는 정보만으로 역선택을 방지하려는 노력이다. 운전 경력이나 사고 횟수에 따라 보험료를 차등하는 것이 한 예이다.
④ 역선택은 근본적으로 소비자가 계약 여부를 선택할 수 있기 때문에 발생하므로 자동차 책임 보험과 같이 가입을 강제하면 역선택을 방지할 수 있다.

003 ②

추정 손해율이 적정 손해율을 초과하는 경우 바로 위험 인수를 거부하는 것이 아니라 계약 심사 과정을 거쳐 인수 여부를 결정하게 된다.

004 ①

최저율 도달 기간이 지나치게 짧다는 것이 문제가 되어 7년에서 13년으로 연장하였다.

2 자동차 보험 언더라이팅의 요율

005 ②

순보험료법은 순보험료의 계산 및 사업비 혹은 경비의 부과라는 두 가지 단계로 이루어진다.

006 ③

※ 순보험료법과 손해율법의 비교

손해율법	순보험료법
보험료 기준	위험 단위(Exposure) 기준
현재 요율 수준이 필요	현재 요율 수준이 불필요
수정 계수로 보험료 수정	보험료 수정 계수를 사용하지 않음.
현재 요율의 조정률을 산출	새로운 요율을 산출

007 ②

순보험료법은 현재 요율과 상관없이 사고 빈도와 손상율을 곱하여 새로운 순보험료율을 산출하는 방법으로서 사고 빈도(Frequency)와 손상율(Damageability)의 두문자를 따서 FD법이라고도 한다.

008 ④

손해율법은 일정 기간 동안 실적 손해율을 기초로 요율 조정률을 산출하여 현재 요율을 조정, 순보험료율을 산출하는 방법이다.

009 ③

사업비 = 사업 제경비 + 지급 수수료 – 수입 수수료 – 기타 수입 경비

010 ③

① 기본 보험료는 보험 계약 체결 시 적용 보험료 산정의 기본이 되는 보험료를 말한다.
② 참조 순보험료는 보험 개발원이 손해 보험 회사의 통계를 기초로 순보험료를 산출하여 감독원장에게 신고한 요율을 말한다.
④ 가입자 특성 요율은 가입자의 보험 가입 경력과 교통 법규 위반 경력을 적용한 요율을 말한다.

011 ④

③ 적용 보험료를 산정함에 있어서 감안해야 할 적용 요소 : 특약 요율, 가입자 특성 요율, 할인 할증률, 특별 할증률, 기명 피보험자 연령 요율, 특별 요율 등

012 ②

① 특약 요율은 기본 약관에 특별 약관을 첨부하여 체결하는 보험 계약에 대하여 적용하는 요율이다.
③ 특별 할증 요율은 자동차 이용 범죄 행위나 고의 사고 등의 일정 항목에 해당하는 사고 야기자 등에게 부과하는 것이다.

013 ①

교통 법규 위반 경력 요율의 경우 가입자가 개인이면 보험 가입 경력 요율과 교통 법규 위반 경력 요율이 모두 적용되고, 가입자가 법인이면 보험 가입 경력 요율만 적용한다.

014 ②

단기 요율은 보험 계약이 1년 미만인 단기 계약에 적용되는 요율을 말한다. 짧은 보험 기간 동안 위험도가 집중될 가능성이 높으므로 1년 기준의 날짜별 요율에 비해 상대적으로 높다. 따라서 1년 미만으로 보험에 가입하는 경우 해당 기간에 대한 보험료가 1년간 가입할 때보다 비싸진다.

015 ④

개인용 자동차 보험의 가입 대상은 법정 정원 10인승 이하의 개인 소유 자가용 승용차이다. 다만, 인가된 자동차 학원 또는 자동차 학원 대표자가 소유하는 자동차로서 운전 교습, 도로 주행 교육 및 시험에 사용되는 승용 자동차는 제외된다.

016 ①

※ 자동차 보험의 종목

보험 종목	가입 대상
개인용 자동차 보험	법정 정원 10인승 이하의 개인 소유 자가용 승용차. 다만, 인가된 자동차 학원 또는 자동차 학원 대표자가 소유하는 자동차로서 운전 교습, 도로 주행 교육 및 시험에 사용되는 승용 자동차는 제외

업무용 자동차 보험	개인용 자동차를 제외한 모든 비사업용 자동차	
영업용 자동차 보험	사업용 자동차	
이륜자동차 보험	이륜자동차 및 원동기 장치 자전거	
농기계 보험	동력 경운기, 농용 트랙터 및 콤바인 등 농기계	

017 ③

※ 개인용 자동차 보험, 플러스 개인용 자동차 보험, 업무용 자동차 보험, 플러스 업무용 자동차 보험, 영업용 자동차 보험의 적용 보험료

1. 대인 배상Ⅰ

적용보험료 = 기본보험료 × 특약요율 × 가입자 특성 요율(보험 가입 경력 요율 ± 교통 법규 위반 경력 요율) × (우량 할인 불량 할증 요율 + 특별 할증률) × 기명 피보험자 연령 요율 × 특별 요율 × (1+ 단체 업체 특성 요율)

2. 대인 배상Ⅱ, 대물 배상, 자기 신체 사고, 자동차 상해, 무보험차 상해, 자기 차량 손해

적용보험료 = 기본보험료 × 특약요율 × 가입자 특성 요율(보험 가입 경력 요율 ± 교통 법규 위반 경력 요율) × (우량 할인 불량 할증 요율 + 특별 할증률) × 물적 사고 할증 기준 요율 × 기명 피보험자 연령 요율 × 특별 요율 × (1+ 단체 업체 특성 요율)

018 ①

※ 이륜자동차 보험의 적용 보험료
1. 대인 배상Ⅰ

적용보험료 = 기본보험료 × 특약요율 × 가입자 특성 요율(보험 가입 경력 요율 ± 교통 법규 위반 경력 요율) × 우량 할인 요율 × 기명 피보험자 연령 요율

2. 대인 배상Ⅱ, 대물 배상, 자기 신체 사고, 자동차 상해, 무보험차 상해, 자기 차량 손해

019 ①

※ 자동차 취급업자 종합 보험의 적용 보험료

적용 보험료 = 기본 보험료 × 1±할인 할증 적용률

020 ②

※ 단기 요율

보험 기간	7일까지	15일까지	1월까지	2월까지	3월까지	4월까지	5월까지
단기 요율	6%	10%	15%	20%	30%	40%	50%
보험 기간	6월까지	7월까지	8월까지	9월까지	10월까지	11월까지	12월까지
단기 요율	60%	70%	80%	85%	90%	95%	100%

021 ①

※ 단체 할인·단체 할증 적용 기준
(동일 피보험자 명의로 자동차 보험에 가입한 자동차 수 기준)

구분	적용 기준
영업용 자동차	평가 대상 기간의 최종 연도 1년간 평균 유효 대수가 10대 이상인 경우
업무용 자동차 (관용 자동차 제외)	전 차량 일괄 계약 자동 담보 특약 가입한 이후 평가 대상 기간의 최종 연도 1년간 평균 유효 대수가 50대 이상인 경우

022 ④

※ 평가 대상 기간
1. 원칙 : 갱신 계약의 전전 계약 보험 기간 만료일 3개월 전부터 전 계약의 보험 기간 만료일 3개월 전까지의 기간
2. 전전 계약의 보험 기간 만료일로부터 전 계약의 보험 기간 초일까지의 기간이 2년을 초과하는 경우 또는 전 계약이 신 계약인 경우 : 전 계약의 보험 기간 초일부터 보험 기간 만료일 3개월 전까지의 기간

023 ①

※ 전 계약과 갱신 계약의 동일 조건

개인용 자동차 보험 플러스 개인용 자동차 보험		피보험자
업무용 자동차 보험 플러스 업무용 자동차 보험 이륜자동차 보험	자가용	피보험자 및 피보험 자동차
	관용	피보험 자동차
영업용 자동차 보험		피보험자 및 피보험 자동차

024 ④

평가 대상 사고는 자동차 보험에 의하여 보상 책임이 있는 사고로서 다음의 사고는 포함하고, 청구 포기 사고는 제외한다.
1. 미지급 사고
2. 평가 대상 기간 말일 현재 보험 회사가 알고 있는 미접보 사고
3. 자기 과실이 없는 사고(단, 피구상자가 확정되어 지급된 보험금을 전액 환입할 수 있는 사고는 제외)

025 ②

※ 평가 대상 사고에 포함되는 자기 과실이 없는 사고
1. 주차가 허용된 장소에 주차 중 발생한 관리상 과실이 없는 자기 차량 손해 사고(가해자 불명 자기 차량 손해 사고)
2. 화재, 폭발 및 낙뢰에 의한 자기 차량 손해 사고·자기 신체 사고. 단, 날아온 물체, 떨어지는 물체 이외의 다른 물체와의 충돌·접촉·전복 및 추락에 의해 발생한 화재, 폭발은 제외
3. 태풍, 홍수, 해일 등 자연재해로 인한 자기 차량 손해 사고·자기 신체 사고
4. 무보험 자동차에 의한 상해 담보 사고
5. 기타 보험 회사가 자기 과실이 없다고 판단하는 사고

026 ③

※ 사고 내용별 점수

구분	사고 내용		점수
대인 사고	사망 사고		건당 4점
	부상 사고	1급	건당 3점
		2급~7급	건당 3점
		8급~12급	건당 2점
		13급~14급	건당 1점
자기 신체 사고 또는 자동차 상해			건당 1점
물적 사고	물적 사고 할증 기준 금액 초과 사고		건당 1점
	물적 사고 할증 기준 금액 이하 사고		건당 0.5점

027 ②

※ 하나의 사고로 사고 내용이 중복될 경우의 점수 계산
1. 대인 사고, 자기 신체 사고(자동차 상해), 물적 사고가 중복될 경우에는 이를 구분하여 합산한다.
2. 대인 사고의 피해자가 복수인 경우에는 가장 점수가 높은 피해자의 내용만을 적용한다.

028 ①

신규 계약의 적용 등급은 기본 등급인 11Z으로 한다.

029 ②

갱신 계약의 적용 등급은 전 계약의 적용 등급 및 보험 기간, 평가 대상 기간 중의 사고 유무, 사고 기록 점수 및 과거 3년(보험 가입 기간의 3년 미만이면 그 가입 기간) 동안의 사고 유무에 따라 정한다.

030 ④

※ 평가 대상 기간 중에 사고가 없는 경우
1. 평가 대상 기간 말일로부터 과거 3년간 사고가 없거나 가해자 불명 자기 차량 손해 사고를 제외한 자기 과실이 없는 사고
2. 가해자 불명 자기 차량 손해 사고로서 손해액이 30만 원 이하인 사고 1건

031 ②

평가 대상 기간 중에 사고가 없는 경우 전 계약이 보호 등급으로서 1년 미만인 경우 갱신 계약은 일반 등급을 적용한다.

032 ④

※ 단기 계약 갱신 시 할인 적용 계약 대상
1. 전 계약의 보험 기간 만료일 3개월 전부터 과거 1년 동안 합산된 단기 계약의 보험 가입 기간(연간 합산 기간)이 6개월 이상
2. 평가 대상 기간 중에 사고가 없는 경우로서 평가 대상 기간 말일로부터 과거 3년 동안 사고가 없고, 과거 1년 동안 '1년간 할인 유예 사고'가 없는 경우

033 ①

할인 적용 대상 계약의 갱신 계약 적용 등급은 전 계약 적용 등급보다 1/2등급 낮은 적용 등급으로 한다.

034 ①

영업용 자동차는 피보험자 단위로 평가하여 적용한다.

035 ③

$$수정\ 경과\ 순보험료 = \frac{참조\ 순보험료\ 기준\ 경과\ 순보험료}{할인·할증\ 등급별\ 참조\ 적용률 + 특별\ 할증률} \times 100$$

036 ③

손해액 = 보험금 − 전기 이월 지급 준비금 + 차기 이월 지급 준비금

037 ③

관련 법규의 개정 및 행정 지시로, 법인(관공서 포함)이 흡수·합병되거나 법인을 합병하여 새로운 법인이 신설되는 경우 또는 법인의 명칭과 종류가 변경된 경우의 보험 가입 경과 기간 산정 시, 합병 전 또는 변경 전 법인의 보험 가입 경과기간을 포함한다.

038 ④

평가 대상 기간은 당년 4월 30일부터 과거 2년간으로 하며, 당년 9월 1일부터 익년 8월 31일에 책임이 시작되는 계약에 대하여 적용한다.

039 ②

할증 대상 법규 위반이 중복될 경우 할증률을 합산하여 적용하되, 최대 20% 한도로 적용한다.

040 ①

※ 개별 할인·할증 적용 계약의 최고 할증률

구분	대상 계약	최고 할증률
A 그룹	1. 위장 사고 야기자 2. 자동차를 이용하여 범죄 행위를 한 경우 3. 피보험자를 변경함으로써 할증된 보험료(보험 가입자 특성 요율 포함)를 적용할 수 없는 경우	50%
B 그룹	1. 3회 이상의 사고를 일으킨 사실이 있는 경우 2. 사망 또는 상해 등급 7급 이상의 대인 사고를 일으킨 사실이 있는 경우	40%
C 그룹	1. 2회 사고자 2. 1회 사고자로서 상해 등급 10급 이상의 대인 사고를 일으킨 사실이 있는 경우 3. 1회 사고자로서 500만 원 초과의 물적 사고를 일으킨 사실이 있는 경우	30%
	4. 1회 사고자로서 300만 원 초과 500만 원 이하의 물적 사고를 일으킨 사실이 있는 경우	20%
	5. 1회 사고자로서 200만 원 초과 300만 원 이하의 물적 사고를 일으킨 사실이 있는 경우	15%
D 그룹	1회 사고자(물적 사고 할증 기준 금액 이하의 사고자 제외)로서 보험 회사가 기본 보험료 및 사고에 따른 할증 보험료로 보험 계약 인수를 거절하는 경우	10%
E 그룹	승용차 요일제 특별 약관에 가입하고 비운행 요일에 보험 사고가 발생하여 보험금이 지급된 경우(단, 승용차 요일제 특별 약관상 비운행 중 사고의 경우에는 제외)	8.7%

041 ②

개별 할인·할증 적용 대상 계약의 평가 기간은 최근 3년으로 하며 최근 3년은 전 계약 만료일 3개월 전부터 과거 3년간(보험 가입 기간이 3년 미만이면 그 가입 기간)으로 한다. 단, 다음의 경우에는 최근 1년으로 한다.
1. 피보험자를 변경함으로써 할증된 보험료(보험

가입자 특성 요율 포함)를 적용할 수 없는 경우
2. 승용차 요일제 특별 약관에 가입하고 비운행 요일에 보험 사고가 발생하여 보험금이 지급된 경우(단, 승용차 요일제 특별 약관상 비운행 중 사고의 경우에는 제외)

042 ④

※ 단체 할인·할증 적용 대상 계약

대상 계약	최고 할증률
1. 최근 3년간 실적 손해율이 비사업용인 경우 165%, 사업용인 경우 140% 이상인 경우로서 보험 회사가 기본 보험료 및 사고에 따른 할증 보험료로 인수를 거절하는 경우 2. 소속 업체 변경 자동차 보험 계약 3. 보험금 환입 사고에 대하여 평가 대상 기간 말일 이후 보험금을 재청구하여 낮은 단체 할인·할증률을 적용받는 업체	50%

제4장 손해 보험의 보유와 재보험

1 손해 보험의 보유

001 ①
보유(Retention)란 보험 회사가 위험의 범위를 한정하여 자신이 책임지는 것이다.

002 ③
총계 위험 보유는 연간 손해율이 예정 손해율을 어느 한도 이상 초과하지 않도록 하는 것이다.

003 ③
초과 손해액 보험이나 초과 손해액 재보험의 보유는 금액 보유가 아니라 위험 보유이다.

004 ④
자본금과 잉여금을 합친 금액의 0.5~1%를 최고 보유액으로 한다.

2 손해 보험의 재보험

005 ④
재보험자는 인수한 보험을 다시 타 보험 회사로 하여금 인수하도록 할 수 있는데, 이를 재재보험이라 한다.

006 ④
재보험이란 보험자가 보험 계약자 또는 피보험자와 계약을 체결하여 인수한 보험의 일부 또는 전부를 다른 보험자에게 넘기는 것이다. 재보험 계약은 법률상 독립된 별개의 계약이므로 원보험 계약의 효력에 영향을 미치지 않는다.

007 ③
※ 재보험의 기능
(1) 위험 분산
① 재보험은 원보험자가 인수한 위험의 전부 또는 일부를 분산시킴으로써 한 보험자로서는 부담할 수 없는 커다란 위험을 인수할 수 있도록 하는데, 이것은 위험의 양적 분산 기능이다.
② 원보험자가 특히 위험률이 높은 보험 종목의 위험을 인수한 경우 이를 재보험으로 분산시켜 원보험자의 재정적 곤란을 구제할 수 있도록 하는데, 이것은 위험의 질적 분산 기능이다.
③ 원보험자가 장소적으로 편재한 다수의 위험을 인수한 경우 이를 공간적으로 분산시킬 수 있도록 하는데, 이것은 위험이 장소적 분산 기능이다.
(2) 원보험 회사의 인수 능력(Capacity)의 확대로 마케팅 능력을 강화
원보험 회사는 재보험을 통하여 재보험이 없는 경우 인수할 수 있는 금액보다 훨씬 더 큰 금액의 보험을 인수(대규모 리스크에 대한 인수 능력 제공)할 수 있게 된다.
(3) 경영의 안정화

예기치 못한 자연재해 및 대형 이재의 발생 등으로 인한 보험 영업 실적의 급격한 변동은 보험 사업의 안정성을 저해하게 된다. 재보험은 이러한 각종 대형 위험의 집적 손해나 거액의 위험으로 실적의 안정화를 지켜 주므로 회사의 경영 안정성에 큰 도움을 준다.

(4) 신규 보험 상품의 개발 촉진

재보험은 신규 보험 상품의 개발을 원활하게 해 주는 기능을 한다. 원보험 회사가 신상품을 개발하여 판매하고자 할 때 손해율 추정 등이 불안하여 신상품 판매 후 전액 보유하기에는 불안한 경우가 많다. 이 경우 정확한 경험 통계가 작성되는 수년 동안 재보험자가 수재해 줌으로써 원보험자의 상품 개발을 지원하는 기능을 하고 있다.

008 ②

① 보험 계약이 성립되기 위해서는 피보험자가 피보험 이익을 갖고 있어야 하듯이, 재보험 계약이 유효하게 성립하기 위해서는 원보험자가 피보험 이익을 갖고 있어야 한다.
② 재보험 계약의 체결 시 부실 고지를 하지 않을 의무와 중요 사항은 고지해야 할 의무가 있으며, 고지 의무 위반은 계약 무효의 원인이 된다.
③ 재보험은 손해 배상 계약이므로, 재보험자의 책임은 원보험 회사가 입은 실제 손해에 한정된다.
④ 원보험자의 대위권 행사로 손실이 축소되면 재보험자도 그만큼 배상액이 줄어든다. 또한 원보험자가 공동 보험자인 경우에는 원보험자의 분담금이 축소되면 재보험자의 책임도 그만큼 줄어들게 된다.

009 ③

특약 재보험은 출재 회사와 재보험자가 사전에 출재 대상 계약의 범위, 출재사 및 재보험자의 책임 한도액, 재보험 처리 방법 등에 대해 약정을 맺어 놓은 후, 일정 기간에 걸쳐 약정 내용에 따라 재보험 청약과 인수가 자동적으로 이루어지는 거래 방법이다.

010 ②

자동적인 재보험 담보가 없으므로 재보험 처리가 완료되기 전에는 원보험자의 담보 능력을 초과하는 위험까지도 책임을 지게 되는 경우가 있어 원보험 계약 인수에도 영향을 미치게 된다.

011 ①

※ 임의 재보험 대상 계약
1. 특약서상 한도액을 초과하는 대형 위험
2. 너무 높은 위험으로 인해 특약 출재 대상에서 제외되는 계약
3. 특정 계약을 특약에 출재할 경우 특약 실적을 악화시킬 수 있는 계약
4. 출재사의 신규 인수 위험
5. 비표준 위험 계약

012 ③

출재사가 책임을 지는 일정 한도의 보유를 초과하는 모든 손해액에 대해 재보험자가 책임을 지도록 하는 방식은 비비례적 재보험이다.

013 ④

※ 비례적 재보험과 비비례적 재보험

비례적 재보험	비비례적 재보험
① 비례 재보험 특약 ② 초과액 재보험 특약 ③ 의무적 임의 재보험	① 초과 손해액 재보험 특약 ② 초과 손해율 재보험 특약

014 ②

① 의무적 임의 재보험은 원보험자는 출재 여부를 임의로 결정할 수 있으나 재보험자는 의무적으로 수재하도록 정하여진 계약이다.
② 초과액 재보험 특약은 원보험자가 인수한 보험 계약에 대하여 특약으로 미리 정해진 금액의 한도 내에서 매 계약별로 보유 금액을 결정한

후 그 초과액을 출재하는 것이다.
③ 비례 재보험 특약은 원보험자가 인수한 계약 중 미리 정한 조건에 부합되는 모든 계약의 일정 비율이 재보험으로 처리되는 방식이다.
④ 초과 손해액 재보험 특약은 출재사의 순보유 보험금을 담보하는 방식이다. 한편 초과 손해율 재보험 특약은 일정한 범주에 속하는 모든 보험 계약에 대하여 일정 기간의 누적 손해액이 예정 손해율을 초과하게 될 때 그 초과액 또는 초과율을 재보험으로 보상받는 방식이다.

015 ③
원보험자와 재보험자가 공동의 이해 관계에 있기 때문에 위험의 역선택의 가능성이 적어 재보험자에게 유리한 면도 있다.

016 ④
원보험자의 보유 기회가 늘어나 출재 보험료가 절감되나 재보험자의 입장에서는 소규모 위험에 대한 수재 기회가 적어지기 때문에 위험의 평준화를 기하기 어렵다.

017 ④
보험 물건별로 보유액과 출재액을 계산하지 않으므로 사무비가 적게 들며, 거대 위험이나 대손해의 발생 가능성이 있는 누적 위험을 담보하는 데에 이상적이고 보유 보험료를 증대시킬 수 있는 이점이 있으나 적정 수준의 보유 손해액 결정에는 상당히 전문적인 기술이 필요하다.

제4과목 손해 보험 손해 사정

제1장 손해 사정의 일반 이론

1 손해 사정의 개요

001 ③
※ 손해 사정업무
(1) 사고 통지의 접수
사고 발생 통지를 받으면 손해 사정사는 육하원칙에 따라 ① 사고 일시 ② 사고 장소 ③ 보험 목적 ④ 사고의 원인 ⑤ 손해 상황 및 추산 손해액 ⑥ 보험 계약 종목 및 보험 계약 사항 등을 파악한다.
(2) 계약 사항의 확인
청약서(또는 보험 계약 사항 조회) 및 보험 약관을 통하여 ① 보험 계약자, 피보험자 ② 보험의 목적, 피보험 이익의 존속 여부 ③ 보험 가입 금액(또는 보상 한도액) 및 공제액 ④ 보험 기간 ⑤ 보험료, 보험료 납입 시기, 보험료 납입 방법 및 모집자 ⑥ 약관의 면·부책 내용 ⑦ 첨부된 특별 약관 및 배서 사항 ⑧ 중복 계약 유무 ⑨ 재보험 사항 등을 파악한다.
(3) 현장 조사
현장 조사란 ① 손상된 보험의 목적 또는 피해자 및 증인 등의 실지 확인 및 ② 손해 발생 상황, 손해 발생 원인 및 손해 정도를 실지 조사를 통하여 파악한 후 기확인한 보험 계약사항 및 손해 발생 상황 등을 대조함으로써 보상 여부와 보상 정도에 관한 이차적인 조사를 하는 단계이다.
(4) 손해액 및 보험금 산정
손해액이 결정되면 보험금을 산정한다. 이때에는 보험 금액(보상 한도액), 자기 부담액, 일부 보험, 중복 보험 및 신구 교환 차액 공제 및 손해 조사 협조 비용이나 손해 방지 비용의 부담 한도 등을 검토하여야 한다.
(5) 보험금 지급
보험금 지급 방법에는 현물 보상, 수리·복구 및 현금 지급 방식이 있으며, 현금 지급 방식에도 일시불 지급과 분할 지급이 있을 수 있다.
(6) 대위 행위
보험금을 지급한 후 잔존물 대위의 요건이 성립되면 잔존물 처리 방법을 강구한다.

002 ③
ⓐ 사고 통지의 접수 → ⓓ 계약 사항의 확인 → ⓑ 현장 조사 → ⓕ 손해액 및 보험금 산정 → ⓒ 손해 사정서 작성·교부 → ⓖ 보험금 지급 → ⓔ 대위 및 구상권 행사

003 ③
지나치게 관대한 클레임 정책은 보험 가입자로 하여금 역선택을 초래하고, 보험 가입자들은 보험금 수취를 위하여 고의적으로 사고를 유발하는 등의 도덕적 위험의 증가로 이어지게 된다.

004 ②
보험금 지급에 관하여 약정 기간이 있는 경우에는 그 기간 내에, 약정 기간이 없는 경우에는 보험 사고의 발생 통지를 받은 후 지체 없이 지급할 보험 금액을 정하고 정해진 날로부터 10일 이내에 피보험자 또는 보험 수익자에게 지급하여야 한다.

005 ④
보험자가 특혜 지급을 약속하고서는 사고가 발생할 때 이를 보험의 단체성이나 보험업법에 반하는 조항이라는 이유를 들어 특혜 지급을 거부하는 것은 금반언의 원칙에 반하기 때문에 그 사법적 효력을 인정하여 약정한 바를 이행하라는 것이 대법원 판례의 입장이다.

006 ①
보상 책임이 성립되어야 한다.

007 ③
특혜 지급은 보험자의 보상 책임이 없는데도 불구하고 보상하거나, 지급 보험금보다 많은 보험금을 지급하는 것을 말한다.

008 ②
보험금 청구권은 2년간 행사하지 아니하면 소멸 시효가 완성된다. 이러한 단기 소멸 시효 제도는 보험 제도의 특수성을 고려하여 신속한 결제와 보험 관계의 종결을 통하여 보험 사업의 원활한 운영을 도모하기 위한 것이다.

2 이득 금지의 원칙(실손 보상의 원칙)

009 ④
보험 가액은 그 손해가 발생한 때와 곳의 가액에 의하여 산정한다. 그러나 당사자 간에 다른 약정이 있는 때에는 그 신품 가액에 의하여 손해를 보상할 수 있다.

010 ③
이득 금지란 피보험자에게 실제 발생한 손해만을 보상한다는 것이다. 사고 시 실제 발생한 손해만 보상할 뿐 사고로 피보험자에게 이득이 생기는 것도 금한다는 것이 이득 금지의 원칙이다. 손해 보험사가 보상할 손해액은 보험 가액을 기준으로 한다. 보험 가액이란 물건 보험에서 피보험 이익의 평가액이다. 즉, 보험 사고가 발생할 경우 피보험자에게 발생할 수 있는 손해의 최고치이다. 배상 책임 보험은 보관자 배상 책임 보험을 제외하고는 보험 가액의 개념이 없다.

011 ②
신가보험은 이득 금지 원칙의 예외에 해당한다.

※ 이득 금지 원칙 구현을 위한 손해 보험 제도
1. 피보험 이익 제도
2. 보험자 대위
3. 손해액의 시가주의
4. 신구 교환 공제
5. 타보험 약관 조항
6. 과실 상계 및 손익 상계

012 ②

① 상법은 보험자가 보험금을 지급한 경우에 일정 요건에 따라 보험 계약자 또는 피보험자의 보험의 목적이나 제3자에 대한 권리를 보험자가 법률상 당연히 취득하도록 하고 있는데, 이를 보험자 대위라 한다. 보험자 대위는 보험 목적에 대한 대위(잔존물 대위)와 제3자에 대한 대위(청구권 대위)로 구분된다. 보험 목적에 대한 대위는 보험의 목적의 전부가 멸실한 경우에 보험 금액의 전부를 지급한 보험자가 그 목적에 관한 피보험자의 권리를 취득하는 것을 말한다.
③ 피보험 이익이란 피보험자가 보험의 목적에 대하여 갖고 있는 경제상의 이익이다. 즉 보험의 목적에 대하여 보험 사고가 발생하지 않음으로써 갖게 되는 경제상의 이익이므로, 손해 보험 계약에 있어서 피보험 이익은 보험자의 보험 책임의 최고 한도를 정하는 기준이 된다. 보험 사고 시 피보험자는 피보험 이익이 감소된 정도를 기준으로 보상을 받게 되며 피보험 이익이 없는 계약은 무효화되기 때문에 손해 보험 계약의 도박화를 방지하는 기능을 한다.
④ 보험 목적물의 분손 사고로 인하여 새로이 수리하거나 중고 부품을 새 부품으로 교체한 결과, 보험 목적물의 가치가 보험 사고 직전보다 높아졌다면 피보험자는 보험 사고로 인하여 결과적으로 이득을 보게 된다. 이를 방지하기 위하여 개별 보험 약관에서는 새 부품의 교환이나 신재료로 수리함으로써 보험 목적물의 가치가 증가한 경우에는 증가된 금액을 공제하고 지급하도록 규정하고 있다.

013 ②

보험료의 감액은 장래에 대하여서만 그 효력이 있다.

014 ②

보험자는 초과 보험 계약이 사기로 인하여 체결된 사실을 안 때까지의 보험료를 청구할 수 있다.

015 ④

보험자가 보험 사고로 보험금을 지급한 후 피보험자가 경제적 가치가 있는 잔존물을 보유하고 있거나, 보험 사고를 유발한 제3자에 대한 손해 배상 청구권을 갖는다면 피보험자는 보험 사고로 이득을 보는 경우가 발생하게 된다. 보험자 대위는 이와 같이 피보험자의 이득을 배제하여 이득 금지의 원칙을 실현하기 위해 만들어진 제도이다.

016 ①

※ 이득 금지 원칙의 예외
② 사고 발생 시의 가액이 협정 가액을 현저히 초과하지 않는 한 보험 증권에 기재된 금액을 보험 사고 시 지급함으로써 약간의 이득이 발생하고 있는데 이는 이득 금지 원칙의 예외로서 인정된다.
③ 신가보험은 손해액을 결정하는 데 있어서 감가액을 공제하지 않고 대체 비용 전액을 보상하여 이득 금지의 예외적인 적용이 되고 있으나, 담보 대상이 되는 목적물을 제한하고 피보험 목적물의 대체가 지연되는 경우 시가를 기준으로 보험금을 지급하도록 하여 도덕적 위험을 감소시킨다.
④ 인보험의 정액 보험에서는 보험 사고 발생 시 피보험자가 입은 실손해액과 관계없이 약정한 금액을 정액으로 지급하기 때문에 이득이 발생할 수 있다.

017 ②

※ 이득 금지의 예외
① 신가보험
보상 기준을 재조달가로 정한 보험을 신가보험이라 한다. 감가상각이 반영된 실제 손해를 보상하는 것이 아니고 재조달가 전액을 보상하게 되므로 이득 금지 원칙의 예외가 된다.
② 기평가보험
기평가보험 계약에서는 보험 가액이 사고 발생 시의 가액에 초과하더라도 사고 발생 시의 가액을 기준으로 하여 손해액을 산정하지 아니하고, 계약된 금액을 기준으로 손해액을 산정하므로 이득 금지 원칙의 예외가 된다.
③ 손해 보험 상품 중 정액 보험, 사망 보험
운전자 보험의 방어 비용 보상 등은 해당 보험금 지급요건이 충족되면, 실제 소요비용이 얼마인가에 상관없이 보험 계약 시 정한 금액을 일시금으로 지급하게 된다. 만일 소요 비용이 보험금보다 적다면, 금전적 이득이 발생하므로 이득 금지 원칙의 예외가 된다.

3 신구 교환 공제

018 ④
해상 보험의 경우 선박의 내선성 유지를 위해서도 신재료로 수리하게 되므로 신구 교환 차익이 발생하고 이를 공제하게 되어 있으나 현실적으로 어느 정도의 가치 증가가 발생하였는지 판정이 곤란하기 때문에 공동 해손 정산의 경우를 제외하고는 수리비에서 신구 교환 차익의 공제를 하지 않는다.

019 ③
신부품으로 교환하였다고 하여 보험의 목적 또는 피해물이 전체적으로 교환 가치가 증가하였다고 보기 어렵고 증가하였더라도 이를 산출한다는 것이 용이하지 않기 때문에 해상 보험이나 기관·기계 보험에서는 이를 인정하지 않고 있다.

4 타 보험

020 ②
피보험 이익이 동일하다는 의미는 동일한 피보험자가 동일한 보험의 목적에 피보험 이익이 동일한 보험 계약이 두 개 이상 있어야 한다. 보험 목적은 그 범위까지 동일하여야 하는 것은 아니다.

021 ③
타보험 조항이란 동일한 보험 목적에 대하여 보험 사고 발생 시 동일한 손해를 보상하는 두 개 이상의 보험 계약이 존재하는 경우에 각 보험자가 손해액을 분담하는 방법에 관하여 정해 놓은 약관 조항을 말하며, 재산 보험 또는 배상 책임 보험 등의 손해 보험에서 주로 쓰인다. 한 보험 사고로 동일한 손해에 대하여 이중 또는 삼중으로 보험금을 수취하게 되면 실손 보상 원칙이 깨지게 된다. 즉 피보험자가 보험 사고로 발생 전보다 경제적 이득을 취하게 된다면 보험이 도박화될 우려가 있으므로 타보험 조항을 통해 이를 억제하고 있다.

022 ③
책임 보험에서는 제3자에 대한 피보험자의 법률상 책임액을 대상으로 하고 있으므로 보험 가액이 존재하지 않아 보상 한도액이라는 개념을 통하여 보험자의 책임 한도액을 결정한다.

023 ④
보험 계약자나 피보험자가 타보험 계약의 존재와 사고 사이에 인과 관계가 없다는 것을 입증하면 해지 전 사고에 대하여 보상 책임을 진다.

024 ②
① 비례 책임 조항은 각 보험자의 보험 금액의 총 보험 금액에 대한 비율에 따라 분담하는 방식이다.
② 책임 한도 분담 조항은 각 보험자가 다른 보험 회사가 없는 것으로 간주하여 책임져야 할 지

급 보험금을 계산하여 각자의 책임액을 각자 책임액의 합계의 비율에 따라 분담하는 방식이다.
③ 균등액 분담 조항은 각 보험자는 가장 낮은 보험 금액 가입 회사를 기준으로 책임 한도 내에서 균등하게 분담하고, 총 손해액이 지급될 때까지 나머지 보험 회사들이 동일한 방법으로 균등하게 분담한다.
④ 초과액 부담 방식은 다른 보험 계약에서 보험금을 지급할 때까지 보험금을 지급하지 아니하고, 다른 보험자가 지급한 보험금을 초과한 손해에 대해서만 보상하는 방식이다.

025 ②
비례 책임 조항의 경우, A 보험 회사 보상 금액 = 600만 원 × 200만 원 ÷ 1,000만 원 = 120만 원
① 책임 한도 분담 조항의 경우, A 보험 회사 보상 금액은 600만 원 × 200만 원 ÷ 800만 원 = 150만 원
③ 균등액 분담 조항의 경우 여러 보험 증권 중 가장 낮은 책임 한도(보험 금액) 내에서 균등하게 분담하므로 A 보험 회사 보상 금액은 200만 원이다.
④ 초과 분담 조항은 다른 보험 계약에서 보험금을 지급할 때까지 보험금을 지급하지 아니하며 오로지 다른 보험자가 지급한 보험금을 초과한 손해에 대해서만 보상하는 방식을 말한다. 따라서 1차 보험자인 A 보험 회사 보상금액은 200만 원이다.

026 ②
균등액 분담 방식은 손해액에 대하여 각 보험자는 보험 금액이 가장 적은 보험 계약의 보험 금액이 전부 지급될 때까지 보험금을 균등하게 분담하며, 그중 한 보험 계약의 보험 금액이 전부 지급되고도 손해액이 남아 있을 경우 다음 보험 계약의 보험 금액이 전부 지급될 때까지 균등으로 손해액을 분담하게 된다. 문제의 경우 1차로 1억 원 한도에서 A, B, C 보험 회사가 공동 부담하고, B, C 보험자가 2억 원 한도에서 공동 부담하고 B 보험자가 3억 원 한도에서 남은 금액을 부담한다.

027 ②
각 보험 계약별 지급 보험금 = 손해액 × 각 보험 가입 금액 ÷ 각 보험 가입 금액의 합
① A : 6억×2억÷(2억 + 3억 + 5억) = 1.2억 원
② B : 6억×3억÷(2억 + 3억 + 5억) = 1.8억 원
③ C : 6억×5억÷(2억 + 3억 + 5억) = 3억 원

5 소손해 면책

028 ②
보험자가 보험 계약의 조건에 의해 보험금을 지급하기 전에 손해의 일부를 반드시 피보험자가 부담하도록 약정하는 계약 규정이다.

029 ③
※ 보험 공제의 목적
㉠ 소액 손해의 배제
발생 빈도가 많은 소손해까지 일일이 보상하는 데 따른 보험 비용(인력과 시간의 낭비 등)을 억제하기 위하여, 정해진 공제 금액 이하의 작은 손실은 가입자가 직접 부담하는 것이다.
㉡ 보험료 절감
소손해까지도 모두 보상함으로써 야기되는 보험 계약자 측의 보험료 부담을 경감할 수 있게 된다.
㉢ 주의력 이완 방지 및 도덕적 위험 배제
공제 조항으로 손해액 일부분은 피보험자가 부담하여야 하므로 고의적으로 사고를 유발시키는 행위를 감소시키고 보험 계약의 체결로 주의력이 이완되는 것을 방지할 수 있다.

030 ①

프랜차이즈 공제(Franchise deductible)는 보험가액에 대한 일정 비율 또는 일정 금액으로 공제액을 정하고, 보험 사고의 발생으로 인한 손해가 일정 비율 또는 일정 금액에 미달하는 경우 전액 피보험자가 부담하고, 손해가 일정 비율 또는 일정 금액을 초과할 경우 전액 보험자가 부담하는 방식이다. 예를 들어 보험 가액이 1억 원이고 면책율이 3%인 경우 손실액이 200만 원이면 전혀 보상하지 않고, 손실액이 400만 원이면 전액 보상한다.

② 공동 보험 조항이란 주로 재산 보험에 삽입된 약관 조항으로서 보험 계약자로 하여금 보험 가액의 일정 비율을 보험 금액으로 가입을 요구하고, 만약 보험 계약자가 사고 발생 시 요구 보험 금액을 만족시키지 못한 경우, 보험 계약자를 공동 보험자적인 입장에서 손해를 일부 부담시키는 조항을 말한다.

③ 직접 공제(정액 공제)는 일정한 공제액을 정해 놓고 손해액이 공제액에 미달하면 손해액 전부를 피보험자가 부담하고, 손해액이 공제액을 초과하는 경우 공제액을 피보험자가 부담하고 공제액을 차감한 나머지 손해액만을 보험자가 부담하는 것이다.

④ 종합 공제(총액 공제)는 일정 기간 동안 발생한 손해액의 합계가 보험 계약 체결 시 정한 공제액에 못 미치는 경우에는 손해액을 전부 피보험자가 부담하고, 손해액의 합계가 공제액을 넘는 시점부터 발생하는 손해는 보험자가 전액 부담하는 것이다.

031 ③

직접 공제는 매 사고마다 동일액을 적용하여, 손해액에서 공제한다.
- 2016.01.10 사고 : 50만 원 − 10만 원 = 40만 원
- 2016.04.15 사고 : 100만 원 − 10만 원 = 90만 원
- 2016.08.23 사고 : 200만원 − 10만원 = 190만원

032 ②

$$지급\ 보험금 = \frac{(5억\ 원 - 1억\ 원) \times 6억\ 원}{(10억\ 원 \times 0.8)} = 3억$$

033 ④

프랜차이즈 공제는 설정된 공제 금액 이하의 손해가 발생하면 전액 지급하지 않지만, 이를 초과하는 손해가 발생하면 공제 없이 전액 지급한다.
- 2016.01.10 사고 : 40만 원 − 40만 원 = 0원
- 2016.04.15 사고 : 80만 원 − 0원 = 80만 원
- 2016.08.23 사고 : 200만 원 − 0원 = 200만 원

034 ②

프랜차이즈 공제액으로 5,000만 원이 설정되어 있으므로, 그 이상의 손해액에 대해서만 계산한다.
※ 순보험료 = (1억 원×0.2) + (6,000만 원×0.5)
  = 5,000만 원

035 ②

종합 공제는 설정된 종합 공제액이 전부 소진될 때까지 발생하는 손해액에 순차적으로 적용하고 모두 소진된 이후에는 공제액 적용없이 전액 보상한다.
- 2016.01.10 사고 : 30만 원 − 30만 원 = 0원
- 2016.04.15 사고 : 50만 원 − 20만 원 = 30만 원
- 2016.08.23 사고 : 200만 원 − 0원 = 200만 원

036 ①

소멸성 공제에서는 손해액이 커짐에 따라 공제액이 줄어들도록 공식이 설정되어 있고, 일정액 이상으로 커지면 공제액이 사라지게 된다.
- 2016.01.10 사고 : (10만 원 − 10만 원)×1.05
  = 0원
- 2016.04.15 사고 : (60만 원 − 10만 원)×1.05
  = 525,000원
- 2016.08.23 사고 : (110만 원 − 10만 원)×1.05
  = 1,050,000원

037 ②

보험자 부담=(손해액-공제 금액)×조정 계수=(2,100만 원-공제 금액)×1.05=2,100만 원
∴ 공제 금액=100만 원

038 ④

대기 기간 조항은 보험 사고가 발생하는 경우 사고가 발생하는 날로부터 보험금을 지급하는 것이 아니라, 일정 기간의 대기 기간을 정하여 두고, 그 대기 기간을 경과하는 시점부터 보험금을 지급하는 방식이다. 소액 손해 처리는 손해보다 오히려 손해 사정 경비가 더 많이 지출될 수 있어서, 소액 손해 즉 대기 기간 동안에 발생된 손해를 공제함으로써 손해 사정 비용을 합리적으로 처리할 수 있으며, 소액 손해에 대하여 보험자가 부담하지 않기 때문에 보험료율의 인하 효과가 생기고 피보험자가 일정한 손해를 부담하므로 보험 가입을 통해 발생할 수 있는 부주의를 억제할 수 있다.

6 열거 위험 담보와 포괄 위험 담보

039 ③

포괄 위험 담보 방식은 보험자나 보험 계약자가 예측할 수 없는 위험까지 담보하기 때문에 열거 책임 방식에 비하여 보험료가 고율이 된다.

040 ④

포괄책임주의는 보험료가 다소 비싸더라도 보험 보호의 범위가 넓다는 측면, 입증 책임에 있어서 유리하다는 이유 등으로 인해 보험에 대한 전문지식이 부족한 가계 보험에서 선호하며 보험에 대한 전문 지식을 갖춘 기업의 경우에는 열거 책임주의 방식을 선호하게 된다.

041 ③

포괄 책임주의에서는 보험 약관에서 면책 위험으로 인한 사고를 제외하는 모든 위험을 담보하는 방식이다. 따라서 면책 위험을 추가하게 되면 결과적으로 담보 범위가 축소된다고 할 수 있다.

042 ③

열거 위험 담보 방식의 입증 책임자는 보험자가 아니라 피보험자이다.

043 ④

열거 책임 방식에서는 피보험자에게 손해 원인이 되는 위험이 담보 위험임을 입증할 책임이 부여된다. 따라서 보험 기간 중에 담보 위험으로 인한 보험 사고로 담보 손해가 발생하였음을 피보험자가 입증하여야 한다. 즉 열거 위험 담보 계약은 열거한 위험으로 인한 손해에 대하여 보상한다고 약속한 것이므로 보험자로부터 손해 보상을 받기 위해서는 피보험자가 열거 위험으로 인하여 손해가 발생하였다는 것을 입증하여야 한다. 입증 책임의 측면에서 고려한다면 포괄 위험 담보 계약이 열거 위험 담보 계약보다 피보험자에게 유리하다고 할 수 있다.

7 보험 기간, 보험 계약 기간 등

044 ③

보험 기간은 보험 회사의 책임이 시작되어 끝날 때까지의 기간으로 책임 기간 또는 위험 기간이라고도 한다. 다른 약정이 없는 한 최초의 보험료를 받은 때부터 개시된다. 보험 기간은 보험의 종류에 따라 다르다. 일반 손해 보험의 경우는 통상 1년이 원칙이지만, 장기 손해 보험의 경우 통상 3년 이상 15년 이하를 원칙으로 한다.

045 ②

보험 계약 기간은 보험 계약이 성립해서 소멸할 때까지의 기간으로 성립 시기는 통상 보험 회사의 승낙이 있는 시점이다. 보험 기간이 보험 계약 기간

보다 긴 보험을 소급 보험, 보험 기간보다 보험 계약 기간이 긴 보험을 예정 보험이라 한다. 보험 회사의 승낙으로 보험 계약이 성립(보험 계약 기간)했다 하더라도 초회 보험료를 납입하지 않았다면 보험 회사의 책임이 개시(보험 기간)되지 않는다.

046 ①

보험 기간은 책임 기간 또는 위험 기간이라고도 한다.

047 ④

실무에서는 날짜를 따져 미경과된 기간에 대해 보험료를 돌려주는 것이 보통이다.

048 ①

보험 기간과 보험 계약 기간은 대체로 일치하는 것이 일반적인 경우이지만 간혹 서로 상이한 상황이 있을 수 있다.

049 ③

구간 보험은 어떤 사실의 시작과 끝을 하나의 단위로 보험 기간을 정하는 방법으로 항해 보험, 농업 보험 등에서 사용된다. 화재 보험은 기간 보험 방식, 공사 보험과 여행자 보험은 혼합 보험 방식이 일반적으로 적용된다.

050 ②

보험 계약 기간이 보험 기간보다 더 짧은 경우로는 소급 보험, 승낙전 보호 제도 등이 있다. 계약 성립 후 최초 보험료를 지급하게 되면 보험 계약 기간이 보험 기간보다 더 길어지게 된다.

051 ②

일반적으로 보험 기간은 최초 보험료 납입 시점에 개시된다. 예외적으로, i) 소급 보험 ii) 대기 기간이 설정된 담보 iii) 승낙전 보험 제도가 적용된 사고 iv) 별도 약정으로 책임 개시일을 정한 경우 보험료 납입 시점과 상이한 시점에 보상 책임이 개시된다.

052 ②

※ 보험 계약 기간과 보험 기간의 불일치 상황

계약 기간 초일 이전의 어느 시점부터 담보 책임이 개시되는 경우	㉠ 승낙 전 보호 제도가 적용되는 경우 ㉡ 소급 보험 계약 ㉢ 선박명 등 미확정부 적하 보험 ㉣ 소급 담보 일자에 의한 담보 사고 일자 기간
계약 기간 초일 이후 어느 시점부터 담보 책임이 개시되는 경우	㉠ 여행 보험에서 예정보다 지연된 여행 출발 ㉡ 공사 보험에서 지연 착공 ㉢ 초회 보험료의 지연납입 ㉣ 대기 기간이 있는 보험의 경우
계약 기간 말일 이전 어느 시점부터 담보 책임이 종료되는 경우	㉠ 여행 보험에서 여행의 조기 종료 복귀 ㉡ 공사 보험에서 공사의 조기 완공 인도 ㉢ 전손 사고의 발생 ㉣ 중도 해지하는 경우
계약 기간 말일 이후 어느 시점에 담보 책임이 종료되는 경우	㉠ 연장 보고 기간 ㉡ 통제 불가능한 사유로 여행 복귀 지연 시 24시간 한도로 자동 연장 담보 ㉢ 기간 보험인 선박 보험에서 항해 중 보험 기간 만료

053 ②

상법(제643조)은 보험 사고 발생 여부가 불확실한 경우에는 당사자 간의 약정에 의하여 보험자의 책임시점을 보험 계약 성립의 이전의 시점으로 정할 수 있도록 허용하고 있는데 이러한 소급 보험에서는 보험 기간이 보험 계약 기간보다 더 길게 되고 보험 계약 성립 전의 일정 기간 내에 발생한 손해에 대하여도 보험자가 보상 책임을 진다.
①, ③, ④ 보험 기간이 보험 계약 기간보다 더 짧은 경우에 해당한다.

054 ②

① 원인설은 보험 기간 중에 손해 발생의 원인 사실만이라도 발생하였다면, 실제 손해가 발생한 시점은 보험 기간이 경과한 후일지라도 보험자에게 보상 책임이 있다는 입장이다.
② 이재설은 보상하는 손해의 최초 발생 시점이 보험 기간 중이면 최종적으로 손해가 끝나는 시점이 보험 기간을 경과하더라도 전체 손해를 모두 보상해 주어야 한다는 견해이다. 현재 통설로 받아들여지고 있다.

③ 손해설은 보험 기간 중에 발생한 손해만으로 보상 책임을 제한하여야 한다는 견해이다.
④ 보험 기간과 관련한 보상 책임을 가장 넓게 인정하는 견해는 원인설이다.

055 ②

①, ③, ④는 계약 기간 말일 이전 어느 시점부터 담보 책임이 종료되는 경우이다.

056 ①

보험 사고의 발생에 의하여 전손이 발생한 경우에는 피보험 이익이 소멸하고 보험의 대상은 없어지므로 보험 계약은 종료하지만, 분손의 경우에는 보험의 대상인 피보험 이익이 아직 잔존하기 때문에 그 부분에 대한 보험 계약은 의연히 존속하는 것으로 해석하기도 한다. 이에 대하여 대부분의 보통 보험 약관은 보험의 목적의 일부에 대하여 손해가 발생한 경우에 그 손해를 보상하였을 때는 보험 금액에서 이것을 공제하고 남은 잔액을 가지고 나머지 보험 기간의 보험 금액으로 하고 또 그 잔액이 당초 정한 보험 금액의 일정비율 이하가 되었을 때는 계약을 종료한다는 내용의 규정을 두고 있는 것이 통례이다.

8 보험 계약의 해제와 해지

057 ④

보험 계약자가 보험 계약 성립 후 2월이 경과할 때까지 보험료의 전부 또는 제1회 보험료를 지급하지 아니하는 경우에는 다른 약정이 없는 한 보험 계약이 해제된 것으로 본다.

058 ③

보험 계약을 해지한 경우에는 다른 특약이 없는 한 보험 계약자는 미경과 보험료를 청구할 수 있다.

059 ③

보험 사고가 발생하여 보험자가 보험금을 지급한 때에도 보험 금액이 감액되지 않는 보험의 경우에는 보험 사고 후라도 보험 계약자는 보험 계약을 해지할 수 있다.

060 ②

보험 계약 당시에 보험 계약자 또는 피보험자가 고의 또는 중대한 과실로 인하여 중요한 사항을 고지하지 아니하거나 부실의 고지를 한 때 즉 고지 의무를 위반하였을 때에는 보험자는 그 사실을 안 날로부터 1월 내에, 계약을 체결한 날로부터 3년 내에 한하여 계약을 해지할 수 있다. 그러나 보험자가 계약 당시에 고지 의무 위반 사실을 알았거나 중대한 과실로 알지 못한 때에는 보험 계약을 해지할 수 없다.

061 ②

※ 보험자에 의한 해지
1. 보험료 부지급으로 인한 해지
   계속 보험료가 약정한 시기에 납입되지 아니하면 보험자는 상당한 기간을 정하여 최고하고 그 기간에 보험료가 납입되지 않은 때에는 그 계약을 해지할 수 있다.
2. 고지 의무 위반
   보험 계약자 또는 피보험자의 고의 또는 중대한 과실로 인하여 중요한 사항을 고지하지 아니하거나 부실고지한 때에는 보험자는 그 사실을 안 날로부터 1월, 계약을 체결한 날로부터 3년 내에 한하여 계약을 해지할 수 있다.
3. 위험의 현저한 변경 증가의 통지 의무 위반
   보험 기간 중 보험 계약자 등은 사고 발생의 위험이 현저하게 변경 또는 증가된 사실을 안 때에는 지체 없이 보험자에게 통지해야 하며 이를 해태한 때에는 보험자는 그 사실을 안 날로부터 1월 내에 한하여 해지할 수 있다. 위험 변경·증가의 통지를 받은 경우에도 보험자는 1월 내에 보험료의 증액을 청구하거나, 보험 계약을 해지할 수 있다.
4. 위험 유지 의무 위반
보험 기간 중에 보험 계약자 등의 고의 또는 중과실로 인하여 사고 발생의 위험이 현저하게 변경·증가된 때에는 보험자는 그 사실을 안 날로부터 1월 내에 보험료의 증액을 청구하거나 계약을 해지할 수 있다.

062 ①

상법이 허락한 보험자의 해지 사유 이외에 추가적으로 보험 사기처럼 특별한 사정이 생긴 경우 보험 계약을 해지할 수 있는 권리를 특별 해지권이라 한다.

9 보험 계약의 무효와 취소

063 ④

취소할 수 있는 행위는 취소가 있을 때까지 효력을 가지며, 취소권자가 취소권을 포기하면 그 행위는 효력을 잃지 않는 점이 무효와 다르다.

064 ②

※ 보험 계약이 무효가 되는 경우
1. 보험 계약 시에 보험 사고가 이미 발생하였거나 또는 발생할 수 없는 것인 때
2. 보험 계약자의 사기로 초과 보험을 체결한 때
3. 보험 계약자의 사기로 중복 보험을 체결한 때
4. 15세 미만자, 심신 박약자 및 심신 상실자의 사망을 보험 사고로 한 보험 계약
5. 타인의 서면 동의가 없는 타인의 사망 보험

065 ④

보험자가 보험 계약자로부터 보험 계약의 청약과 함께 보험료 상당액의 전부 또는 일부의 지급을 받은 때에는 다른 약정이 없으면 30일 내에 그 상대방에 대하여 낙부의 통지를 발송하여야 한다. 보험 계약자의 청약에 대해 보험자의 승낙이 없으면 청약 30일 후 승낙이 의제되어 계약은 성립하게 된다.

10 손익 상계와 과실 상계

066 ①

② 과실 상계는 불법 행위 등으로 인하여 손해가 발생한 때, 피해자의 과실이 손해의 발생 또는 손해의 확대에 기여한 경우 손해 배상금을 산정할 때 피해자의 과실을 참작하는 제도이다.
③ 동승자 감액은 운전자와 동승자의 신분 관계, 탑승 경위, 평소에 탑승한 적이 있는지 등을 종합적으로 고려하여 운행자에게 전 손해를 배상시키는 것이 형평의 원칙에 반한다고 판단되는 경우 동승자에 대한 운행자의 손해 배상금을 산정할 때 일정 비율만큼 참작하는 것을 말한다.
④ 무과실 책임주의란 과실 책임주의에 대응하는 주의이며, 어떤 행위와 손해와의 사이에 인과 관계만 입증되면 그 행위자에게 고의 또는 과실이 없더라도 손해 배상 책임을 지우는 것이다. 무과실 책임주의는 과실 책임주의의 결함을 보완하는 기능으로서 기업의 내외에서 생기는 불가피한 손해에 대하여 과실 책임주의만으로는 피해자를 충분히 구제할 수가 없기 때문에 피해자의 구제에 만전을 기하기 위해서 도입된 것이다.

067 ②

불법 행위 또는 채무 불이행에 관하여 채권자의 과실이 있고 채권자가 그로 인하여 이익을 받은 경우에 손해 배상액을 산정함에 있어서는 과실 상계를 한 다음 손익 상계를 하여야 하고, 이는 과실 상계뿐만 아니라 손해 부담의 공평을 기하기 위한 책임 제한의 경우에도 마찬가지이다(대법원 2008.05.15. 선고 2007다37721 판결).

068 ③

고의에는 반드시 결과를 발생하려고 하는 의도까지는 필요하지 않다.

069 ②

A. B 차량의 손해에 대하여는 부보 내용에 따라 쌍방 과실의 경우 대물 및 차량 보험금 계산 방법에 의하여 처리하고 C의 오토바이에 대하여는 손해액에 각 차량의 과실 비율을 곱하여 산출한 금액을 보험금으로 지급한다.

* A 차의 대물 배상으로 지급되는 금액은
  2,000,000원 × 60% = 1,200,000원
* B 차의 대물 배상으로 지급되는 금액은
  2,000,000원 × 40% = 600,000원

070 ②

최종적 명백한 기회 : 과실을 통해 위험을 가정하였거나 사고에 책임이 있는 원고는 만약 피고가 사고를 피할 기회가 있었으나 그렇게 하지 않았다고 명백히 입증한다면 피고의 배상 책임을 인정하여야 한다는 원칙이다.
① 무과실 책임 : 손해 발생에 있어서 고의 또는 과실이 없는 경우에도 가해자가 피해자에게 배상 책임을 지게하고 있으니 이를 무과실 책임이라고 한다.
③ 엄격 책임 : 본질적으로 고도의 위험성이 내재되어 있는 상황을 보유하거나 만들어 내는 자는 이로 인한 사고에 대해 잘못이 없다고 하더라도 무조건적으로 배상 책임을 부담하는 것을 말한다.
④ 의도적 행위 : 의도적인 행위로 타인에게 손해를 입히는 경우 보험 종목을 막론하고 보험에서 담보하지 않는 것이 원칙이지만, 명예 훼손, 사생활 침해 등 인격 침해(Personal injury)로 인한 배상 책임과 저작권 등 무체 재산권 침해 행위로 인한 배상 책임 등은 이를 담보하는 특약 또는 보험 상품이 있다.

071 ③

피보험자가 우울증 등으로 자신의 행위에 대한 정확한 인식이나 평가 능력이 없는 상태에서 자살한 것은 사고에 해당한다.

072 ②

엄격 책임은 제품의 결함에 관하여 제조업자에 대한 통지 기간의 제한이 없고 결함과 보증과의 관련성을 요하지 않는다는 점에서 보증 책임과는 다르며, 엄격 책임은 영리의 목적으로 제조, 판매한 제조물에만 적용된다는 특징이 있다.

073 ②

① 기여 과실(Contributory negligence)의 법리는 과실 책임의 원인이 되는 사고 또는 사건의 발생에 있어 피해자의 과실이 조금이라도 기여했다면, 가해자인 피고에게 과실 책임을 부과할 수 없다는 것이다.
② 위험의 감수(Assumption of risk)는 특정 활동 또는 업무에 항상 위험이 있다는 것을 이해하고 인식하는 사람은 그러한 활동 또는 업무에 연관되어 손실을 입었다고 하더라도 스스로 그러한 위험에 자신을 자발적으로 노출한 것인 만큼 보상을 요구할 수 없다는 것이다.
③ 명백한 최후 회피 기회(Last clear chance)의 법리는 사고 발생에 자기의 과실이 어느 정도 있다고 하더라도 피고인 가해자가 사고를 피할 수 있는 최후의 기회가 있음에도 불구하고, 사고를 방지하지 못했을 때는 가해자로부터 손해 배상을 받을 수 있다고 판정되어야 한다는 것이다.
④ 일반적으로 과실 책임에 따른 민사 소송이 성립되려면 원고가 피고의 과실을 분명하게 입증해야 한다. 그러나 특정의 상황에서는 사건의 발생 사실만으로 피고의 과실이 있었다는 것을 추정하는 것이다. 이때 추정 과실 책임에 대한 항변은 피고인에게 달린 것이다. 이러한 법리를 추정 과실 책임이라고 한다.

074 ②

※ 과실 배상 책임의 성립 요건
1. 피보험자에게 주의 의무 등 법적 의무가 존재할 것
2. 피보험자가 법적 의무를 위반할 것
3. 피해자에게 손실이 발생할 것
4. 피보험자의 위반 행위와 손실 사이에 상당한 인과 관계(근인, Proximate cause)가 존재할 것

075 ④

징벌적 손해 배상(Punitive damages)이란 가해자가 불법 행위를 행함에 있어 고의, 악의, 비행, 무법한 행위로 인하여 손해가 발생한 경우 이러한 행위자를 징계하고 장래에 이와 같은 행위의 재발을 억제하기 위하여 손해의 전보 외에 별도로 징벌적 배상금을 부가하는 것을 말한다.
① 비교 과실(Comparative negligence)은 피해자의 과실의 정도에 따라 배상금을 감액하는 항변이다.
② 리스크의 인식(Assumption of risk)은 과실에 의한 불법 행위 사건에서 피고 항변 사유 중 하나로 손해 발생의 위험을 감수하기로 명시적 또는 묵시적으로 동의한 경우에는 배상금을 제한하는 항변이다.
③ 기여 과실(Contributory negligence)은 피해자 자신에게 부주의한 행동이 있는 경우에는 그 과실의 정도와는 상관없이 가해자에게 아무런 손해 배상을 청구할 수 없다고 하는 항변이다.

제2장 보험 사고와 보험자의 책임

1 보험 사고와 인과 관계

001 ②

상당 조건의 기준으로써 일반적 가능성을 이용하므로 양자 간의 인과 관계 정도가 경미한 경우에도 상당 조건으로 구성이 될 수 있다.

002 ③

열거 책임주의는 담보 위험과 사고 사이에 상당 인과 관계와 사고와 손해 사이의 상당 인과 관계를 피보험자가 입증해야 하지만, 포괄 책임주의에서는 사고와 손해 사이의 상당 인과 관계만 입증하면 된다.

003 ④

단일 위험 사고일 경우 상당 인과 관계 이론이 적용된다. 복수 위험 사고 중 육상 보험은 위험 보편 이론이 적용되며, 해상 보험은 근인설이 적용된다.

004 ①

단일 위험 사고일 경우 상당 인과 관계 이론이 적용된다. 복수 위험 사고 중 육상 보험은 위험 보편 이론이 적용되며, 해상 보험은 근인설이 적용된다.

2 단일 책임주의와 교차 책임주의

005 ①

자동차나 선박 등이 쌍방 과실 사고로 쌍방에 손해가 발생한 경우 손해액을 분담하는 방법으로 단일 책임주의와 교차 책임주의가 있다. 단일 책임주의(Principle of single liability)는 양 손해액의 합계액에 자기 과실분을 곱하여 자기 부담분을 구하고 자기 손해액과 비교하여 자기 부담분이 크면 그 차액만큼 상대에게 지급하고, 적으면 그 차액만큼 상대에게 구상하는 방법이다. 교차 책임주의(Priciple of cross liability)는 각자가 서로 상대방 손해액에 자기 과실 비율을 곱하여 산출된 금액을 쌍방이 교차하여 배상하는 방법이다.

006 ④

교차 책임주의는 자기 재물 손해와 대물 손해가 분명히 구분되므로 각 보험 종목의 손해율 산정에 정확한 기초 자료가 된다는 점에서 교차 책임주의가 합리적이다.

3 배상 책임 보험

007 ④

배상 책임 보험이라 함은 피보험자가 보험 기간 중에 발생한 사고로 인하여 제3자에게 배상할 책임을 진 경우에 이로 인한 피보험자의 손해를 보험자가 보상할 것을 목적으로 하는 손해 보험 계약을 말한다(상법 719조). 이러한 배상 책임의 종류에는 불법 행위로 인하여 법률에 의해 배상 책임이 발생하는 법률상 배상 책임과 자기의 불법 행위로 인하여 제3자에게 끼친 손해 배상 책임을 계약에 의해 보험자 등 타인에게 전가하는 계약상 배상 책임이 있는데 배상 책임 보험은 계약상 배상 책임 보험을 말하는 것으로서 모든 민사 배상 책임을 포괄하는 개념이다.

008 ④

배상 책임 보험의 경우에는 피해자 보호를 위해 입증 책임을 피해자가 아닌 가해자에게 전환하는 경향이 있다.

009 ②

※ 보험 회사가 보상하는 손해(보험업 감독 업무 시행 세칙 별표 15. 배상 책임 보험 표준 약관 제3조)
1. 피보험자가 피해자에게 지급한 법률상 손해 배상금
2. 피보험자가 손해의 방지 또는 경감을 위하여 지출한 필요 또는 유익하였던 비용
3. 피보험자가 제3자로부터 손해의 배상을 받을 수 있는 경우에 그 권리를 지키거나 행사하기 위한 필요한 조치를 취하기 위하여 지출한 필요 또는 유익하였던 비용
4. 피보험자가 지급한 소송 비용, 변호사 비용, 중재, 화해 또는 조정에 관한 비용
5. 증권의 보상 한도액 내의 금액에 대한 공탁 보증 보험료(다만, 보증 제공 책임 제외)
6. 피보험자가 피해자에게 손해 배상 책임을 지는 사고가 생긴 경우 보험 회사는 피보험자를 대신하여 보험금 지급을 요청한 피해자에게 지급 책임을 지게 되는 경우, 보험 회사가 필요한 증거의 제출, 증언 또는 증인 출석을 요청하여 이에 협조하기 위해 지급한 비용

010 ③

※ 배상 책임 보험의 특성
1. 중과실 사고의 보상
2. 입증 책임의 전환
3. 가입의 강제
4. 보험 가액의 부존재
5. 압류, 양도, 상계의 금지
6. 선이행주의

011 ④

재물 손해 배상 책임의 경우 적극 손해와 소극 손해로, 대인 손해 배상 책임은 적극 손해와 소극 손해 그리고 정신적 손해로 구분된다.

012 ③

사건 발생 기준은 일반적인 물건 보험의 경우에는 적합한 방식이라 할 수 있으나 의사나 건축가 등 전문직업인의 보험이나 생산물 배상 책임 보험의 사고에서는 행위와 그 결과가 반드시 시간적으로 근접해 있지 않은 경우가 많아 사고의 발생 시점이 언제인가 확정하기 어려운 단점을 가지고 있다.

013 ①

배상 청구 기준 보험 증권은 청구권자에 의해 배상 청구가 행해진 시점을 기준으로 담보하며, 손해

사고 기준 보험 증권은 실제 사고가 발생한 시점을 기준으로 담보한다. 자동차 손해 배상 책임 보험은 실제 사고가 발생한 시점을 기준으로 담보하므로 손해 사고 기준 배상 책임 보험에 해당한다.

4 Forfeiture clause

014 ④

보험 계약 자체의 효력을 상실시키지는 않는다는 점에서 고지 의무 위반 등으로 인한 계약의 해지와 다르며, 또한 일단 발생한 권리를 상실하는 것이라는 점에서 처음부터 보상 책임을 부담하지 않는 면책과도 다르다.

015 ②

보험의 목적이 복수일 때 보험금 청구에 관한 서류의 위조·변조 등으로 인한 보험금 청구권 상실의 범위는 위조·변조 등의 행위가 분명한 해당 보험금에만 적용되는 것을 원칙으로 한다. 보험 실권 약관을 문자 그대로 엄격히 해석하여 적용할 경우 조금이라도 약관에 위배하기만 하면 보험자는 면책되는 결과가 되어 본래 피해자 대중을 보호하고자 하는 보험의 사회적 효용과 경제적 기능에 배치되기 때문이다.

5 손해 사정에 있어서 구상권

016 ②

연대 배상 책임자들은 피해자에 대하여 연대하여 배상할 책임이 있기 때문에, 공동 불법 행위자 중 자신의 책임이 10%라고 할지라도 피해자는 그에 대하여 100% 전액에 대한 배상을 요구할 수 있다.

017 ②

특수한 경우에는 피보험자가 보험자에게 행하는 손해 보상 청구를 구상이라고 하기도 하나, 일반적으로 구상은 보험자, 피보험자, 제3자인 가해자의 3자 간에 성립되는 것이다.

018 ③

구상권의 성립이 확인되면 구상권을 행사할 가치가 있는지를 결정한다. 예컨대 구상 가액이 너무 소액이어서 구상권을 행사하는 것이 인력 및 시간 낭비라고 판단되면 구상 가치가 없으므로 미리 포기할 필요가 있다.

019 ④

보험 약관에 따라서는 구상권 또는 대위권을 포기하는 약정을 하는 경우도 있다. 일부 특종 보험에서 원자력손해에 대해서 '구상권 불행사 특약 조항'을 첨부하고 있는데, 이러한 원자력 손해에 대해서는 그것이 제3자의 고의에 의한 경우를 제외하고 피보험자는 보상금을 받는 범위 내에서 제3자에 대해 지니는 구상권을 포기하고 또 보험자도 구상권을 대위 취득하지 않는다는 뜻을 정하고 있다.

020 ②

배상액 일부를 피해자에게 배상한 피보험자의 보험금 청구권과 배상을 받지 못한 잔액에 대한 피해자의 직접 청구권의 합계액이 보험금 한도액을 초과한 때에 양 청구권의 경합이 발생하게 되는데 이 경우에는 피해자의 직접 청구권이 우선한다고 본다.

021 ③

※ 피해자 직접 청구권의 특성
① 독립성 : 피보험자의 보험금 청구권과 별개의 권리다.
② 강행성 : 상법에 의해 보장된 권리다.
③ 배타성 : 피보험자의 보험금 청구권과 경합 시 피해자가 우선하여 변제받게 된다.

022 ③

직접 청구권을 배제하는 약관은 무효가 된다.

023 ①

대위의 원칙은 피보험자가 제3자의 과오로 인하여 손실을 입었을 경우 일단 보험자가 이를 보상하여 주고 피보험자가 제3자에게 가지는 손해 배상 청구권을 대위하는 것이다. 가해자에 대한 손해 배상 청구권 행사 또는 잔존물의 매각 등으로부터 이중의 이익을 얻지 못하도록 하는 효과가 있다. 또한 보험자는 보상액을 책임 있는 제3자에게서 회수할 수 있으므로 보험 경영 악화에 따른 보험료 인상 소지를 방지할 수 있다.

6 보험 약관상 면책 사항의 필요성

024 ④

절대적 면책 사유는 보험 본질상·공서 양속상의 면책 사유로 당사자의 특약이나 추가 보험료로도 확장 담보가 불가능하지만, 상대적 면책 사유는 공서 양속에 반하지 않고 반사회적인 위험이 아니기 때문에 당사자의 특약으로 할증 보험료를 받고 확장 담보가 가능하다.

025 ①

소액의 클레임 배제는 공제액과 밀접한 관련이 있다. 면책 사항을 인정하는 이유는, 보험 계약의 사행성과 보험 사고가 보험 계약자 등의 인위적인 사고 유발이나 전쟁 등의 사고와 같이 비정상적인 상태하에서 발생한 경우에는 법률상으로나 계약상으로나 보험자의 보험금 지급 책임을 면제하여 보험 계약자 등의 행위를 견제하고 보험자를 보호하여 보험 기업의 원활한 유지를 도모할 필요가 있기 때문에 보험자의 면책을 인정하고 있다.

026 ③

일반적으로 보험자가 위험을 면책하는 이유로는 다음과 같은 것을 들 수 있다.
1. 위험을 일반 보험료로 부담하기에는 위험의 규모가 지나치게 큰 경우
2. 보험의 목적의 성질 또는 하자로 인하여 발생하였거나 또는 우연성이 결여되어 있는 경우
3. 위험을 부담하는 것이 공공질서에 위배되는 경우
4. 보험 계약자 또는 피보험자의 고의 또는 중대한 과실
5. 위험도가 지나치게 높은 경우

027 ②

※ 보험금 지급 의무 면책 사유
1. 보험 계약자 또는 피보험자나 보험 수익자의 고의 또는 중과실
2. 전쟁, 기타 변란
3. 보험 목적의 성질 또는 자연 소모로 인한 손해
4. 보험금 청구권의 소멸 시효 2년 완성

028 ③

천재지변으로 인한 손해는 보험 계약법이 아니라 보험 약관상 면책 사유이다. 천재지변은 우연성을 갖추고 있으나, 사고의 발생 빈도나 심도를 통계적으로 예측하는 것이 거의 불가능하여 적정한 보험료 산정이 어렵다. 또한 사고의 대형화와 손해액의 누적적 증대로 인해 보험자의 인수 능력을 초과할 수 있다. 만약 이 같은 위험을 보험에서 담보한다면 계약자들은 고액의 보험료를 지불해야 하는 불합리한 점이 발생한다. 예외적으로 이러한 위험의 담보를 필요로 하는 사람들이 모여 지진 보험이나 풍수해 재해 보험 등에 특약으로 가입하고 있다.

029 ④

법정 면책 사유는 대부분의 보험 분야에서 절대적 면책사유가 되고 있지만, 양자가 반드시 일치한다고는 할 수 없다. 일반적으로 보험자가 위험을 면책하는 이유로서는 다음과 같은 것을 들 수 있다.

1. 위험을 일반 보험료로 부담하기에는 위험의 규모가 지나치게 큰 경우(전쟁, 파업, 지진 등)
2. 보험의 목적의 성질 또는 하자로 인하여 발생하였거나 또는 우연성이 결여되어 있는 경우
3. 위험을 부담하는 것이 공공질서에 위배되는 경우
4. 보험 계약자 또는 피보험자의 고의 또는 중대한 과실
5. 위험도가 지나치게 높은 경우(보험료가 비경제적인 위험 등)

030 ②

상해 보험의 경우 보험 사고가 보험 계약자, 피보험자 또는 보험 수익자의 고의로 인한 경우만 면책으로 하고 중대한 과실로 인하여 생긴 때에는 보험자의 보상책임을 인정하고 있다(상법 제732조의2).
③ 보험 사고가 보험 계약자 또는 피보험자나 보험 수익자의 고의 또는 중대한 과실로 인하여 생긴 때에는 보험자는 보험 금액을 지급할 책임이 없다(상법 제659조).
①, ④ 보험 목적의 성질, 하자 또는 자연 소모로 인한 손해는 보험자가 이를 보상할 책임이 없다(상법 제678조).

031 ②

우리 상법에서는 전쟁 위험(제660조), 피보험자나 보험 수익자의 고의 또는 중대한 과실(제659조), 보험의 목적의 성질, 하자 또는 자연 소모로 인한 손해(제678조) 등이 면책 사유로 규정되어 있는데, 이를 법정 면책 사유라고 부른다. 면책 사유의 종류로는 법정 면책 사유 외에 법률 또는 약관에 의해서 면책되고는 있지만, 계약 당사자의 합의하에 특약을 체결함으로써 담보 가능한 상대적 면책 사유와 공공질서의 차원에서 특약을 체결하더라도 절대적으로 담보할 수 없는 절대적 면책 사유가 있다. 법정 면책 사유는 대부분의 보험 분야에서 절대적 면책 사유가 되고 있지만, 양자가 반드시 일치한다고는 할 수 없다.

7 보험 계약 준비금 등

032 ①

② 보험금 지급 준비금은 보험 사고가 발생한 경우 그 사고로 인하여 지급될 보험금을 위한 준비금을 말한다.
③ 손해 보험 사업자는 대재난 등 비상 위험에 대비하기 위해 보험업법 제98조의 규정에 의하여 매년 당해 사업 연도의 보험료의 합계액에 당해 사업 연도의 예정 이익율을 곱하여 계산한 금액의 범위 안에서 금융 감독 위원회가 정하는 기준에 따른 금액을 누적하여 계상하여야 하는데 이를 비상 위험 준비금이라 한다.
④ 미경과 보험료 적립금은 수입된 보험료 가운데 어느 일정 시점에서 보장 기간이 경과하지 않은 부분에 해당하는 보험료를 말한다.

033 ③

비상 위험 준비금(Contingency reserve)은 대화재, 태풍, 지진 등 거대 위험에 대한 보험금을 지급하기 위하여 적립하는 금액이다.

034 ①

책임 준비금은 지급 준비금, 보험료 적립금, 미경과 보험료 적립금, 계약자 배당 준비금, 계약자 이익 배당 준비금 및 배당 보험 손실 보전 준비금으로 나눌 수 있다. 비상 위험 준비금은 책임 준비금만으로는 충당할 수 없는 예상 사고율을 초과하는 비상 위험에 대비하여 적립한 금액을 말한다.

035 ②

지급 준비금은 보험자에게 사고 통보가 되었으나 아직 지급되지 아니한 손해와 보험 사고가 회계 기간 중에 발생하였다고 추정되나 아직 보험자에게 사고 통보가 이루어지지 않아서 미지급된 손해를 포함하여 적립한다. 전자를 개별 추산액, 후자를 미보고 발생 손해액(Incurred but not reported)이라고 한다.

제3장 손해 사정 용어

1 손해율, 사업 비율, 합산 비율

001 ②
보험 회사 경영의 효율성을 측정하는 데 가장 중요한 것은 사업 비율이다.

002 ②
발생 손해액이란 회계 연도의 경과 보험료 기간에 발생한 사고로 인하여 그 회계 연도에 지출한 보험금과 보험 금지급 준비금의 합계이다.

003 ④
우리나라에서는 단순히 손해율이라고 하면 기간별 계산(Written basis)에 의한 손해율을 지칭하는 것이 일반적이나, 요율 산정에서는 인수 연도별 계산(Policy year basis)에 의존하는 것이 통례이다.
※ 손해율의 산출 방식
1. 기간별 계산(Written basis) : 단순히 일정 기간 내에 수입한 보험료에 대해 그 기간 내에 지급한 보험금의 비율을 산출하는 방식
2. 인수 연도별 계산(Policy year basis) : 일정 기간 내에 인수한 보험 계약의 보험료 합계액에 대하여 그 계약에 발생한 손해의 비율을 산출하는 방식
3. 경과 보험료별 계산(Incurred to earned basis) : 경과 보험료에 대한 발생 손해의 비율을 산출하는 방식

004 ③
합산 비율은 95~97.5%를 표준 비율로 본다. 합산 비율이 100%를 초과하면 보험자의 언더라이팅 결과가 만족스럽지 못한 것이고, 100% 이하이면 만족스럽다는 것을 의미한다.

2 공동 보험과 병존 보험

005 ③
공동 보험은 수인의 보험자가 하나의 보험 목적에 대해 공동으로 보험을 인수하는 것으로서 계약 자체가 하나라는 점에서 여러 보험자와 여러 개의 보험 계약이 체결되는 중복 보험과 구분된다.

006 ③
요구 보험 금액은 보험 가액에 일정 비율(부보비율)을 곱하여 산출하는데, 보통 80%로 하는 것이 일반적이다.

007 ②
공동 보험 조항을 두게 되면 요구 보험 금액을 만족시킨 보험 계약자에게는 요율의 인하가 주어지고, 반대로 요구 보험 금액을 만족시키지 못한 보험 계약자에게는 Co-insurance penalty를 가한다.

008 ①
요구 부보 비율 이상으로 보험 가입하게 되면, 계산식에 의해 지급금이 커질 수 있다. 위의 사례에서 계산식대로 계산하면 다음과 같다.

지급 보험금 = {손해액 × (보험 가입 금액 ÷ 보험 가액 × 80%)} − 면책금
= {80,000,000 × (9천만 원 ÷ 1억 × 80%)} − 5,000,000
= 85,000,000원

이 경우, 지급 보험금은 실제 손해액에서 공제한 금액으로 제한되어 8천만 원 − 5백만 원 = 7천 5백만 원이 지급된다.

009 ③
각 우선 부담 보험 계약에서 보상하고도 보상받지 못한 손해액이 있을 경우 그 초과분에 대하여 보상하는 것이 초과 부담 방식이다. A, B, C의 순서로 초과 손해에 대해 보상하면, 지급 보험금은

아래와 같다.
- A : 6억에 대해 우선 보상하므로 가입 금액 한도인 2억 원까지 보상한다.
- B : 6억 중 보상받지 못한 손해 4억에 대해 가입 금액 한도인 3억 원을 보상한다.
- C : 여전히 보상받지 못한 손해액 1억 원을 전액 보상한다.

010 ②

지급 보험금 = {손해액 × (보험 가입 금액 ÷ 보험 가액 × 80%)} − 면책금
= {80,000,000 × (6억 ÷ 10억 × 80%)} − 5,000,000
= 55,000,000원

011 ④

지급 보험금 = 손해액 × (보험 가입 금액 ÷ 부보 비율에 해당하는 금액) = 1억 2천만 원 × {1억 원 ÷ (2억 원 × 0.8)} = 7천 5백만 원

012 ②

중복 보험은 각 보험 금액의 총합계액이 보험 가액을 초과해야 하며 각 보험자는 각 보험 금액의 한도 내에서 연대 책임을 지게 되나 병존 보험은 보험 금액의 총합계액이 보험 가액을 넘지 않으며 따라서 각 보험자가 연대 책임을 질 필요가 없고 일부 보험의 비례 보상의 원칙에 따라 보상하면 된다.

3 대체 가격 보험(신가보험)

013 ③

손해 보험에서는 본래 실손해를 보상하기 때문에 보험 사고 발생 시 대체 가격에서 감가상각을 한 금액을 기준으로 보상하게 된다. 그러나 특별한 경우 실손 보상의 원칙이 적용되지 않는 예외가 인정되고 있다. 그 예외 중의 하나가 대체 가격 보험이다.

014 ④

손해 보험은 손해 보상 원칙에서 예외적으로 재조달 가액의 보상을 통하여 사고 전의 상태를 유지할 수 있게 하고 있다. 이를 인정하는 이유는 보험 목적의 계속적인 사용을 가능케 함으로써 종전의 사용 가치를 신속하게 회복시켜 보험을 통한 경제적 손실의 회복을 극대화시키기 위함이다. 재조달 가액이란 신가, 신품 가액, 대체 비용이라고 하며, 물건 보험의 경우 보험의 목적과 동일한 정도의 물건을 재취득하는 데 소요되는 가액을 말한다. 당사자 간의 약정에 의하여 예외적으로 인정되고 있으며, 재조달 가액을 보상하는 보험을 신가보험 또는 대체 가격 보험이라고 한다.

015 ①

대체 가격 보험의 담보 대상이 되는 보험 목적물은 건물·기계류·비품 등에 한하는 것이 보통이며, 동산이나 재고품·골동품 등은 담보 대상에서 제외된다.

4 전손과 분손

016 ③

현실 전손과 달리 추정 전손은 보험금 청구를 위해 위부의 통지를 하여야 한다.

017 ②

전손뿐만 아니라 분손의 경우도 피보험자는 보험자에 대하여 보험 금액의 전부를 청구할 수 있다.

018 ④

손상된 재물의 점유를 회복하는 데 소요되는 비용, 이를 수리하기 위한 비용이 그 재물의 사고 당시 가액보다 크다면 이를 수리하지 아니하는 편이 합리적일 것이다. 그러한 상황으로 판단되면, 보

험금을 전액 지급할 수 있는데 이를 추정 전손이라 한다.

019 ③

보험 위부는 보험 목적물 가액이 지급 보험금의 한도를 초과하여도 보험자가 그 목적물을 소유하지만 잔존물 대위는 지급 보험금의 한도 내에서만 소유할 수 있다.

020 ③

전부 보험과 초과 보험의 경우에는 손해의 전액이 보상되므로 비례 보상주의의 적용은 있을 수 없다.

5 보험 금액의 변동

021 ①

재물 보험에서 보험 사고로 보험금이 지급된 경우 체감주의하에서는 보험 금액이 체감한다. 이 경우 보험 계약자의 청구에 의하여 보험 금액을 복원시킨다. 전액주의는 보험금을 지급하여도 보험 금액이 체감되지 아니한다.

022 ④

※ 체감주의하에서 보험 금액 복원의 요건
① 보험의 목적이 수리나 복구로 보험 가액이 회복되어야 한다.
② 복원되는 보험 금액에 대하여 잔존 보험 기간에 해당하는 비례 보험료를 보험 계약자가 보험자에게 납입하여야 한다.
③ 보험 계약자의 청구에 의하여 보험자의 승인에 의하여 보험 금액을 복원한다.

023 ③

자동 복원에서는 보험 계약자의 복원 청구와 보험자의 승인이라는 사무 절차가 불필요하다는 장점이 있는 반면, 보험료 산정이 어렵다는 단점이 있다.

6 최대 추정 손해액

024 ③

전통적인 미평가보험으로 운용하고 있는 재물 보험의 경우 최대 추정 손실을 평가하여 보험에 가입하면 기평가보험이 된다.

025 ③

재물 보험은 일반적으로 미평가보험으로 운용하고 있으나, 최대 추정 손실을 보험에 가입하면 기평가보험이 된다.

026 ①

※ PML과 MPL
① PML(Probable Maximum Loss) : 통상적인 조건에서 목적물에 대하여 담보 위험이 초래할 수 있는 최대 손해의 추정액
② MPL(Maximum Possible Loss) : 통상적인 조건이 지켜지지 않는 경우 최악의 여건에서 발생할 수 있는 최대의 가능 손해액

027 ②

최대 추정 손실은 항상 일정한 금액이 아니고 확률에 의하여 산출된 금액이므로 위험의 종류, 보험 목적의 구조, 사용 용법, 소방 시설 등에 의하여 최대 추정 손실이 달라지게 된다. 실제 현금 가치는 동일하다고 하더라도 위험 관리의 정도에 따라 최대 추정 손실은 보험자의 인수 여부, 인수 조건을 결정하는 요소이며 원보험자의 보유량과 재보험 출재량을 결정하는 기준이 된다.

7 간접 손해

028 ③

보험 사고에 의하여 중간 요인의 개입 없이 직접 발생한 손해를 직접 손해, 중간에 다른 위험이 개입하여 발생한 손해는 간접 손해로 분류한다. 상

실 이익 손해는 손상된 목적물을 사용·수익하지 못함으로써 발생한 경제적 손실을 말하며, 간접 손해에 포함된다. 보험 사고 후 시간이 경과함에 따라 손액이 누적적으로 증대하는, 즉 발생하는 손실의 크기가 시간적 요소와 관련이 있는 손해이다.

029 ④
직접 손해가 발생하면 순수한 간접 손해는 발생할 수도 있고 안할 수도 있으나, 결과적 손해는 반드시 발생한다.

030 ④
④는 직접 손해에 해당한다. 피보험 건물이 전소된 것은 아니나 재건축하기 위해서는 손상되지 않은 부분까지 허물어야 한다면 간접 손해이다.

031 ②
불가동 손해는 보험 사고 후 시간이 경과함에 따라 손액이 누적적으로 증대하는 손해이다.

8 비례 보상 약관

032 ③
선의의 중복 보험이라면 보험자는 각각의 보험 금액의 비율에 따라 보험 금액의 한도 내에서 연대하여 책임을 진다.

033 ③
목적물 가액이 변동하여 중복 보험이 된 경우에는 그 변동 시점을 판단의 기준으로 한다.

034 ③
독립 책임액 방식은 중복 보험 계약의 지급 보험금 계산 방법을 달리하는 경우에 적용되는 것이다. 중복 보험 계약의 지급 보험금 계산 방식이 동일한 경우에 적용되는 것은 보험 가입 금액 안분 방식이다. 안분 방식은 중복 보험 계약의 보험 금액 합계액이 보험 가입 금액을 초과하는 경우에 각 보험자의 책임 금액이 각각의 보험 금액의 총보험 금액에 대한 비율에 따라 손해액을 안분한다.

035 ①
일부 보험은 보험 가액의 일부를 보험에 붙인 경우로서 보험 금액이 보험 가액보다 작은 경우를 말한다.

036 ②
일부 보험의 경우 보험 회사는 보험 가액에 대한 보험 가입 금액의 비율에 따라 보상(비례 보상)한다. 예를 들어 시가 10억 원인 빌딩을 보험에 가입하려고 하는 경우, 가입 금액을 10억 원으로 하여 전부 보험에 가입한다면 전손 사고 시 10억 원 한도로 보상받을 수 있지만, 보험료 부담을 줄이기 위해 가입 금액을 5억 원으로 가입한다면, 전손 사고 시라도 손해액에 대해 50%만 보상받을 수 있다.

037 ④
일부 보험이라 하더라도 당사자 사이에 특약으로 보험 사고 발생 시에 비례 주의를 적용하지 않고 보험 금액 범위 내에서 실손해액 전액을 보상하도록 정할 수 있다. 이를 제1차 위험 보험 또는 실손해 보상 계약이라고 한다.

9 신용 보험

038 ②
보증 보험에서는 채무자의 파산 등 근본적인 지급 불능 상태가 없더라도 일단 채무 불이행이 있기만 하면 보험 사고가 성립하지만, 신용 보험에서는 파산 등 채권 회수 불능의 위험이 있어야 한다.

039 ③
신용 보험은 채권자인 보험 계약자가 동시에 피보

험자로서 피보증인의 채무 불이행 그 밖의 행위로 말미암아 생긴 손해의 보상을 위하여 체결하는 자기를 위한 보험이다. 반면 보증 보험은 채무자인 보험 계약자가 채권자를 피보험자로 체결하는 타인을 위한 보험이다.

제5과목 보험 회계 및 자산 운용

제1장 보험 회계

1 보험 회계 총론

001 ②
보험 회계에서는 영업 실적을 나타내는 손익 계산서보다 재무 상태를 표시하는 대차 대조표를 더 중요시하는 경향이 있다.

002 ③
판매 시 수입 금액 전액이 예치금이라는 부채로 바로 계상되는 은행의 예금 상품과 달리 보험 상품의 판매는 손익 계산서의 매출(보험료 수익)로 기록되고 이 중 계약자에 대한 일정 부채 이외에는 보험자의 사업비로 처분이 가능하다.

003 ④
보험 회사는 「보험업법」에 따라 경영 건전성을 해치거나 보험 계약자 보호 및 건전한 거래 질서를 해칠 우려가 없는 보험 업무 이외의 금융 업무 및 보험업에 부수하는 업무를 영위할 수 있으며 해당 업무의 매출액 또는 수입 보험료 등이 일정 요건을 충족하는 경우 자산·부채 및 수익·비용을 보험업과 구분하여 장부 작성 및 회계 처리를 하여야 한다.

004 ②
보험 회사는 「보험업법」 제108조에 해당하는 각 호의 보험 계약에 대하여 보험 계약별로 그 준비금에 상당하는 자산의 전부 또는 일부를 그 밖의 자산과 구별하기 위하여 별도의 특별 계정을 설정·운용한다. 개인연금 손해 보험 계약, 퇴직 연금 원리금 보장 계약, 퇴직 보험 계약, 연금 저축 보험 계약, 자산 연계형 보험 계약, 장기 손해 보험 계약, 변액 보험 계약, 퇴직 연금 실적 배당 보험 계약이 이에 해당한다.

※ 보험업 감독 규정 제5-6조(특별 계정의 설정·운용)

① 보험 회사는 법 제108조 제1항 및 영 제52조의 규정에 따라 다음 각호의 1에 해당하는 보험 계약을 특별 계정으로 설정·운용하여야 한다.
1. 조세 특례 제한법 제86조의2의 규정에 의한 연금 저축 생명 보험 계약 연금 저축 손해 보험 계약
2. 근로자 퇴직 급여 보장법 제16조 제2항의 규정에 따른 보험 계약(퇴직 연금 실적 배당 보험 계약 제외) 및 동법 부칙 제2조 제1항의 규정에 따른 퇴직 보험 계약
3. 생명 보험 회사가 판매하는 변액 보험 계약 및 근로자 퇴직 급여 보장법 제16조 제2항의 규정에 따라 보험 회사가 판매하는 퇴직 연금 실적 배당 보험 계약
4. 조세 특례 제한법 제86조의 규정에 의한 세제 지원 개인연금 손해 보험 계약
5. 손해 보험 회사가 판매하는 장기 손해 보험 계약
6. 자산 연계형 보험 계약(공시 이율을 적용하는 보험 계약은 제외)

005 ④

※ 손해 보험 재무 상태표

자산	부채 및 자본
【자산】 (운용 자산) Ⅰ. 현금 및 예치금 Ⅱ. 유가 증권 　Ⅱ-1. 당기 손익 인식 증권 　Ⅱ-2. 매도 가능 증권 　Ⅱ-3. 만기 보유 증권 　Ⅱ-4. 관계·종속 기업 투자 주식 Ⅲ. 대출 채권 Ⅳ. 부동산 (비운용 자산) Ⅰ. 고정 자산 Ⅱ. 기타 자산 (특별 계정 자산)	【부채】 Ⅰ. 책임 준비금 Ⅱ. 기타 부채 　(특별 계정 부채) 부채 총계 【자본】 Ⅰ. 자본금 Ⅱ. 자본 잉여금 Ⅲ. 이익 잉여금(결손금) Ⅳ. 자본 조정 Ⅴ. 기타 포괄 손익 누계액 자본 총계
자산 총계	부채 및 자본 총계

006 ④

손익 계산서	
생보	손보
Ⅰ. 보험 손익 　1. 보험 영업 수익 　2. 보험 영업 비용 Ⅱ. 투자 손익 　1. 투자 영업 수익 　2. 투자 영업 비용 Ⅲ. 책임 준비금 전입액 　(책임 준비금 환입액) Ⅳ. 영업 이익(또는 영업 손실) Ⅴ. 영업 외 손익 　1. 영업 외 수익 　2. 영업 외 비용 Ⅵ. 특별 계정 손익 　1. 특별 계정 수익 　2. 특별 계정 비용 Ⅶ. 법인세 비용 차감 전순 이익 　(또는 법인세 비용 차감 전순 손실) Ⅷ. 법인세 비용 Ⅸ. 당기 순이익 Ⅹ. 기타 포괄 손익 Ⅺ. 총포괄 손익	1. 경과 보험료 2. 발생 손해액 3. 보험 환급금 4. 순사업비 5. 보험료 적립금 증가액 6. 계약자 배당 준비금 증가액 7. 보험 영업 이익 8. 투자 영업 수익 9. 투자 영업 비용 10. 투자 영업 이익 11. 영업 이익 12. 영업 외 수익 13. 영업 외 비용 14. 특별 계정 이익 15. 법인세 비용 차감 전순 이익(손실) 16. 법인세 비용 17. 당기 순이익(손실) 18. 기타 포괄 손익 19. 총포괄 손익

2 재무 상태표

007 ④

별도 재무제표는 연결 재무제표를 작성할 의무가 있는 기업이 작성하는 부재무제표로서 지배 회사, 관계 기업의 투자자 또는 공동 지배 기업의 참여

자가 투자 자산을 피투자자의 보고된 성과와 순자산에 근거하지 않고 직접적인 지분 투자에 근거한 회계 처리로 표시한 재무제표이다.

구분	연결 재무제표	개별 재무제표	별도 재무제표
작성 및 지위	연결 대상 실체가 있는 경우의 주재무제표	연결 대상 실체가 없는 경우의 주재무제표	연결 대상 실체가 있는 경우의 부재무제표
종속 회사 지분	연결 회계 처리	해당 사항 없음.	공정 가액법 또는 원가법
관계 회사 지분	지분법 회계 처리	지분법 회계 처리	공정 가액법 또는 원가법

008 ③

부채는 과거 사건에 의하여 발생하였으며 경제적 효익을 갖는 자원이 기업으로부터 유출됨으로써 이행될 것으로 기대되는 현재의 의무이다.

009 ③

매각 예정 분류 건이 빈번히 발생하지 않는 경우에는 해당 계정을 반드시 신설하기보다는 주기 및 목적에 따른 별도 관리를 수행하고 이를 외부 공시용 재무제표 작성 시에 별도 표시하는 것도 가능하다.

010 ①

일반적으로 대출 채권, 예치금, 임차 보증금 등을 대여금 및 수취 채권으로 분류한다. 다만 다음은 제외한다.
가. 당기 손익 인식 금융 자산으로 분류되는 경우
나. 최초 인식 시점에 매도 가능 금융 상품으로 지정한 금융 자산
다. 채무자의 신용 악화를 제외한 다른 이유 때문에 최초 투자액의 대부분을 회수하지 못할 수도 있는 금융 자산. 이 경우에는 매도 가능 금융 자산으로 분류하여야 한다.
라. 대여금 및 수취 채권이 아닌 다른 종류의 자산으로 구성된 자산 집합(예 : 뮤추얼 펀드나 이와 유사한 펀드)에 대한 지분

011 ④

※ 금융 자산의 분류

당기손익인식금융 자산	단기매매증권, 파생상품(일부 제외), 당기손익인식 지정증권
매도가능금융 자산	매도가능 증권
만기보유 금융 자산	만기까지 보유할 목적의 국공채나 회사채 등
대여금 및 수취채권	정기예금, 정기적금, 금전신탁, 대출채권, 예치금, 미수금, 보험미수금, 구상채권, 임차보증금 등

012 ④

※ 금융 상품의 계약 당사자가 되는 때

일반적인 채권·채무	현금을 수취 또는 지급할 법적인 권리나 의무를 부담할 때
확정 계약	계약 당사자 중 일방이 계약을 이행할 때
정형화된 매매 거래	매매일 또는 결제일
예정된 미래 거래	금융 자산 부채에 해당하지 아니함

013 ②

※ 공정 가치 레벨(Fair value level)

공정 가치 레벨	정의
공정 가치 레벨 1	동일한 자산이나 부채에 대한 활성 시장의 조정되지 않은 공시 가격
공정 가치 레벨 2	직접적으로(예: 가격) 또는 간접적으로(예: 가격에서 도출되어) 관측 가능한 자산이나 부채에 대한 투입 변수. 단 공정 가치 레벨 1에 포함된 공시 가격은 제외함.
공정 가치 레벨 3	관측 가능한 시장 자료에 기초하지 않은, 자산이나 부채에 대한 투입 변수(관측 가능하지 않은 투입 변수)

014 ④

※ 리스크 공시

질적 공시	양적 공시
① 위험에 대한 노출 정도와 노출 정도의 발생 형태 ② 위험 관리의 목적, 정책 및 절차와 위험 측정 방법 ③ 위 내용의 변동 사항	① 위험의 집중에 관한 정보 ② 신용 위험 ③ 유동성 위험 ④ 시장 위험

015 ②

• 개별 평가 : 손상이 발생한 채권으로 중요한 채권은 개별적으로 평가한다. 채권별 미래 현금 흐름을 추정하고 이를 현재 가치로 평가하

여 회수 가능액을 측정한다. 개별적으로 중요하나 손상이 발생하지 않은 채권 중 PF 대출과 같이 개별적인 평가가 중요한 채권은 개별적으로 평가한다. 또한, 중요하지 않은 채권으로 손상이 발생한 채권 중 금융 감독원 대손 신고 등으로 제각된 채권은 개별적으로 평가한다.
- 집합 평가 : 집합 평가 채권은 발생 손상을 집합적으로 측정할 수 있는 합리적인 평가 모형에 의해 회수 가능 가액을 측정한다. 중요한 채권으로 손상이 발생하지 않은 채권(PF 채권 등과 같은 특수 금융 여신 제외) 및 중요하지 않은 채권(손상이 발생한 제각 채권 제외)은 집합적으로 평가한다.

016 ④

추정된 미래 현금 흐름은 최초 유효 이자율(최초 인식 시점에 계산된 유효 이자율)로 할인한다. 다만, 변동 금리 조건의 자산인 경우 계약에 의해 결정된 현행 유효 이자율로 할인한다.

017 ③

※ 발생 손실 인식 기간(Loss Identification Period ; LIP) 또는 손상 발현 기간(Loss Emergence Period ; LEP)

손상 사건의 발생 시점으로부터 손상이 인식(또는 확정)되기까지(보통 부도로 인식하는 시점) 소요되는 기간을 의미한다. 이는 부도로 인식되지 않은 금융 자산 집합 내에서 '발생하였으나 보고되지 아니한' 손상차손을 평가하기 위한 개념적 요소로서, 통계적인 분석 방법 또는 개별 분석 등 정량적인 측정과 질적 검토 등을 통해 산출한다. 손상 발현 기간의 정량적인 측정 방법은 손상 발현 기간에 영향을 미치는 주된 동인이 유사한 금융 자산 집합별로 측정하여야 한다.

018 ③

Migration은 건전성 분류별 PD율을 적용하므로 신용 등급이 존재하지 않는 여신 등에 적용할 수 있다.

019 ④

금융 자산(또는 금융 자산의 집합)이 손상되었다는 객관적인 증거에는 다음 손상 사건에 대한 관측 가능한 자료가 포함된다.
(1) 금융 자산의 발행자나 지급 의무자의 중요한 재무적 어려움
(2) 이자 지급이나 원금 상환의 불이행이나 지연과 같은 계약 위반
(3) 차입자의 재무적 어려움에 관련된 경제적 또는 법률적 이유로 인한 당초 차입 조건의 불가피한 완화
(4) 차입자의 파산이나 기타 재무 구조 조정의 가능성이 높은 상태가 됨.
(5) 금융 자산의 집합에 포함된 개별 금융 자산의 추정 미래 현금 흐름의 감소를 식별할 수는 없지만, 최초 인식 후 당해 금융 자산 집합의 추정 미래 현금 흐름에 측정 가능한 감소가 있다는 것을 시사하는 관측 가능한 자료
  - 금융 자산의 집합에 포함된 차입자의 지급 능력 악화
  - 금융 자산의 집합에 포함된 자산에 대한 채무 불이행과 상관 관계가 있는 국가나 지역의 경제 상황

020 ④

일반적으로 현금성 자산에 포함되는 것은 현금 이외에도 유동성이 매우 높은 단기 투자 자산으로 확정된 금액의 현금으로 전환이 용이하고 가치 변동의 위험이 경미한 자산을 의미한다. 이에 대한 예는 다음과 같다.
1. 현금에 포함되는 것 : 통화, 타인 발행 당좌 수표, 자기앞 수표, 송금 수표, 송금환 어음, 우편환 증서, 전신환권 등

2. 현금에 포함되지 않는 것 : 차용 증서, 선일자 수표, 자기 발행 당좌 수표, 수입인지, 엽서, 우편, 미인도수표, 부도수표, 가지급 메모 등

021 ②
① 당좌 예금은 은행 예금 중 가장 대표적인 것이며, 언제나 예입과 인출이 가능한 무이자 예금이다.
③ 해외제 예금은 해외에 소재한 금융 기관에 예치된 예금으로 보통 예금, 정기 예금 등을 포괄한 개념이다.
④ 어음 관리 구좌(CMA)는 종합 금융 회사에 예탁하는 것으로 거래 단위당 200만 원 이상, 거래 기간 최장 180일 이내로서 원금과 이자의 수시 인출이 가능한 금융 상품이다.

022 ④

구분		평가 방법
당기 손익 인식 증권		공정 가치법
매도 가능 증권	채무 증권	공정 가치법
	지분 증권	공정 가치법, 원가법
만기 보유 증권		상각 후 원가법
관계 종속 회사 투자 주식		원가법 또는 지분법

023 ④
국·공채는 예산 회계법 및 지방 재정법에 의거 국가 또는 공공 단체가 발행한 채권으로 양곡 증권, 국민 주택 채권, 외국환 평형 기금 채권, 국고채, 도로 채권, 도시 철도 채권, 상수도 채권, 지역 개발 채권 등이 있다. 특수채는 특별법에 의하여 설립된 법인 또는 정부 출자기관이 발행한 채권으로 통화 안정 증권, 토지 개발 채권, 한국 전력 채권, 중소기업 진흥 공단 채권, 한국 수자원 공사 채권, 한국 가스 공사 채권, 한국 통신 공사 채권, 예금 보험 기금 채권, 특수 은행 채권 등이 있다.

024 ④
유형 자산과 관련된 모든 원가는 그 발생 시점에 인식원칙을 적용하여 평가한다. 이러한 원가에는 유형 자산을 매입하거나 건설할 때 최초로 발생하는 원가뿐만 아니라 후속적으로 대체, 또는 수선·유지와 관련하여 발생하는 원가를 포함한다.

025 ③
시장성이 없는 회원권의 경우 상각하지 않고 내용 연수가 비한정인 무형 자산의 손상 검사 절차에 따라 매년 손상 검사를 실시한다. 시장성 있는 회원권의 경우 관련 시가를 기준으로 손상 검사를 한다.

026 ④
내용 연수가 비한정인 무형 자산에 대해서는 자산 손상을 시사하는 징후가 있는지에 관계 없이 매년 손상 검사를 한다.

027 ①
② 대리점 미수금 : 보험료 이외로 대리점으로부터의 미수 채권
③ 대리 업무 미수금 : 다른 보험 사업자를 위하여 자기의 보험 사업에 속하는 거래를 중개 또는 대리한 경우의 미수 채권을 말하며 자동차 보험 공동 인수 물건(AIP) 등을 포함한다.
④ 특약 수재 예탁금 : 재보험 특약에 의하여 출재사에 예탁된 보험료, 보험금, 법적 처리 절차비 및 공탁금 등의 미수 채권

028 ②
장기 보험 계약(보험 기간 1년 초과)에서 발생한 신계약비를 대상으로 당해 계약의 보험료 납입 기간 또는 신계약비 부가 기간에 걸쳐 균등하게 상각하여 비용으로 처리한다. 단기 보험 계약(보험 기간 1년 이하)에서 발생한 신계약비는 발생 시 당기 비용으로 처리한다.

029 ③

가산할 일시적 차이가 소멸되면 미래 과세 소득이 증가하며, 이에 따라 기업은 법인세를 납부하게 될 것이므로 경제적 효익이 유출될 가능성이 높아진다. 따라서 모든 가산할 일시적 차이에 대해서는 이연 법인세 부채를 인식하여야 한다. 다만 다음의 경우에 발생하는 이연 법인세 부채는 인식하지 아니한다.
- 영업권을 최초로 인식할 때
- 자산 또는 부채가 최초로 인식되는 거래가 사업 결합 거래가 아니고, 거래 당시 회계 이익이나 과세 소득에 영향을 미치지 아니하는 거래

030 ①

①은 선급금에 대한 설명이다. 가지급금은 귀속될 과목 또는 금액이 미확정된 일시적 지급 금액을 처리하기 위한 가계정이다.

031 ④

책임 준비금의 대부분(90% 이상)을 보험료 적립금이 점유하고 있어 통상 책임 준비금이라 하면 보험료 적립금을 말한다.

032 ②

보험료 적립금은 장래에 지급될 보험금의 현가(과거에 납입된 보험료의 종가)에서 미래에 납입될 순보험료의 현가(과거에 지급된 보험금의 종가)를 차감한 금액으로 볼 수 있다.

033 ②

지급 준비금은 보통 발생주의에 따라 이를 계상하는 것으로 보험 사고 발생분에 대한 보험금 추정액을 비용으로 처리하고 동 추정액 중 미지급된 금액은 지급 준비금으로 계상한다.

034 ③

보험료 계산을 위한 산출 기초와 책임 준비금 계산을 위한 산출 기초를 이원화하여 보험료 산출에 사용하는 기초율은 자율화하고 준비금 적립에 적용하는 기초율은 감독 당국이 제시하는 표준 기초율을 기준으로 하여 일정 수준 이상의 준비금을 적립한다.

적용 구분	위험율	이자율
보험료	자율	자율
준비금	표준 위험율 (준비금 적립의 최저 위험율)	표준 이자율 (준비금 적립의 최고 이자율)

035 ②

책임 준비금 적립 시 어느 시점의 이율을 적용할 것인지를 정해야 하는바, 준비금을 합리적이고 적정하게 적립하는 방향으로 평가 방식을 결정하며, 평가 방식은 상품의 이율과 밀접한 관련이 있으므로 이율 체계에 따라 상품을 구분(금리 확정형 보험과 금리 연동형 보험)하여 그 특성에 맞는 방식을 구분·적용한다.
- 금리 확정형 보험 : 발행 연도 방식(Lock-in method)- 상품이 판매되는 당해 연도에 약정된 이율을 계약 기간 동안 동일하게 적용
- 금리 연동형 보험 : 평가 연도 방식(Lock-out method)- 상품의 판매 시기와 관계없이 평가 시점의 이율을 적용

036 ④

해약 공제 기간은 보험료 납입 기간 또는 신계약비 부가 기간으로 하되, 보험료 납입 기간 또는 신계약비 부가 기간이 7년 이상일 때에는 7년으로 한다.

037 ①

※ 생명 보험과 손해 보험의 책임 준비금

손해 보험	생명 보험
• 보험료 적립금 • 미경과 보험료 적립금 • 지급 준비금 • 계약자 배당 준비금 • 계약자 이익 배당 준비금 • 배당 보험 손실 보전 준비금	• 보험료 적립금 • 미경과 보험료 적립금 • 지급 준비금 • 계약자 배당 준비금 • 계약자 이익 배당 준비금 • 배당 보험 손실 보전 준비금 • 보증 준비금

038 ①

② 수입 보험료에 예정 손해율(또는 표준 손해율)을 곱해서 구한 예정 보험금에서 그 시점까지 실질적으로 지급된 지급 보험금을 차감한 금액을 지급 준비금으로 적립하는 방법이다. 손해율 방법은 예정 손해율(또는 표준 손해율)이 통계적으로 신뢰할 수 있을 경우에는 계산이 쉽고 또 자료 제시가 가능하므로 누구나 쉽게 접근이 가능한 방법이다.

③ 손해가 발생한 이후부터 정산이 완료될 때까지의 기간 동안 즉, 대차 대조표일 이전 5년간의 통계를 적용한 사고의 발생 건수별로 평균 지급 보험금이 매우 일정한 비율로 진전되었다고 가정하고 장래에도 동일하게 일정한 비율로 진전될 것을 예상하여 준비금을 추산하는 방법이다.

④ 개별 추산 방법은 대수의 법칙을 적용시킬 수 없을 정도로 건수가 적고 건당 손해액이 큰 해상 보험, 항공 보험, 화재 보험의 공장 물건 등에서 주로 적용될 수 있는 방법으로 보험 사고별로 손해 사정자가 지급 준비금 산정 기준의 세목별 항목 즉 손해의 정도, 보험금 지급이 완전 종결되기까지 소요되는 시간, 소송 관련 판례 동향 등을 고려하여 개별적으로 추산하여 적립한다.

039 ④

정률법은 주로 미보고 발생 손해액에 대한 지급 준비금을 추산할 경우 사용하며, IBNR 준비금 적립 시 다음과 같은 요소를 고려할 수 있다.

(1) 과거의 경험
회사의 과거 Claim 경험치를 고려하여 일정 시점에 있어서의 IBNR Claim을 추산하되 현재의 Claim 상황 및 추세를 감안하여야 한다.

(2) 보고 지연
사고의 발생 시점과 사고 발생 사실을 인지하는 시점과의 차이 즉, 보고 지연으로 인한 IBNR 계수를 고려한다. 보고 지연은 보험 사고가 발생하였으나 아직 보험사에 보고되지 않은 사고 보고 지연(IBNyR ; Incurred But Not yet Reported) 및 보험 사고가 보험사에 보고는 되었으나, 충분히 적립되지 못한 사고 처리 지연(IBNeR, Incurred But Not enough Reported)의 두 가지로 구성된다.

(3) 보험료 수준
보험금은 보험료와 상관 관계를 가지므로 보험료의 규모가 증가하면 IBNR 사고도 증가할 수 있다.

040 ①

개별 추산 방법은 대수의 법칙을 적용시킬 수 없을 정도로 건수가 적고 건당 손해액이 큰 해상 보험, 항공 보험, 화재 보험의 공장 물건 등에서 주로 적용될 수 있는 방법으로 보험 사고별로 손해 사정자가 지급 준비금 산정 기준의 세목별 항목 즉 손해의 정도, 보험금 지급이 완전 종결되기까지 소요되는 시간, 소송 관련 판례 동향 등을 고려하여 개별적으로 추산하여 적립한다.

041 ②

평균 지급 보험금 방식은 손해가 발생한 이후부터 정산이 완료될 때까지의 기간 동안, 즉 대차 대조표일 이전 5년간의 통계를 적용한 사고의 발생 건수별로 평균 지급 보험금이 매우 일정한 비율로 진전되었다고 가정하고 장래에도 동일하게 일정한 비율로 진전될 것을 예상하여 준비금을 추산하는 방법이다.

042 ①

순보험료는 위험 보험료와 저축 보험료로 나누어지는데 위험 보험료는 보험금을 지급하는 데 필요한 재원이며, 저축 보험료는 보험 기간 중 보험 사고가 발생하지 않고 만기가 도래된 계약에 대하여 약관이 정한 바에 따라 만기 환급금과 동일하게 되도록 예정 이율을 기초로 하여 수지 상등의 원칙에 따라 계산한 재원으로서 즉, 보험자가 매 사업 연도 말에 계약자 앞으로 적립하여야 할 보험료 적립금의 재원이기도 하다.

043 ③

사업 연도법	인수 연도법
• 일할 계산법(Daily Basis) • 월할 계산법(Monthly Basis) • 분기 계산법(Quarterly Rate Method) • 정률법(Fixed Rate Basis) • 기간 보험료법(구간 보험 산출법)	• 초년도 수지 잔액법 • 연도 분할법

044 ②

사업 연도법	일할 계산법	보험 계약 건마다 경과되지 아니한 날짜를 계산한 다음 미경과 일수에 따라 일할 계산을 하여 미경과 보험료를 산출하는 방법
	월할 계산법	매월의 모든 계약이 일정일에 위험이 개시된 것으로 가정하여 분수를 적용하여 산출하는 방법
	기간 보험료법	구간 보험료 산출법이라고도 하며 사업 연도 말로부터 수개월 이전 분 보험료를 미경과 보험료로 하는 방법
인수 연도법	초년도 수지 잔액법	당 연도에 실현된 보험료 수익에서 당 연도 보험금, 지급 준비금, 사업비, 해약·기타 환급금(환급하여야 할 금액 포함) 등의 비용을 공제한 잔액을 적립하는 방법
	연도 분할법	영업 수지 잔액을 수차년도 이월하면서 인수 연도의 보험 책임이 종료할 때까지 손익의 확정을 유보하는 방법

045 ②

종목	산출법	계산 방법
자동차 보험	일할 계산법	• 보험료 일시납의 경우 보유 보험료×미경과 기간(일수)÷보험 기간(일수) • 보험료 분할 납입의 경우 분할 납입 보유 보험료 총액×미경과 기간(일수)÷보험 기간(일수)-납입 기일이 도래하지 않은 보유 보험료 해당액 • 수재 보험 : 출재 보험자로부터 통보된 금액
선박, 항공, 근로자 재해 보장 책임, 해외 여행자	일할 계산법	• 보험료 일시납의 경우 보유 보험료×미경과 기간(일수÷보험 기간(일수) • 보험료 분할 납입의 경우 분할 납입 보유 보험료 총액×미경과 기간(일수)÷보험 기간(일수)-납입 기일이 도래하지 않은 보유 보험료 해당액. 다만, 보험 계약 체결 시점에서 보험 기간이 확정되지 아니하는 경우에는 대차 대조표일 이전 1년간 보유 보험료의 20%
적하 보험	기간 보험료법	대차 대조표일 이전 3월간의 보유 보험료(수입 적하 보험은 2개월)

종목	산출법	계산 방법
해외 수재 보험	일할 계산법	• 보험료 일시납의 경우 보유 보험료×미경과 기간(일수)÷보험 기간(일수) • 보험료 분할 납입의 경우 분할 납입 보유 보험료 총액×미경과 기간(일수)÷보험 기간(일수)-납입 기일이 도래하지 않은 보유 보험료 해당액 • 보험 계약 체결 시점에서 보험 기간이 확정되지 아니한 경우에는 대차 대조표일 이전 1년간 보유 보험료의 40% 해당액. 다만, 경과 보험기준으로 수재하는 경우에는 영(0)으로 함.

046 ①

종목	산출법	계산 방법
운송 보험	기간 보험료법	대차 대조표일 현재 보험 기간이 종료되지 아니한 보험 계약의 보유 보험료 전액
장기 손해 보험 (개인 연금 포함)	1/12 및 1/24	• 해당 보험 종목의 보험료 및 책임 준비금 산출방법서에 규정한 산식에 따라 산출한 금액 • 장기 저축성 손해 보험을 위험 보험료식으로 수재하는 경우에는 보험료 납입 기간별·미경과월별로 다음 산식에 따라 산출한 금액의 합계액 미경과 월별 보험료 × (1- $\frac{경과 월수×2-1}{보험료 납입 방법×2}$) 보험료 납입 방법 : 월납 1, 2개월납 2, 3개월납 3, 6개월납 6, 연납 12
보증 보험	일할 계산법 (감액 산정)	• 공탁 보증 보험 및 보석 보증 보험 책임 준비금 산출 방법서에서 정한 금액 • 할부 판매 보증 보험 보유 보험료 × $\frac{미경과 기간(일수)×(미경과 기간(일수)+1)}{보험 기간(일수)×(보험 기간(일수)+1)}$ • 기타 보증 보험 보험료 일시납의 경우 보유 보험료×미경과 기간(일수)÷보험 기간(일수) 보험료 분할 납입의 경우 분할 납입 보유 보험료 총액×미경과 기간(일수)÷보험 기간(일수)-납입 기일이 도래하지 않은 보유 보험료 해당액 다만, 수재 보험의 경우에는 출재 보험자로부터 통보된 금액
상기 이외의 보험 종목	일할 계산법 또는 1/24법	다음 산식 중 한 가지 방법을 매기 계속 적용하여야 함. • 일할 계산법 보유 보험료 × (1- $\frac{경과 기간(일수)}{보험 기간(일수)}$) • 월할 계산법 미경과 월별 보험료 × (1- $\frac{경과 월수×2-1}{보험료 납입 방법×2}$) 보험료 납입 방법(월납 : 1, 2개월납 : 2, 3개월납 : 3, 6개월납 : 6, 연납 : 12)

047 ④

계약자 배당은 금융 감독원장이 정하는 바에 의하여 계약자 배당에 충당하기 위하여 적립하는 금액(이차율차 배당 준비금 등)과 장래에 계약자 배당에 충당하기 위해 계약자 배당 준비금 외에 추가적으로 적립하는 것으로서 법령 등에 의해 총액으로 적립하는 금액을 말한다. 즉, 계약자 배당을 위한 준비금은 계약자 배당 준비금(이자율차 배당 준비금, 사업비차 배당 준비금, 위험율차 배당준 비금)과 계약자 이익 배당 준비금으로 구분한다.

048 ②

위험율차 손익은 예정 사망율과 실제 사망율과의 차이에서 생기는 손익을 말한다. 사망 보험 등에서는 실제 사망율이 예정 사망율보다 낮으면 사차익이 발생되고, 그 반대의 경우에는 사차손이 생긴다.

049 ④

배당 및 금리 확정 여부를 구분하여 평가하되, 동종 및 유사 위험군 등으로 보다 세분화된 단위에서 평가할 수 있다. 다만, 세분화된 단위는 매 회계 연도별로 일관되게 적용하여야 한다. 평가단위에 따라 각 단위별 잉여·부족분에 대해 회사 전체 수준에서 상계할 수 있다[단, 손해 보험의 경우 일반 손해 보험(자동차 보험 제외), 장기 손해 보험(개인연금 포함), 자동차 보험 간 잉여·부족분을 상계할 수 없음].

050 ④

일반 손해 보험의 지급 준비금은 총액적 관점에서 통계적으로 과거의 보험금 지급 구조를 기초로 하여 미래 보험금 지급을 추산하고 있어 평가시점에서 장래 현금 흐름을 반영하고 있다.

051 ①

계약자 지분 조정 계정은 계약자에 대한 포괄적 채무를 나타내는 계정으로서 특정 계약자에 대한 채무는 아니지만 궁극적으로 주주 이외의 자에게 돌려주어야 할 비확정 부채를 말한다.

052 ①

기업의 의무는 사전에 정해진 금액으로 한정된다. 회사가 기여금을 지급하는 시점에서 의무가 종료되므로 직원의 퇴직 시 지급할 금액을 담보하기 위해 별도의 자산을 보유할 필요가 없다. 회사의 경우 퇴직금 규정에 따른 퇴직금을 매년 정산함으로써 퇴직금과 관련된 의무가 모두 종료되는 것이다.

053 ①

확정 급여형 퇴직 급여 제도는 회사가 종업원이 퇴직할 시에 수령할 퇴직 급여액을 지급하는 것으로 미래에 지급될 퇴직금 지급을 담보하기 위해 충당 부채를 설정하는 것을 말한다. 따라서 기업의 의무는 약정된 퇴직 급여를 종업원이 퇴직 시에 지급하는 것이다.

054 ②

인구 통계적 가정은 사망률, 퇴직률, 급여 수령권을 보유하고 있는 피부양자를 가지는 종업원의 비율, 의료 원가 청구율 등이 있다. 재무적 가정은 할인율과 미래의 임금 추정, 사외 적립 자산의 기대 수익률이 있다. 보험 수리적 가정은 지나치게 낙관적이거나 보수적이지 않아야 한다. 재무적 가정의 경우 퇴직 급여가 지급될 미래에 대해 현재 시장에서 형성된 기대치를 기초로 하여야 한다.

055 ③

※ 생명 보험 미지급금
(1) 대리점 미지급금 : 보험료 이외로 대리점으로부터의 미지급 채무
(2) 재보험 미지급금 : 국내 재보험 거래상의 미지급 채무
(3) 외국 재보험 미지급금 : 해외 재보험 거래상의 미지급 채무
(4) 기타 보험 미지급금 : 방카슈랑스, 정산 특약 등 기타 보험 미지급 채무

056 ①

② 원보험 계약의 해약, 감액 및 취소 등으로 계약자에게 환급하여야 할 보험료 중에서 미지

급된 금액을 미환급 보험료라 한다.
③ 대리점 및 보험 중개인에 대한 수수료 등의 미지급 채무를 대리점 미지급금이라 한다.
④ 자기의 거래를 다른 보험 사업자가 중개 또는 대리한 경우의 미지급 채무를 대리 업무 미지급금이라 한다.

057 ④
재보험 영업과 관련된 계정 : 재보험 미지급금, 외국 재보험 미지급금, 특약 출재 예수금 등

058 ①
보험 미지급금의 발생은 보험 미수금에서와 같이 보험 영업 거래에 대하여 현금 주의가 아니라 발생 주의로 회계 처리 하여야 한다.

059 ③
보험 영업 이외의 거래에서 발생한 미지급 채무를 미지급금이라 한다. 보험 영업 이외의 거래나 계약 관계 등에 의하여 이미 확정된 채무 중 아직 지급이 완료되지 아니한 것으로 예컨대 고정 자산 구입 대금, 주식 매수 대금 등에 대하여 아직 지급이 끝나지 않은 것은 미지급금의 대표적인 예라 할 수 있다.

060 ②
선수금은 보험 영업 이외의 거래에서 발생한 착수금, 계약금 등의 선수 금액을 말한다. 선수 금은 계약이 완성되기 전 입금된 계약금, 중도금 등을 처리하는 데 사용하는 부채 계정이다.
① 차입금에는 당좌 차월 이외의 지급 또는 상환해야 할 차입금을 말하며, 콜머니, RP 매도 등이 있다. 차입금은 상환 기한이 재무 상태표일로 1년 이내 인지 초과하는지에 따라 단기 차입금, 장기 차입금으로 구분하여야 하나 보험 회계에서는 장·단기 구분 없이 차입금으로 처리한다.
③ 귀속할 과목이나 금액이 미확정된 일시적 자금의 수입액을 처리하기 위한 임시 계정을 가수금이라 한다.
④ 보험 영업 이외의 거래에서 발생한 수입 중 당기에 속하지 않는 차기 이후의 수익을 선수 수익이라 한다.

061 ①
예수금이라 함은 장차 되돌려 줄 것을 전제로 하고 있는 영업상 또는 영업 외의 일시적인 채무로서 기업이 타인으로부터 일단 금전을 받고 그 후 그 타인 또는 그 타인을 대신하는 제3자에게 금전으로 반환하여야 할 채무를 말한다. 대표적인 예수금으로는 원천 징수한 세금을 들 수 있다.
② 당좌 차월 계약에 의하여 일정한 한도 내에서 일시 차입한 금액을 당좌 차월이라 한다.
③ 보험 계약이 성립되기 전에 입금된 보험료 및 과입 보험료를 가수 보험료라 한다.
④ 선수 보험료는 입금된 보험료 중 납입 기일이 차기 이후의 기간에 귀속되는 보험료를 말한다.

062 ④
본지점 거래 시 특정 지점(또는 본점)의 회계 처리 사항을 상대 지점(또는 본점)에서 회계 처리를 누락하거나 착오 처리한 경우 본지점 계정의 회사 전체 합산 잔액이 '0'이 되지 않고 대변 금액이 클 경우 본지점 계정대 계정을 사용한다. 회사는 조속히 본지점 계정의 불일치 사유를 파악하여 본지점 계정의 잔액이 '0'이 되도록 하여야 한다.

063 ③
할인율은 부채의 고유한 위험과 화폐의 시간 가치에 대한 현행 시장의 평가를 반영한 세전 이율이다. 이 할인율에 반영되는 위험에는 미래 현금흐름을 추정할 때 고려된 위험은 반영하지 아니한다.

064 ③
불입 자본은 주주가 기업에 불입한 금액으로 자본금에 주식 발행 초과금을 가산하고 주식 할인

발행 차금을 차감한 금액이다.

065 ④

주식 발행 초과금은 초과 수익력이 높은 회사나 순자산 가치가 주식의 액면 가액보다 높은 회사가 주식을 공모함에 있어서 주식의 액면 가액을 초과하여 발행하는 경우에 발생하는 것으로 주식 프리미엄의 성격을 갖는다. 따라서 주금의 납입 절차 없이 주식을 발행하는 주식 배당(액면 배당)이나 무상 증자의 경우에는 주식 발행 초과금이 발생될 여지가 없다.

066 ①

감자 차익은 유상 감자 또는 무상 감자시 모두 발생할 수 있다. 유상 감자 시에는 감소하는 자본금보다 지급하는 대가가 적을 때 발생하며, 무상 감자 시에는 감소하는 자본금보다 상계하는 미처리 결손금이 적을 때 발생한다.

067 ④

상법에 따르면 자본 잉여금은 배당 등을 통해 사외 유출될 수 없다. 왜냐하면 자본 잉여금을 배당 등에 사용하면 일정 수준 이상으로 회사의 자본을 유지할 수 없기 때문이다. 따라서 자본 잉여금은 자본 전입 및 결손 보전에만 사용할 수 있다.

068 ④

이익 잉여금은 크게 기처분 이익 잉여금 (이익 준비금, 기업 합리화 적립금, 비상 위험 준비금, 대손 준비금 등)과 처분 전 이익 잉여금(처리 전 결손금)으로 분류할 수 있다.

069 ①

법정 적립금은 원칙적으로 자본 결손의 보전에 충당하는 이외의 사용을 할 수 없으며, 그 경우에도 이익 준비금으로 먼저 충당하고서 부족한 경우에만 자본 준비금으로 충당한다. 임의 적립금은 법정 적립금과 같이 법령에 의하여 강제적으로 적립되는 것이 아니라 정관이나 주주 총회의 결의에 의하여 이익 잉여금 중 사내에 유보된 적립금을 처리하는 계정이다.

법정 적립금	이익 준비금, 기타 법정 적립금
임의 적립금	배당 준비금, 별도 준비금, 기업 합리화 적립금, 연구 및 인력 개발 준비금, 재무 구조 개선 적립금, 기타 임의 적립금

070 ③

주식회사는 그 자본의 2분의 1에 달할 때까지 매 결산기의 금전에 의한 이익 배당액의 10분의 1 이상의 금액을 이익 준비금으로 적립하여야 하며, 이때 '자본'이란 상법상의 자본으로서 법정 자본금을 의미한다.

071 ②

① 이익 준비금이란 상법의 규정에 의하여 주식회사가 강제적으로 기업 내부에 유보하여야 하는 법정 준비금을 말한다.
③ 비상 위험 준비금은 예정 사고율을 초과하는 비상 위험 즉, 원자력 발전소의 방사능 누출, 초대형 선박이나 항공기 사고 등과 같은 대형 사고에 대비하여 적립하는 준비금이 비상 위험 준비금이다
④ 임의 적립금은 상법의 규정에 따른 이익 준비금이나 조세 특례 제한법에 의한 기업 합리화 적립금과 같이 법적 강제에 의해서 적립해야 하는 적립금이 아니고 회사의 정관이나 주주 총회의 의결에 따라 임의적으로 설정되어 사내에 유보되는 이익 잉여금이다.

072 ④

기존 보험업법 및 감독 규정에 보험 종목별 일정 비율을 부채로 적립하도록 규정하고 있었으나 한국 채택 국제 회계 기준에서는 보고 기간 말에 존재하지 않는 보험 계약으로 인해 미래에 발생 가능한 보험금에 대해 부채의 인식을 금지함에 따라 비상 위험 준비금을 부채로 적립할 수 없다. 따라

서, 재무 건전성 확보를 위해 보험업 감독 규정에 따라 기존의 비상 위험 준비금을 잉여금 내의 준비금으로 적립하고, 배당을 제한하도록 하였다.

073 ②

※ 비상 위험 준비금 적립 및 환입

구분	화재	해상	자동차	보증	특종	수재 및 해외 원보험
적립 기준율	4%	3%	2%	6%	5%	3%
경과 보험료 일정 비율	50%	50%	40%	50%	50%	50%
경과 위험 손해율의 일정 비율	120%	110%	110%	140%	110%	80%

074 ①

과거 기업 회계 기준은 회사의 경험률에 기초한 금액(GAAP)과 감독 규정에 따른 금액(SAP) 중 큰 금액으로 적립하고 있으나, 한국 채택 국제 회계 기준은 회사의 경험률을 기초로 발생 손실 모형을 적용하여 평가한 금액만을 인정하며 감독규정에 따른 대손 충당금 적립을 인정하지 아니하고 있다.

075 ④

① 주식 할인 발행 차금은 액면에 미달하여 주식을 발행하는 경우 그 액면에 미달하는 금액을 말한다.
② 자기 주식이란 회사가 기 발행한 주식 중에서 일부를 매입 또는 증여에 의하여 재취득한 자기회사 주식을 말한다.
③ 자기 주식 처분 손실은 자기 주식의 취득 후 매각 처분한 때에 처분 가액이 장부 금액에 미달한 경우에 발생하는 계정이다.

076 ①

신주 발행비를 주식 발행 가액에서 차감함에 따라 주식을 액면 이하로 발행하는 경우뿐 아니라 액면으로 발행하는 경우도 주식 할인 발행 차금이 계상될 수 있다.

077 ④

현금 흐름 위험 회피 파생 상품 평가 손익은 현금 흐름 위험 회피를 목적으로 투자한 파생 상품에서 발생하는 평가 손익을 의미하며, 위험 회피에 효과적인 부분은 기타 포괄 손익 누계액으로 계상하고 위험 회피 대상 예상 거래가 발생한 시점에 관련 자산·부채의 장부 금액에 가감한다. 한편 위험 회피에 효과적이지 못한 부분은 당기 손익으로 처리한다.

3 손익 계산서

078 ④

손익 계산서는 대차 대조표와 함께 가장 기본적인 재무제표로서 일정 기간 동안의 영업 활동에서 발생된 기업의 경영성과를 측정하기 위한 동적인 재무제표이다. 이러한 기업의 경영성과 측정은 재무제표 이용자에게 다음과 같은 유용한 정보를 제공하기 위하여 매 회계 연도마다 이루어진다.

- 투자자 및 채권자에게 현재 또는 미래 이익의 판단·예측을 위한 자료
- 경영진에게는 의사결정의 평가 자료
- 과세 당국에게는 과세의 기초 자료
- 주주에게는 배당의 기초 자료
- 기타 정보 이용자에게는 가격 결정 기준, 노사 단체 협약 등의 기초 자료

079 ②

'발생 주의'란 거래나 사건의 경제적 효과를 현금의 수취나 지급 시점이 아닌 그 발생 시점에서 인식하는 것이다.

080 ②

보험 회계에서는 제조 또는 판매 회사의 경우처럼 매출액에 대한 매출 원가를 대응시키고 매출 총

이익과 판매비와 관리비를 대응시키고 영업 외 수익과 영업 외 비용을 대응시키는 대상적 대응은 사실상 불가능하다.

081 ④

보험 회사의 경우 유배당 보험 계약(일정 기초율을 초과하는 부분에 대한 사후 배당을 하는 배당 보험)에서 발생하는 이익은 일정 부분 이상을 계약자 지분 이익으로 분류하고 동 재원을 이용하여 계약자 배당 및 향후 계약자 배당을 위한 재원을 적립한다. 배당이 필요 없는 무배당 보험 상품에서 발생하는 손익은 전액 주주 지분으로 처리하고 있다.

082 ③

보험료 연체 등의 사유로 보험료의 납입이 유예되거나 보험 계약이 실효된 경우와 보험료의 납입이 면제되는 경우에는 회수 기일이 도래하더라도 수익으로 인식하지 아니한다.

083 ③

보험 계약의 특성상 보험료의 현금 입금 없이는 보험금의 지급 의무가 없다.

084 ②

분할 납입 계약에 따른 장기간 보험료의 납입을 발생 주의에 의해 회계 처리할 경우 발생할 수 있는 여러 가지의 우려를 방지하기 위해 특별한 경우를 제외하고는 보험료가 납입되는 시점 해당 월의 보험료를 수익으로 인식하는 현금주의의 방법으로 보험료 수익을 인식하고 있다.

085 ④

현재의 규정은 일할 계산 방법에 의하여 미경과 보험료를 계상하도록 되어 있다. 일할 계산법은 개별 계산법이라고도 하는데 매계약의 미경과 일수에 따라 일할 계산한 미경과 보험료를 산출하는 것이다.

086 ④

생명 보험 회사의 신계약비의 집행과 이연 신계약비 계상은 보험 계약 체결 시의 수당의 지급 체계 및 시기 등의 특수성으로 인하여 초기에 집행되는 비율이 상대적으로 높기 때문에 재무제표상 초기에 높은 비용을 인식하여 손익의 적절한 배분이 이루어지지 못하는 현상이 발생하였는 바, 이를 해소하고자 초기 집행된 비용을 보험료의 수입 기간에 대응하여 이연 상각하는 제도가 마련되었다.

087 ②

모집인 수수료는 보험 회사와 모집인 간에 상호 계약에서 정한 일정 의무 기간 동안 보험 계약이 유지되는 정도에 따라 차등 지급된다.

088 ①

보험 모집 관련 제수수료는 대상적 대응이 불분명할 뿐만 아니라 그 수익을 얻기 위하여 소비된 그 기간의 비용을 산출하기 어려워 기간적 대응도 불분명하기 때문에 발생 주의에 따른 비용 계상은 불가능하고 현금 주의에 의하여 비용 계상하는 것이 합리적이라고 할 수 있다.

089 ②

회계 이론상 보험 수익의 계상 시기는 보험 기간 만료 시가 타당하다고 볼 수 있다. 그러나 보험사의 의사 결정 과정에서 기간 영업 성과의 분석, 계약자에 대한 지급 능력의 유지, 주주 배당에 필요한 재무 정보의 산출을 위해 보험 계약 기간의 만료 전에도 기간 손익 계산의 필요성이 발생하게 된다. 이와 같이 보험 회사의 경영상의 필요성 때문에 보험 수익은 부보 기간에 따라 균등하게 실현되는 기간 수익으로 간주되며, 보험 수익을 기간 수익으로 처리함에 따른 재무 회계상의 불확실성은 제반 적립금의 보수적인 적립으로 보완하고 있다.

090 ①

단기 보험 계약이 일시납 계약인 경우 현금 기준에 의해 원수 보험료가 인식된다. 다만, 계약자와의 신용(예 : 적하 보험)으로 보험 계약이 체결될 경우에는 실제 보험 계약 체결일에 원수 보험료를 인식해야 할 것이다.

091 ③

보험 계약에서는 계약 연도와 보험 회사의 회계 연도가 일치하지 않는 것이 대부분이므로, 통상 회계 연도말을 기준으로 보험 기간 중의 경과 기간과 미경과 기간으로 구분하여 연간 보험료를 배분한다. 이런 경우에 보험료 중에서 기간이 경과한, 즉 수익이 실현된 보험료를 경과 보험료라 하고 기간이 미경과한 보험료를 미경과 보험료라 한다. 경과 보험료는 보험료 산출은 물론 보험 회사 경영 분석 시에도 중요한 기초 자료가 된다.

092 ①

- 수입 보험료 : 원수보험료 + 수재 보험료 − 해지 환급금
- 원수보험료 : 원수보험 계약에 의하여 수입된 보험료
- 수재 보험료 : 재보험 계약에 의하여 수입된 보험료 및 해외에서 수재 한 프론팅 보험료
- 해지 환급금 : 일반 보험 계약(장기 저축성 보험 계약을 제외한 것을 말함)의 해지로 계약자에게 지급한 해지 보험료

093 ①

③ 보험료로 받은 선일자 수표 또는 어음은 취득일부터 1월 내에 결제되는 것이어야 한다. 이 경우 해당 보험료에 보험료율 산출 기관이 공시한 1년 만기 은행 정기 예금 평균 이율로 계산한 이자 상당액을 가산하여야 하며, 1월이 경과되면 자동 부도 처리하여야 하고, 이자 수취 기간은 결제일까지로 한다. 다만, 납입 유예 기간이 있는 보험의 경우 받은 선일자 수표 등은 취득일부터 그 유예 기간 만료일까지, 1월이 초과하는 때에는 그 유예 기간 만료일까지 결제되는 것이어야 한다.

094 ③

보험료 ₩50,000,000 초과 시 입금일로부터 5영업일 이내, 보험금 1억 초과인 경우 청구일로부터 5영업일 이내에 청산을 한다.

095 ①

발생 손해액의 계상은 보험 사고의 발생을 전제로 하고 있다. 다만, 그 보험 사고의 처리 상태에 따라서 지급 보험금과 지급 준비금으로 인식 계상된다. 즉, 보험 사고의 발생 시점으로부터 지급보험금의 확정 시까지는 지급 준비금으로 계상하고 보험금 지급이 확정되면 지급 보험금으로 계상한다.

096 ②

장래 손해 조사비는 매분기말 보험금 등의 지급 사유가 발생한 계약에 대하여 향후 손해 사정, 보험 대위 및 구상권 행사 등에 소요될 것으로 예상되는 비용이다.

097 ③

발생 손해액은 보험 사고로 인하여 지급된 보험금과 추후에 지급될 보험금이다. 발생 손해액은 손익계산서상 발생 손해액 외에 장기 환급금, 장기 저축성 보험료 적립금 증가액 및 계약자 배당 준비금 증가액을 포함하여 구할 수도 있는데 이는 사업 실적표의 경과 손해율란에 표시되는 손해액이다.

098 ②

지급 보험금 : 원수보험금 + 수재 보험금 − 보험금 환입 − 수재 보험금 환입

A. 원수보험금 : 원보험 계약의 보험 사고로 보험 계약자에게 지급한 보험금
B. 수재 보험금 : 재보험 계약자의 보험 사고로 출재사에게 지급한 보험금
C. 보험금 환입 : 보험금 지급 후 잔존물 매각, 구

상권 행사 등으로 회수한 금액
D. 수재 보험금 환입 : 지급된 수재 보험금 중에서 회수한 금액

099 ④
① 출재 보험금 : 재보험 계약의 보험 사고로 재보험자로부터 회수한 보험금
② 순보험금 : 지급 보험금에서 수입 보험금 및 구상 이익을 차감한 금액
③ 재보험 자산 감액 손실 : 지급 준비금 관련 재보험 자산 평가액이 하락한 경우 당해 재보험 자산 장부 가액과 재보험 자산 평가액의 차액

100 ③
보험금의 청구가 들어오면 보상 부서는 즉시 사고 조사에 착수하여 제반 사항(작성 일자/사고 일시 및 장소/차량 번호/사고 내용/피해자 인적사항/추산 보험금)을 기재한 보고서를 작성해야 하는데 이를 일보(一報)라 한다. 일보는 보험금의 지급과 지급 준비금을 산출하는 기초 자료가 된다.

101 ④
발생한 보험 사고에 대해 정확한 손해액을 사정한 후 보험금 지급액을 결정하고 보험금을 지급하기 전까지는 많은 시간이 걸리므로 보험금의 지급을 결정하기 전에 확정 보험금의 50% 상당액을 피해자나 피보험자의 요청으로 우선 지급한다. 이와 같이 손해액이 미확정된 상태에서 보험금의 일부를 미리 지급하는 경우에 발생하는 계정 과목을 가지급 보험금(자산)이라 한다.

102 ③
보험금 환수와 차이는 환수는 착오 지급에 대한 회수 개념인데 반해 환입은 정상적으로 보험금을 결정 지급한 후에 보험 회사는 보험 사고의 물건의 소유권을 갖게 되고 보험 사고와 관련된 제3자에 대한 손해 배상 청구권을 갖게 되는데 이를 실행하여 입금이 된 때 인식하게 된다.

103 ②
① 재보험료 비용 : 재보험 계약에 의하여 재보험 회사에 지급하는 보험료
③ 재보험 자산 감액 손실 : 재보험 자산 평가액이 하락한 경우 당해 재보험 자산 장부 가액과 재보험 자산 평가액의 차액
④ 재보험 수수료 비용 : 재보험 거래에서 발생하는 수수료 비용 및 단체 재보험 협약에 의거 재보험료 수익 중 공제된 금액

104 ④
환급금 비용은 보험 계약의 해약, 효력 상실에 대한 환급금과 각종 급여금으로 지급하는 금액이다.
- 해약 환급금 : 계약을 해지 또는 보험 가입 금액을 감액하였을 때 약관에 따라 지급한 금액
- 효력 상실 환급금 : 보험 계약의 효력이 상실한 상태에서 계약자의 청구에 의하여 약관에 따라 지급한 금액
- 사망 급여금 : 피보험자 생존시 급부를 주된 보장으로 하는 보험(생존 보험)에서 피보험자의 사망을 지급 사유로 약관에 따라 지급한 금액
- 입원 급여금 : 질병, 재해로 인하여 입원, 치료, 요양, 수술 등의 지급 사유로 약관에 따라 지급한 금액
- 상해 급여금 : 장해 등급 분류표상의 신체 장해(1급 장해 제외)를 지급 사유로 약관에 따라 지급한 금액
- 생존 급여금 : 약관 규정에 의거 피보험자 생존시 지급한 각종 분할금
- 기타 급여금 : 생존 조사 결과 고지 의무 위반 또는 기타의 원인으로 계약의 해지, 무효시 지급한 금액

105 ②
① 이연 신계약비 : 신계약비 중 차기 이후에 귀속될 금액
③ 유지비 : 보험 상품의 판매를 위한 조정, 통제,

지원 기능을 행하는데 필요한 경비 및 보험료 수금에 직접적으로 관련되어 발생하는 비용으로 부동산 감가 상각비와 무형 자산 상각을 제외한 유형 자산의 감가 상각비를 포함
④ 신계약비 상각비 : 미상각 신계약비 중 당기 상각액

106 ③

경과 보험료 = 수입 보험료 − 지급 보험료 + 전기 이월 미경과 보험료 − 차기 이월 미경과 보험료 + 미경과 보험료 적립금 관련 재보험 자산 감액 손실 환입 − 재보험 자산 감액 손실

107 ③

수입 보험료	원수 보험료	원수 보험 계약에 의하여 수입된 보험료
	수재 보험료	재보험 계약에 의하여 수입된 보험료 및 해외에서 수재한 프론팅 보험료
	해지 환급금	일반 보험 계약(장기 저축성 보험 계약을 제외한 것을 말함)의 해지로 계약자에게 지급한 해지 보험료
지급 보험료	출재 보험료	재보험 계약에 의하여 수재사에 지급한 보험료
	해지 환급금 환입	원보험 계약의 해지로 계약자에게 지급한 해약 환급금 중 재보험자로부터 환입한 보험료

108 ④

① 보유 보험료 : 수입 보험료에서 지급 보험료를 차감한 금액
② 차기 이월 미경과 보험료 : 대차 대조표일 현재 차기 이후에 속하는 미경과 보험료
③ 재보험 자산 감액 손실 : 미경과 보험료 적립금 관련 재보험 자산 평가액이 하락한 경우 당해 재보험 자산 장부 가액과 재보험 자산 평가액의 차액

109 ①

Fronting 계약이란 국내의 손보사가 해외의 현지 보험 물건을 인수할 경우 현지 보험사를 중개인으로 하여 보험을 인수하고 현지 보험사의 증권을 발급하며, 국내 원수사는 현지 보험사로부터 전액 또는 일부를 수재하는 형태의 보험 계약을 의미한다. 단, 해외에 진출한 지점 및 현지법인이 직접 인수한 형태의 보험은 Frontiong 계약에서 제외된다.

110 ④

지급 보험금	원수 보험금	원보험 계약의 보험 사고로 보험 계약자에게 지급한 보험금
	수재 보험금	재보험 계약의 보험 사고로 출재사에게 지급한 보험금
	보험금 환입	보험금 지급 후 잔존물 매각, 구상권 행사 등에 의하여 회수한 금액
	수재 보험금 환입	지급된 수재 보험금 중에서 회수한 금액
수입 보험금	출재 보험금	재보험 계약의 보험 사고로 재보험자로부터 회수한 보험금
	출재 보험금 환급	보험금 환입 및 수재 보험금 환입액 중 수재사에 지급한 금액

111 ②

손해 조사비는 보험 사고 손해액을 사정하여 지급하고 구상권 행사 등을 통해 보험금을 환수하는 일련의 업무 처리에 소요되는 비용으로 과거 사업비에 포함되어 있었으나 발생 손해액으로 전환되었다.
1) 지급 손해 조사비 : 보험 사고의 손해 사정과 보험 대위 및 구상권 행사에 소요된 제비용
2) 수입 손해 조사비 : 재보험 계약에 의하여 수재사로부터 회수한 지급 손해 조사비

112 ③

① 만기 환급금 : 장기 저축성 보험 계약의 보험 기간의 중도 또는 만료시 보험 약관에 따라 지급한 금액
② 개인연금 지급금 : 개인연금 약관에 따라 지급한 연금액
④ 장기 해지 환급금 : 장기 저축성 보험 계약의 중도 해지 시 보험 약관에 따라 지급한 금액으로 지연 이자를 포함

113 ①

복리 후생비는 임·직원의 복리 후생을 위하여 지출하는 제비용으로 다음과 같은 항목을 포함한다.
- 경조금 지급 규정에 의하여 임·직원에게 지급하는 경조금
- 월동비, 연월차 수당, 특근식대 및 중식대
- 임·직원에게 지급하는 피복비, 선물대 및 기념품대
- 당직비, 숙직비, 건강 진단비 및 직원 의료비
- 통근 버스 임차료, 임·직원 의료 보험료, 고용 보험료, 산재 보험료, 상해 보험료
- 상기 이외의 기타 복리 후생적인 성질의 급여성 비용

114 ①

② 공동 보험 수수료 : 공동 보험 인수와 관련하여 공동 보험 인수 기관에 지급한 수수료
③ 지급 대리 업무 수수료 : 자동차 보험 공동 인수 물건과 관련하여 업무 대행사 및 인수사에 지급한 수수료
④ 수재 보험 수수료 : 재보험 특약에 의하여 수재보험료 중 출재사에 지급한 수수료

115 ③

① 출재 보험 수수료 : 재보험 특약에 의한 출재 보험료 중 수재사로부터 받은 수수료
② 출재 이익 수수료 : 재보험 특약에 의하여 수재사로부터 받은 이익 수수료
④ 영업 잡이익 : 보험 영업에서 발생한 수입 중 상기 이외의 경우에서 발생한 기타의 수익

116 ④

보험 영업 이익은 경과 보험료에서 발생 손해액 보험 환급금·순사업비·보험료 적립금 증가액 및 계약자 배당 준비금 증가액을 차감한 금액이다.

117 ③

요구불상환지분 : 요구불상환지분의 공정 가액이 장부 가액에 미달하는 금액

118 ④

- 부동산 감가상각비 : 부동산의 감가상각비 중 임대부분 해당액
- 부동산 처분 손실 : 부동산 처분 가액이 장부 가액(상각 잔액)에 미달하는 금액

119 ①

- 외환 차익 : 영업 거래에서 발생한 외화 자산(운용자산 제외)의 회수 또는 외화 부채의 변제 시 환율 변동으로 발생한 환차익
- 외화 환산 이익 : 화폐성 외화 자산(운용 자산 제외) 및 화폐성 외화 부채의 환산에 따라 발생한 환산차액

120 ③

전기 오류 수정 손실 : 전기 또는 그 이전 기간의 재무제표 작성 시 발생한 중대하지 아니한 오류에 해당하는 손실 금액을 처리

121 ④

종속 회사에서 발생하는 손익(종속 자회사의 지배회사 지분 상당액 및 지분법 손익)에서 발생하는 계약자 배당 재원은 연결 재무제표상 '계약자 이익 배당 준비금'으로 반영한다.

122 ②

① 실제 사업비 : 「실제 사업비 배분원칙 및 일반 손해 보험의 예정사업비의 계상기준」에 의거하여 보험 상품별로 산출한 실제사업비
② 재보험 거래에 따른 손익 : 재보험은 출·수재 보험 및 배당·무배당보험으로 구분하여 총액으로 산출

123 ④

1. 자본 계정 금액은 자본 조정 및 기타 포괄 손익 누계액을 제외한 금액으로 하며 자본 계정

운용 손익이 부(-)인 경우 '0'으로 처리한다.
2. 재평가 적립금 처리 후 잔여액은 자본 계정 중 '99.03.31 이전 자산 재평가 실시에 의해 계상된 금액의 잔여액으로 한다.
3. 자산 총계는 자본 조정, 기타 포괄 손익 누계액, 계약자 지분 조정 중 매도 가능 증권 평가 손익과 지분법 적용 투자 주식 평가 손익을 제외한 금액으로 한다.

4 재보험 회계

124 ④

재보험의 기능을 요약하면 다음과 같다.
- 회사의 지급 여력 확보 및 안정된 경영을 위협할 수 있는 보험 영업 손실로부터 보호
- 영업 실적의 안정화, 손실의 분산화
- 대형 물건 및 다양한 물건을 취급할 수 있는 보험 영업의 탄력성 제고
- 재무 구조의 강화
- 재보험자로부터 기술적 지원

125 ③

① 임의 재보험은 당사자가 재보험의 청약 인수에 대하여 상호 구속됨 없이 완전히 임의로 이루어지는 것이다.
② 특약 재보험은 재보험 당사자 간에 대상 계약·재보험 조건·청산 방법 등을 협정한 재보험 특약에 따라 당사자 간에 재보험의 청약과 인수가 의무적, 자동적으로 처리되며, 이를 의무재보험 또는 자동 재보험이라고도 부른다.
④ 비비례적 재보험은 원보험자가 보험금의 일정액 즉 보유 손해액을 부담하고 그것을 초과했을 경우 그 초과 부분을 재보험자가 부담하는 방식이다.

126 ②

재보험 자산은 관련된 보험 부채와 상계하지 않는다.

127 ①

재보험은 기본적으로 원보험을 기본으로 하여 이루어지는 거래이므로 재무적인 관점에서 원보험 회사의 재무 구조와 큰 차이가 있을 수 없으나 자금의 운용과 준비금의 적립 측면에서 다소 특이한 면을 발견할 수 있다.

128 ①

※ 임의 재보험 계약의 절차
- Placing slip의 준비
- 출재 조건의 협의 (필요한 경우)
- 재보험 청약 (order)
- 참여 재보험자의 지분 확정(over placing인 경우 sign down)
- Closing Instruction의 송부
- Cover/Debit note (재보험 인수증 및 재보험 청구서)의 접수
- 보험료의 청산

129 ②

특약 재보험은 일정 기간으로 구분하여 일괄적인 계수처리가 이루어지며, 또한 출재 보험자와 재보험자 간에 다양한 재보험 조건과 상호 계산에 관한 절차와 방법을 특약서에 규정하게 되므로 임의 재보험에 비하여 매우 복잡한 양상을 띠게 된다. 따라서 재보험 회계는 주로 특약 재보험을 대상으로 하게 된다.

130 ②

사업 연도 기준 방식은 화재 보험 등과 같은 short-tail 종목에 적용하고 인수 연도 기준 방식은 해상 보험 및 책임 보험과 같은 long-tail 종목에 적용하는 경우가 많다.

131 ④

보험료 및 보험금 유보금의 경우 출재 보험자는 현금유보에 따르는 추가 투자 수익을 향유할 수 있으므로 유보금 해제 시 일정율의 예탁금 이자

를 재보험자에게 지급한다.

132 ④

비비례 특약은 통상 1년 단위로 체결된다.

133 ②

비비례 재보험에서는 비례 재보험과는 달리 보다 루(BX.)와 같은 재보험 출재 명세서를 작성하지 않으며 수수료 지급 조항이 없다.

5 특별 계정 회계

134 ①

특별 계정이란 보험 사업자가 특정 보험 계약의 손익을 구별하기 위하여 준비금에 상당하는 재산의 전부 또는 일부를 기타 재산과 분리하여 별도의 계정을 설정하여 운용하는 것을 말한다.

135 ②

특별 계정의 운용 대상 상품은 보험 계약별로 설정·운용하며 계약자 배당 유무에 따라 구분하여야 한다. 따라서 대상 보험 계약은 보험업법 및 보험업 감독 규정에서 정하고 있는 개인연금 손해 보험 계약, 퇴직 연금 원리금 보장 계약, 퇴직 보험 계약, 연금 저축 보험 계약, 자산 연계형 보험 계약, 장기 손해 보험 계약, 변액 보험 계약, 퇴직 연금 실적 배당 보험 계약으로 구분한다. 다만, 변액 보험 계약과 퇴직 연금 실적 배당 보험 계약은 둘 이상의 간접 투자 기구를 설정·운용할 수 있다.

136 ④

생명 보험 사업자가 판매하는 변액 보험 계약 및 보험 회사가 판매하는 퇴직 연금 실적 배당 보험 계약은 실적 배당형 특별 계정으로 납입 보험료에 대한 운용 손익을 전액 계약자에게 귀속시키기 위하여 운용하는 특별 계정이며, 개인연금 손해 보험 계약, 연금 저축 보험 계약, 자산 연계형 보험 계약, 장기 손해 보험 계약, 퇴직 보험 계약 등은 원리금 보장형 특별 계정으로 손익 구조는 일반 계정과 동일하나 수급권 보장을 위하여 자산을 일반 계정과 별도로 구분하여 운용하는 특별 계정을 말한다.

137 ④

구분	일반 계정	원리금 보장형	실적 배당형
운용 목적	안정성	안정성	수익성
투자 Risk	보험사	보험사	계약자
보장 이율	예정 이율	예정 이율	실적 배당
손익 조정	결산(월, 분기, 연 단위)	결산(월, 분기, 연 단위)	매일

138 ④

※ 생보사 특별 계정 현황

	일반 계정			
	자산 연계형			
	연금 저축			
특별 계정	퇴직 보험	원리금 보장형		유배당
				무배당
	퇴직 연금	실적 배당형		–
		원리금 보장형		유배당
				무배당
	변액 보험(실적 배당형)	보험업법		종신
	연금			연금
	VUL			VUL
	자통법(구 간투법)		보장성	보장성
			저축성	저축성

139 ②

① 구분 계리 : 과거 손해 보험 회사에서 구개인 연금의 계약자 배당 손익의 정확한 산출을 위해 사용하던 회계 구분 방식으로 실제 운용은 일괄적으로 합산하여 하되, 회계 연도말에 정해진 규정에 따라 자산 운용 수익을 배분하는 방법
③ 특별 계정 : 보험사의 연금 저축 생명 보험 및

퇴직 보험, 퇴직 연금, 변액 보험, 장기 손해 보험, 연금 저축 손해 보험, 자산 연계형 보험에 대해 보험료 수입부터 자산 관리까지 일반 계정과 구분하여 별도 계정을 운용하는 방법

140 ④

구분	특별 계정	구분 계리
자산 운용 조직	운용 조직 분리	통합 운용
상품 구분	계정별로 귀속	통합 운용
결산 방법	계정별 결산	재무회계상 통합 결산
공시 방법	주석 공시	회사 전체 계정 단일 공시

141 ③

보험 회사의 재무 상태표 작성은 일반 계정 재무 상태표와 동일 양식을 사용하는 특별 계정(손해 보험의 개인연금 보험, 연금 저축 보험, 장기 손해 보험, 자산 연계형 보험, 생명 보험의 연금 저축 보험, 자산 연계형 보험)의 계정 과목을 단순 합산하여 작성한다. 다만, 퇴직 보험 계약, 퇴직 연금 계약 및 변액 보험 계약의 재무 상태표는 계정 과목별로 단순 합산하지 않고 '특별 계정 자산'과 '특별 계정 부채'로 총액을 일반 계정의 재무 상태표에 계상한다.

142 ④

보험 회사의 총괄 손익 계산서 작성은 손해 보험의 개인연금 보험, 연금 저축 보험, 장기 손해 보험, 자산 연계형 보험 및 생명 보험의 연금 저축 보험, 자산 연계형 보험 계정별로 손익 계산서를 작성하여 일반 계정 손익 계산서와 계정 과목별로 단순 합산하며, 퇴직 보험 계약 및 퇴직 연금 원리금 보장 계약은 별도 작성된 손익 계산서를 '특별 계정 수익'과 '특별 계정 비용' 총액으로 일반 계정 손익 계산서에 계상한다. 단, 실적 배당 보험 계약인 변액 보험은 회사 전체 손익 계산서에는 전혀 계산하지 않는다.

143 ①

②, ③, ④의 경우 해당 상품의 기초 서류에 기재된 방법에 의거하여 감독 규정이 규정하는 객관적인 외부 지표 금리에 일정 이율을 가감한 이율과 운용 자산 이익률을 반영하여 공시 기준 이율을 산출하고 향후 예상 수익 등을 고려한 조정률(20% 한도)을 반영하여 공시 이율을 결정한다. 운용 자산 이익률은 운용 자산 수익률(산출 시점 직전 1년간 자사의 투자 영업 수익)에서 투자 지출률(투자 활동에 직접적으로 소요된 비용)을 차감하여 산출한다. 또한 금리 연동형 보험의 경우 최저 보증 이율을 설정해야 하지만, 단 계약일로부터 5년 이내에 해지될 경우에는 별도 이율을 적용할 수 있다.

144 ③

퇴직 보험 계약 및 변액 보험 계약은 사업비인 부가 보험료를 제외한 보험료를 일반 계정에서 특별 계정으로 이체한다.

145 ②

제지급금이 발생하여 지급할 때에는 일반 계정에서 계약자에게 먼저 지급하고 선지급한 제지급금의 해당 금액을 이체기일 내에 특별 계정에서 일반 계정으로 자금을 이체한다.

146 ②

계정 간의 자금이체는 이체 사유가 발생한 날로부터 5영업일 이내에 정산을 원칙으로 한다.

147 ④

다음의 경우 이체 사유가 1일부터 15일 중에 발생한 때에는 당월 말일까지 정산하고 16일부터 말일까지 발생한 때에는 다음 달 15일까지 정산한다.
1. 조세 특례 제한법 제86조의2의 규정에 의한 연금저축생명 보험 계약, 연금 저축 손해 보험 계약
2. 조세 특례 제한법 제86조의 규정에 의한 세제

지원 개인연금 손해 보험 계약
3. 손해 보험 회사가 판매하는 장기 손해 보험 계약
4. 자산 연계형 보험 계약(공시 이율을 적용하는 보험 계약은 제외)

148 ②

계정 간 자금이체에 따른 기간 경과 이자 계산 기산일
- 보험료 수납분 중 저축 보험료 등 : 영수일
- 해약 환급금 등 제지급금 지급 : 지급일 및 배서일(환급 보험료)
- 선납(완납) 계약의 경과 위험 보험료 등 : 익월 계약일(경과 기준일)
- 재산 관리비(부동산 관리비) 배분액 : 해당 월 말일
- 미상각신계약비, 신계약비상각비 : 해당 월 말일

149 ②

특별 계정 운용 자산의 평가 손익은 특별 계정별로 시가를 반영하여 평가함을 원칙으로 한다. 운용 자산의 시가 평가가 곤란하거나 특별 계정 자산 평가와 관련하여 보험업 감독 규정에서 특별히 정하지 않은 경우에는 일반 계정의 회계 처리를 준용하여 처리할 수 있다.

6 국제 회계 기준

150 ③

국제 회계 기준 특징
1. 원칙주의(principles based approach)
   - 전문가의 판단 중시(구체적 실무적용지침 지양)
   - 산업별 회계 처리 기준 배제
   - 해석서 발표 않음.
   - 질의 회신 축소
2. 연결 재무제표 중심 회계 기준
3. 공시 강화 : 국제 회계 기준 적용 유연성 허용,

정보 이용자 보호를 위한 공시 강화
4. 공정 가치 회계의 확대 적용

151 ③

※ 회계 기준 통일의 장점
- 외국 증권 시장 접근 및 자본 자유화 용이
- 기업의 자본비용(cost of capital) 감소
- 회계 투명성 개선
- 국가 간 재무제표의 비교 가능성 현저히 개선
- 국내외 증권시장에 중복 상장된 회사들의 회계 처리 비용 절감(이중의 재무 보고 불필요)
- 각국의 회계 기준 제정 비용 절감
- 회계 교육 및 회계 전문가의 자격 상호 인증 용이
- 회계 규제 용이
- 회계 문제에 대한 정부 및 압력 집단의 간섭 감소

152 ②

구분	K-GAAP	K-IFRS	영향
주재무제표	개별 재무제표	연결 재무제표	연결 실체 중심
공시 기한	사업 연도 종료 후 120일(자산 2조 원 이상 90일)	주주 총회 1주전 (90일 이내)	공시 기한 단축
연결 범위	· 30% 초과 최대주주 또는 실질 지배력이 있는 경우 · 자산 100억 미만 기업, 특수목적기업 등은 제외	· 50% 초과 소유주주 또는 실질 지배력이 있는 경우 · 자산 100억 미만 기업, 특수목적기업 등을 포함	연결 총자산 감소, 종속 기업 수 증가

153 ④

K-IFRS 도입으로 재무제표 본문은 간략해지는 반면, 이를 보충 설명하는 주석 페이지 수는 크게 증가한다. 또한, K-IFRS에서는 K-GAAP에서 요구하지 않았던 환위험, 유동성 위험, 이자율 위험 등에 대한 관리 정책, 환율 등 변동이 당기순이익에 미치는 민감도 분석 등 투자에 유용한 정보가 주석에 추가된다.

154 ④

실질 지배력이 없는 지분율 50% 이하의 대규모

종속 회사가 연결 대상에서 제외됨으로써 전체적으로는 연결 총자산이 감소하였다.

155 ①

② K-IFRS에서는 기존과 다르게 복잡한 과정을 거치는데 확정 급여 제도의 채무 측정 시 보험 수리적 방법을 이용한다. 즉 미래 임직원이 퇴직할 경우 지급하여야 할 퇴직금을 추정한 후 현재 가치로 계산한다.

156 ③

K-IFRS에서는 기준서가 명시적으로 규정하지 않은 거래 등에 대하여 경영진이 회계 정책을 개발·적용하였을 경우에 정당성을 부여하고 있는 등 회계 처리 방법의 적용에 있어 기업의 판단을 중시하고 있다.

157 ③

상환 우선주는 부채로 분류함으로써 자기자본이 감소하고, 상환 우선주에 대한 배당금이 차입에 대한 금융 비용으로 회계 처리되므로 당기 순익이 감소한다.

제2장 자산 운용

1 자산 운용의 개요

001 ③

보험 회사는 그 자산을 운용할 때 안정성 유동성·수익성 및 공익성이 확보되도록 하여야 한다.

002 ②

① 수익성, ② 안정성, ③ 공익성, ④ 공유동성

2 자산 운용의 규제

003 ④

※ 보험업법이 금지 또는 제한하는 자산 운용 방법(법 제105조)
1. 대통령령으로 정하는 업무용 부동산이 아닌 부동산(저당권 등 담보권의 실행으로 취득하는 부동산은 제외)의 소유
2. 특별 계정을 통한 부동산의 소유
3. 상품이나 유가증권에 대한 투기를 목적으로 하는 자금의 대출
4. 직접·간접을 불문하고 해당 보험 회사의 주식을 사도록 하기 위한 대출
5. 직접·간접을 불문하고 정치 자금의 대출
6. 해당 보험 회사의 임직원에 대한 대출(보험 약관에 따른 대출 및 금융 위원회가 정하는 소액 대출은 제외)
7. 자산 운용의 안정성을 크게 해칠 우려가 있는 행위로서 대통령령으로 정하는 행위

004 ③

※ 보험업법이 금지 또는 제한하는 자산 운용 방법(법 제105조)
1. 대통령령으로 정하는 업무용 부동산이 아닌 부동산(저당권 등 담보권의 실행으로 취득하는 부동산은 제외)의 소유
2. 특별 계정을 통한 부동산의 소유
3. 상품이나 유가 증권에 대한 투기를 목적으로 하는 자금의 대출
4. 직접·간접을 불문하고 해당 보험 회사의 주식을 사도록 하기 위한 대출
5. 직접·간접을 불문하고 정치자금의 대출
6. 해당 보험 회사의 임직원에 대한 대출(보험 약관에 따른 대출 및 금융 위원회가 정하는 소액 대출은 제외)
7. 자산 운용의 안정성을 크게 해칠 우려가 있는 행위로서 대통령령으로 정하는 행위

005 ④
① 보험 회사는 그 자산을 운용할 때 안정성·유동성·수익성 및 공익성이 확보되도록 하여야 한다(보험업법 제104조 제1항).
② 보험 회사는 특별 계정에 속하는 이익을 그 계정상의 보험 계약자에게 분배할 수 있다(보험업법 제108조 제3항).
③ 직접·간접을 불문하고 해당 보험 회사의 주식을 사도록 하기 위한 대출은 금지되는 행위이다(보험업법 제105조 제4호).

006 ①
동일한 개인 또는 법인에 대한 신용 공여(보험업법 제106조 제1항 제1호)
- 일반 계정 : 총자산의 100분의 3
- 특별 계정 : 각 특별 계정 자산의 100분의 5

007 ②
보험 회사가 일반 계정에 속하는 자산을 운용할 때, 동일한 법인이 발행한 채권 및 주식 소유의 합계액은 총자산의 100분의 7을 초과할 수 없다(법 제106조 제1항 제2호).

008 ④
특별 계정을 설정하여 운영할 수 있는 보험 계약(법 제108조 제1항)
1. 「조세특례제한법」 제86조의2에 따른 연금 저축 계약
2. 「근로자퇴직급여 보장법」 제16조 제2항에 따른 보험 계약 및 법률 제7379호 근로자 퇴직급여 보장법 부칙 제2조 제1항에 따른 퇴직 보험 계약
3. 변액 보험 계약(보험금이 자산운용의 성과에 따라 변동하는 보험 계약을 말한다)
4. 그 밖에 금융 위원회가 필요하다고 인정하는 보험 계약

009 ②
보험 회사는 특별 계정에 속하는 이익을 그 계정상의 보험 계약자에게 분배할 수 있다(법 제108조 제3항).

010 ③
보험 회사는 특별 계정에 속하는 이익을 그 계정상의 보험 계약자에게 분배할 수 있다(법 제108조 제3항).

011 ④
보험 회사는 특별 계정에 속하는 자산은 다른 특별 계정에 속하는 자산 및 그 밖의 자산과 구분하여 회계처리하여야 한다(법 제108조 제2항).

012 ②
보험 회사는 다른 회사의 의결권 있는 발행주식(출자지분을 포함) 총수의 100분의 15를 초과하는 주식을 소유할 수 없다. 다만, 제115조에 따라 금융 위원회의 승인(신고로써 갈음하는 경우를 포함)을 받은 자회사의 주식은 그러하지 아니하다(법 제109조).

013 ①
보험 회사가 자산 운용 한도의 제한을 피하기 위하여 다른 금융 기관 또는 회사의 의결권 있는 주식을 서로 교차하여 보유하거나 신용 공여를 하는 행위를 하여 취득한 주식에 대하여는 의결권을 행사할 수 없다(법 제110조 제1항 제1호, 제2항).

014 ②
대주주가 다른 회사에 출자하는 것을 지원하기 위한 신용 공여를 하는 행위는 하여서는 아니 된다(법 제111조 제1항 제1호).

015 ④
① 보험 회사는 해당 보험 회사의 대주주가 발행한 주식에 대한 의결권을 행사하는 행위를 하였을 때에는 7일 이내에 그 사실을 금융 위원회에 보고하고 인터넷 홈페이지 등을 이용하

여 공시하여야 한다(법 제111조 제3항 제3호).

016 ②

보험 회사는 그 보험 회사의 대주주에 대하여 대통령령으로 정하는 금액(단일 거래 금액이 자기자본의 1천분의 1에 해당하는 금액 또는 10억 원 중 적은 금액) 이상의 신용 공여를 하는 경우에는 미리 이사회의 의결을 거쳐야 한다. 이 경우 이사회는 재적 이사 전원의 찬성으로 의결하여야 한다(법 제111조 제2항). 그리고 보험 회사는 7일 이내에 그 사실을 금융 위원회에 보고하고 인터넷 홈페이지 등을 이용하여 공시하여야 한다(법 제111조 제3항 제1호).

보험 회사는 매 분기 말 현재 대주주에 대한 신용 공여 규모, 분기 중 신용 공여의 증감액, 신용 공여의 거래조건, 해당 보험 회사의 대주주가 발행한 채권 또는 주식의 취득 규모, 그 밖에 금융 위원회가 정하여 고시하는 사항을 매 분기 말이 지난 후 1개월 이내에 금융 위원회에 보고하고, 인터넷 홈페이지 등을 이용하여 공시하여야 한다(법 제111조 제4항, 시행령 제57조 제4항).

017 ①

금융 위원회는 보험 회사의 대주주(회사만 해당)의 부채가 자산을 초과하는 등 재무 구조가 부실하여 보험 회사의 경영 건전성을 뚜렷하게 해칠 우려가 있는 경우로서 대통령령으로 정하는 경우에는 그 보험 회사에 대하여 대주주에 대한 신규 신용 공여를 금지할 수 있다(법 제111조 제6항 제1호).

018 ②

보험 회사는 보험업 경영과 밀접한 관련이 있는 업무 등으로서 대통령령으로 정하는 업무를 주로 하는 회사를 자회사로 소유하려는 경우에는 신고로써 승인을 갈음할 수 있다(보험업법 제115조 제1항 단서).

이때 '대통령령으로 정하는 업무'란 다음 각 호의 어느 하나에 해당하는 업무를 말한다(보험업법 시행령 제59조 제1항).
1. 보험 회사의 사옥 관리 업무
2. 보험 수리 업무
3. 손해 사정 업무
4. 보험 대리 업무
5. 보험 사고 및 보험 계약 조사 업무
6. 보험에 관한 교육·연수·도서 출판·금융 리서치·경영 컨설팅 업무
7. 보험업과 관련된 전산 시스템·소프트웨어 등의 대여·판매 및 컨설팅 업무
8. 보험 계약 및 대출 등과 관련된 상담 업무
9. 보험에 관한 인터넷 정보 서비스의 제공 업무
10. 자동차와 관련된 긴급 출동·차량 관리·운행 정보 등 부가 서비스 업무
11. 보험 계약자 등에 대한 위험 관리 업무
12. 건강·장묘·장기간병·신체장애 등의 사회복지사업 및 이와 관련된 조사·분석·조언 업무
13. 「노인 복지법」 제31조에 따른 노인 복지 시설(같은 법 제34조제1항제3호의 노인 전문 병원은 제외)의 설치·운영에 관한 업무 및 이와 관련된 조사·분석·조언 업무
14. 외국에서 하는 보험업, 보험 수리 업무, 손해 사정업무, 보험 대리 업무, 투자 자문업, 투자 일임업, 집합 투자업 또는 부동산업
15. 「사회 기반 시설에 대한 민간 투자법」에 따른 사회 기반 시설 사업 및 사회 기반 시설 사업에 대한 투융자사업
16. 「자산 유동화에 관한 법률」에 따른 자산 유동화 업무 및 유동화 자산의 관리 업무
17. 「중소기업 창업 지원법」에 따른 중소기업 창업 투자회사 또는 중소기업 창업 투자 조합이 하는 업무
18. 「자본시장과 금융 투자업에 관한 법률」에 따른 투자회사 또는 경영 참여형 사모 집합 투자 기구가 하는 업무
19. 「부동산 투자 회사법」에 따른 부동산 투자 회사가 하는 업무

20. 「선박 투자 회사법」에 따른 선박 투자 회사가 하는 업무
21. 「벤처기업 육성에 관한 특별 조치법」에 따른 한국 벤처 투자 조합이 하는 업무
22. 「여신 전문 금융업법」에 따른 신기술사업투자 조합이 하는 업무

019 ②

보험업법 제106조 제3항(대통령령으로 정하는 금액 이하의 특별 계정에 대하여는 일반 계정에 포함하여 자산 운용 비율을 적용)에서 '대통령령으로 정하는 금액'이란 매 분기 말 기준으로 300억 원을 말한다(시행령 제50조 제4항).

020 ④

지급 여력 비율은 100분의 100 이상을 유지하여야 한다(보험업법 시행령 제65조 제2항 제1호).
※ '지급 여력 비율'이란 지급 여력 금액을 지급여력기준금액으로 나눈 비율을 말한다.

021 ④

보험 회사는 자회사의 사업 연도가 끝난 날부터 3개월 이내에 자회사의 대차 대조표와 대통령령으로 정하는 서류를 금융 위원회에 제출하여야 한다(보험업법 제117조 제2항).
① 보험업법 제116조 제2호
② 보험업법 제116조 제1호
③ 보험업법 제117조 제1항

022 ④

보험 회사는 재무제표 및 사업 보고서를 일반인이 열람할 수 있도록 금융 위원회에 제출하는 날부터 본점과 지점, 그 밖의 영업소에 비치하거나 전자문서로 제공하여야 한다(법 제119조).

023 ②

사채의 발행 한도는 직전 분기 말 현재 자기 자본의 범위 내로 한다(보험업법 시행령 제58조 제3항).

024 ②

보험 회사는 배당 보험 계약에서 발생하는 이익의 100분의 10 이하를 주주지분으로 하고, 나머지 부분을 계약자 지분으로 계리하여야 한다(보험업법 시행규칙 제30조의2 제1항).

제3장 재무 건전성

1 재무 건전성 규제

001 ①

미예상손실에 대한 손실 흡수력을 확보하는 제도는 자기 자본 규제이다. 자산 건전성 규제는 예상 손실에 대한 손실 흡수력을 확보하는 제도이다.

002 ①

※ 자산 건전성 분류 대상 자산
1. 명칭 등 형식에 불구하고 경제적 실질이 이자 수취 등을 목적으로 담보를 제공받거나 신용으로 일정 기간 동안 또는 동기간 종료시 원리금의 반환을 약정하고 자금을 대여하여 발생한 채권(대출채권)
2. 유가 증권
3. 보험 미수금
4. 미수금·미수 수익·가지급금 및 받을 어음·부도 어음
5. 그 밖에 보험 회사가 건전성 분류가 필요하다고 인정하는 자산

003 ④

※ 채무 상환 능력 기준 건전성 분류

정상	경영 내용, 재무 상태 및 미래 현금 흐름 등을 감안할 때 채무 상환 능력이 양호하여 채권 회수에 문제가 없는 것으로 판단되는 거래처에 대한 자산
요주의	경영 내용, 재무 상태 및 미래 현금 흐름 등을 감안할 때 채권 회수에 즉각적인 위험이 발생하지는 않았으나 향후 채무 상환 능력의 저하를 초래할 수 있는 잠재적인 요인이 존재하는 것으로 판단되는 거래처에 대한 자산

고정	경영 내용, 재무 상태 및 미래 현금 흐름 등을 감안할 때 채무 상환 능력의 저하를 초래할 수 있는 요인이 현재화되어 채권 회수에 상당한 위험이 발생한 것으로 판단되는 거래처에 대한 자산
회수 의문	경영 내용, 재무 상태 및 미래 현금 흐름 등을 감안할 때 채무 상환 능력이 현저히 약화되어 채권 회수에 심각한 위험이 발생한 것으로 판단되는 거래처에 대한 자산 중 회수 예상 가액 초과 부분
추정 손실	경영 내용, 재무 상태 및 미래 현금 흐름 등을 감안할 때 채무 상환 능력의 심각한 악화로 회수 불능이 확실하여 손실 처리가 불가피한 것으로 판단되는 거래처에 대한 자산 중 회수 예상 가액 초과 부분

004 ①

※ 연체 기간에 따른 건전성 분류

정상	1개월 미만
요주의	1월 이상 3월 미만
고정	3월 이상(회수 예상 가액 해당 부분)
회수의문	3월 이상 12월 미만(회수 예상 가액 초과 부분)
추정 손실	12월(회수 예상 가액 초과 부분)

005 ③

※ 대손 충당금 최저 적립 비율

구분	기업	가계	부동산 PF
정상	0.5% 이상	1% 이상	0.9% 이상
요주의	2% 이상	10% 이상	7% 이상
고정	20% 이상	20% 이상	20% 이상
회수의문	50% 이상	55% 이상	50% 이상
추정 손실	100%	100%	100%

006 ②

지급 여력 금액이란 보험 회사가 예측할 수 없는 리스크의 발생에 대비할 수 있는 일종의 충격 흡수 장치(Buffer) 또는 잉여금(Surplus)이라고 할 수 있다.

007 ③

업계 공통의 표준 모형을 도입하였다. RBC 제도의 도입 초기에는 모든 보험 회사에 공통으로 적용할 수 있는 단순한 형태의 표준 모형을 도입할 필요가 있는 점을 감안하여, 업계 공통의 위험계수를 적용토록 하였다.

008 ①

분류	정의	결정 요인
보험 리스크	예상하지 못한 손해율 증가 등으로 손실이 발생할 리스크	· 손해율 · 지급 준비금 적립수준
금리 리스크	금리 변동에 따른 순자산가치의 하락 등으로 재무 상태에 부정적인 영향을 미칠 리스크	· 자산/부채의 금리 민감도 · 금리연동형상품 비중
신용 리스크	채무자의 부도, 거래상대방의 채무불이행 등으로 인하여 손실이 발생할 리스크	· 신용 등급, 부도율 · 담보, 보증 등 신용 보강 내역
시장 리스크	시장 가격(주가, 이자율, 환율 등)의 변동에 따른 자산가치 변화로 손실이 발생할 리스크	· 분산 투자의 적정성 · 변액 보험 비중
운영 리스크	부적절한 내부 절차·인력·시스템, 외부 사건 등으로 인하여 손실이 발생할 리스크	· 내부 통제의 적정성 · 사고 방지 대책의 적정성

009 ④

분산 투자의 적정성은 시장 리스크의 결정 요인이다.

010 ②

※ 지급 여력 비율에 따른 단계별 적기 시정 조치

경영 개선 권고	경영 개선 요구	경영 개선 명령
100% 미만 ~ 50% 이상	50% 미만 ~ 0% 이상	0% 미만

2 재무 건전성 평가

011 ③

보험 회사의 경영 실태 평가 부분은 자본 적정성·자산 건전성·유동성·수익성의 경우 계량 항목과 비계량 항목으로 구성되며, 경영 관리는 비계량 항목으로만 구성된다.

012 ④

① 부실 자산 비율, ② 위험 가중 자산 비율, ③ 대손 충당금 적립률은 자산 건전성 부문이다. ④ 운용 자산 이익률은 수익성 부문이다.

013 ③

직접 규제에서 리스크 중심 간접적 규제로 전환하여 보험 회사의 경영 자율성을 확대하였다.

014 ③

※ 경영 실태 평가 제도 비교

구분	종전의 경영 실태 평가	위험 기준 경영 실태 평가
접근 방식	과거 회귀적 (Backward Looking) 규정 위주(Rule Based) 포괄적 접근	미래 지향적 (Forward Looking) 리스크 중심(Risk Based) 리스크별 접근
감독 방식	사후 평가 및 사후 교정	사전 예방
중점 지표	경영 성과	미래 손실 가능성
활용 방식	현장 검사	상시 감시
평가 주기	종합 검사 주기	연 또는 종합 검사 주기
조치 방식	위규 사항 제재	취약 부문에 대한 사전 조치

015 ②

보기는 비계량 평가(Qualitative Assessment)에 대한 설명이다. 보험 회사의 리스크 및 경영부실 요인을 체계적 종합적으로 평가하기 위해 경영관리리스크, 보험리스크, 금리리스크, 투자리스크, 유동성리스크, 자본적정성, 수익성의 7개 평가부문으로 나누고 각 부분별로 계량평가와 비계량평가를 실시하여 종합리스크 등급을 산정하는데 경영관리리스크는 비계량평가만 실시한다.

016 ③

계량 항목 평가는 매분기, 비계량항목 평가는 매년 실시하는 것을 원칙으로 한다.

017 ②

※ 평가 부문별 가중치

평가 부문	생보사	손보사	재보사
경영 관리 리스크	15%	15%	15%
보험 리스크	10%	15%	20%
금리 리스크	15%	10%	-
투자 리스크	15%	15%	20%
유동성 리스크	5%	5%	5%
자본 적정성	25%	25%	25%
수익성	15%	15%	15%

018 ④

※ 보험 리스크 평가 항목

계량 평가 항목	비계량 평가 항목
• 보험 가격 리스크 비율 • 준비금 리스크 비율 • 손해율	• 보험 리스크 관리의 적정성 • 손해율 분석 및 관리의 적정성

019 ④

※ 보험 회사 적기 시정 조치 제도의 주요 내용

구분	경영 개선 권고	경영 개선 요구	경영 개선 명령
조치 기준	① 지급 여력 비율 100% 미만 ② 경영 실태 평가 종합 평가 등급 3등급 이상으로서 자본 적정성 부문 평가 등급 4등급 이하 ③ 경영 실태 평가 결과 종합 평가 등급이 3등급(보통) 이상으로서 보험 리스크, 금리 리스크 및 투자 리스크 부문의 평가 등급 중 2개 이상의 등급이 4등급(취약) 이하 ④ 거액 금융 사고 또는 부실 채권 발생으로 ①, ②, ③의 기준 미달 명백	① 지급 여력 비율 50% 미만 ② 경영 실태 평가 종합 평가 등급 4등급 이하 ③ 거액 금융 사고 또는 부실 채권 발생으로 ①, ②의 기준 미달 명백 ④ 경영 개선 권고에 따른 경영 개선 계획 불승인	① 지급 여력 비율 0% 미만 ② 부실 금융 기관 ③ 경영 개선 요구에 따른 경영 개선 계획 불승인
조치 내용	조직·인력 운영의 개선, 자본금의 증액 또는 감액, 신규 업무 진출 제한 등	점포 폐쇄 및 신설제한, 임원진 교체 요구, 영업의 일부 정지 등	주식 소각, 영업양도, 외부 관리인 선임, 합병 및 계약 이전 등

020 ③

- 경영 개선 권고 : 종합 등급 3등급 이상으로서 자본 적정성 평가 등급이 4등급 이하 또는 보험·금리·투자 리스크 부문의 평가 등급 중 2개 이상의 등급이 4등급 이하인 경우
- 경영 개선 요구 : 경영 실태 평가 종합 등급이 4등급 이하인 경우

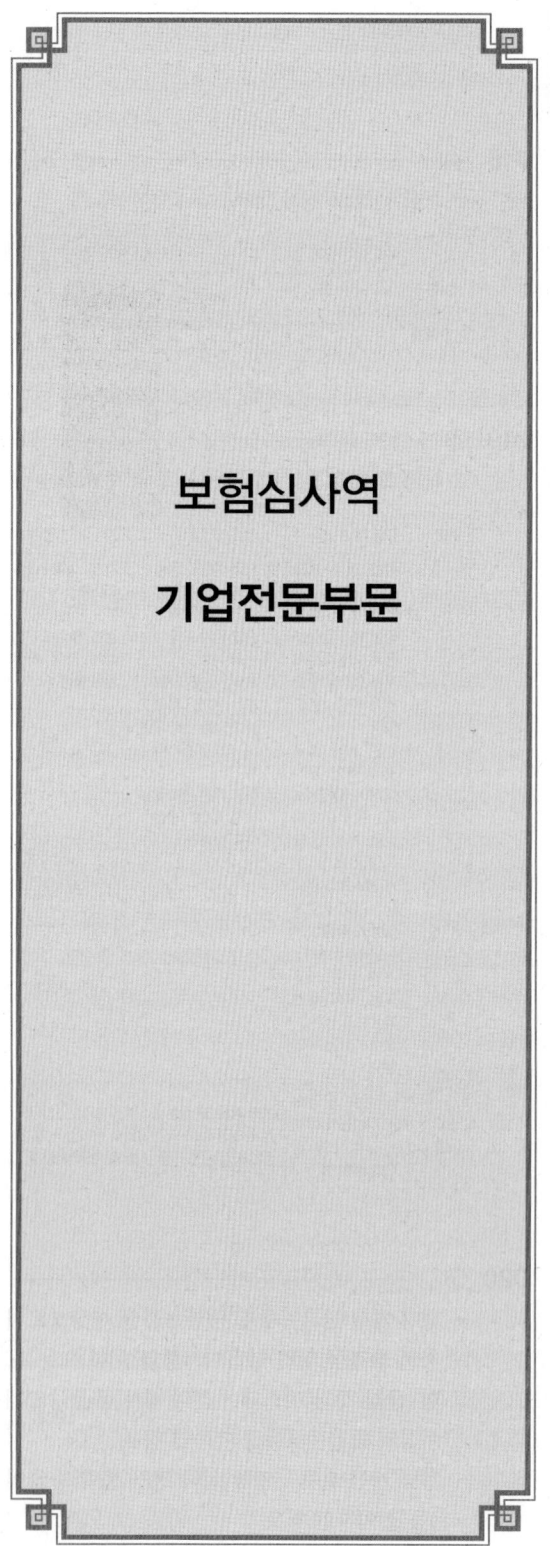

제1과목 재산 보험

제1장 화재 보험

1 개요

001 ④
화재 보험은 보통 약관상으로는 제한된 일부 사고와 일부 손해만을 담보하는 보험 제도이지만, 특별 약관에 의한 담보 방식까지 고려할 경우, 피보험자의 모든 재산에 관하여 사실상의 모든 우연한 사고와 모든 손해를 담보하는 제도라 할 수 있다.

002 ②
보통 약관에서는 화재 또는 벼락으로 인한 직접 연소 손해, 소방 손해, 피난 손해를 보상한다.

2 화재 보험의 주요 조건

003 ④
잔존물 처리 비용에는 잔존물 해체, 청소, 상차 비용은 포함되지만, 하차 비용은 포함되지 않는다.

004 ②
※ 약관의 유형

구분	내용
추가 약관	보통 약관에 표현되지 못하였으나 모든 화재 보험 계약에 공통적으로 적용되는 약관
특별 약관	보통 약관의 조건을 변경하는 약관
추가 특별 약관	특별 약관상의 보험 조건 중 일부 조건을 변경하는 내용의 약관

005 ③
① 구내 폭발 위험 담보 특별 약관에서 말하는 폭발 또는 파열이란 급격한 산화 반응을 포함하는 파괴 또는 그 현상을 말한다. 유압기, 수압기 등의 물리적 폭발은 기계 보험의 담보 위험이기 때문에 여기서는 제외된다.
② 풍수재 위험 담보 특약의 경우 특수 건물에 대한 자동 담보를 폐지하고, 위험을 담보 받고자 하는 특수 건물에 대해서는 별도의 할증 보험료를 내도록 하고 있다.
④ 도난 위험 담보 특약은 강도, 절도로 생긴 도난, 훼손 또는 망가짐 손해 외에도 도난품을 회수하는 데 소요되는 필요하고도 정당한 비용을 보상한다.

006 ③
실손 보상 특별 약관의 경우 계약 체결 시에 미리 보험 가액을 평가한다.

007 ①
80% 부보 비율 조건부 실손 보상 특별 약관을 첨부한 경우

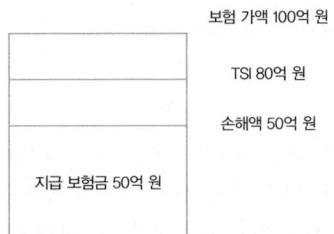

지급 보험금 = 50억 원 × $\frac{80억}{100억 \times 80\%}$

008 ④
재조달 가액은 취득 금액에 물가 상승률을 곱하는 방법으로 산정한다.

009 ①
보험 가입 금액은 보험 기간 중의 예상 최대 재고 가액으로 정한다.

010 ②
약정 복구 기간이 12개월을 초과하지 않는 경우, 보험 가입 금액은 12개월간의 영업 이익 및 보험 가입 경상비의 합계액이다.

011 ②
일반 물건과 공장 물건이 동일한 보험 약관을 사용하면서도 이를 구분하는 것은 지급 보험금의 계산 방식에 차이가 있기 때문이다.
1. 공장 물건 및 재고 자산
  보험금 = 손해액 × $\frac{보험\ 가입\ 금액}{보험\ 가액}$
2. 주택 물건 및 일반 물건
  보험금 = 손해액 × $\frac{보험\ 가입\ 금액}{보험\ 가액 \times 80\%}$

012 ③
자동 담보를 제공해오던 '풍수재' 특약은 2005년 이후 폐지되었으므로 별도의 할증 보험료를 납부해야 한다.

013 ③
단란주점은 '인수 제한' 물건에 해당한다. 인수 제한 물건의 경우에는 해당 계약의 책임 개시 5일전까지 인수 지침에서 정한 인수 심사 절차에 따라 인수 승인을 득한 후 인수하여야 한다.

014 ②
갱신 계약의 경우 전년도 계약과의 가입 금액을 비교해 보아야 한다.

015 ④
보석, 글, 그림, 골동품 등은 명기 물건이다.

016 ②
일반 화재 보험은 화재 사고는 보상하나, 폭발 및 파열 사고는 면책한다.

017 ③

※ 화재 보험에서 보상하는 '화재'의 요건
1. 불자리가 아닌 장소에서 발생하거나 이를 벗어나서 발생한 불로써 우발적인 것
2. 불에 의한 연소 작용(불이 독립하여 자력으로 확대될 수 있는 상태)이 있을 것
3. 연소에 의해 보험의 목적에 경제적 손해를 초래시킬 것

018 ④

5일의 기간은 옮긴 날부터 5일간을 말하며, 어떠한 경우라도 보험 기간 내의 타 장소의 위험을 말하는 것이지 전보험 기간을 넘어서는 기간의 연장을 의미하는 것은 아니다.

019 ③

화재 사고 현장에서 잔존물 제거 비용은 손해액의 10%를 한도로 보상한다.

020 ②

보험의 목적이 발효, 자연 발열 또는 자연 발화로 생긴 손해는 보상하지 아니한다. 그러나 자연 발화로 연소된 다른 보험의 목적에 생긴 손해는 보상한다.

021 ③

잔존물을 폐기하는 데 소요되는 비용은 해당되지 않는다.

022 ②

손해의 방지 또는 경감을 위하여 지출한 필요 또는 유익한 비용은 보험 가입 금액을 초과한 경우에도 이를 전액 지급하여야 한다.

023 ③

표준시는 보험자의 주소지(보험 증권 발행지)를 기준으로 한다.

024 ②

보험 가액은 보험 사고가 발생한 때와 장소의 시가로 결정한다.

025 ④

교환재의 경우 제조, 가공 등이 미완료된 경우로 이 때문에 지출이 면제된 비용은 제외된다.

026 ②

협정 보험 가액 특약 : 글, 그림, 골동품, 원고, 설계서 등의 목적물에 대해 계약 체결 시 가액을 협의하여 평가하고 그 금액을 보험 기간 중의 보험 가액으로 한다.

027 ①

건물, 시설 및 기계 장치, 집기 비품, 가재 및 공기구에 한한다. 원부재료를 포함하여 원료, 반제품, 완제품 등의 재고품 또는 상품, 교본, 글그림, 골동품, 조각물, 예술품, 희귀품 등 기타 이와 비슷한 것은 제외한다.

028 ③

공장 물건 및 재고 물건은 보험 가입 금액이 보험 가액의 100%일 때 전부 보험이 된다.

029 ④

다수 보험 가입 금액의 총액은 보험 가액을 초과해야 한다. 다수 보험 가입 금액의 총액과 보험 가액이 같은 경우는 중복 보험으로 보지 않는다.

030 ②

건물 손해 지급 보험금
$= 50,000,000 \times \frac{100,000,000}{250,000,000 \times 0.8\%}$
$= 250,000,000$

동산 손해 지급 보험금
$= 50,000,000 \times \frac{100,000,000}{250,000,000}$
$= 200,000,000$

031 ①

건물 손해 지급 보험금

$= 2,000,000 \times \dfrac{8,000,000}{10,000,000 \times 0.8\%}$

$= 2,000,000$

재고 자산 지급 보험금

$= 3,000,000 \times \dfrac{8,000,000}{10,000,000}$

$= 2,400,000$

032 ④

특수 건물 할인은 공장에만 적용된다.

033 ④

④ 고층 건물 할증 – 11층 이상의 건물에 적용

034 ③

2급 건물은 화재 시 건물의 주요 구조부 중 지붕만 불연 재료(철골, 유리, 슬레이트 등)인 경우이다.

035 ②

전 보험 계약 기간이 1년 이상이어야 한다.

036 ③

기본적으로 보험 기간은 1년이지만 장기 계약의 경우에는 소정의 할인을 적용하여 2년 장기 계약(일시납 기준)의 경우 175%, 3년 장기 계약(일시납 기준) 250%를 납입한다.

037 ①

※ 환급 시 일할 계산을 하는 경우

1. 갱개 해지
2. 법령이나 명령에 의한 철거, 양도, 이전 등으로 인한 해지
3. 건물 구조 및 용도 변경(위험 감소)
4. 수용 장소의 이전

제2장 동산 종합 보험

1 개요

001 ②

동산 종합 보험은 열거 위험 방식에서 포괄 위험 담보 방식으로 변경되었다.

002 ③

1. 위험의 제한 또는 확장 담보에 관한 특별 약관
   - 잡위험 부담보 특별 약관
   - 수리 위험 담보 특별 약관
   - 전기적 사고 담보 특별 약관
2. 특정 물건의 담보에만 적용되는 특별 약관
   - 리스(임대)회사 임대 물건 특별 약관
   - 할부 금융 회사 할부 물건 특별 약관
3. 보험 가액 관련 특별 약관
   - 협정 보험 가액 특별 약관
   - 재조달 가액 담보 특별 약관

2 동산 종합 보험의 주요 조건

003 ③

'동물'은 보험 종목과의 영역 조정 및 분리를 하하여 적용 제외 대상이 되는 물건이다.

004 ④

동산 종합 보험은 화재, 도난, 파손, 폭발을 필수 담보 위험으로 하고 있다. 기타 잡위험은 선택 담보 위험으로 규정하고 있다.

005 ②

기간 보험 기간의 개시 및 종료 시각은 보험자 주소지의 표준시로 16:00을 기준으로 한다.

006 ③

동산 종합 보험의 경우 원칙적으로 보험 가액은

보험 사고가 발생한 때와 곳의 시가에 따라 평가하여야 한다. 하지만 예외적으로 보험 계약 당시의 시가로 정할 수도 있다.

007 ④

동산 종합 보험은 손해 방지 비용, 대위권 보전 비용, 잔존물 보존 비용, 기타 협력 비용 등은 보상하나, 화재 보험과 다르게 잔존물 제거 비용은 보상하지 않는다.

008 ④

재조달 가액 특약이 첨부된 경우, 사고가 발생한 때와 곳의 재조달 가액에 의하여 산정한다.

009 ④

보험의 목적이 1조 또는 1쌍으로 이루어진 경우 그 일부에 손해가 생긴 때에는 그 손해가 보험의 목적 전체의 가치에 미치는 영향을 고려하여 손해 보상액을 결정하여야 한다.

010 ③

1. 기본 요율
   - 필수 담보인 화재, 도난, 파손, 폭발 등 일괄 담보와 선택 담보인 잡위험 5가지 요율로 구성된다.
   - 필수 담보는 보험 계약자의 선택권이 없으나 선택 담보는 보험 계약자가 담보 여부를 선택할 수 있다.
2. 할증 요율
   - 할증 요율 항공기 탑재 위험 담보 특약이 있으며, 항공기에 탑재, 사용하는 것을 목적으로 하는 물건에 적용된다.
3. 특약 요율
   - 보통 약관상의 상대적 면책 위험을 추가로 확장 담보할 때 적용되는 요율이다.
4. 최종 적용 요율
   - 기본 요율과 할증 요율 및 특약 요율을 합계한 요율을 적용한다.

제3장 재산 종합 보험

1 개요

001 ①

재산 종합 보험은 피보험자의 전 재산이 모든 우연한 사고로 입은 손해를 보상하는 보험이다.

002 ④

재산 종합 보험은 전위험 담보 방식 약관이다.

003 ②

※ 모기업이 동종 위험을 통합 부보할 때의 특징
1. 거대 규모로 보험시장에 가입함으로써 구매력의 집중 결합으로 보험료를 인하할 수 있다.
2. 자산 규모가 작은 자회사/계열사의 경우 실질적인 보상 한도액의 증액 효과를 얻는 동시에 광범위한 담보 조건의 설정이 가능하다.
3. 해외 재보험 시장이 악화되는 경우에는 영향을 최소화하여 안정적인 보험 관리가 가능해진다.
4. 보험 사고 발생 시보다 강력한 힘으로 계열사 및 자회사의 이익 보호가 가능해진다.
5. 위험 조사 및 이에 따른 보험 관리를 체계화하여 동 업무수행을 위한 인적·물적 부담을 경감하고 업무의 질을 고도화할 수 있다.

004 ④

※ 약관

SECTION	COVER	COVER 내용
SECTION Ⅰ : PAR COVER	재산 종합 위험 (Property All Risks)	우연한 사고로 입은 화재 및 기타 위험
SECTION Ⅱ : MB COVER	기계 위험 (Machinery Breakdown)	우연한 사고로 입은 기계 및 전기적 위험
SECTION Ⅲ : BI COVER	기업 휴지 위험 (Business Interruption)	제1부문에 따르는 총이익 상실 제2부문에 따르는 총이익 상실
SECTION Ⅳ : CGL COVER	배상 책임 위험 (General Liability)	신체 장해 및 재물 손해에 대한 배상 책임 위험

② SECTION Ⅰ : PAR Cover의 주요 조건

005 ④
※ 제외 물건
1. 통화, 수표 등의 유가 증권, 장부, 문서, 설계도, 금은괴, 보석 등 귀중품
2. 건설 또는 조립 공사 중인 물건, 철거 또는 시운전이 진행 중인 물건
3. 자동차, 철도 운송 중인 동산, 선박, 항공기
4. 동·식물, 곡물, 토지, 도로, 차도, 철도, 운하, 댐, 터널
5. 지하 물건
6. 해상의 물건, 운송 중인 상품이나 물건
7. 촉매 및 소모성 물건

006 ④
통상적인 유지 정비를 위한 시운전이 진행 중인 기계 장치는 보험의 목적으로 적절하다.

007 ①
재산 종합 보험은 일반의 화재 보험에서와 같은 담보 위험 열거 방식을 취하지 않고 면책 위험 열거 방식을 취하고 있다.

008 ①
※ SECTION Ⅰ : PAR COVER에서 담보하지 않는 화재
1. 통상적으로 불을 수용하는 용기 내의 불
2. 피보험자에 의한 방화
3. 발화를 동반하지 않는 화학 반응
4. 전호(電弧)
5. 그을음, 눌음

009 ④
1. 벼락에 의한 재산의 직접 손해는 당연히 담보되는 손해이다.
2. 소방 비용, 잔존물 제거 및 청소 비용, 복구를 위한 전문가 용역비는 당연히 담보되는 화재 손해로 해석되지 않고, 통상 확장 담보 조항을 두어 담보하는 위험이다.

010 ④
잔존 가치 담보(Residual Value)는 확장 담보 조항에서 보상하는 비용에 해당되지 않는다.

011 ④
비나 눈에 의한 기상 현상에 의한 직접 손해가 확장 담보할 수 있는 위험이다.

012 ③
해당 공사를 담보하는 다른 보험이 있는 경우에는 소규모 공사 조항은 후순위로 적용되어 상기 보험에서 담보되지 않는 초과액만 보상한다.

013 ③
피보험자나 제3자의 소유인지 묻지 않는다.

014 ①
동맹 파업자, 공장에서 축출된 근로자 또는 노동 쟁의에 가담한 자에 의해 직접적으로 야기한 물적 손해는 담보한다.

015 ④
군인이든 민간 세력에 의한 것이든 합법적인 정부 기관에 대한 봉기 또는 혁명적 행위를 면책으로 하는 것은 절대적 면책 위험에 해당한다.

016 ②
고의적으로 설계 허용치 및 안전 한도를 초과하여 운전한 경우는 면책 대상이 된다. 이때 면책 조항이 적용되기 위해서는 특정적이고 의도적인 한도 초과 운전지시 및 이에 따른 고의적이고도 지속적인 운전이 있었다는 보험자 측의 입증이 있어야 한다.

017 ③
보험 기간의 개시 시각 및 종료 시각은 보험 계약자의 주소 또는 사업 소재지 표준 시간 00 : 01 기준이다.

018 ③
국내의 경우 기평가보험으로 하는 사례는 많지 않다. 수조원에 달하는 대규모 유형 자산에 대하여 세계적으로 명망있는 공인된 가액 평가 기관이 가액 평가 작업을 수행하는 데는 많은 비용이 수반되기 때문이다.

019 ②
전손의 발생 가능성이 매우 낮고 분손의 발생이 확실시될 경우 보상 한도액(Limit Of Liability)을 설정하여 보험 계약자는 보험료를 절감하고 보험자 및 재보험자는 만일의 사고 발생시의 보상 책임을 보험 가입 금액보다 훨씬 적은 일정 금액으로 제한하고자 한다.

020 ④
소형 계약의 경우 기초 공제액 설정은 흔치 않은 예이지만, 대형 계약의 경우는 기초 공제액의 설정이 없이는 요율의 구득이 불가능할 정도로 매우 중요한 요소이다.

021 ④
담보 받기를 원하는 금액이나 비용은 이를 부보 금액에 산입하고 보험 계약 시 이를 명확히 하여 다툼의 소지를 없애는 것이 바람직하다.

022 ②
수리 가능한 분손 사고인 경우 원상회복에 소요되는 일체의 비용이 보상 가능함이 원칙이나, 수리비가 목적물 전체를 재조달하는 금액보다 클 수는 없다.

023 ②
① 손해액을 산정하기 위한 재고 자산의 평가액에 가공까지의 제비용과 세금은 포함된다.
③ 보험 가액은 손해가 발생한 때와 장소에 있어서의 재조달 가액이 기준이 된다.
④ 미실현 이익은 포함하지 않는다.

024 ②
반제품의 경우 투입 재료비에 공정별로 부가된 가공비를 가산한 금액으로 평가한다.

025 ④
일부 보험인 경우는 손해액에 보험 가입 금액을 신품 재조달 가액으로 나눈 값을 곱하는 방식으로 비례 보상한다.

026 ③
다른 보험이 시가 보험인 경우, 재산 종합 보험의 분담 보험금을 시가 보험인 것으로 계산한다.

027 ②
피보험자의 법규 위반 등으로 인하여 증가한 비용 등은 원칙적으로 보상이 불가하다.

028 ③
급여, 임금 그리고 계약에 의하여 피보험자와 고용 관계에 있는 사람들 또는 통상 근무로부터 이탈, 피보험자를 위해 소방이라는 특수 임무에 재배치된 인원에게 지급되는 이와 유사한 대가 지불금은 보상되지 않는다.

029 ③
보상 가능한 비용이나 손해 항목을 일일이 열거하기는 곤란하며, 구체적인 경우에 개별적으로 판단한다.

030 ①
총공사 도급 계약 금액이란 당해 공사 또는 프로

젝트와 관련하여 제3자에게 계약으로 지급하는 일체의 금액을 의미하는 것이므로 총투자비와는 다른 개념이다.

031 ②

추가 자산에 대한 명세를 추가일로부터 2개월 이내에 보험 회사에 제출하여야 한다.

032 ②

보험 영업이 우선시되는 국내 보험 영업 환경 하에서 적정수준의 자체 요율 제시를 통한 언더라이팅 Profit의 창출이 쉽지 않다.

033 ①

해당 업종에 대한 전문적 지식이 있는 Risk Surveyor들이 현장을 방문하여 위험을 실사한다.

034 ③

보험 계약자 입장에서 다양한 Surveyors의 전문적 의견을 비교할 수 있는 기회가 되는 것은 Joint Survey의 특징이다.

035 ③

입찰에 참여한 보험사의 요율 구득 작업에 관여하는 사람은 보험 계약자이다.

036 ④

앞으로 3년간의 추정 손해 예정은 재산 종합 보험 요율 구득 시 필요한 자료가 아니다.

037 ②

진입도로 상태 및 넓이는 업체 주의사항에 해당한다.

3 SECTION Ⅰ: MB Cover의 주요 조건

038 ④

기계 위험 담보의 경우는 항상 신품 재조달 가액으로 부보하여야 하며 시가로는 부보할 수 없다.

039 ③

기계적 사고의 결과적 유형은 기계 장치의 붕괴 파열, 깨짐 등의 현상이다. 그로 인한 가연성 물질의 유출로 인한 폭발, 화재 사고가 발생하여 피해를 초래하였다면 기계 보험 사고와 재산 종합 보험 사고가 공존하게 된다.

040 ①

② 자재의 소모, 일상적 사용으로 인한 기계 부품의 소모나 마모는 보정될 사항으로 기계 보험 사고로 보지 않는다.
③ 안전한 계치를 초과한 고의적인 실험 행위 중의 사고에 직접 또는 간접적으로 관련된 손해는 기계 보험 사고로 볼 수 없다.
④ 통상적인 보수, 정비를 위한 시운전의 경우에는 기계 보험 사고로 보상한다.

041 ③

수리를 효과적으로 하기 위해 소요된 해체 및 재조립 비용은 포함된다.

042 ②

하나 이상의 기계 장치가 있을 경우, 각 기계 장치별로 비례 보상을 별도 적용한다.

제4장 기타 보험

1 기업 휴지 보험

001 ④

기술 집약적 장치 산업에 있어서는 소규모 물적

사고가 수십 배의 기업 휴지 손실을 야기할 수 있다는 점에서 보험 가입 수요는 점차 늘고 있다.

002 ④

기업 휴지 기간 동안 생산 감소로 인한 매출액 감소가 있어야 한다. 기존 재고를 활용하여 매출액 감소 없이 견딘 기간 동안에는 기업 휴지 손실이 없다고 본다.

003 ③

조업이 중단됨으로써 보상 기간 중 지출이 중단된 비용은 손해액에서 공제되어 보상되지 않는다.

004 ④

북미 지역 수출 제품에 관한 생산물 위험은 별도의 보험 조건으로 담보한다.

005 ③

원자재 배상 책임은 배상 책임 보험이 보상하는 담보 위험이 아니다.

006 ①

하자 있는 생산물 자체 손해는 생산물 배상 책임에서 담보되지 않는다.

007 ①

담보하는 위험에 의하여 보험의 목적에 물적 손해가 발생하여야 한다.

008 ②

구분	Business Interruption Insurance 방식	Loss of Profit Insurance 방식
계정 과목에 대한 피보험자의 선택 부보	인정하지 않음.	인정
Indemnity Period	사고 발생일로부터 물적 복구가 끝날 때까지의 기간	사고 발생일로부터 영업 수익이 회복되기까지의 기간
통상 약정 보상 기간 제도	없음.	있음.

특별 비용의 손실 보상액 계산	비례보상 적용 않음.	비례보상 적용

2 재산 보험의 재보험

009 ②

자기의 보유 한도란 보험자가 개개의 위험에 대하여 자기의 계산으로 부담할 수 있는 최고 책임액이다.

010 ③

총계 위험 보유는 연간 손해율이 예정 손해율을 어느 한도 이상 초과하지 않도록 하는 방법이다.

011 ①

재보험에서 원보험자의 피보험 이익이란 원보험자가 원보험 증권상 피보험 이익에 대하여 갖게 되는 보험 책임을 말한다.

012 ④

재보험으로 보험 회사의 경비나 손해율을 통제할 수 있다. 이는 재보험의 기본적인 기능의 하나로, 이를 통해 보험사는 비용 경감 효과를 보고 있다.

제2과목 특종 보험

제1장 기술 보험

1 기원 및 발전

001 ②
특종 보험은 거대 위험 또는 미지의 위험이 많다.

002 ③
① 미국에서 민간 철도 회사의 증기 열차에 대한 점검과 보험 판매를 시작한 것이 기계 보험의 시작이다.
② 영국에서는 보일러 보험 회사가 설립되어 재산 손해와 인명 피해에 대한 보험을 최초로 판매하였다.
④ 1910년 Munich Re 사의 Fritz Bohrer는 보험에 가입된 기계의 손실로 인하여 발생한 재정적 손실을 담보하는 상품을 개발하였다.

003 ④
임대업자 위험 보험은 국내에서 사용하고 있는 기술 보험 상품의 종류가 아니다.

2 건설 공사 보험

004 ③
건설 공사 보험은 각종 토목 및 건축 공사 중에 공사장 내에서 예치치 못한 돌발적인 사고로 인하여 본 공사, 가공사, 공사용 재료 등에서 발생하는 재물 손해를 보상하는 보험으로, 계약자의 선택에 따라 공사 중에 제3자의 신체나 재산에 손해를 입힘으로써 피보험자가 부담해야 하는 법률상의 배상 책임이나 건설기계, 장비 및 주위 재산 등을 추가하여 가입할 수 있다.

005 ①
국문 약관은 진동, 지지대의 약화 또는 철거로 인한 제3자 배상 책임을 특별 약관으로 담보한다.

006 ④
① 발주자, 도급업자 및 하도급업자 중 보험 계약의 직접적인 당사자, 즉 보험료를 납입하는 자가 계약자가 된다.
② 발주자가 보험에 가입하는 경우 보험료는 도급업자의 도급 금액에서 제외된다.
③ 도급업자가 보험에 가입할 경우에는 도급 금액에 포함될 수 있다.

007 ③
보험 계약의 기본 담보(보통 약관)의 내용으로는 공사 목적물 자체에 대한 손해, 공사를 위한 임시 시설물이 있다.

008 ②
공사용 기계 기구, 공사용 중장비(불도저, 크레인 등)와 잔존물 제거 비용(보상하는 사고가 발생한 경우 잔존물을 공사장으로부터 제거하는 비용)은 별도로 증권에 기재하여야만 보험의 목적이 된다.

009 ②
크레인, 굴착기, 불도저 등 건설 기계는 도급업자의 소유이든 임차 사용이든 관계 없이 선택 담보할 수 있다.

010 ②
보험 기간이 시작되었더라도 공사 목적물이 공사 현장에서 하역이 완료되기 전에 사고가 발생하면 보상하지 않는다.

011 ④
주위 재산의 경우 기존의 시설물 전체를 가입할

필요는 없으며 추정 최대 손해액을 산정한 후 적절한 보상 한도액을 설정한다.

012 ④

자기 부담금은 시공자의 성실 시공 의무를 유도하기 위하여 적정한 금액을 설정한다.

013 ④

보험 계약자, 피보험자의 악의 또는 중대한 과실로 인한 손해가 보상하지 아니하는 손해이다.

014 ②

법률상 손해 배상금은 보험 회사의 동의를 얻은 것이어야 한다.

015 ②

보상 한도액에는 법률상 손해 배상금과 비용의 합계액을 포함하여 적용된다.

016 ③

지하 매설 전선이나 배관에 관한 것은 특별 약관이 아니라 추가 약관이다.
이를 위해서 공사 개시 전 현장 내에 지하 매설 전선이나 배관 및 기타 매설물의 위치를 확인해야 한다.

017 ③

주변 상황 조사 보고서는 배상 책임 손해 담보 부문과 관련하여 요구하는 자료이다.

3 조립 보험

018 ③

조립 보험은 조립 물건에 생긴 손해를 기본 담보로 하고 제3자에 대한 법률상 배상 책임 손해, 공사용 기계장비 및 주위 재산 손해를 추가적인 선택으로 담보하는 형식이다.

019 ②

현금, 수표, 유가 증권, 인지, 서류, 포장 물질, 설계 도면 등은 조립 보험의 목적에서 제외된다.

020 ③

공사를 위한 가시설물, 공사 목적물 자체에 대한 손해는 기본 담보의 내용이다.

021 ②

보험 기간의 시작 일시와 조립 물건의 현장 하역 완료 시기 중 나중의 시점이 책임의 개시가 된다.

022 ④

Cold-Test 기간은 조립된 기계 장치의 기계적 기능 시험을 수행하는 기간이다. 정상 가동을 위한 시험 기간은 Hot-Test기간이다.

023 ④

공사현장 및 인근에 위치한 피보험자 소유, 사용, 관리하의 기존 시설물에 대하여는 최대 추정 손해액을 기초로 보상 한도액을 설정하며 별도의 가입 금액을 설정해야만 보상 받을 수 있다.

024 ①

피보험자가 제출하는 계산서에 따른 복구비에는 급행운임, 야근 수당 등 기타 특별 비용은 별도 담보 특약이 없으면 보상하지 않는다.

025 ③

방화 시설에 관한 것은 특별 약관이 아니라 추가 약관이다. 이는 화재 발생 가능성이 있는 계약 및 공사용 자재나 기계를 일시적으로 보관하는 창고를 필요로 하는 계약에 첨부할 수 있는 추가 약관이다.

026 ④

보험 증권에 공사용 가설물, 공사용 공구, 건설기계 등을 부보할 때에는 그 세부 내용(명칭, 수량,

개별 보험 가입 금액)을 명기하여야 한다.

4 기계 보험

027 ②
화재 보험으로 담보할 수 있는 사항은 면책으로 규정하여 화재 보험과 담보의 중복을 피하고 있다.

028 ③
특별 비용 담보 특별 약관은 보통 약관상의 담보 위험을 일부 확장하는 내용의 특별 약관이다.

029 ②
※ 보통 약관상의 보험 조건을 변경하는 내용의 특별 약관
1. 공동 보험 특별 약관
2. 환율 특별 약관
3. 보상 한도액 특별 약관
4. 보험료 분납 특별 약관

030 ②
기계 보험의 대상이 되는 기계는 저장용 탱크와 같이 움직이지 않는 강구조물을 포함한다.

031 ④
기계 보험은 사업장 내에서 가동 가능한 상태에 있는 기계에 발생한 사고로 인한 손해를 담보하는 것이다. 사업장 밖에 있는 기계에 관한 사고는 다른 재물 보험에서 담보한다.

032 ③
예비 부품은 그것 자체로서는 기계가 아니지만 언제든지 기계의 일부로 사용될 수 있으므로 기계 보험의 목적으로 할 수 있다.

033 ④
신조달 가액에는 기체 자체의 가액 외에 운송비, 설치비, 관세 등 제 공과금, 시운전비 및 기타 부대 비용이 포함된다.

034 ③
보일러 스케일로 생간 손해는 보상하지 않는 손해에 해당한다.

035 ①
분손의 경우 수리 부품이 신품으로 교체되어도 감가상각을 적용하지 않는다.

036 ③
중복 보험의 경우 담보 조건이 동일하면 보험 가입 금액 비례 분담 방식에 따라 보험금을 분담한다.

037 ③
보험금 청구가 있으면 지체 없이 보험금을 결정하고 10일 이내에 피보험자에게 지급한다.

038 ②
① 연소 엔진에 대한 감가상각 조정 특별 약관은 담보의 전제 조건에 대한 특별 약관이다.
③ 특별 비용 담보 특별 약관, ④ 이동성 기계 담보 특별 약관은 보통 약관상의 담보 위험을 일부 확장하는 특별 약관이다.

5 전자 기기 보험

039 ④
10년 이상 사용한 전자 기기는 인수 대상에서 제외하고 있으나, 보험 사고 기록이 양호하고 기기 상태가 완전하다면 선별적으로 인수할 수 있다.

040 ④
자기장으로 인한 정보의 손실 비용은 보상하지 않는 손해에 해당한다.

041 ③
대용 전자 기기를 사용함으로써 발생한 추가 비용은 사전에 정한 보상 기간을 한도로 보상한다.

제2장 범죄 보험

1 도난 보험

001 ①
동산 담보 특약에서 담보하는 보험 목적은 모든 유체 동산이지만 자동차, 동·식물류 등은 제외된다.

002 ④
도난 보험에서 보상하는 손해는 직접 손해에 한정하며, 간접 손해는 보상하지 않는다.

003 ④
현금 및 유가 증권 담보 특약의 경우에는 추정 최대 손해액을 기초로 보상 한도액을 결정한다.

004 ③
중복 보험에서 다른 계약이 지급 보험금의 계산 방법을 같이 하는 경우에는 보험 가입 금액 비례 분담 방식을 택하여 결정한다.

005 ②
① 현금 및 유가 증권 운송 위험 담보 특약에서 호위인이란 피보험자의 지시를 받아 운반인을 호위하는 18세 이상 65세 이하의 남자로, 운전자는 호위인이 될 수 없다.
③ 부재 담보 특약은 보관 장소를 72시간 이상 비워둔 동안에 생긴 도난 손해를 담보하는 특약이다.
④ 보관 시설 파손 담보 특약은 도난 행위로 발생한 화재로 인한 손해는 보상하지 않는다.

006 ③
도난 사고의 예측 가능성은 언더라이팅 시 고려할 사항이 아니다.

2 금융 기관 종합 보험

007 ③
금융 기관 종합 보험은 직원이나 제3자에 의한 절도나 강도 등 재산 범죄 행위를 포괄적으로 담보함은 물론 재물의 파손, 훼손 등 범죄 행위 이외의 위험까지 종합적으로 보상하는 금융 기관을 위한 범죄 보험이다.

008 ②
보험 기간은 1년을 기준으로 하며, 1년 미만의 단기 계약 또는 1년 이상의 장기 계약을 체결할 수도 있다.

009 ①
직원이 업무상의 과실이나 중과실로 피보험자에게 입힌 손해는 담보하지 않는다.

010 ③
사무실 건물의 집기, 비품 손해는 보상하는 손해이지만, 컴퓨터나 주변 장치, 프로그램 등 컴퓨터 관련 집기 비품 손해는 제외된다.

011 ④
경비 회사나 무장 호송 차량의 관리하에 있는 손해는 보상한다.

012 ④
보상 한도액은 소송 비용을 제외하고는 담부 부문별로 각각의 보상 한도액을 설정할 수 있다.

013 ③
선하 증권과 관련된 위험을 담보하지 않는 선하

증권 부담보 특약이 금융 기관 종합 보험 특별 약관이다.

014 ②
중복 보험의 경우에는 다른 보험이 우선 보상 책임을 부담하고, 초과 손해가 있을 경우 그 초과 손해만을 보상한다.

015 ②
손해를 입은 외자나 외화의 가치는 손해 인지일 직전 영업일의 전장 종가에 의해 결정된다.

016 ③
※ 금융 기관 종합 보험의 전제 조건
- 개별 직원의 업무 영역 및 책임에 대해 명확히 규정한 업무 지침서를 유지·관리한다.
- 어떤 직원도 특정 거래 업무를 처음부터 끝까지 관리할 수 있도록 하지 않는다.
- 금고에 있는 재물, 금고 열쇠 및 비밀번호에 대해서는 반드시 한 사람이 아닌 둘 이상 공동 보호 관리가 이루어져야 한다.
- 유가 증권, 채권, 수표 등 비밀번호와 관련하여 공동 책임 관리 체제를 유지해야 한다.
- 모든 직원은 일 년에 최소 14일을 연속해서 휴가를 가도록 하고 해당 업무에 관여하지 않도록 한다.
- 외부 기관의 정기 감사 이외에 회사의 전산 시스템을 포함한 회사 전반 업무에 대한 상세한 내부 감사를 일 년에 한번 이상 실시한다.

017 ④
직원의 성향과 가족 구성원 수가 아니라 직원의 안정성 및 회사에 대한 만족도를 검토해야 한다.

3 납치 및 인질 보험

018 ③
피보험자의 직장 동료는 확장된 피보험자에 해당되지 않는다.

019 ③
제휴한 위험 전문가 그룹에 지급하는 비용은 그 한도액을 별도로 설명하지 않고 담보해 주는 경우가 많다.

020 ③
30일간 희생자를 대신하기 위한 임시 직원의 총 급여 100%가 부수 비용으로 보상된다. 이때도 희생자의 총 급여 100%를 한도로 지급한다.

021 ②
요구받은 몸값을 건네주러 가던 중에 발생한 사고의 경우는 보상한다.

022 ④
피보험지의 거주지 면적은 기본적으로 검토해야 할 자료가 아니다.

4 테러 보험

023 ③
재물 손해 및 기업 휴지 손해는 보험 기간 중에 발생한 사고를 기준으로 담보하고, 배상 책임 부문은 보험 기간 중에 최초로 배상 청구가 이루어진 날짜를 기준으로 담보한다.

024 ②
자동차를 포함한 모든 육상 운송 기구는 담보 제외 물건이지만, 사고 당시 피보험 시설에 있었고 고지된 자동차는 담보되는 물건이다.

제3장 종합 보험

1 패키지 보험

001 ④
면책 위험은 포함되지 않는다.

002 ①
일반 조항보다 각 담보 부문별 특정 조건이 우선한다.

003 ④
미화 25만 불 이상의 손해는 보험자의 사고 조사가 선행되어야 하나 45일 이내에 정당한 이유 없이 사고 조사를 하지 않으면 피보험자가 수리 또는 대체할 수 있다.

004 ④
담보 조항을 위반한 경우 위반일로부터 보험 계약은 무효가 된다.

005 ②
3년 장기 계약 시 1차년도부터 5%의 요율 할인 혜택이 주어진다.

006 ③
기업 휴지 위험 담보는 약정한 복구 기간에 상응하는 기간 동안의 총이익을 보험 가입 금액으로 설정한다.

007 ①
패키지 보험의 재산 손해 담보 조항은 보험 가액을 원칙적으로 신품 조달 가액으로 하고 있다.

2 기타 종합 보험

008 ④
레저 활동 중이라 함은 보험 약관에서 정한 레저 활동을 직접 행하고 있는 동안만을 의미하는 것이 아니라, 레저 활동을 하기 위한 준비 행위나 휴식 시간도 포함하는 개념이다.

009 ③
보험 기간은 보험 기간 개시일의 오후 4시에 시작한다.

제4장 기타 특종 보험

1 법률 비용 보험

001 ②
피보험자가 실제 부담한 전문가 자문 비용은 법률 비용 보험 약관에서 보상하는 법률 비용 보험금이 아니다.

002 ③
법률 비용 보험은 다른 배상 책임 보험과 같이 고액의 공제 금액을 설정하지 않는다. 대신 피보험자의 도덕적 위험을 사전에 제거하기 위한 조건으로 대기 기간을 정하는 경우가 있다.

003 ②
구두 계약 등 사실 관계를 객관적으로 입증할 수 있는 경우는 면책 사유가 되지 않는다.

004 ③
※ 법률 비용 보험의 주요 특별 약관
- 교통사고 처리 지원금 특별 약관(자가용)
- 자동차 사고 변호사 선임 비용 특별 약관
- 부부 가입 특별 약관
- 가족 가입 특별 약관

005 ④

절충식은 소송 제기 시 피보험자가 보험자가 사전에 지정한 변호사 이외의 다른 변호사를 지정, 선임할 수 있으나 추후 반드시 보험자의 승인을 받도록 하는 방식이다.

2 지적 재산권 보험

006 ④

※ 지적 재산권 보험이 보상하는 손해
- 계약 클레임(Agreement Claims) : 지적 재산권 관련 계약 파기로 인한 소송
- 방어 클레임(Defense Claims) : 피보험자를 상대로 제3자가 제기한 소송 방어
- 보호 클레임(Protection Claims) : 피보험자의 지적 재산권 관계자들이 제기한 소송 방어
- 소송 제기 클레임(Pursuit Claims) : 피보험자가 제기한 소송

007 ③

특허 : 피보험자에게 승인되거나 출판된 또는 피보험자가 독점적인 사용권자인 특허 또는 실용신안
저작권 : 피보험자에게 속하는 저작권에 의해 보호받을 수 있는 작업에 존속하는 저작권 혹은 피보험자가 독점적인 사용 허가권자인 저작권
상표권 : 피보험자가 사용하거나 피보험자에 속하는 또는 피보험자가 독점적인 사용 허가권자인 등록 또는 미등록 상표권, 브랜드명, 로고도안, 상품외관

008 ③

피고용인에 대한 사업자의 방어 소송은 면책 사항에서 제외된다.

009 ②

지적 재산권에 대한 전문적 지식과 경험을 보험자보다 피보험자가 더 많이 알고 있기 때문에 피보험자의 역선택 위험의 가능성이 크다.

010 ④

※ 계약 인수 시 고려 사항
- 피보험자의 사업 내용(분야, 매출액, 사업지역, 확장 여부)
- 등록된 지적 재산권 내용
- 담보 받고자 하는 지적 재산권과 담보 받지 않은 지적 재산권
- 향후 1년간 지적 재산권의 변동 가능성
- 법률 비용을 담보하는 다른 보험 사항
- 과거 지적 재산권 관련 분쟁 사항(최근 10년간)
- 약관의 담보 조건(보상 한도액, 공제 금액 또는 공동 보험 비율, 연장 보고 기간 등)

3 임상 실험 보상 보험

011 ②

※ 임상 실험 보상 보험 담보 약관의 구성
- 보험 계약 스케줄
- 담보 조항
- 법률상의 배상 책임 확장 담보
- 발견 기간 연장 담보 A
- 발견 기간 연장 담보 B
- 면책 조항
- 용어의 정의
- 보험 조건
- 보상 조건

012 ④

실험 기관이 예상치 못한 부작용이 발생하는 경우에는 손해 배상 책임이 발생할 수도 있다. 따라서 임상 실험 보상 보험은 임상 실험 기관인 피보

험자가 피해 환자에 대하여 부담하는 보상 책임을 주 담보로 하는 한편, 경우에 따라 피보험자가 부담할 수 있는 법률상의 손해 배상 책임을 선택 담보할 수 있도록 하고 있다.

013 ③
보험 개시일 이후에는 다른 증권에서 발생한 사고에 기인한 배상 청구도 보상한다.

014 ③
※ 임상 실험 보상 보험의 인수 시 고려 사항
- 설문서 및 계약서(실험자와 피험자 간 책임 내용)
- 임상 실험의 목적
- 신약의 용도 및 효능
- 신약의 원료 및 성분
- 시험 지역(국가)
- 대상 피보험자의 수, 성별, 나이
- 담보 기간
- 담보 조건(약관, 보상 한도액, 공제 금액 등)

4 동물 보험

015 ②
부보 동물이 지닌 특수한 기능이나 능력 손실로 인한 손해는 보상하지 않는다.

016 ④
사고 발생 시 평가된 시가가 보험 가입 금액보다 높을 경우는 비례 보상한다.

017 ①
독극물로 인한 사망은 보상하지 않는 손해에 해당한다.

018 ③
보험 기간 중 부보 동물이 공개 시장에서 보험 증권상 기재한 보상 한도액 금액보다 낮은 가격평가를 받은 경우, 보험자의 보상 책임액은 그 중 최저 가격을 기준으로 한다.

019 ④
※ 동물 보험 계약 인수 시 고려사항
- 담보 약관
- 담보 조건
- 설문서 기재 사항
- 담보 동물의 보험 가액
- 담보 동물의 종류, 연령, 성별, 특성 및 용도
- 담보 동물의 건강상태
- 담보 동물의 관리 장소 및 상황
- 사육 시설, 사육사의 경험 및 환경
- 과거 사고 경험

5 행사 취소와 날씨 보험

020 ④
악천후 담보의 경우, 시간당 최소 강우량을 담보 조건으로 설정한다.

021 ③
국문 행사 종합 보험 약관은 제3자에 대한 배상 책임과 전시품에 대한 재물 손해를 특별 약관으로 추가 담보할 수 있다.

022 ②
행사가 정상적으로 개체되었다면 피보험자가 지급받을 수익을 보험사와 합의하여 추가로 포함할 수 있다.

023 ③
관측 지점이란 기상 관측의 대상이 되는 지역으로 피보험자의 사업장 또는 영업 활동의 소재지 중에서 선정한다.

6 기타 보험

024 ②
특정 경기 결과를 담보 사고로 하는 경우 공동 보험 비율을 설정하는 방법을 사용한다.

025 ③
투자자가 현지 정부 당국의 법률을 위반하여 정당한 공권력 행사로 인해 발생한 손실은 담보 대상이 아니다.

026 ④
주로 금전적 및 재무적 위험과 연관되어 있다.

제3과목 배상 책임 보험

제1장 배상 책임 보험의 개요

1 특성 및 분류

001 ④
사고 발생의 객체로서 배상 책임의 목적은 타인의 생명, 신체 또는 재산이라고 할 수 있다.

002 ③
배상 책임 보험은 제3자 배상 책임 보험과 보관자 책임 보험으로 구분할 수 있는데, 제3자 배상 책임 보험의 목적은 불특정 제3자의 생명, 신체 또는 재산인데 비하여, 보관자 책임 보험의 목적은 피보험자가 보호, 관리, 통제하고 있는 특정 제3자의 특정재산이라고 할 수 있다.

003 ④
배상 청구 기준과 비교하면 보험자의 책임 범위가 넓어서 피보험자에게 유리하다고 할 수 있다.

004 ②
사고 발생 기준 약관의 장점은 보험 기간 이전에 사고 원인에 접촉하거나 증상이 나타나더라도 손해가 보험 기간 중에 발생하기만 하면 보험자는 책임을 지나 보험 기간 종료 후 발생한 손해는 보상하지 않는다.

005 ②
의약품, 건축 내장재, 장기 복용 식품, 화학 제품 등 사고 발생과 손해 배상 청구 사이에 장기간의 잠재기간이 있는 생산물 배상 책임 등 Long-tail claim 및 의료인의 의료 과실 배상 책임, 설계가, 회계사 등의 전문 직업 배상 책임 및 임원 배상 책임 보험에서 사용하는 담보 기준 증권이다.

006 ④
2차년도 갱신 이후 갱신되는 증권의 소급 담보일자는 항상 최초 증권의 소급 담보 일자와 일치시켜야 한다.

007 ①
ERP는 배상 청구 기준 증권에서 계약자 측의 불가피한 사유로 발생할 수 있는 담보 공백 상황을 배제하기 위하여 설정된 조항으로 다음 3가지 경우에만 해당한다.
- 보험 계약이 보험료 불지급 이외의 사유로 해지되었거나 갱신되지 않은 경우
- 갱신된 배상 청구 기준 증권의 소급 담보일자가 이전 증권의 소급 담보일자보다 후일로 되어 있는 경우
- 갱신한 증권이 손해 사고 기준 증권일 경우

008 ②
중기 자동 연장 담보(Midi Tail)는 소급 담보 일자와 만기일 사이에 발생한 사고에 대하여 합리적으로 손해 배상 청구가 제기될 경우에 한하여 만기일 이후 60일 이내에 보험자에게 통지되고 만기일로부터 5년 이내에 손해 배상 청구가 제기된 경우 만기일에 제기된 것으로 간주하여 담보한다.

009 ①
보고 연장 담보 기간은 보험 기간을 연장하는 것은 아니며 또한 기존 보상 한도액을 확장하지도 않는다.

010 ④
손해 보험은 피보험 이익의 존재, 즉 보험 가입 대상에 사고가 발생할 경우 손해가 발생할 수 있으나 아직 사고가 발생하지 않았기 때문에 누리고 있는 금전적 이익이 있어야 보험에 가입할 수 있다.

011 ③
제3자 배상 책임 보험은 사고 발생 대상이 불특정 제3자의 모든 재산과 생명, 신체이므로 이를 금전으로 산정하는 것은 불가능하다. 따라서 보험 가액의 개념은 존재하지 아니하고 사고 발생 대상(보험의 목적)의 개념을 의제적으로 설정한 '피보험자의 적극적, 소극적 전재산 관계'로 규정하고 있는 경우에도 피보험자의 적극적, 소극적 전재산 관계는 특정 금액을 확정할 수 없기 때문에 제3자 배상 책임 보험의 보험 가액은 존재하지 아니한다.

012 ③
보관자 책임 보험의 보험 목적은 피보험자가 임차, 사용하거나 보호, 관리·통제하는 재산 중의 특정 재산이므로, 이때는 재산 보험의 경우와 마찬가지로 보험 목적(보험 가입 대상)의 가액을 확정할 수 있는 바, 따라서 보관자 책임 보험의 경우에는 원칙적으로 보험 가액이 존재한다.

013 ②
배상 책임 보험의 손해액은 사고 및 손해 발생 이후 가해자와 피해자 간의 합의 또는 소송의 확정 시점에 손해액이 확정되게 된다.

014 ④
※ 배상 책임 보험의 사업 방법서상의 분류

일반 배상 책임 보험 사업 방법서에서 규정	별도의 사업 방법서를 사용	종합 보험 사업 방법서에서 담보
• 영업 배상 책임 보험 • 선주 배상 책임 보험 • 유도선 사업자 배상 책임 보험 • 적재물 배상 책임 보험 • 가스 사고 배상 책임 보험 • 체육시설업자 배상 책임 보험 • 임원 배상 책임 보험 • 의사 및 병원 배상 책임 보험 등	• 자동차 보험 • 항공 보험 • 원자력 보험 • 근로자 재해 보장 책임 보험 • 선주 상호 공제 조합 등	• Package Insurance Policy • 레저 종합 보험(골프 보험, 스키 보험 등) • 건설 공사 보험 • 유아 교육 기관 종합 보험 • 해외 여행 보험 • 중장비 안전 보험 등

015 ③

배상 책임의 법리상 일반인의 주의 의무와 전문직업인의 주의 의무의 정도 및 성격이 다르고 담보 위험의 성격 및 보험 사고의 기준 사고 발생의 빈도 및 심도도 차이가 있기 때문에 전문 직업 배상 책임 보험은 일반 영업 배상 책임 보험과 별도로 구분하여 업무를 처리하는 것이 일반적이다.

016 ②

일반 배상 책임 보험이나 전문 배상 책임 보험이 민사상 손해 배상 사건에 대한 방어 비용과 법률상 손해 배상금만을 담보하는 데 반해 임원 배상 책임 보험은 형사 사건과 행정 사건에 대한 방어 비용도 담보하고 있다.

2 주요 담보 조건

017 ③

배상 청구 기준 증권일 경우에는 어떤 사고에 대한 손해 배상 청구가 보험 기간 중에 처음 제기되어야 하고, 손해 발견 기준 증권일 경우 손해가 보험 기간 중에 처음으로 발견되어야 담보한다.

018 ①

	손해 사고의 발생 시점
위험설	사고의 위험에 최초로 노출된 시점
침해설	손해가 현실적으로 발생한 시점
과정설	위험이 처음으로 노출되어 손해가 현실적으로 발생한 시점까지의 전기간
손해 사고설	특정 사고가 발생한 시점(통설이자 실무 통용)

배상 책임 보험에서 담보하는 사고는 급격히 발생한 사고뿐만 아니라 서서히, 반복적, 누적적으로 진행되어 발생하는 사고도 포함한다. 그러나 오염 사고는 예외적으로 급격한 사고에 한해 담보한다.

019 ①

신체장애는 보험 사고로 인한 신체의 부상, 질병 및 그로 인한 사망을 말하며, 명예 훼손, 무고, 사생활 침해와 같은 신체의 자유나 인격을 침해하는 행위는 인격 침해라고 하여 신체장애와 구분하고 있다.

020 ②

계약상 가중 책임이란 법률이 허용하는 범위 내에서 합의에 의하여 법률상 배상 책임을 부담하는 것이다.

021 ①

※ 보상하는 손해의 범위

법률상의 손해 배상금	손해 경감	방지 비용
보상 한도액 내에서 지급	전액 보상	전액 보상
1. 피보험자가 보험 회사의 동의하에 피해자에게 지급한 민사 합의금 2. 상해 사고의 경우 치료비, 휴업 손실, 후유 장애, 위자료 등(합의금의 산정 기준) 3. 사망 사고의 경우 유족 또는 법률상 정당한 권리를 가지는 자와 합의한 금액 4. 재물 손해의 경우 손괴된 재물의 가치와 사용 손실액 5. 민사 합의가 결렬되어 법원의 재판을 거치는 경우 법원의 판결 금액	1. 응급 처치 비용 2. 긴급 호송 비용 3. 구조를 위한 잔존물 제거 비용 등 기타 유익한 비용	1. 소송 비용 2. 변호사 비용 3. 중재 및 화해에 관한 비용 * 단 합의금 및 판결 금액이 보상 한도액을 초과하는 경우 보상 한도액에 해당하는 금액 보상

022 ③

금융 감독 기관은 보험자의 보험금 지급 기한을 표준 약관에 의하여 규제하고 있는데, 배상 책임 보험을 포함한 재산 보험의 경우 보험자는 피보험자(보험대상자)의 보험금 청구를 접수하면 지체 없이 지급 보험금을 결정하고 지급 보험금이 결정되면 7일 이내에 지급하도록 하고 있다.

023 ③

피보험자의 보험금 청구권은 3년간 행사하지 아니하면 시효가 소멸한다. 시효의 기산점은 사고가 발생한 날이 아니고, 피보험자와 피해자 간의 합의나 판결로 손해 배상금이 확정된 날이다.

024 ④

균등액 분담 방식에 대한 설명이다. 보상 한도액 비례 분담 방식은 각 보험 계약의 보험금 분담 방법에 관하여 어느 한 계약이라도 균등액 분담 방식을 택하고 있지 아니한 경우 각 보험 계약별 분담 보험금은 손해액에 대하여 모든 보험 계약의 보상 한도액의 합계액에 대한 각 보험 계약의 보상 한도액 비율로 결정하는 방법이다.

025 ④

요율 산정 기초수의 연간 변동 폭이 심한 경우 정산 보험료를 주로 사용한다.

제2장 시설 소유 관리자 배상 책임

1 담보 위험과 책임 법리

001 ④

시설 소유 관리자의 주된 업무는 시설 내에서 수행하는 것이고 부수적으로 시설 외에서 업무 활동이 이루어질 수 있다. 반면에 주된 업무가 고객의 요구에 따른 기계설치, 수리, 건축과 같이 시설 밖에서 수행하는 공사의 경우에는 도급업자의 위험에 속한다.

002 ③

공작물의 설치, 보존상의 하자로 인한 배상 책임 위험은 무과실 책임 등의 특수 불법 행위 책임(민법 제758조)이 적용된다. 반면에, 공작물의 관리 부주의로 인한 배상 책임 위험에 대해서는 일반 불법 행위 책임이 적용된다.

003 ②

채무 불이행 책임이 발생하는 부분에 대하여 동시에 불법 행위 책임이 생길 수 있는데, 이 경우 손해 배상을 청구하는 자는 채무 불이행에 의한 손해 배상 책임을 청구할 수 있으며 또한 불법 행위에 의한 손해 배상 책임을 청구할 수도 있다.

004 ④

제조물 책임 등 특수 불법 행위에서는 가해자에게 과실이 없음을 입증하여야 하는 책임이 있다.

005 ①

공작물의 설치 또는 보존의 하자로 인하여 타인에게 손해를 가한 때에는 공작물의 점유자가 1차로 손해를 배상할 책임이 있다. 그러나 점유자가 손해 방지에 필요한 주의를 해태하지 아니한 때에는 그 소유자가 손해를 배상할 책임이 있다.

2 담보 약관과 언더라이팅

006 ①

국문 약관은 일반적인 보험 조건을 규정한 보통 약관과 개별 피보험자의 사업 내용에 따라 적합한 담보 위험 특약을 첨부하여 사용한다. 영문 약관의 경우에는 보통 약관에서 포괄적으로 배상 책임 위험을 담보하고, 필요 없는 위험을 배제하는 면책 특약 또는 추가 위험 특약을 첨부하는 방식을 채택하고 있다.

007 ①

배상 책임 보험에서 보상하는 손해의 범주에는 손해 배상금과 비용이 있는데 국문 배상 책임 보험은 과거에는 손해 배상금은 공제 금액을 초과하는 손해액에 대하여 보상 한도액 한도 내에서 보상하며, 소송 비용 등은 보상 한도액과 별도로 지급하였으나 2007년 약관 개정 시 손해 방지 비용과 회사의 요구에 의해 피보험자가 지출한 비용을 제외한 비용도 보상 한도액 이내에서 보상하는 것으로 변경되었다.

008 ①

피보험자가 고의로 일으킨 손해 또는 예상된 손해

는 우연성을 요건으로 하는 보험사고의 정의에 위배되므로 보험에서 보상하지 않는다. 다만 피보험자의 고의 없이 피용인의 고의로 인한 손해 또는 타인의 고의로 인한 손해로 인해 피보험자가 법률상 배상 책임을 부담할 경우에는 보상한다.

009 ④

영문 영업 배상 책임 보험은 국문 약관과 달리 천재지변 면책 조항이 없다. 이는 위각성이 조각될 정도의 천재지변이 아닌 경우 피보험자의 법률상 배상 책임이 발생될 수 있으므로 영문 영업 배상 책임 보험이 피보험자의 보호에 더 충실하다고 볼 수 있다.

010 ③

시설 소유 관리자의 업무 활동은 개인의 사적인 일상생활에 대립하는 활동으로 시설 본래의 용도에 따라 이용하는 행위를 말하며, 시설 내 업무에 필수적인 활동뿐만 아니라 이에 수반하는 활동을 포함한다. 즉, 식품점이나 식당에서 영업장 내의 영업 활동과 고객의 배달 주문에 따라 물건을 배달하는 행위도 업무 활동에 포함된다.

즉, 시설 소유 관리자의 주된 업무는 시설 내에서 수행하는 것이고 부수적으로 시설 외에서 업무 활동이 이루어질 수 있다. 반면에 주된 업무가 고객의 요구에 따른 기계 설치, 수리, 건축과 같이 시설 밖에서 수행하는 공사의 경우에는 도급업자의 위험에 속한다.

① 피용인의 신체장해 사고에 대한 배상 책임은 근로자 재해 보장 책임 보험의 담보 위험이기 때문에 타 보험과의 영역 조정 견지에서 이를 면책으로 한다. 다만, 특약으로 의무 보험 한도액을 초과하거나, 의무 보험 대상이 아닌 경우 사용자 배상 책임 보장 특별 약관을 첨부하거나 근로자 재해 보장 보험을 가입함으로써 보상받을 수 있다.

② 티끌, 먼지, 분진 및 소음으로 인한 배상 책임 손해는 피보험자가 인식하고 있는 상태에서 상당 기간 지속적으로 발생하는 사고이기 때문에 우연한 사고와 구별이 어렵고 위험측정도 어렵기 때문에 보험기술상 이를 면책으로 한다.

④ 공사의 공기가 지연되거나 제품의 납기가 지연됨으로써 발생하는 손해 배상 책임은 보험사고를 수반하지 않는 손해이기 때문에 배상 책임 보험에서는 보험논리상 이를 담보하지 아니하며 이러한 손해는 보증 보험의 담보 손해이다.

011 ②

시설의 수리, 개조, 신축 또는 철거 작업으로 생긴 손해 배상 책임은 보상하지 않지만, 통상적인 유지, 보수 작업으로 생긴 손해에 대한 배상 책임은 보상한다.

012 ③

※ 시설 소유 관리자 특별 약관에 추가할 수 있는 특약
 – 구내 치료비 추가 특약
 – 비행 추가 특약
 – 물적 손해 확장 추가 특약
 – 귀중품 추가 특약
 – 운송 위험 추가 특약
 – 부동산 임대업자 추가 특약
 – 선박 보상 추가 특약

013 ③

피보험자가 보호, 관리, 통제하는 고객의 금, 은 등의 보석류와 그 제품, 시계, 모피류, 유리류와 그 제품, 도자기와 그 제품, 화장품에 대한 손해 배상 책임은 귀중품 추가 특별 약관에서 담보한다.

014 ③

※ 영문의 C.G.L 약관의 SECTION I

| Coverage A | Bodily Injury and Property Damage Liability | 타인에게 신체장해나 재물 손해를 입힘으로써 법률상 배상 책임이 있는 손해를 보상한다. |

Coverage B	Personal Injury and Advertising Injury Liability	타인에게 임격 침해(Personal Injury) 및 광고침해(Advertising Injury)를 입힘으로써 법률상 배상 책임이 있는 손해를 보상한다.
Coverage C	Medical Payments	사고에 대한 피보험자의 법률상 책임을 전제로 하지만, Medical Payment Coverage에서는 피보험자의 시설에서 또는 업무(operations)로 인해 (because of your operations) 제3자가 입은 신체장해사고에 관하여 피보험자의 배상 책임과 관계없이(regardless of fault) 치료비에 한하여 가입한 보상 한도액 내에서 아래의 비용 중 합리적으로 발생된 비용을 보상한다.
Supple-mentary Payments	Coverage A & B	배상 책임 사고 시 보험 회사가 손해 배상금과 별도로 보상하는 제반 비용으로 Coverage A와 B에만 적용된다.

015 ①

1. SECTION Ⅰ – Coverage(담보)
2. SECTION Ⅱ – Who is an insured(피보험자)
3. SECTION Ⅲ – Limits of Insurance(보험 한도)
4. SECTION Ⅳ – CGL Conditions(CGL 조건)
5. SECTION Ⅴ – Definition(정의 조항)
6. SECTION Ⅵ – Extended Reporting Periods (Claims made only)(보고 연장 기간)

016 ②

국문 약관과 달리 다음과 같은 Insured Contract에 대해서는 면책 조항을 적용하지 않는다.

1. 시설의 임대차 계약
2. 철도지선 사용계약
3. 철도 건널목에 관한 지역권 또는 사용권
4. 기타의 지역권(단, 철도 부지 내 또는 인접지역에서 시행하는 건설·해체 작업에 관한 지역권 제외)
5. 조례에 따른 자치단체 보상 계약
6. 승강기 보수 계약
7. 계약이 없더라도 법률 규정에 의하여 피보험자가 그 책임을 부담하게 되는 경우

017 ④

사생활 침해는 그 위험이 광고, 출판물, 라디오 또는 텔레비전 방송으로 발생하는 침해는 광고 침해에 의하여만 담보되고 인격 침해에서는 담보되지 않는다.

018 ②

공통 면책 위험	광고 침해에만 적용되는 면책 위험
· 허위임을 알면서도 구두 또는 출판물의 공표로 생긴 손해 · 보험 기간 이전에 구두 또는 출판물의 공표로 생긴 손해 · 고의로 형법을 위반함으로써 생긴 손해 · 계약상의 가중 책임	· 계약 위반 · 광고 내용에 미달되는 제품의 품질 결함 · 잘못된 가격 표시 · 광고, 라디오, 또는 텔레비전 방송이나 출판을 사업으로 하는 피보험자의 위법 행위로 생긴 손해

019 ①

Coverage B : 임격 침해(Personal Injury)와 광고 침해(Advertising Damage)

구분	면책 사유
공통 면책 위험	· 허위임을 알면서도 구두 출판물의 공표로 생긴 손해 · 보험 기간 이전에 구두 또는 출판물의 공표로 생긴 손해 · 고의로 형법을 위반함으로써 생긴 손해 · 계약상의 가중 책임
광고 침해에만 적용되는 면책 위험	· 계약 위반 · 광고 내용에 미달되는 제품의 품질 결함 · 잘못된 가격 표시 · 광고, 라디오, 또는 텔레비전 방송이나 출판을 사업으로 하는 피보험자의 위법 행위로 생긴 손해

020 ③

※ 보상 한도액과 별도로 추가 지급하는 7개 항목의 비용

1. 보험자에 의하여 발생된 비용
2. 보석 보증 보험료
3. 피보험자 협력 비용
4. 소송상 피보험자에게 부과된 비용
5. 예비 판결 이자
6. 판결 이자
7. 차압 해제 보증 보험료

021 ①

Coverage A는 타인에게 신체장해나 재물 손해를 입힘으로써 법률상 배상 책임이 있는 손해를 보상한다. Coverage C는 피보험자의 배상 책임이

없는 경우 치료비에 한하여 일정 금액을 한도로 보상한다.

022 ①

피보험자가 북미지역으로 수출한 제품에 대한 생산물·완성 작업 배상 책임에 대해서는 담보 기준을 배상 청구 기준(Claims made basis)으로 적용한다. 북미 지역 수출품을 제외한 담보 조건은 영문 CGL 약관의 손해 사고 기준(Occurrence) 담보 조건과 동일하게 적용한다.

023 ④

※ 북미 지역의 생산물 배상 책임 위험이 우리나라 보다 현저히 높은 이유
- 변호사의 수가 많다.
- 소비자의 경우 소송비용을 원고 변호사가 부담하고 승소 시 판결금에서 변호사 보수를 받고 있어 소비자의 변호사 수임료 부담이 없다.
- 징벌적 벌과금이 인정되면 실제 피해액보다 고액의 보상금을 받을 수 있다.
- 생산물 소송과 관련하여 소비자에게 유리한 판결을 하는 추세이다.
- 자동차 및 근재 보험의 보상 한도액이 제한 적이어서 부유한 기업을 상대로 생산물 배상 책임 소송을 선호한다.
- 배심원 제도 (피해자가 거주하는 지역에서 배심원들이 선정되므로 피해자에게 우호적인 판정을 내리는 경향이 있다).
- 거대 기업의 제품 결함으로 사고가 발생하였다면 그 손해는 소비자가 아닌 기업이 책임져야 한다.

제3장 보관자 배상 책임

1 담보 위험과 책임 법리

001 ①

제3자 배상 책임 보험(Third Party Liability Insurance)은 피보험자가 보호, 관리, 통제하는 재물이나 사람을 제외하고 기타 불특정 제3자의 재산이나 사람의 생명 및 신체에 입힌 손해를 담보 대상으로 하는 반면, 보관자 배상 책임 보험(Bailee's Liability Insurance)은 피보험자가 보호, 관리, 통제하는 특정인의 특정 재물을 담보 대상으로 하는 차이가 있다.

002 ②

제3자 배상 책임 보험에서는 불특정 제3자의 인명과 재산을 대상으로 하는 반면 보관하고 있는 재산에 대한 손해는 담보 대상에서 제외함을 원칙으로 한다. 반면에 보관자 배상 책임 보험은 계약관계에 의해 피보험자가 보호, 관리, 통제하고 있는 특정인의 특정 재산을 담보 대상으로 한다.

003 ③

구분	제3자 배상 책임	보관자 배상 책임(계약 책임)
담보 대상	제3자(불특정 타인)의 신체 및 재산에 입힌 손해	피보험자가 보호, 관리, 통제하는 특정의 재산에 입힌 손해
피해자	담보 대상 및 피해자가 불특정	피해자 및 피해자의 특정 재산
보상 한도액	• 최대 추정 손해액을 고려한 보상 한도액 • 비례 보상의 원리 적용불가 • 실손 보상	• 보험 가액에 기초한 보상 한도액(최대 추정 손해액을 기초로 할 수도 있음) • 비례 보상의 원리 적용
보상범위	재물의 사용 손실 포함	재물의 사용손실 불포함
책임 법리	불법 행위 책임	채무 불이행 책임

004 ①

제3자 배상 책임은 계약의 존재를 필요로 하지 않으며, 불법 행위 책임에 근거하고 있으나, 보관자 책임은 원칙적으로 특정인과 계약관계에 따라 발생하는 채무 불이행 책임에 근거하고 있다. 채무 불

이행의 종류에는 다음과 같은 3가지 경우가 있다.
- 이행 지체(민법 제395조) : 계약에 따라 채무가 이행기에 도달하였음에도 불구하고 채무자에게 책임있는 사유로 이행이 되지 않은 것을 말한다.
- 이행 불능(민법 제390조) : 계약에 의해 성립된 채권이 채무자에게 책임있는 사유로 그 이행이 불가능하게 된 것을 말한다.
- 불완전 이행 : 채무자가 계약으로 정한 채무에 대하여 이행을 하긴 하였으나, 그 내용이 불완전하여 채권자에게 손해가 발생한 것을 말한다.

005 ①

※ 손해 배상 책임의 발생 요건

객관적 요건	• 보험 사고가 발생하여야 한다. • 계약 목적물에 직접적인 손해가 발생하여야 한다. • 보험 사고와 재물 손해 사이에 인과 관계가 있어야 한다. • 가해자인 피보험자에게 위법성이 있어야 한다.
주관적 요건	피보험자에게 과실이 있어야 한다.

006 ④

계약 책임인 경우 가해자는 피해자에 대하여 가지는 반대 채권으로 상계할 수 있으나, 불법 행위 책임의 경우에는 상계할 수 없다.

2 담보 약관과 언더라이팅

007 ②

특별 약관(Ⅰ)은 수탁 화물이 화재, 폭발, 파손, 강도 및 도난으로 생긴 손해로 열거하고 있다. 반면 특별 약관(Ⅱ)는 담보 위험을 열거하지 않고 우연한 사고로 수탁 화물에 입힌 손해를 담보한다.

008 ④

피보험자가 소유, 사용, 관리하는 주차 시설 및 그 주차시설의 용도에 따른 주차 업무의 수행으로 생긴 우연한 사고로 수탁 자동차 및 제3자의 인명이나 재산에 입힌 피해에 대한 손해 배상 책임을 담보한다.

009 ④

무면허 운전 또는 음주운전으로 인한 손해는 특별 약관(Ⅱ)에서 면책한다.

010 ③

임차자 특약과 화재 배상 특약은 둘 다 보관자 책임 보험이다.

011 ③

①, ②, ④는 경비업자 특약Ⅰ에서는 면책하지만, 특약Ⅱ에서는 면책하지 않는다.

제4장 도급업자 배상 책임

1 담보 위험과 책임 법리

001 ④

도급업자 배상 책임 보험에 가입하는 사업자는 주로 공사와 관련된 수급인으로 건설 공사, 상·하수도 공사, 시설의 유지, 보수, 확장, 청소 작업 등 각종 도급계약에 따른 업무와 관련되어 있다.

002 ③

도급업자 배상 책임 보험에서 보험 기간은 포괄 계약인 경우에는 1년을 기준으로 하나 개별 도급 계약은 당해 도급 공사 기간을 보험 기간으로 정하는데 비하여, 시설 소유 관리자 배상 책임 보험은 언제나 1년을 기준 보험 기간으로 한다.

003 ③

제3자 배상 책임과 보관자 책임을 동시에 담보하는 특약을 첨부하여 담보하는 경우 민법상 일반 채무 불이행 책임과 일반 불법 행위 책임이 경합하여 적용된다.

민법상 일반 채무 불이행 책임과 일반 불법 행위 책임이 경합하여 적용되나 여기에 우선하는 특별법이 있는 경우에는 특별법을 적용한다.

2 담보 약관과 언더라이팅

004 ②
피보험자가 수행하는 공사가 전체 공사의 일부일 경우 그 전체 공사에 참여하고 있는 모든 근로자에게 입힌 신체장해에 대한 배상 책임은 근로자 재해 보장 보험의 담보 영역이므로 면책이다.

005 ④
주위 재산 추가 특약은 피보험자의 공사 현장 주위에 있는 피보험자가 직접적으로 작업하고 있지 않은 타인의 재물이 손해를 입음으로써 그 재물에 대하여 정당한 권리를 가지는 사람에 대한 법률상 손해 배상 책임을 보상한다. 작업용 기계, 장비, 도구 등에 입은 손해는 제외한다. 이러한 손해는 주위 재산 추가 특약(Ⅱ)에서 담보한다.

006 ④
보상 한도액이 임가공물 가액의 80% 이상일 경우 손해액 전액을 보상하지만 80% 미만일 경우 비례보상한다.

007 ③
사용자 배상 책임 담보 특약은 근로 기준법, 산업 재해 보상 보험법 또는 이와 유사한 법률에 의하여 부담하는 손해 배상 책임을 제외하고 피보험자의 근로자에 대한 신체 장해 손해에 대한 사용자의 배상 책임을 담보한다.

제5장 생산물 배상 책임

1 담보 위험과 책임 법리

001 ③
결함 판단의 기준에 관하여 우리나라는 소비자 기대 수준을 채택하고 있다.
※ 결함 판단의 기준
  1. 표준 일탈 기준 : 당해 제품이 정해진 제조 공정이나 규격을 위반함으로써, 위반하지 않았을 경우에 존재하여야 할 안전성이 결여된 경우를 결함으로 판단
  2. 소비자 기대 수준 : 통상의 소비자가 기대하는 이상으로 위험한 것일 경우에 결함이 있다고 판단
  3. 위험·효용 기준 : 위험성과 효용성과를 비교하여 위험성이 효용성을 상회하는 경우에는 결함을 인정하며 그 반대의 경우에는 결함을 부정하자는 기준

002 ③
※ 생산물의 결함

결함 원인	내용
설계상의 결함	• 제조업자가 합리적인 대체 설계를 채용하였더라면 피해나 위험을 줄이거나 피할 수 있었음에도 대체 설계를 채용하지 않아 당해 제조물이 안전하지 못하게 된 경우를 말한다. • 전제품을 신속하게 리콜하지 않으면 추가적인 위험을 방지할 수 없다.
제조상의 결함	• 제조물이 원래 의도한 설계와 다르게 제조·가공됨으로써 안전하지 못하게 된 결함이다. • 제품의 품질 검사 과정이 제대로 이루어지지 않은 특정기간의 제품만 리콜하면 추가적인 손해의 방지가 가능하다.
표시 (지시·경고) 상의 결함	• 제조업자가 합리적인 설명·지시·경고 또는 그 밖의 표시를 하였더라면 해당 제조물에 의하여 발생할 수 있는 피해나 위험을 줄이거나 피할 수 있었음에도 이를 하지 아니하여 발생된 결함이다. • 설계상의 하자와 동일하게 전제품을 신속하게 리콜하지 않으면 추가적인 위험을 방지할 수 없다.

003 ④
제조상의 결함은 제품의 품질 검사 과정이 제대로 이루어지지 않은 특정 기간의 제품만 리콜하면 추가적인 손해의 방지가 가능하다.

004 ④

※ 제조물 책임 법상 손해 배상 청구권의 소멸 시효
1. 손해 및 손해 배상 책임을 지는 자를 안 날로부터 3년
2. 제조업자가 손해를 발생시킨 제조물을 공급한 날로부터 10년(잠복기간 경과 후 발생한 손해는 그 손해가 발생한 날로부터 기산함.)

005 ④

원재료 또는 부품의 경우에는 그 원재료나 부품을 사용한 제조물 제조업자의 설계 또는 제작에 관한 지시로 인하여 결함이 발생하였다는 사실을 입증해야 면책이 된다.

006 ③

※ 비교 과실
1. pure form : 가해자의 과실비율에 따라 배상 금액을 결정하는 방식
2. 49% form : 피해자의 과실 비율이 가해자의 과실보다 적으면 전액 배상하는 방식
3. 50% form : 피해자의 과실 비율이 가해자의 과실비율과 같거나 작으면 전액 배상하는 방식
4. S/G Form : 피해자의 과실이 가해자의 과실보다 경미한 경우 전액 배상하는 방식

2 담보 약관과 언더라이팅

007 ④

하나의 사고로 수인에게 입힌 인명 피해 또는 재물 피해에 대해 피해자별로 연속적으로 제기된 손해 배상 청구 피해자의 수만큼의 청구로 보아야 한다.

008 ③

피보험자의 제품이 물리적으로 파손되지 않은 상태에서, 제품의 성능 또는 품질 결함으로 인해 발생한 다른 유체물의 사용 손실은 면책하고 있다. 그러나 제품이나 작업을 원래 의도한 용도로 사용하다가 제품이나 작업에 급격하고 우연한 사고로 인하여 다른 재물을 사용하지 못하여 입은 사용 손실 손해는 담보한다.

009 ②

※ 제조물 책임 보험의 추가 특별 약관

국문 약관에서 추가하는 특별 약관	영문 약관에서 추가하는 특별 약관
• 판매인 특약 • 도급업자 특약 • 인증 기관 마크 계약 특약 • 효능 불발휘 부담보 특약	• 징벌적 손해 배상금 면책 • 모든 오염 손해 면책 특약 • Y2K Exclusion(날짜 인식 오류 위험 면책) • 소송 비용 및 부대 비용의 보상 한도액 포함 조건 • 효능 불발휘 면책 조항 • 석면 면책 조항 • 전자파 부담보 특약

010 ①

※ 담보 제품의 품질 관리 및 과거 사고 경험

구분	생산물 사고 예방 대책(PLP)	생산물 사고 방어 대책(PLD)
대책	• 제품의 통상적 사용이나 오사용을 예상한 제품 안전 설계 • 소비자가 알기 쉬운 취급 설명서나 경고 문구 • 사내 품질 및 안전 관리 체제 구축 • 사고 예방 조치에 대한 기록 관리 및 인력 관리	• 신속한 초기 대응 체제 • 피해 확산 방지를 위한 문제 제품 회수 • 사고 재발 방지를 위한 원인 규명 • 충분한 보상 한도액의 생산물 배상 책임 보험 가입

011 ④

담보 약관을 손해 사고 기준에서 배상 청구 기준으로 변경하는 경우 담보 공백이 발생하지 않지만, 배상 청구 기준에서 손해 사고 기준으로 변경할 경우 담보 공백이 발생할 수 있다.

012 ③

※ 담보 공백이 발생하는 경우
1. 배상 청구 기준 증권을 손해 사고 기준 증권으로 갱신하는 경우
2. 배상 청구 기준 증권을 갱신하면서 소급 담보 일자를 변경할 경우, 즉 갱신 증권의 소급 담보 일자를 최초 증권 개시일로 하지 않

고 후일로 변경하는 경우에 담보의 공백이 발생한다.
3. 배상 청구 기준 증권을 갱신하지 않는 경우 또는 갱신하면서 특정 담보 제품을 제외하는 경우

제6장 전문 직업 배상 책임

1 담보 위험

001 ③
전문인의 주의 의무는 동종업계의 전문인이 같은 상황에서 지니는 정도의 주의 의무를 말한다.

002 ①
전문인의 고의 또는 과실로 고객이나 타인에게 손해를 입힌 경우 불법 행위 책임을 진다. 정당한 이유 없이 고의 또는 과실로 계약상의 채무를 불이행한 경우 채무 불이행 책임을 진다.

003 ②
전문 직업 배상 책임 보험의 경우 1사고당 한도액과 함께 연간 총 보상 한도액을 설정하여 보험자의 책임 한도액을 제한하고 있다

2 건축사 및 기술사 배상 책임 보험

004 ④
보험 회사가 동의한 부대 비용도 보상하지만, 보상 한도액을 초과하는 경우에는 보상 한도액에 해당하는 비율만큼 지급한다.

005 ①
보상 한도액 기준은 1청구당 및 총 보상 한도액을 설정한다.

006 ①
피보험자는 보험 회사의 동의 없이 책임을 인정하거나 비용을 지급할 수 없다.

007 ④
단일 프로젝트 계약 방식의 보험 기간은 전문 용역 개시일로부터 공사 종료 후 유지 보수 기간을 감안한 일정 기간으로 설정한다.

3 의료 과실

008 ②
의료 계약은 민법상 위임 계약의 일종이므로 의료 과실은 의료 계약에 이한 채무 불이행이 되기도 하고 의사의 과실에 의한 불법 행위가 되기도 한다.

009 ②
조정 결정은 조정 신청일로부터 90일 이내에 하여야 하나, 필요 시 1회에 한하여 30일까지 연장할 수 있다.

010 ③
의료 분재 조정법은 가해자 측의 배상의무 이행 능력 확보 수단으로 보험이나 공제의 가입을 의무화하고 있지 않지만, 공제의 설립과 운영에 관한 근거를 규정하고 있다.

011 ③
의료 배상 책임 보험 약관에서 보상하는 손해에는 민사 합의금, 법정 판결 금액, 소송비용 등 제반 비용의 3가지이다.

※ 보상하지 않는 손해
- 무면허 또는 무자격의 의료 행위로 생긴 손해
- 의료 결과를 보증함으로써 가중된 배상 책임
- 피보험자의 친족에 입힌 손해

- 피보험자의 지시에 따르지 않은 피보험자의 피용인이나 의료 기사의 행위로 생긴 손해
- 미용 또는 이에 준한 것을 목적으로 한 의료 행위 후 그 결과에 관하여 생긴 손해
- 타인의 명예를 훼손하거나 비밀을 누설함으로써 생긴 손해
- 공인되지 아니한 특수 의료 행위를 함으로써 생긴 손해
- 타인의 재물에 입힌 손해
- 원자력 사고로 생긴 손해
- 후천성 면역 결핍증에 기인하여 발생한 손해
- 피보험자의 부정, 사기, 범죄 행위 또는 피보험자가 음주 상태나 약물 복용 상태에서 의료 행위를 수행함으로써 생긴 손해

제7장 임원 배상 책임

1 담보 위험과 책임 법리

001 ③

임원이란 상법상 이사 및 감사, 이에 준하는 자로서 보험 증권의 피보험자란에 기재된 지위에 있는 자를 말한다. 따라서 상법상 이사가 아니라도 임원에 준하는 직무를 행하는 직원이 피보험자로 기재된 경우에는 담보한다.

002 ③

선택 보고 연장 담보 기간 배서가 발행된 경우 그 보고 연장 담보 기간은 이 보험 기간 만료일로부터 무기한이 된다.

※ 보고 연장 기간

자동 보고 연장 담보 기간	선택 보고 연장 담보 기간
• 보험 기간 만료일로부터 60일간 • 보험 기간 만료일로부터 60일 이내에 회사에 통지된 행위에 대하여 손해 배상 청구가 만료일로부터 5년 이내에 이루어진 경우 • 자동 보고 연장 담보 기간은 해지할 수 없음.	• 보험 기간 만료일로부터 무기한 • 회사에 대하여 서면으로 보험 기간 만료일로부터 60일 이내에 보고 기간의 연장을 요청하여야 함. • 납입기일까지 추가 보험료가 납입되지 않을 경우에는 보고 연장 담보 기간 배서는 무효가 됨.
	• 추가 보험료가 납입기일까지 납입되었을 때에는 보고 연장 담보 기간 배서는 해지할 수 없음.

003 ①

이사는 재임 중뿐만 아니라 퇴임 후에도 직무상 알게 된 회사의 영업상 비밀을 누설하여서는 아니 된다.

2 담보 약관과 언더라이팅

004 ②

※ 보상하는 손해
1. 피보험자의 법률상 손해 배상금
2. 손해의 방지 또는 경감 비용
3. 대위권 보전 및 행사 비용
4. 보험 회사의 동의를 받아 지급한 방어 비용
5. 증권상 보상 한도액 내의 공탁 보증 보험료
6. 손해 사정 협력 비용

005 ④

실제 발생하였거나 그 행위가 있었다는 주장으로 보상하지 않는다.

006 ①

① 법인 보상 담보 특별 약관
② 주주 대표 소송 담보 특별 약관
③ 유가 증권 관련 법인 담보 특별 약관
④ 정부 관련 기관 부담보 특별 약관

제8장 기타 주요 약관

1 리콜

001 ④

제품의 결함으로 타인에게 신체장애나 재물 손해가 발생하였거나 발생할 우려가 있어야 한다.

002 ②

※ 생산물 회수 비용 보험(리콜)에서 일반적으로 보상하는 손해
- 회수 비용
- 상실 이익
- 상표 신용 회복 비용
- 자문 비용
- 대체 비용
- 협상금

003 ③

※ 1st Party Recall과 3rd Party Recall
- 1st party Recall : 완제품을 제조 판매하는 기업에서 소비자에게 판매한 결함 제품을 직접 회수하고, 그로 인한 비용 손해를 보상하는 것
- 3rd party Recall : 부분품을 제조, 공급하는 기업에서 결함 있는 부분품을 사용하여 완제품을 판매한 기업에서 먼저 소비자로부터 결함 제품을 회수하고 그로 인한 경제적 손실을 부분품 공급자에게 손해 배상을 청구하는 경우 이를 보상하는 것

2 환경오염 배상 책임

004 ④

오염 배상 책임 보험의 선택 연장 보고 기간은 통상 3년으로 제한하고 있으며, 추가 보험료는 200% 한도에서 결정한다.

005 ④

'보험 회사에 고지하지 않고 이미 알고 있었던 오염 상태로 인한 오염 사고'에 한해 보상하지 않는다.

제4과목 해상 보험

제1장 해상 보험의 기초

1 해상 보험의 의의와 발전 과정

001 ③

화물에는 사유물이나 선내에서 사용하기 위한 식료품과 소모품을 포함하지 않는다.

002 ②

해상 대차설은 모험대차설이라고도 하는데, 선주나 화주들이 선박이나 화물을 담보물로 제공하고 자금을 빌려 항해를 떠나 선박이 무사히 도착하면 원금과 고율의 이자를 상환하고, 선박이 항해 도중 해난 등으로 멸실되는 경우 채무가 멸실되도록 한 것이다.

003 ②

현대적인 보험이란 1654년 파스칼(Pascal)과 페르마(Fermat)의 확률론 발표를 계기로 합리적인 보험료 산출기초로써 대수의 법칙에 의한 확률을 이용한 보험을 말한다.

004 ①

로이즈는 보험 회사나 보험업자가 아니며, 보험거래가 이루어지는 장소를 말한다.

005 ④

해상 보험 증권은 배서 및 인도에 의해 양도 가능한 증서로서 신용장 방식 거래 시 선하 증권 발행 이전, 즉 선적 전에 발급되어야 한다.

2 해상 보험의 특성

006 ③

해상 운송 중 발생하는 수많은 해상 위험에 장기간 노출되기 때문에 해상 보험 증권은 광범위한 위험을 부담한다.

007 ②

해상 보험은 국제적으로 영국의 1906년 해상 보험법의 적용을 받는다. 우리나라에서 사용되고 있는 해상 보험 증권에는 "이 보험은 모든 클레임에 관한 보상책임과 정산에 관해서만 영국의 법과 관습에 따를 것을 합의한다."고 규정되어 있다.

008 ②

※ 피보험 이익의 목적
- 도박의 방지
- 도덕적 위험의 예방과 감소
- 피보험자의 손해액 평가 및 보험자의 보상 책임 범위 결정
- 초과 보험과 중복 보험의 폐단 방지
- 보험 계약의 동일성을 구별하는 표준

009 ①

피보험 목적물(Subject-matter Insured)이다. 이것은 위험 발생의 대상, 즉 해상 보험의 보험부보 대상이 되는 객체로서 해상 보험에서는 화물, 선박, 운임을 의미한다.

010 ④

피보험 이익이 보험 계약상 유효성을 갖기 위해서는 적법성, 경제성, 확정성의 요건을 갖추어야 한다. 피보험 이익은 금전으로 산정할 수 있는 것이어야 한다. 보험사고 발생 시 보험자가 보상하는 보험금은 경제적 가치를 지닌 급부이므로 피보험 이익도 경제적인 가치가 있는 것, 즉 금전으로 환산할 수 있는 것이어야 한다. 따라서 경제적 가치가 없어 손해 사정이 불가능한 감정적, 도덕적 이익은 피보험 이익이 될 수 없다.

011 ④

적하 보험에서 보험 가액은 피보험 재산 원가에 운송비용과 운송 부수비용 및 그 전체에 대한 보험비용을 가산한 CIF(기준) 가액을 말한다.

012 ②

최대 선의 의무는 청약 당시에 행한 사실의 고지와 표시에만 국한되지 않고 클레임에도 적용된다.

013 ①

상법 제651조
보험 계약 당시 보험 계약자 또는 피보험자가 고의 또는 중대한 과실로 인하여 중요한 사항을 고지하지 아니하거나 부실의 고지를 한 때에는 보험자는 그 사실을 안 날로부터 1월 내에, 계약을 체결한 날로부터 3년 내에 한하여 계약을 해지할 수 있다. 그러나 보험자가 계약 당시에 그 사실을 알았거나 중대한 과실로 인하여 알지 못한 때에는 그러하지 아니하다.

014 ④

감항성은 선박이 항해를 시작할 때 항해 사업을 수행하기 위하여 인적, 물적으로 준비한 것을 의미하며, 이러한 감항성은 묵시 담보 중 하나이다. 따라서 감항성 담보를 명시 담보라고 한 ④가 틀린 설명이다.

015 ③

피보험자가 담보 내용 위반 시 그 위반 내용의 중요도에 상관없이 보험자는 보험금 지급을 면할 수 있으나 영국 해상 보험 법상 후속 법령에 의거 피보험자의 담보 준수가 위법이 되는 경우는 담보 위반은 묵인된다.

016 ④

담보는 피보험자가 반드시 이행하여야 할 약속이

며 피보험자가 담보를 위반할 경우 그 시점에서 보험자는 보험 계약을 취소할 권리를 가진다.

017 ②

보험 계약은 인쇄된 약관으로 체결되지만 내용을 수정 또는 첨가할 필요가 있을 경우 타자나 스탬프 그리고 수기를 이용하기도 한다. 이러한 보험 증권을 해석함에 있어 수기문언이 가장 우선시된다.

※ 해상 보험 증권의 해석 원칙
- 계약 당사자의 의사가 우선하여야 한다.
- 보험 증권의 전체가 고려되어야 한다.
- 인쇄 문언보다 수기 문언에 우선적인 효력이 주어져야 한다.
- 문언의 통상적인 의미가 채택되어야 한다.
- 특정한 문언의 의미는 문맥에 의해 제한될 수 있다.
- 애매모호한 경우 합리적인 해석이 우선하여야 한다.
- 문언의 의미가 모호한 경우에는 '작성자 불이익의 원칙'이 적용된다.

제2장 해상 보험의 보험 조건과 보상 범위

■ 해상 보험의 개요

001 ②

적하 보험의 피보험자가 될 수 있는 자는 복합 운송업자와 수출입 무역업자뿐만 아니라 제조업자, 소매업자, 도매업자 등 외국 무역에 종사하는 자는 모두 피보험자가 될 수 있다.

002 ③

① 보험 기간은 보험자의 위험 부담 책임이 존속하는 기간이며, 보험 계약 기간은 보험 계약자가 담보 받고자 하는 기간으로 보험 계약이 유효하게 존속하는 시간적 한계를 말한다.

② 공동 보험이 아니라 중복 보험(double insurance)에 대한 설명이며, 공동 보험이란 피보험 이익에 대해 2인 이상의 보험자가 공동으로 계약을 체결하는 것을 말한다.
④ 해상 위험 발생의 객체가 되는 화물, 선박, 운임 등은 피보험 이익이 아니라 피보험 목적물이라 한다. 피보험 이익이란 보험 목적물과 피보험자 사이의 이해 관계, 즉 보험 목적물에 보험 사고가 발생함으로써 피보험자가 경제상의 손해를 입을 가능성이 있는 경우 이 보험 목적물과 피보험자와의 경제적 이해 관계를 말한다.

003 ③

무역 거래가 확정된 화물 중 선적이나 운송 일시 또는 적재 선박 등이 미확정된 운송 화물의 경우 포괄 보험이 아니라 개별 미확정 보험을 체결할 수 있다. 특히 선명 미확정 상태로 가입하는 보험을 선명 미확정 보험이라고 한다.

004 ④

희망 이익(Anticipated Profit)이란 적하가 안전하게 도착했을 때 이를 전매함으로써 얻을 수 있는 것으로 구매자가 희망하는 이익이다. 화주의 희망 이익은 화물 자체의 보험과 일괄하여 적하 보험으로 부보되는 경우가 많으며, 보통 송장 금액의 10%에 상당하는 금액을 송장 금액에 가산하여 협정보험 가액으로 한다.

005 ④

① 해상 위험은 "해상 위험(maritime perils)은 항해에 기인 또는 부수하는 위험(perils consequent on, or incidental to the navigation of the sea)이다"라고 MIA에서 정의하고 있다. 여기서 '기인하는 위험'은 항해에서 직접적으로 발생하는 위험인 해상고유의 위험을 말하고 '부수하는 위험'은 해상에서 발생하는 위험인 화재, 투하 등의 해상 위험, 전쟁 위험

및 기타의 모든 위험을 말한다.
② 구약관의 단독 해손 부담보 약관(FPA), 분손 담보 약관(WA) 및 신약관의 ICC(B) Clause와 ICC(C) Clause가 열거 책임주의를 취하고 있다. 따라서 ICC(B)는 포괄주의가 아닌 열거책임주의를 채택하고 있다.
③ 해상에서 발생하는 모든 사고가 해상 위험에 속하는 것은 아니다. 해상 위험에 속하기 위해서는 다음의 요건을 충족해야 한다.
- 해상 보험에서 보험자는 담보 위험에 의한 손해를 보상하기 때문에 위험은 손해의 원인이어야 한다.
- 위험은 그 발생이 우연한 것이어야 한다. 즉, 그 발생은 가능하지만 불확실한 것이어야 한다.
- 위험은 장래의 사고뿐만 아니라 과거의 사고라 하더라도 보험 계약 체결 시 보험 계약자가 발생한 사실을 모르고 있을 경우에는 소급 보험에 있어서 위험이 될 수 있다.
- 불가항력도 위험의 일종이기 때문에 위험이 반드시 불가항력(Force Majeure)적인 사고이어야 할 필요는 없다.

006 ④
조합원들은 P&I Club의 운영에는 직접 참여하지 않고 전문 관리자에게 운영을 맡기는 위탁 운영 방식을 채택하고 있다.

2 적하 보험의 보험 조건과 보상 범위

007 ②
ICC(1982)의 경우 보험 계약의 기본 조건으로서는 ICC(A), ICC(B) 및 ICC(C)의 세 가지가 있고, 1982년 협회 적하 약관을 만든 협회는 런던 보험자 협회(ILU)이며, 현재 우리나라에서는 신·구 협회 적하 약관 둘 다 널리 사용되고 있다.

008 ①
보험 가액은 Insurable Value이며 Insured Amount는 보험 금액이다.

009 ②
제1조 운송 약관이 포함된 적하 보험의 경우에는 화물의 양륙 후 60일이 경과한 때와 수하인의 최종 창고에 인도될 때 중에서 어느 것이든 먼저 발생하면 보험자의 책임의 종료되기 때문에 엄격히 혼합 보험이라 할 수 있다.

010 ④
적하 보험의 수송 약관상 창고를 떠날 때 담보가 개시되므로 창고 내 적재 위험은 담보되지 않고 창고의 문·처마를 떠날 때 개시된다.

011 ①
해상 적하 보험의 종료 시점을 다음 보험 증권에 기재된 목적지의 수화인 또는 기타 최종 창고나 보관 장소에 화물이 인도된 때, 통상의 운송 과정이 아닌 화물의 비상 보관 할당 분배를 위해 임의의 창고 또는 보관 장소에 인도될 때, 최종 양륙항에서 화물을 하역한 후 60일(항공인 경우 30일)이 경과된 때 세 가지 중 한 가지가 가장 먼저 일어난 때로 규정하고 있다.

012 ②

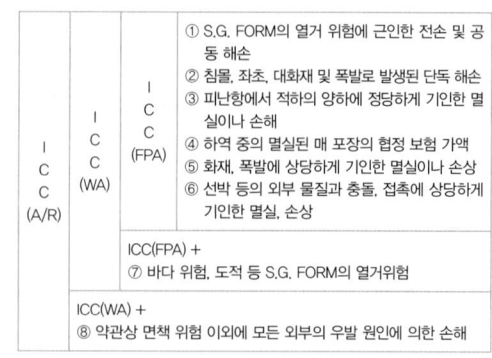

013 ②
※ ICC(FPA)조건에서 보상되는 단독 해손은 침몰·좌초·대화재·충돌의 경우이다.

014 ④
※ WA 조건의 소손해 면책 비율 적용 유형
- 'WAX%(Franchise)', 'Excess of X% (Deductible)', 'WAIOP(With Average Irrespective Of Percentage)' 세 가지 조건이 있다
- WAX%는 Franchise 개념으로서 X% 미만의 손해는 보상하지 않고 손해액이 전체 금액(보험 가입 금액)의 X% 이상인 경우에만 손해액 전부를 보상해 준다는 의미이며,
- 반면 Excess of X%는 X% 미만의 손해는 보상하지 않는다는 점은 Franchise 개념과 동일하나 X% 이상의 손해가 발생한 경우 기준인 X%를 공제하고 초과 부분만 보상한다는 차이가 있다(Excess of 1%, 3%, 5%, 7%가 있음).
- WAIOP 조건은 그러한 면책률 없이 발생한 부분 손해에 대하여 모두 보상하여 주는 보험 조건이다.

015 ④
※ 적하 보험 약관 조건별 보험료 순위
All Risk 〉 W.A 〉 FPA 〉 T.L.O

016 ①
황천에 의한 선박의 횡요 등으로 인한 손상의 경우 ICC(WA), ICC(A/R)조건에서는 보상되나, ICC(C)와 ICC(B) 에서는 보상되지 않는다.

017 ②
보험 이익 불공여 약관, 추정 전손 약관, 위부 포기 약관 등은 구 약관 ICC (A/R)에도 존재했던 약관이나, 증액 약관은 구 약관 ICC (A/R)에는 없었으나 신약관 I.C.C.(A)에서 신설된 약관이다.

018 ③
선박 좌초는 ICC(A/R)이나 ICC(A)에서 담보 위험이나, 지연으로 인한 손해, 통상의 손실 및 자연 소모, 피보험자의 고의적 불법 행위에 기인한 멸실은 ICC(A/R)이나 ICC(A)에서도 면책 위험에 해당한다.

※ ICC(A) 제4조의 면책 사항
- 피보험자의 고의적 불법 행위에 기인한 멸실, 손상 또는 비용
- 보험 목적물의 통상의 누손, 중량 또는 용적상 통상의 감소 및 자연 소모
- 보험 목적물의 포장 또는 준비의 불충분 또는 부적합으로 인하여 발생한 멸실, 손상 또는 비용
- 보험 목적물의 고유의 하자 또는 성질로 인하여 발생한 멸실, 손상 또는 비용
- 지연이 피보험 위험으로 인하여 발생된 경우라고 하더라고 지연을 근인으로 하여 발생한 멸실, 손상 또는 비용
- 본선의 소유자, 관리자, 용선자 또는 운항자의 파산 또는 금전상의 채무 불이행
- 원자력 또는 핵분열 및 또는 핵융합 또는 기타 이와 유사한 반응 또는 방사능이나 방사성 물질을 응용한 무기의 사용으로 인하여 발생한 멸실, 손상 또는 비용

019 ④

일반 면책 위험	A	B	C
1. 피보험자에 의한 고의의 불법 행위			
2. 통상의 누손, 중량손, 용적손, 자연 소모			
3. 포장의 불완전			
4. 보험 목적물의 고유의 하자, 성질	면책	면책	면책
5. 지연			
6. 선주 등의 지급 불능, 채무 불이행			
7. 핵무기			
8. 제3자의 불법 행위에 의한 고의적 손상, 파괴	담보		

협회 적하 약관 제4조에서 정하는 일반 면책 위험의 1~7까지의 항목은 공통된 면책 사유이며, 8번은 ICC(B), ICC(C)에만 해당된다. ④번은 제6조가 규정하는 전쟁 면책(War Exclusion)의 사유에 해당한다.

020 ③

전쟁 위험은 ICC(A)조건에서도 보상되지 않는 위험으로 전쟁 위험에 대해 보상받기 위해서는 별도의 전쟁 위험 약관에 추가 부보해야 한다.

021 ③

① ICC(A)조건으로 보험 계약이 체결되었다 하더라도 포괄 책임 주의에 의한 면책 위험, 즉 성질에 의한 위험, 전쟁 위험 및 스트라이크 위험 등은 보험자가 부담하지 않는다.
② 전쟁 위험을 담보하는 경우 육상 전쟁 위험은 담보하지 않는다.
④ 전쟁 위험 담보인 신협회 전쟁 약관(IWC)에서는 핵무기로 인한 손해를 보험자가 보상하지 않는다.

022 ④

※ 협회 적하 약관 2009 위험 담보 범위

ICC(A)	ICC(B)	ICC(C)	① 화재, 폭발 ② 선박의 좌초, 교사, 침몰, 전복 ③ 육상 운송 용구의 전복, 탈선 ④ 충돌, 접촉 ⑤ 피난항에서의 양하 중에 발생한 손해 ⑥ 공동 해손 희생 ⑦ 투하
		ICC(C) + ⑧ 지진, 화산 분화, 낙뢰 ⑨ 파도에 의한 갑판 상의 유실 ⑩ 본선, 부선, 운송용구, 컨테이너 및 보관 장소에 유입된 해수, 하천수로 인한 손해 ⑪ 선적, 하역 중 해수면에 낙하하여 멸실되거나 추락에 의한 포장당 전손		
	ICC(B) + ⑫ 특정 면책 사항 이외의 모든 우발적 원인에 의한 손해		

023 ④

지진은 ICC(C) 조건에서 보상이 되지 않는 위험으로 ICC(A)나 A/R로 부보해야 보상받을 수 있는 위험에 해당한다.

024 ①

투하는 ICC(C)조건에서도 보상되는 위험이나, 지진은 ICC(A)나 A/R에서 보상받을 수 있는 위험이며 선적 양하 작업 중 해수면으로의 낙하·추락으로 인한 포장당 전손은 ICC(B)에서는 보상되나 ICC(C)에서는 보상되지 않는다.

025 ①

이 보험은 손해 보상의 범위를 확대하여 해상 운송 계약의 쌍방 과실 충돌 조항(Both to Blame Collision Clause)에 의한 피보험자의 부담액 중 이 보험 증권상에서 보상받을 수 있는 손해에 관한 부분을 지급한다. 위 조항에 따라 선주로부터 청구를 받았을 경우에 피보험자는 그 취지를 보험자에게 통보할 것을 약속하고 보험자는 자신의 비용으로 선주의 청구에 대해 피보험자를 보호할 권리를 가진다.
② 항해 변경
③ 보험 기간
④ 공공 해손

026 ②

보험 목적물의 통상의 누손, 용적 중량 감손, 자연 소모(ordinary leakage, ordinary loss in weight or volume, or ordinary wear and tear of the subject-matter insured)는 모든 약관에서 담보 위험에 포함되지 않는 보험자 면책이다.

027 ③

※ TLO, SC/SL의 손해 보상
- 보상하는 손해 : 현실 전손, 추정 전손, 구조 보수, 해난 구조료 및 손해 방지 비용 등의 손해
- 보상하지 않는 손해 공동 해손, 단독 해손, 충돌 배상 책임 손해

3 선박 보험의 보험 조건과 보상 범위

028 ②
구조가 필요한 때 최초의 안전한 항구나 장소까지 및 관습적인 경우를 제외하고는 본선은 예인되지 말 것이며, 또 피보험자, 소유자, 관리자 또는 용선자가 사전에 체결한 계약에 따라 타선의 예인이나 구조 작업을 하지 않는다.

029 ①
보험의 만기 시에 본선이 항해 중, 조난 중 또는 피난항이나 기항항에 있을 것이 해당 조건이다.

030 ②
위반이 생겼을 경우에는 그 사실을 인지한 후 지체 없이 그 취지를 보험자에게 통보하지 않으면 담보의 위반이 된다.

031 ③
자동 종료 사실이 위험 약관, 협회 전쟁 및 동맹 파업 약관에서 담보하는 손상에 기인할 경우, 자동 종료는 선급의 사전 승인 없이 다음 항구에서 출항한 때에만 적용된다.

032 ④
선체 보험은 열거된 위험만을 보험자가 인수하는 열거 책임 주의를 채택하고 있다.
1. 피보험자의 상당한 주의 의무가 요구되지 않는 담보 위험
   - 해상 고유의 위험(Perils of the Seas), 화재, 폭발, 폭력을 수반한 침입 강도, 투하, 해적, 핵장치, 원자로의 고장 또는 사고, 외부 물체와의 충돌, 지진, 화산, 낙뢰.
2. 피보험자의 상당한 주의 의무가 요구되는 담보 위험
   - 하역 작업 중의 사고, 보일러의 파열, 샤프트 절손 및 잠재하자, 선원 과실, 수리업자·용선자의 과실, 선장·고급 선원·보통 선원의 과실

033 ④
①, ②, ③의 경우 보험자는 피보험 선박이 타선박과 충돌하여 그 결과 피보험자가 다음의 손해에 대하여 법적 배상 책임을 지고, 손해 배상금조로 일정 금액을 타인에게 지급한 경우 그 지급 금액의 3/4을 피보험자에게 보상한다. 그러나 다음 사항에 대하여 피보험자가 지급할 금액까지 보상하는 것은 아니다.
1. 장애물, 난파물, 적하 또는 기타 물건의 제거나 처분
2. 타선박 또는 타선박에 적재된 재물 이외의 부동산, 동산 그 밖의 물건
3. 피보험 선박에 적재된 적하나 기타 재물 또는 피보험 선박의 계약상의 채무
4. 인명의 상실, 사상 또는 질병
5. 부동산, 동산 또는 기타 물건의 오염이나 오탁 (피보험 선박과 충돌한 타선박 또는 타선박에 적재된 재물은 제외)

034 ③
소요된 한도까지 및 입찰이보험자의 승인을 받은 후 지체 없이 낙찰된 것을 조건으로 하여 보험 가액의 연 30%의 비율에 의한 금액을 보상한다. 이 약관의 조건을 불이행한 경우에는 확정된 보험금의 15%를 공제한다.

035 ③
전손이나 추정 전손의 경우에 위부의 통지 여부를 불문하고 보험자는 운임을 청구하지 아니한다.

036 ③
정산은 해상 화물 운송 계약에 그 정산에 관해 특별한 조건이 규정되어 있지 않은 경우에 해상 운송 사업이 종료되는 지역의 법률 및 관습에 따른다. 그러나 해상 화물 운송 계약에 요크-앤트워프 규칙에 따르도록 규정하고 있는 경우에는 그 정

산은 동 규칙에 따른다.

037 ②

좌초 후의 선저 검사 비용은 특별히 그 목적을 위하여 합리적으로 지급된 것이라면 손상이 발견되지 않은 경우에도 보상한다.

038 ③

보험의 목적을 구조, 보호 또는 회복하기 위한 피보험자 또는 보험자의 조치는 위부의 포기 또는 승낙으로 간주하지 아니하며, 또한 어느 일방의 권리를 침해하지도 아니한다.

039 ①

미수선 손상의 보상액은 그 미수선 손상으로 인해 이 보험이 종료된 시점에서의 본선의 시장 가액의 합리적인 감가액으로 한다.

040 ①

본선의 추정 전손 여부를 확인할 때는 보험 가액을 수선 후의 선가로 간주하고 본선 또는 난파선의 손상 가액 또는 해체 가액은 고려하지 아니한다.

041 ③

보험료의 경우 보험 금액은 12개월을 초과하지 않은 기간에 대해 보험에 가입된 모든 이익의 실제 보험료를 초과하지 않아야 하며, 이 보험금액은 월할로 감액된다.

042 ①

선비, 관리자의 수수료, 수익 또는 선체 및 기계의 초과액이나 증가액의 경우 보험금액은 이 보험 증권에 기재된 가액의 25%를 초과하지 않아야 한다.

043 ①

선박이 풍랑에 노정되어 있거나 방파 설비가 없는 해역, 또는 보험자가 승인하지 않은 계선 구역에서 정박한 경우에는 환급이 인정되지 아니한다. 그러나 승인되지 않은 그러한 계선 구역이 승인된 항내 또는 계선 구역의 근처에 있는 것으로 보험자가 동의한 경우에는 본선이 그러한 승인되지 않은 계선 구역에서 정박하는 기간은 30일의 연속 기간을 계산하는 데 있어서 승인된 항내 또는 계선 구역에서의 정박일수에 가산되고, 환급은 본선이 승인된 항내 또는 계선 구역에서 정박하는 실제 일수의 비율만큼 인정한다.

044 ③

1983년 ITC와 비교하여 선주에게 매우 유리하게 추정 전손 요건을 완화하는 방향으로 협정 보험 가액의 80%가 수리 후 가액으로 간주된다고 규정하고 있다.

045 ④

기계나 선체의 잠재적 하자로 인한 멸실 또는 손상은 계속 보장되나, 그 하자로 인한 멸실, 손상만을 보상할 뿐 하자 그 자체를 수리하는 비용은 보상하지 아니한다.

046 ①

리스 장비나 기구의 가액이 선박의 협정 보험 가액에 포함된다.

047 ③

선박에서 떨어진 부품에 대한 보상은 선내에 양하된 60일로 제한되고, 60일을 초과하는 기간은 최초 60일이 경과하기 전 보험자에게 통지하여 수정된 보험 조건과 추가 보험료에 합의하는 경우에만 계속 보장된다. 이 조항에 의한 보험자의 총 보상 책임은 선박의 협정 보험 가액의 5%를 한도로 하고 있다.

048 ④

오염 또는 오탁 위험으로 인한 환경에 대한 손해 또는 그로 인한 위협에 다른 손해는 면책이지만 ④의 경우 면책에서 제외된다.

049 ④

보험이 자동 종료되는 경우 선박의 전손이 발생하지 않는다면 일할 정미 보험료가 환급된다.

050 ③

ITC - Hull(1/10/83)에서는 선박의 추정 전손 여부를 확인하기 위하여 협정 보험 가액이 수리 후 가액으로 간주되는 데 반하여, IHC(2003)에서는 협정 보험 가액의 80%가 수리 후 가액으로 간주된다고 규정하고 있다.

051 ④

보험자의 책임은 연대 책임이 아닌 단독 책임으로 각자의 위험 보유율에 따른 책임액을 한도로 한다.

052 ④

보험자는 피보험자에게 15일의 최고 기간을 두고 해지 통보를 하여야 하며, 이 기간 중에 보험료가 납입될 경우 해지 통보는 자동 취소된다.

053 ③

반대의 합의가 없는 한, 피보험자가 사고나 사건 발생을 알게 된 후 180일 내에 통지하지 않으면 보험자는 그 클레임에 대하여 보상 책임을 지지 않는다.

제3장 해상 보험 계약의 체결과 요율의 산정

1 적하 보험의 체결과 요율 산정

001 ③

수출업자가 화물 인도에 앞서 운임 부담과 보험 계약을 체결하는 가격 조건은 CIF(운임 보험료 포함 가격 조건)와 CIP(운송비 보험료 지급 인도 조건)이다.

002 ①

CIF 세부 규정에 따르면 '매도인은 명성 있는 보험 회사와 보험 계약을 체결해야 하므로 보험 중개인이나 개인 보험업자와의 계약은 효력이 없다. 특히 CIF에서 매도인이 보험자(Insurer)에게 보험 계약을 체결하지만(매도인이 보험 계약자) 보험 사고 발생 시 보험자로부터 보상을 받을 수 있는 피보험자는 매수인이다. 즉, 매도인이 매수인의 위험에 대하여 보험에 부보하는 것이다.

003 ②

1. 매도인이 부보하는 경우 : CIF, C&I조건
2. 매수인이 부보하는 경우 : FOB, CFR, EX WORKS, FAS

004 ④

FOB, CIF, CFR 조건에서 물품에 대한 위험 분기점은 물품이 본선 갑판 상에서 이전되는 순간이나, FCA에서는 매도인이 매수인이 지정한 운송인에게 수출 통관된 물품을 인도할 때이다.

005 ②

물품에 대한 위험 부담 분기점이 수출국 내 특정 지점이 되는 조건이란 출발지 인도 조건을 말한다.

006 ①

FOB & I는 FOB의 변형으로서 수출자가 보험까지 수배하는 경우에 FOB 가격에 해상 보험료를 포함한 가격이다.

007 ②

불감항과 상업 과실은 운송인의 귀책 사유에 해당한다.

008 ④

보험 가액의 변경은 계약 체결 후 알려야 할 통지 사항이다.

009 ④

보험 요율에는 '일반 요율, 통상 요율, 화물별 특수 위험에 대한 요율, 확장 담보 조건 요율, 복합 요율'이 있으며, 과거 3개년간 수입 영업 보험료가 6,000만 원 이상인 보험 계약자의 경우 손해율 실적에 따라 최대 30%까지 할인 또는 할증이 적용될 수 있다.

010 ③

보험 증권상에 보험금의 지불지는 통상적으로 수출지가 아니라 수입지가 된다.

② 선박 보험 계약

011 ①

※ 선박 보험 가입 절차
  청약 → 심사 → 승낙 → 보험료 납입 → 증권 발급

012 ②

상선과 어선에 있어서 대표적인 톤수는 총 톤수이다. 총 톤수는 선박톤수 중에서도 용적으로 측정되는 단위이다.

013 ④

보험 계약의 개시는 청약 및 최초 보험료 납입을 전제로 이루어지므로 보험 증권을 발급받기 위해서는 미리 보험료를 납입하고 그 증거로 보험료 영수증을 발행한다.

014 ③

보험 계약의 변경이 있을 경우 통상 변경 내용을 기록한 배서 증권을 발행하여 보험 증권 원본에 첨부하여 처리하고 있다.

015 ③

①, ②, ④의 경우 보험 계약자 요청서가 필요하나, ③의 경우 선급 증서가 필요하다.

제4장 해상 보험의 사고 처리와 손해 사정

① 해상 손해와 손해 사정

001 ④

※ 협회 적하 약관상의 면책 위험
 - 피보험자의 고의적인 불법 행위
 - 통상적인 누손, 중량 또는 용적의 통상적인 손해, 자연 소모
 - 포장 또는 준비의 불완전 또는 부적합
 - 보험 목적물 고유의 하자 또는 성질
 - 항해의 지연으로 인한 손해
 - 선주, 관리자, 용선자, 운항자의 파산 혹은 재정상의 채무 불이행
 - 원자력, 핵분열, 핵융합 또는 이와 비슷한 전쟁 무기의 사용
 - 불내항 및 부적합 면책(unseaworthiness and unfitness sxclusion)
 - 전쟁 면책 : 군함, 외적, 습격 등
 - 동맹 파업 면책

002 ③

ICC 1982 이용 시 운송인이 파산하거나 경제적으로 파탄에 빠져 항해를 중단하는 경우 적하를 목적지까지 계속 운반하는 데 소요되는 비용 처리에서 보험자는 명확히 면책되었다(선사 파산으로 인한 손해에 대하여 보험자가 무조건 면책되는 것으로 규정). 그러나 ICC 2009에서는 선사의 파산 정보를 피보험자가 알고 있었거나 또는 통상의 업무상 당연히 알고 있었을 경우에만 면책되는 것으로 하고 있다. 따라서 보험자는 어떠한 경우에도 선주 또는 운송인의 파산 또는 금전 채무 불이행에 기인한 손해에 대하여 보상 책임이 없다고 한 ③이 틀린 설명이다.

003 ②

영국 해상 보험법에서는 인과 관계 이론 중 근인설을 채택하고 있으며, 근인설 중에서도 시간적으로 가장 가까운 조건을 채택하는 '최후 조건설'과 효력 면에서 결과에 가장 접근하는 '최 유력 조건설' 중 '최 유력 조건설'을 채택하고 있다. 따라서 영국 해상 보험법에서는 손해 발생에 가장 큰 영향력을 미친 것을 근인으로 한다.

004 ③

열거 위험 담보 방식(Named Perils Cover)는 보험 약관에서 담보하기로 명시한 위험에 대해서만 보험자가 담보하는 방식이다. 포괄 위험 담보 방식(All Risk Cover)은 보험 약관에서 면책 위험으로 인한 사고를 제외하고는 모든 위험을 담보하는 방식을 말한다.

005 ②

포괄 위험 증권은 보다 많은 입증 책임이 보험자에게 있다.

006 ②

현실 전손의 요건은 '피보험 목적물이 실체적으로 멸실된 경우', '동 피보험 목적물이 심한 손상으로 본래 성질을 상실한 경우(잔존 가치가 있어도 상관 없음.)', 또는 '포획의 경우와 같이 피보험 목적물에 대한 물적 손해는 전혀 발생하지 않았으나 피보험자의 지배력이 상실되었을 경우' 그리고 '화물을 적재한 선박이 상당 기간 행방불명인 경우' 등이다.
따라서 ②의 경우 얕은 바다에 침몰하여 선박의 구조가 가능한 상태이므로 현실 전손의 요건을 갖추지 못하고 있는 것이다.

007 ①

잔존물 대위란 보험 목적물이 전손이나 일부 잔존물이 남은 상황에서 그 잔존 가액 공제 후 보험금을 지급하거나 보험 가입금액 전액을 지급한 경우 보험자가 그 잔존물에 대한 권리를 갖는 것을 말한다.

008 ①

현실 전손은 위부 통지(권리 이전 의사 표시)가 불필요하지만, 추정 전손의 경우 피보험자가 전손 보험금 청구를 위해서는 보험자에게 보험 목적물에 대한 권리 일체를 위부(권리 이전)해야 한다.

009 ③

위부(abandonment)란 해상 보험에서 피보험자가 보험 목적물의 대한 권리 일체를 보험자에게 이전한 다음, 보험 금액의 전부를 청구할 권리를 취득하는 것을 말한다. 현실 전손은 위부 통지가 불필요하지만, 추정 전손(constructive total loss)의 경우 피보험자가 전손 보험금을 청구하기 위해서는 보험자에게 보험 목적물에 대한 모든 권리를 위부(권리 이전)해야 한다.

010 ③

투하는 물론, 투하를 위해 열린 화물창개구부를 통해 유입된 해수에 의한 수침 손도 공동 해손의 희생 손에 해당된다(YAR 1974, Rule Ⅱ).

011 ①

공동 해손이 발생하기 위해서는 공동의 희생 손해나 비용 손해는 이례적이어야 하며, 공동 해손 행위는 임의적이어야 하고, 공동 해손 행위와 공동 해손은 합리적이어야 하며, 위험은 현실적이어야 하며, 위험은 항해 단체 모두를 위협하는 것이어야 한다.

012 ④

해상 보험에 관한 준거 규범 중 공동 해손만을 목적으로 한 국제 규칙은 York-Antwerp Rules 2004이다. Institute Time Clauses-Hulls(ITC-Hulls)는 보험 조건으로 전손, 구조비, 손해 방지 비용과 책임 손해뿐만 아니라 모든 분손을 보상하는 조건으로 대부분의 대형선들이 부보하고 있는 조건이다. Marine Insurance Act 1906은 영국 해상 보험법으로 해상 보험의 원리·원칙의 대부분을 포함하고 있다.

013 ③

손해 방지 비용(sue and labour charge)이란 보험의 손해가 생긴 경우 또는 담보 위험에 처하게 될 경우 그 손해를 방지 또는 경감하기 위해 피보험자 또는 그의 사용인 및 대리인이 지출한 비용을 말한다. 보험자는 손해와 손해 방지 비용의 합계액이 보험 금액을 초과하는 경우에도 손해 방지 비용을 보상한다.

014 ①

손해 방지 비용은 보험 금액과는 별도로 추가 보상될 수 있는 비용 손해에 해당한다.

2 해상 보험의 사고 처리

015 ④

※ 적하 보험 사고 처리 절차
사고 확인 → 보험 회사에 사고 통보 → 손해 검정인 선임 및 검정 실시 → 검정 보고서 접수 → 손해액 및 손해 원인 검토 → 보험금 지급 → 대위권 행사

016 ②

보험 증권 원본, 상업 송장(Commercial Invoice), 선하 증권(Bill of Lading), 사고 조사 보고서(Survey Report), 포장 명세서(Packing List), 중량 증명서(Weight Certificate) 등은 적하 보험금 청구 시 제출해야 하는 서류이다.

보험심사역
공통부문+기업전문
한권으로 합격하기

발 행 일	2017년 4월 10일 초판 1쇄 발행
	2020년 1월 10일 초판 4쇄 발행
저 자	보험심사자격연구소
발 행 처	크라운출판사
	http://www.crownbook.com
발 행 인	이상원
신고번호	제 300-2007-143호
주 소	서울시 종로구 율곡로13길 21
대표전화	02)745-0311~3
팩 스	02)743-2688
홈페이지	www.crownbook.com
I S B N	978-89-406-3497-4 / 13320

특별판매정가 28,000원

이 도서의 판권은 크라운출판사에 있으며, 수록된 내용은 무단으로 복제, 변형하여 사용할 수 없습니다.
Copyright CROWN, ⓒ 2020 Printed in Korea
이 도서의 문의를 편집부(02-744-4959)로 연락주시면 친절하게 응답해 드립니다.